P9-CLR-978

Chez nous

BRANCHÉ SUR LE MONDE FRANCOPHONE

FIFTH EDITION

Mary Ellen Scullen
University of Maryland, College Park

Cathy Pons
Emerita, University of North Carolina, Asheville

Albert Valdman
Emeritus, Indiana University, Bloomington

Executive Editor of Courseware Portfolio Management: Amber Chow
Editor in Chief: Carolyn Merrill
Managing Editor: Harold Swearingen
Senior Content Producer: Cecilia Turner
Senior Program Manager: Jennifer Feltri-George
Development Editor: Barbara Lyons
Portfolio Manager Assistant: Christa Cottone
Executive Product Marketing Manager: Christopher Brown
Director of Market Development: Helen Richardson Greenlea
Director of Strategies: Jorge Arbujas, PhD
Lead Digital Media Manager: Christopher Fegan
Senior Field Marketing Manager: Mellissa Yokell
Content Producer Manager: Amber Mackey
Product Development Manager: Bridget Funiciello
Project Manager, World Languages: Nicole Barnes
Senior Digital Media Manager: Julie Allen
Art/Designer: Kathryn Foot
Senior Art Director: Cate Rickard Barr
Digital Studio Course Producer: Charlene Smith
Full Service Project Management, Compositor: Lumina Datamatics, Inc.
Printer/Binder: LSC Communications
Cover Printer: LSC Communications
Cover Design: Piko Design
Cover Credit: Getty Images/Nikada

Library of Congress Cataloging-in-Publication Data

Cataloging-in-Publication data is on file with the Library of Congress.

Student Edition:
ISBN-10: 0-13-478284-4
ISBN-13: 978-0-13-478284-3

Annotated Instructor Edition:
ISBN-10: 0-13-487762-4
ISBN-13: 978-0-13-487762-4

Loose Leaf Edition:
ISBN-10: 0-13-487763-2
ISBN-13: 978-0-13-487763-1

3 2019

Brief Contents

Scope & Sequence

APPENDICES

Preface

Why *Chez nous*?

Chez nous, Fifth edition is a flexible introductory French program designed for use at any institution over the course of two, three, or four terms or semesters, and suitable for use in accelerated, hybrid or online courses. With *Chez nous*, students gain cultural insights through exposure to authentic, contemporary French and learn to express themselves on a variety of topics.

Building on the success of earlier editions, *Chez nous*, Fifth edition has a richly nuanced focus on the French-speaking world and applies a highly integrative and process-oriented approach to the development of language skills. This approach is consistent with the ACTFL *World Readiness Standards for Learning Languages*, which define desired outcomes for foreign language instruction. Rather than functioning as discrete and occasional influences on the text, the World Readiness Standards constitute an essential underlying principle of the program as a whole. *Chez nous*, Fifth edition addresses the "Five C's," as defined in the World Readiness Standards, by:

- emphasizing **communication** developed through authentic language samples and tasks;
- encouraging cultural **comparisons**;
- presenting a broad cross section of French-speaking **communities**;
- fostering **connections** by guiding students to explore disciplines including history, geography, art, and literature; and
- promoting skill development within a distinctive **cultural** framework.

Hallmark Features

While much is new in *Chez nous*, Fifth edition, we remain committed to the hallmark features that have distinguished this program from all others:

- **Innovative treatment of grammar.** Structures are presented in the context of authentic communicative use of the language. Grammar treatments make important generalizations about the structure of French and about notional distinctions, based on recent research in applied linguistics.

  Use of a cyclical syllabus facilitates language acquisition by allowing the instructor to focus on frequent and simpler language features first, then to review and introduce more complex forms and notions at a later point.
- **Process orientation to skills development.** Preview activities provide or activate background knowledge and introduce strategies for all skills. The receptive skills are developed using authentic materials that are just beyond students' productive skill level. The productive skills, speaking and writing, are likewise practiced via carefully sequenced activities that emphasize carrying out authentic tasks through a process approach. Students gradually become confident and proficient at carrying out a wide range of communicative tasks.
- **Pervasive treatment of the cultures of France and the French-speaking world.** Throughout each chapter, thematically interrelated lessons closely integrate the presentation of lexical and grammatical content within interesting and culturally authentic contexts. The cultural and thematic presentation of each chapter culminates in the final lesson, **Venez chez nous !**, which provides an in-depth and intellectually stimulating look at the chapter theme in a broad world context.

- **Authentic texts and tasks.** Practice of vocabulary and grammar is oriented toward real situations and authentic tasks. Listening activities and models for speaking reflect the everyday language of young people, and varied reading and writing tasks help students develop an awareness of appropriate style.
- **Authentic language and attention to language change.** The unscripted video clips and dialogues that form an integral part of *Chez nous* provide samples of natural conversations as video participants go about their everyday lives. They represent varied origins, ages, and situations; some have regional accents. Throughout the program, the clips reflect the everyday speech of educated speakers and present some features that depart from careful, monitored speech such as the elision of the vowel of *tu* (*t'es prête ?*), the absence of *ne* in negative sentences (*j'ai pas très faim*), and the use of *on* instead of *nous* for the first-person plural (*on s'entraîne*). Grammar presentations, however, emphasize standard forms for use in the classroom and for student production. *Chez nous*, Fifth edition incorporates elements of the 1990 Orthographic Reform and consistently provides masculine and feminine forms, reflecting the trend toward greater use of gender inclusive language.

What's New in *Chez nous*?

1. **Digital Solutions such as LTI and Pearson Single Solution.** As outcomes become increasingly more important, Pearson has partnered with **Language Testing International** (LTI) to create chapter, midterm, and final tests for ***Chez nous***. Also available in this fifth edition is the Pearson Single Solution (PSS), a Learning Management System plug-in that allows students to complete their assigned language practice on the same mobile devices they use every day. PSS allows instructors to create their entire course inside the campus LMS, simplifying the way Pearson-provided content is used in language courses. PSS contains access to a mobile homework solution; a VitalSource eBook; the videos that accompany the textbook; grammar and vocabulary tutorials; as well as chapter, midterm, and final tests.
2. **Exciting New Features and Content**
   - **New Video Content**
     New clips with extensive pedagogical support enrich the treatment of chapter themes, students' understanding of culture, practice of key vocabulary and grammar, and the development of functional skills in listening and speaking.

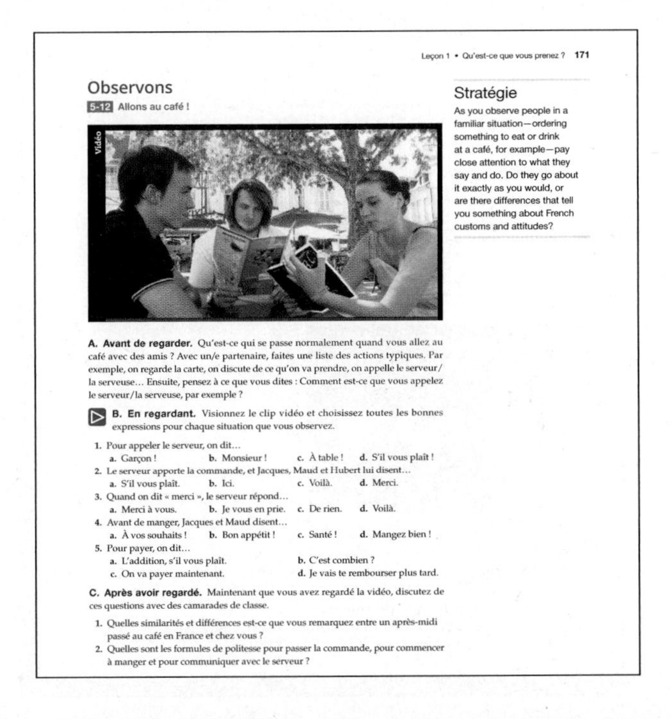

Leçon 1 • Qu'est-ce que vous prenez ? **171**

Observons

5-12 Allons au café !

Stratégie

As you observe people in a familiar situation—ordering something to eat or drink at a café, for example—pay close attention to what they say and do. Do they go about it exactly as you would, or are there differences that tell you something about French customs and attitudes?

A. Avant de regarder. Qu'est-ce qui se passe normalement quand vous allez au café avec des amis ? Avec un/e partenaire, faites une liste des actions typiques. Par exemple, on regarde la carte, on discute de ce qu'on va prendre, on appelle le serveur/la serveuse… Ensuite, pensez à ce que vous dites : Comment est-ce que vous appelez le serveur/la serveuse, par exemple ?

B. En regardant. Visionnez le clip vidéo et choisissez toutes les bonnes expressions pour chaque situation que vous observez.

1. Pour appeler le serveur, on dit…
   a. Garçon ! b. Monsieur ! c. À table ! d. S'il vous plaît !
2. Le serveur apporte la commande, et Jacques, Maud et Hubert lui disent…
   a. S'il vous plaît. b. Ici. c. Voilà. d. Merci.
3. Quand on dit « merci », le serveur répond…
   a. Merci à vous. b. Je vous en prie. c. De rien. d. Voilà.
4. Avant de manger, Jacques et Maud disent…
   a. À vos souhaits ! b. Bon appétit ! c. Santé ! d. Mangez bien !
5. Pour payer, on dit…
   a. L'addition, s'il vous plaît. b. C'est combien ?
   c. On va payer maintenant. d. Je vais te rembourser plus tard.

C. Après avoir regardé. Maintenant que vous avez regardé la vidéo, discutez de ces questions avec des camarades de classe.

1. Quelles similarités et différences est-ce que vous remarquez entre un après-midi passé au café en France et chez vous ?
2. Quelles sont les formules de politesse pour passer la commande, pour commencer à manger et pour communiquer avec le serveur ?

- **Redesigned Cultural Notes**
  Students analyze authentic documents, images, charts, and video clips as they develop a deeper understanding of France and the French-speaking world. Culminating *Et vous ?* questions allow students to make cross-cultural comparisons and to interact via a forum discussion framework.

Leçon 3 • Faisons les courses 185

Vie et culture

Où faire ses courses ?

Dans cette épicerie dans le sud de la France, on vend des produits bio et régionaux.

On trouve de tout dans un hypermarché comme Carrefour, et c'est bon marché.

Pour faire les courses, les Français ont beaucoup de possibilités. Ils peuvent aller chez les petits commerçants près de chez eux, faire leurs courses dans les grandes surfaces ou aller au marché. Aujourd'hui, la majorité des Français font les courses une ou deux fois par semaine dans les supermarchés. Cependant[1] beaucoup de Français continuent à acheter du pain chez le boulanger presque tous les jours ; un beau gâteau ou une belle tarte chez le pâtissier pour les repas de fête ; et des fruits et légumes au marché, surtout le samedi matin. Il est vrai que les marchés sont moins pratiques que les supermarchés, en particulier au mois de janvier ! Mais les produits sont plus frais et les marchés sont souvent plus animés. Dans les pays francophones aux Antilles et en Afrique, les marchés sont encore plus vivants et intéressants qu'en Europe ou en Amérique du Nord. On y trouve des couleurs plus variées, des odeurs plus fortes et un langage plus expressif.

[1] *However*

Un marché en plein air au Sénégal

Le marché couvert de Dijon

À Dijon, il y a un très beau marché couvert où Bernard et Michèle font leurs courses le samedi matin. Visionnez la vidéo pour voir ce qu'ils achètent.

Bernard et Michèle chez la marchande de légumes.

Et vous ?

1. Michèle et Bernard ont acheté beaucoup de choses au marché. Imaginez leur repas de midi.
2. Est-ce que vous avez les mêmes possibilités que les Français pour faire vos courses, c'est-à-dire chez les petits commerçants, dans les grandes surfaces ou au marché ? Où est-ce que vous préférez faire les courses ? Pourquoi ?

- **Art Hotspot**
  This new feature highlights artistic works from the French-speaking world, including paintings, sculpture, architecture, textile art, music, and other types of performance art. In addition to examining a particular work of art in detail, the Art Hotspot activity encourages students to broaden their knowledge of an artist, a movement, or a genre, and to make cross-cultural comparisons.

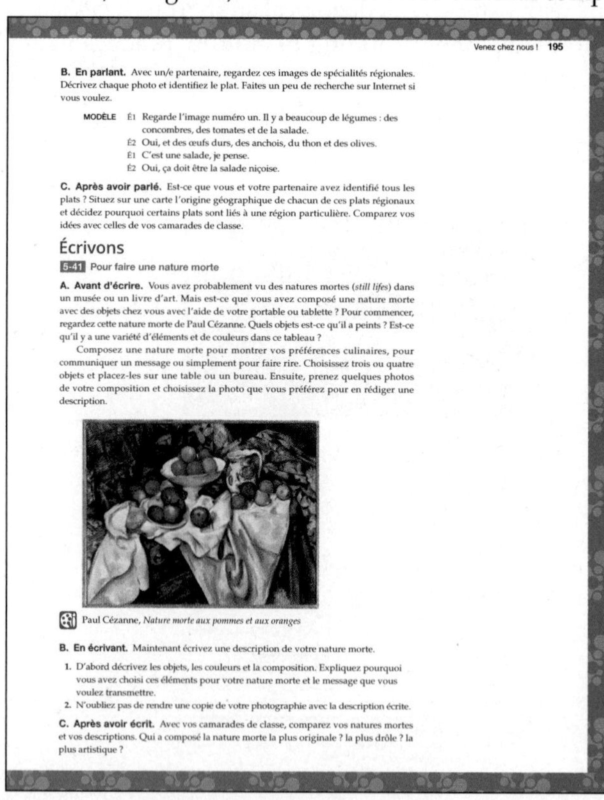

Venez chez nous ! 195

B. En parlant. Avec un/e partenaire, regardez ces images de spécialités régionales. Décrivez chaque photo et identifiez le plat. Faites un peu de recherche sur Internet si vous voulez.

MODÈLE É1 Regarde l'image numéro un. Il y a beaucoup de légumes : des concombres, des tomates et de la salade.
É2 Oui, et des œufs durs, des anchois, du thon et des olives.
É1 C'est une salade, je pense.
É2 Oui, ça doit être la salade niçoise.

C. Après avoir parlé. Est-ce que vous et votre partenaire avez identifié tous les plats ? Situez sur une carte l'origine géographique de chacun de ces plats régionaux et décidez pourquoi certains plats sont liés à une région particulière. Comparez vos idées avec celles de vos camarades de classe.

Écrivons

5-41 Pour faire une nature morte

A. Avant d'écrire. Vous avez probablement vu des natures mortes (*still lifes*) dans un musée ou un livre d'art. Mais est-ce que vous avez composé une nature morte avec des objets chez vous avec l'aide de votre portable ou tablette ? Pour commencer, regardez cette nature morte de Paul Cézanne. Quels objets est-ce qu'il a peints ? Est-ce qu'il y a une variété d'éléments et de couleurs dans ce tableau ?

Composez une nature morte pour montrer vos préférences culinaires, pour communiquer un message ou simplement pour faire rire. Choisissez trois ou quatre objets et placez-les sur une table ou un bureau. Ensuite, prenez quelques photos de votre composition et choisissez la photo que vous préférez pour en rédiger une description.

Paul Cézanne, *Nature morte aux pommes et aux oranges*

B. En écrivant. Maintenant écrivez une description de votre nature morte.

1. D'abord décrivez les objets, les couleurs et la composition. Expliquez pourquoi vous avez choisi ces éléments pour votre nature morte et le message que vous voulez transmettre.
2. N'oubliez pas de rendre une copie de votre photographie avec la description écrite.

C. Après avoir écrit. Avec vos camarades de classe, comparez vos natures mortes et vos descriptions. Qui a composé la nature morte la plus originale ? la plus drôle ? la plus artistique ?

- **Redesigned Pronunciation Practice**
  The **Sons et lettres** section can now be used in a self-instructional mode. The practice sequence begins with a discrimination activity, assignable and machine-graded in MyLab French, to ensure that students have heard and understood important distinctions. It continues with playful, culturally enriching elements such as poems, rhymes, proverbs, and tongue twisters.

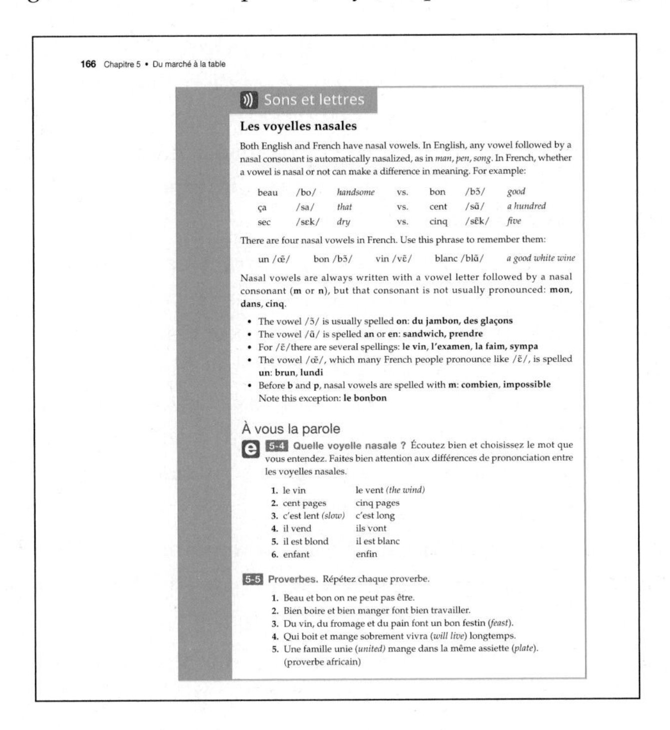

166 Chapitre 5 • Du marché à la table

Sons et lettres

Les voyelles nasales

Both English and French have nasal vowels. In English, any vowel followed by a nasal consonant is automatically nasalized, as in *man, pen, song*. In French, whether a vowel is nasal or not can make a difference in meaning. For example:

beau	/bo/	*handsome*	vs.	bon	/bɔ̃/	*good*
ça	/sa/	*that*	vs.	cent	/sɑ̃/	*a hundred*
sec	/sɛk/	*dry*	vs.	cinq	/sɛ̃k/	*five*

There are four nasal vowels in French. Use this phrase to remember them:

un /œ̃/ bon /bɔ̃/ vin /vɛ̃/ blanc /blɑ̃/ *a good white wine*

Nasal vowels are always written with a vowel letter followed by a nasal consonant (**m** or **n**), but that consonant is not usually pronounced: **mon, dans, cinq**.

- The vowel /ɔ̃/ is usually spelled **on**: **du jambon, des glaçons**
- The vowel /ɑ̃/ is spelled **an** or **en**: **sandwich, prendre**
- For /ɛ̃/there are several spellings: **le vin, l'examen, la faim, sympa**
- The vowel /œ̃/, which many French people pronounce like /ɛ̃/, is spelled **un**: **brun, lundi**
- Before **b** and **p**, nasal vowels are spelled with **m**: **combien, impossible**
  Note this exception: **le bonbon**

À vous la parole

5-4 **Quelle voyelle nasale ?** Écoutez bien et choisissez le mot que vous entendez. Faites bien attention aux différences de prononciation entre les voyelles nasales.

1. le vin — le vent *(the wind)*
2. cent pages — cinq pages
3. c'est lent *(slow)* — c'est long
4. il vend — ils vont
5. il est blond — il est blanc
6. enfant — enfin

5-5 **Proverbes.** Répétez chaque proverbe.

1. Beau et bon on ne peut pas être.
2. Bien boire et bien manger font bien travailler.
3. Du vin, du fromage et du pain font un bon festin (*feast*).
4. Qui boit et mange sobrement vivra (*will live*) longtemps.
5. Une famille unie (*united*) mange dans la même assiette (*plate*). (proverbe africain)

- **Recorded Grammar Charts**
  All grammar charts, and selected contextualized examples, are now recorded. Students can see and hear the relationships between written and spoken forms, further clarifying our presentation of and emphasis on current, authentic spoken French.

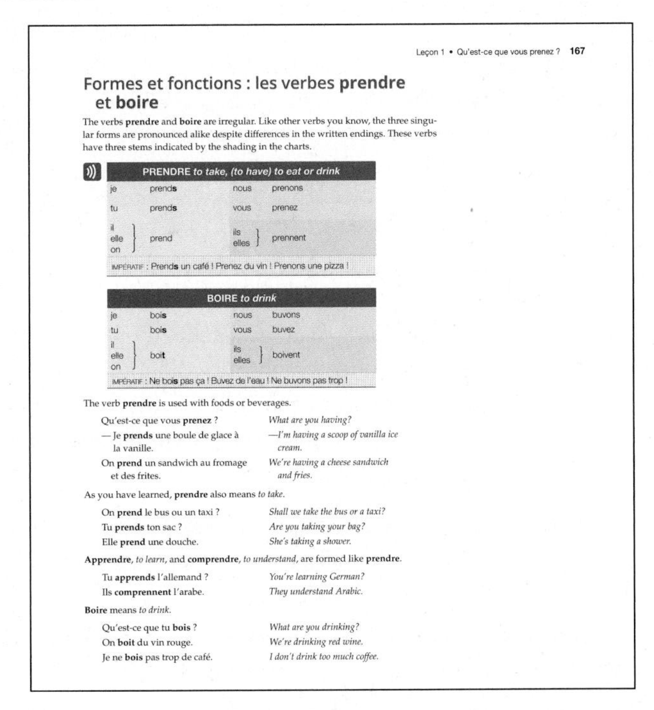

Leçon 1 • Qu'est-ce que vous prenez ? 167

Formes et fonctions : les verbes **prendre** et **boire**

The verbs **prendre** and **boire** are irregular. Like other verbs you know, the three singular forms are pronounced alike despite differences in the written endings. These verbs have three stems indicated by the shading in the charts.

PRENDRE *to take, (to have) to eat or drink*			
je	prend**s**	nous	prenons
tu	prend**s**	vous	prenez
il / elle / on	prend	ils / elles	prennent

IMPÉRATIF : Prend**s** un café ! Prenez du vin ! Prenons une pizza !

BOIRE *to drink*			
je	boi**s**	nous	buvons
tu	boi**s**	vous	buvez
il / elle / on	boi**t**	ils / elles	boivent

IMPÉRATIF : Ne boi**s** pas ça ! Buvez de l'eau ! Ne buvons pas trop !

The verb **prendre** is used with foods or beverages.

Qu'est-ce que vous **prenez** ?	*What are you having?*
— Je **prends** une boule de glace à la vanille.	*—I'm having a scoop of vanilla ice cream.*
On **prend** un sandwich au fromage et des frites.	*We're having a cheese sandwich and fries.*

As you have learned, **prendre** also means *to take*.

On **prend** le bus ou un taxi ?	*Shall we take the bus or a taxi?*
Tu **prends** ton sac ?	*Are you taking your bag?*
Elle **prend** une douche.	*She's taking a shower.*

Apprendre, *to learn*, and **comprendre**, *to understand*, are formed like **prendre**.

Tu **apprends** l'allemand ?	*You're learning German?*
Ils **comprennent** l'arabe.	*They understand Arabic.*

Boire means *to drink*.

Qu'est-ce que tu **bois** ?	*What are you drinking?*
On **boit** du vin rouge.	*We're drinking red wine.*
Je ne **bois** pas trop de café.	*I don't drink too much coffee.*

3. **Thoroughly revised and updated content**
   - **Vocabulary presentations**

     Visually appealing and functionally oriented presentations include new art and photos, practical vocabulary, and new themes. These revised presentations and the practice that follows allow students to express their ideas on contemporary topics that are important to them.
   - **Skill-building activities** (**Lisons, Écoutons, Observons, Parlons, Écrivons**)
     Most activities are new or revised for this edition and feature a wide variety of authentic tasks, interactions, and text types—from infographics to social media postings to poems and short stories. Process-oriented activities guide students as they develop their skills in interpretive, interpersonal, and presentational modes of communication.
4. **More opportunities for communicative practice.** This edition features an increased emphasis upon communicative tasks in the three communicative modes. While maintaining a careful progression from form-based to meaning-based practice, *Chez nous*, Fifth edition provides abundant new opportunities for interaction with authentic documents and tasks. Many new activities are designed for collaborative in-class practice (with ready-to-use handouts for pair, group, mingling, information-gap, and game activities, all of which are provided in the Instructor Resources).
5. **Further refinement of the cyclical scope and sequence.** User feedback has led to modification of the scope and sequence for enhanced linguistic effectiveness and flexibility. Some highlights include the following:
   - The chapter treating interpersonal relationships has been delayed until **Chapitre 9** and has been extensively revised; this allows students to acquire more useful vocabulary and structural features before treating abstract topics such as identity and values.
   - The two chapters dealing with technology, the media, and the arts have been combined and subtantially revised as **Chapitre 11**, now the final chapter. Technology and media, and the ways we interact with both, have changed dramatically over the past few years, and this new chapter reflects those changes with updated vocabulary, cultural notes, video, and readings. The grammatical and phonetic features formerly presented in **Chapitre 11** are preserved, and the integrative *vue d'ensemble* topics from the former **Chapitre 12** are available in a special appendix within the student text. Suggestions for presentation of these topics and sequenced activities leading to communicative expression are included.

Acknowledgments

The publication of the fifth edition of *Chez nous* represents the accumulated experience of many years of classroom instruction to which our colleagues, teaching assistants, and students have contributed. We wish to thank them all for participating in this process, from trying out new texts and activities to providing honest and helpful feedback as well as enthusiastic encouragement.

- We wish to thank the many colleagues who served as reviewers for preparation of this edition; your thoughtful comments, often based on your classroom experience with Chez nous, have been invaluable.
- We especially thank our colleagues Ellen Bailey at the University of North Carolina, Asheville and Hannah Wegmann at the University of Maryland, College Park.

- To our group of language and culture experts far and wide, *un énorme merci* for responding to an endless stream of random e-mails, texts, and social media queries with patience, good humor, and insightful responses. *Merci beaucoup Aurélie, Cae, Caroline, Claire, Cybèle, Diane, Diandra, Jill, Julie, Léandre, Marilyn, Mercédès, Olivier, Sarah, Valérie et Virginie.*
- Special thanks go to our talented videographer Andrei Campeanu and his team for going above and beyond the call of duty both on location and at home in the editing studio.
- We are indebted to our contributing writers whose excellent work makes our overall program stronger. Thanks to Virginie Cassidy of the University of Wisconsin at La Crosse, WI, for revisions to the Student Activities Manual and the feedback for eText activities; Marilyn Matar of The Catholic University of America, Washington, DC, for revisions to the Test Package; and Kelly Farmer of the University of Georgia, Athens, GA, for her work updating and expanding the Instructor Resources.
- We also wish to thank our product team, the people who provided unstinting and good-natured support through the development and production of this edition. Amber Chow and Carolyn Merrill made this revision possible. Harold Swearingen, Jennifer Feltri-George, Alison Eigel Zade, and Nicole Barnes provided cheerful and much-appreciated hands-on support. For improvements to the MyLab French components, we thank Julie Allen and Greg Madan. For their thorough work in the permissions department, we thank Joe Croscup and Melissa (Mel) Flamson. At Lumina Datamatics, thanks go to Cathy Castle ("Cathy C."), who shepherded our project through production.

  Our Development Editor, Barbara Lyons, has seen us through five editions of *Chez nous*. We are, as always, grateful for her careful, thoughtful editing and particularly for her friendship. We were privileged to work with Katherine Gilbert as copy editor, Karen Hohner as proofreader and glossary-producer *extraordinaire*, and Cécile Hoene as native reader. For the always interesting exchanges about language and culture, *on vous remercie vivement!*
- Finally, we thank our families for their unique contributions to this revision. We do not take for granted their constant encouragement, patience, understanding, love, and helping hands. We could not do this without your support. *Merci beaucoup* Andrew, Chikondi, Hilde, Kate, John, and Moyenda.

Dedication

Chez nous, Fifth edition is dedicated to Dr. Jane Tucker Mitchell, Associate Professor Emerita of the Department of Romance Languages and the Department of Curriculum and Instruction at the University of North Carolina, Greensboro. Over the course of her twenty-six years at UNC Greensboro she taught French language and linguistics, and second language methods. She supervised and mentored countless prospective and new teachers; her impact on second language teaching in the state of North Carolina and the larger region is immeasurable and continues to be felt through her former students. Cathy writes: *Jane, I am privileged that you were my first and most influential methods teacher, a constant role model, someone who continued to challenge me throughout my career, and that you have been for many years now a dear friend. Un grand merci.*

Chapitre Préliminaire
Présentons-nous !

Tu vas bien ? — Ça va, et toi ?

On démarre !

Look at the photo of Ola and Bengala greeting each other. What do you imagine their relationship to be?

Watch the video clip to learn more. Would you greet a friend in a similar way? Why or why not?

What would you like to learn about interacting in a culturally appropriate manner with French speakers? Do you expect French customs to differ greatly from those where you live?

Learning Outcomes

After completing this chapter, you will be able to:

- Greet people, make introductions, and say good-bye appropriately
- Identify classroom objects and follow classroom instructions
- Spell words in French
- Provide examples showing the role of French in the world today

LEÇON 1

Je me présente

Points de départ : On se salue.

MATHILDE : Salut ! Je m'appelle Mathilde. Et toi, comment tu t'appelles ?
BERTRAND : Je m'appelle Bertrand.
MATHILDE : Tu es de Dijon ?
BERTRAND : Non, moi, je suis de Vaux-sous-Aubigny.

Fiche pratique

As you begin the study of French, you will rely on a number of fixed expressions to help you navigate situations such as greeting people. Memorize these expressions in their entirety rather than trying to translate them literally.

ANNE : Bonjour.
BERTRAND : Bonjour, Madame.
ANNE : Comment vous appelez-vous ?
BERTRAND : Je m'appelle Bertrand. Et voici mon ami Catfish.
ANNE : Bonjour, Catfish.
CATFISH : Enchanté, Madame.

MATHILDE : Salut, Catfish ! Comment ça va ?
CATFISH : Ça va. Et toi ?
MATHILDE : Pas mal.
CATFISH : Bonjour, Monsieur. Comment allez-vous ?
PHILIPPE : Très bien, merci. Et vous ?
CATFISH : Bien aussi, merci.

MATHILDE :	Bon. Salut, Bertrand. Salut, Catfish.
CATFISH :	À bientôt, Mathilde. Salut, Jacques.
JACQUES :	Ciao, Catfish, Bertrand.
BERTRAND :	À plus... Au revoir, Monsieur.
PHILIPPE :	Au revoir, Bertrand, Catfish. À bientôt.

Pour saluer et répondre

Comment ça va ? / Comment allez-vous ?	*How are you?*
Je vais bien.	*I'm fine.*
Très bien, merci.	*Very well, thanks.*
Ça va.	*Fine.*
Pas mal.	*Not bad.*
Ça peut aller.	*I'm getting by.*
Ça ne va pas. / Ça va mal.	*Things aren't going well. / Things are going badly.*

Vie et culture

Bonjour !

When French people meet someone they know or make contact with a stranger (for example, sales, office, or restaurant personnel), they always greet that person upon arriving and say good-bye when leaving. If the speakers are not on a first-name basis, the greeting includes an appropriate title; the last name is not used. Usually a woman is addressed as **Madame** unless she is very young.

Bonjour, Monsieur. Bonsoir, Madame. Au revoir, Mademoiselle.

When they meet or say good-bye, French people who know each other almost always shake hands (**se serrer la main**). Good friends and family members kiss each other lightly on each cheek (**se faire la bise**). When talking together, the French stand or sit closer to each other than Americans do. A French person might be offended if you kept moving away as he or she attempted to maintain normal conversational distance.

Watch the video segment, in which people are greeting each other: What gestures and phrases do you notice? What do these imply about the various people's relationships?

Tu et vous

When addressing another person in French, you must choose between **tu** and **vous**, which both mean *you*. Use **tu** to address a family member, a close friend, or another student. Use **vous** to address someone with whom you have a more formal relationship or to whom you wish to show respect. For example, use **vous** with people you do not know well, with older people, and with those in a position of authority. Always use **vous** to address more than one person.

e Et vous ?

1. Think of how you typically greet people each day. Although we do not make a distinction in English like the **tu/vous** distinction in French, how do we vary our forms of address?
2. What do the practices of shaking hands and kissing on the cheek tell you about the importance of close physical contact in French culture? Would you feel comfortable with these practices? Why or why not? Compare your answers to these questions with those of your classmates. How would you explain any differences?

À vous la parole

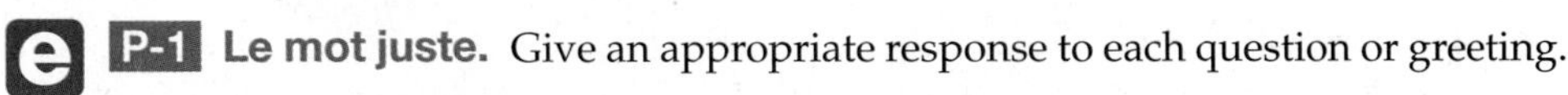

P-1 Le mot juste. Give an appropriate response to each question or greeting.

MODÈLE Comment vous appelez-vous ?
Je m'appelle Madame Duclos, et vous ?

1. Bonjour, Madame.
2. Comment tu t'appelles ?
3. Tu es de Montréal ?
4. Ça va ?
5. Comment allez-vous ?
6. Comment vous appelez-vous ?
7. Voici mon ami Jean-Luc.
8. Au revoir, Monsieur.
9. Bon, à bientôt.

P-2 Le savoir-faire. What would you say and do in the situations described below? Work with a partner or partners to prepare one of the scenarios, then act it out for the class.

MODÈLE You meet a very good friend.
É1 Salut, Anne ! Ça va ? (*faire la bise*)
É2 Ça va, et toi ?
É1 Pas mal. …

1. You and a friend run into your instructor on campus.
2. You sit down in class next to someone you do not know.
3. You are with your roommate when another friend joins you.
4. You run into your friend's mother while doing errands.
5. You are standing near a new teacher who does not yet know your name.
6. Class is over, and you are saying good-bye to a close friend.
7. Class is over, and you are saying good-bye to your teacher.

P-3 Faisons connaissance. Imagine that you are at a party with your classmates. Greet and introduce yourself to as many people as possible. Ask what city your classmates are from.

MODÈLE É1 Bonjour, je m'appelle Sean. Et toi ?
É2 Je m'appelle Natalie.
É1 Tu es de Chicago ?
É2 Non ; moi, je suis de Lafayette.

Parallèles : Je me présente.

The **Parallèles** series, featured in each chapter, invites you to explore the lives of two young French women, Diandra and Mathilde, and introduces you gradually as well to their families and friends. In this first video clip, Diandra and Mathilde introduce themselves.

Diandra

Mathilde

Formes et fonctions : les pronoms sujets et le verbe être

You have seen the verb **être** used to tell where a person is from.

Tu es de Paris ? — *Are you from Paris?*
— Non, je suis de Dijon. — *— No, I'm from Dijon.*

- The verb **être** means *to be*. This form is called the *infinitive*; it is the form you find in the dictionary listing for the verb. Notice that a specific form of **être** corresponds to each subject. Because these forms do not follow a regular pattern, **être** is called an *irregular verb*.

Pronoms sujets et le verbe ÊTRE *to be*

je	**suis**	*I am*	nous	**sommes**	*we are*
tu	**es**	*you are*	vous‿	**êtes**	*you are*
il / elle / on	**est**	*he is* / *she is* / *we/people are, one is*	ils / elles	**sont**	*they are*

A subject pronoun can be used in place of a noun as the subject of a sentence.

Mathilde est de Paris ? — *Mathilde is from Paris?*
— Non, **elle** est de Dijon. — *—No, she's from Dijon.*

Voici Jacques. **Il** est étudiant. — *Here's Jacques. He's a student.*

- **On** is an indefinite pronoun that can mean *they* or *people* in general, depending on the context. In conversational French, **on** is often used instead of **nous** to mean *we*. **On** always takes the singular form, **est**.

  On parle français et créole en Haïti. — *They speak French and Creole in Haiti.*
  Nous, on est de Lille. — *We are from Lille.*

- In French, transgender and gender-nonconforming individuals use the pronoun with which they most closely identify, **il** or **elle**. There is no generally accepted gender-neutral term corresponding to the English use of *they* in the singular. **On** has a plural or generic meaning; it cannot be used to refer to a specific person.

- **Elles** refers to more than one female person or to a group of feminine nouns. **Ils** refers to more than one male person, to a group of masculine nouns, or to a group that includes both males and females or both masculine and feminine nouns.

  Anne et Sophie, **elles** sont fatiguées. — *Anne and Sophie are tired.*
  Jean-Luc et Rémi, **ils** sont stressés. — *Jean-Luc and Rémi are stressed out.*
  Julie et Damien, **ils** sont occupés. — *Julie and Damien are busy.*

- As you have learned, use **tu** with a person you know very well; otherwise use **vous**. Use **vous** also when speaking to more than one person. Pronounce the final **-s** of **vous** as /z/ if the word following it begins with a vowel sound, and link it to that word:

  Amadou, **tu** es de Dakar ? — *Amadou, are you from Dakar?*
  Madame Dupont, **vous**‿êtes de Lyon ? — *Madame Dupont, are you from Lyon?*
  Diane et Paul, **vous**‿êtes de Québec ? — *Diane and Paul, are you from Quebec?*

Use a form of the verb **être** in descriptions or to indicate a state of being.

Elle **est** occupée. — *She's busy.*
Tu **es** malade ? — *Are you sick?*
Je **suis** stressé. — *I'm stressed out.*

- The final **-t** of **est** and **sont** is usually pronounced before a word beginning with a vowel sound.

Il est‿en forme.	*He's in shape.*
Il est malade.	*He's sick.*
Elles sont‿en forme.	*They're in shape.*
Elles sont stressées.	*They're stressed out.*

Comment ça va ?

Je suis en forme.	*I am in shape (after exercising, or after being sick).*
… fatigué/e.	*… tired.*
… stressé/e.	*… stressed.*
… (très) occupé/e.	*… (very) busy.*
… malade.	*… sick.*
MAIS : Je vais bien.	*I am fine / well.*

- Use **c'est** and **ce sont** to identify people and things:

C'est Madame Dupont ?	*That's Mrs. Dupont?*
C'est un ami, Kevin.	*This is a friend, Kevin.*
Ce sont Monsieur et Madame Lafarge.	*This is Mr. and Mrs. Lafarge.*

À vous la parole

P-4 Comment ça va ? Tell how everyone is feeling today.

MODÈLE Adrien ? Fatigué.
Il est fatigué.

1. Madame Hébert ? Occupée.
2. Toi ? Fatigué/e.
3. Nous ? Très occupés.
4. Moi ? Malade.
5. Mathieu et toi ? En forme.
6. Julien et Mathilde ? Stressés.
7. Nous ? Fatigués.
8. Vous ? Stressés.

P-5 Qui est-ce ? Identify the celebrities pictured below who are speakers of French.

MODÈLE C'est Johnny Depp.

1. 

2. 

3. 

4. 

P-6 Identité mystérieuse. Take on a new identity! Your instructor will give you a new name and city of origin, or you can invent one yourself. Circulate around the room and introduce yourself to at least three people. Be prepared to introduce someone you have met to the rest of the class!

MODÈLE É1 Bonjour, je m'appelle Aurélie.
É2 Tu es de Paris ?
É1 Non, je suis de Québec. Et toi ?
É2 Je m'appelle Emmanuel, je suis de Port-au-Prince, en Haïti.

Formes et fonctions : les pronoms disjoints

You know that a subject pronoun can be used in place of a noun (for example, a person or an object) as the subject of a sentence. A *subject pronoun* appears with a *verb*:

Gabriel est de Paris ? — *Is Gabriel from Paris?*
— Non, **il** est de Trois-Rivières. — *—No, he's from Trois-Rivières.*

Pierre et Mélanie sont malades ? — *Are Pierre and Mélanie sick?*
— Oui, **ils** sont malades. — *—Yes, they are sick.*

A different type of pronoun, a *stressed pronoun*, is used:

- in short questions that have no verb:

  Je m'appelle Clémence, et **toi** ? — *My name is Clémence, how about you?*
  Ça va bien, et **vous** ? — *I'm fine, and you?*

- where there are two subjects in a sentence, one of which is a pronoun:

  Damien et **lui**, ils sont fatigués. — *He and Damien are tired.*
  Lui et **moi**, on est de la Nouvelle-Orléans. — *He and I are from New Orleans.*

- to emphasize the subject of a sentence when providing a contrast:

  Moi, je suis de Lausanne, mais **lui**, il est de Strasbourg. — ***I'm** from Lausanne, but **he's** from Strasbourg.*

- after **c'est** and **ce sont**:

  C'est Paul ? — *Is that Paul?*
  — Oui, c'est **lui**. — *— Yes, it is he.*

  Ce sont Monsieur et Madame Dulac ? — *Is that Mr. and Mrs. Dulac?*
  — Oui, ce sont **eux**. — *— Yes, it is they.*

  Note that **c'est** is used with **nous** and **vous**:

  Papa et Maman, c'est **vous** ? — *Mom and Dad, is that you?*
  — Oui, c'est **nous**. — *— Yes, it's us.*

The stressed pronouns are shown below with the corresponding subject pronouns:

moi	je	**nous**	nous / on
toi	tu	**vous**	vous
lui	il	**eux**	ils
elle	elle	**elles**	elles

À vous la parole

P-7 C'est ça. Confirm who these people are by supplying the correct form of **c'est / ce sont** and the appropriate stressed pronoun.

MODÈLE É1 C'est toi ?
É2 Oui, c'est moi.
É1 Ce sont Marie et Hélène ?
É2 Oui, ce sont elles.

1. C'est Christophe ?
2. C'est Justine ?
3. C'est toi ?
4. C'est Antoine ?
5. Ce sont Agathe et Noémie ?
6. C'est vous ?
7. Ce sont Simon et Maxime ?
8. Ce sont Sophie et Laurent ?

P-8 Et vous ? Interview each other in groups of three.

MODÈLE Je m'appelle... Et vous ?
É1 Je m'appelle Alex. Et vous ?
É2 Moi, je m'appelle...
É3 Et moi, je m'appelle...

1. Je m'appelle... Et vous ?
2. Moi, ça va. Et vous ?
3. Je suis de... Et vous ?

P-9 Présentez-vous ! Help out your forgetful instructor by identifying students in your classroom.

MODÈLE Lui, il s'appelle Matt ; elle, elle s'appelle Hannah.

Observons

P-10 Bonjour ! Et au revoir !

A. Avant de regarder. Mathilde and her parents are at home when her brother Jacques arrives with two friends that they have not met.

1. What gestures might you expect to see as family members greet each other and introductions are made?
2. What expressions that you have learned are they likely to use?
3. Later, when the guests leave, what do you think people will do and say?

Stratégie

Gestures help to convey meaning. As people interact, pay attention to their body language. This will help you to figure out the relationships among them and give you a context for understanding what they say.

Mathilde and her parents wait for Jacques and his friends to arrive.

B. En regardant. Now watch the video clip and answer the following questions.

1. Using the list of names and the photos, identify each individual you see. The parents are already labeled: **Anne, Bertrand, Bounty, Catfish, Jacques, Mathilde, Philippe.**

2. Select the best answer from the choices below.
   a. Jacques' friends Catfish and Bertrand shake hands with …
   his sister, Mathilde. his mother, Anne. his parents, Anne and Philippe.
   b. Jacques kisses …
   his sister, Mathilde. his mother, Anne. his parents, Anne and Philippe.
   c. Jacques' friends Catfish and Bertrand kiss …
   his sister, Mathilde. his mother, Anne. his parents, Anne and Philippe.

3. Select all the correct answers.
   a. As the guests leave, people …
   shake hands. kiss. hug.
   b. As the guests leave, we hear the following expressions:
   À bientôt ! À la prochaine ! Au revoir ! Salut !

C. Après avoir regardé. Compare the gestures used by Jacques' family and his guests when greeting and saying good-bye to the gestures used by members of your own family members and friends. How are they similar or different?

Bonjour ! de la Promenade des Anglais à Nice.

LEÇON 2

À la fac

Points de départ : en classe

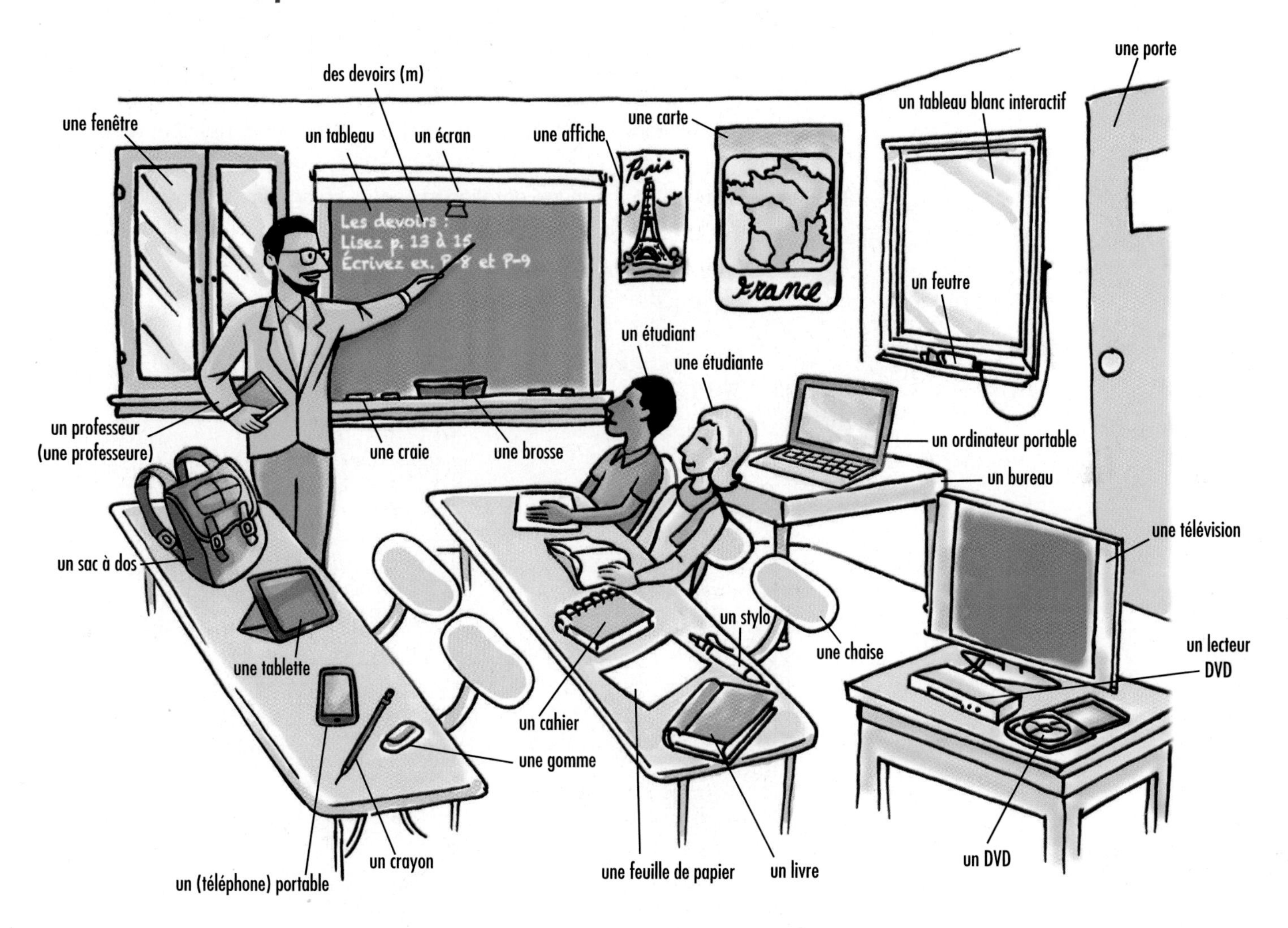

Il y a un crayon sur le bureau ?
— Non, il n'y a pas de crayon, mais il y a un stylo. Voilà.

Il y a des affiches dans la salle de classe ?
— Non, il n'y a pas d'affiches.

Vie et culture

La scolarité en France

This chart provides an overview of the French public school system. As you examine the chart, answer the following questions: What general information is provided about public schools in France? Find the words **école, collège**, **lycée,** and **universités** in the chart. To what levels of instruction do these terms correspond?

Et vous ?

1. How does the French school system compare to the school system where you grew up?
2. Nearly all French children are enrolled in school by age three. Why do you think this might be the case? What effect might this have on the family?

LIRE EN PARTANT DU BAS DU TABLEAU

Enseignement supérieur	**UNIVERSITÉS ou ÉCOLES SUPÉRIEURES**		
Enseignement secondaire 2°	**LYCÉE**	**Voie professionnelle** **Certificat d'aptitude professionnelle (CAP) en 2 ans** **Bac professionnel en 3 ans**	**Bac général ou technologique en 3 ans**
		Terminale	**17 – 18 ans**
		Première	**16 – 17 ans**
		Seconde	**15 – 16 ans**
	COLLÈGE	**3ème**	**14 – 15 ans**
		4ème	**13 – 14 ans**
		5ème	**12 – 13 ans**
		6ème	**11 – 12 ans**
Enseignement primaire 1°	**ÉCOLE ÉLÉMENTAIRE**	**cours moyen 2**	**10 – 11 ans**
		cours moyen 1	**9 – 10 ans**
		cours élémentaire 2	**8 – 9 ans**
		cours élémentaire 1	**7 – 8 ans**
		cours préparatoire	**6 – 7 ans**
	ÉCOLE MATERNELLE	**Grande section**	**5 – 6 ans**
		Moyenne section	**4 – 5 ans**
		Petite section	**3 – 4 ans** **2 – 3 ans**

En France, la scolarité est obligatoire de 6 à 16 ans. L'école publique est laïque et gratuite.

Le professeur ou la professeure dit :

Écoutez bien, s'il vous plaît.
Répétez sans regarder le livre.
Regardez l'écran, s'il vous plaît.
Montrez Paris sur la carte.
Lisez les mots au tableau.
Répondez en français.
Ne parlez pas anglais.
Parlez plus fort, s'il vous plaît.
Montrez-moi votre cahier.
Rendez-moi les devoirs.
Prenez un stylo et une feuille de papier, s'il vous plaît.

Écrivez votre nom et votre prénom.
Levez-vous.
Allez au tableau blanc.
Donnez le feutre à Cécile, s'il vous plaît.
Effacez le tableau.
Asseyez-vous.
Fermez la porte, s'il vous plaît.
Ouvrez la fenêtre, s'il vous plaît.
Merci.
De rien.

Les étudiants répondent :

Pardon ? Je ne comprends pas.
Je ne sais pas.
Répétez, s'il vous plaît.
Comment dit-on « whiteboard » en français ?

À vous la parole

P-11 Associations. What other words do you logically associate with the object or person listed?

MODÈLE un crayon
— une feuille de papier
OU — un stylo

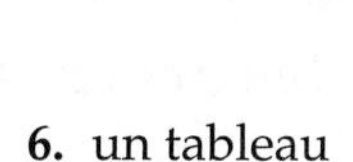

1. un feutre
2. une porte
3. une professeure
4. un DVD
5. un bureau
6. un tableau
7. un étudiant
8. un cahier
9. une feuille de papier

P-12 Voilà ! As your instructor asks about various classroom objects, hand them over, point them out, or say there aren't any.

MODÈLE Il y a une tablette ici ?
— Oui, voilà une tablette *(and you point to, or hand over, a tablet).*
OU — Non, il n'y a pas de tablette.

P-13 Dans la salle de classe. Write down as many different classroom objects as you can see. Now compare your list with that of a classmate. Cross off the items that are common to both lists, then give yourself a point for each item on your list that your partner did not name. Who has the most points?

MODÈLE É1 ~~un bureau~~, un livre, ~~une carte~~, un stylo, des devoirs
É2 ~~un bureau~~, un tableau, un feutre, une porte, ~~une carte~~, un cahier
É1 = 3 pts, É2 = 4 pts

P-14 C'est logique. With a partner, complete each command in as many logical ways as possible.

MODÈLE Regardez...
— Regardez ici, s'il vous plaît.
OU — Regardez l'écran.

1. Ouvrez...
2. Écoutez...
3. Rendez-moi...
4. Montrez-moi...
5. Fermez...
6. Effacez...
7. Répondez...
8. Allez...
9. Écrivez...
10. Prenez...

P-15 Qu'est-ce que vous dites ? What could you say in each situation?

MODÈLE You want the teacher to repeat.
Répétez, s'il vous plaît !

1. You want to interrupt the teacher.
2. You don't know the answer to a question.
3. You don't understand.
4. You ask how to say *door* in French.
5. You want to thank someone.
6. You didn't quite catch what the teacher just said.
7. You don't know how to say *please* in French.
8. Someone says **Merci !** to you.

Sons et lettres

L'alphabet et les accents

Here are the letters of the alphabet together with their pronunciation in French.

a	/a/	j	/ʒi/	s	/ɛs/
b	/be/	k	/ka/	t	/te/
c	/se/	l	/ɛl/	u	/y/
d	/de/	m	/ɛm/	v	/ve/
e	/ø/	n	/ɛn/	w	/du blø ve/
f	/ɛf/	o	/o/	x	/iks/
g	/ʒe/	p	/pe/	y	/i grɛk/
h	/aʃ/	q	/ky/	z	/zɛd/
i	/i/	r	/ɛr/		

Accents and other diacritical marks are an integral part of French spelling.

- **L'accent aigu** is used with **e** to represent the vowel /e/ of **stressé**:

  l'**é**cran la t**é**l**é** le pr**é**nom r**é**p**é**tez

- **L'accent grave** is used with **e** to represent the vowel /ɛ/ of **très**:

  le mod**è**le le coll**è**ge Mich**è**le

  It is also used with **a** and **u** to differentiate words:

  la *the* vs. l**à** *there* ou *or* vs. o**ù** *where*

- **L'accent circonflexe** can be used with all five vowel letters. It often marks the loss of the sound /s/ at an early stage of French. The **s** is still present in many English words borrowed from French before that loss occurred.

  être s'il vous pla**î**t bient**ô**t
  la h**â**te *haste* l'h**ô**pital *hospital* co**û**ter *to cost*

- **Le tréma** indicates that vowel letters in a group are pronounced individually:

  toi [twa] vs. Loïc [lo-ik] Claire [klɛr] vs. Haïti [a-i-ti]

- **La cédille** indicates that **c** is to be pronounced as /s/ rather than /k/ before the vowel letters **a**, **o**, or **u**:

  ça fran**ç**ais Fran**ç**oise

To ask how a word is spelled, say: **Comment ça s'écrit ?**

À vous la parole

P-16 Noms de famille. Indicate which of the two surnames is the one you hear being spelled.

1. GIRARDEAU GIRARDOT
2. COLIN COLLIN
3. GAGNON GAGNÉ
4. DURAND DURON
5. ROY ROI
6. TAMBADOU TAMBEDOU
7. RENAULT RÉNAUD
8. DEMBA DEMBELÉ

P-17 Des sigles. When you listen to the evening news in French, you hear many acronyms. For each expression below, provide the acronym in French.

MODÈLE les Organisations non gouvernementales
les ONG

____	**1.** l'Organisation des Nations unies	**a.** l'UE
____	**2.** l'Union européenne	**b.** le TGV®
____	**3.** le Parti socialiste	**c.** l'ONU
____	**4.** les Organisations non gouvernementales	**d.** les OGM
____	**5.** la Banque Nationale de Paris	**e.** le PS
____	**6.** le train à grande vitesse	**f.** les ONG
____	**7.** les organismes génétiquement modifiés	**g.** la BNP

P-18 Comment ça s'écrit ? Ask a partner his or her name and how it is spelled. Be ready to spell your own name!

MODÈLE É1 Comment tu t'appelles ?
É2 Je m'appelle Allison.
É1 Comment ça s'écrit ?
É2 Ça s'écrit A–deux L–I–S–O–N.

Formes et fonctions : le genre, le nombre et les articles

All French nouns are assigned to one of two noun classes—*feminine* or *masculine*—and are therefore said to have a *grammatical gender*. Nouns designating females are usually feminine and nouns designating males are usually masculine; however, for most objects, the assignment of gender is arbitrary and must be memorized. Knowing the grammatical gender of a noun is important, because it determines the form of other words that accompany it—for example, articles and adjectives.

- **The indefinite article**

  The indefinite articles **un** and **une** correspond to *a* or *an* in English. **Une** is used with feminine nouns and **un** with masculine nouns. **Un** or **une** can also mean *one*:

Voilà **un** bureau.	*Here's a desk.*
Donnez-moi **une** chaise.	*Give me a chair.*
Il y a **une** fenêtre dans la salle de classe.	*There's one window in the classroom.*

  Before a vowel sound, **un** ends with an /n/ sound that is pronounced as if it were part of the next word: **un**‿ami, **un**‿ordinateur

  In negative sentences, the indefinite article is replaced by **de/d'**:

Il n'y a pas **de** carte.	*There's no map.*
Il n'y a pas **d'**ordinateur dans la salle de classe.	*There's no computer in the classroom.*

Fiche pratique

It is a good idea to learn a new noun with the indefinite article, so you can remember the gender. For example, learn **une affiche** rather than **affiche** or **l'affiche**.

- **The definite article**

  There are three forms of the singular definite article, corresponding to *the* in English: **la** is used with feminine nouns, **le** with masculine nouns, and **l'** with nouns beginning with a vowel sound. As in English, the definite article is used to indicate a previously mentioned or specified noun.

Voilà **la** carte.	*Here's the map.*
C'est **le** professeur.	*That's the professor.*
Donnez-moi **l'**affiche.	*Give me the poster.*

  In French the definite article also designates a noun used in a general or abstract sense. In such cases, no article is used in English.

J'aime **le** football.	*I like soccer.*
Mon amie adore **la** musique.	*My girlfriend loves music.*

- **Plurals of nouns**

  Most French nouns are made plural by adding a written letter **-s**:

un livre	*a book*	deux livre**s**	*two books*
une fenêtre	*one window*	trois fenêtre**s**	*three windows*

  Singular nouns that end in a written **-s** do not change in the plural; nouns ending in **-eau** add the letter **-x**:

un cours	*a course*	deux cours	*two courses*
un bureau	*one desk*	trois bureau**x**	*three desks*

  Although a letter **-s** or **-x** is added to written words to indicate the plural, it is not pronounced. You must listen for a preceding word, usually a number or an article, to tell whether a noun is plural or singular.
  Nouns that are in fact abbreviations do not add **-s** in the plural:

un DVD	*a DVD*	trois DVD	*three DVDs*

- **Plurals of articles**

  The plural form of the definite article is always **les**, which is pronounced [le] before a consonant sound:

le livre	*the book*	**les** livres	*the books*
la chaise	*the chair*	**les** chaises	*the chairs*

  The plural form of the indefinite article is always **des**, which is pronounced [de] before a consonant sound:

un cahier	*a notebook*	**des** cahiers	*notebooks, some notebooks*
une porte	*a door*	**des** portes	*doors, some doors*

  Before a vowel sound, the **-s** of **les** and **des** is pronounced as /z/:

les chaises vs. **les**‿étudiants /z/	des bureaux vs. **des**‿ordinateurs /z/

  In English, plural nouns often appear without any article; in French, an article almost always accompanies the noun:

Il y a **des** livres ici.	*There are books here.*
J'aime **les** affiches.	*I like posters.*

Les articles			
	MASCULIN	**FÉMININ**	**MASCULIN ET FÉMININ**
indéfini	**un** cahier	**une** porte	**des** cahiers, **des** portes
	un‿ordinateur	**une** affiche	**des**‿ordinateurs, **des**‿affiches
défini	**le** livre	**la** carte	**les** livres, **les** cartes
	l'ordinateur	**l'**affiche	**les**‿ordinateurs, **les**‿affiches

À vous la parole

P-19 Qu'est-ce qu'il y a ? Look carefully at each sentence describing a classroom. Note the form of the article in each case to determine if this object is found in the classroom or not.

MODÈLES

	Il y a...	Il n'y a pas...	
	______	✓	... de carte.
	✓	______	... un tableau blanc.
1.	______	______	... d'ordinateur.
2.	______	______	... des chaises.
3.	______	______	... une affiche.
4.	______	______	... de télévision.
5.	______	______	... un livre de français.
6.	______	______	... de lecteur DVD.
7.	______	______	... une brosse.

In your opinion, what one object most needs to be added to make this a well-equipped classroom, and why?

P-20 C'est ça. Ask a classmate whether each of the objects listed can be found in your classroom. He or she can respond indicating to whom they belong, or saying that there aren't any.

MODÈLES tablettes

É1 Il y a des tablettes ?
É2 Oui, ce sont les tablettes de Danielle et de Mark.

carte de France

É1 Il y a une carte de France ?
É2 Non, il n'y a pas de carte.

1. cahiers
2. sacs à dos
3. ordinateur
4. télévision
5. portables
6. livres
7. tablettes
8. devoirs
9. carte

P-21 Sur mon bureau. In groups of three, compare what is on your desk at home by naming at least three items. What do you have on your desk that your partners don't have?

MODÈLE É1 Sur mon bureau, il y a un ordinateur, des livres et une photo.
É2 Et sur mon bureau, il y a...
É3 Sur mon bureau, il y a...

Formes et fonctions : **il y a, c'est et ce sont**

You have seen several useful expressions for identifying people and things, pointing them out, and listing them.

- **Il y a** means "there is/there are" and is used with singular or plural nouns preceded by an indefinite article.

Est-ce qu'**il y a** un ordinateur ici ?	*Is there a computer here?*
— Non, mais **il y a** des tablettes.	*— No, but there are some tablets.*

  In the negative, use **il n'y a pas de/d'** plus the noun.

Il n'y a pas de carte.	*There is no map.*
— Et **il n'y a pas d'**affiches non plus.	*— And there aren't any posters, either.*

- Use **c'est** and **ce sont** to identify people and things:

Est-ce que **c'est** la professeure de français ?	*Is that the French professor?*
Ce sont Monsieur et Madame Dupont.	*It's Mr. and Mrs. Dupont.*
Ça, **c'est** un portable.	***That** is a cell phone.*
Ce sont des affiches.	*These are posters.*

  Remember to use a stressed pronoun after **c'est** and **ce sont**:

C'est Paul ?	*Is that Paul?*
— Oui, c'est **lui**.	*— Yes, it is he.*
Ce sont Monsieur et Madame Dulac ?	*Is that Mr. and Mrs. Dulac?*
— Oui, ce sont **eux**.	*— Yes, it is they.*

These expressions are also used in the following common questions.

Qu'est-ce qu'il y a dans ton sac à dos ?	*What's in your backpack?*
— **Il y a** des livres et des cahiers.	*— There are books and notebooks.*
Qu'est-ce que c'est ?	*What is that?*
— **C'est** un livre de français.	*— It's a French book.*
Qui est-ce ? / **C'est qui** ?	*Who is it?*
— **C'est** Bertrand.	*— It's Bertrand.*

À vous la parole

P-22 Identifiez ! Complete each sentence to identify things and people in the classroom.

MODÈLES … trois fenêtres dans la salle de classe.
Il y a trois fenêtres dans la salle de classe.

Voilà la professeure ; … Madame Morin.
Voilà la professeure ; c'est Madame Morin.

1. … pas de télévision.
2. … Anne et Laurent.
3. … des livres.
4. … des cahiers sur le bureau.
5. — Ce sont les étudiants ? — Oui, ce sont…
6. — C'est Monsieur Davy ? — Oui, c'est…
7. …est-ce ? Monsieur Michel ?
8. …il y a sur le bureau ?

P-23 Ce sont eux ! Confirm the identity of the classmates indicated by your instructor.

MODÈLE Ce sont John et Kelsey ?
— Oui, ce sont eux.

P-24 Dans le sac à dos. Ask your partner five questions to find out what he or she has in a backpack today. Then have your partner show two things you didn't ask about. Switch roles and see whether your partner can guess what you have today!

MODÈLE É1 Qu'est-ce qu'il y a dans ton sac à dos ? Il y a un livre ?
É2 Non, il n'y a pas de livre.
É1 Il y a un portable ?
É2 Oui, voilà le portable. …
É2 Dans mon sac à dos, il y a aussi une tablette et des cahiers.

Écoutons

P-25 Des Francophones bien connus

A. Avant d'écouter. While listening to a podcast from a radio show, you hear descriptions of four well-known French-speaking people. Look at their names in the chart below—do you recognize any of them? Do you know anything about these individuals? Can you match any of the names and photos?

B. En écoutant. Complete the chart, in English. The first time you listen, fill in the country where each person was born. Then, listen again and try to determine why these people are well known. Write their profession in the second column. Have any of your initial ideas about these people or what they do been confirmed?

Name	Country of origin	Profession
Justin Trudeau		
Maryse Condé		
Marion Cotillard		
Paul Van Haver		

C. Après avoir écouté. Compare your answers with those of your classmates. Which of these people would you most like to learn more about? What would you like to learn about this person? Where would you go for more information?

Stratégie

When you hear extended descriptions in French, you probably will not understand every word. Focus on grasping the specific information that you need. For example, if you are listening for the name of a place, key in to proper names. For a person's profession, listen for words that sound similar to words you know in English, or a description of his or her job.

Venez chez nous !

Le français dans le monde

The French-speaking world is more than France. Here, we take a closer look at other regions of the world where French is spoken. Use the activities to broaden your understanding of the role French plays across the globe and reflect on how it compares with English as a world language.

Parlons

P-26 Le rôle du français dans le monde

A. Avant de parler. What do you know about the role of French in the world today? Take the following quiz to confirm and to expand your knowledge of the French-speaking world. Circle all correct answers.

1. French is an official language in … countries and regions.
   a. 6 **b.** 25 **c.** 32 **d.** 40
2. The number of people in the world who speak French fluently is approximately:
   a. 67 million **b.** 270 million **c.** 320 million **d.** 890 million

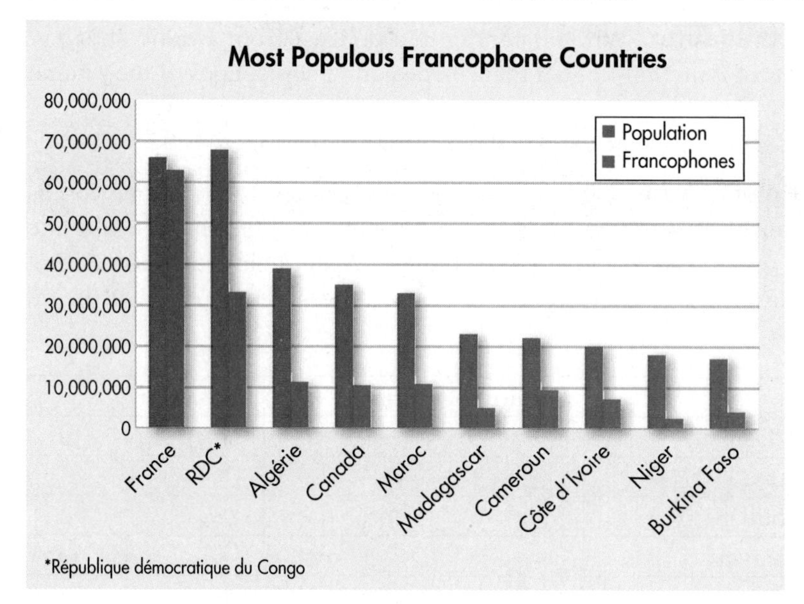

3. The only languages spoken on all five continents are…
   a. Chinese **b.** English **c.** French **d.** Spanish
4. In the United States, French is spoken in the home by approximately … people.
   a. 500,000 **b.** one million **c.** 1,300,000 **d.** two million
5. In Canada, the French-speaking population numbers …
   a. 6 million **b.** 10 million **c.** 30 million **d.** 100 million
6. French has a major impact on English vocabulary in the following domains:
   a. cuisine **b.** diplomacy **c.** fashion **d.** technology
7. French is an official language of the following international agencies:
   a. European Union **b.** United Nations **c.** International Olympic Committee
   d. International Red Cross
8. **L'Organisation internationale de la Francophonie (l'OIF)**, the world organization for countries where French is spoken or studied widely is …
   a. a political and economic federation, a kind of French commonwealth.
   b. the only international organization based on a language.
   c. a vehicle for recognizing the cultural diversity of French-speaking people.
   d. an international organization devoted to the spread of French throughout the world.

B. En parlant. Now compare your answers with those of a partner to see how you did.

1. The correct answer is … **c.** 32. In a francophone country, not necessarily everyone speaks French. In some countries, French is both an **official language** (used in government and education) and a **vernacular language** (used in everyday communication). French is an official and vernacular language in five European countries: France, Belgium, Switzerland, Luxembourg, and Monaco. In more than twenty African countries, French serves as an official language.
2. Did you answer … **b.** 270 million? You are correct. About 67 million of these people live in France. French is the second most frequently learned foreign language worldwide after English.
3. The correct answers are … **b.** English and **c.** French. Look at the map of **Le monde francophone** in your textbook. Why do you think French is spoken across the globe?
4. If you answered … **c.** 1,300,000, you are right. French is the second most widely spoken language in Maine, New Hampshire, Vermont, and Louisiana. Since 1968, French and English are official languages in Louisiana. About 200,000 speakers of Louisiana French live in southwest Louisiana.
5. The correct answer is … **b.** 10 million. In Quebec province, where French is the official language, nearly 6.5 million people report that French is the language they use most often. Sizable French-speaking populations are also found in New Brunswick, Manitoba, and Ontario, with smaller numbers in Alberta, British Columbia, Nova Scotia, and Saskatchewan.

Canada : le carnaval à Québec

6. Did you answer … **a.** cuisine, **b.** diplomacy, and **c.** fashion? If so, you are correct. If you sauté an omelet, have a tête-à-tête, or shop for prêt-à-porter, you are speaking French. Beginning with the Norman conquest of England in 1066, the French language has had a tremendous impact on the English we speak. French ideas have also influenced our daily lives. The influence of French philosophers is seen in the United States Constitution: the notion of the separation of executive, legislative, and judicial powers is an idea developed by Montesquieu in his work **De l'esprit des lois** (*The Spirit of the Laws*).

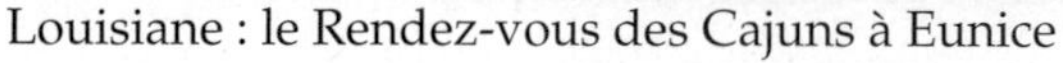
Louisiane : le Rendez-vous des Cajuns à Eunice

Tahiti : dans une école à Huahine

7. All of the answers are correct. French is an important language of international diplomacy and humanitarian efforts. France is a charter member of the United Nations and one of five permanent members of the Security Council; French doctors founded **Médecins sans frontières** (*Doctors without Borders*).

République démocratique du Congo : Médecins sans frontières

8. The answers are … **b.**, **c.**, and **d.** In 1970, several francophone nations formed an entity to promote technological and cultural development across French-speaking countries. The current organization includes 54 member states, 23 observer nations, and 3 associated nations. A charter, **La Charte de la Francophonie**, was adopted by the OIF in 2005, promoting human rights, cooperation, and development among member nations.

C. Après avoir parlé. Give yourself a point for each correct answer.

How did you and your partner score? Did any of these answers surprise you? Why, or why not?

Lisons

P-27 Titres de journaux

A. Avant de lire. Here is a series of headlines from the French-language press found online. As you read them, you will find that you are able to grasp their general meaning, because they include a number of cognates. *Cognates* are words whose form and meaning are very similar in French and English. For example, you can guess that the article with the heading **Cinq applications mobiles pour se remettre en forme** has to do with applications for mobile devices such as phones. What cognates can you find in the subheading that help to confirm this guess?

1\.

Paris. Exposition : l'Institut du monde arabe nous fait découvrir les « Trésors de l'Islam en Afrique »

Avec plus de 300 objets archéologiques, photographies, peintures et amulettes, l'IMA nous offre un panorama de la richesse des échanges culturels et spirituels entre l'Afrique subsaharienne et le monde arabo-musulman : du Maroc au Sénégal, en passant par l'Éthiopie et le Kenya.

Le courrier de l'Atlas : L'actualité du Maghreb en Europe (Maghreb : Maroc, Algérie, Tunisie)

2\.

DÉVELOPPEMENT DURABLE Sommet de la Terre : l'Afrique voit l'avenir en vert

L'Afrique peut-elle être en pointe d'un nouveau modèle de développement respectueux de la planète ?

Jeune Afrique : Toute l'actualité africaine en continue (Afrique)

3\.

CINQ APPLICATIONS MOBILES POUR SE REMETTRE EN FORME

Parce que votre téléphone intelligent peut devenir votre meilleur allié de remise en forme, voici notre top cinq des applications sportives à télécharger, toutes testées et approuvées.

Elle Québec (Montréal)

4\.

Impression de tissus vivants

Une histoire de science-fiction, ou de la réalité ? La technologie de bioprinting est très prometteuse. Il sera un jour possible d'« imprimer » des tissus vivants et de créer des organes artificiels pour la transplantation humaine.

arcinfo.ch (Suisse)

5\.

Seppe Smits, l'acrobate des neiges

L'Anversois possède une vraie chance de médaille en slopestyle snowboard aux prochains Jeux olympiques d'hiver.

lesoir.be (Belgique)

B. En lisant. Watching for cognates, decide which headline deals with ...

1. the environment
2. technology and fitness
3. medicine and technology
4. sports
5. art

How did you make your decision in each case?

C. Après avoir lu. For each headline, the source has been indicated. What does this tell you about where French is used in the world today? Can you explain why French is used all over the world?

Observons

P-28 On se présente

A. Avant de regarder. Even in an act as simple as introducing themselves, our video participants include specific personal information as well as the expected formulaic phrases.

1. What information do people generally give when they introduce themselves?
2. What expressions have you learned that people might use to provide this information in French?

B. En regardant. Now watch the video clip and answer the following questions.

1. Match each person's photo with his or her name: **Bengala, Bertrand, Catfish, Leslie, Yvette**.

a. ___________ **c.** ___________

b. ___________ **d.** ___________

e. ___________

2. What additional personal information does each person provide? Select all the correct responses.
   a. Who lives or studies in Paris?
   Bengala Bertrand Catfish Leslie
   b. Who is originally from French-speaking Africa?
   Bengala Bertrand Leslie Yvette
   c. Who speaks English?
   Bengala Bertrand Catfish Yvette
   d. Whose family is originally from South America?
   Bengala Catfish Leslie Yvette

C. Après avoir regardé. Now consider the following questions.

1. What differences do you notice in the way these people look, speak, and talk about themselves?
2. How does that reflect what you have learned about the francophone world?
3. Use these introductions as a model for presenting yourself to the class. Which of their phrases can you use? Can you give particular information about yourself, such as where you are from, where you live, and what languages you speak?

The town of Deshaies in Guadeloupe, seen from the harbor

Spices for sale in a Moroccan *souk* (market) in Marrakesh

Écrivons

P-29 Voyages en francophonie

A. Avant d'écrire. A world map included with your textbook shows the francophone countries and regions of the world. Take a look at this map to see where French is spoken. Notice French spelling conventions, such as capitalization and the use of accents.

B. En écrivant. On a separate sheet of paper, make two lists: (1) francophone countries and regions that you have already visited (**J'ai déjà visité...**) and (2) francophone countries and regions that you would like to visit in the future (**Je voudrais visiter...**). Write out the name of each place in French—check if you are not sure of the spelling of a place name!

MODÈLE	J'ai déjà visité :	Je voudrais visiter :
	le Canada	la France
	la Louisiane	le Maroc
	etc.	etc.

Review the list you made: Did you include an article with the name of each country (many islands are exceptions and do not have articles as part of their names)? Did you spell the names correctly in French, including accents?

C. Après avoir écrit. Compare your lists with those of other students in the class to find out what francophone countries or regions your classmates have visited. Talk about your experiences and why you'd like to visit the other places you named.

Vocabulaire

Leçon 1

pour vous présenter	to introduce yourself
Comment vous appelez-vous ? / Comment tu t'appelles ?	*What is your name?*
Je m'appelle Bertrand.	*My name is Bertrand.*
Voici...	*This is...; Here is / are /*
Enchanté/e.	*Delighted.*
Je suis de Dijon.	*I am from Dijon.*
pour saluer et répondre	***to greet and respond***
Bonjour.	*Hello.*
Bonsoir.	*Good evening.*
Salut.	*Hi.*
Comment allez-vous ? / Comment ça va ?	*How are you? / How's it going?*
Ça va, et toi ? / et vous ?	*Fine, and you?*
Je vais bien.	*I'm fine.*
Très bien, merci.	*Very well, thank you.*
Bien aussi.	*(I'm) fine too.*
Pas mal.	*Not bad.*
Ça peut aller.	*I'm getting by.*
Ça ne va pas. / Ça va mal.	*Things aren't going well / are going badly.*
pour prendre congé	***to say good-bye***
Au revoir.	*Good-bye.*
À bientôt.	*See you soon.*
À plus (tard).	*See you later.*
Ciao.	*'Bye.*
Salut.	*'Bye.*
des personnes	***people***
Madame (Mme)	*Mrs. / Ms. / Ma'am*
Mademoiselle (Mlle)	*Miss*
Monsieur (M.)	*Mr. / Sir*
un/e ami/e	*friend*
un/e camarade de classe	*classmate*
moi	*me*
quelques expressions avec le verbe *être*	***a few expressions with the verb* to be**
être en forme	*to be in shape (after exercising or after being sick)*
être fatigué/e	*to be tired*
être malade	*to be sick*
être occupé/e	*to be busy*
être stressé/e	*to be stressed out*
c'est / ce sont...	*this is / these are...*
autres mots utiles	***other useful words***
oui	*yes*
non	*no*
mais	*but*

Leçon 2

à la fac / dans la salle de classe	at the university / in the classroom
une affiche	*poster*
une brosse	*eraser (for chalk- or whiteboard)*
un bureau	*desk*
un cahier	*notebook*
une carte	*map*
une chaise	*chair*
une craie	*(piece of) chalk*
un crayon	*pencil*
des devoirs (m)	*homework*
un DVD	*DVD*
un écran	*screen (TV, projection, computer)*
une fenêtre	*window*
une feuille de papier	*sheet of paper*
un feutre	*felt-tipped marker*
une gomme	*pencil eraser*
un lecteur DVD	*DVD player*
un livre	*book*
un ordinateur (portable)	*(laptop) computer*
une porte	*door*
un sac (à dos)	*bag (backpack)*
un stylo	*pen*
un tableau (noir, blanc, interactif)	*board (blackboard, whiteboard, interactive board)*
une tablette	*tablet*
un (téléphone) portable	*cell phone*
une télé(vision)	*television, TV*
des expressions pour la salle de classe	***classroom expressions***
Allez au tableau.	*Go to the board.*
Asseyez-vous.	*Sit down.*
Comment ça s'écrit ?	*How do you spell that?*
Comment dit-on « *whiteboard* » en français ?	*How do you say "whiteboard" in French?*
Donnez le feutre à Cécile.	*Give the marker to Cécile.*
Écoutez bien, s'il vous plaît.	*Listen carefully, please.*
Écoutez sans regarder le livre.	*Listen without looking at the book.*
Écrivez votre nom et votre prénom.	*Write your last name and your first name.*
Effacez le tableau.	*Erase the board.*
Fermez le livre.	*Close the book.*

Je ne comprends pas.	*I don't understand.*
Je ne sais pas.	*I don't know.*
Levez-vous.	*Get up. / Stand up.*
Lisez les mots au tableau.	*Read the words on the board.*
Montrez-moi votre livre.	*Show me your book.*
Montrez Paris sur la carte.	*Point to Paris on the map.*
Ne parlez pas anglais.	*Don't speak English.*
Ouvrez la fenêtre.	*Open the window.*
Pardon ?	*Excuse me?*
Parlez plus fort, s'il vous plaît.	*Speak louder, please.*
Prenez un stylo et une feuille de papier.	*Take a pen and a sheet of paper.*
Regardez l'écran.	*Look at the screen.*
Rendez-moi les devoirs.	*Hand in your homework.*
Répétez, s'il vous plaît.	*Repeat, please.*
Répondez en français.	*Answer in French.*
Voilà…	*Here / There is / are ...*
Il y a…	*There is / are ...*
… (mais) il n'y a pas de…	*… (but) there isn't / aren't any …*

pour remercier quelqu'un	***to thank someone***
Merci.	*Thank you.*
De rien.	*Not at all. / You're welcome.*

des personnes	***people***
un/e étudiant/e	*student*
un/e professeur/e	*teacher; professor*

Chapitre 1
Ma famille et moi

Je suis Diandra. Voici ma mère, Jeannette, et Éric, fils de mon oncle Ernest et ma tante Yvette.

On démarre !

Look at the photo of Diandra and her family. The family is originally from Cameroon, a former French colony located in West Africa. How many generations are pictured? What do you imagine their relationships to be?

Watch the video clip to learn more. What kinds of information do people generally provide when they—like Diandra—describe their families?

What do you know, or are you interested in learning, about families in French-speaking countries?

Learning Outcomes

After completing this chapter, you will be able to:

- Talk about and describe family members
- Count to 100 and tell how old someone is
- Describe everyday activities
- Ask simple questions
- Talk about family structures across the French-speaking world

Voici ma famille

Points de départ : ma famille

Salut ! Je m'appelle Jacques. Voici ma famille :

D'abord il y a mes grands-parents, Jean-Pierre et Michèle — ce sont les parents de ma mère. Ma mère a une sœur ; elle s'appelle Marie. Didier est son mari. Ils ont deux enfants, un fils et une fille : ce sont mes cousins Simon et Suzanne. Ils habitent tous à Dijon.

Mon père a un frère et une sœur. Mon oncle et sa femme ont quatre garçons ; c'est une famille nombreuse. Alors, j'ai beaucoup de cousins mais seulement une cousine.

Ma sœur Mathilde est étudiante. Chez nous il y a des animaux de compagnie. On a un chien, Bounty, et un chat, Macbeth. Ma tante et mon oncle ont des oiseaux et des poissons.

Fiche pratique

As you learn new vocabulary, it can be helpful to organize words and expressions into pairs of logical opposites or counterparts, for example: **la mère et le père; la sœur et le frère**.

La famille

les grands-parents : le grand-père, la grand-mère
les beaux-parents : le beau-père, la belle-mère
les parents : le père (le compagnon), la mère (la compagne)
les enfants : le fils (le garçon), la fille
le frère, la sœur
le demi-frère, la demi-sœur
les petits-enfants : le petit-fils, la petite-fille

d'autres rapports familiaux	*l'état civil*	
l'oncle, la tante	célibataire	(re)marié/e
le neveu, la nièce	fiancé/e	divorcé/e
le cousin, la cousine	pacsé/e	décédé/e

À vous la parole

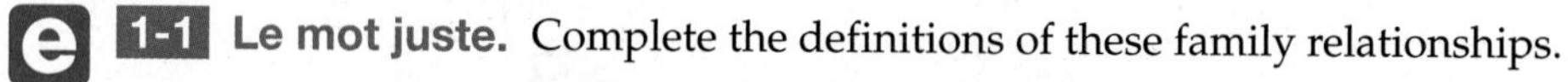

1-1 Le mot juste. Complete the definitions of these family relationships.

MODÈLE La mère de ma cousine est ma…
La mère de ma cousine est ma tante.

1. Le père de ma mère est mon…
2. La sœur de mon père est ma…
3. La fille de mon oncle est ma…
4. Le frère de ma cousine est mon…
5. Le mari de ma tante est mon…
6. La mère de mon père est ma…
7. Le fils de mon frère est mon…
8. La fille de ma sœur est ma…

1-2 Relations multiples. Describe the relationships among the various members of Jacques' family.

MODÈLE Philippe ? Anne, Jacques
Philippe ? C'est le mari d'Anne ; c'est le père de Jacques.

1. Mathilde ? Anne, Jacques
2. Michèle ? Anne, Mathilde
3. Simon ? Marie, Jacques
4. Didier ? Marie, Mathilde
5. Anne ? Philippe, Suzanne
6. Mathilde ? Simon, Marie
7. Jacques ? Mathilde, Didier
8. Jean-Pierre ? Anne, Jacques

Vie et culture

La famille en France

In France, nine out of ten couples begin their relationship by living together, and 60 percent of all children born in 2015 had unmarried parents. It is also not unusual for couples to marry after the birth of one or more children. Today's couples tend to marry later (age 38.1 for men, age 36.6 for women in opposite-sex couples) and have fewer children than in the past. Each year many couples, whether of the same or opposite sex, legalize their union with **un Pacte Civil de Solidarité (un PACS)**: In 2017 there were four PACS formed for every five marriages. The marriage rate in France is about half the rate of that in the United States. In particular, since 2013 the marriage rate has decreased each year while the PACS rate has increased. Except in 2014, the year after same-sex marriage was legalized, this has also been true for same-sex couples. The divorce rate is also rising: half of all marriages now end in divorce.

Relations among family members tend to be close and to have a strong influence on a French person's life. Young people have frequent contact with their extended family. They also tend to remain in their parents' home longer: almost half of young people aged 18–29 live with their parents.

 Les animaux de compagnie

Household pets are often an important part of the French family. The French own approximately 12.7 million cats; 7.3 million dogs; 34.2 million fish; 5.8 million birds; and 2.8 million hamsters, rabbits, mice, etc. Indeed, 50 percent of all households have a pet. Watch the video clip in which Leslie runs errands in Paris accompanied by her dog, Olive, and note the various places where Olive is allowed to go.

Leslie et Olive

 Et vous ?

1. How does the typical French family compare to the typical North American family, and to your own? Is the role of the family similar in France and in North America, in your opinion?
2. Are there any places where Olive is allowed that surprise you? Is this what you would expect where you live? How would you feel about going into businesses where pets are allowed? What does this custom suggest about differences in French and North American attitudes toward animals and public spaces?

1-3 Portrait d'une famille. Look at the family portrait by Post-Impressionist painter Henri Rousseau. The title of the painting is *La Noce (The Wedding)*, and it depicts a wedding party. With a partner, identify the members of the wedding party.

MODÈLE Voilà le grand-père et la grand-mère…

Henri Rousseau, *La Noce*, C. Jean/Réunion des Musées Nationaux/Art Resource, NY

Sons et lettres

La tension et le rythme

Vowel tension and rhythm are distinctive qualities of spoken French.

- Pronouncing French vowels

  At the end of a syllable, French vowels are pronounced with lips and jaws tense. French vowels are usually shorter than corresponding English vowels, and the lips and jaws do not move as they are produced. In contrast, when you pronounce English vowels, your chin often drops or your lips move, and a glided vowel results.

  French /i/, as in **Mimi**, is pronounced with the lips smiling and tense. The sound produced is high-pitched.

  French /u/, as in **Doudou**, is pronounced with the lips rounded, tense, and projected forward. The sound produced is low-pitched and very different from the vowel of English *do*, because for the French /u/ the tongue is further back in the mouth.

- Rhythm

  French speech is organized in rhythmic groups, short phrases usually two to six syllables long. Each syllable within a rhythmic group has the same strength; each receives the same degree of stress. The last syllable tends to be longer than the others.

In English, some syllables within words are stronger than others. Consider the pronunciation of the following words:

re***peat*** ***lis***ten Chi***ca***go Minne***a***polis

The syllables that are not stressed are usually short, and their vowel is a short, indistinct vowel. In French, each syllable and therefore each vowel is pronounced evenly and distinctly.

Listen to the pronunciation of the following English and French words. Then, as you pronounce each French word yourself, count out the rhythm or tap it out with your finger.

1-2		**1-2-3**		**1-2-3-4**	
English	**French**	**English**	**French**	**English**	**French**
Phillip	*Philippe*	Canada	*Canada*	Alabama	*Alabama*
machine	*machine*	alphabet	*alphabet*	diplomacy	*diplomatie*
madam	*madame*	Isabel	*Isabelle*	introduction	*introduction*

À vous la parole

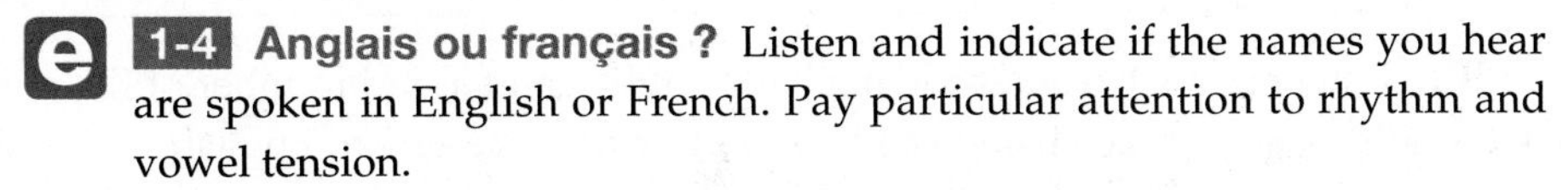

1-4 Anglais ou français ? Listen and indicate if the names you hear are spoken in English or French. Pay particular attention to rhythm and vowel tension.

1. French	English	**4.** French	English	**7.** French	English
2. French	English	**5.** French	English	**8.** French	English
3. French	English	**6.** French	English	**9.** French	English

1-5 Slogan. Near a French school, you will find a sign urging motorists to drive slowly. Practice reading the warning aloud:

Pensez à nous ! Roulez tout doux ! *Think about us! Drive very slowly!*

1-6 Les Hiboux. Repeat this excerpt from a poem by French surrealist Robert Desnos. Use even rhythm and pronounce the final vowel sound /u/ with your lips well rounded. You will make the sound owls **(les hiboux)** make in French: **Hou ! hou !**

Ce sont les mères des hib**ou**x	*It's the owls' mothers*
Qui désiraient chercher les p**ou**x	*Who wanted to look for lice*
De leurs enfants, leurs petits ch**ou**x,	*On their children, their little darlings,*
En les tenant sur les gen**ou**x.	*While holding them on their knees.*

Formes et fonctions : les adjectifs possessifs

Possessive adjectives indicate ownership or other types of relationships.

Voilà **ma** mère.	*There's my mother.*
C'est **ton** frère ?	*Is that your brother?*
Ce sont **vos** livres ?	*Are these your books?*

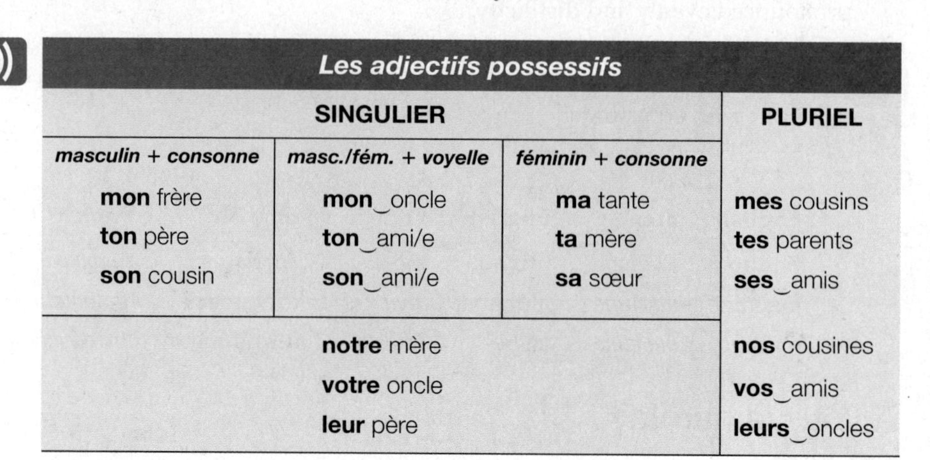

Les adjectifs possessifs

SINGULIER			PLURIEL
masculin + consonne	*masc./fém. + voyelle*	*féminin + consonne*	
mon frère	**mon**‿oncle	**ma** tante	**mes** cousins
ton père	**ton**‿ami/e	**ta** mère	**tes** parents
son cousin	**son**‿ami/e	**sa** sœur	**ses**‿amis
	notre mère		**nos** cousines
	votre oncle		**vos**‿amis
	leur père		**leurs**‿oncles

The form of the possessive adjective depends on the gender and number of the noun that it modifies, not on the gender of the possessor, as is the case in English.

— C'est **le frère** de Sarah ?	— Oui, c'est **son** frère.	*Yes, it's her brother.*
— C'est **la tante** de Simon ?	— Oui, c'est **sa** tante.	*Yes, it's his aunt.*
Voilà **les cousins** de Sarah.	Voilà **ses** cousins.	*There are her cousins.*
Voilà **les cousins** de Cédric.	Voilà **ses** cousins.	*There are his cousins.*

Use **mon**, **ton**, and **son** before any singular noun beginning with a vowel sound, and link the sound /n/ to the word that follows.

C'est **mon**‿amie Sandrine.	*This is my friend Sandrine.*
C'est **ton**‿oncle ?	*Is that your uncle?*

There is no distinction between masculine and feminine forms of **notre**, **votre**, and **leur**.

- Remember that **vous/votre** can refer to one person (*formal*) or more than one.

For plural nouns beginning with a vowel sound, the **-s** of the plural possessive form is pronounced as /z/.

Voilà **ses**‿amies.	*There are his/her friends.*
Ce sont **nos**‿oncles.	*These are our uncles.*
Voici **leurs**‿enfants.	*Here are their children.*

À vous la parole

1-7 C'est qui ? Use Jacques' family tree to explain each relationship.

MODÈLE Qui est Mathilde pour Jacques ?
C'est sa sœur.

Qui sont Suzanne et Simon pour Jacques et Mathilde ?
Ce sont leurs cousins.

1. Qui est Simon pour Anne ?
2. Qui est Marie pour Didier ?
3. Qui est Michèle pour Mathilde et Jacques ?

4. Qui est Philippe pour Simon et Suzanne ?
5. Qui sont Jean-Pierre et Michèle pour Jacques ?
6. Qui sont Jean-Pierre et Michèle pour Philippe ?
7. Qui sont Jacques et Mathilde pour Philippe et Anne ?
8. Qui sont Bounty et Macbeth pour Jacques et Mathilde ?

1-8 La famille de Jacques. Class members will assume the roles of the members of Jacques' family; ask them questions about the family tree.

MODÈLE É1 à Jacques : Comment s'appelle ta sœur ?
É2 Ma sœur s'appelle Mathilde.
É3 à Jacques et Mathilde : Comment s'appellent vos parents ?
É4 Notre mère s'appelle Anne et notre père s'appelle Philippe. ...

1. à Jacques
2. à Jacques et Mathilde
3. à Anne
4. à Simon et Suzanne
5. à Didier
6. à Jean-Pierre et Michèle

1-9 Qu'est-ce que vous emportez ? Imagine that your dorm / house / apartment is on fire, and you have time to take only three things. What would you take? Make a list and share it with your partner.

MODÈLE 1. mes photos de famille
2. mes deux chats, Mickey et Minnie
3. mon ordinateur

Formes et fonctions : le verbe **avoir**

The irregular verb **avoir** (*to have*) is used to indicate possession and other relationships.

J'**ai** une sœur. — *I have a sister.*
Tu **as** un crayon ? — *Do you have a pencil?*

Here are the forms of **avoir**, shown with the subject pronouns.

- Notice that the subject pronoun **je** becomes **j'** before a vowel.

  J'ai trois chiens. — *I have three dogs.*

- Pronounce the final -s of **nous**, **vous**, and **ils/elles** as /z/, and link it to the plural form of **avoir** that follows.

  Nous‿**avons** une cousine. — *We have a cousin.*
  Vous‿**avez** un frère ? — *Do you have a brother?*

AVOIR *to have*					
j'	**ai**	*I have*	nous‿	**avons**	*we have*
tu	**as**	*you have*	vous‿	**avez**	*you have*
il	**a**	*he/it has*	ils‿	**ont**	*they have*
elle	**a**	*she/it has*	elles‿	**ont**	*they have*
on	**a**	*we/people have, one has*			

Use **ne ... pas de** to express the idea of *not having any*. Notice that both **ne** and **de** drop their final **-e** before a vowel sound.

Je **n'**ai **pas de** sœurs. — *I don't have any sisters.*
Elle **n'**a **pas d'**oncle. — *She doesn't have an uncle.*

À vous la parole

1-10 Décrivez la famille. Describe Jacques and members of his family.

MODÈLE Jacques et Mathilde : Ils… ont un chien, Bounty, et ils ont un grand-père.

1. Philippe : Il…
2. Marie et Didier : Ils…
3. Anne : Elle…
4. Jean-Pierre et Michèle : Ils…

Now take the point of view of the person/s specified.

MODÈLE Jacques : J' … ai une sœur, Mathilde, et j'ai un cousin, Simon.

5. Simon : J'…
6. Philippe et Anne : Nous…
7. Suzanne : J'…
8. Jacques et Mathilde : Nous…

1-11 Qu'est-ce que vous avez ? Compare with a partner what you brought to class today, and report back to your classmates. See how many different items you can name.

MODÈLE Ben et moi, nous avons des cahiers et nos portables. J'ai aussi un stylo et mon livre de français. Ben a un crayon et sa tablette.

1-12 Qui a… ? Circulate in the classroom to find someone who has each of the things listed. When your instructor calls time, compare notes to see who came closest to completing the list.

MODÈLE un chat
É1 Tu as un chat ?
É2 Non, je n'ai pas de chat. (*You ask another person.*)
OU Oui, j'ai un chat. Il s'appelle Mr. Whiskers. (*You write down this person's name.*)

1. un chat
2. un chien
3. des poissons
4. un oiseau
5. un jumeau / une jumelle
6. un/e ami/e en France
7. un portable
8. une tablette
9. une affiche
10. une carte

1-13 Un arbre généalogique. Describe your family to a partner, and have him/her draw your family tree. Be ready to respond to your partner's questions about your family. Then switch roles.

MODÈLE É1 J'ai deux mères, Paula et Cindy. J'ai un frère, mais je n'ai pas de sœurs. Nous avons un chien, Chief.
É2 [*showing drawing*] Voici tes mères, Paula et Cindy, et ton chien, Chief. Et ton frère, il s'appelle comment ?

Lisons

1-14 Des faire-part

Stratégie

Certain types of documents—for example, announcements and invitations—are formulaic by nature. Your familiarity with such texts in English can help you anticipate and understand the content of similar texts in French.

A. Avant de lire. Here are three very similar announcements. Skim them, then answer the following questions.

1. For what purposes have they been designed?
2. What kinds of information do you expect to find as you read them? Choose from the list:

___ addresses	___ names	___ professions	___ times
___ art	___ places	___ relationships	___ weather
___ dates	___ prices	___ religion	___ websites

3. In announcements such as these, the type of information provided as well as the phrasing is often highly predictable. Think of some common examples in English. Where would you expect to find such phrases as *request the pleasure of your company* or *are pleased to announce*?

Papa et Maman se marient !

Gabriel
a le plaisir de vous faire part du mariage de ses parents
Isabelle et Antoine
La cérémonie se déroulera le samedi 25 mai 2019,
à 16 heures 30 à la mairie d'Albi
Un vin d'honneur sera servi à 17 heures 30,
à la salle des fêtes de Poulan-Pouzols.
Isabelle Peron et Antoine Lepage
19, rue Pradet
81000 Albi

Le grand frère Nicolas
est heureux de vous annoncer
l'arrivée de son petit frère
Lucas
qui est né le 10 février 2019 à 20h15.
Il fait 3,5 kg pour 50 cm.
Nos parents sont
Yann et Audrey Dupuis.

Christian et Benoît
sont heureux de vous annoncer
qu'ils se sont pacsés
le 14 juin 2019
Un vin d'honneur suivi d'un buffet froid
sera offert le samedi 20 juillet
au restaurant les Pyrénées
17h30
Christian Lefranc et Benoît Perrin
se pacsent
7 rue du Vieux Marché
21000 Dijon

B. En lisant. As you read, look for key information and answer the related questions.

1. Fill in the following chart in English, as completely as possible.

	1er faire-part	2e faire-part	3e faire-part
Purpose:			
Names:			
Date:			
Time(s):			

2. What information do you find in these announcements that you expected to find? Is there any information that you did not expect?

C. En regardant de plus près. Now look more closely at some features of these documents.

1. They all begin in a very similar way:

   … est/sont heureux de vous annoncer… *… a le plaisir de vous faire part…*

   Based on your familiarity with similar texts in English and on your knowledge of cognates, what do you think these first lines mean?
2. In France, marriage is first of all an official act. Look at the text for Isabelle and Antoine. Their wedding will take place in **la mairie d'Albi**. Looking at their address, you'll see that Albi is where they live. Given this information, what do you think is the meaning of the word **la mairie**?
3. **Le vin d'honneur** is a ceremony during which guests drink wine, often champagne, to celebrate a happy event. In which of these **faire-part** are guests invited to a **vin d'honneur**? When and where will this take place?
4. In the second announcement, what do **3,5 kg** and **50 cm** refer to? Can you determine the equivalent measures in another system?

D. Après avoir lu. Compare your responses to the questions below with those of your classmates.

1. What do you generally do when you receive an announcement of this type?
2. Having seen these three examples, design a similar announcement for yourself, a family member, or a friend.

At the end of this Jewish wedding ceremony in Bourgogne-Franche-Comté, the groom breaks a glass.

LEÇON 2

Les dates importantes

Points de départ : les fêtes et les anniversaires

C'est le quatorze juillet, la fête nationale en France.

C'est le vingt-cinq décembre, le jour de Noël.

C'est le premier mai, la fête du Travail.

C'est le onze novembre, la fête de l'Armistice.

Les mois de l'année

janvier	avril	juillet	octobre
février	mai	août	novembre
mars	juin	septembre	décembre

Les nombres cardinaux de 0 à 31

0	zéro	1	un	11	onze	21	vingt-et-un	31	trente-et-un
		2	deux	12	douze	22	vingt-deux		
		3	trois	13	treize	23	vingt-trois		
		4	quatre	14	quatorze	24	vingt-quatre		
		5	cinq	15	quinze	25	vingt-cinq		
		6	six	16	seize	26	vingt-six		
		7	sept	17	dix-sept	27	vingt-sept		
		8	huit	18	dix-huit	28	vingt-huit		
		9	neuf	19	dix-neuf	29	vingt-neuf		
		10	dix	20	vingt	30	trente		

À vous la parole

1-15 Complétez la série. With a partner, take turns reading aloud each series of numbers and adding a number to complete it.

MODÈLE 2, 4, 6, …
É1 deux, quatre, six, …
É2 deux, quatre, six, huit

1. 1, 3, 5, …
2. 7, 14, 21, …
3. 6, 12, 18, …
4. 2, 4, 8, …
5. 5, 10, 15, …
6. 25, 27, 29, …
7. 31, 30, 29, …
8. 28, 26, 24, …

1-16 Cours de mathématiques. Create math problems to test your classmates!

MODÈLES É1 10 + 2 = ? (Dix et deux/Dix plus deux, ça fait combien ?)
É2 Ça fait douze.
É3 20 − 5 = ? (Vingt moins cinq, ça fait combien ?)
É4 Ça fait quinze.

1-17 Associations. What number do you associate with the following?

MODÈLE la superstition
treize

1. le vote
2. une paire
3. l'alphabet
4. le premier
5. un imbécile
6. les mois
7. l'indépendance américaine
8. Noël

1-18 C'est quelle date? What date corresponds to each holiday?

MODÈLE Noël
C'est le 25 décembre.

1. le jour de l'An
2. la Saint-Valentin
3. la Saint-Patrick
4. la fête du Travail
5. la fête nationale américaine
6. la fête nationale française
7. la Toussaint
8. l'Armistice 1918

1-19 Votre anniversaire et votre fête. Find a partner and ask each other when your birthday is and when your saint's day is. Share what you have learned about your partner with the class.

MODÈLE É1 Ton anniversaire, c'est quel jour ?
É2 C'est le trente août. Et toi ?
É1 C'est le neuf mai.
É2 Et ta fête, Tom ?
É1 C'est le trois juillet. Et toi, Jenna ?
É2 Il n'y a pas de « Sainte Jenna ».

Vie et culture

Bon anniversaire et bonne fête !

Take a look at the French calendar shown below. Notice that some dates are highlighted in color, such as **le premier mai** and **le onze novembre**; both are important legal holidays in France. May 1 is International Workers' day, and labor unions often organize parades and demonstrations. November 11 is the anniversary of the end of World War I. With a partner, look at the other highlighted dates and try to determine the significance of each. Also, note that a name is listed alongside most dates. Many French people celebrate two special days a year, their *birthday* (**Bon anniversaire !**) and their *saint's day* (**Bonne fête !**), the day associated in the Catholic tradition with the saint whose name they share.

2020

JANVIER			FÉVRIER			MARS			AVRIL			MAI			JUIN		
1	M	J. de l'An,	1	S	Ella	1	D	Aubin	1	M	Hugues	1	V	Fête du travail	1	L	L. de Pentecôte
2	J	Basile	2	D	Présentation	2	L	Charles le Bon	2	J	Sandrine	2	S	Boris	2	M	Blandine
3	V	Geneviève	3	L	Blaise	3	M	Guénolé	3	V	Richard	3	D	Philippe	3	M	Kevin
4	S	Odilon	4	M	Véronique	4	M	Casimir	4	S	Isidore	4	L	Sylvain	4	J	Clotilde
5	D	Édouard	5	M	Agathe	5	J	Olive	5	D	Irène	5	M	Judith	5	V	Igor
6	L	Balthazar	6	J	Gaston	6	V	Colette	6	L	Marcellin	6	M	Prudence	6	S	Norbert
7	M	Raymond	7	V	Eugénie	7	S	Félicité	7	M	Jean-Baptiste	7	J	Gisèle	7	D	Gilbert
8	M	Lucien	8	S	Jacqueline	8	D	Jean de Dieu	8	M	Julie	8	V	Victoire 1945	8	L	Médard
9	J	Alix	9	D	Apolline	9	L	Françoise	9	J	Gautier	9	S	Pacôme	9	M	Diane
10	V	Guillaume	10	L	Arnaud	10	M	Vivien	10	V	Fulbert	10	D	Solange	10	M	Landry
11	S	Paulin	11	M	N.-D. Lourdes	11	M	Rosine	11	S	Stanislas	11	L	Estelle	11	J	Barnabé
12	D	Tatiana	12	M	Félix	12	J	Justine	12	D	Pâques	12	M	Achille	12	V	Guy
13	L	Yvette	13	J	Béatrice	13	V	Rodrigue	13	L	Lundi de Pâques	13	M	Rolande	13	S	Antoine de Padoue
14	M	Nina	14	V	Valentin	14	D	Mathilde	14	M	Maxime	14	J	Matthias	14	D	Élisée
15	M	Rémi	15	S	Claude	15	D	Louise	15	M	Paterne	15	V	Denise	15	L	Germaine
16	J	Marcel	16	D	Julienne	16	L	Bénédicte	16	J	Benoît-Joseph	16	S	Honoré	16	M	Aurélien
17	V	Roseline	17	L	Alexis	17	M	Patrice	17	V	Anicet	17	D	Pascal	17	M	Hervé
18	S	Prisca	18	M	Bernadette	18	M	Cyrille	18	S	Parfait	18	L	Éric	18	J	Léonce
19	D	Marius	19	M	Gabin	19	J	Joseph	19	D	Emma	19	M	Yves	19	V	Romuald
20	L	Sébastien	20	J	Aimée	20	V	Alessandra	20	L	Odette	20	M	Bernardin	20	S	Silvère
21	M	Agnès	21	V	Pierre-Damien	21	S	Clémence	21	M	Anselme	21	J	Ascension	21	D	Rodolphe
22	M	Vincent	22	S	Isabelle	22	D	Léa	22	M	Alexandre	22	V	Émile	22	L	Alban
23	J	Barnard	23	D	Lazare	23	L	Victorien	23	J	Georges	23	S	Didier	23	M	Audrey
24	V	François de Sales	24	L	Modeste	24	M	Catherine de Suede	24	V	Fidèle	24	D	Donatien	24	M	Jean-Baptiste
25	S	Artémas	25	M	Roméo	25	M	Humbert	25	S	Marc	25	L	Sophie	25	J	Prosper
26	D	Paule	26	M	Nestor	26	J	Larissa	26	D	Alida	26	M	Bérenger	26	V	Anthelme
27	L	Angèle	27	J	Honorine	27	V	Habib	27	L	Zita	27	M	Augustin	27	S	Fernand
28	M	Thomas d'Aquin	28	V	Romain	28	S	Gontran	28	M	Valérie	28	J	Germain	28	D	Irénée
29	M	Gildas	29	S	August	29	D	Gwladys	29	M	Ava	29	V	Aymar	29	L	Pierre, Paul
30	J	Martine				30	L	Amédée	30	J	Robert	30	S	Ferdinand	30	M	Martial
31	V	Marcelle				31	M	Benjamin				31	D	Pentecôte			

JUILLET			AOÛT			SEPTEMBRE			OCTOBRE			NOVEMBRE			DÉCEMBRE		
1	M	Thierry	1	S	Alphonse	1	M	Gilles	1	J	Arielle	1	D	Toussaint	1	M	Florence
2	J	Martinien	2	D	Julien-Eymard	2	M	Ingrid	2	V	Léger	2	L	Silvia	2	M	Viviane
3	V	Thomas	3	L	Lydie	3	J	Grégoire	3	S	Gérard	3	M	Hubert	3	J	François-Xavier
4	S	Florent	4	M	Jean-Marie, Vianney	4	V	Rosalie	4	D	François d'Assise	4	M	Charles	4	V	Barbara
5	D	Antoine	5	M	Abel	5	S	Raïssa	5	L	Fleur	5	J	Sylvie	5	S	Gérald
6	L	Mariette	6	J	Octavien	6	D	Bertrand	6	M	Bruno	6	V	Bertille	6	D	Nicolas
7	M	Raoul	7	V	Gaétan	7	L	Reine	7	M	Serge	7	S	Carine	7	L	Ambroise
8	M	Thibault	8	S	Dominique	8	M	Adrien	8	J	Pélagie	8	D	Geoffroy	8	M	Imm. Conception
9	J	Amandine	9	D	Amour	9	M	Alain	9	V	Denis	9	L	Théodore	9	M	Guadalupe
10	V	Ulrich	10	L	Laurent	10	J	Inès	10	S	Ghislain	10	M	Léon	10	J	Romaric
11	S	Benoît	11	M	Claire	11	V	Adelphe	11	D	Firmin	11	M	Armistice 1918	11	V	Daniel
12	D	Olivier	12	M	Clarisse	12	S	Apollinaire	12	L	Wilfried	12	J	Christian	12	S	Chantal
13	L	Henri, Joël	13	J	Hippolyte	13	D	Aimé	13	M	Géraud	13	V	Brice	13	D	Lucie
14	M	Fête nationale	14	V	Évrard	14	L	Cyprien	14	M	Juste	14	S	Sidoine	14	L	Odile
15	M	Donald	15	S	Assomption	15	M	Roland	15	J	Thérèse d'Avila	15	D	Albert	15	M	Ninon
16	J	Carmen	16	D	Armel	16	M	Édith	16	V	Edwige	16	L	Marguerite	16	M	Alice
17	V	Charlotte	17	L	Hyacinthe	17	J	Renaud	17	S	Baudouin	17	M	Élisabeth	17	J	Gaël
18	S	Frédéric	18	M	Hélène	18	V	Nadège	18	D	Luc	18	M	Aude	18	V	Gatien
19	D	Arsène	19	M	Jean-Eudes	19	S	Émilie	19	L	René	19	J	Tanguy	19	S	Urbain
20	L	Marina	20	J	Bernard	20	D	Davy	20	M	Adeline	20	V	Edmond	20	D	Théophile
21	M	Victor	21	V	Christophe	21	L	Matthieu	21	M	Céline	21	S	Rufus	21	L	Pierre Canisius
22	M	Marie-Madeleine	22	S	Fabrice	22	M	Maurice	22	J	Élodie	22	D	Cécile	22	M	Françoise-Xavière
23	J	Brigitte	23	D	Rose de Lima	23	M	Constant	23	V	Jean de Capistran	23	L	Clément	23	M	Armand
24	V	Christine	24	L	Barthélemy	24	J	Thècle	24	S	Florentin	24	M	Flora	24	J	Adèle
25	S	Jacques	25	M	Louis	25	V	Hermann	25	D	Crépin	25	M	Kayla	25	V	Noël
26	D	Anne, Joachim	26	M	Natacha	26	S	Côme, Damien	26	L	Dimitri	26	J	Delphine	26	S	Étienne
27	L	Nathalie	27	J	Monique	27	D	Vincent de Paul	27	M	Emeline	27	V	Séverin	27	D	Jean
28	M	Samson	28	V	Augustin	28	L	Venceslas	28	M	Simon, Jude	28	S	Karine	28	L	Innocents
29	M	Marthe	29	S	Sabine	29	M	Michel	29	J	Narcisse	29	D	Saturnin	29	M	David
30	J	Juliette	30	D	Fiacre	30	M	Jérôme	30	V	Bienvenue	30	L	André	30	M	Roger
31	V	Ignace de Loyola	31	L	Aristide				31	S	Quentin				31	J	Sylvestre

e Et vous ?

1. How is the French calendar similar to the calendar you use? How is it different?
2. Do some of the highlighted dates coincide with important dates on your own calendar?

Sons et lettres

La prononciation des chiffres

numeral alone	before a consonant	before a vowel
u~~n~~	u~~n~~ jour	un‿an
une	une fille	une affiche
deu~~x~~	deu~~x~~ cousins	deux‿amis /z/
troi~~s~~	troi~~s~~ frères	trois‿oncles /z/
quatre	quatre profs	quatr~~e~~‿étudiants
cin**q**	cin**q** filles	cinq‿enfants
si**x** [sis]	si~~x~~ tantes	six‿oncles /z/
se~~p~~**t**	se~~p~~**t** livres	se~~p~~t‿images
hui**t**	hui~~t~~ cahiers	huit‿affiches
neu**f**	neu**f** cousines	neuf‿amies
di**x** [dis]	di~~x~~ mois	dix‿ans /z/
ving~~t~~	ving~~t~~ crayons	vingt‿affiches

In general, final consonant letters are not pronounced in French, for example: **le cha~~t~~, me~~s~~ pare~~nts~~**.

The numbers one through ten are exceptions. Their pronunciation depends on whether they occur by themselves, as in counting (**un**, **deux**, **trois...**), or whether they are followed by another word.

un‿ami deux‿enfants si~~x~~ chiens

Except for **sept**, all numbers have two or three spoken forms. **Neuf** has a special form before the words **ans** and **heures**; **f** is pronounced /v/:

Il a neuf ans. *He is nine years old.*
Il est neuf heures. *It's nine o'clock.*

À vous la parole

1-20 À la réunion de famille. Listen to the statements and fill in the blanks with the number of people attending a family reunion. Notice how the number is pronounced in each case.

MODÈLE Il y a _1_ grand-père.

1. ___ arrière-grand-père (*great-grandfather*)
2. ___ tantes
3. ___ oncles
4. ___ filles
5. ___ enfants
6. ___ garçons
7. ___ étudiants
8. ___ cousins
9. ___ animaux de compagnie

1-21 Une comptine. Repeat the following counting rhyme.

Un, deux, trois, nous irons au bois, *... we'll go to the woods*
Quatre, cinq, six, cueillir des cerises. *... to pick cherries*
Sept, huit, neuf, dans mon panier neuf. *... in my new basket*
Dix, onze, douze, elles seront toutes rouges. *... they'll all be red*

Formes et fonctions : les chiffres jusqu'à 100 et l'âge

The irregular verb **avoir** is used to indicate age in French. The word **ans** (*years*) must always follow the number when indicating someone's age.

Vous **avez** vingt ans ?	*Are you twenty years old?*
Mon grand-père **a** cent ans.	*My grandfather is a hundred.*

To ask how old someone is, use the following questions:

Quel âge **as**-tu ? / Tu **as** quel âge ?	*How old are you?*
Quel âge **avez**-vous ? / Vous **avez** quel âge ?	*How old are you?* (formal or plural)
Quel âge **a** Marc ?	*How old is Marc?*
Il/elle **a** quel âge ?	*How old is he/she?*

In addition to the numbers you already know, the following numbers will be useful for talking about ages.

Les nombres cardinaux de 40 à 100

40	quarante	71	soixante-et-onze	90	quatre-vingt-dix
50	cinquante	72	soixante-douze	91	quatre-vingt-onze
60	soixante	80	quatre-vingts	100	cent
70	soixante-dix	81	quatre-vingt-un		

À vous la parole

1-22 Ils ont quel âge ? Tell how old each of Jacques' family members is.

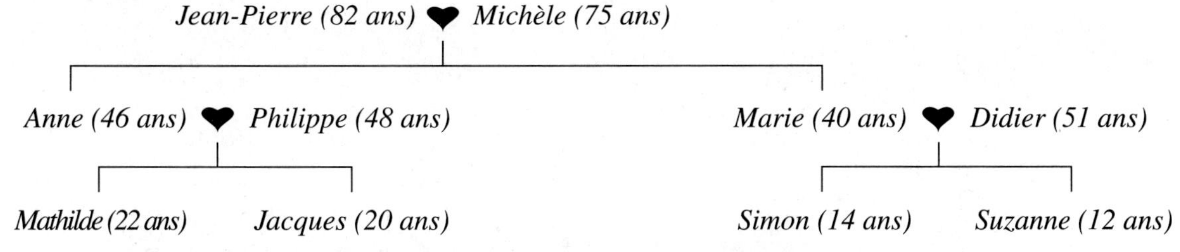

MODÈLE Anne et Marie, elles ont quel âge ?
Anne a quarante-six ans et Marie a quarante ans.

1. Et Philippe, il a quel âge ?
2. Quel âge a Mathilde ?
3. Et Suzanne, elle a quel âge ?
4. Quel âge ont Jean-Pierre et Michèle ?
5. Quel âge a Didier ?
6. Et Simon, il a quel âge ?
7. Quel âge a Jacques ?

1-23 Et ta famille ? Ask a classmate how old various members of his or her family are.

MODÈLES ta mère ?
É1 Tu as une mère ? Elle a quel âge ?
É2 Oui, elle a quarante-huit ans.

tes frères ?
É1 Tu as des frères ? Ils ont quel âge ?
É2 Mon frère Robert a douze ans. Mon frère Kevin a quinze ans.

1. ta mère ?
2. ton père ?
3. tes frères ?
4. tes sœurs ?
5. tes grands-parents ?
6. tes nièces ?
7. tes neveux ?
8. tes cousins ?
9. tes animaux ?

Formes et fonctions : les adjectifs invariables

sympa(thique) ≠ désagréable

optimiste ≠ pessimiste

sociable ≠ réservé/e

dynamique ≠ timide

idéaliste ≠ réaliste

discipliné/e ≠ indiscipliné/e

conformiste ≠ individualiste

raisonnable ≠ têtu/e

calme ≠ stressé/e

Adjectives are used to describe a person, place, or thing. French adjectives agree in gender and number with the noun they modify. Look at the adjective endings in the examples below. Note the addition of **-e** for the feminine forms (unless the adjective already ends in **-e**) and **-s** for the plural.

SINGULIER	*f.*	Anaïs est	calme	et	réservé**e**.
	m.	Paul est	calme	et	réservé.
PLURIEL	*f.*	Mes amies sont	calme**s**	et	réservé**es**.
	m.	Mes cousins sont	calme**s**	et	réservé**s**.

All forms of adjectives like **calme** and **réservé**, whose masculine singular form ends in a written vowel, are pronounced alike. Because they have only one spoken form, they are called *invariable*. The feminine ending **-e** for adjectives like **réservé** and the plural ending **-s** are only apparent in the written forms.

Most French adjectives follow the noun they modify.

Sarah est une étudiante **sociable**. *Sarah is a friendly student.*

Damien est un homme **raisonnable**. *Damien is a reasonable man.*

Adjectives modifying the subject sometimes appear after the verb **être**.

Laurent est **optimiste**. *Laurent is optimistic.*

Marie-Louise est **calme**. *Marie-Louise is calm.*

With a mixed group of feminine and masculine nouns, the masculine plural form of the adjective is used.

Lucie et Madeleine sont **têtues**. *Lucie and Madeleine are stubborn. [2 females]*

Romain et Grégory sont **réservés**. *Romain and Grégory are reserved. [2 males]*

Yann et Marine sont **disciplinés**. *Yann and Marine are disciplined. [male and female]*

> The French often express a negative trait or thought by using its opposite in a negative sentence. They would say:
>
> Elle n'est pas très sympa ! *She's not very nice!*
>
> *instead of:*
>
> Elle est désagréable ! *She's disagreeable!*

To ask about someone's personality, use the following questions:

Tu es comment ? *What are you like?* (informal)

Vous êtes comment ? *What is your personality like?* (formal)

Elle est comment, ta mère ? *What is your mother like?*

À vous la parole

1-24 Des jumeaux. Look at the adjectives below and decide whether they refer to Justine, to Jonathan, or to both twins.

		JUSTINE	JONATHAN
MODÈLES	sympathiques	✔	✔
	réservée	✔	
	1. indiscipliné	______	______
	2. individualistes	______	______
	3. stressée	______	______
	4. têtu	______	______
	5. disciplinée	______	______
	6. réalistes	______	______

Are the twins more similar temperamentally, or more different? Why?

1-25 Contrastes. Compare your ideas with those of a classmate.

MODÈLE le frère / la sœur idéal/e
É1 Pour moi, le frère idéal est calme et raisonnable.
É2 Pour moi, le frère idéal est calme aussi, mais il est sociable.

1. le frère / la sœur idéal/e
2. le frère / la sœur typique
3. le père idéal
4. le/la professeur/e idéal/e
5. l'étudiant/e typique
6. l'homme / la femme idéal/e

Pour une description plus précise

un peu (*a little*) assez (*rather*) très (*very*) vraiment (*really*) trop (*too*)

1-26 Descriptions. Describe each of the following to a classmate.

MODÈLE votre camarade de classe
Mon camarade de classe, Teddy, est un peu indiscipliné, mais il est très sympathique.

1. votre camarade de classe
2. votre professeur/e préféré/e
3. votre meilleur/e (*best*) ami/e
4. votre frère ou sœur
5. vos parents
6. votre animal de compagnie

1-27 C'est moi ! Complete the form below with information about yourself. Then move around the class and speak with three people, sharing your information in French and taking notes about your classmates. Summarize what you learned by answering the questions below.

Nom et prénom : ______________________
Âge : ____________ ans
Anniversaire : ______________________
Personnalité : ______________________

1. Who is closest to your age?
2. Who has a birthday very close to yours?
3. Who is most like you?

Observons

1-28 **C'est ma famille**

A. Avant de regarder. In this video clip, Jacques will introduce and describe members of his family. What do you already know about the family members pictured here? Before watching the clip, fill in the chart in Section B below, with what you already know.

Stratégie

When you look at a video clip, build on what you already know about the situation and the people involved. Your prior knowledge can help you to anticipate what they will talk about and to pick up new information as you follow the conversation.

 **B. En regardant.** Now watch the video clip and answer the questions. Watch more than once if you need to, in order to get all the details.

1. Complete the chart, based on Jacques' description.

Name	Relation to Jacques	Age	Profession	Personality
Mathilde				
Philippe				
Anne				

2. Jacques also mentions family members who are not present. Indicate who they are by selecting all the correct answers.

his aunt and uncle his cousins his grandparents the family pets

C. Après avoir regardé. Now that you have viewed the video clip, answer the following questions.

1. What new information did you learn about Jacques' family?
2. What questions could you ask to find out more about Jacques and the members of his family?
3. Using Jacques' description as a model, create a description of your own family. Record or present it in class in order to share your information with classmates.

Nos activités

Points de départ : une semaine typique

C'est une semaine typique pour la famille de Mathilde et Jacques. Le lundi matin, tout le monde est en classe : Anne est au collège et Philippe est au lycée. Mathilde est à l'École des Beaux-Arts et Jacques est à la fac.

C'est mardi soir. Anne parle au téléphone maintenant ; elle invite ses parents à déjeuner dimanche.

Le mercredi soir, Jacques retrouve des copains et ils jouent au rugby. Il aime le sport, Jacques.

Le jeudi après-midi, Philippe travaille au bureau. Il prépare un rapport. Philippe, c'est le maire délégué (*deputy mayor*) du village de Courcelles.

Le vendredi soir, Mathilde ne travaille pas. Elle écoute de la musique ou regarde un film avec ses copines.

Le samedi, il n'y a pas d'école. Les parents restent à la maison. Anne et Bounty travaillent dans le jardin, et Philippe joue de la guitare.

Dimanche, les enfants et les grands-parents arrivent et la famille déjeune ensemble.

Vie et culture

La semaine

Look at the weekly schedule of a French middle school student. What do you notice about the times at which school begins and ends? the lunch break? the days on which there are classes? Many students devote all or part of the day on Wednesday to sports and cultural activities such as music or art lessons, depending on whether or not classes are held on Wednesday in their region.

e Et vous ?

1. How might this school schedule impact the family? What questions would you have about how French families handle child care or leisure time issues?
2. How does a typical week for young French students compare to that of North American students? What are the advantages and disadvantages of these varying schedules?

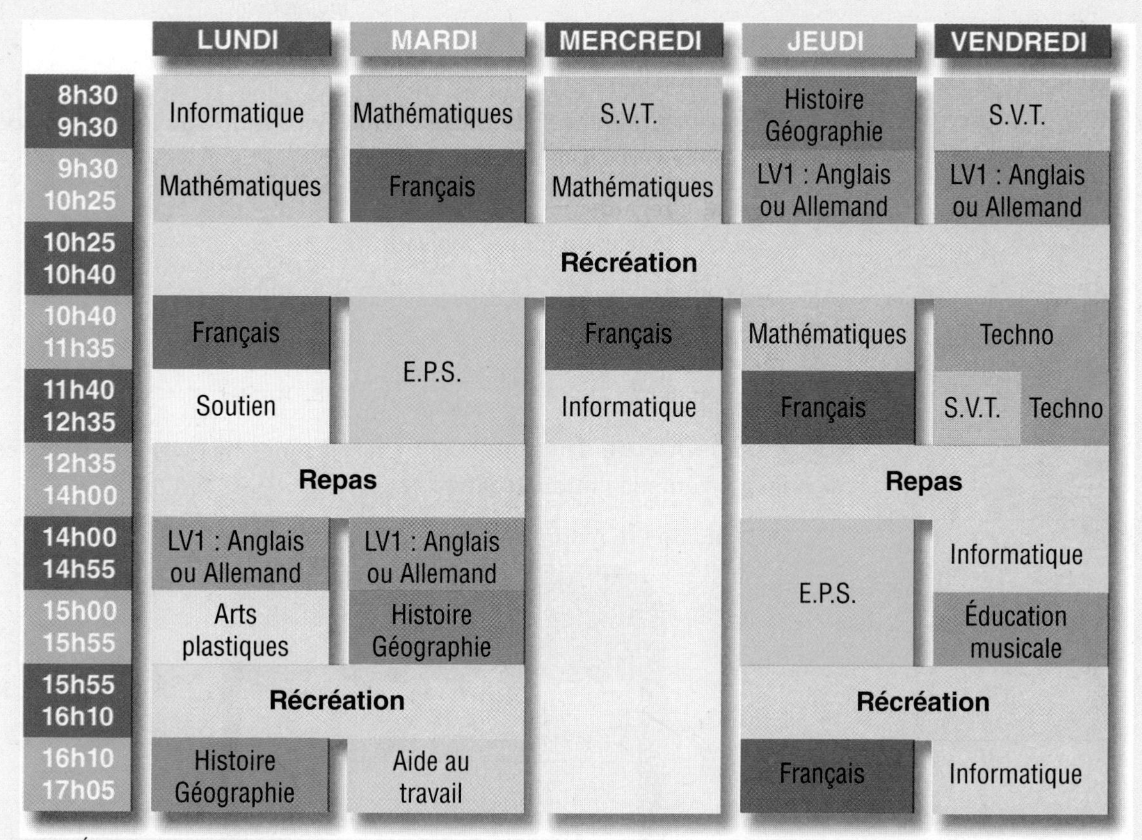

	LUNDI	MARDI	MERCREDI	JEUDI	VENDREDI
8h30 9h30	Informatique	Mathématiques	S.V.T.	Histoire Géographie	S.V.T.
9h30 10h25	Mathématiques	Français	Mathématiques	LV1 : Anglais ou Allemand	LV1 : Anglais ou Allemand
10h25 10h40	**Récréation**				
10h40 11h35	Français	E.P.S.	Français	Mathématiques	Techno
11h40 12h35	Soutien		Informatique	Français	S.V.T. / Techno
12h35 14h00	**Repas**			**Repas**	
14h00 14h55	LV1 : Anglais ou Allemand	LV1 : Anglais ou Allemand		E.P.S.	Informatique
15h00 15h55	Arts plastiques	Histoire Géographie			Éducation musicale
15h55 16h10	**Récréation**			**Récréation**	
16h10 17h05	Histoire Géographie	Aide au travail		Français	Informatique

E.P.S. : Éducation Physique et Sportive ; S.V.T. : Sciences de la Vie et de la Terre ; Techno : Technologie ; Soutien : Français et Mathématiques
LV : Langue Vivante

Les parties de la journée

le matin l'après-midi le soir

Les jours de la semaine

lundi mardi mercredi jeudi vendredi samedi dimanche

Des activités

aimer	dîner	jouer à/de	regarder	réviser
arriver	écouter	parler	rester	téléphoner à
déjeuner	inviter	préparer	retrouver	travailler

The definite article **le** is used with days of the week or times of day to refer to an activity that always happens on that particular day of the week or at that particular time:

Le dimanche, je téléphone à mes parents.	*(On) Sundays, I call my parents.*
Le samedi, on dîne au restaurant.	*Saturdays/Every Saturday, we eat out.*
Le soir, Jacques révise ses cours.	*In the evening, Jacques reviews his class notes.*

Compare these examples with the sentences below, which do not use an article with the days of the week, because they refer to specific activities that are not repeated.

Je joue au tennis avec des amis **mardi.**	*I'm playing tennis with friends on Tuesday.*
Dimanche, je dîne avec ma mère.	*(This) Sunday, I'm having dinner with my mother.*

À vous la parole

1-29 Associations de mots. Which words do you logically associate with each of the verbs listed?

MODÈLE regarder
la télé, un film, le tableau

1. écouter
2. jouer
3. rester
4. préparer
5. parler
6. travailler
7. retrouver
8. inviter

1-30 L'agenda de Jacques. Tell what Jacques has written on his cell phone calendar for Thursday through Saturday.

MODÈLE Jeudi matin, il parle avec un professeur.

1-31 Qu'est-ce que vous faites le samedi ? Use elements from each column, as well as other vocabulary you know, to tell a classmate what you typically do on Saturday.

MODÈLE le matin / je révise / mes cours
Le matin je révise mes cours.

	je travaille	un rapport, le déjeuner…
le matin	j'écoute	un/e ami/e, mes copains/copines à dîner
l'après-midi	je joue	au tennis, au foot…
le soir	je révise	la télé, un film…
	je regarde	à la maison, dans le jardin…
	j'invite	de la musique, la radio…
	je prépare	mes cours, la leçon…

Formes et fonctions : le présent des verbes en -er et la négation

Regular French verbs are classified according to the ending of their infinitive. Most have an infinitive form that ends in **-er**. To form the present tense of an **-er** verb, drop the **-er** from the infinitive; the part of the verb form that remains is the *base*. Add the appropriate endings to the base according to the pattern shown.

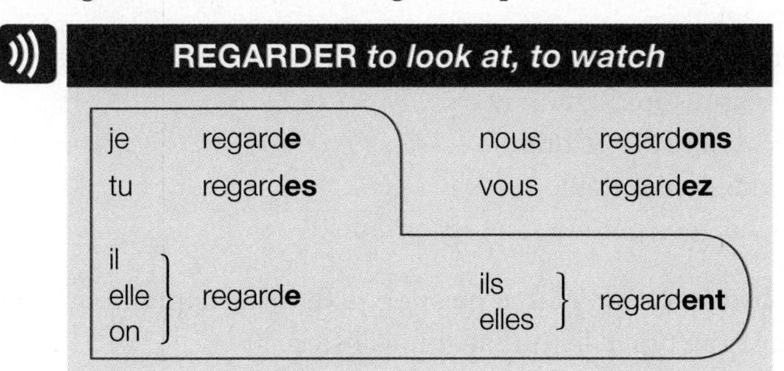

REGARDER *to look at, to watch*

je	regard**e**	nous	regard**ons**
tu	regard**es**	vous	regard**ez**
il / elle / on	regard**e**	ils / elles	regard**ent**

Verbs ending in **-er** have three spoken forms. All singular forms and the **ils/elles** plural forms are pronounced alike. Their endings are important written signals, but they are not pronounced. The only endings that represent sounds are **-ons** and **-ez**, which correspond to the subject pronouns **nous** and **vous**.

- When a verb begins with a consonant, there is no difference in the pronunciation of singular and plural for **il/s** and **elle/s**. Use the context to decide whether the speaker means one person, or more than one.

  Mon cousin, il joue du piano. — *My cousin, he plays piano.*
  Mes frères, ils jouent au foot. — *My brothers, they play soccer.*

- When the verb begins with a vowel sound, the final **-s** of a subject pronoun is pronounced as /z/. This allows you to distinguish the singular **il/elle** form from the plural **ils/elles**.

  il aime vs. ils‿aiment — *he likes, they like*
  elle habite vs. elles‿habitent — *she lives, they live*

On is an indefinite pronoun that can mean *one, they,* or *people,* depending on the context. In spoken French, **on** is often used instead of **nous** to mean *we*.

On parle français ici. — *They speak French here.*
On joue au foot jeudi. — *We're playing soccer on Thursday.*

In French the present tense is used to talk about a state or a habitual action.

J'**habite** à Dijon. — *I live in Dijon.*
Il **travaille** le week-end. — *He works on weekends.*

Fiche pratique

Sometimes grammatical forms have a distinct visual pattern. For example, if you draw a box around the forms in the **-er** verb chart that are pronounced alike, you will see the shape of a boot. Think of the boot to remind yourself which forms have the same spoken form.

Parallèles : activités de la semaine

Mathilde and Diandra talk about what they do each week. Based on the information provided in this lesson, your initial impression of these young women, and the photos you see here, what activities do you think they might mention in the video clip?

Le week-end, je déjeune chez mes parents #lasemaine

Mon travail, c'est le basket #lasemaine

- The present tense is also used to talk about an action taking place while one is speaking.

  On **regarde** la télé. — *We're watching TV.*

To make a sentence negative, put **ne** (or **n'**) before the verb and **pas** after it.

Je **ne** travaille **pas**. — *I'm not working.*
Vous **n'**aimez **pas** le golf ? — *You don't like golf?*

- In casual spoken French, native speakers will often drop the **ne**, so you will probably hear French speakers say sentences such as:

  J'écoute **pas**. — *I'm not listening.*
  Ils téléphonent **pas** ? — *They're not calling?*

À vous la parole

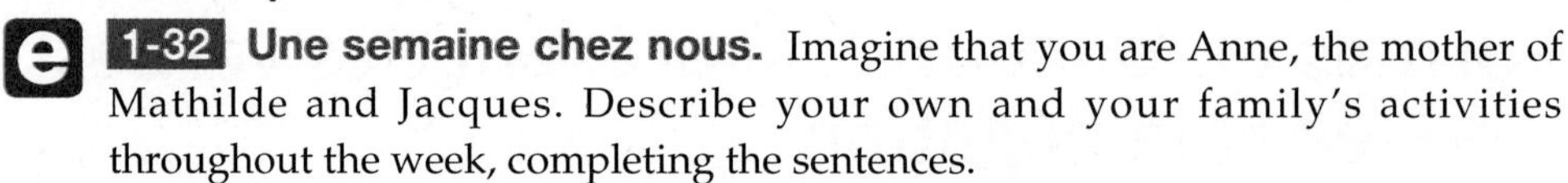

1-32 Une semaine chez nous. Imagine that you are Anne, the mother of Mathilde and Jacques. Describe your own and your family's activities throughout the week, completing the sentences.

MODÈLE Le lundi matin, je…
Le lundi matin, je suis au collège ; je travaille.

1. Le lundi matin, mon mari…
2. Mardi soir, je…
3. Le mercredi soir, Jacques…
4. Le jeudi après-midi, mon mari…
5. Le vendredi soir, Mathilde…
6. Le samedi matin, nous…
7. Dimanche, mes parents… et les enfants…

1-33 Vos habitudes. With a partner, take turns explaining when you or the people you know typically do the things listed.

MODÈLES vous / regarder la télé
Je regarde la télé le vendredi soir.
OU Je ne regarde pas la télé.

vos parents / téléphoner aux enfants
Ils téléphonent aux enfants le week-end.

1. vous / retrouver des amis
2. vous / regarder un film
3. vous et vos amis / jouer au tennis
4. votre père / préparer le dîner
5. vous / écouter la radio
6. votre frère ou sœur / téléphoner aux parents
7. vos parents / travailler
8. vous / rester à la maison

1-34 Cette semaine. With a classmate, take turns telling some of the things you'll be doing later this week.

MODÈLE Jeudi soir, je révise mes cours ; vendredi soir, je regarde un film avec mes copains ; samedi, je parle au téléphone avec mes parents…

Then report back to the class what you learned about your partner.

Formes et fonctions : les questions à réponse **oui ou non**

There are two types of questions in English and French: *yes-no questions,* which require confirmation or denial, and *information questions,* which contain words such as **qui** (*who*) or **comment** (*how*) and ask for specific information.

- The simplest way to form yes-no questions in French is to raise the pitch level of your voice at the end of the sentence. These questions are said to have a rising intonation:

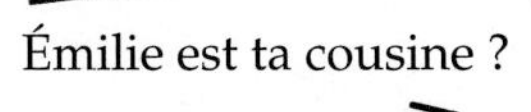

Émilie est ta cousine ?	*Émilie is your cousin?*
Tu t'appelles Anne ?	*Your name is Anne?*

- Another way of asking a yes-no question is by putting **est-ce que/qu'** at the beginning of the sentence. These questions are usually pronounced with a falling voice pitch:

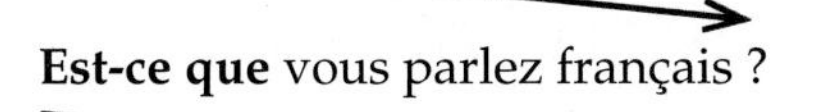

Est-ce que vous parlez français ?	*Do you speak French?*
Est-ce qu'il joue au foot ?	*Does he play soccer?*

If a question is phrased in the negative, and you want to contradict it, use **si** in your response:

Tu n'es pas mariée ?	*You're not married?*
— **Si,** voilà mon mari.	*— Yes (I am), there's my husband.*
Tu n'aimes pas le français ?	*You don't like French?*
— **Si,** j'adore le français.	*— Yes (I do). I love French.*

When French speakers think they already know the answer to a question, they sometimes add **n'est-ce pas** to the end of the sentence for confirmation.

Vous êtes de Paris, **n'est-ce pas** ?	*You're from Paris, aren't you?*
Ton père parle français, **n'est-ce pas** ?	*Your father speaks French, doesn't he?*

> Be careful: French speakers do not use **n'est-ce pas** as frequently as American speakers use tag questions such as *aren't you? doesn't he? didn't they?*

À vous la parole

1-35 Encore la famille ! Work with a partner to answer each question in the first column with a response from the second column, providing confirmation about the members of Jacques and Mathilde's family. Be sure to add **oui, non,** or **si** as appropriate.

MODÈLE É1 Est-ce que la mère de Jacques s'appelle Anne ?
É2 Oui, sa mère s'appelle Anne. (g)

M.	Est-ce que la mère de Jacques s'appelle Anne ?	a.	Elle est mariée.
1.	Est-ce que Jacques a une sœur ?	b.	Elle s'appelle Suzanne.
2.	Est-ce que sa sœur s'appelle Mathilde ?	c.	Elle a deux enfants.
3.	Est-ce qu'il a trois cousins ?	d.	Il a une sœur.
4.	Est-ce que ses grands-parents s'appellent Jean-Pierre et Michèle ?	e.	Elle a un frère.
5.	Il n'a pas de chiens ?	f.	Elle s'appelle Mathilde.
6.	Est-ce que sa tante est divorcée ?	g.	Sa mère s'appelle Anne.
7.	Est-ce qu'elle a deux enfants ?	h.	Il s'appelle Didier.
8.	Est-ce que la cousine de Jacques s'appelle Suzanne ?	i.	Ils s'appellent Jean-Pierre et Michèle.
9.	Suzanne n'a pas de frères ?	j.	Il a deux cousins.
10.	Le mari de Marie s'appelle Philippe ?	k.	Il a un chien.

 **1-36 C'est bien ça ?** Draw a picture on the board. Your classmates will try to guess what it is.

MODÈLE (*You draw a pencil.*)
É1 Est-ce que c'est un stylo ?
É2 C'est un feutre ?
É3 Ah, c'est un crayon !

 **1-37 Une interview.** Interview a classmate that you do not know very well to find out more about him or her. Use the suggested topics, and report to the class something you have learned about your partner.

MODÈLE avoir des frères ou des sœurs
É1 Est-ce que tu as des frères ou des sœurs ?
É2 J'ai une sœur, mais je n'ai pas de frère.

1. avoir des frères ou des sœurs
2. avoir des animaux de compagnie
3. travailler beaucoup
4. jouer du piano ou de la guitare
5. jouer au football ou au tennis
6. regarder la télé
7. préparer le dîner
8. regarder des films
9. inviter des copains à dîner

Stratégie

When you deal with detailed messages, listen to each one more than once, if necessary, and take notes in order to recall important information.

Écoutons

1-38 La messagerie

A. Avant d'écouter. You will hear some messages in Mathilde's voicemail. What types of information would you expect them to include and what will she need to keep track of?

 **B. En écoutant.** As you listen to the messages, take notes to complete the first three columns of the chart below for each message. Listen more than once if you need to.

	Who called?	Purpose of call?	When?	What should Mathilde do?
1.				
2.				
3.				

C. Après avoir écouté. Now, look over the chart and decide what Mathilde should do with the information in the calls. She has a dilemma; how might she resolve it? What factors may enter into her decision? What would you do? Discuss your responses with a classmate.

Venez chez nous !

La famille dans le monde francophone

Families across the world are diverse. Also, the makeup and roles of the family are changing in many places, reflecting broader societal changes. In **Leçon 1** you learned about trends among families in France. Here, we take another look at families in France and in other regions of the French-speaking world. Use the activities to deepen your understanding of family structure among French-speaking peoples and reflect on how this compares with families where you live.

Observons

1-39 On vous présente notre famille

A. Avant de regarder. Bernard and Michèle describe their family. Look at the photo and try to determine what family relationships they will likely mention. What words in French do you expect to hear? Make a list of those terms in French.

B. En regardant. Bernard and Michèle have three children: Alexandre, Béatrice, and Céline. Who are the other people identified in the photo? Watch the video clip, and select the correct answer to each question. Listen multiple times if needed to identify all the family members. Were you able to infer relationships based solely on visual cues, or did you also rely on key vocabulary?

1. Joanna is ... Michèle's cousin. Alexandre's wife. Béatrice's partner.
2. Ilian is ... Michèle's nephew. Céline's husband. Béatrice's husband.
3. Jérémy is ... Bernard's nephew. Joanna's brother. Céline's husband.
4. Three other family members are pictured and mentioned by Bernard. They are ... his cousins. his grandchildren. his nieces and nephews.
5. Aléna is ... five three two years old.
6. Aaron is ... four three two years old.
7. Augustin is the son of ... Alexandre and Joanna. Céline and Jérémy.
8. All three of Bernard and Michèle's children live in ... Dijon Paris Strasbourg

C. Après avoir regardé. Now that you have viewed the video clip, answer the following questions.

1. How is Bernard and Michèle's family similar to, or different from, North American families?
2. Can you draw a family tree for their family?
3. What additional questions might you ask them in French?

EN AFRIQUE FRANCOPHONE

At the beginning of the chapter you met Diandra's family, originally from Cameroon, a former French colony in West Africa. Families in French-speaking Africa tend to be larger than European and North American families and to place more emphasis on the extended family and the obligation to help family members. It is not uncommon for Africans studying and working in France, Belgium, or Canada to send money home or to bring back digital devices, clothing, and household gifts when they return home for a visit. In many African societies, elderly people are greatly respected and they often live with their children and their families. Pensions and social security payments may be small or nonexistent, and older people rely on their children to provide for them. What advantages or disadvantages do you see in a system where family obligations and respect for elders receive more emphasis than in North America?

Lisons

1-40 La famille au Canada

A. Avant de lire. Look at the information about families in Canada gathered during the 2016 Canadian census. Then consider these questions as you look at the visual content and prepare to read the text:

1. How is the information organized?
2. What aspects of family life do you expect will be presented? Work with a partner to make a preliminary list.

B. En lisant. The essential information provided in the text is statistical.

1. The pie chart presents information on how households are constituted. As you read, find the significance of each statistic. Which represents the percentage of …
   single person households?
   couples with children?
   couples without children?
   single-parent families?
   multi-generational families?
   households consisting of other related persons?
   households consisting of two or more non-related persons?
2. The first bar graph presents comparative data on a particular type of household. What is the English equivalent of **unions libres**?
   What places are compared in the graph?
   What particular information is highlighted?
3. Statistics on adult children living with their parent(s) are provided. Can you summarize this information?
4. Finally, information is provided on relationships between same-sex couples. Which of the following statements are true?
   a. The overall number of same-sex couples has increased with every census since 2006.
   b. The majority of same-sex couples choose to get married.
   c. The number of same-sex marriages increased dramatically after legalization in 2005.
   d. The percentage of marriages among same-sex couples has continued to rise since 2011.

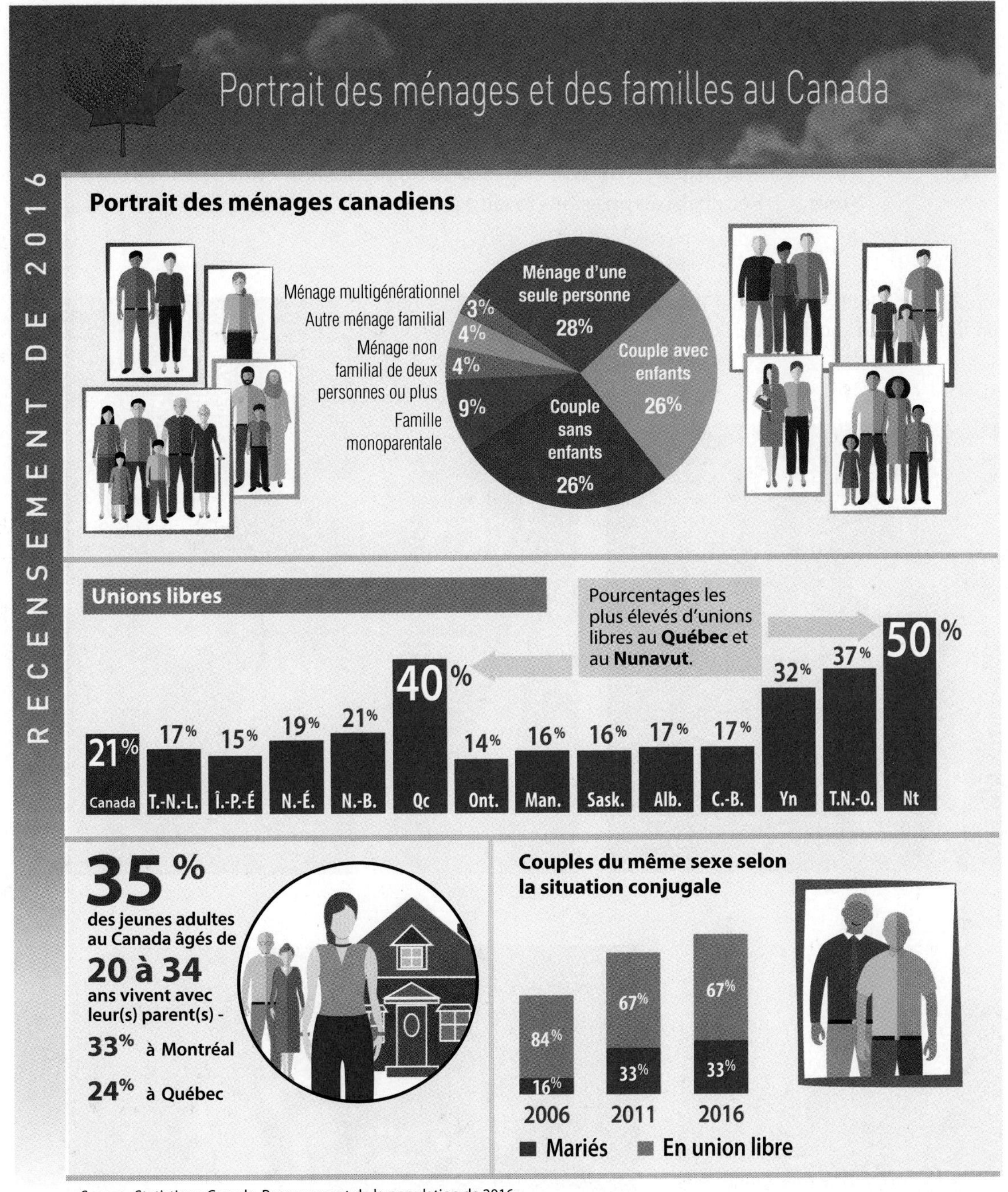

Source : Statistique Canada, Recensement de la population de 2016.

C. Après avoir lu. Compare your responses to the questions below with those of your classmates.

1. What seem to be the primary trends in Canadian family life, as illustrated by the text? Based on what you have learned about current family life in France, is this similar to or different from what is happening in France? In what ways? Are the trends similar in your own community? Explain your answer.
2. As society changes, language changes, too. What are some of the terms used in this text to identify nontraditional families? What are the corresponding terms in English?

Parlons

1-41 Des familles bien diverses

A. Avant de parler. Choose one of the photos shown here or in another part of Chapter 1 and work with a partner to describe the family pictured. Begin by thinking about the vocabulary you have learned to identify family relationships (**la mère, la sœur**…). Recall also expressions to tell a person's age and describe his/her personality.

Voici des familles francophones. Quelle famille habite au Maroc ? au Sénégal ? en Polynésie française ? en Belgique ?

B. En parlant. Now work with your partner to describe in French the family in the photo. Can you describe relationships, ages, and personalities? Can you determine where the family is?

C. Après avoir parlé. Share your description with classmates; do you agree about where each family lives? How do these photos convey some of the diversity of the French-speaking world?

Écrivons

1-42 Une famille en Louisiane francophone

A. Avant d'écrire. Read Amélie Ledet's description of her family's origins. Her family is typical of many French-speaking people in southwest Louisiana. Some of her ancestors came from the French colony of Acadia (today the Canadian provinces of Nova Scotia and New Brunswick), others came from western France, and still others were earlier German settlers who were assimilated into the French-speaking population. In the Lafourche Parish where Amélie lives, some French speakers are American Indians of the Houma tribe who acquired the speech of the earlier French colonists and the Cajuns. Based on her description and focusing on the key terms to name family members, sketch the part of Amélie's family tree that she describes.

The Cajun band **Beausoleil** is accompanied by Matthew Doucet, son of fiddler Michael Doucet.

Mon nom, c'est Amélie Ledet. J'ai 22 ans et j'habite à Montagut dans la paroisse Lafourche. Mon grand-père du côté de mon père s'appelle Jules Desormeaux. Mon grand-père est né[1] à Houma, dans la paroisse Terrebonne et il est décédé en 2011. Sa femme—ma grand-mère—s'appelle Marie Landry. Elle est née à la Nouvelle-Orléans, et elle est décédée en 2015. Du côté de ma mère, mon grand-père s'appelle Pierre Thibodeau. Il est né à Montagut en Louisiane. Sa femme, Louise La Branche (Zweig), est née[1] au Lac des Allemands, dans la paroisse Lafourche.

[1]*was born*

B. En écrivant. Now prepare a description of your own family origins.

1. Organize your thoughts by sketching the portion of your family tree that you wish to describe; fill in the words you will need in French to describe the relationship of each person to you.
2. Using the chart or diagram you prepared, write a paragraph describing your family origins going back to your grandparents. Use Amélie's description as a model, incorporating vocabulary and expressions that she uses into your own writing.

C. Après avoir écrit. Share your paragraph with your classmates to get a sense of the diversity within your own class.

Vocabulaire

Leçon 1

les relations familiales	*family relations*
un beau-père	*stepfather; father-in-law*
une belle-mère	*stepmother; mother-in-law*
une compagne	*cohabiting partner*
un compagnon	*cohabiting partner*
un/e cousin/e	*cousin*
un demi-frère	*stepbrother; half brother*
une demi-sœur	*stepsister; half sister*
un/e enfant	*child*
une famille nombreuse	*big family*
une femme	*woman; wife*
une fille	*girl; daughter*
un fils	*son*
un frère	*brother*
un garçon	*boy*
une grand-mère	*grandmother*
un grand-père	*grandfather*
des grands-parents (m pl)	*grandparents*
un mari	*husband*
une mère	*mother*
un neveu, des neveux	*nephew, nephews*
une nièce	*niece*
un oncle	*uncle*
des parents (m)	*parents; relatives*
un père	*father*
une petite-fille, des petites-filles	*granddaughter, granddaughters*
un petit-fils, des petits-fils	*grandson, grandsons*
des petits-enfants (m pl)	*grandchildren*
une sœur	*sister*
une tante	*aunt*

l'état civil	*marital status*
célibataire	*single*
décédé/e	*deceased*
divorcé/e	*divorced*
fiancé/e	*engaged*
marié/e	*married*
pacsé/e	*in a civil union*
remarié/e	*remarried*

des animaux de compagnie	*pets*
un animal de compagnie	*pet*
un chat	*cat*
un chien	*dog*
un oiseau	*bird*
un poisson	*fish*

autres mots utiles	*other useful words*
beaucoup de	*a lot of, many*
chez	*at the home of*
chez nous	*at our place*
d'abord	*first*
habiter	*to live*
seulement	*only*
tous	*all*

Leçon 2

les mois (m) de l'année (f)	*the months of the year*
janvier	*January*
février	*February*
mars	*March*
avril	*April*
mai	*May*
juin	*June*
juillet	*July*
août	*August*
septembre	*September*
octobre	*October*
novembre	*November*
décembre	*December*
Quelle est la date	*What is the date*
…de ton anniversaire (m) ?	*…of your birthday?*
C'est le premier mai.	*It's May 1.*
C'est le quatre septembre.	*It's September 4.*
C'est la fête du Travail.	*It's Labor Day.*
la fête	*holiday*

l'âge (m)	*age*
un an	*one year*
avoir	*to have*
Il/Elle a quel âge ?	*How old is he/she?*
Quel âge as-tu ? / Quel âge avez-vous ?	*How old are you?*
J'ai dix-neuf ans.	*I am nineteen years old.*

les nombres de 0 à 100

(see p. 39 for 0 to 31 and p. 43 for 40 to 100)

la personnalité	*personality*
calme	*calm*
conformiste	*conformist*
désagréable	*disagreeable, grumpy*
discipliné/e	*disciplined*
dynamique	*dynamic, energetic*
idéaliste	*idealistic*

indiscipliné/e	*undisciplined*
individualiste	*individualistic*
optimiste	*optimistic*
pessimiste	*pessimistic*
raisonnable	*sensible, reasonable*
réaliste	*realistic*
réservé/e	*reserved, demure*
sociable	*outgoing, gregarious*
stressé/e	*stressed out*
sympa(thique)	*nice*
têtu/e	*stubborn*
timide	*shy, timid*
Tu es comment ? Vous êtes comment ?	*What are you like?*

pour une description plus précise	***for a more precise description***
assez	*rather*
un peu	*a little*
très	*very*
trop	*too*
vraiment	*really*

autres mots et expressions utiles	***other useful words and expressions***
Ça fait combien ?	*How much is it?*
Deux plus deux, ça fait…	*Two plus two makes…*
Douze moins deux, ça fait…	*Twelve minus two makes…*
un homme	*man*

Leçon 3

pour dire quand	***to say when***
lundi	*Monday*
mardi	*Tuesday*
mercredi	*Wednesday*
jeudi	*Thursday*
vendredi	*Friday*
samedi	*Saturday*
dimanche	*Sunday*
la semaine	*week*
le jour	*day*
le matin	*morning*
l'après-midi (m)	*afternoon*
le soir	*evening*
aujourd'hui	*today*
maintenant	*now*
le week-end	*weekend*

les activités	***activities***
aimer	*to like, to love*
arriver	*to arrive*
déjeuner	*to have breakfast / lunch*
dîner	*to have dinner*
écouter la radio / de la musique	*to listen to the radio / to music*
habiter	*to live*
inviter (des amis/amies)	*to invite (friends)*
jouer au rugby / de la guitare	*to play rugby / the guitar*
ne…pas (Je ne joue pas.)	*not (I'm not playing / I don't play.)*
parler au téléphone	*to talk on the phone*
préparer (un rapport)	*to prepare (a report)*
regarder un film / la télé / des photos	*to watch a movie / TV / to look at photos*
rester à la maison	*to stay home*
retrouver des amis	*to meet friends*
réviser un cours	*to review for a class*
téléphoner à quelqu'un	*to call somebody*
travailler (dans le jardin)	*to work (in the garden / yard)*

quelques lieux	***some places***
au bureau	*at the office*
au collège	*in middle school*
à l'école	*in school*
à la fac	*at the university*
au lycée	*in high school*
à la maison	*at home*
au restaurant	*at the restaurant*

la musique	***music***
jouer de la guitare	*to play guitar*
jouer du piano	*to play piano*

quelques sports	***some sports***
jouer au foot(ball)	*to play soccer*
jouer au rugby	*to play rugby*
jouer au tennis	*to play tennis*

autres mots utiles	***other useful words***
avec	*with*
un copain/une copine	*friend*
ensemble	*together*
normalement	*usually*
si	*yes (after a negative question)*
tout le monde	*everyone*
typique	*typical*

Chapitre 2
Voici mes amis

Regarde ! Les femmes ici sont très jolies. Tu ne trouves pas ?

On démarre !

Ola and Bengala are relaxing at a sidewalk café and commenting on the passersby. What do you think they will talk about?

Watch the video clip to learn more. When you describe a person, what do you usually mention? Would your comments be similar to Ola's and Bengala's?

How do your leisure-time preferences and activities compare with those of people in the French-speaking world?

Learning Outcomes

After completing this chapter, you will be able to:

- Describe people's appearance and personality
- Ask questions to get information such as when, where, and why
- Give instructions and make suggestions
- Compare sports, leisure activities, and small towns in America and across the French-speaking world

LEÇON 1

Mes amis et moi

Points de départ : Elles sont comment ?

Lucie présente ses amies et sa prof préférée.

Ma meilleure amie s'appelle Morgane. Elle est rousse. Elle a les cheveux roux et frisés et les yeux bleus. Elle est très énergique et amusante.

Et voici ma colocataire Julie. Elle est assez grande et mince avec les cheveux longs, blonds et raides et aux yeux verts. Elle est toujours élégante.

Ma prof préférée s'appelle Andrée Claudel. C'est une femme d'un certain âge. Elle est intelligente, mais pas du tout égoïste. Au contraire, elle est très généreuse. Ses cheveux sont courts et gris. Elle a les yeux marron.

Émilie est jeune et assez petite. Elle a les cheveux bouclés, courts et châtain. Elle a les yeux noisette. C'est une fille sérieuse mais assez sympa.

Et voici Cassandre. Elle a les cheveux noirs, longs et raides. Elle a les yeux noirs aussi. Elle est très sportive et sociable.

Pour décrire les femmes

Elle est…

jeune	d'un certain âge		âgée
belle	jolie		laide
grande	de taille moyenne		petite
maigre	mince	forte	grosse
blonde	rousse	châtain	brune
élégante			mal habillée
gentille			méchante
généreuse			égoïste
intelligente			bête
ambitieuse	énergique		paresseuse
sportive			sédentaire
sérieuse		drôle	amusante

Elle a...

les cheveux blonds / roux / châtains / bruns / noirs / gris
les cheveux bouclés / courts / frisés / longs / raides
les yeux bleus / verts / noisette / marron / noirs

Vie et culture

Les amis

The photo shows Mathilde and her friend, Maud, whom she has known since childhood. Whom do we call a "friend"? Concepts of friendship vary from culture to culture. In France, friendships are usually formed slowly, over many years. Once established, they tend to last a lifetime. American visitors and exchange students in France sometimes find it difficult to form friendships with French peers because of the brevity of their stays. French exchange students and visitors to the United States, on the other hand, often report that Americans make friends very quickly and seem to refer to many people as "my friend." This contrasts sharply with French usage, where the word **ami** is reserved for those people with whom a strong bond of friendship has been established. In her classic work, *Cultural Misunderstandings: The French-American Experience*, Raymonde Carroll, a French anthropologist living in the United States, explains the use of the word "friend" in American English:

> For an American, ... this is merely a verbal shortcut which saves the trouble of explaining the differences between "friend" and all the other terms available (acquaintance, vague acquaintance, buddy, pal, chum, roommate, housemate, classmate, schoolmate, teammate, playmate, companion, co-worker, colleague, childhood friend, new friend, old friend, very old friend, family friend, close friend, very close friend, best friend, girlfriend, boyfriend, etc.).

Americans' casual use of the word "friend" may lead French observers to conclude, perhaps mistakenly, that their own concept of friendship is more durable and considerably more nuanced.

e Et vous ?

1. What behaviors or features of American society might promote the perception among the French that friendships are formed quickly?
2. Think about the contexts—including social media—in which you would refer to someone as "my friend." Do you agree with Carroll's observation that Americans tend to use the word *friend* rather loosely? What advantages and disadvantages are there to using *friend* to refer to a wide range of relationships?
3. In your opinion, are American friendships less durable and less nuanced than French friendships? Explain your response.

À vous la parole

2-1 En d'autres termes. Describe each woman, using other words.

MODÈLE Ola n'est pas très égoïste.
Ola est vraiment généreuse.

1. Clara n'est pas brune, et elle n'est pas blonde.
2. Diandra n'est pas très petite.
3. Mathilde n'est pas du tout méchante.
4. Bengala n'est pas très mince.
5. Anne n'est pas trop sérieuse.
6. Mathilde n'est pas blonde, et elle n'est pas rousse.
7. Diandra n'est pas du tout bête.
8. Diandra n'est pas paresseuse.
9. Ola n'est pas grande, mais elle n'est pas petite non plus.
10. Bengala n'est pas très sédentaire.

2-2 Une personne connue. Describe a well-known girl or woman, real or imaginary, and have your classmates guess who it is.

MODÈLE É1 Elle est très jeune ; elle a environ (*about*) douze ans. Elle est petite, mince et rousse. Elle a les yeux bleus et les cheveux frisés. Elle n'a pas de parents, mais elle a un chien, Sandy.
É2 C'est Annie, la petite orpheline.

2-3 Voici une amie / mes amies. Bring in a photo of a female friend or friends to describe to a partner.

MODÈLE Voici la photo d'une de mes amies. Elle s'appelle Julie. Elle est assez grande et blonde. Elle a les yeux verts et les cheveux longs et raides. Elle est vraiment intelligente et très énergique aussi. Elle aime le tennis et les films.

Sons et lettres

La détente des consonnes finales

As a general rule, final consonant letters are not pronounced in French:

l'enfant   elle est   nous sommes   très jeunes   beaucoup

However, there are four final consonant letters that are generally pronounced: **-c**, **-r**, **-f**, and **-l**. To remember them, think of the English word *careful*.

la fa**c**   pou**r**   neu**f**   Danie**l**

An exception is the letter **-r** in the infinitive ending **-er** and in words ending in **-er** and **-ier**:

écouter   danser   le dîner   le premier   janvier

The letter **n** is seldom pronounced at the end of a word. Together with the preceding vowel letters it represents a nasal vowel sound:

mon copain   le chien   l'enfant

At the end of a word, one or more consonant letters followed by **-e** always stand for a pronounced consonant. These consonants must be clearly articulated, for they mark important grammatical distinctions such as feminine versus masculine forms of adjectives. The final written **-e** doesn't represent any sound.

	Danielle est	intelligente	amusante	sérieuse
vs.	Daniel est	intelligent	amusant	sérieux

À vous la parole

2-4 Lui ou elle ? Indicate the sentence that you hear in each case.

1. Voici Françoise. / Voici François.
2. Pascale est amusante. / Pascal est amusant.
3. Michèle est blonde. / Michel est blond.
4. Danielle est sportive. / Daniel est sportif.
5. Voilà Laurence. / Voilà Laurent.
6. Dominique est généreuse. / Dominique est généreux.
7. Renée est intelligente. / René est intelligent.
8. Andrée est petite. / André est petit.

2-5 Petit escargot. Repeat this short poem about a snail.

Petit escargot	*Little snail*
Porte sur son dos	*Carries on his back*
Sa maisonnette.	*His little house.*
Aussitôt qu'il pleut	*As soon as it rains*
Il est tout heureux	*He's very happy*
Il sort sa tête.	*He sticks out his head.*

Formes et fonctions : les adjectifs variables

You have learned that adjectives agree in gender and number with the noun they modify. *Invariable* adjectives show agreement in the written form with the feminine ending **-e** and the plural ending **-s.** But they only have one spoken form, whether masculine or feminine, singular or plural.

Ma sœur est joli**e**.	Mes amies sont joli**es**.
Mon frère est jeune.	Mes amis sont jeune**s**.
Mon père est âgé.	Mes parents sont âgé**s**.

Fiche pratique

Noun phrases in French typically include multiple written indications of number and gender: compare, for example, **une amie intelligente**, **un copain amusant,** and **des profs sympathiques**. Because the written indications are not always heard in the spoken forms, it is a good idea to get into the habit of double-checking the number and gender of any nouns and adjectives that you write.

Variable adjectives have masculine and feminine forms that differ in pronunciation. Their feminine form ends in a pronounced consonant. To pronounce the masculine, drop the final consonant sound. The written letter **-s** or **-x** at the end of plural adjectives is not generally pronounced.

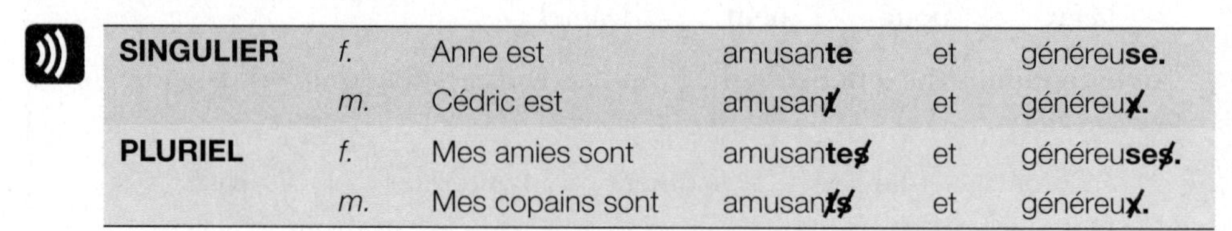

SINGULIER	*f.*	Anne est	amusan**te**	et	généreu**se.**
	m.	Cédric est	amusant	et	généreux.
PLURIEL	*f.*	Mes amies sont	amusan**tes**	et	généreu**ses.**
	m.	Mes copains sont	amusants	et	généreux.

- The feminine form of variable adjectives always ends in **-e**. The final **-e** is dropped in the masculine form; therefore, the final consonant sound, heard in the feminine form, is also dropped. Although some variable adjectives have spelling irregularities, this pronunciation rule still applies. For example, in the feminine form **généreuse** [ʒenerøz], the final consonant is pronounced, but it is dropped in the masculine form **généreux** [ʒenerø]. In the written form, the final **-e** is dropped in the masculine and the final **-s** is changed to **-x**. Other regular variable adjectives that show spelling changes include :

rousse → roux grosse → gros gentille → gentil

- Adjectives whose masculine singular form ends in **-x** do not change in the masculine plural form.

Laurent est roux. Laurent et Matthieu sont roux.

- As you have learned, with a mixed group of feminine and masculine nouns, the plural form of the adjective is always the masculine form.

Jessica et Laure sont **intelligentes**.	*Jessica and Laure are intelligent.*
Kevin et Marc sont **amusants**.	*Kevin and Marc are funny.*
Max et Sylvie sont **ambitieux**.	*Max and Sylvie are ambitious.*

- Note the following irregular forms:

FÉMININ	MASCULIN
belle	beau
brune	brun
sportive	sportif

À vous la parole

2-6 Pas mes amis ! Your friends are quite different from what your mother thinks ; tell how.

MODÈLE Tes amies sont trop paresseuses !
Ah non, elles sont très énergiques.

1. Tes amis sont assez méchants !
2. Tes amis sont trop égoïstes !
3. Tes amies sont un peu bêtes !
4. Tes amis sont très sédentaires !
5. Tes amis sont trop paresseux !
6. Tes amis sont trop sérieux !
7. Tes amies sont assez mal habillées !
8. Tes amies sont très laides !

2-7 Les amis. Describe to your partner the appearance and personality of this group of friends taking a photo with a selfie-stick (**une perche à selfie**).

MODÈLE Il y a trois femmes et deux hommes. Les femmes sont assez jeunes. Une femme est grande et brune ; elle a les cheveux…

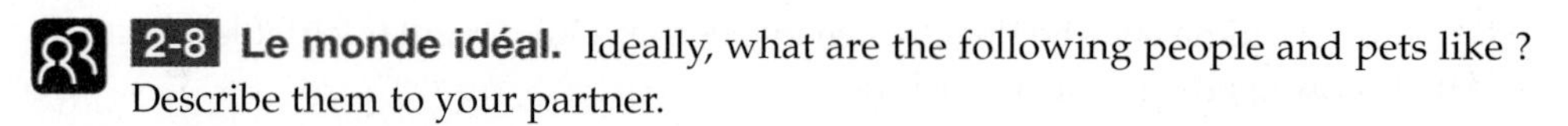

2-8 Le monde idéal. Ideally, what are the following people and pets like ? Describe them to your partner.

MODÈLE le chien idéal

É1 Pour moi, le chien idéal est petit, gentil et intelligent.

É2 Pour moi aussi, le chien idéal est gentil et intelligent, mais il est grand.

1. le père idéal
2. la mère idéale
3. l'enfant idéal/e
4. le/la colocataire idéal/e
5. le/la professeur/e idéal/e
6. l'étudiant/e idéal/e
7. l'ami/e idéal/e
8. le chat idéal

Formes et fonctions : les questions avec des mots interrogatifs

To ask a question requesting specific information, use an interrogative word or expression. The interrogative word or expression usually appears at the beginning of the question and is followed by **est-ce que/qu'**:

Où est-ce que tes amis travaillent ?	*Where do your friends work?*
Quand est-ce que sa copine arrive ?	*When does his girlfriend arrive?*

Some of the words or expressions frequently used to ask questions are:

comment	*how*	**Comment est-ce que** tu t'appelles ?
où	*where*	**Où est-ce qu'**il travaille ?
quand	*when*	**Quand est-ce que** tu arrives ?
qui	*who, whom*	**Qui est-ce que** tu écoutes ?
pourquoi	*why*	**Pourquoi est-ce que** tu ne travailles pas ?
combien de	*how many*	**Combien d'**étudiants **est-ce qu'**il y a ?

- **Qui** is used in a variety of contexts:

Qui parle créole ?	*Who speaks Creole?*
Qui est-ce que tu aimes ?	*Whom do you like?*
Avec qui est-ce que tu travailles ?	*With whom do you work?*

- The question **Pourquoi ?** can be answered in two ways:

Pourquoi est-ce que tu aimes tes amis ?	*Why do you like your friends?*
—**Parce qu'**ils sont très amusants.	*—Because they're lots of fun.*
Pourquoi est-ce que tu téléphones ?	*Why are you calling?*
—**Pour** inviter mes grands-parents à dîner.	*—To invite my grandparents to dinner.*

- When used to ask *how many*, **combien** is linked to the noun by **de/d'**:

Combien de frères est-ce que tu as ?	*How many brothers do you have?*
Combien d'enfants est-ce qu'ils ont ?	*How many children do they have?*

Another question construction, called *inversion*, is used in writing, in formal conversation, and in a few fixed expressions. In questions with a *pronoun* subject using *inversion*, the subject follows the verb and is connected to it with a hyphen. Notice that when the verb form ends in a vowel, the letter **-t-** is inserted before the pronoun and linked to it with a hyphen.

Comment **vas-tu** ?	*How are you?*
Comment **allez-vous** ?	*How are you?*
Quel âge **a-t-il** ?	*How old is he?*

- With the question words **comment** and **où**, inversion is frequently used with noun subjects as well:

Comment **vont tes parents** ?	*How are your parents?*
Où **est ta sœur** ?	*Where's your sister?*

À vous la parole

2-9 Pardon ? You can't quite hear all that your instructor says, so use a question word or expression to ask for the information you need.

MODÈLE J'ai *cinq* cahiers.
Combien ?

1. Nous travaillons *dans la salle de classe.*
2. Il y a un examen *mardi.*
3. Il y a *trois* étudiants français.
4. Yannick est absent *parce qu'il est malade.*
5. Elle s'appelle *Chloé Dupont.*
6. Elle a *deux* sœurs.
7. Nous ouvrons le livre *pour réviser un exercice.*
8. *Jacky* est malade.

2-10 À propos de Thomas. Your friend is telling you about her new boyfriend, Thomas, and you want more details.

MODÈLE Thomas a deux colocataires.
Ah bon ? Comment est-ce qu'ils s'appellent ?
OU Ah bon ? Est-ce qu'ils sont aussi étudiants ?

1. Il est assez jeune.
2. Il n'habite pas dans la résidence (*dorm*).
3. Il a des frères et des sœurs.
4. Il travaille le week-end.
5. Il arrive bientôt.
6. Il ne va pas bien.
7. Il n'aime pas le sport.
8. Il a des chiens.
9. Un membre de sa famille parle anglais.

2-11 Au service de colocation. Ariane has called a service that helps people find suitable housemates. As you listen in on her end of the phone conversation, imagine the questions she is being asked.

MODÈLE Je m'appelle Ariane Patoine.
Comment vous appelez-vous ?

1. J'habite à Ottawa.
2. J'habite avec ma sœur.
3. Nous cherchons deux colocataires.
4. Nous avons deux animaux de compagnie : un chat et un chien.
5. Je travaille dans un bureau.
6. Je travaille le week-end.
7. Parce que je suis étudiante.
8. J'ai des cours (*classes*) le lundi, le mardi, le mercredi et le vendredi.

2-12 Questions indiscrètes ? Interview one of your classmates, asking him/her questions about the following subjects. Report back to the class what you learned about your partner.

MODÈLE la famille
Est-ce que tu as des frères ou des sœurs ?
Où est-ce qu'ils habitent ? …

la musique
Est-ce que tu aimes la musique ?
Quand est-ce que tu aimes écouter de la musique ? …

(*you report back*) Voici Ian. Il a un frère. Il habite à Baltimore. Ian n'aime pas la musique, mais …

1. la famille
2. les animaux
3. les amis
4. la musique
5. le sport

Stratégie

When new information is presented in a familiar context—online profiles, for example—use what you know about the format to help determine the meaning of unfamiliar words and phrases.

Lisons

2-13 Des profils

A. Avant de lire. Today, we frequently "meet" people online via social networks. How do people generally present themselves in this context? What information would you expect to find in a person's profile? Work with classmates to create a list.

Didier Talant

Didier Talant

Technicien à Airbus S.A.S.
A étudié mathématiques à : Université Paris I Panthéon-Sorbonne
Habite à : Toulouse
Parle français, anglais
De : Saint-Germain-en-Laye
Né le 2 décembre 1993

Emplois et scolarité

Employeur	Airbus S.A.S.
Université	Université Paris I Panthéon-Sorbonne Promotion 2009
Collège/lycée	Diderot

Sports

Équipes préférées	Stade Toulousain

Arts et loisirs

Musique	Émilie Loizeau
Livres	*L'Alchimiste*

Activités et intérêts

Sports	Rugby à XV

Informations générales

Sexe	Homme

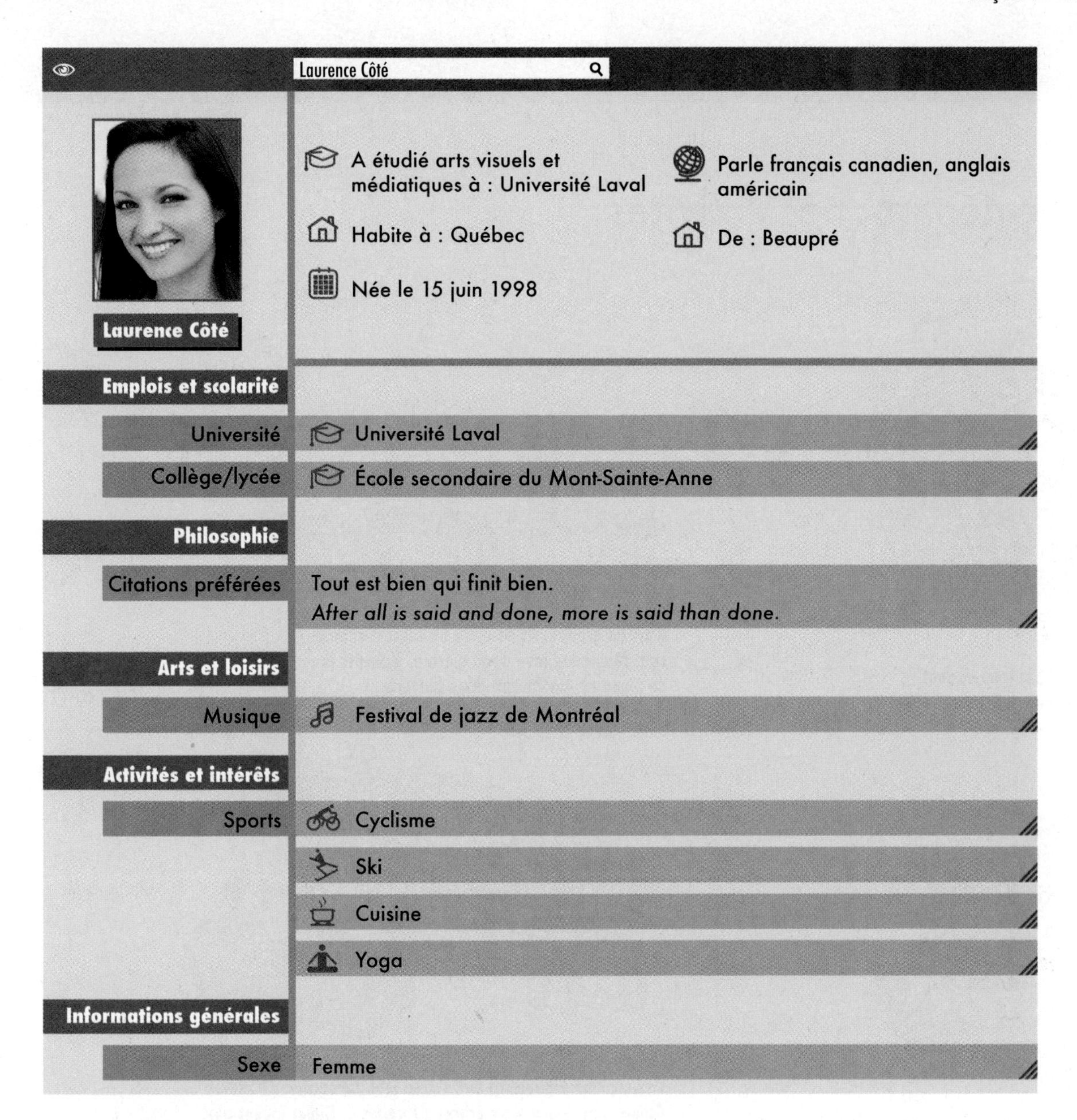

Laurence Côté
A étudié arts visuels et médiatiques à : Université Laval
Parle français canadien, anglais américain
Habite à : Québec
De : Beaupré
Née le 15 juin 1998
Laurence Côté
Emplois et scolarité
Université
Université Laval
Collège/lycée
École secondaire du Mont-Sainte-Anne
Philosophie
Citations préférées
Tout est bien qui finit bien.
After all is said and done, more is said than done.
Arts et loisirs
Musique
Festival de jazz de Montréal
Activités et intérêts
Sports
Cyclisme
Ski
Cuisine
Yoga
Informations générales
Sexe
Femme

B. En lisant. As you read the two profiles reproduced here, complete the chart below.

	Lives in	University / Studies	Birthdate	Activities	Music
Didier					
Laurence					

C. En regardant de plus près. Take a closer look at the following features of the text. Given the context and, in some cases, similarity to English, what do you think each of the following words or expressions means?

1. Né/e
2. Employeur
3. Équipes préférées
4. Arts visuels et médiatiques
5. Français canadien, anglais américain
6. Citations préférées

D. Après avoir lu. Do you use an online social network to initiate and maintain contacts? If so, try changing the language to French and see what happens.

Nos loisirs

Points de départ : nos activités

Moi, je fais du sport ; je joue au foot avec des amis. On a un match tous les samedis.

Mes copains font de la musique. Ils jouent dans un groupe. Ils donnent un concert samedi soir. Mamadou joue de la guitare, Valentin joue du piano et Amélie fait de la batterie.

François et Léa organisent une fête. François fait des courses et Léa fait la cuisine.

Des copains organisent une soirée jeux de société : Vanessa et Anne-Laure jouent aux échecs ; Jacques et Didier jouent aux cartes ; Marc et Julie jouent au Scrabble®.

Nathalie adore le sport et elle est super sportive. Elle fait de la natation ; elle fait du vélo aussi. Le samedi elle fait souvent une randonnée à la montagne.

Benjamin fait du bricolage et son amie Élodie fait du jardinage.

Des loisirs

On fait… du sport; de la gym, de la natation, du vélo, du jogging, une randonnée	On joue… au football, au basket-ball, au tennis, au golf, au football américain, au rugby, au volley-ball, au hockey
On fait… de la musique; de la batterie	On joue… du piano, de la guitare, de l'harmonica, du saxophone, de la musique classique, du jazz, du rock
On fait… des courses, la cuisine, du bricolage, du jardinage	On joue… aux cartes, aux échecs, au Scrabble, au loto, aux jeux de société

On ne fait pas grand-chose ce soir ; on est fatigué !

Fiche pratique

Some French verbs require a preposition. For example, the verb **jouer** is followed by the preposition **à** or the preposition **de**, plus the definite article. To remember that **jouer** is followed by **à** for sports and games, and by **de** for musical instruments, memorize a couple of sentences that are personally meaningful. For example, you might come up with : **Je joue au foot** and **Mon frère joue de la guitare.**

À vous la parole

2-14 À chacun son goût. Based on the descriptions, figure out with a partner what these friends probably do in their spare time.

MODÈLE É1 Margaux est très réservée.
É2 Elle ne fait pas grand-chose ; elle reste à la maison et regarde un film.

1. Charlotte est très sociable.
2. Loïc est super sportif.
3. Delphine est musicienne.
4. Florian adore le cinéma.
5. Laurent est fanatique de jazz.
6. Robert aime préparer le dîner.
7. Alain préfère les jeux de société.
8. Anaïs est bricoleuse.
9. Julie aime la nature.

2-15 Et toi ? With the person sitting beside you, take turns telling three things you typically do on the weekend. Use only words and expressions that you know. Then share with your classmates what you have learned about your partner.

MODÈLE É1 Le week-end, je travaille un peu, je joue au basket et je fais la cuisine. Et toi ?
É2 Je ne fais pas grand-chose ; je reste à la maison et je prépare mes cours.

2-16 Faire connaissance. Your friend Thierry invited you to a party. He gave you interesting information (**des faits intéressants**) about people you should meet but did not tell you their names or what they look like! Using the form provided by your instructor, circulate and introduce yourself, asking questions in order to find the people Thierry wanted you to meet. Take notes so that you will remember them in the future. For each person you find, fill in his or her name and add three words or expressions to provide a physical description. You may need to describe this person to others.

MODÈLE É1 : Bonjour, je m'appelle Thomas ; et toi ?
É2 : Salut, je suis Claude.
É1 : Tu aimes le sport ?
É2 : Non, je ne suis pas sportif. J'aime la musique.
É1 : Ah bon ? Tu fais de la musique ?
É2 : Oui, je joue de la guitare.

Prénom	Fait intéressant	Description
Claude	joue de la guitare	*grand, brun, cheveux longs et raides*

Vie et culture

Les loisirs des Français

Increased leisure time is a major trend in France, the direct result of a decrease in work time and an increase in life expectancy. The French devote on average more than ten hours per week to leisure activities. They enjoy the shortest work week of any European country, 35 hours, and have a minimum of five weeks of paid vacation each year. Leisure activities also take up an increasing portion of the household budget, making leisure a significant household expense.

Et vous ?

1. With a partner, examine the chart, which indicates the percentage of French respondants who participate in various leisure-time activities, based on a recent survey. Can you identify each category?
2. How do the activities listed in the chart compare with your own leisure activities and those of people you know?
3. How do you think a chart drawn up for North Americans would differ from this one?

2-17 Un sondage. Poll your classmates to find out what percentage of them participate in each of the activities included in the chart on **les loisirs les plus pratiqués**. Designate one student in your class to ask the questions, and another to keep track of responses on the board. Compare your percentages with those presented for the French. What are your conclusions?

1. Ask questions.

MODÈLE Qui fait de la musique ? (*Raise your hand if you do.*)
Qui regarde la télévision ? (*Raise your hand if you do.*)

2. Count the responses.
3. Announce the results.

MODÈLE Six étudiants font de la musique ; c'est 30 pour cent. (*if your class has 20 members*).
Cinq étudiants regardent la télé ; c'est 25 pour cent.

Sons et lettres

L'enchaînement et la liaison

In French, consonants that occur within a rhythmic group tend to be linked to the following syllable. This is called **enchaînement**. Because of this feature of French pronunciation, most syllables end in a vowel sound:

il a [i la] sept amis [se ta mi] Élise arrive [e li za riv]

As you have learned, some final consonants are almost always pronounced; these include final **-c**, **-r**, **-f**, **-l**, and all consonants followed by the written letter **-e**:

Loïc ma sœur sportif Cyril seize il aime

Other final consonants are pronounced only when the following word begins with a vowel. These are called *liaison consonants*, and the process that links the liaison consonant to the beginning of the next syllable is called *liaison*. Liaison consonants are usually found in grammatical endings and words such as pronouns, articles, possessive adjectives, prepositions, and numbers. You have seen the following liaison consonants:

- **-s**, **-x**, **-z** (pronounced /z/): vous‿avez, les‿enfants, nos‿amis, aux‿échecs, très‿aimable, six‿ans, chez‿eux
- **-t**: c'est‿un copain, elles sont‿énergiques
- **-n**: on‿a, un‿oncle, mon‿ami

When you pronounce a liaison consonant, articulate it as part of the next word:

deux‿oncles [dø zɔ̃kl]	*not*	*[døz ɔ̃kl]
on‿a [ɔ̃ na]	*not*	*[ɔ̃n a]
il est‿ici [i le ti si]	*not*	*[il et i si]

À vous la parole

e **2-18 Liaisons dangereuses.** Listen as the following phrases are pronounced and indicate whether you hear a liaison consonant.

1. nous avons	oui	non	**5.** les yeux bleus	oui	non
2. des colocataires	oui	non	**6.** très intelligent	oui	non
3. chez nous	oui	non	**7.** nos copains	oui	non
4. chez elle	oui	non	**8.** les cheveux noirs	oui	non

2-19 Une comptine. Repeat the following short poem, paying careful attention to the **enchaînements** and liaisons.

Quelle heure est-il ?	*What time is it?*
Il est midi.	*It's noon.*
Qui vous l'a dit ?	*Who told you?*
La petite souris.	*The little mouse.*
Où est-elle ?	*Where is she?*
Dans la chapelle.	*In the chapel.*
Que fait-elle ?	*What is she doing?*
De la dentelle.	*Making lace.*
Pour qui ?	*For whom?*
Pour mes amis.	*For my friends.*

Formes et fonctions : les prépositions à et de

The preposition **à** generally indicates location or destination and has several English equivalents.

Elle habite **à** Paris.	*She lives **in** Paris.*
Il est **à** la maison.	*He's **at** the house.*
Elle va **à** un concert.	*She's going **to** a concert.*

- As you have seen, the preposition **à** is also used in the expression **jouer à**, *to play sports or games.*

Nous jouons **au** tennis le lundi.	*We play tennis on Mondays.*
Ils jouent **aux** cartes le samedi soir.	*They play cards on Saturday evenings.*

- With other verbs, **à** introduces the indirect object, usually a person to whom the action is directed.

parler	Cédric **parle à** la petite fille.	*Cédric's speaking to the little girl.*
téléphoner	Nous **téléphonons à** nos amis.	*We're phoning our friends.*
donner	Elle **donne** la photo **à** son ami.	*She gives her boyfriend the photo.*

- **À** combines with the definite articles **le** and **les** to form contractions. There is no contraction with **la** or **l'**.

à + **le** → **au**	Il joue **au** golf.	*He plays golf.*
à + **les** → **aux**	Ils jouent **aux** échecs avec des amis.	*They play chess with friends.*
à + **la** → **à la**	Je reste **à la** maison vendredi soir.	*I'm staying home on Friday evening.*
à + **l'** → **à l'**	Je parle **à l'**oncle de Simon.	*I'm talking to Simon's uncle.*

The preposition **de/d'** indicates where someone or something comes from.

Mon copain Justin est **de** Montréal.	*My boyfriend Justin is from Montreal.*
Elle arrive **de** France demain.	*She arrives from France tomorrow.*

- As you've seen, **de** is also used in the expression **jouer de**, *to play music or a musical instrument,* and in many expressions with the verb **faire**.

Son ami joue **du** piano dans un groupe.	*Her friend plays piano in a group.*
Lui, il joue **de l'**harmonica.	*He plays the harmonica.*
Je fais **des** courses l'après-midi.	*I'm running errands in the afternoon.*

- **De/d'** also is used to indicate possession or other close relationships.

C'est le frère **du** professeur.	*It's the teacher's brother.*
Voilà le livre **de** Kelly.	*There's Kelly's book.*

- **De** combines with the definite articles **le** and **les** to form contractions. There is no contraction with **la** or **l'**.

de + **le** → **du**	Mon amie fait **du** jogging.	*My girlfriend goes jogging.*
de + **les** → **des**	On parle **des** projets pour le week-end.	*We're talking about plans for the weekend.*
de + **la** → **de la**	Moi, je joue **de la** guitare.	*I play the guitar.*
de + **l'** → **de l'**	Il joue **de l'**accordéon.	*He plays the accordion.*

À vous la parole

2-20 Ça cause. Tell what Camille and her friends are talking about today.

MODÈLE la copine de Sébastien
Elles parlent de la copine de Sébastien.

1. la professeure de français
2. le match de basket
3. les problèmes du campus
4. le frère de Camille
5. l'oncle d'Antoine
6. les devoirs d'anglais
7. le concert samedi soir
8. la fête vendredi

2-21 Des célébrités. What do these famous people do?

MODÈLE Katie Ledecky
Elle fait de la natation.

1. Taylor Swift
2. Gordon Ramsay
3. Stephen Curry
4. Rachael Ray
5. Serena Williams
6. Alicia Keys
7. Tom Brady
8. LeBron James
9. Michael Phelps

2-22 Trouvez une personne qui... Circulate in the classroom to find someone who does each of the things listed. When your instructor calls time, compare notes to see who came closest to completing the list.

MODÈLE joue de l'harmonica
É1 Tu joues de l'harmonica ?
É2 Non. (*You ask another person.*)
OU Oui. (*You write down this person's name.*)

1. fait du vélo
2. fait des randonnées
3. fait la cuisine
4. fait du jardinage
5. joue au foot
6. joue au golf
7. joue du piano
8. joue de la guitare
9. joue aux cartes
10. joue au Scrabble

Formes et fonctions : le verbe **faire**

The verb **faire** (*to make, to do*) is used in a wide variety of expressions. Here are the forms of this irregular verb.

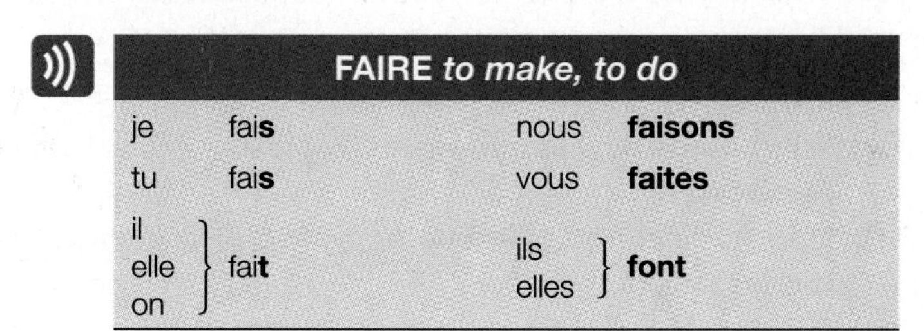

FAIRE ***to make, to do***			
je	fai**s**	nous	**faisons**
tu	fai**s**	vous	**faites**
il / elle / on	fai**t**	ils / elles	**font**

A question using **faire** does not necessarily require using **faire** in the answer:

Qu'est-ce que tu **fais** samedi ? — *What are you doing on Saturday?*
— Je joue au tennis. — *—I'm playing tennis.*

As you have learned, a form of the preposition **de** is used with the verb **faire** in some expressions.

Elle fait **du** sport.	*She plays sports.*
— Moi aussi, je fais **de la** natation.	*—Me too, I swim.*

Faire is used in many idiomatic expressions related to everyday activities; it is one of the most common and useful French verbs.

> The expressions **faire une promenade** and **faire de la marche** can both be translated into English as "to take a walk," however, the nuances are quite different; **une promenade** is a leisurely walk or stroll, while **la marche** refers to vigorous walking, often for exercise. **Faire une randonnée** is "to go hiking."

Tu fais du sport ?	*Do you play sports?*
Nous faisons une promenade.	*We're taking a walk.*
On fait de la marche.	*We walk (for exercise).*
Elle aime faire la cuisine.	*She likes to cook.*
Il fait des courses.	*He's running errands.*
On fait le ménage.	*We're doing housework.*
Vous faites de la danse ?	*Do you study dance?*
Je fais du français.	*I study French.*

À vous la parole

2-23 Suite logique. Based on their interests, what are these people doing in their spare time?

MODÈLE Sylvie aime le ballet.
Elle fait de la danse.

1. Nous arrivons au supermarché.
2. Florent et Hamid aiment la nature.
3. Tu adores préparer le dîner.
4. Vous êtes fanatique de jazz.
5. Ludovic aime travailler dans le jardin.
6. Hélène et Béa sont vraiment sportives.
7. J'aime travailler à la maison.
8. David et moi sommes très paresseux.

2-24 Et vous ? Discuss with a partner your usual activities for each of the categories proposed.

MODÈLE la musique
É1 Je ne fais pas de musique, mais j'écoute souvent de la musique ; j'aime le jazz.
É2 Je fais de la musique ; je joue du piano et de la guitare. J'ai un concert samedi soir.

1. la musique
2. le sport
3. les jeux
4. les travaux à la maison
5. avec les amis
6. la nature

Écoutons

2-25 Des portraits d'athlètes

A. Avant d'écouter. English and French are the two official languages of the Olympic Games; the language of the host country is also used if it is not French or English. Look at the photos of three French athletes who have won Olympic gold medals. Which sport does each play? Can you think of two or three adjectives in French to describe each athlete?

Stratégie

When listening for specific information such as references to sports, birthdates, physical descriptions, and family information, recall the relevant French vocabulary that you know in order to anticipate what you will hear.

Estelle MOSSELY

Charline PICON

Yannick BOREL

B. En écoutant. During the Olympic Games, you often hear athlete bios. Listen to the descriptions of three Olympic athletes and fill in the missing information in the chart.

Name	Sport	Birthdate	Appearance	Activities / Family
Charline PICON	la voile			
Yannick BOREL	l'escrime			
Estelle MOSSELY	la boxe			

C. Après avoir écouté. Now use the completed chart to summarize in a couple of sentences the information about the athlete who most appeals to you. Then add a sentence telling why this person is interesting to you.

MODÈLE Mon athlète préféré est… Je trouve cette personne intéressante parce qu'il/elle…

LEÇON 3

Où est-ce qu'on va ce week-end ?

Points de départ : destinations diverses

Le week-end, qu'est-ce que tu fais ? Tu aimes nager ? Alors tu vas probablement à la piscine. Tu pratiques un autre sport ? Alors tu vas peut-être au stade, au gymnase ou au parc. Tu aimes les activités culturelles ? Tu vas peut-être voir un film au cinéma ou une exposition au musée ; ou bien tu assistes à une pièce ou un ballet au théâtre. Tu aimes la musique classique ? Il y a souvent des concerts à l'église. Tu cherches un livre ? Voilà la bibliothèque ou bien la librairie. Tu ne fais pas la cuisine ? Alors va au restaurant, au café ou chez un ami pour manger.

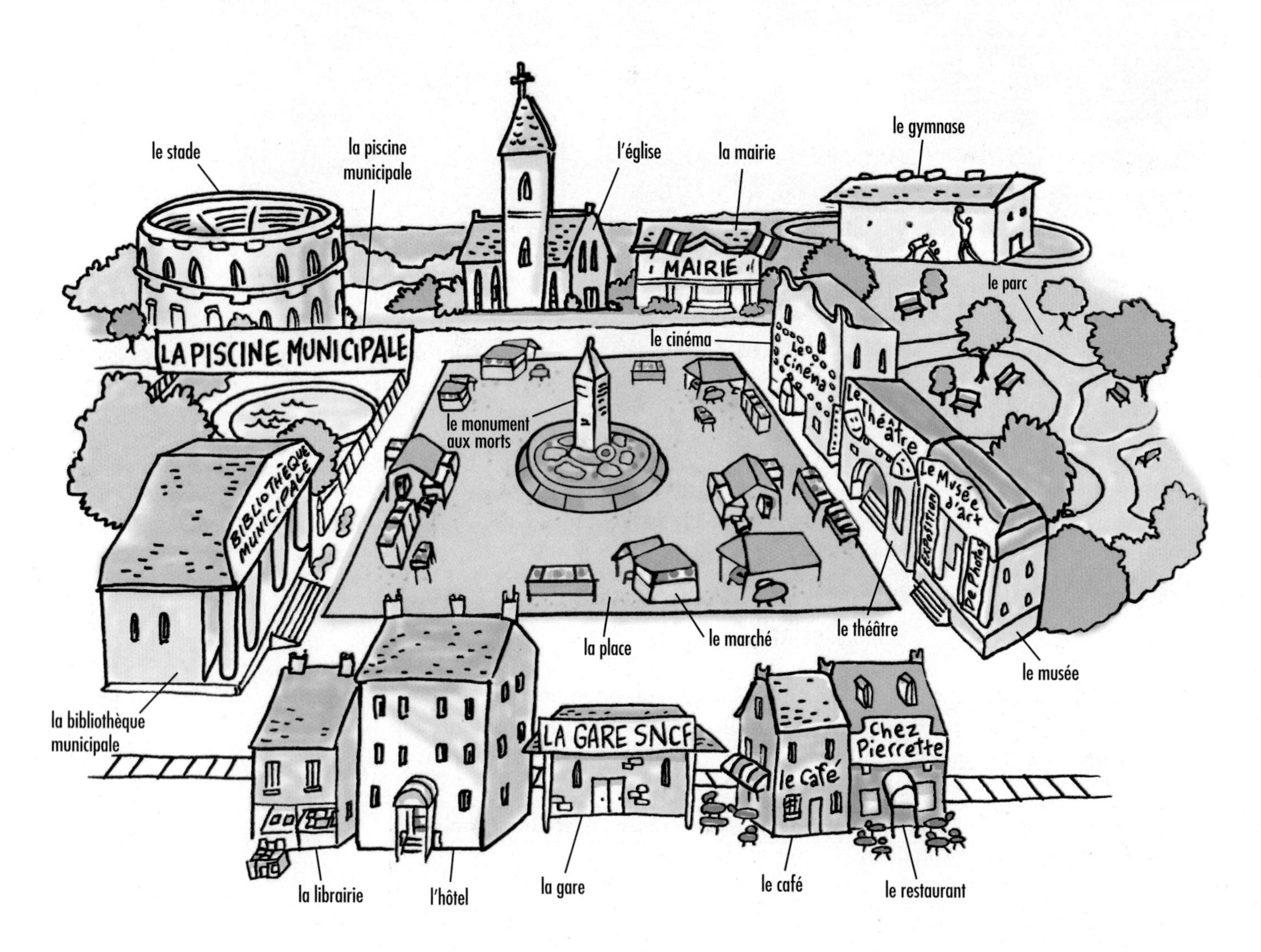

Vie et culture

Les petits villages et les villes moyennes

L'église et le monument aux morts à Courcelles Val d'Esnoms, un petit village de 118 habitants.

Many small towns and villages in France have a traditional structure. At the center is the Catholic church; a square, often with a veterans' memorial, is nearby. This is usually the location for the open-air market. The town hall is also in a central location. In many older towns and villages, the number of small merchants clustered around this central area has significantly declined in recent years. According to a government study in 2015, the rate of commercial vacancies was over 10 percent in more than half of mid-size cities (population less than 100,000). Factors leading to this decline include the prevalence of online shopping, the increase in larger shopping centers located at the peripheries of towns and villages, and the increased urbanization of the French population over the past three decades. According to the 2015 census, less than 2 percent of the population in metropolitan France lived in a village with fewer than 200 inhabitants, like Courcelles Val d'Esnoms; less than 50 percent lived in a small town with fewer than 10,000 inhabitants; and almost 50 percent lived in a more populous city.

La mairie de Courcelles Val d'Esnoms

Watch the video clip as Philippe, Mathilde's father and the mayor of Courcelles, provides a tour. See what places you can identify.

Les mairies

Compare the town hall in Courcelles to the one pictured here, which is located in Guadeloupe. Guadeloupe is one of several overseas French departments. As such, its inhabitants are French citizens, its institutions are the same as those in metropolitan France, and its towns are recognizably French, although with distinctive regional differences.

La mairie de Terre-de-Haut (Îles des Saintes) en Guadeloupe

Et vous ?

1. Look at the video clip and list in French the places you were able to recognize.
2. Is there a traditional structure for small towns in North America? Does this vary from region to region?
3. How does the trend towards urbanization and the corresponding decline of small towns compare in France and North America?

▷ Parallèles : mes loisirs préférés

Mathilde and Diandra talk about some of their favorite leisure activities. Based on what you already know about them, and looking at the photos here, what might you expect each young woman to say about some of her favorite activities?

Mathilde dans une boutique de disques

Diandra au stade d'athlétisme

À vous la parole

2-26 Dans quel endroit ? Where would you hear people saying this?

MODÈLE Du rosbif, s'il vous plaît.
au restaurant

1. Tu nages bien, toi !
2. Le match commence dans dix minutes.
3. Regarde, un mariage ! Voilà la mariée et le marié.
4. C'est mon ballet préféré.
5. Où sont les biographies, s'il vous plaît ?
6. On regarde la télé ce soir ?
7. La musique est excellente ce soir.
8. Un café pour terminer ?
9. J'aime beaucoup cette statue.
10. C'est combien pour ces livres et un cahier ?

2-27 Votre itinéraire. With your partner, take turns telling where you're going and what you're doing this weekend. Then summarize your plans for your classmates.

MODÈLE É1 Vendredi, je vais au restaurant. Mon copain et moi dînons ensemble. Et toi ?
É2 Moi, je vais au musée. Il y a une exposition de photos.

2-28 Vos endroits préférés. Discuss with a partner your favorite place for each activity listed. How similar—or dissimilar—are your preferences?

MODÈLE pour dîner ?
É1 Moi, j'aime dîner chez ma mère. Et toi ?
É2 Moi, j'aime dîner au restaurant.

1. pour dîner ?
2. pour travailler ?
3. pour voir un film ?
4. pour discuter avec des amis ?
5. pour pratiquer un sport ?
6. pour écouter de la musique ?

Formes et fonctions : le verbe **aller** et le futur proche

The irregular verb **aller** means *to go*.

Je **vais** à la librairie.	*I'm going to the bookstore.*
Tu **vas** au ciné avec nous ?	*You're going to the movies with us?*

You have already used **aller** in greetings and commands.

Comment ça **va** ?	*How are things?*
Comment **allez**-vous ?	*How are you?*
Je **vais** bien.	*I'm fine.*
Allez au tableau !	*Go to the board!*

ALLER *to go*			
je	**vais**	nous‿**allons**	
tu	**vas**	vous‿**allez**	
il / elle / on	**va**	ils / elles	**vont**

To express future actions that are intended or certain to take place, use the present tense of **aller** and an infinitive. This construction is called **le futur proche** (*the immediate future*). In negative sentences, place **ne … pas** around the form of **aller**; the infinitive does not change.

Je **vais travailler** ce soir.	*I'm going to work this evening.*
Il **va téléphoner** à son père.	*He's going to call his father.*
Tu **ne vas pas danser** ?	*You're not going to dance?*

- To express a future action, you may also simply use the present tense of a verb and an adverb referring to the future.

Mon copain arrive **demain**.	*My friend arrives tomorrow.*
Tu joues **ce soir** ?	*Are you playing tonight?*

- Here are some useful expressions referring to the immediate future:

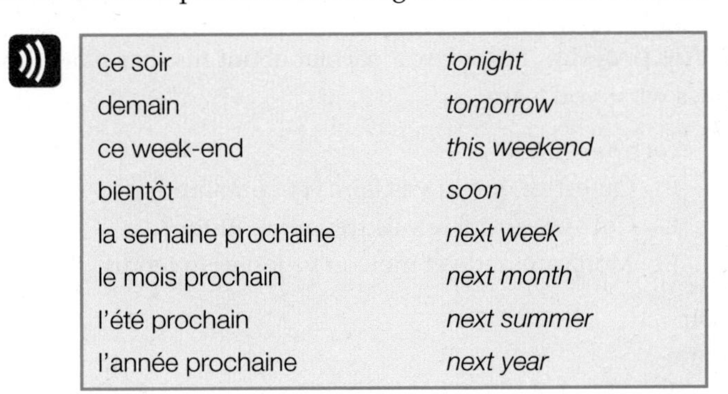

ce soir	*tonight*
demain	*tomorrow*
ce week-end	*this weekend*
bientôt	*soon*
la semaine prochaine	*next week*
le mois prochain	*next month*
l'été prochain	*next summer*
l'année prochaine	*next year*

À vous la parole

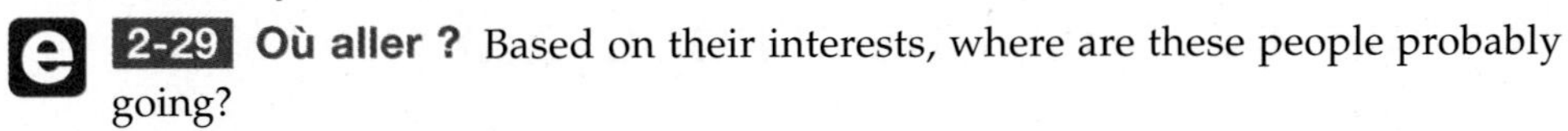

2-29 Où aller ? Based on their interests, where are these people probably going?

MODÈLE Anne adore nager.
Elle va à la piscine.

1. Rémi aime le basket.
2. Nous aimons les films.
3. Tu désires manger des spaghettis.
4. Monsieur et Madame Dupont aiment l'art moderne.
5. Vous adorez jouer au foot.
6. Sandrine aime les livres historiques.
7. J'aime beaucoup parler avec mes amis.
8. Sophie et Aimée adorent faire de la marche.

2-30 Les habitudes. Tell a partner where you usually go at the times indicated, and why.

MODÈLE le samedi soir
É1 Je vais au ciné avec mes amis pour voir un film.
É2 Moi, je vais à une fête chez des amis pour manger et pour écouter de la musique.

1. le lundi matin
2. le mercredi après-midi
3. le samedi après-midi
4. le dimanche soir

2-31 Maintenant ou plus tard ? Look at these statements about the activities of Séverine and her friends and decide if each activity is occurring now (**maintenant**) or will occur later (**plus tard**).

	Maintenant, ils…	Plus tard, ils…
MODÈLE … vont à la bibliothèque.	✔	______
1. … vont nager un peu.	______	______
2. … vont manger.	______	______
3. … vont au gymnase.	______	______
4. … vont au cinéma.	______	______
5. … vont travailler toute la journée.	______	______
6. … vont faire de la marche.	______	______
7. … vont au parc.	______	______
8. … vont voir un film.	______	______

Based on your answers above, are the friends busier now, or will they be busier later?

2-32 Vos projets. Interview a partner about his/her plans, and report back to the class what you learn.

MODÈLE cet après-midi
É1 Qu'est-ce que tu vas faire cet après-midi ?
É2 Cet après-midi je vais travailler. Et toi ?
É1 Mon camarade et moi, on va jouer au tennis.

1. ce soir
2. demain
3. ce week-end
4. l'été prochain

Formes et fonctions : l'impératif

To make a suggestion or a request or to tell someone to do something, the *imperative* forms of a verb—without a subject pronoun—may be used.

- When addressing more than one person or someone with whom you are on formal terms, the imperative is the same as the **vous**-form of the verb in the present tense.

Parlez plus fort !	*Speak louder!*
Écoutez-moi !	*Listen to me!*
Lisez à haute voix !	*Read aloud!*
Dites-moi votre nom !	*Tell me your name!*

- To address someone with whom you are on informal terms, the imperative is the same as the **tu**-form of the verb in the present tense. Note, however, that for **-er** verbs (including **aller**), the final **-s** is dropped in the written forms.

Ferme la porte !	*Shut the door!*
Va au tableau !	*Go to the blackboard!*
Écris ton nom !	*Write your name!*
Fais tes devoirs !	*Do your homework!*

- To make a suggestion to a group of which you are part, the imperative is the same as the **nous**-form of the verb in the present tense.

Jouons aux cartes.	*Let's play cards.*
Allons au cinéma.	*Let's go to the movies.*
Faisons une promenade.	*Let's go for a walk.*

To be more polite, add **s'il te plaît** or **s'il vous plaît** as appropriate:

Ouvrez la fenêtre, **s'il vous plaît**.	*Open the window, please.*
Parle plus fort, **s'il te plaît**.	*Please speak louder.*

To tell someone not to do something, put **ne** (**n'**) before the verb and **pas** after it:

Ne regarde **pas** la télé !	*Don't watch TV!*
N'écris **pas** en anglais !	*Don't write in English!*
N'oubliez **pas** vos devoirs !	*Don't forget your homework!*

À vous la parole

2-33 Impératifs. Use the appropriate forms of the imperative to request or suggest what to do and *not* to do.

MODÈLES Dites à un/e ami/e de ne pas regarder la télé.
Ne regarde pas la télé !

Proposez à vos amis d'écouter de la musique.
Écoutons de la musique !

Dites à un/e ami/e...

1. d'écouter le professeur
2. de fermer la porte
3. de ne pas parler anglais
4. de ne pas manger en classe

Demandez à votre professeur (n'oubliez pas d'être poli/e !)...

5. de répéter
6. de parler plus fort
7. de ne pas fermer la porte
8. de ne pas lire en anglais

Proposez à vos amis...

9. de jouer au basket
10. de faire du jogging

2-34 Pourquoi pas ? You'd like to do something different in French class today. What can you suggest to your instructor? Choose from this list of possibilities and include some of your own ideas as well: **aller, écouter, écrire, faire, jouer, oublier, parler, regarder.**

MODÈLE écrire
Écrivons un poème.

2-35 Situations. With a partner, give examples of a request or suggestion you'd be likely to hear in each situation. How many examples can you come up with?

MODÈLE une mère à son enfant
Écoute, mon chéri (*dear*).
ET Fais tes devoirs.

1. un professeur aux étudiants
2. une étudiante à un/e ami/e
3. un étudiant au professeur
4. un étudiant à son copain
5. un coach à ses joueurs
6. votre professeur/e à vous
7. vos parents à vous

Stratégie

Making plans involves several steps: (1) offering suggestions, (2) listening to your partner's ideas, and (3) agreeing or disagreeing, using appropriate expressions.

Parlons

2-36 Où aller et quoi faire ?

A. Avant de parler. Imagine that you and your partner have a Saturday free to explore the town where your university is located. Make a list of interesting places to visit and things to do. You might look at a map or a website for ideas. The following expressions may be useful in negotiating with your partner:

To agree:	
D'accord, O.K.	*OK*
C'est une bonne idée.	*That's a good idea.*
To disagree:	
Oui, mais...	*Yes, but ...*
... plutôt...	*... instead ...*

B. En parlant. Negotiate with your partner to find three activities that you both will enjoy. Make suggestions, and respond to your partner's suggestions.

MODÈLE É1 Allons à la librairie en ville le matin ; j'aime les livres et il y a un café.
É2 D'accord. L'après-midi, on va au musée ? Il y a une exposition de photographies.
É1 Oui, mais je n'aime pas beaucoup les musées. Allons plutôt au restaurant français.
É2 C'est une bonne idée, on va bien manger ! Et après, allons au cinéma ; il y a un film français ce week-end.
É1 O.K. !

C. Après avoir parlé. Were you able to agree with your partner on three activities? Share with classmates where you will go, when, and what you will do there.

Venez chez nous !

Le sport dans le monde francophone

Les Bleus fêtent leur victoire en Coupe du Monde 2018. Leur coach, Didier Deschamps, a joué pour les Bleus la première fois qu'ils ont gagné en 1998.

Sports have an important role in French life: people watch their favorite sporting events on television, listen to matches on the radio, and follow their favorite athletes on the Internet and in the press. The French Open (**Roland-Garros**) is a major international event; American Serena Williams was the women's champion in 2013 and 2015. In July, fans crowd the roads to see the world's oldest and most prestigious bicycle race, the **Tour de France**. An increasingly popular team sport is rugby, the ancestor of American football. Imported from England to the southwest of France and formerly dominated by teams from Agen, Bordeaux, and Toulouse, it has spread across the country. The French national soccer team (**les Bleus**) is a particular source of national pride; the team won the World Cup in 2018 and for many years has been held up as a model of multicultural France. Several team members were born in French overseas departments such as Réunion and Guadeloupe; others were born to parents of North African or African origin.

As you complete the lesson, ask yourself whether sports play an important role in North American culture in the same way they do in France.

Lisons

2-37 Le football : phénomène social. Soccer is one of the most popular sports in France. There are approximately 40 professional soccer teams throughout France. Many of France's top players also play for teams in other countries, such as Arsenal and Chelsea in England, Barcelona and Real Madrid in Spain, or Milano and Juventus Turin in Italy; they return to play on the French national team during international competitions.

Les fans se réunissent sur les Champs-Élysées après la victoire des Bleus en Coupe du Monde.

A. Avant de lire. First answer the following questions.

1. What is the title of the text? What does it suggest about the content of the reading?
2. How do you think the accompanying photo relates to the title of the text?
3. Does the photo remind you of any sporting events or behaviors that you have witnessed? Share your experience(s) with a partner.

B. En lisant. As you read the text, answer the following questions.

1. How many fans go to soccer games each week?
2. Are soccer matches in France attended primarily by men or women? What percent of the fans are men?
3. Besides watching their favorite team win, what else are fans interested in, according to the author?
4. What are some of the signs of "belonging" cited by the author?
5. According to the author, victories by national teams are even more special than those of local teams. Why is this so?

Le spectacle sportif est un moyen[1] d'appartenance[2]...

Plus de 200.000 supporteurs vont chaque semaine dans les stades de football… ; la grande majorité (80 %) sont des hommes, mais les femmes sont de plus en plus nombreuses…

La motivation des *aficionados* n'est pas seulement[3] de voir gagner « leur » équipe[4] mais aussi d'être membre d'un groupe… Il y a des signes concrets et évidents : vêtements[5], accessoires et objets aux couleurs de l'équipe ; emplacements réservés aux différents clubs de supporteurs dans le stade ; pratiques et « rituels » … ; réunions d'avant et d'après match…

Ainsi[6], les supporteurs ne sont pas seulement spectateurs… mais aussi acteurs. Les grandes compétitions représentent… des moments intenses de la vie collective. Si[7] le succès d'un champion est un évènement[8], l'exploit d'une équipe nationale a un caractère unique. Ainsi les titres obtenus par les Bleus à la Coupe du monde de football en 1998 et à l'Euro en 2000, puis leur qualification en finale de la Coupe du monde de 2006… sont des moments exceptionnels pour l'ensemble des Français, même pour les individus qui n'aiment pas le sport.

Adapté de G. Mermet *Francoscopie 2013*, p. 526. Larousse 2012.

[1]*means* [2]*belonging* [3]*only* [4]*to see their team win* [5]*clothing* [6]*thus* [7]*if* [8]*event*

C. Après avoir lu. Discuss the following questions with your classmates.

1. Do you agree that attending sporting events is a way of belonging to a larger group? How has this been true in your own experience?
2. What customs surround sporting events on your campus or where you live? Are they similar to any of the customs observed by French soccer fans?
3. Can you remember a time when a favorite team won a championship? How did the team's victory make you and your friends and family members feel? Was there widespread elation on your campus, or in your city, town, or state, like that after the major victories of the French teams?

Écrivons

2-38 Un/e athlète célèbre

A. Avant d'écrire. Write a description of an athlete whom you admire. Before you begin to write, complete the following steps:

1. List basic biographical information, including the person's name, sport, age, nationality, and family.
2. List several adjectives that describe the athlete's appearance.
3. List several adjectives that describe the athlete's personality.
4. Indicate, in a couple of sentences, why you admire this person.

B. En écrivant. Now, using your notes, write your description. Begin by providing factual information; next, describe the athlete's appearance and personality; and then conclude with your own thoughts. Find a photo of your athlete to include with your written description.

MODÈLE Antoine Griezmann est un joueur de football français très célèbre. Né à Mâcon, près de Lyon, en 1991, il commence à jouer à l'âge de six ans. Antoine n'est pas très grand, mais il est très rapide et il marque beaucoup de buts (*goals*). Il est vraiment intelligent, motivé et ambitieux. Il joue pour le club Atlético de Madrid et pour l'équipe de France, et il est parfaitement bilingue en français et espagnol. Sa femme est espagnole ; ils ont une fille. J'admire Griezmann parce qu'il joue vraiment bien et il a l'esprit d'équipe (*is a team player*).

C. Après avoir écrit. Share your description with your classmates. Are certain individuals mentioned frequently? Based on how these athletes are described, is it possible to make any generalizations about what we admire in famous athletes?

Observons

2-39 Un sport de famille

A. Avant de regarder. In this clip, Jacques describes his favorite sport. View the clip a first time without sound and try to guess from the visual cues what sport he plays. Explain your answer.

B. En regardant. Answer the following questions as you watch the clip.

1. Jacques plays …
   rugby   soccer   field hockey   lacrosse
2. Jacques says that this is a "family" game; who else in his family plays?
   his sister   his father   his mother   his cousins
3. During the season, Jacques' team has games on …
   Wednesday   Friday   Saturday   Sunday
4. According to Jacques, what does the team do on Tuesday, Wednesday, and Friday evenings?
   travel   rest   train   play

C. Après avoir regardé. Have you ever played this sport, or watched a game? If so, what is your impression of this sport? Do you think it is as popular in North America as it is in France? Why or why not?

Parlons

2-40 Les évènements sportifs

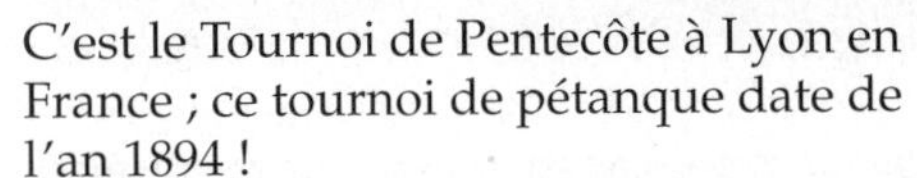

C'est le Tournoi de Pentecôte à Lyon en France ; ce tournoi de pétanque date de l'an 1894 !

Caroline Garcia à Roland-Garros

A. Avant de parler. Many international sporting events are hosted in the French-speaking world, ranging from the world-famous **Tour de France** and **Roland-Garros** (*the French Open*) to lesser-known events such as the annual **pétanque** competition, **le Tournoi de Pentecôte**, held in Lyon. Some of these events are pictured here. Look at the photos and identify the sport in each one. What other major international sporting events held in France or the French-speaking world are you familiar with? Which would you most like to attend? Why?

B. En parlant. Prepare a brief oral report to share with the class on a sporting event held in the French-speaking world. Choose from the list below:

Roland-Garros	le Tour de France	la Coupe du monde de football
les 24 heures du Mans	le Tournoi de Pentecôte	le Marathon de Paris

1. Research your topic online to complete the chart. These notes will help you plan your short talk. As an example, information has been provided for **les Jeux de la Francophonie**.

Quoi ?	Quand ?	Où ?	Description
les Jeux de la Francophonie	2021	*à Moncton et Dieppe dans le Nouveau-Brunswick au Canada*	*une manifestation culturelle et sportive internationale, …*

2. Now, using the information that you have found, prepare written notes to summarize essential points for your oral presentation.

MODÈLE Les Jeux de la Francophonie

- en 2021, à Moncton et à Dieppe dans le Nouveau-Brunswick au Canada
- une manifestation culturelle et sportive internationale
- beaucoup d'artistes et d'athlètes du monde francophone participent
- une occasion formidable pour fêter la francophonie, l'art et le sport
- tous les quatre ans, après les Jeux olympiques

3. Find a photo or the logo of the sporting event you are describing to share with the class.

C. Après avoir parlé. Share your report with your classmates and listen to their presentations to learn more about the wide variety of sporting events held in the French-speaking world. Which ones especially caught your attention? Why?

Vocabulaire

Leçon 1

le caractère	disposition, nature, character
ambitieux/-euse	*ambitious*
amusant/e	*funny*
bête	*stupid*
drôle	*amusing, funny*
égoïste	*selfish*
énergique	*energetic*
généreux/-euse	*generous, warm-hearted*
gentil/le	*kind, nice*
intelligent/e	*intelligent, smart*
méchant/e	*mean, naughty*
paresseux/-euse	*lazy*
sédentaire	*sedentary*
sérieux/-euse	*serious*
sportif/-ive	*athletic*

le physique	physical traits
âgé/e	*aged, old*
beau/belle	*handsome, beautiful*
blond/e	*blond/e*
brun/e	*dark-haired, brunette*
châtain	*brown-haired*
de taille moyenne	*of medium height*
d'un certain âge	*middle-aged*
élégant/e	*elegant*
fort/e	*strong, stout*
grand/e	*tall*
gros/se	*fat*
jeune	*young*
joli/e	*pretty*
laid/e	*ugly*
maigre	*skinny*
mal habillé/e	*badly dressed*
mince	*thin, slender*
petit/e	*short, little*
roux/-sse	*redhead, redhaired*

avoir les yeux (m)...	to have ... eyes
bleus	*blue*
marron	*brown*
noirs	*black*
noisette	*hazel*
verts	*green*

avoir les cheveux (m)...	to have ... hair
blonds	*blond*
bouclés	*curly*
bruns	*dark brown*
châtains	*light brown, chestnut*
courts	*short*
frisés	*frizzy*
gris	*gray*
longs	*long*
noirs	*black*
raides	*straight*
roux	*red*

pour poser des questions	to ask questions
combien	*how much*
combien de	*how many*
comment	*how*
où	*where*
pourquoi	*why*
quand	*when*
qui	*who*

autres mots utiles	other useful words
adorer	*to adore, love*
un/e coloc(ataire)	*apartment mate*
ne ... pas du tout	*not at all*
parce que	*because*
pour	*for, in order to*

Leçon 2

quelques sports (m)	some sports
le basket(-ball)	*basketball*
le football américain	*football*
le *hockey	*hockey*
un match	*game (sports)*
le rugby	*rugby*
le volley(-ball)	*volleyball*

quelques jeux (m)	some games
les cartes (f)	*cards*
les échecs (m)	*chess*
un jeu (de cartes)	*game, deck (of cards)*
un jeu de société	*board game*
le loto	*lottery*

la musique	*music*
le jazz	*jazz*
la musique classique	*classical music*
le rock	*rock*
une batterie	*percussion, drum set*
un concert	*concert*
donner un concert	*to give a concert*
un harmonica	*harmonica*
un saxophone	*saxophone*

d'autres activités (f)	*other activities*
bricoler	*to do odd jobs, to tinker*
les loisirs (m)	*leisure-time activities*
organiser une fête	*to plan a party*

quelques expressions avec *faire*	*expressions using* faire
faire de la batterie	*to play drums*
faire du bricolage	*to do do-it-yourself projects*
faire des courses (f)	*to run errands*
faire la cuisine	*to cook*
faire de la danse	*to dance, to study dance*
faire du français	*to study French*
faire de la gym	*to work out*
faire du jardinage	*to garden*
faire du jogging	*to go jogging*
faire de la marche	*to walk (for exercise)*
faire le ménage	*to do housework*
faire de la musique	*to play music*
faire de la natation	*to swim*
faire une promenade	*to take a walk*
faire une randonnée	*to hike, to take a hike*
faire du sport	*to play sports*
faire du vélo	*to go biking*
ne pas faire grand-chose	*to not do much*

autre expression utile	*another useful expression*
tous les (samedis)	*every (Saturday)*

Leçon 3

en ville	*in town*
une bibliothèque (municipale)	*(municipal) library*
un café	*café*
un cinéma (ciné)	*movie theater*
une église	*(Catholic) church*
une gare	*train station*
un gymnase	*gym*
un hôtel	*hotel*
une librairie	*bookstore*
la mairie	*town hall*
un marché	*market*
un monument aux morts	*veterans' memorial*
un musée	*museum*
un parc	*park*
une piscine (municipale)	*(municipal) swimming pool*
une place	*square (in a town)*
un restaurant	*restaurant*
un stade	*stadium*
un théâtre	*theatre*

activités culturelles	*cultural activities*
assister à…	*to attend ...*
un ballet	*a ballet*
un concert	*a concert*
voir…	*to see ...*
une exposition	*exhibition*
un film	*film (at a movie theatre)*
une pièce	*a play (theater)*

pour parler de l'avenir	*to talk about the future*
aller (Je vais manger.)	*to go (I'm going to eat./I will eat.)*
l'année (f) prochaine	*next year*
bientôt	*soon*
ce soir	*tonight*
ce week-end	*this weekend*
demain	*tomorrow*
l'été (m) prochain	*next summer*
le mois prochain	*next month*
la semaine prochaine	*next week*

pour négocier	*to negotiate*
d'accord, O.K.	*OK*
c'est une bonne idée	*it's a good idea*
oui, mais…	*yes, but ...*
plutôt	*instead*

autres mots utiles	*other useful words*
alors	*so*
au contraire	*rather, to the contrary*
chercher	*to look for*
dites-moi !	*tell me!*
manger	*to eat*
nager	*to swim*
ne … pas du tout	*not at all*
oublier	*to forget*
peut-être	*maybe*

Chapitre 3
Études et professions

Entrez ici dans ma salle de classe !

On démarre !

Look at the image of Mathilde's father Philippe, who teaches in a **lycée**. Using visual clues, can you guess what subject he teaches?

▷ Watch the video clip to learn more. How are Philippe's classroom and school different from those in your own experience?

? What aspects of study and work in a francophone setting interest you most?

Learning Outcomes

After completing this chapter, you will be able to:

- Talk about university life and describe courses of study
- Talk about jobs and the workplace
- Express likes, dislikes, and preferences
- Compare education and the workplace in the United States, Canada, and France

LEÇON 1

Je suis étudiant/e

Points de départ : à l'université

Je m'appelle Julie, et je suis en deuxième année d'études à l'Université de Montréal. Je vais à l'université du lundi au vendredi. J'ai tous mes cours ici, et je travaille la fin de semaine à la bibliothèque. Après les cours, je retrouve mes amis au café dans le centre étudiant. J'habite en appartement, mais j'ai des amis qui habitent en résidence. On mange ensemble quelquefois à la cafétéria et on fait du sport au centre sportif.

Voici un plan du campus. Si vous arrivez à UdeM en voiture, le stationnement se trouve à droite du pavillon principal. Il faut avoir un permis pour stationner sur le campus. Si vous arrivez en métro, il y a une station juste en face du pavillon principal. Pour circuler sur le campus, il y a la navette. Dans le pavillon principal, il y a une librairie et des bureaux administratifs. Les résidences se trouvent à gauche, et le centre étudiant est juste à côté. Là-bas il y a un cinéma, un café, le bureau des inscriptions et des bureaux d'associations étudiantes. Le centre sportif est tout près des résidences, et le terrain de soccer est juste derrière.

Prépositions de lieu

à droite de	/ à gauche de
en face de	/ à côté de
dans	/ entre
(tout) près de	/ loin de
(juste) devant	/ (juste) derrière

Université de Montréal

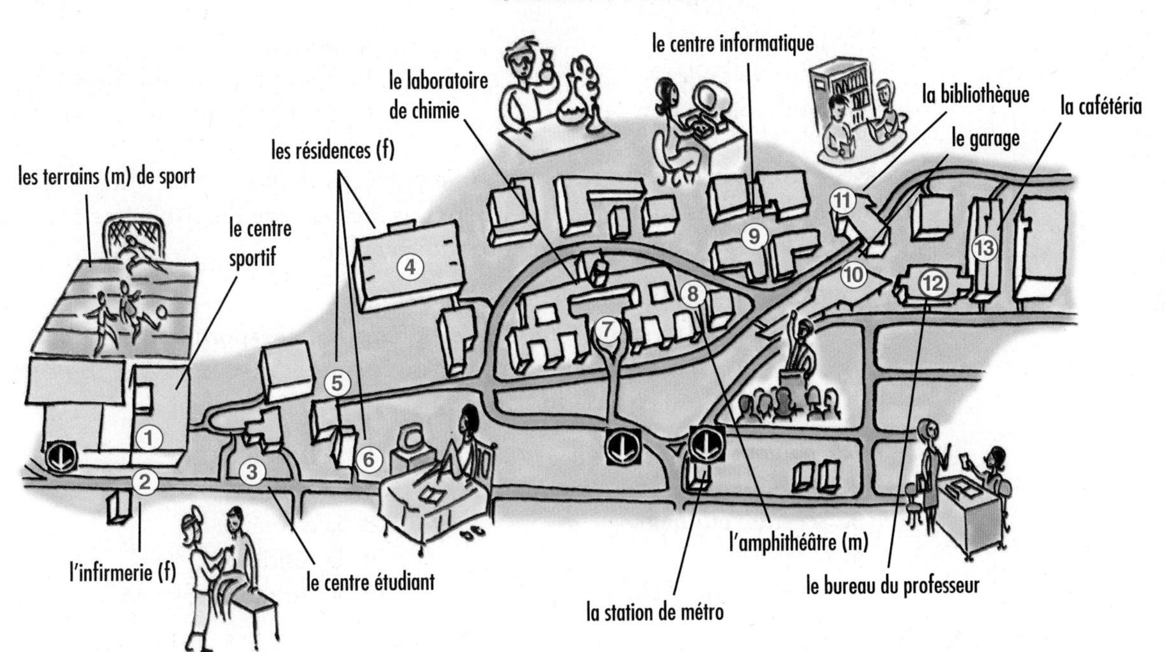

1. Centre d'éducation physique et des sports (CEPSUM)
2. Pavillon 2101, boul. Édouard-Montpetit
3. Pavillon J.-A.-DeSève (centre étudiant)
4. Résidence C (étudiants et étudiantes)
5. Résidence A (étudiants)
6. Résidence Thérèse-Casgrain (étudiantes)
7. Pavillon principal
8. Pavillon Claire-McNicoll
9. Pavillon André-Aisenstadt
10. Garage Louis-Colin
11. Pavillon Samuel-Bronfman
12. Pavillon Lionel-Groulx
13. Pavillon 3200, rue Jean-Brillant

Ⓜ Station de métro

À vous la parole

3-1 Dans quel endroit ? Where on campus would you be likely to hear people asking these questions or making these comments?

MODÈLE Vous avez un permis de stationnement ?
au stationnement

1. Le match commence dans dix minutes.
2. On arrive à la station, on descend ?
3. Voici le bureau de l'association.
4. On regarde un film ce soir ?
5. Où est le docteur Martin ?
6. Voici mes devoirs, Madame.
7. Une pizza, s'il vous plaît.
8. C'est combien pour ce livre et un cahier ?

3-2 Vos endroits préférés. Discuss with a partner your favorite place on campus for each activity listed. Then share your preferences with other classmates.

MODÈLE pour dîner ?
É1 Moi, j'aime la cafétéria. C'est très pratique. Et toi ?
É2 Moi, je préfère le café au centre étudiant. C'est plus calme.
É1 (*reporting back*) Pour dîner, j'aime la cafétéria, mais Anne préfère le café au centre étudiant…

1. pour dîner ?
2. pour travailler ?
3. pour voir un film ?
4. pour parler avec des amis ?
5. pour pratiquer un sport ?
6. pour préparer un examen ?

3-3 Sur votre campus. Pick one place on your campus, then circulate among your classmates, asking where it is located. See the list below for some ideas. How many different responses do you get?

MODÈLE É1 C'est où, la résidence Ellicott ?
É2 La résidence Ellicott, c'est près du centre sportif.
OU É1 La résidence Ellicott, s'il vous plaît ?
É3 C'est en face du stade.

1. la bibliothèque
2. les bureaux de l'administration
3. le centre étudiant
4. la piscine
5. le bureau des inscriptions
6. le théâtre
7. la librairie
8. la cafétéria
9. la résidence…
10. les terrains de sport

L'Université de Grenoble dans les Alpes

Vie et culture

Le système éducatif au Québec

The educational system in the Canadian province of Quebec is organized somewhat differently than the educational system in the United States. There is no distinction between middle school and high school: students enter **secondaire 1** (the equivalent of Grade 7) after finishing elementary school. Students normally finish **secondaire 5** at age 17 and then spend two or three years in a **CÉGEP** (**collège d'enseignement général et professionnel**) to prepare for a technical profession or a university education. At the university, students may complete **un baccalauréat** (**un bacc**), **une maîtrise**, or **un doctorat**. These are equivalent to the Bachelor's, Master's, and Ph.D. degrees respectively. Students in Canadian universities may pursue an honors degree in one discipline (**une spécialisation**) or they may choose to have a major (**une majeure** or **une concentration**) in one discipline and a minor (**une mineure**) in another.

The Université de Montréal is the largest university in Quebec. It has an expansive campus located on the outskirts of town.

 Et vous ?

1. What might be some of the advantages of attending a **CÉGEP** after high school?
2. Does your region have any institutions comparable to the **CÉGEP** in Quebec?

Formes et fonctions : les adjectifs prénominaux au singulier

Most adjectives follow the noun in French. A few, however, are placed before the noun.

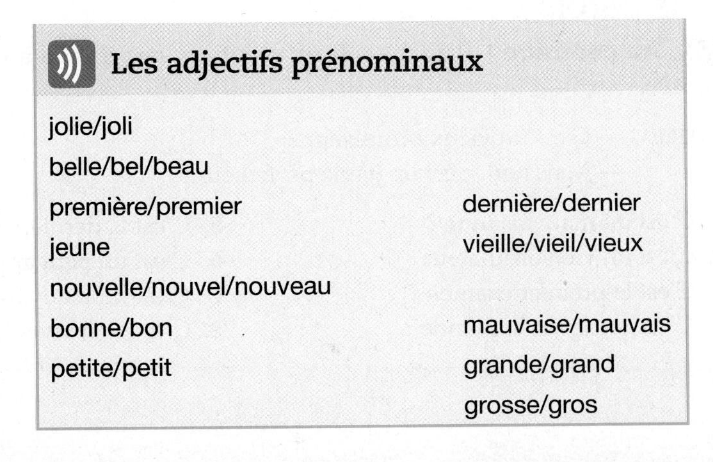

Les adjectifs prénominaux

jolie/joli	
belle/bel/beau	
première/premier	dernière/dernier
jeune	vieille/vieil/vieux
nouvelle/nouvel/nouveau	
bonne/bon	mauvaise/mauvais
petite/petit	grande/grand
	grosse/gros

Fiche pratique

Use a mnemonic device to help you remember facts that you must memorize. For example, the list of adjectives that precede the noun is easy to remember if you use the acronym BRAGS as a reminder of their meaning—**b**eauty, **r**ank, **a**ge, **g**oodness, and **s**ize. Are there mnemonic devices that you have used in English?

Like the other adjectives you have learned, these adjectives agree in number and gender with the noun they modify. **Jeune** and **joli/e** are invariable and are always pronounced the same, even with the additional **-e** for the feminine written form of **jolie**. Most of the other adjectives that precede a noun have two spoken forms; the feminine form ends in a pronounced consonant, and the masculine form ends in a vowel sound.

une jeune étudiante	un jeune professeur
une jolie bibliothèque	un joli jardin
une petite ville	un petit campus
une bonne résidence	un bon prof

Because these adjectives precede the noun, liaison occurs when the noun begins with a vowel sound. In these cases, the masculine form sounds just like the feminine form, even though the written form is different.

C'est une mauvaise bibli.	C'est un mauvais‿hôtel. C'est un mauvai~~s~~ prof.
C'est une petite piscine.	C'est un petit‿amphithéâtre. C'est un peti~~t~~ laboratoire.
C'est la première librairie.	C'est le premier‿ordinateur. C'est le premie~~r~~ jour.

- A few of these adjectives have a special written form—**bel**, **nouvel**, and **vieil**—used only before masculine nouns beginning with a vowel. These forms are pronounced exactly like the feminine forms: **belle, nouvelle, vieille.**

C'est une belle école.	C'est un **bel**‿hôtel. C'est un **beau** village.
C'est une nouvelle étudiante.	C'est un **nouvel**‿étudiant. C'est un **nouveau** prof.
C'est une vieille amie.	C'est un **vieil**‿ami. C'est un **vieux** copain.

- The masculine forms of the adjectives **grand** and **gros** behave exceptionally when they precede a noun beginning with a vowel sound. Their pronounced final consonants are distinct from the feminine forms:

C'est une grande piscine. /d/	C'est un grand‿amphithéâtre. /t/
Regarde la grosse voiture ! /s/	Regarde le gros‿ordinateur ! /z/

À vous la parole

e **3-4** **Au contraire !** Play the role of a contrary person and answer with the opposite.

MODÈLE — C'est un vieux professeur ?
— Mais non, c'est un jeune professeur !

1. C'est un mauvais livre ?
2. C'est un vieil ordinateur ?
3. C'est le premier examen ?
4. C'est une grande piscine ?
5. C'est la dernière résidence ?
6. C'est un petit appartement ?
7. C'est un mauvais professeur ?
8. C'est un nouvel amphithéâtre ?

3-5 Trouvez une personne qui... Find someone in your class who matches each description.

MODÈLE ... a un bon prof de maths
É1 Est-ce que tu as un bon prof de maths ?
É2 Non, je n'ai pas de cours de maths. (*you ask another person*)
É1 Est-ce que tu as un bon prof de maths ?
É3 Oui, j'ai un bon prof. Il s'appelle Monsieur McDonald. (*write down the name of this student*)

1. habite une vieille résidence
2. habite un bel appartement
3. a un nouvel ordinateur
4. a une petite voiture
5. a son premier cours à huit heures (*8h00*) du matin
6. prépare un grand examen
7. est en première année de fac
8. est en dernière année de fac
9. a un bon prof de maths
10. a un vieil ami sur le campus

3-6 Et moi. Working with a partner, personalize each sentence to fit your own situation.

MODÈLE J'habite une grande résidence.
É1 Moi, j'habite un vieil appartement.
É2 Et moi, j'habite une petite maison.

1. J'habite une grande résidence.
2. J'ai une petite voiture.
3. J'ai un/e bon/ne colocataire.
4. J'ai un gros ordinateur.
5. J'ai une bonne note en cours de français.
6. Je suis en première année de fac. (deuxième, troisième)

Formes et fonctions : les verbes en -re

Verbs ending in **-re** differ in two ways from the **-er** verbs you have already learned:

- The singular forms have different written endings. The final consonants in these singular forms are never pronounced.

  j'attends (*I wait*) tu entends (*you hear*) il répond (*he answers*)

- With these verbs, you can always tell whether someone is talking about one person or more than one, because the **-d** is pronounced in the plural forms.

  elles répon**d**ent vs. elle répond

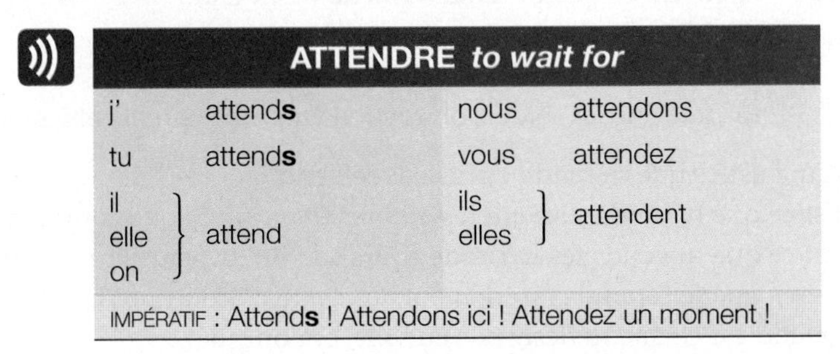

ATTENDRE *to wait for*			
j'	attend**s**	nous	attendons
tu	attend**s**	vous	attendez
il / elle / on	attend	ils / elles	attendent

IMPÉRATIF : Attend**s** ! Attendons ici ! Attendez un moment !

Here are the most common verbs ending in **-re**.

attendre	*to wait for*	Ils **attendent** la navette.
descendre	*to go down*	Je **descends.**
de	*to get off*	Elle **descend du** bus.
en ville	*to go downtown*	Vous **descendez en ville** ?
entendre	*to hear*	Tu **entends** cette musique ?
perdre	*to lose*	Il **perd** toujours ses stylos.
rendre à	*to give back*	Le prof **rend** les essais **aux** étudiants.
visite à	*to visit someone*	Nous **rendons visite à** nos parents.
répondre à	*to answer*	Vous **répondez à** sa lettre ?
en	*to answer in*	Elle **répond en** anglais.
vendre	*to sell*	Ils **vendent** des magazines.

English and French sometimes differ in the use of prepositions with verbs:

J'attends le métro.	*I'm waiting **for** the subway.*
Il répond **au** professeur.	*He's answering the professor.*
Elle rend visite **à** sa mère.	*She's visiting her mother.*

À vous la parole

3-7 C'est logique. Complete each sentence logically, using an **-re** verb.

MODÈLE nous / le métro
Nous attendons le métro.

1. les étudiants / en français
2. l'étudiante / ses devoirs au professeur
3. nous / des livres à la bibliothèque
4. je / mes parents à Québec
5. vous / la navette ?
6. tu / au téléphone ?
7. elles / leurs livres
8. Marc / le week-end pour dîner avec des amis

3-8 Réponses personnelles. Ask your partner the following questions, then share what you have learned with the rest of the class.

MODÈLE À qui est-ce que tu rends visite le week-end ?
É1 Je rends visite à mes parents.
É2 Et moi, je rends visite à mes amis.
É1 (aux autres) Nous, on rend visite à nos parents et à nos amis.

1. À qui est-ce que tu rends visite le week-end ?
2. Est-ce que tu perds souvent tes affaires (*things*) ? Si oui, comment ?
3. Est-ce que tu vends tes livres de cours à la fin du semestre ? Pourquoi ?
4. Est-ce que tu réponds rapidement aux textos ? Pourquoi ?
5. Quand est-ce que tu descends en ville, et pourquoi ?

Observons

3-9 Le campus de l'université

A. Avant de regarder. Most French universities do not have a centralized campus. The different **facultés**, or schools, are often housed in buildings with historical significance that are scattered around town, usually in urban settings. Université Paul Valéry Montpellier 3, named for the French poet and philosopher, is somewhat of an exception. The campus was established in the late 1960s and is located on the outskirts of the city of Montpellier in the south of France, near the Mediterranean Sea. In this video clip, Judith, who works with international students, describes some of the most important places for students on campus. What might these places be? Make a short list in French.

Stratégie

Use key words along with visuals to get the gist of an extended description. For example, if you hear the word **bibliothèque** and see a room with books and computers, the speaker is probably describing the library.

B. En regardant. Judith associates a specific activity or activities with some of the places she describes.

1. Match each of the places listed below to the key activity Judith mentions.

___ le bâtiment administratif	**a.** les associations
___ la Maison des étudiants	**b.** se restaurer, manger
___ le restaurant universitaire	**c.** l'inscription
___ l'amphithéâtre	**d.** les cours d'histoire, de sociologie…

2. **La Maison des étudiants** is a specific name given at UPVM 3 for a place that you know in French by a more general term. What is that term?

C. Après avoir regardé. Based on what you have seen, how similar is the campus of UPVM 3 to the campus where you study? How is it different? You might compare location, size, type of buildings, and general campus layout.

LEÇON 2

Une formation professionnelle

Points de départ : des programmes d'études

MAT 1920 Mathématiques pour scientifiques
CHM 1001 Introduction à la chimie analytique
CHM 1904 Laboratoire de chimie analytique
FRN 1914 Communications pour scientifiques
BIO 1008 Écologie générale

Claire Paradis

STT 1000 Probabilités et statistique
ENC 2010 Théorie macroéconomique I
ECN 2050 Relations économiques internationales
ANL 3010 Advanced English I
POL 2900 Introduction à l'économie politique internationale

Gilles Robillard

Claire et Gilles sont étudiants à l'Université Laval. Claire prépare un bacc en chimie ; Gilles prépare un diplôme en sciences économiques. Ils parlent de leurs cours :

GILLES : Qu'est-ce que tu as comme cours ce semestre ?
CLAIRE : Un cours de maths, un cours d'écologie, un cours de communications et bien sûr un cours de chimie et un labo de chimie.
GILLES : C'est intéressant, ton cours d'écologie ?
CLAIRE : Non, c'est plate, mais c'est un cours obligatoire. Et ton cours de sciences po, ça va ?
GILLES : Ben, il est intéressant, ce cours, mais difficile.
CLAIRE : Il y a beaucoup d'examens ?
GILLES : Non, il y a seulement un examen final, mais il y a deux travaux à faire. J'ai eu une note assez médiocre pour le premier travail.

Qu'est-ce que vous étudiez ?

les lettres :	l'histoire, une langue étrangère (le français, l'allemand), la littérature, la philosophie
les sciences humaines :	l'anthropologie, la psychologie, les sciences politiques, la sociologie
les sciences naturelles :	la biologie, la botanique, la physiologie, la zoologie
les sciences physiques :	l'astronomie, la chimie, la physique
les sciences économiques :	la comptabilité, l'économie, la gestion
les arts du spectacle :	le théâtre, la danse, le cinéma
les beaux-arts :	le dessin, la musique, la peinture, la sculpture, la photographie

le droit	le génie	l'informatique	le journalisme
les mathématiques	la médecine	les sciences de l'éducation	

Pour parler des cours :

Je suis un cours d'histoire intéressant.	*I'm taking an interesting history course.*
Je fais du français.	*I'm taking a French class.*
J'étudie les sciences politiques.	*I'm studying / majoring in political science.*
J'assiste à un cours au laboratoire le lundi.	*I attend a lab class on Mondays.*
J'ai des bonnes notes en maths ; c'est facile.	*I have good grades in math; it's easy.*
Je fais un travail difficile pour mon cours de sciences po.	*I'm doing a difficult assignment for my poly sci class.*
Je lis un roman ennuyeux pour mon cours d'allemand.	*I'm reading a boring novel for my German class.*
Je passe un examen en cours de chimie lundi.	*I'm taking a chem exam Monday.*
Je vais réussir mon examen ; je travaille beaucoup.	*I'm going to pass my exam; I'm studying a lot.*
Je prépare un exposé / un essai / un projet pour le cours de sociologie.	*I'm preparing an oral presentation / an essay / a project for (my) sociology class.*
Je prépare un diplôme en biologie.	*I'm majoring in biology.*

À vous la parole

3-10 La majeure. Based on their courses, what are these Université Laval students probably majoring in?

MODÈLE Guillaume : Principes de chimie analytique ; Chimie physique moléculaire ; Mathématiques pour chimistes
– Il prépare sans doute (*probably*) un diplôme en chimie.

1. Cécile : L'Europe moderne ; Le Canada, son histoire et son peuple ; Histoire de la civilisation occidentale
2. Arnaud : Civilisation allemande ; Allemand écrit 1 ; Cours pratique d'allemand parlé
3. Romain : Introduction aux concepts sociologiques ; Communication et organisation ; Psychologie sociale

4. Jennifer : Théorie macroéconomique ; Éléments de microéconomique ; Statistique pour économistes
5. Ben : Histoire politique du Québec ; Éléments de politique ; Géographie du développement
6. Anne-Marie : Biologie expérimentale ; Principes d'écologie ; Introduction à la génétique
7. Aurélie : Systèmes éducatifs du Québec ; Philosophie de l'éducation ; Sociologie de l'école

Vie et culture

L'université française et les Grandes Écoles

The French educational system is organized quite differently from the American and Canadian systems. At the end of their high school curriculum, French students take a series of rigorous national exams, including both written and oral components, called **le baccalauréat** (**le bac**). Students who pass are guaranteed entrance into the public university system, which is generally free, except for a low enrollment fee. Students may also opt to continue their studies in other, specialized institutions such as schools of business or engineering. The most prestigious and competitive of these are **les Grandes Écoles**, which are comparable to certain high-ranking graduate schools in North America. Students who plan to apply to **les Grandes Écoles** enroll in special **lycée** classes, called **classes préparatoires** or **prépas**, for two years after the **bac**. Many future politicians, business leaders, and professors are educated at **les Grandes Écoles**.

France has aligned its university system with those of 32 other European countries. This involves organizing the university year into two semesters (instead of the traditional October to June academic year); establishing a common system of credits; and awarding diplomas based on a common progression, from **une licence**, after three years of study, to **un master,** after five years, to **un doctorat,** after eight years.

Un professeur à l'Université de Nice donne son cours dans un amphithéâtre.

Mathilde, Jaques et Hubert parlent de leurs examens à la fin du semestre.

 Les études

Mathilde studies art at **une Grande École**, **l'École des Beaux-Arts de Dijon**. Her brother Jacques and his friend Hubert are both studying law. Watch the video clip and listen as they compare notes about their workload at the end of the semester.

Et vous ?

1. The **baccalauréat** is a rigorous series of written and oral exit exams. How would you feel about taking a series of exams like this at the end of secondary school?
2. The French university system is aligned with those of many other European countries. What are likely to be some advantages and disadvantages of greater uniformity and transferability within Europe of university credits and diplomas?
3. Are the French students' opinions about their studies similar to those of you and your friends? Do they think that studies get more difficult as one advances, independent work requires more discipline, and some areas of study are more challenging than others? Explain your answer.

3-11 Votre diplôme et vos cours. Compare your major and minor with those of a partner, and discuss the courses you are taking this semester.

MODÈLE É1 J'étudie les sciences politiques. J'ai une mineure en espagnol. Et toi ?
É2 Moi, je prépare un diplôme en mathématiques, mais je n'ai pas de mineure.
É1 Ce semestre, je suis deux cours d'histoire, un cours de sociologie et un cours de français.
É2 Bien sûr, je fais du français et j'ai aussi trois cours de maths !

3-12 Le travail à faire. What are you working on in your courses this week? Compare your responsibilities with those of other members of your group.

MODÈLE É1 J'ai beaucoup de travail cette semaine : Je prépare un exposé pour mon cours de sociologie, et j'ai deux examens vendredi.
É2 Moi aussi, j'ai beaucoup de travail : Je prépare un essai pour mon cours d'histoire, et j'ai un gros projet pour mon cours de gestion.
É3 Je n'ai pas beaucoup de travail cette semaine : Je prépare un examen pour mon cours de psychologie. C'est tout.

Parallèles : mes études

Mathilde and Diandra tell us about their studies and show us their schools. Based on the photos and what you already know about the two young women, what might you expect them to discuss?

Mathilde devant un bel ordinateur à l'École des Beaux-Arts

Diandra parle de ses études au lycée à l'INSEP

Sons et lettres

Les voyelles /e/ et /ɛ/

The vowels of the words **et** and **mère** differ by the degree of tension with which they are pronounced and where they occur in words. The vowel of **et**, /e/, must be pronounced with a lot of tension and without any glide; otherwise the vowel of the English word *day* is produced. To avoid producing a glide, keep the vowel short and hold your hand under your chin to make sure it does not drop as you say /e/; your lips should stay tense, in a smiling position. The vowel /e/ occurs generally only at the end of words or syllables, and it is often written with **é**, or **e** followed by a silent consonant letter. It also occurs in the endings **-ez**, **-er**, and **-ier**.

la t**é**l**é** **e**t ass**ez** **é**cout**ez** r**é**p**é**t**er** janv**ier**

The vowel of **mère**, /ɛ/, is pronounced with less tension than /e/, but still without any glide. It usually occurs before a pronounced consonant at the end of words or syllables and is spelled with **è**, **ê**, or **e** followed by a pronounced consonant. It is also spelled **ei** or **ai** in **seize** or **j'aime**, for example.

derri**è**re le coll**è**ge la f**ê**te la nav**e**tte **e**lle il dét**e**ste

À vous la parole

3-13 Contrastes. Repeat each word you hear and indicate, by selecting the appropriate symbol, whether the vowel of the final syllable is /e/ as in **télé** or /ɛ/ as in **bête**.

1. belle /e/ /ɛ/
2. janvier /e/ /ɛ/
3. jouer /e/ /ɛ/
4. un frère /e/ /ɛ/
5. préférer /e/ /ɛ/
6. elle /e/ /ɛ/
7. marié /e/ /ɛ/
8. il suggère /e/ /ɛ/

3-14 Des phrases. Listen to and then repeat the following sentences. To avoid glides, hold the tense, smiling position of /e/ and do not move your lips or chin during its production.

1. Vous préférez les exposés ou les projets ?
2. Vous écrivez un essai en français ?
3. Les étudiants répètent après elle.
4. Elle est stationnée près de la résidence.
5. Elle est en première année à l'université.

Formes et fonctions : les verbes comme **préférer** et l'emploi de l'infinitif

For verbs conjugated like **préférer**, the final **-e** of the verb stem changes from **é** /e/ to **è** /ɛ/ in the singular forms and the third-person plural. In all of these forms the endings are not pronounced.

Nous préfér**ons** la biologie.	*We prefer biology.*
— Eux, ils préf**è**rent les maths.	*—**They** prefer math.*
Vous préfér**ez** l'histoire ?	*Do you prefer history?*
— Non, moi, je préf**è**re la littérature.	*—No, **I** prefer literature.*

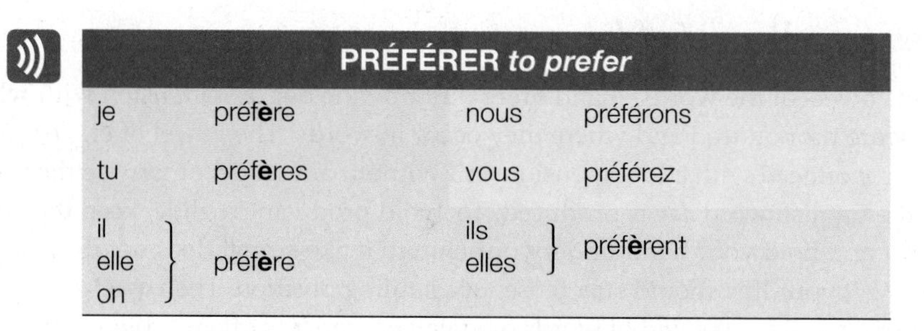

PRÉFÉRER *to prefer*			
je	préf**è**re	nous	préférons
tu	préf**è**res	vous	préférez
il / elle / on	préf**è**re	ils / elles	préf**è**rent

- Other verbs that follow the same pattern are **répéter** (*to repeat*) and **suggérer** (*to suggest*).

Rép**é**tons après le professeur.	Rép**è**te après moi !
Qu'est-ce que vous sugg**é**rez ?	Qu'est-ce que tu sugg**è**res ?

Préférer may be followed by a noun or by an infinitive:

Je préfère **le basket**.	*I prefer basketball.*
Il préfère **jouer** au tennis.	*He prefers to play tennis.*

Use the following verbs to talk about likes and dislikes; all, like **préférer**, can be followed by a noun or an infinitive.

détester	*to detest*
aimer bien	*to like fairly well*
aimer	*to like or to love*
aimer beaucoup	*to like or love a lot*
préférer	*to prefer*
adorer	*to adore*

À vous la parole

3-15 Activités préférées. Everyone is supposed to be studying, but they are instead thinking about their favorite activity! Tell what each person prefers to do.

MODÈLE Pauline préfère jouer au tennis.

3-16 Vos préférences. Discuss your preferences with a classmate, then summarize them for the class.

MODÈLE assister aux cours : le matin ou l'après-midi ?
É1 Est-ce que tu préfères assister aux cours le matin ou l'après-midi ?
É2 Je préfère assister aux cours le matin ; et toi ?
É1 Moi, j'aime assister aux cours l'après-midi.
(*plus tard*) :
É2 Moi, j'aime assister aux cours le matin, mais lui, il préfère l'après-midi…

1. les travaux : écrire un essai ou faire un exposé oral ?
2. suivre un cours : de littérature ou de sciences naturelles ?
3. les activités sur le campus : faire du sport ou participer à une association étudiante ?
4. les projets : travailler en groupe ou travailler individuellement ?
5. les professeurs : exigeants (*demanding*) ou indulgents ?
6. assister à un cours : au laboratoire ou à l'amphithéâtre ?

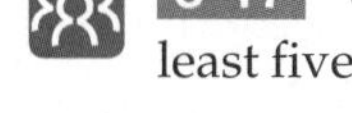

3-17 J'aime, je n'aime pas. Circulate in your classroom, speaking to at least five people. Tell each one what you most like and dislike doing. With which person are you most compatible?

MODÈLE adorer :
É1 J'adore travailler dans le jardin.
É2 Moi non, j'aime surtout (*especially*) écouter de la musique.
détester :
É1 Je déteste faire des courses le week-end.
É2 Moi aussi, je n'aime pas faire ça.

Formes et fonctions : les adjectifs prénominaux au pluriel

You have learned that a few adjectives precede the noun in French. These include:

jolie, belle	bonne, mauvaise
première, dernière	petite, grande, grosse
jeune, vieille, nouvelle	

Like the other adjectives you have learned, the plural is formed by adding a final **-s** or **-x** to the written form, unless the word ends in an **-s** like **gros** or **mauvais**. This final letter is usually not pronounced.

des jolies photos — des jeunes profs
les nouveaux pavillons — les premiers jours
des gros projets — des belles villes

However, just like for the singular forms, when these adjectives precede a noun beginning with a vowel sound, you hear the final consonant, pronounced as the liaison /z/.

des beau**x**‿enfants — des vieu**x**‿amis
les dernier**s**‿**e**xposés — des petits‿oiseaux
des nouvelle**s**‿**é**tudiantes — des bonne**s**‿adresses

Due to liaison, the invariable adjectives **jeune** and **joli/e** have two spoken forms in the plural; all the other prenominal adjectives have four. This means that you can clearly hear the difference between the masculine and feminine forms in both the singular and the plural.

des jolis bébés — des joli**s**‿enfants
des grands labos — des grand**s**‿amphithéâtres
des grandes piscines — des grande**s**‿universités
des petits stades — des petit**s**‿amphithéâtres
des petites librairies — des petite**s**‿affiches

À vous la parole

3-18 Décrivons l'université. Select the appropriate form in each case.

MODÈLE Ce sont des [nouvel, nouvelle, (nouvelles)] résidences.

1. Il y a des [vieux, vieil, vieilles] amphithéâtres.
2. Voici des [bon, bons, bonnes] laboratoires.
3. Il y a des [gros, grosse, grosses] ordinateurs.
4. Voici des [jeune, jeunes] étudiants.
5. Il y a des [bel, belles, beaux] terrains de sport.
6. Ce sont des [grands, grandes, grand] bureaux.
7. Voici des [bel, beaux, belles] affiches.
8. Ce sont des [nouvel, nouvelles, nouveaux] navettes.

3-19 Voici notre université. Complete the description of your university using descriptive adjectives. Be sure to use a variety of adjectives, pre-nominal (**bonne, mauvaise, petite, ...**) and those following the noun (**intéressante, difficile, ennuyeuse, ...**). Then compare your description with those prepared by the other members of your group and decide which adjectives are best in each case.

MODÈLE Je suis étudiant/e dans une ... université...
Je suis étudiant/e dans une grande université.
OU Je suis étudiant/e dans une université prestigieuse.

À vous la parole

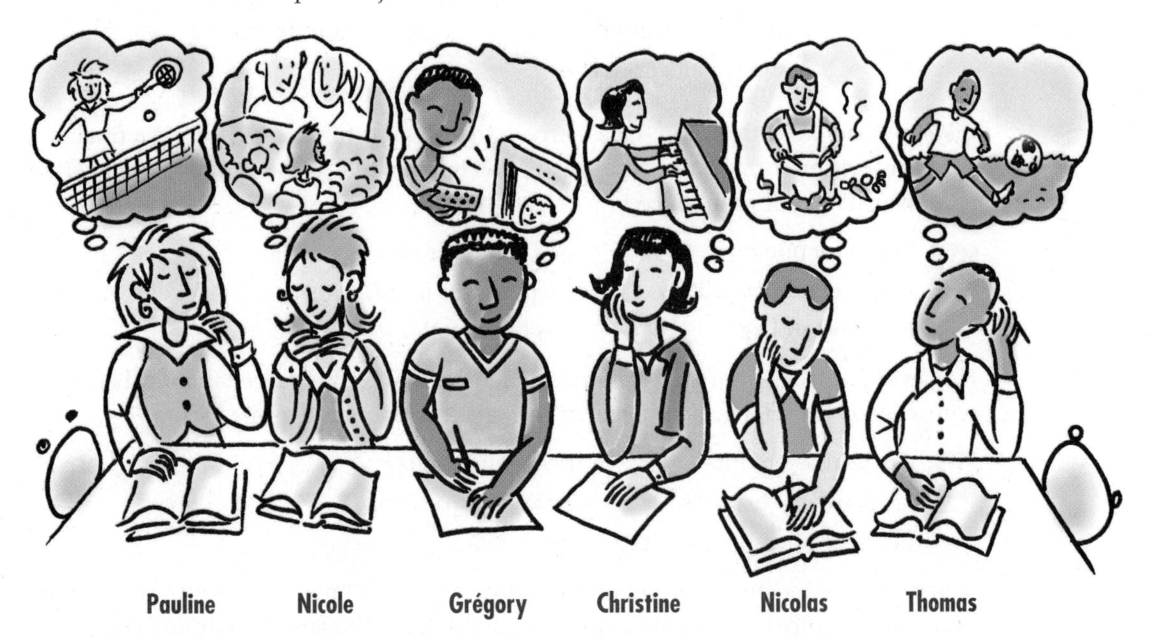

Je suis étudiant dans une ... université... Nous avons des ... résidences... ; moi, j'ai une ... chambre... Il y a une ... bibliothèque... , des ... terrains de sport... et un ... centre étudiant... J'ai des ... cours... Dans mes cours, j'ai des ... amis... , et on travaille bien ensemble.

3-20 Ma ville natale. Describe your hometown to a classmate, commenting on the features outlined below. Use the correct form of adjectives from this list: **jolie, belle, première, dernière, jeune, nouvelle, vieille, bonne, mauvaise, petite, grande, grosse**.

MODÈLE des parcs
Dans ma ville natale, il y a des jolis parcs dans le centre-ville.

1. une mairie
2. des parcs
3. des hôtels
4. des piscines municipales
5. des universités
6. des cinémas
7. des maisons
8. des appartements

Écrivons

3-21 Une description de notre campus

A. Avant d'écrire. Write an email to Jérémie, a student in France who is planning to visit your school. To help him visualize the campus, describe some of the important buildings and landmarks.

1. Make a list in French of four or five places on your campus to include in your description (for example, **la bibliothèque, le centre étudiant**...).
2. Look at a map of your campus and decide how you can coherently organize your description. Note by each place any prepositions you may use to tell where it is located.
3. Write a few adjectives in French that describe your campus (for example, **le campus : assez petit, joli ; la bibliothèque : nouvelle et moderne**).
4. Write an introductory sentence or two to describe your campus.

B. En écrivant. As you write, keep in mind that for your French reader, the very idea of a campus might be somewhat foreign. Think about the following:

1. Content: do you provide an introductory overview of your campus? Do you describe several buildings and where they are located?
2. Style and form: do you include adjectives to make your description vivid and use appropriate prepositions to explain the location of buildings? Check adjective agreement and the formation of prepositional phrases.

MODÈLE

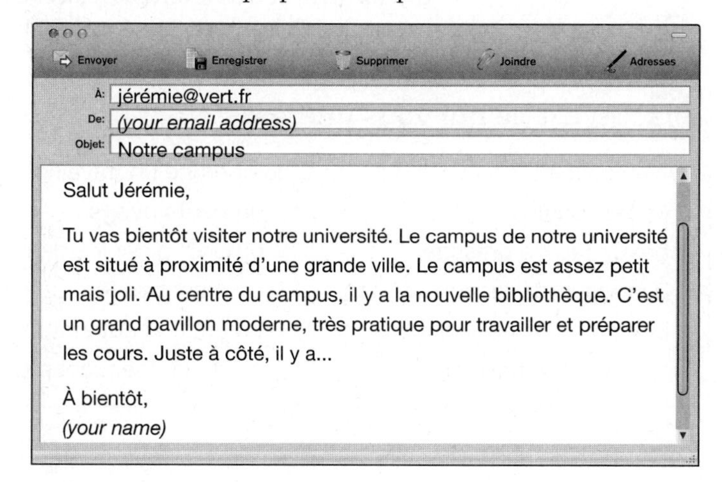

Envoyer
Enregistrer
Supprimer
Joindre
Adresses
À: jérémie@vert.fr
De: (your email address)
Objet: Notre campus
Salut Jérémie,
Tu vas bientôt visiter notre université. Le campus de notre université est situé à proximité d'une grande ville. Le campus est assez petit mais joli. Au centre du campus, il y a la nouvelle bibliothèque. C'est un grand pavillon moderne, très pratique pour travailler et préparer les cours. Juste à côté, il y a...
À bientôt,
(your name)

C. Après avoir écrit. Compare your description with those written by your classmates: What features are common to all the descriptions? What interesting differences do you notice?

Stratégie

When writing a description of a place, look for a logical way to organize the information. One effective approach is to help your reader visualize the setting by describing landmarks or points of interest in a logical sequence and in relation to each other.

LEÇON 3

Choix de carrière

Points de départ : métiers et professions

Qu'est-ce que vous voulez faire comme travail ? Dans quel domaine est-ce que vous voulez travailler ? Est-ce que vous voulez aider les gens, comme les médecins, par exemple ? Est-ce que vous voulez voyager, comme certains journalistes ? Est-ce que vous êtes doué/e pour les mathématiques, comme les comptables ?

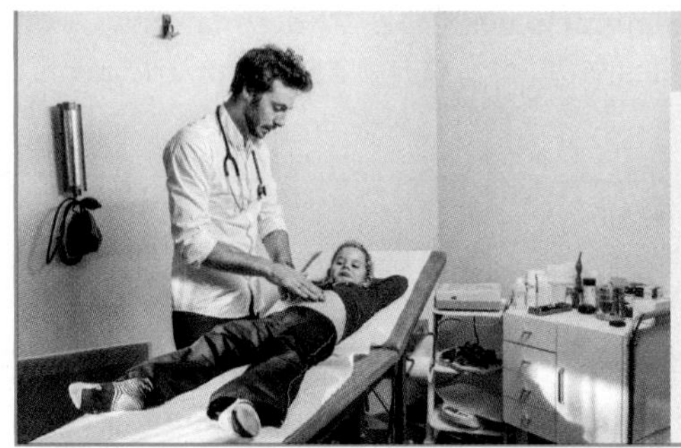

à l'hôpital ou à la clinique

- un/e médecin
- un infirmier/une infirmière
- un/e assistant/e social/e
- un/e dentiste
- un/e pharmacien/ne

Ce médecin examine une jeune patiente.

au bureau

- un/e architecte
- un/e avocat/e
- un/e comptable
- un directeur / une directrice
- un homme / une femme d'affaires
- un/e informaticien/ne
- un/e ingénieur/e
- un/e journaliste

C'est une réunion de travail. La directrice, au centre, discute avec son assistante, en face. Un informaticien et une architecte participent aussi à la réunion.

Qu'est-ce qui vous intéresse ?

Je veux avoir…	Je cherche un travail où…
un bon salaire.	on peut voyager.
beaucoup de prestige.	on peut aider les gens.
beaucoup de responsabilités.	on n'est pas trop stressé/e.
un contact avec le public.	on est très autonome.
un travail en plein air.	on gagne beaucoup d'argent.

les services

un vendeur / une vendeuse
un serveur / une serveuse

Ces vendeuses travaillent dans un grand magasin, les Galeries Lafayette.

les fonctionnaires

un policier / une policière
un pompier / une pompière
un/e professeur/e

Les pompiers et les policiers aident les gens en cas d'incendie ou d'accident.

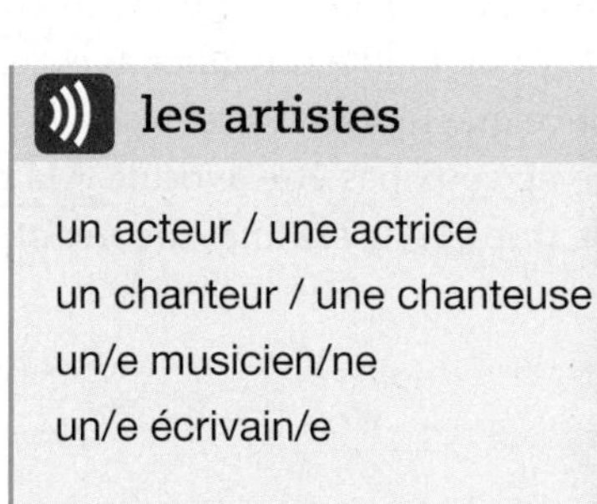

les artistes

un acteur / une actrice
un chanteur / une chanteuse
un/e musicien/ne
un/e écrivain/e

Le Phantôme de l'Opéra est basé sur un roman de l'écrivain Gaston Leroux. Ici, on peut voir des acteurs et des actrices sur scène avec des beaux costumes.

À vous la parole

3-22 Classez les métiers. Name some jobs or professions that have the features described.

MODÈLE On gagne beaucoup d'argent.
Un acteur célèbre gagne beaucoup d'argent.
OU Un avocat gagne beaucoup d'argent.

1. On est très autonome.
2. On travaille en plein air.
3. Un diplôme universitaire n'est pas nécessaire.
4. On ne gagne pas beaucoup d'argent.
5. On a un contact avec le public.
6. On a beaucoup de prestige.
7. On peut travailler avec les enfants.
8. On peut voyager pour le travail.

3-23 Aptitudes et goûts. Based on the descriptions, tell what each of these people will probably do for a living.

MODÈLE Rémy est sociable. Il aime aider les gens avec leurs problèmes.
Il va être assistant social.

1. Lucie s'intéresse au théâtre. Elle danse et elle chante très bien.
2. Kevin aime le travail précis. Il est très bon en maths.
3. Stéphanie s'intéresse à la médecine. Elle aime le contact avec le public.
4. Camille travaille beaucoup sur son ordinateur. Elle aime écrire des programmes.
5. Nicolas écrit beaucoup. Il aime la poésie et le théâtre.
6. Pour Nathalie la justice est importante. Elle aime participer aux débats.
7. Charline s'intéresse à l'architecture. Elle fait des dessins de maisons et d'appartements.
8. Victor y aime travailler avec les adolescents. Il est calme et patient.

3-24 Vos projets de carrière. In a group of three or four students, find out what career each person wants—and does not want—to pursue.

MODÈLE É1 Toi, Mike, qu'est-ce que tu veux faire comme travail ?
É2 Je veux être assistant social. J'aime travailler avec les gens.
É1 Et toi, Margot, qu'est-ce que tu veux faire ?
É3 Je ne sais pas. Mais je ne veux pas être avocate. Ma mère est avocate. Elle travaille trop et elle est toujours très stressée.

Vie et culture

La féminisation des noms de professions

Today many women work in professions that were once male dominated. Language reflects this change. The trend in English is toward use of more gender-neutral terms: instead of *waiter/waitress*, we say *server*; instead of *fireman, firefighter*. The French, in contrast, tend to specify gender with regard to profession: **un infirmier, une infirmière**. However, high-prestige occupations such as **un architecte, un ingénieur,** or **un médecin** have been slow to adopt feminine forms. In France, for example, a female author has traditionally been referred to as **une femme écrivain**. In other French-speaking countries such as Belgium, Canada, and Switzerland, the terms **une écrivaine** and **une auteure** are in common use. As far back as 1986, the French government advocated the use of forms such as **une agente, une auteur,** and **une ministre**. However, this usage was slow to catch on fully with the public, due in part to resistance from teachers, the media, and linguistic purists. In 2015, **le Haut Conseil à l'Égalité entre les femmes et les hommes** published a practical guide for communicating without gender stereotypes. This advisory group advocates using gender-specific terms such as **une professeure** and **une ingénieure** (both with final **-e**). **Le Haut Conseil** also introduced the use of the dot to write inclusively; for example, **les professeur.e.s**. As time goes on, the use of innovative terms such as **une ingénieure** or **une cheffe** will likely become more widely accepted and used by the majority of French speakers.

Et vous ?

1. Based on what you have learned in the **Points de départ**, provide examples to illustrate how names of professions in French may have:
   a. a variable article
   b. separate masculine and feminine forms
2. Why do you think that English speakers have opted for gender-neutral terms while in French-speaking countries the trend is toward gender-specific terms?
3. **Le Haut Conseil** recommends the systematic use of both the masculine and feminine forms when referring to a group (e.g., **les étudiantes et les étudiants** orally and **les étudiant.e.s** in writing). What is your opinion? How has your native language changed (if at all) to be more inclusive?

Sons et lettres

Les voyelles /o/ et /ɔ/

The vowel of **beau**, /o/, is short and tense, in contrast to the longer, glided vowel of English *bow*. Hold your hand under your chin to make sure it does not drop as you say **beau**; your lips should stay rounded and tense. The vowel /o/ generally occurs at the end of words or syllables, and it is written with **o**, **ô**, **au/x**, **eau/x**, or combinations of **o** and silent consonants:

au rest**o** U   il est t**ô**t   le m**o**t   il est gr**o**s   **au**x bur**eaux**

The vowel of **sport**, /ɔ/, is pronounced with less tension than /o/, but still without any glide. It usually occurs before a pronounced consonant and is spelled **o:**

le pr**o**f   il est f**o**rt   Yv**o**nne   il ad**o**re

In a few words, /o/ occurs before a pronounced consonant.

le dipl**ô**me   les **au**tres   à g**au**che   elle est gr**o**sse

À vous la parole

3-25 Discrimination. Repeat each word you hear and indicate, by selecting the appropriate symbol, whether the vowel of the final syllable is /o/ as in **beau** or /ɔ/ as in **fort**.

1. bureau /o/ /ɔ/
2. bonne /o/ /ɔ/
3. prof /o/ /ɔ/
4. mot /o/ /ɔ/
5. diplôme /o/ /ɔ/
6. fort /o/ /ɔ/
7. trop /o/ /ɔ/
8. golf /o/ /ɔ/

3-26 Les abréviations. French students use many abbreviations to talk about their courses and other aspects of university life. Many of these abbreviations end in /o/ as in the list below. Practice saying each abbreviation, and match it to its full form.

1. le labo
2. le resto U
3. les sciences éco
4. les sciences po
5. la psycho
6. la philo
7. la socio
8. le dico

a. le dictionnaire
b. le laboratoire
c. la philosophie
d. les sciences politiques
e. la sociologie
f. le restaurant universitaire
g. les sciences économiques
h. la psychologie

Formes et fonctions : c'est et il est

The expressions **c'est** and **il est** in French have similar meanings but are used in different contexts. Consider the following sentences.

C'est Céline Dion. **Elle est** chanteuse.   *This is Céline Dion. She's a singer.*
C'est une chanteuse québécoise.   *She's a singer from Quebec.*

- Use **c'est** / **ce sont** + a proper or modified noun. Modified nouns are those that are modified by an adjective or preceded by a definite or indefinite article.

C'est Juliette Binoche.	*This is Juliette Binoche.*
Mme Dumont, **c'est** la directrice.	*Ms. Dumont is the director.*
Ses parents ? **Ce sont** des artistes.	*His parents? They're artists.*
Ce sont des artistes très doués.	*They're very talented artists.*
C'est une excellente musicienne.	*She's an excellent musician.*

- Use a form of **être** + an unmodified noun when indicating someone's profession.

Julie **est** musicienne.	*Julie is a musician.*
Son frère **est** acteur.	*Her brother is an actor.*
Vous **êtes** professeur ?	*Are you a teacher?*

In this case, the name of the profession functions something like an adjective.

À vous la parole

3-27 Identification. Identify the profession and nationality (**américain/e** or **français/e**) of each of the following famous people, using **c'est** or **il/elle est** as appropriate.

MODÈLE Jules Verne
Il est écrivain ; c'est un écrivain français.

1. Gustave Eiffel
2. Barbra Streisand
3. Marion Cotillard
4. Albert Schweitzer
5. Toni Morrison
6. Robin Roberts
7. Frank Lloyd Wright
8. Jean-Paul Sartre

3-28 Professions et traits de caractère. For each profession, specify a fitting character trait.

MODÈLE Anne est infirmière.
C'est une infirmière calme.

1. Delphine est avocate.
2. Rémi est assistant social.
3. Virginie est médecin.
4. Max est vendeur.
5. Coralie est musicienne.
6. Florian et Sylvie sont informaticiens.
7. Hugo et Jessica sont serveurs.
8. Sandra et Alex sont professeurs.

3-29 Quelle est leur profession? With a partner, tell what some of the people you know well do for a living.

MODÈLE votre mère
É1 Ma mère est assistante sociale.
É2 Ma mère travaille à la maison ; c'est une femme au foyer (*homemaker*).

1. votre mère
2. votre père
3. votre frère ou sœur
4. votre oncle ou tante
5. votre grand-père ou grand-mère

Formes et fonctions : les verbes **devoir, pouvoir** et **vouloir**

The verbs **devoir**, **pouvoir**, and **vouloir** are irregular.

DEVOIR *must, to have to, to be supposed to*			
je	doi**s**	nous	devons
tu	doi**s**	vous	devez
il / elle / on	doi**t**	ils / elles	doivent

POUVOIR *can, to be able*			
je	peu**x**	nous	pouvons
tu	peu**x**	vous	pouvez
il / elle / on	peu**t**	ils / elles	peuvent

VOULOIR *to want*			
je	veu**x**	nous	voulons
tu	veu**x**	vous	voulez
il / elle / on	veu**t**	ils / elles	veulent

These verbs are often used:

- With an infinitive:

Tu **dois** travailler ?	*Do you have to work?*
Je **veux** arriver demain matin.	*I want to arrive tomorrow morning.*
Tu ne **peux** pas arriver ce soir ?	*Can't you arrive this evening?*

- To soften commands and make suggestions. Compare:

Travaillez plus !	*Work more!*
Vous **devez** travailler plus.	*You must work more.*
Fermez la porte !	*Shut the door!*
Vous **voulez** bien fermer la porte ?	*Will you shut the door?*
Vous **pouvez** fermer la porte ?	*Can you shut the door?*

The verb **devoir** also has the meaning *to owe*:

Mon frère **doit** 50 euros à ma sœur.	*My brother owes my sister 50 euros.*
Combien est-ce que je vous **dois** ?	*How much do I owe you?*

Vouloir is used in a number of useful expressions:

On va au gymnase ?	*How about going to the gym?*
— Je **veux** bien.	*OK.*
Qu'est-ce que vous **voulez** / tu **veux** dire ?	*What do you mean?*
Qu'est-ce que ça **veut** dire ?	*What does that mean?*

À vous la parole

3-30 Poli ou impoli ? Jean-Marc is a department manager. See his instructions to employees below, and decide in each case whether he is being polite (**poli**) or impolite (**impoli**).

	POLI	IMPOLI
MODÈLE Vous pouvez aider ces messieurs ?	✔	
1. Apportez-moi les rapports !		
2. Vous voulez bien préparer un mémorandum ?		
3. Vous pouvez attendre un instant ?		
4. Vous voulez bien lire ce message ?		
5. Téléphonez à ces clients !		
6. Vous pouvez répondre à ces questions ?		
7. Vous voulez téléphoner au directeur ?		
8. Fermez la porte du bureau !		

Politeness is one indicator that a person is dealing well with stress; how is Jean-Marc doing today? Explain your response.

3-31 Une future profession. What can these people do for a living? With a partner, suggest possibilities.

MODÈLE Sarah veut gagner beaucoup d'argent, mais elle ne veut pas faire des études supérieures.
É1 Elle peut devenir (*become*) actrice de cinéma, par exemple.
É2 Elle peut aussi devenir chanteuse.

1. Adrien ne veut pas travailler dans un bureau ; il aime travailler en plein air.
2. Gaëlle et Alexandra veulent travailler avec les enfants.
3. Je veux voyager et je suis assez sociable.
4. Nous voulons un contact avec le public et nous préférons travailler le soir.
5. Jean-Baptiste veut aider les gens et il n'est pas doué pour les sciences.
6. Audrey est très douée pour la musique et très disciplinée.
7. Simon et David ne veulent pas un travail avec beaucoup de stress.

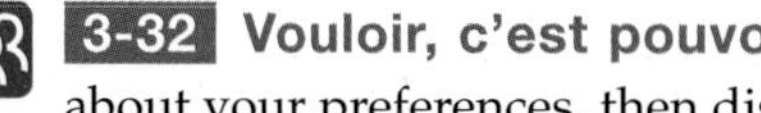

3-32 Vouloir, c'est pouvoir. What are your plans for the future? Think about your preferences, then discuss them with a group of three or four people.

MODÈLE faire comme travail
É1 Qu'est-ce que tu veux faire comme travail ?
É2 Je veux aider les gens ; je veux être médecin ou dentiste. Et toi ?
É1 Moi, je veux être architecte ; j'aime le dessin et l'architecture.

1. faire comme travail
2. habiter
3. voyager
4. avoir des enfants
5. gagner de l'argent

3-33 Trouvez une excuse. You don't want to go out (**sortir**) with your classmate's friend, so you must come up with a good excuse!

MODÈLE Je ne peux pas sortir ce soir avec ton ami/e ; je dois préparer un examen et dîner chez mes parents.

Lisons

3-34 Journal d'un criminologue angoissé

A. Avant de lire. This passage is taken from a short story in the collection **L'Ange aveugle** (*The Blind Angel*), published in 1992 and written by Tahar Ben Jelloun, a Moroccan writer born in 1944. Although his native language is Arabic, he writes exclusively in French. He was the first North African writer to win the Prix Goncourt, a prestigious French literary prize, for his novel **La Nuit sacrée** (*The Sacred Night*). He has been shortlisted several times for the Nobel Prize in Literature. He lives in Paris, writing and contributing to the newspaper *Le Monde*. Before reading the passage, think about the following questions.

1. In this excerpt we learn about the job of one of the main characters, Emilio. He is a **criminologue**; what does that suggest about the type of work he does? What kinds of activities would you expect him to engage in?
2. Emilio is a **criminologue angoissé**. He is anguished and distressed because he fears the Mafia, **la camorra**, in his hometown of Naples, Italy. How could his job cause him to be in trouble with the Mafia?
3. The form of the text is a **journal**, a diary. What does this imply about the style of writing and point of view of the story?

Stratégie

The title and cover image of a literary work can offer insight into its major themes. Reflect on the title and cover as a way of anticipating what you will read.

B. En lisant. As you read, answer the following questions.

1. Emilio fills out a form at each crime scene he visits. In addition to the victim's last and first names, what are five additional pieces of information he will include in the form?
2. List three specific tasks that Emilio does in his line of work.
3. Name three professional groups with whom he communicates.

D'abord[1] la technique : Remonter le film de l'évènement, nommer les lieux[2], l'heure précise, l'arme utilisée, le calibre des balles… , l'âge, le nom et le prénom, la profession, la réputation… classer[3] tout cela dans un dossier[4]…

Cela est mon travail. Je suis criminologue. Je suis fonctionnaire du ministère de la Justice. Je dois être disponible[5] pour fournir toutes ces informations le plus rapidement possible. Je fais des fiches.[6] Je les classe. Je les analyse au bout d'un certain temps,[7] après une année en général. Je communique mes conclusions aux sociologues, à l'observatoire universitaire[8] de la camorra, à certains journalistes, à la police éventuellement[9].

[1] first [2] places [3] *organiser* [4] file [5] available [6] I fill out forms. [7] after a certain amount of time [8] watchdog agency [9] perhaps

Extrait de : « Journal d'un criminologue angoissé » in *L'Ange aveugle*, Tahar Ben Jelloun, © Éditions du Seuil, 1992, *Points*, 2016.

C. En regardant de plus près. Now look more closely at some features of the text.

1. In his first sentence, Emilio describes his technique: **remonter le film de l'évènement**, "rewinding the film" related to the event. How could this process be useful in his work?
2. Notice at the end of the passage, Emilio remarks that he communicates his conclusions **à la police éventuellement**. Does this surprise you? How might it reflect his particular situation?

D. Après avoir lu. Now discuss the following questions with your classmates.

1. How did Emilio's description of his job and day-to-day activities compare to the information you may have expected him to provide, based on your familiarity with American television series that portray similar professionals?
2. After reading his first-person account, what kind of a person do you think Emilio is? Write a short portrait of him in French.

Venez chez nous !

Étudier et travailler en pays francophone

With the advent of globalization, many Americans now study and work overseas. Technology allows for rapid communication; universities encourage exchanges; and many businesses have international operations. Knowing even the basics of the French language increases opportunities for study and work across the globe. In this lesson we explore what it is like to live, study, and work in a region where French is spoken.

NATO headquarters in Brussels, Belgium—which countries' flags do you recognize? Brussels serves, along with Strasbourg and Luxembourg, as one of the capitals of the European Union. Many internationals live and work there.

Observons

3-35 L'Université Laval : la vie en résidence

A. Avant de regarder. If you undertake study abroad, you may have the option of living in a university residence hall. The video you will watch, developed by **Université Laval** in Quebec City, focuses on life in student residence halls. What aspects of residential life are likely to be mentioned? Work with a classmate to develop a short list in French of points you might see featured in the video.

B. En regardant. Watch the video clip and answer the following questions.

1. Indicate which of the following aspects of residential life are shown or mentioned.

_____ activities	_____ dorm rooms
_____ cafeterias	_____ laundry facilities
_____ campus security	_____ showers/restrooms
_____ common areas	_____ transportation

2. Now watch again, and answer the following questions.
   a. How many schools and programs are there at Université Laval?
   b. How many residence halls are there on campus?
   c. List, in French, three activities that you see or hear mentioned.

C. Après avoir regardé. Now that you have viewed the video, answer the following questions.

1. Were there any aspects of residential life shown that surprised you? Explain your answer.
2. Is this an effective promotional tool for university residential life? If so, what are the elements that you find particularly appealing? If not, what would you add or change to make the video more effective? Locate the video online and watch it in its entirety to see whether all your points are addressed.

The Montreal skyline viewed from the Saint Lawrence River

LES FRANCOPHONES AU CANADA

Canada is officially bilingual, and 21.4 percent of the country's 35 million citizens speak French as their native language. Most French Canadians live in the province of Quebec, where approximately 80 percent of the inhabitants are native speakers of French. Montreal is the second largest francophone city in the world, after Paris, and is a major banking center.

In 1974, the provincial legislature made French the sole official language of Quebec, and **la Loi 101** (*Bill 101*) further defined fundamental language rights in 1977. All official documents are published in English and French, and the rights of English-speaking minorities in Quebec are protected. The preamble to **la Loi 101** outlines its rationale and lists the five areas, in addition to the legal system, in which French will be used.

CHARTE DE LA LANGUE FRANÇAISE

[Sanctionnée le 26 août 1977]

PRÉAMBULE

Langue distinctive d'un peuple majoritairement francophone, la langue française permet au peuple québécois d'exprimer son identité.

L'Assemblée nationale reconnaît la volonté des Québécois d'assurer la qualité et le rayonnement de la langue française. Elle est donc résolue à faire du français la langue de l'État et de la Loi aussi bien que la langue normale et habituelle du travail, de l'enseignement, des communications, du commerce et des affaires.

This fantastic snow sculpture re-creates the iconic Château Frontenac in Québec City. The **Québécois** celebrate winter with a series of festivals each year.

Lisons

3-36 Apprendre le français au Québec

A. Avant de lire. The Quebec government operates a website with information for immigrants to the province, whether they are business people, permanent or temporary workers, students, or individuals immigrating for humanitarian reasons. Because an important aspect of integrating into Quebec society is learning French, the Ministry of Immigration, Diversity and Inclusion offers French language courses to immigrants. Consider these questions as you scan and prepare to read the text:

1. What rationale for learning French is provided in the very first sentence?
2. The second sentence highlights the word **gratuits**. Why is it important?
3. How is the rest of the text organized? What type of instruction does each heading describe?

B. En lisant. As you read more carefully, look for the following information.

1. For individuals taking a course **à temps complet**, how much time is typically involved? What levels of instruction are offered? Subsidies are provided for child care (**frais de garde**); what other types of subsidies are offered?
2. For those participating **à temps partiel**, how much time does a course involve? Are there multiple levels of instruction, and are subsidies available?

Apprendre le français au Québec

En tant que personne immigrante vivant au Québec, vous devrez parler le français pour pouvoir participer pleinement à la société québécoise.

Le Ministère offre aux personnes immigrantes des cours de français GRATUITS.

Vous trouverez celui qui vous convient, peu importe depuis quand vous vivez au Québec.

Temps complet

Pour les personnes arrivées au Canada il y a 5 ans ou moins

- Session d'environ 11 semaines – 25 ou 30 heures par semaine
- Stades débutant et intermédiaire
- Allocations de participation, de transport et de frais de garde possibles

Informez-vous

Temps partiel

Pour toutes les personnes immigrantes qui veulent apprendre ou améliorer leur français

- Session d'environ 11 semaines – 12, 9, 6 ou 4 heures par semaine
- Stades débutant et intermédiaire
- Allocations de frais de garde possibles
- Accessible aux demandeurs d'asile

Informez-vous

Spécialisé par domaine professionnel

Pour améliorer son français dans son domaine d'emploi

- Domaines offerts : santé et soins infirmiers ; génie et sciences appliquées ; administration, droit et affaires
- Session d'environ 11 semaines – 4 et 6 heures par semaine
- Stades intermédiaire et avancé
- Allocations de frais de garde possibles

Informez-vous

Francisation en ligne

Pour pratiquer le français à son rythme

- Accessible aux personnes immigrantes, aux étudiants étrangers et aux travailleurs temporaires qui veulent améliorer leur français
- Formules avec tuteur ou en autoformation
- Modules spécialisés par domaine professionnel
- Stades intermédiaire et avancé

Informez-vous

Source: http://www.immigration-quebec.gouv.qc.ca/fr/langue-francaise/apprendre-quebec/index.html

3. For immigrants seeking instruction **par domaine professionnel**, what are some of the areas in which instruction is offered? What can you say about the amount of time required, levels of instruction, and possible subsidies?
4. The courses are intended for immigrants to **apprendre ou améliorer leur français.** If **apprendre** means *to learn*, then what does **améliorer** mean? Can you relate it to a word you know in English?
5. For whom are the courses **en ligne** intended? What types of instruction are offered, and at what levels?
6. The description of each type of course ends with the phrase, **Informez-vous.** What is the purpose of this line? Remember that you are reading a web page.

C. Après avoir lu. Discuss the following questions with your classmates.

1. Each type of course described here is intended for a particular audience. Which would most interest you, and why?
2. Consider the fact that the government of Quebec is offering free instruction in French, with subsidies, to all qualifying immigrants. Is this a worthwhile program, both for the individual and the province? Why or why not?

Parlons

3-37 Une langue bien de chez nous

A. Avant de parler. When you travel in the French-speaking world, you can expect to encounter regional differences in the language, much as you would note variations in English as spoken in different places.

There are multiple varieties of French spoken in Canada, although speakers of Quebec French are the most numerous. In Canadian French, some expressions have come from contact with English (such as **la crème glacée**) and others as a reaction to English (**la fin de semaine** rather than **le week-end**). Although a French Canadian speaker can usually be identified by his or her accent, keep in mind that, as with all languages, there are various styles or registers, depending on the social situation. The style of French used in formal situations in Canada will be very similar to the French used in similar situations in France or elsewhere in the French-speaking world. In an informal situation, French speakers may adopt a more relaxed style and use a vocabulary particular to their region.

Consider how the following brief conversation in colloquial Canadian French differs from a conversation in Standard French, the French you are learning. Are there words and turns of phrase that you are not familiar with?

ALEX : Allô, Julie. Ça va ?
JULIE : Pas pire.
ALEX : Je te présente ma blonde, Sabrina.
JULIE : Salut, Sabrina.
SABRINA : Salut, Julie.
ALEX : Excuse-nous, Julie, on ne peut pas jaser, on doit travailler à la bibli.
JULIE : OK, c'est beau. Moi, je vais dîner à la cafétéria. Bonjour Alex, bonjour Sabrina.
SABRINA : Salut. À la prochaine.

Here are some colloquial expressions used by French speakers in Québec and elsewhere in Canada, with equivalent expressions in Standard French:

au Canada	en France
allô	bonjour
pas pire	pas mal
c'est le fun	c'est amusant
ma blonde	ma petite amie
mon chum	mon petit ami
une job	un emploi
la fin de semaine	le week-end
jaser	discuter
checker	vérifier
dîner	déjeuner
souper	dîner
OK c'est beau	d'accord, c'est bon
bienvenue	de rien
bonjour	au revoir

B. En parlant. Use some of the Québécois words and expressions listed above to create a dialogue with one or two classmates. Choose from the scenarios suggested below, or create your own. Act out your dialogue for the class.

1. You run into a friend on campus and introduce him or her to your boyfriend or girlfriend.
2. You call a friend and invite him or her to do something fun. Your friend wants to come, but there is a problem.
3. You run into a former boyfriend or girlfriend and try to impress him or her.

C. Après avoir parlé. Can you think of some examples of regional differences in your native language? Why might regional language differences exist? To what extent might regional language differences pose difficulties for people coming to study or work in a new place?

Écrivons

3-38 Étudier à l'étranger

A. Avant d'écrire. There are many reasons to include study abroad in your undergraduate program. Research a university in a French-speaking country that interests you online, and summarize a few facts below.

1. First choose a university that you would like to know more about. Here are some possibilities:

AU CANADA :	l'Université de Montréal, l'Université Laval
EN FRANCE :	l'Université de Nice Sophia Antipolis, l'Université de Paris 4-Sorbonne, l'Université Paul Valéry Montpellier 3
EN BELGIQUE :	l'Université de Liège
EN SUISSE :	l'Université de Neuchâtel
AU SÉNÉGAL :	l'Université Cheikh Anta Diop de Dakar
AU MAROC :	l'Université Mohammed V de Rabat

2. Find the information needed to complete the chart below in French.

Nom de l'université :
Ville et région :
Langue/s des cours :
Nombre d'étudiants :
Nombre d'étudiants étrangers :
Majeures / Spécialisations (une liste de 2 ou 3) :
Associations étudiantes (une liste de 2 ou 3) :
Activités sportives ou culturelles (une liste de 2 ou 3) :

B. En écrivant. Now imagine that you are actually applying to the university's exchange program.

1. Complete the application form with your personal information.
2. Explain in a sentence or two why it would be beneficial to you to study at this university.

MODÈLE Je veux travailler comme avocate internationale, donc (*so*) il est important d'étudier à l'étranger (*to study abroad*). Après un semestre au Québec, je vais parler très bien le français aussi !

Ces étudiants américains visitent la ville de Québec.

DOSSIER D'INSCRIPTION

Programme d'échanges — année universitaire 20___

I Identité de l'étudiant/e

NOM : Mme ☐ M. ☐

Prénom(s) :

Date de naissance : __ / __ / 20__

Lieu de naissance

Ville : Pays :

Nationalité :

Adresse permanente :

Code postal : Tél :

Ville : E-mail :

Pays :

II Établissement d'origine

Nom de l'établissement :

Ville : Pays :

III Études poursuivies dans votre établissement d'origine

Domaine(s) d'études :

Faculté(s) :

Département(s) :

IV Études envisagées

Domaine(s) d'études :

Durée du séjour : _____ mois

1° semestre (septembre–mi-janvier) : ☐

2° semestre (mi-janvier–mai) : ☐

Avez-vous besoin d'aménagements spéciaux pour les examens (temps supplémentaire, matériel spécifique, …) ? oui ☐ non ☐

Pourquoi voulez-vous faire des études à cette université ?

C. Après avoir écrit. In French, share your choice of university and reasons for study abroad with a small group of your classmates. What are the most frequently mentioned reasons for study abroad?

Vocabulaire

Leçon 1

à l'université (f), à la fac(ulté)	at the university
un amphithéâtre	*lecture hall*
des associations (f) étudiantes	*student organizations*
la bibliothèque universitaire (la B.U.)	*university library*
des bureaux (m) administratifs	*administrative offices*
le bureau des inscriptions (f)	*registrar's office*
le bureau du professeur	*professor's office*
une cafétéria	*cafeteria*
le centre étudiant	*student center (Can.)*
un centre informatique	*computer center*
le centre sportif	*sports complex*
la faculté (de droit)	*(law) school*
une infirmerie	*health center*
les inscriptions (f)	*enrollment, registration*
un labo(ratoire) (de chimie)	*(chemistry) lab*
une navette	*shuttle, bus*
le pavillon (principal)	*(main) building*
un permis	*permit*
un plan du campus	*campus map*
une résidence	*residence hall*
le restaurant universitaire (le resto U)	*dining hall*
le soccer	*soccer (Can.)*
une station de métro	*subway, metro stop*
le stationnement	*parking (Can.)*
un terrain de sport	*playing field, court*

prépositions de lieu	prepositions
à côté de	*next to, beside*
à droite de	*to the right of*
à gauche de	*to the left of*
dans	*in; inside*
derrière	*behind*
devant	*in front of*
(juste) en face de	*(just) across from*
entre	*between*
loin de	*far from*
(tout) près de	*(very) close to, near*

adjectifs prénominaux	adjectives that precede the noun
beau/bel/belle	*beautiful, handsome*
bon/ne	*good*
dernier/dernière	*last*
grand/e	*tall*
gros/se	*big, fat*
jeune	*young*
joli/e	*pretty*
mauvais/e	*bad*
nouveau/nouvel/nouvelle	*new*
petit/e	*small, short*
premier/première	*first*
vieux/vieil/vieille	*old*

verbes en -re	-re verbes
(See page 100 for a list of verbs)	

autres mots utiles	other useful words
après	*after*
un cours	*course*
la fin de semaine	*weekend (Can.)*
ici	*here*
retrouver quelqu'un	*to meet someone*
se trouver	*to be located*
une voiture	*car*

Leçon 2

des cours (m)	courses
(See p. 103 for a complete list of courses)	

les facultés (f)	colleges, schools, divisions
les arts (m) du spectacle	*performing arts*
les beaux-arts (m)	*fine arts*
le droit	*law*
la gestion	*management*
le génie	*engineering*
le journalisme	*journalism*
les lettres (f)	*arts, humanities*
la médecine	*medicine*
les sciences (f) de l'éducation (f)	*education*
les sciences (f) économiques	*economics*
les sciences (f) humaines	*social sciences*
les sciences (f) naturelles	*natural sciences*
les sciences (f) physiques	*physical sciences*

pour parler des études (f)	to talk about studies
un bac(calauréat)	*high school diploma, after passing exam (France)*
un bacc(alauréat)	*B.A or B.S. degree (Can.)*
en sciences économiques	*in economics*
une concentration	*major (Can.)*
un diplôme (en beaux-arts)	*degree (in fine arts)*
étudier	*to study/major in*
une maîtrise	*master's degree (Can.)*
une majeure	*major (Can.)*
en sociologie	*in sociology*
un master	*master's degree*
une mineure (en allemand)	*minor (Can.) (in German)*

une note (avoir une note)	*grade (to have a grade)*
préparer un diplôme (en chimie)	*to do a degree (in chemistry)*
un semestre	*semester*
une spécialisation (en français)	*major (in French)*
suivre un cours	*to take a course*
un trimestre	*trimester, quarter*

des devoirs (m)	***assignments, homework***
un devoir	*essay, assignment*
un essai	*essay*
un examen	*exam*
passer un examen	*to take an exam*
réussir un examen	*to pass an exam*
un exposé	*oral presentation*
un projet	*project*
un roman	*novel*
un travail, des travaux	*assignment(s) (Can.)*

pour décrire les cours, les examens, les notes (f)	***to describe courses, tests, grades***
difficile	*difficult*
ennuyeux/-euse	*boring, tedious*
facile	*easy*
final/e	*final*
intéressant/e	*interesting*
médiocre	*mediocre*
obligatoire	*required*
plate	*boring (Can.)*

pour exprimer les préférences	***to express preferences***
adorer	*to adore*
aimer (beaucoup, bien)	*to like or to love (a lot, fairly well)*
détester	*to detest, to hate*
préférer	*to prefer*

verbes conjugués comme *préférer*	***verbs conjugated like* préférer**
répéter	*to repeat*
suggérer	*to suggest*

un autre mot utile	***another useful word***
sans doute	*probably*

Leçon 3

où on travaille	***where people work***
un bureau	*office*
une clinique	*private hospital*
un hôpital	*public hospital*

des métiers (m) et des professions (f)	***jobs and professions***
un acteur / une actrice	*actor / actress*
un/e architecte	*architect*
un/e artiste	*artist*
un/e assistant/e	*assistant*
un/e assistant/e social/e	*social worker*
un/e avocat/e	*lawyer*
un chanteur / une chanteuse	*singer*
un/e comptable	*accountant*
un/e dentiste	*dentist*
un directeur / une directrice	*director*
un/e docteur/e	*doctor*
un/e écrivain/e	*writer*
un/e fonctionnaire	*government worker*
un homme / une femme d'affaires	*businessman/businesswoman*
un infirmier / une infirmière	*nurse*
un/e informaticien/ne	*programmer*
un/e ingénieur/e	*engineer*
un/e journaliste	*journalist*
un/e médecin	*physician*
un/e musicien/ne	*musician*
un/e pharmacien/ne	*pharmacist*
un policier / une policière	*police officer*
un pompier / une pompière	*firefighter*
un/e professeur/e	*teacher, professor*
un serveur / une serveuse	*server*
un vendeur / une vendeuse	*sales clerk*

quelques mots utiles	***some useful words***
l'argent (m)	*money*
autonome	*independent*
une carrière	*career*
être doué/e (pour)	*to be talented (in)*
les gens (m)	*people*
en plein air	*outdoors*
le prestige	*prestige*
le public	*the public*
un contact avec le public	*contact with the public*
la responsabilité	*responsibility*
un salaire	*salary*
les services (m)	*the service sector*
le travail	*work*

quelques verbes utiles	***some useful verbs***
aider les gens	*to help people*
devoir	*must, to have to, should*
gagner (de l'argent)	*to earn (money); to win*
s'intéresser à	*to be interested in*
pouvoir	*to be able to, can*
vouloir	*to want, to wish*
voyager	*to travel*

Chapitre 4

Métro, boulot, dodo

Voilà une bonne journée qui commence !

On démarre !

Caroline and Catherine live in Nice with their mother. In the photo collage, where are they and what are they doing?

Watch the video clip to learn more. How do Caroline's and Catherine's morning routines compare with your own?

How might aspects of daily life across the French-speaking world be similar to and different from the routines of people where you live?

Learning Outcomes

After completing this chapter, you will be able to:

- Describe daily routines
- Tell time
- Compare people, objects and actions
- Describe clothing and fashion
- Talk about daily routines in places where French is spoken

LEÇON 1

La routine de la journée

Points de départ : la routine du matin

Il est sept heures du matin. La journée commence !

Catherine se réveille doucement ; elle a du mal à se lever parce qu'elle aime bien dormir. Sa mère est déjà debout ; elle prépare le petit-déjeuner. Sa grande sœur Caroline se douche et se lave les cheveux ; après, elle s'essuie.

Chez les voisins d'à côté, Monsieur Bouchard est en train de se raser. Il va bientôt prendre un bain. Sa femme se maquille et elle s'habille pour aller au travail. Leur bébé s'endort de nouveau.

Dans son appartement, Thomas se dépêche ; il se lève toujours tard. Il va bientôt à la fac. Il se lave les mains et la figure, et il se brosse les dents.

Chez les Morin, les voisins d'en haut, Madame Morin se coiffe. Son mari rentre à la maison. Lui, il travaille la nuit, donc il rentre tôt le matin. Il va se reposer un peu ; il va regarder la télé ou écouter de la musique. Ensuite, il va se déshabiller, et il va se coucher.

Vie et culture

Métro, boulot, dodo

The expression **métro**, **boulot**, **dodo** epitomizes the daily routine of most Parisians. In the morning, many people take the **métro** (the highly efficient Paris subway), go to their **boulot** (a slang word for **un job / un travail**), then return home at night and crawl into bed to **faire dodo** (a child's expression for **se coucher / dormir**). In English, we sometimes call this routine *the daily grind*.

Et vous ?

1. What does the expression **métro**, **boulot**, **dodo** lead you to believe about life in Paris? Describe a person whose daily routine could be summarized by this expression.
2. Would this expression apply also to the daily routine of North Americans who live in big cities? Would it apply to life in your hometown?

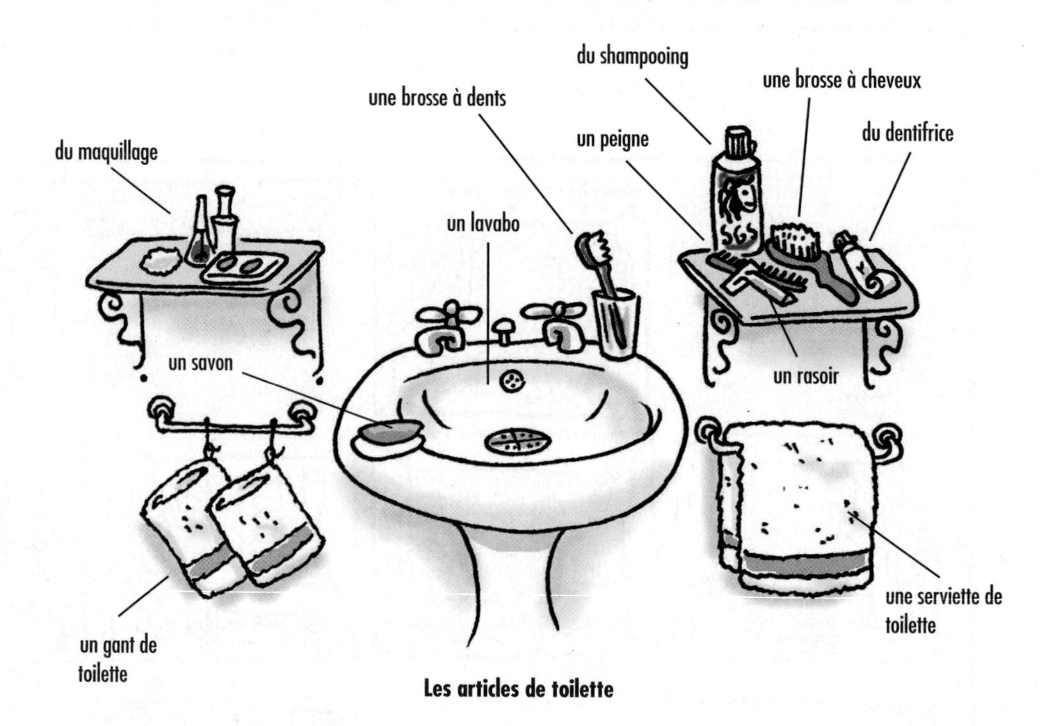

Les articles de toilette

À vous la parole

4-1 Ordre logique. In what order do most people complete the following activities?

MODÈLE on se coiffe, on se douche
On se douche, et après on se coiffe.

1. on se lave, on s'habille
2. on se coiffe, on se lave les cheveux
3. on se lève, on se réveille
4. on se repose, on rentre
5. on mange, on se brosse les dents
6. on se couche, on se brosse les dents
7. on se couche, on s'endort
8. on s'essuie, on se lave

4-2 Suite logique. Tell what these people are going to do next, choosing a verb from the list.

se coiffer	s'essuyer	se laver les cheveux
se coucher	s'habiller	se lever
s'endormir	se laver	se raser

MODÈLE Margaux a un teeshirt et un jean.
Elle va s'habiller.

1. Adrien a un rasoir.
2. Olivier va dans sa chambre.
3. Caroline cherche le shampoing.
4. Catherine est très fatiguée.
5. Damien entend sa mère qui dit : « Allez, debout ! Il est sept heures du matin. »
6. Grégory va prendre une douche.
7. Françoise termine sa douche.
8. Sandrine a un peigne.

4-3 Un questionnaire. Do you pay attention to how you look? A little? Too much? Not enough? Ask your partner the following questions and then add up the points. What are your conclusions?

1/8 Vous prenez une douche ou un bain tous les jours ?	Oui	Non
2/8 Vous vous lavez les cheveux tous les jours ?	Oui	Non
3/8 Vous vous brossez les dents après chaque repas (*each meal*) ?	Oui	Non
4/8 Vous vous coiffez trois ou quatre fois tous les jours ?	Oui	Non
5/8 Vous vous habillez différemment chaque jour ?	Oui	Non
6/8 Vous vous maquillez / Vous vous rasez tous les jours ?	Oui	Non
7/8 Vous vous mettez du parfum / de l'eau de Cologne tous les jours ?	Oui	Non
8/8 Vous vous mettez des bijoux (*jewelry*) ou un tracker d'activité tous les jours ?	Oui	Non

Résultats du test

Marquez un point pour les réponses « oui », zéro pour les réponses « non » et ensuite additionnez vos points:

Si vous avez 7 ou 8 points, vous vous intéressez peut-être un peu trop à votre apparence physique. Pensez aux choses plus sérieuses.

Si vous avez de 3 à 6 points, c'est bien. Vous faites attention à votre présentation, mais vous n'exagérez pas.

Si vous avez moins de 3 points, attention ! Vous risquez de vous négliger.

Sons et lettres

La voyelle /y/

The vowel /y/, as in **tu**, is generally spelled with the letter **u**. To pronounce /y/, your tongue must be forward and your lips rounded, protruding, and tense. As you pronounce /y/, think of the vowel /i/ of **ici**. It is important to make a distinction between /y/ and the /u/ of **vous**, as many words in French are distinguished by these two vowels.

À vous la parole

4-4 Contrastes. Listen carefully to distinguish between /y/ (spelled *u*) and /u/ (spelled *ou*) and select the word you hear.

1. tu	tout	**4.** bu	bout
2. du	doux	**5.** pu	poux
3. su	sous	**6.** début	debout

4-5 La politesse. It's important to greet your neighbors and colleagues politely in France. Practice greetings with a partner, using the following names.

MODÈLE Bruno, Madame Dupont
É1 Salut, Bruno.
É2 Bonjour, Madame Dupont.

1. Julien, Monsieur Dumas
2. Justine, Monsieur Leduc
3. Madame Brunel, Hugo
4. Murielle, Monsieur Cornu
5. Madame Camus, Lucas
6. Lucie, Juliette

Formes et fonctions : les verbes pronominaux et les pronoms réfléchis

Verbs like **se laver** (*to wash up*) and **s'habiller** (*to get dressed*) include a reflexive pronoun as part of the verb. In English, the word *-self* is sometimes used to express this idea. Most of these verbs take the regular **-er** verb endings. Note that **se lever** is conjugated like **préférer** and has an *accent grave* in the singular and third-person plural forms; **s'essuyer** also shows a spelling change, with **-y-** changing to **-i-** in the singular and third-person plural forms:

Tu **te lèves** ?	*Are you getting up?*
Nous **nous levons** tôt le matin.	*We get up early in the morning.*
Je **m'essuie**.	*I'm drying myself off.*
Vous **vous essuyez** ?	*Are you drying off?*

Fiche pratique

The reflexive construction is used much more frequently in French than in English. In French, a reflexive verb is always accompanied by a reflexive pronoun. To remember that a verb is used reflexively, memorize its infinitive form along with the reflexive pronoun **se**. For example, learn **se laver** (*to wash up*) and **se raser** (*to shave*).

Here are the reflexive pronouns, shown with the verb **se laver**.

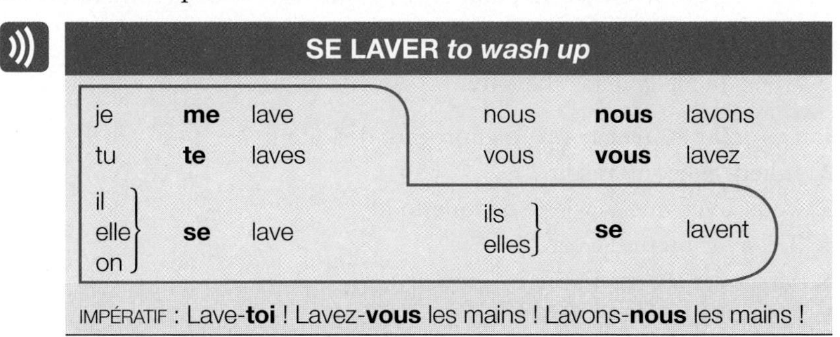

SE LAVER *to wash up*					
je	**me**	lave	nous	**nous**	lavons
tu	**te**	laves	vous	**vous**	lavez
il / elle / on	**se**	lave	ils / elles	**se**	lavent

IMPÉRATIF : Lave-**toi** ! Lavez-**vous** les mains ! Lavons-**nous** les mains !

Some verbs may be used with or without a reflexive pronoun. The use of the reflexive pronoun means that the subject is acting upon himself or herself. Compare:

Elle **se lave** la figure.	*She is washing her (own) face.*
Elle **lave** la figure de sa fille Clara.	*She is washing the face of her daughter Clara.*

Before a vowel sound, **me**, **te**, and **se** become **m'**, **t'**, **s'**.

Je **m'**essuie les mains.	*I'm drying my hands.*
Tu **t'**habilles ?	*Are you getting dressed?*
Il **s'**essuie la figure.	*He wipes his face.*

Note that reflexive pronouns always maintain their position near the verb, even in the negative and the immediate future.

Il ne **se** lave pas.	*He's not washing up.*
Je ne vais pas **m'**habiller.	*I'm not going to get dressed.*

When a part of the body is specified, the definite article is used, since the reflexive pronoun indicates whose body part is affected.

Elle se lave **les** cheveux.	*She's washing her hair.*
Ils se brossent **les** dents.	*They're brushing their teeth.*

In an affirmative command, the reflexive pronoun follows the verb and is connected to it by a hyphen. Note the use of the stressed form **toi**. In negative commands, the reflexive pronoun precedes the verb.

Ne **te** lave pas les mains !	Lave-**toi** les mains !
Ne **vous** dépêchez pas !	Dépêchez-**vous** !

À vous la parole

4-6 Une matinée très chargée. Read the sentences and indicate if the action Mathilde is performing in each case refers to herself (**elle-même**) or to someone else (**quelqu'un d'autre**).

Mathilde est très occupée ce matin. Elle…

	elle-même	quelqu'un d'autre
MODÈLE … s'habille	✔	______
1. … se lave	______	______
2. … se coiffe	______	______
3. … réveille son frère	______	______
4. … coiffe sa mère	______	______
5. … se dépêche	______	______
6. … brosse le chien	______	______

Based on your responses, did Mathilde spend more time this busy morning on herself or helping others?

4-7 Qu'est-ce qu'on fait ? Explain how people use the objects mentioned.

MODÈLE Moi, avec du shampoing ?
Je me lave les cheveux.

1. Les enfants, avec le savon et un gant de toilette ?
2. Julien, avec son rasoir ?
3. Vous, avec une serviette de toilette ?
4. Toi, avec un pull-over ?
5. Moi, avec du dentifrice ?
6. Nous, avec un peigne ?
7. Lucie, avec du maquillage ?

Berthe Morisot, *Le Berceau.* Le bébé s'endort.

4-8 La routine chez vous. At your house or in your family, who does the following things? Compare your answers with those of a partner.

MODÈLE se lève en premier ?
É1 Qui se lève en premier chez toi ?
É2 Ma mère se lève en premier. Et chez toi ?
É1 Moi, je me lève en premier.

1. a du mal à se lever ?
2. se douche en premier ?
3. se lave les cheveux tous les jours ?
4. s'habille avec beaucoup d'attention ?
5. se repose l'après-midi ?
6. se couche tard le soir ?
7. s'endort devant la télé ?

 **4-9 Des conseils mixtes.** In groups of three, role-play your housemates' reactions in the situations specified. Follow the model.

MODÈLE Il est très tard, et vous avez un examen demain.
É1 Il est très tard, et j'ai un examen demain.
É2 Alors, couche-toi !
É3 Ne te couche pas. Continue à réviser.

1. Vous allez dîner au restaurant avec vos grands-parents.
2. Vous avez un rendez-vous avec le prof tôt ce matin.
3. Vous avez un examen important demain matin.
4. Vous rentrez du gymnase, et vous avez une réunion dans dix minutes.
5. Vous êtes fatigué/e, mais il est encore tôt et vous avez beaucoup de devoirs.
6. Il est tard, mais vous avez du mal à vous endormir.

Formes et fonctions : les adverbes d'intensité, de fréquence et de quantité

The adverbs listed below indicate to what degree something occurs.

↑ trop	Elle travaille **trop**.	*She works too much.*
beaucoup	Elle se douche **beaucoup**.	*She showers a lot.*
assez	Nous mangeons **assez**.	*We eat enough.*
un peu	Je me dépêche **un peu**.	*I hurry a little.*
↓ ne … pas	Il **ne** se rase **pas**.	*He doesn't shave.*

These same adverbs, followed by **de**/**d'** plus a noun, indicate quantities.

↑ trop de	Il prend **trop de** douches.	*He takes too many showers.*
beaucoup de	Elle a **beaucoup d'**amis.	*She has lots of friends.*
assez de	Vous avez **assez d'**argent ?	*Do you have enough money?*
peu de	J'ai **peu de** maquillage chez moi.	*I don't have much makeup at my house.*
↓ ne … pas de	Tu **n'**as **pas de** rasoir ?	*Don't you have a razor?*

Other adverbs indicate frequency, how often something is done. Notice that these adverbs follow the verb, like those you learned in the first section above.

↑ tous les…	Je me lave les cheveux **tous les** jours.	*I wash my hair every day.*
toutes les…	Nous avons un match **toutes les** semaines.	*We have a game every week.*
toujours	Je me lève **toujours** en premier.	*I always get up first.*
souvent	Il prend **souvent** le métro.	*He often takes the metro.*
quelquefois	Tu as **quelquefois** du mal à te lever ?	*Do you sometimes have trouble getting up?*
rarement	Elle se maquille **rarement**.	*She rarely wears makeup.*
↓ ne … jamais	Il **ne** se coiffe **jamais**.	*He never combs his hair.*

Fiche pratique

The adverb **même** (*even*) is useful for providing more information about degree, quantity or frequency:

Elle se douche beaucoup, **même** trop ! (*even too much*)

Je me lève toujours en premier, **même** le dimanche. (*even on Sundays*).

To express how many times something is done, use the noun **fois** followed by **par** and a time expression.

Il se rase **une fois par semaine**.	*He shaves once a week.*
Je me brosse les dents **deux fois par jour**.	*I brush my teeth twice a day.*
Ma petite sœur prend un bain **trois fois par semaine**.	*My little sister takes a bath three times a week.*

À vous la parole

4-10 Combien ? how much or how many do you have? Compare your responses with those of your partner.

MODÈLE des livres
É1 J'ai beaucoup de livres.
É2 Moi, j'ai peu de livres.

1. des livres
2. des cours
3. des rasoirs
4. des serviettes
5. des peignes
6. du maquillage
7. des amis
8. de l'argent
9. des problèmes

4-11 Vos habitudes. Be precise! Compare your habits with those of your partner.

MODÈLE travailler le week-end
É1 Je travaille beaucoup le week-end.
É2 Par contre, moi, je travaille rarement le week-end.

1. travailler le week-end
2. se réveiller très tôt le matin
3. se brosser les dents
4. parler français
5. jouer au tennis
6. regarder des films en streaming
7. aider les gens
8. se coucher de bonne heure (= tôt)

4-12 Stéréotypes et réalité. What is the stereotype, and what is the reality? Compare ideas with your partner.

MODÈLE les jeunes : manger au McDo ?
É1 Les jeunes mangent très souvent au McDo.
É2 Mais moi, je ne mange jamais au McDo.

1. les jeunes : manger dans des fast-foods ?
2. les grands-parents : s'endormir devant la télé ?
3. les parents : se coucher tôt ?
4. les musiciens : se coucher tard ?
5. les sportifs : travailler ?
6. les étudiants : avoir beaucoup d'argent ?
7. les animaux de compagnie : se lever tôt ?
8. les professeurs : donner des devoirs ?

Écrivons

4-13 La visite

A. Avant d'écrire. Imagine that your French friend Alexis, who is traveling in the United States, is planning to visit for a long weekend and has sent the following text. Read Alexis's message carefully, study the form of a text message in French, and decide how you will respond.

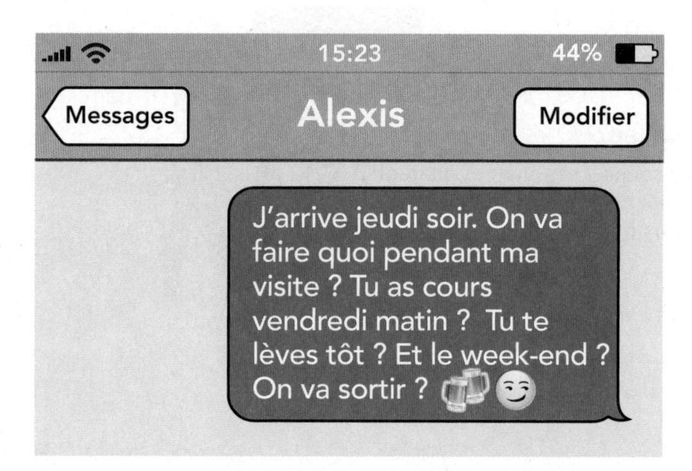

1. Begin by listing the information Alexis is asking you to provide about your schedule and the plans you can make together.
2. Next, note how you will answer each of Alexis's questions.
3. Like Alexis, remember to use short, simple sentences in your own message.

B. En écrivant. Draft your response, using the information you have noted.

MODÈLE

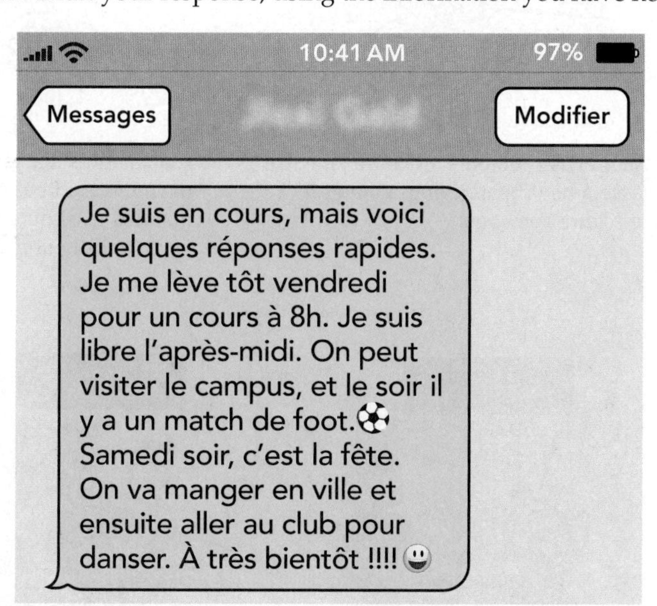

C. Après avoir écrit. Exchange messages with a group of your classmates. Whose response(s) would probably be particularly appealing to Alexis? Why?

Stratégie

Before composing your response to a casual note, such as a text message from a friend, refer back to the original message to organize your answer.

À quelle heure ?

Points de départ : Je n'arrête pas de courir !

Amandine parle de sa journée :

Le réveil de mon smartphone sonne à sept heures quarante. Mon premier cours commence à neuf heures trente, donc je dois quitter ma chambre vers huit heures trente pour arriver à l'heure.

J'arrive en classe à neuf heures vingt. Super ! Je suis en avance ; je vais trouver une bonne place.

Le professeur arrive toujours à l'heure ; il entre dans la classe à neuf heures vingt-cinq et il commence à faire son cours.

À dix heures dix, je regarde ma montre. Zut alors ! encore vingt minutes ! Le cours continue jusqu'à dix heures trente.

Ensuite, je prends un café avec des amis. Ça fait une petite pause dans une journée chargée. On discute pendant vingt-cinq minutes. Mince, je vais être en retard ! J'arrive au deuxième cours à onze heures dix. J'ai dix minutes de retard.

Entre midi et une heure de l'après-midi, je déjeune au resto U avec un camarade de classe, Sébastien.

L'après-midi, j'ai un examen à trois heures quarante-cinq qui dure deux heures. Oh là là ! Quelle journée !

Vie et culture

Le système des 24 heures

The 24-hour clock is widely used in French-speaking countries on digital clocks, smartphones, and fitness trackers, as well as for official schedules of all kinds (movie times, class schedules, travel arrival and departure times, etc.). However, French speakers often use the 12-hour system in ordinary conversations and include the phrases **du matin, de l'après-midi**, or **du soir** for clarity.

Les horaires d'ouverture

In the video clip, Bernard and Michèle go to the bank, and Leslie and Olive go to their neighborhood bakery. Watch the video clip to discover how successful they are in completing their errands, and look at the photos on this page to learn more about when stores and businesses are typically open in France.

Et vous ?

1. Can you think of any advantages to using a 24-hour system as opposed to using AM and PM? Which system do you prefer and why?
2. Based on the photos and video clip, what have you learned about typical business hours in France? In what ways are these hours similar to and different from business hours in North America?

À vous la parole

4-14 Une journée bien chargée. Look at Sébastien's calendar and take turns with your partner telling what he is doing today.

MODÈLE À neuf heures du matin, il a son cours de maths jusqu'à dix heures trente.

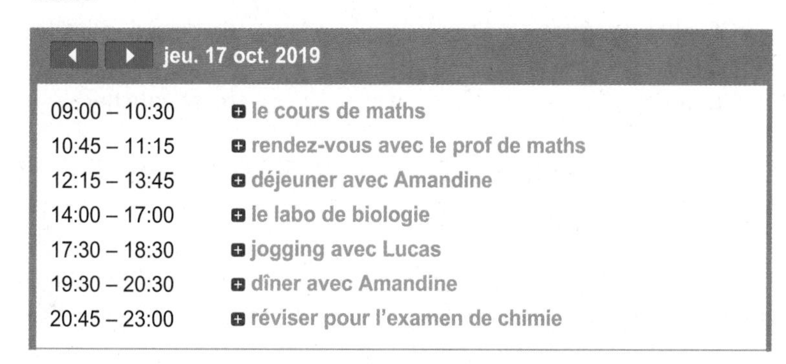

jeu. 17 oct. 2019

09:00 – 10:30	le cours de maths
10:45 – 11:15	rendez-vous avec le prof de maths
12:15 – 13:45	déjeuner avec Amandine
14:00 – 17:00	le labo de biologie
17:30 – 18:30	jogging avec Lucas
19:30 – 20:30	dîner avec Amandine
20:45 – 23:00	réviser pour l'examen de chimie

Fiche pratique

Vous avez l'heure ? In conversational French, you will also hear speakers use expressions such as **deux heures et quart, deux heures et demie, deux heures dix, deux heures moins le quart,** and **deux heures moins dix** to tell time. Can you match those expressions to the following times: 1h50, 2h15, 1h45, 2h10, 2h30? You will also need to know the difference between **midi** (*Normalement, on déjeune*) and **minuit** (*Normalement, on ne fait pas grand-chose*).

4-15 Dans le monde francophone. Look at the map showing world time zones and tell what time it is in each of these French-speaking cities. Then indicate what people are most likely to be doing.

MODÈLE À Paris. On déjeune ou on se couche ?
À Paris, il est midi. On déjeune.

1. À la Nouvelle-Orléans. On travaille ou on se lève ?
2. À Cayenne. Les étudiants vont en classe ou ils rentrent chez eux ?
3. À Dakar. On va bientôt déjeuner ou dîner ?
4. À Marseille. On rentre à la maison pour manger ou on travaille ?
5. À Djibouti. On mange ou on fait la sieste ?
6. À Mahé. On nage ou on rentre à la maison pour dormir ?
7. À Nouméa. On joue au foot ou on se couche ?

4-16 Trouver un/e colocataire. Find a compatible new housemate by comparing your schedule with those of your classmates.

MODÈLE É1 Normalement, je me lève à huit heures du matin. Et toi ?
É2 Moi, je me lève à dix heures parce que mon premier cours est à onze heures trente.

1. se lever
2. aller en cours
3. faire du sport
4. travailler
5. manger le soir
6. regarder la télé
7. faire les devoirs
8. se coucher

Formes et fonctions : les verbes en -ir comme **dormir**

You have learned that regular **-er** verbs have one stem and three spoken forms in the present tense. Unless the verb begins with a vowel sound, only the context and the subject allow you to tell the difference between the third-person singular and plural.

Mon petit frère ? **Il se couche** tôt.	*My little brother? He goes to bed early.*
Mes amis ? **Ils se couchent** assez tard.	*My friends? They go to bed quite late.*
Ma sœur ? **Elle arrive** à l'heure.	*My sister? She arrives on time.*
Ses amies ? **Elles arrivent toujours en retard.** /z/	*Her friends? They always arrive late.*

With four spoken forms, verbs like **dormir** (*to sleep*) are similar to the regular **-re** verbs, like **attendre**, that you have learned. Like regular **-re** verbs, they have two stems, one for the plural forms and one for the singular forms. The stem for the plural forms ends in a consonant—heard in the infinitive—and can be considered the base form. The shorter stem for the singular forms is derived by dropping the final consonant sound of the plural stem. The written endings of verbs like **dormir** (**-s**, **-s**, **-t**) are added to this stem; these letters are generally not pronounced.

dormir (*to sleep*)	Ils dor**m**ent tard.	Il dort debout.
sortir (*to go out*)	Elles sor**t**ent souvent.	Elle sort le week-end.

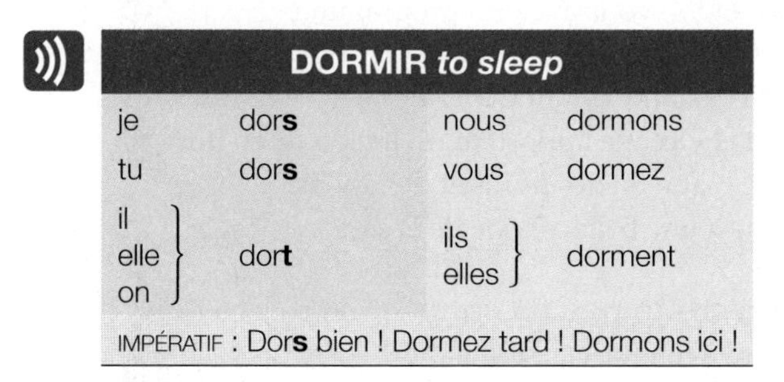

DORMIR *to sleep*			
je	dor**s**	nous	dormons
tu	dor**s**	vous	dormez
il / elle / on	dor**t**	ils / elles	dorment

IMPÉRATIF : Dor**s** bien ! Dormez tard ! Dormons ici !

Here is a list of verbs conjugated like **dormir**, along with the prepositions often used with some of these verbs.

dormir jusqu'à	*to sleep until*	Je **dors jusqu'à** neuf heures.
s'endormir	*to fall asleep*	Ils **s'endorment** tout de suite.
mentir à	*to lie to*	Il **ment à** ses parents.
partir avec	*to leave with*	Je **pars avec** mes parents.
de	*to leave from*	Nous **partons de** Montréal.
pour	*to leave for*	Vous **partez pour** la France ?
sortir avec	*to go out with*	Elle **sort avec** ses amies.
de	*to leave*	Les étudiants **sortent du** labo.
servir	*to serve*	Qu'est-ce qu'on **sert** ce soir ?

Note that the verb **courir** (*to run*) has the same written endings as other **-ir** verbs like **dormir**. However, because **courir** has only one stem, it has just three spoken forms, like regular **-er** verbs.

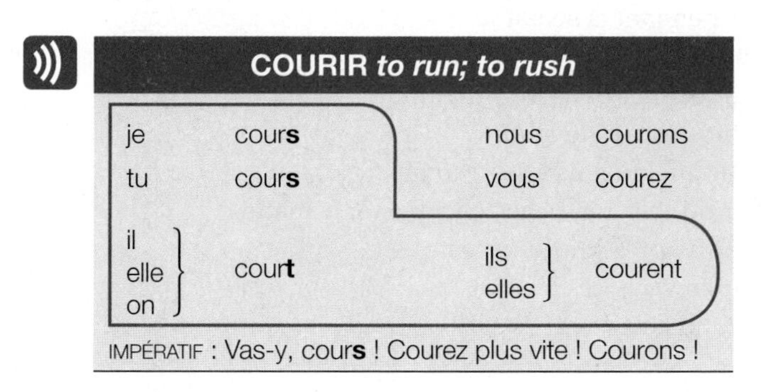

COURIR *to run; to rush*			
je	cour**s**	nous	courons
tu	cour**s**	vous	courez
il / elle / on	cour**t**	ils / elles	courent

IMPÉRATIF : Vas-y, cour**s** ! Courez plus vite ! Courons !

À vous la parole

4-17 Jeu de détective. Based on the clues, provide logical deductions for where everyone has been. Try to come up with as many plausible scenarios as possible.

MODÈLE Laurent apporte des livres.
É1 Il sort de la bibliothèque.
É2 Ou il sort de son cours de philosophie.

1. Céline apporte un ballon de basket.
2. Romain et toi, vous avez un programme.
3. Mes assistants et moi apportons des bagages.
4. Rachid et Agathe ont une pizza.
5. Bernard et Océane apportent un ballon de rugby.
6. Tu as des cahiers, des livres et des stylos.
7. Morgane a une belle affiche de Picasso.

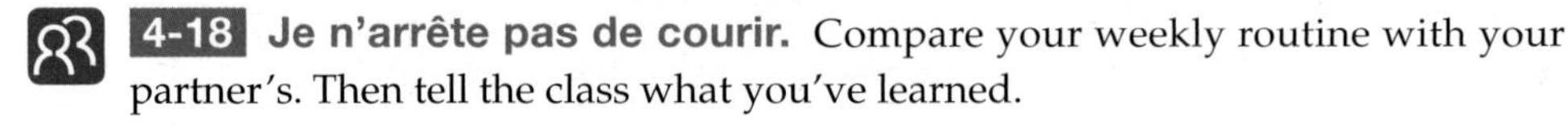

4-18 Je n'arrête pas de courir. Compare your weekly routine with your partner's. Then tell the class what you've learned.

MODÈLE Pendant la semaine, je dors jusqu'à…
É1 Moi, pendant la semaine, je dors jusqu'à sept heures.
É2 Moi, je dors jusqu'à 8h30 ; mon premier cours commence à neuf heures.

1. Pendant la semaine, je dors jusqu'à…
2. Le week-end, je dors jusqu'à…
3. Le matin, je pars pour mon premier cours à…
4. Souvent, je cours pour…
5. Je sors avec mes amis…
6. Je ne sors pas quand…
7. Le soir, je m'endors vers…

4-19 Nos habitudes. Try to find someone who does each of the things listed.

MODÈLE dormir l'après-midi
É1 Est-ce que tu dors l'après-midi ?
É2 Oui, je dors quelquefois après le déjeuner.

1. s'endormir pendant les cours
2. sortir pendant la semaine
3. partir pour le week-end
4. servir le dîner dans un restaurant
5. dormir très tard le matin
6. mentir quelquefois à ses parents
7. partir de chez lui / chez elle très tôt le matin
8. dormir l'après-midi
9. partir en vacances bientôt
10. courir au parc le week-end

Formes et fonctions : le comparatif et le superlatif des adverbes

You have learned to use adverbs to make your descriptions more precise.

Elle s'endort.	*She's falling asleep.*
Elle s'endort **tôt** le soir.	*She falls asleep early in the evening.*
Elle s'endort **souvent** en classe !	*She often falls asleep in class!*

The expressions **plus … que** (*more than*), **moins … que** (*less than*) and **aussi … que** (*as much as*) can be used with adverbs to make comparisons. Note that when a pronoun follows **que** in a comparison, it must be a stressed pronoun.

plus … que	Je dors **plus** tard **que** mon frère.	*I sleep later than my brother.*
aussi … que	Tu joues **aussi** bien **que** lui.	*You play as well as he does.*
moins … que	Il sort **moins** souvent **que** moi.	*He goes out less often than I do.*

The adverb **bien** has an irregular comparative form, **mieux**, as shown below:

Je chante bien.	*I sing well.*
Je chante **aussi** bien **que** toi.	*I sing as well as you do.*
Je chante **moins** bien **que** lui.	*I don't sing as well as he does.*
Tu chantes **mieux que** nous.	*You sing **better** than we do.*

When comparing amounts, **plus**, **moins**, and **autant** are followed by **de** and a noun.

plus de … que	Elle a **plus de** travail **que** nous.	*She has more work than we do.*
moins de … que	Il a **moins de** devoirs **que** vous.	*He has less homework than you.*
autant de … que	J'ai **autant d'**amis **que** vous.	*I have as many friends as you.*

To express a superlative, use the definite article **le** and **plus**, **moins**, or **mieux**:

Elle sort **le moins souvent**.	*She goes out the least often.*
Il a **le plus d'**amis.	*He has the most friends.*
Tu chantes **le mieux**.	*You sing the best.*

À vous la parole

4-20 Comparaisons. Who does it better? Compare your answers with those of your partner.

MODÈLE Qui nage mieux, vous ou votre père/mère ?
É1 Je nage moins bien que mon père.
É2 Pas moi. Je nage mieux que mon père. Il n'aime pas nager !

1. Qui chante mieux, vous ou votre sœur/frère ?
2. Qui fait mieux la cuisine, votre mère ou votre père ?
3. Qui danse mieux, vous et vos amis ou vos parents et leurs amis ?
4. Qui parle mieux le français, vos camarades de classe ou votre prof ?
5. Qui joue mieux au basket, vous ou votre frère/sœur ?
6. Qui s'habille mieux, vous ou votre meilleur/e ami/e ?
7. Qui travaille mieux, vous ou vos colocataires ?
8. Qui joue mieux au golf, vous ou vos parents ?

4-21 Plus ou moins ? Look in your backpack or book bag and compare what you have with what your partner has.

MODÈLE Qui a le plus de stylos ?
Moi, j'ai le plus de stylos ; j'ai trois stylos, et toi, tu as deux stylos.
OU Tu as moins de stylos que moi.
OU J'ai plus de stylos que toi.

1. Qui a le plus de stylos ?
2. Qui a le plus de livres ?
3. Qui a le plus de cahiers ?
4. Qui a le plus de crayons ?
5. Qui a le plus d'appareils mobiles (*mobile devices*) ?
6. Qui a le plus d'argent ?

4-22 Votre routine. Are these comparisons true or false? Explain your answer to a partner with supporting details.

MODÈLE Je me lève plus tôt que mon/ma colocataire.
É1 C'est vrai : Moi, je me lève à sept heures, et mon colocataire se lève à huit heures.
É2 Pour moi, c'est faux : Mon colocataire se lève plus tôt que moi.

1. Je me lève plus tôt que mon/ma colocataire.
2. Mon/Ma colocataire travaille mieux que moi.
3. Je sors plus souvent que mon/ma colocataire.
4. Je vais moins souvent à la bibliothèque que mon/ma colocataire.
5. Mon/Ma colocataire part plus souvent que moi le week-end.
6. Mon/Ma colocataire dort moins profondément que moi.
7. Je travaille plus tard la nuit que mon/ma colocataire.
8. Mon/Ma colocataire s'endort plus rapidement que moi.
9. Je regarde moins souvent ma montre que mon/ma colocataire.

Lisons

4-23 Vous dormez mal ? Déconnectez-vous !

Stratégie

To understand an infographic, look at the title, the subtitles, and the graphic elements to predict the content.

A. Avant de lire. Before reading this infographic, answer the following questions.

1. Look at the title. What does it indicate that the infographic will be about?
2. Look at the subtitles. What further information do they provide?
3. Look at the graphic elements. How do they help you understand the text?

B. En lisant. As you read, answer the following questions.

1. How much sleep do 91 percent of French students get each night? How does this compare with how much sleep they should be getting? Justify your answer.
2. What particular sleep problem is experienced by 48 percent of students?
3. What does the infographic suggest is a major cause for many of these sleep issues?
4. What percentage of young people in France have more than an hour of screen time after dinner? What specific examples of screen time are listed?
5. What problems are linked to these practices?
6. What is the main message of the infographic?

C. En regardant de plus près. Look closely at the following features of the text.

1. You have learned the meanings of the expressions **une fois par semaine, moins de**... and **moins que**... Can you deduce the meaning of the expression **au moins une fois par semaine**?
2. There are a few new verbs in the text. You should be able to figure out **se connecter,** given its similarity to a verb in English and the context. What about the verb **envoyer**, used in the sentence, **Des adolescents envoient des messages durant la nuit**? Can you figure out its meaning, given the context and the graphic image?
3. You learned the verb **durer** in this lesson. There is a preposition related to this verb used several times in the infographic. What is it?

ÉTUDIANTS, VOUS DORMEZ MAL ? DÉCONNECTEZ-VOUS !

Pour un adulte, huit heures de sommeil[1] sont nécessaires pour rester en forme.

Par nuit, les étudiants français dorment...

9 %
8 heures

91 %
moins de 8 heures*

*20 % moins de 6 heures

Ils ont des troubles de sommeil.

14 %
dorment toute la nuit sans se réveiller

31 %
se réveillent quelquefois la nuit

37 %
se réveillent souvent la nuit

48 %
ont du mal à s'endormir au moins une fois par semaine**

**21 % tous les jours

LE RÔLE DE NOUVELLES TECHNOLOGIES

33,5 %
des adolescents passent plus d'une heure devant un écran après le dîner

15 %
des adolescents envoient des messages durant la nuit

11 %
des adolescents se connectent aux réseaux sociaux durant la nuit

LE RÉSULTAT

58 %
ont du mal à se lever le matin

dont

30 %
se lèvent avec une extrême difficulté

10 %
sont très fatigués pendant la journée

SOURCES:
- Étude réalisée par Harris pour la SMEREP auprès de 500 étudiants de toute la France et de 700 étudiants d' Île-de-France, complétée par un sondage mené par la SMEREP auprès de 118 étudiants.
- Étude réalisée sous la forme d'un questionnaire en ligne anonyme, échantillon représentatif de 776 jeunes.

[1] *sleep*

D. Après avoir lu. Discuss the following questions with your classmates.

1. Is it common, in your experience, for students to experience difficulties in getting enough sleep, falling asleep, and waking up? In addition to the causes presented in the infographic, what do you think are other contributing factors?
2. Do you agree that it is essential to power down and be disconnected for a good night's sleep? Why or why not?
3. After looking at this infographic, do you think that the sleeping habits of French students and North American students are similar or different? Explain your response.

LEÇON 3

Qu'est-ce qu'on met ?

Points de départ : les vêtements et les couleurs

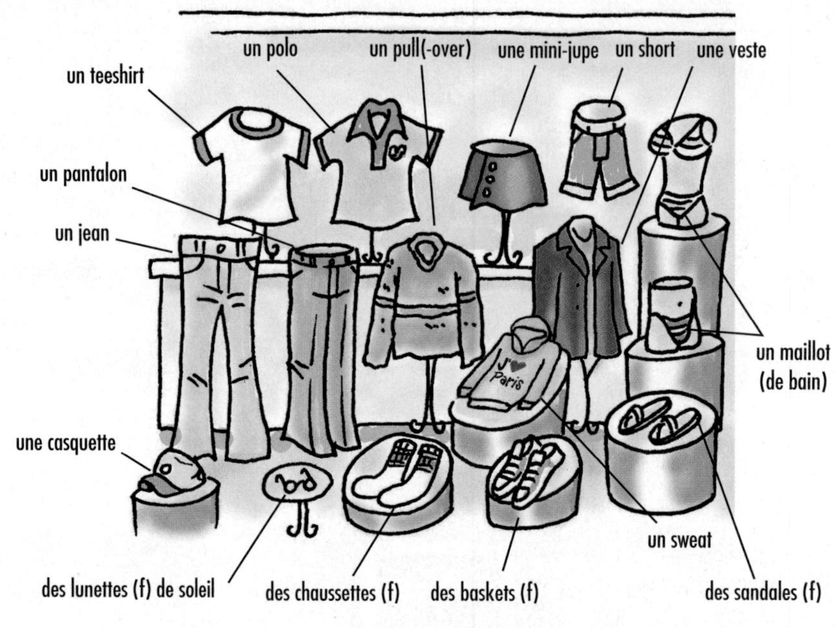

Vêtements décontractés

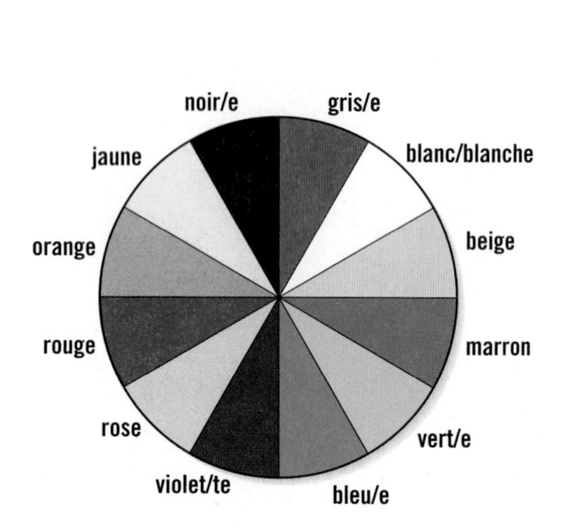

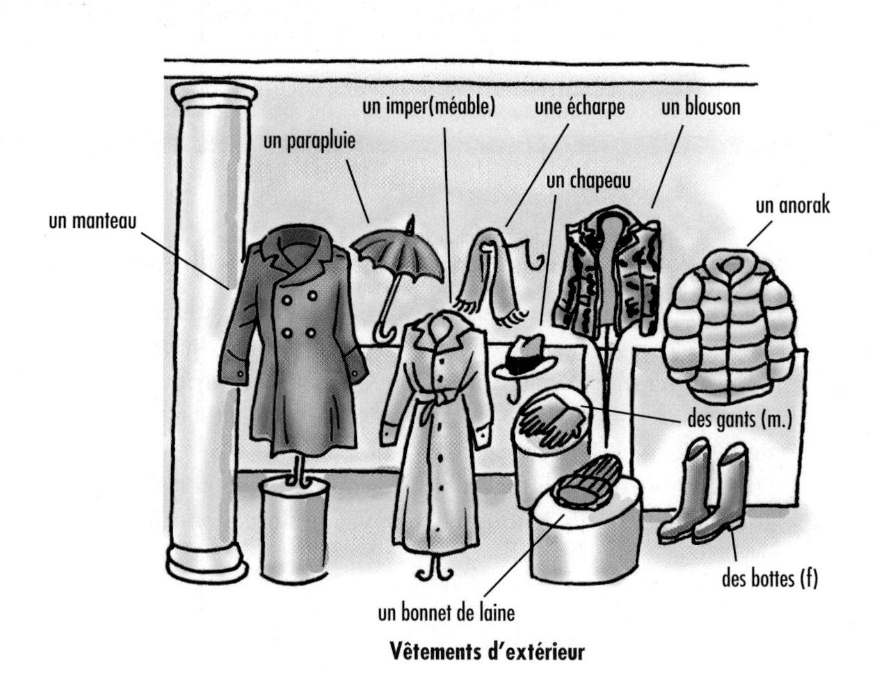

Vêtements d'extérieur

Vêtements de ville pour hommes et femmes

Deux amies font du lèche-vitrine ; elles regardent des vêtements dans la vitrine d'un grand magasin.

MANON : Je vais à une soirée très chic dans quinze jours. Regarde cette belle robe noire en soie.

AUDREY : Dis donc, elle est chère. Regarde plutôt ce joli chemisier blanc ; il est bon marché. Si tu mets ta petite jupe bleue, ça va faire un bel ensemble. Tu vas être super bien habillée pour ta soirée.

MANON : Oui, tu as raison, le chemisier est moins cher, mais j'ai envie de me faire un petit plaisir. Allez, je vais essayer la robe en soie.

METTRE *to put on; to wear*			
je	mets	nous	mettons
tu	mets	vous	mettez
il / elle / on	met	ils / elles	mettent
IMPÉRATIF : Mets tes bottes ! Mettez un pull ! Mettons un jean !			

The verb **mettre** has a wide range of meanings:

Mets ton sac dans ta chambre !	*Put your bag in your room!*
Tu peux mettre la table ?	*Can you set the table?*
On met une heure pour arriver au bureau.	*It takes us an hour to get to the office.*

À vous la parole

4-24 Comment s'habiller ? Tell how people normally dress for each of the following occasions.

MODÈLE Pour aller en classe, je…
Pour aller en classe, je mets un jean, un polo et des mocassins.

1. Pour aller en classe, mes amis…
2. Pour manger au resto U, on…
3. Pour courir dans un marathon, tu…
4. Pour faire des courses, ma mère…
5. Pour travailler dans le jardin, mon père…
6. Pour faire du ski, je…
7. Pour nager, elles…
8. Pour sortir avec des amis, vous…

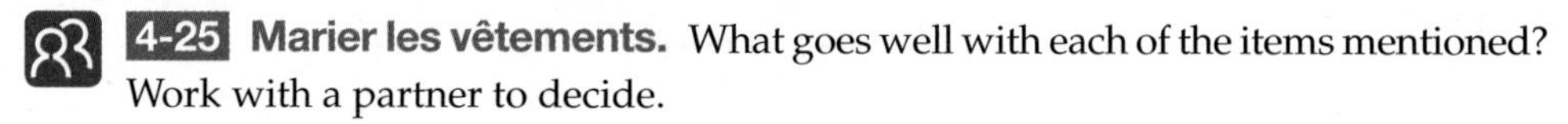

4-25 Marier les vêtements. What goes well with each of the items mentioned? Work with a partner to decide.

MODÈLE avec une robe bleue en soie ?
É1 Avec une robe bleue en soie, on peut mettre un foulard bleu et vert.
É2 Et des chaussures à talons.
É1 Oui, c'est bien.

1. avec une mini-jupe rouge
2. avec un costume bleu
3. avec un pantalon bleu
4. avec une veste noire
5. avec une belle jupe multicolore
6. avec un tailleur pantalon marron
7. avec un jean
8. avec un pantalon noir en cuir

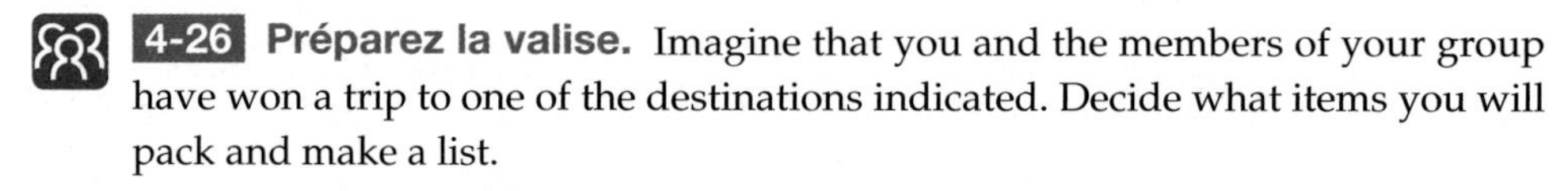

4-26 Préparez la valise. Imagine that you and the members of your group have won a trip to one of the destinations indicated. Decide what items you will pack and make a list.

MODÈLE huit jours à Tahiti
trois maillots de bain, deux paires de sandales, des baskets, cinq shorts, sept teeshirts, des lunettes de soleil

1. un long week-end à Québec, en février, pour le Carnaval de Québec
2. quatre jours à la Nouvelle-Orléans, en Louisiane, en juillet
3. huit jours à Grenoble, dans les Alpes, en janvier
4. six jours à Cannes pour le Festival International du Film
5. cinq jours à Niamey, au Niger, en novembre, pour le Festival International de la Mode Africaine
6. huit jours à Paris, en avril

Vie et culture

Les compliments

The French do not usually compliment people they do not know well on their personal appearance. Among friends, the compliments and responses below are typical.

Il est chic, ton pantalon !	*Your pants are really stylish!*
—Tu trouves ?	*—Do you think so?*
Elle est très jolie, ta robe !	*Your dress is very pretty!*
—Oh, elle n'est pas un peu démodée ?	*—Oh, isn't it a little old-fashioned?*
Tu parles très bien le français.	*You speak French really well.*
—Ah ! Pas toujours.	*—Oh! Not always.*

Un défilé de mode Yves Saint Laurent à Paris

Et vous ?

1. What do you notice about the nature of the response to a compliment in each case?
2. How do you typically respond to compliments? Would you feel comfortable responding to compliments as the French do?

La mode et la haute couture

Paris reigns as the world capital of fashion. Designers from everywhere present their collections during the semi-annual **Semaine de la mode** spanning nine days and featuring over ninety **défilés de mode** throughout the city. The fashion industry accounts for more than one million jobs in France and over 150 billion dollars in direct sales a year. You may have heard of well-known French designers such as Coco Channel, Yves Saint Laurent, and Louis Vuitton.

Des créations du styliste Oumou Sy à Dakar Fashion Week

Did you know that **haute couture** does not refer to all designer fashion? It is a legally protected term designating a garment hand made for a specific client from a Paris-based designer. **Prêt-à-porter** (*ready-to-wear*) collections, featured during the **Semaine de la mode**, account for the vast majority of fashion sales.

Over the past twenty years, the fashion of French-speaking Africa has developed an international presence. Three well-known examples include: **La Semaine Internationale de la Mode de Dakar** founded by Oumou Sy, **Le Festival International de la Mode Africaine** launched by Alphadi; and Dakar Fashion Week, organized by Adama Ndiaye.

Et vous ?

1. Are you familiar with any of the designers mentioned here? Who is your favorite designer, brand, or store, and why?
2. What is the economic and cultural importance of major fashion events for the countries where they are held?

Sons et lettres

Les voyelles /ø/ et /œ/

To pronounce the vowel /ø/ of **deux**, start from the position of /e/ as in **des** and round the lips. The lips should also be tense and moved forward. It is important to lengthen the sound while continuing to keep the lips rounded, protruded, and tense. Typically, /ø/ occurs at the end of words and syllables and before the consonant /z/: **deux, jeu, peu, sérieuse, vendeuse**. When it is pronounced, the *mute e* (in words like **le, me, ce**, and **vendredi**) is usually pronounced with the vowel /ø/ of **deux**.

To pronounce the vowel /œ/ of **leur**, start from the position of /ø/ and drop your jaw so that your mouth is open wider. Both vowels are usually spelled as **eu**. The vowel /œ/ is also spelled as **œu**, as in **sœur**. The vowel /œ/ of **leur** occurs before a pronounced consonant, except for /z/ as mentioned above.

/ø/	**/œ/**
bl**eu**	la coul**eu**r
il p**eu**t	ils p**eu**vent
la vend**eu**se	le vend**eu**r
vendr**e**di	un taill**eu**r

À vous la parole

e **4-27 Contrastes.** Indicate by selecting the appropriate symbol whether the vowel you hear in the following words is /ø/ as in **deux** or /œ/ as in **leur**.

1. peu : /ø/ /œ/
2. veulent : /ø/ /œ/
3. tailleur : /ø/ /œ/
4. bleu : /ø/ /œ/
5. jeudi : /ø/ /œ/
6. couleur : /ø/ /œ/
7. monsieur : /ø/ /œ/
8. vendeuse : /ø/ /œ/
9. sœur : /ø/ /œ/
10. neuf : /ø/ /œ/

4-28 Des proverbes. Repeat each proverb after you hear it. Can you find an English equivalent for each proverb?

1. L'argent n'a pas d'od**eu**r.
2. L'argent ne fait pas le bonh**eu**r *(happiness)*.
3. Quand on v**eu**t, on p**eu**t.
4. Un malh**eu**r (*misfortune*) ne vient jamais s**eu**l (*alone*).
5. Malh**eu**r**eu**x *(unlucky)* au **jeu**, h**eu**r**eu**x (*lucky*) en amour *(love)*.
6. Beau parl**eu**r, petit fais**eu**r.

Formes et fonctions : l'adjectif démonstratif

The demonstrative adjective is used to point out specific people or things that are close at hand. The singular form corresponds to *this* or *that* in English, the plural, to *these* or *those*.

Tu aimes **les robes** ?	*Do you like dresses (in general) ?*
Tu aimes **cette** robe ?	*Do you like this dress?*

Note the masculine singular form used before a noun beginning with a vowel sound. It is pronounced like the feminine form but has a different spelling.

Regarde **ce** parapluie !	*Look at this umbrella!*
Regarde **cet** imperméable !	*Look at that raincoat!*
Regarde **cette** veste !	*Look at that suit jacket!*
Regarde **ces** bottes !	*Look at these boots!*

Here are the forms of the demonstrative adjective:

Les adjectifs démonstratifs

	FÉMININ	MASCULIN *devant voyelle*	*devant consonne*
SINGULIER	**cette** jupe	**cet**‿anorak	**ce** manteau
PLURIEL	**ces**‿écharpes	**ces**‿imperméables	**ces** maillots

À vous la parole

4-29 Dans l'immeuble. Read a description of each person who works in Clément's building and indicate in each case if it's a man or a woman.

	un homme	une femme
MODÈLE Ce comptable est sociable.	✔	______
1. Cette dentiste est sympa.	______	______
2. Ce professeur est conformiste.	______	______
3. Cet architecte est jeune.	______	______
4. Cette journaliste est dynamique.	______	______
5. Cette artiste est énergique.	______	______
6. Cet avocat est idéaliste.	______	______
7. Cet ingénieur est calme.	______	______
8. Cette fonctionnaire est timide.	______	______

Do more men or women work in Clément's building, based on what you've learned?

Parallèles : On se dépêche.

Mathilde and Diandra are leaving home to start the day. Look at the photos: based on where they are and how they are dressed, where do you think they are going and what are they going to do?

Mathilde à Dijon

Diandra à La Courneuve

 **4-30 On s'organise.** Imagine that you are helping a friend organize his or her closet. Based on the description, decide whether each item should be kept (**garder**) or thrown away (**jeter**).

Pour décrire les vêtements

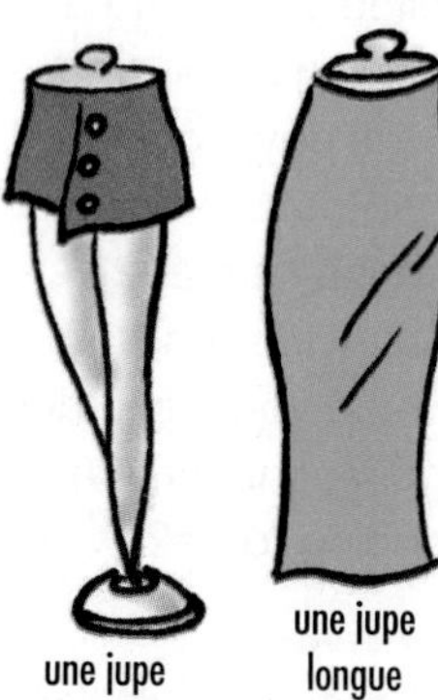

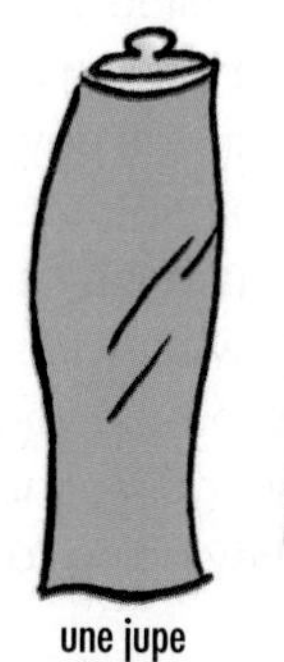

MODÈLES un teeshirt blanc avec le logo de l'université
É1 Tu dois garder ce teeshirt.
É2 Oui, d'accord.

une robe démodée
É1 Tu dois jeter cette robe.
É2 D'accord. C'est une bonne idée.
OU Oui, mais j'adore cette robe !

1. des bottes chic
2. un teeshirt serré
3. des gants roses, violets et noirs
4. un manteau trop large
5. un pantalon trop court
6. une belle écharpe
7. des baskets à la mode
8. un blouson démodé
9. un vieux parapluie
10. des mocassins démodés

Formes et fonctions : le comparatif et le superlatif des adjectifs

In the previous lesson, you learned to use the expressions **plus ... que**, **moins ... que**, and **aussi ... que** with adverbs to make comparisons.

Je dors **plus** tard **que** lui.	*I sleep later than he does.*
Tu joues **aussi** bien **que** moi.	*You play as well as I do.*
Il sort **moins** souvent **que** toi.	*He goes out less often than you do.*
Elle s'habille **mieux que** nous.	*She dresses better than we do.*

To compare the qualities of two people or things, use these same expressions with an adjective. The adjective agrees with the first noun.

La robe est **plus** élégante **que** le tailleur.	*The dress is more elegant than the suit.*
Le pantalon est **moins** cher **que** la jupe.	*The pants are less expensive than the skirt.*
Les bottes noires sont **aussi** larges **que** les bottes marron.	*The black boots are as roomy as the brown boots.*

Fiche pratique

The adjective **même** (*same*) is also useful in making comparisons. Combined with **le**, **la** or **les**, it precedes the noun it modifies.

J'ai acheté presque le **même** pull. C'est la **même** couleur, mais un peu plus serré.

Tu as les **mêmes** baskets que moi !

Remember also this useful phrase that you may hear in France:

Ce n'est pas la **même** chose !

When comparing people, remember to use stressed pronouns after **que**:

Christiane est plus grande que **moi**.	*Christiane is taller than I am.*
Vous êtes moins sociables qu'**eux**.	*You are not as outgoing as they are.*
Je suis aussi grand que **lui**.	*I'm as tall as he is.*

The adjective **bon** has an irregular comparative form, **meilleur/e**, as shown below:

La qualité de cette robe est bonne.	*The quality of this dress is good.*
En fait, la robe est **meilleure** que la jupe.	*In fact, the dress is better than the skirt.*
La qualité de la jupe est moins bonne.	*The quality of the skirt is less good.*

To express the superlative, use the definite article **le**, **la**, or **les** with **plus**, **moins**, or **meilleur/e**:

La jupe rose est **la moins** chère.	*The pink skirt is the least expensive.*
Les bottes noires sont **les plus** élégantes.	*The black boots are the most elegant.*
Les gants en cuir sont les **meilleurs**.	*The leather gloves are the best.*

À vous la parole

4-31 Comparons nos proches ! Answer the following questions to make comparisons about your family and friends.

MODÈLE Qui est plus ambitieux/-euse ? vous ou votre frère ?
É1 Je suis plus ambitieuse que mon frère. Et toi ?
É2 Je n'ai pas de frère, mais mon cousin est plus ambitieux que moi.

1. Qui est plus petit/e : votre mère ou votre sœur/frère ?
2. Qui est plus sociable : vous ou vos colocataires ?
3. Qui sont plus patient/e/s : vos parents ou vos profs de fac ?
4. Qui est plus élégant/e : votre meilleur/e ami/e ou votre frère/sœur ?
5. Qui est plus sédentaire : vous ou votre meilleur/e ami/e ?
6. Qui sont plus optimistes : vos parents ou vos amis ?

4-32 Comparisons. Work with a partner to describe these people waiting for the metro. Use comparative and superlative descriptions.

MODÈLE É1 Sabrina est plus petite que Marie-Ange.
É2 Oui, mais Marie-Ange est plus chic.
É1 D'accord, mais Sabrina est la plus mignonne (*cute*).

4-33 Les stars. Compare yourself to your classmates in groups of three or four. Who is …

MODÈLE le/la plus grand/e ?
É1 Qui est le plus grand de nous quatre ?
É2 Moi, je fais 1 m 75.
É3 Et moi, 1 m 80.
É1 Moi, je suis assez petite.
É4 Moi aussi, je fais 1 m 75. Alors, Max est le plus grand.

1. le/la plus grand/e ?
2. le/la plus jeune ?
3. le/la moins sérieux/-euse ?
4. le/la plus sociable ?
5. le/la plus élégant/e?
6. le/la moins doué/e pour le sport ?
7. le/la plus doué/e pour le français ?
8. le/la meilleur/e musicien/ne ?

Stratégie

To get the gist of a conversation, focus on the setting and use your knowledge of what usually goes on there.

Observons

4-34 Dans une boutique

A. Avant de regarder. Look at the image: Where are Mathilde and Maud, and what are they doing? When you are in a similar situation, what usually happens? With a partner, make a list of the words and expressions you know in French that are useful in this situation.

B. En regardant. Watch the video clip and select the correct answer to each question.

1. What would Mathilde like to buy?
   a dress / a blouse / a skirt
2. For what occasion?
   an anniversary party / a wedding / a new job
3. What is most important to her in making this purchase?
   the color, the fabric, and the patterns
   the length, the sleeves, and the style
   the price and the quality
4. What does Mathilde already own that helps her make up her mind?
   a white sweater / a beautiful necklace / red shoes
5. Does Mathilde make a purchase?
   yes / no

C. Après avoir regardé. Now that you have viewed the video clip, answer the following questions.

1. How does this scene in a shop in Dijon compare with your own shopping experiences?
2. What expressions did you hear Mathilde and Maud use that were useful in helping Mathilde make up her mind about which dress to buy?

Venez chez nous !

La vie de tous les jours à travers le monde francophone

People everywhere follow a daily routine: they get up in the morning; get ready for work, school, or play; and spend their days in a variety of activities that may seem repetitive. Of course, people's routines may differ dramatically, depending on where they live and on particular circumstances. As you explore the everyday lives of people who live and work in the French-speaking world, consider how their experience compares with your own and with that of others in your community.

Lisons

4-35 Familiale

A. Avant de lire. Jacques Prévert (1900–1977) was probably the most popular and widely read French poet in the twentieth century. Prévert's first book of poetry, *Paroles* (*Lyrics*), appeared in late 1945, just as World War II was ending. This poem is taken from that collection.

In *Familiale* (*Family Life*), Prévert uses the simple language of everyday life to make a profound statement about war and loss and how they become a part of everyday life. He indicates in a matter-of-fact way what the three members of a family do.

La mère fait du tricot. / Elle tricote.	*The mother knits.*
Le père fait des affaires.	*The father does business.*
Le fils fait la guerre.	*The son makes war.*

As the poem reaches its climax, the poet's simple statements about the family members' daily lives are interrupted. The rhythm changes, and verbs ultimately disappear from the narrative. Consider, as you read the poem, how these structural changes help evoke changes in the family's routine and reinforce the poet's troubling message.

B. En lisant. As you read silently or listen to the poem, answer these questions.

1. What is the nature of the characters' everyday life as conveyed in the first nine lines of the poem?
2. The poem uses repetition to produce an effect and to convey meaning. For example, with what repeated phrase does Prévert suggest the characters' attitude toward their daily life? When this phrase recurs the third time, it has taken on new meaning and become associated with a terrible irony. Why? Point out other instances of repetition that are significant in the poem.
3. Like a play or a film, the poem builds to a climax. What is that climax? What happens afterward?
4. Look at the final line of the poem. How would you explain the seeming contradiction of the poet's reference to « La vie avec le cimetière » ?

Familiale

La mère fait du tricot
Le fils fait la guerre
Elle trouve° ça tout naturel la mère — *finds*
Et le père qu'est-ce qu'il fait le père ?
5 Il fait des affaires
Sa femme fait du tricot
Son fils la guerre
Lui des affaires
Il trouve ça tout naturel le père
10 Et le fils et le fils
Qu'est-ce qu'il trouve le fils ?
Il ne trouve rien° absolument rien le fils — *nothing*
Le fils sa mère fait du tricot son père des affaires lui la guerre
Quand il aura fini° la guerre — *finishes*
15 Il fera° des affaires avec son père — *will do*
La guerre continue la mère continue elle tricote
Le père continue il fait des affaires
Le fils est tué° il ne continue plus° — *killed; no longer*
Le père et la mère vont au cimetière
20 Ils trouvent ça naturel le père et la mère
La vie continue la vie avec le tricot la guerre les affaires
Les affaires la guerre le tricot la guerre
Les affaires les affaires et les affaires
La vie avec le cimetière.

Jacques Prévert, « Familiale », in Paroles.

C. Après avoir lu. Now discuss the following questions with your classmates.

1. Poetry is meant to be read aloud. With a partner, or with your class as a whole, practice reading aloud *Familiale*. Does this help you appreciate Prévert's efforts to convey meaning through the form and rhythm of his poem as well as through the words themselves?
2. Good literature has a timeless quality; readers in many different contexts can relate it to their circumstances. Do you believe Prévert's poem has this quality?

Observons

4-36 On fait des courses

A. Avant de regarder. Leslie lives in the 18th *arrondissement* of Paris near Montmartre and is setting out on her daily routine. Look at the image to see who will accompany her. Where do you imagine they will go, and what will they do? Make a short list of your ideas.

 **B. En regardant.** Watch the video clip and select the correct answer to each question.

1. What day of the week is it?
   Monday Tuesday Thursday Saturday
2. Leslie and Olive go several places. Where do they *not* go?
   the bank the café the newsstand the pharmacy
3. How do you know that Leslie is a regular at her first destination?
   Olive goes in ahead of Leslie.
   Leslie greets the server by name.
   Everyone greets Leslie by name.
4. Once they've finished their daily errands, Leslie plans to take Olive to a place she will enjoy, **le bois** (*the park*). How will they get there?
   by car on foot on Leslie's Vespa

C. Après avoir regardé. Now that you have viewed the video clip, answer the following questions.

1. How does Leslie and Olive's morning routine differ from your own? Does it remind you of the morning routine of someone else you know? How?
2. To what extent does the fact that Leslie lives in a big city influence her routine, and to what extent does the fact that she lives in Paris, France, influence her routine?
3. What have you learned from the video about how the French deal with pets in various situations? Is there anything you find surprising?

Parlons

4-37 Où aller pour faire du shopping ?

A. Avant de parler. The French have many shopping venues. Discover online what types of things one can purchase in each of them, and identify their North American counterparts.

un centre commercial	le Forum des Halles à Paris, la Part-Dieu à Lyon
des grands magasins	les Galeries Lafayette, le Printemps, la FNAC
des grandes surfaces	E.Leclerc, Carrefour, Monoprix
des boutiques	Promod, Maison de la Presse, Habitat
objets « recyclés »	les puces, les marchés
en ligne	laredoute.fr, rueducommerce.fr

B. En parlant. With a partner …

1. describe the shopping option in each photo and the types of things one can buy there.

   MODÈLE Voilà un grand magasin, les Galeries Lafayette. Aux Galeries, on peut trouver des vêtements à la mode, des belles chaussures, du maquillage, des sacs à main et des choses pour la maison.

2. indicate where you prefer to shop and why.

   MODÈLE J'aime bien les grands magasins, mais normalement, je cherche des vêtements en ligne… parce que c'est plus pratique, il y a une meilleure sélection et souvent c'est moins cher. Et toi ?

Les Galeries Lafayette, un grand magasin parisien

Le Forum des Halles, un énorme centre commercial souterrain (*underground*) à Paris

La boutique d'un grand couturier à Paris

Un marché aux puces

C. Après avoir parlé. Compare your own answers and those of your partner with the answers of the class as a whole. What conclusions can you draw about your shopping preferences? How do these choices reflect your values?

Écrivons

4-38 Une journée typique

A. Avant d'écrire. Present a slice of your daily life with a photo and a well-written caption. Before you begin to write, list the important details about yourself that you might want to include: name, family status, work, hobbies, living situation, etc. Make a list of your activities in the course of a typical day or week.

B. En écrivant. Using these photos and captions describing daily life in a French-speaking country as your model, write your own description using the notes that you prepared. Remember to include your photo.

Je m'appelle Christine. Je suis professeure dans une école primaire de Port-au-Prince, la capitale de mon pays, Haïti. Il y a beaucoup d'élèves dans chaque classe à cause de la destruction de beaucoup de nos écoles par le terrible tremblement de terre[1] de 2010. Tous les jours, je me lève très tôt pour arriver avant les élèves. J'adore mon travail et les enfants, mais je suis très fatiguée à la fin de la journée. Alors, je me couche de bonne heure.

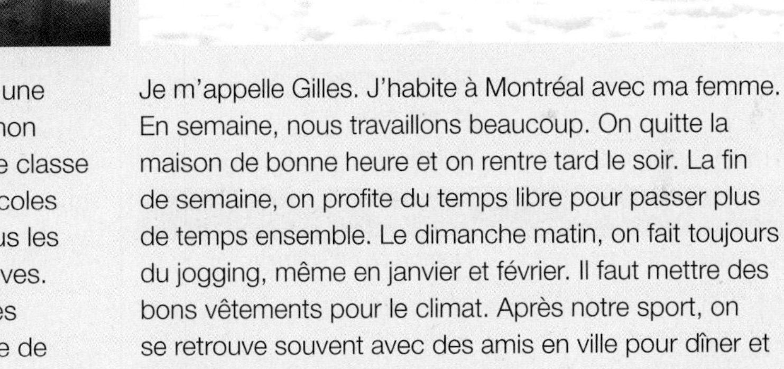

Je m'appelle Gilles. J'habite à Montréal avec ma femme. En semaine, nous travaillons beaucoup. On quitte la maison de bonne heure et on rentre tard le soir. La fin de semaine, on profite du temps libre pour passer plus de temps ensemble. Le dimanche matin, on fait toujours du jogging, même en janvier et février. Il faut mettre des bons vêtements pour le climat. Après notre sport, on se retrouve souvent avec des amis en ville pour dîner et discuter.

[1] *earthquake*

C. Après avoir écrit. Share your description with your classmates. Whose day seems most like your own? In what ways do the various descriptions you have read reflect the culture of the authors?

Vocabulaire

Leçon 1

la routine de la journée	the daily routine
se brosser les cheveux (m), les dents (f)	*to brush one's hair, teeth*
se coiffer	*to fix one's hair*
commencer	*to begin*
se coucher	*to go to bed*
se dépêcher	*to hurry*
se déshabiller	*to undress*
dormir	*to sleep*
se doucher	*to shower*
s'endormir	*to fall asleep*
s'essuyer	*to dry off, wipe off*
être debout	*to be up (awake); to be standing up*
s'habiller	*to get dressed*
se laver les cheveux (m), la figure, les mains (f)	*to wash one's hair, one's face, one's hands*
se laver les dents (f)	*to brush one's teeth*
se lever	*to get up*
se maquiller	*to put on makeup*
prendre un bain, une douche	*to take a bath, a shower*
se raser	*to shave*
se rendormir	*to fall asleep again*
rentrer	*to return home*
se reposer	*to rest, relax*
se réveiller	*to wake up*

les articles de toilette	toiletries
une brosse à dents / à cheveux	*toothbrush / hairbrush*
du dentifrice	*toothpaste*
un gant de toilette	*wash mitt*
du maquillage	*makeup*
un peigne	*comb*
un rasoir	*razor*
un savon	*soap*
une serviette de toilette	*towel*
du shampoing	*shampoo*

pour exprimer la fréquence	to express frequency
une fois (par jour / par semaine)	*once (a day / a week)*
même	*even*
ne … jamais	*never*
quelquefois	*sometimes*
rarement	*rarely*
souvent	*often*
toujours	*always, still*
tous les… / toutes les…	*every …*

autres mots utiles	other useful words
à côté	*next door*
un appartement	*apartment*
assez	*enough*
avoir du mal à (+ infinitif)	*to have trouble (doing something)*
avoir du mal à s'endormir	*to have trouble falling asleep*
une chambre	*bedroom*
déjà	*already*
de nouveau	*again*
doucement	*slowly, gently, softly*
en haut	*above; upstairs*
être en train de (+ infinitif)	*to be in the process of (doing something)*
être en train de manger	*to be eating now*
une journée	*day (focusing on the duration)*
le lavabo	*bathroom sink*
la nuit	*at night*
le petit-déjeuner	*breakfast*
tôt	*early*
tard	*late*

Leçon 2

pour parler de l'heure	to talk about the time
une montre	*watch*
un réveil	*alarm*
avoir dix minutes / une heure de retard	*to be ten minutes / an hour late*
être / arriver à l'heure	*to be / to arrive on time*
être en avance	*to be early*
être en retard	*to be late*
Vous avez l'heure ?	*What time is it? Do you have the time ?*
pendant	*during, for*
jusqu'à (trois heures)	*until (three o'clock)*
encore (vingt minutes)	*another (twenty minutes)*
entre	*between*
vers	*around, toward*
Il est une heure, huit heures.	*It is one o'clock, eight o'clock.*
et demi/e	*00:30, half-past*
du matin	*in the morning, AM*
de l'après-midi	*in the afternoon, PM*
du soir	*in the evening, PM*
midi	*noon*
minuit	*midnight*

quelques expressions utiles	some useful expressions
Mince !	*Shoot!*
Super !	*Great!*
Ouf !	*Whew!*
Zut (alors) !	*Darn!*

quelques verbes utiles	some useful verbs
continuer	*to continue*
courir	*to run; to hurry or rush*
durer	*to last*
entrer	*to enter*
faire un cours	*to give a (classroom) lecture*
mentir	*to lie*
partir	*to leave*
quitter (ma chambre)	*to leave (my room)*
servir	*to serve*
sonner	*to ring, to sound*
sortir	*to go out*
trouver (une bonne place)	*to find (a good seat)*

pour comparer	to compare
aussi … que	*as … as*
autant de … que	*as many … as*
le mieux	*the best (adv.)*
mieux que	*better than*
moins (de) … que	*less … than*
plus (de) … que	*more … than*

Leçon 3

les vêtements (m)	clothing
un anorak	*ski jacket, parka*
un blouson	*waist-length casual jacket*
des chaussettes (f)	*socks*
une chemise (en coton)	*man's (cotton) shirt*
un chemisier	*woman's blouse*
un costume	*man's suit*
une cravate	*tie*
un gilet	*cardigan sweater*
un imper(méable)	*raincoat*
un jean	*jeans*
une jupe, une mini-jupe	*skirt, mini-skirt*
un maillot (de bain)	*swimsuit*
un manteau	*coat*
un pantalon	*slacks*
un polo	*polo shirt*
un pull(-over)	*pullover sweater*
une robe (en soie)	*(silk) dress*
un short	*shorts*
un sweat	*sweatshirt; sweats*
un tailleur (pantalon)	*woman's (pant)suit*
un teeshirt	*T-shirt*
une veste	*jacket, suit coat*

les chaussures (f) et les accessoires (m)	shoes and accessories
des baskets (f)	*sports shoes*
un bonnet (de laine)	*knit (wool) cap*
des bottes (f)	*boots*
une casquette	*baseball cap*
un chapeau	*hat*
des chaussures (f) à talons	*high-heeled shoes*
une écharpe	*scarf, muffler*
un foulard	*silk scarf*
des gants (m)	*gloves*
des lunettes (f) (de soleil)	*(sun)glasses*
des mocassins (m)	*loafers*
une paire de chaussures	*pair of shoes*
un parapluie	*umbrella*
un sac (en cuir)	*(leather) purse*
des sandales (f)	*sandals*

les couleurs (f)	colors

(See page 146)

au (grand) magasin	at the (department) store
avoir envie de (+ nom, + infinitif)	*to want (something, to do something)*
avoir envie d'un café	*to want a cup of coffee*
avoir envie de faire quelque chose	*to want to do something*
avoir raison	*to be right*
un ensemble	*outfit*
essayer	*to try on; to try*
faire du lèche-vitrine	*to window-shop*
se faire un petit plaisir	*to do something nice for oneself*
(bien) habillé/e	*(well-)dressed*
mettre	*to put, to put on*
plutôt	*instead; rather*
porter (une robe)	*to wear (a dress)*
les soldes (m)	*twice-yearly (reduced-price) sale(s)*
la vitrine	*display window*

pour décrire les vêtements (m)	to describe clothing
à la mode	*stylish, fashionable*
bon marché	*inexpensive*
cher/chère	*expensive*
chic	*stylish*
confortable	*comfortable*
court/e	*short*
décontracté/e	*casual, relaxed*
démodé/e	*old-fashioned, out-of-date*
large	*big, large, roomy*
long/ue	*long*
(le/la/les) meilleur/e/s	*better (the best)*
(le/la/les) même/s	*same*
serré/e	*fitted, tight*

Chapitre 5
Du marché à la table

Et pour vous, Mademoiselle ?

On démarre !

Voici Ola et Bengala. Où est-ce qu'elles sont ? Pourquoi ? Avec qui est-ce qu'elles parlent ?

Visionnez le clip vidéo pour en apprendre plus. Est-ce que l'expérience d'Ola et Bengala diffère de vos expériences dans un contexte similaire ?

? Quelles pratiques culturelles liées à la nourriture — la préparation, le service, les aliments et les boissons — dans les pays francophones vous intéressent le plus ?

Learning Outcomes

After completing this chapter, you will be able to:

- Order food and drink in a restaurant
- Talk about meals and a wide variety of dishes
- Shop for food
- Specify quantities
- Tell about past actions or events
- Describe the importance of cuisine and regional dishes in the French-speaking world

LEÇON 1

Qu'est-ce que vous prenez ?

Points de départ : au café

Quand vous avez soif, prenez…

des boissons rafraîchissantes

un citron pressé
un coca
de l'eau minérale gazeuse
un jus de fruits
une limonade
un Orangina®
un thé glacé

Qu'est-ce que tu vas prendre ?
— Hmm. Je n'aime pas les boissons gazeuses.
Alors, prends de l'eau minérale plate ou un citron pressé. C'est rafraîchissant.
— Bonne idée. Je vais prendre un citron pressé, mais sans glaçons. Je n'aime pas les boissons trop froides.
Comme tu veux.

des boissons chaudes

un café
un café crème
un chocolat chaud
un thé au citron
un thé au lait
un thé nature

Tu veux un café au lait ou un chocolat chaud ?
— Non, je prends un thé nature. Je suis au régime et j'essaye d'éliminer le sucre.

des boissons alcoolisées

une bière   un verre de vin

Je n'aime pas la bière. Je prends un verre de vin rouge.
— Pas moi, je prends une bière ! À ta santé !

Quand vous avez faim, prenez un casse-croûte.

une pizza

un croque-madame et des frites

une salade composée

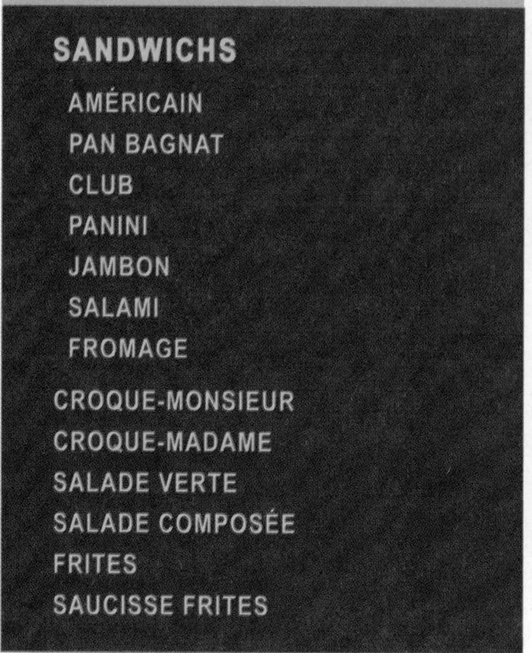

une glace à la vanille avec des fraises et de la crème chantilly

un café gourmand

Qu'est-ce que tu prends ?
— Je voudrais un sandwich au jambon et des frites. Et moi, une salade composée. Je n'ai pas trop faim.

(*plus tard*)
Et comme dessert ?
— Une glace à deux boules avec de la crème chantilly.
Et moi, un café gourmand. Un café avec de la mousse au chocolat et de la crème brûlée. Miam.
— Eh oui, on va se régaler !

Fiche pratique

To learn new vocabulary, it is helpful to organize words and expressions into logically related groupings, for example: hot drinks, cold drinks, and snacks. Or, make lists of foods you typically eat at certain meals; foods you often eat with certain courses; types of foods (for example, fruits, vegetables, and meats); foods you purchase in a particular type of container or amount (in a box, in a package, by the dozen, etc.).

À vous la parole

5-1 Des bonnes suggestions. Suggérez des boissons ou des casse-croûtes appropriés.

MODÈLE une boisson chaude
un thé, un café, un chocolat chaud

1. une boisson alcoolisée
2. une boisson non gazeuse
3. un bon dessert
4. une boisson rafraîchissante
5. une boisson qui n'a pas de caféine
6. une boisson à prendre le matin
7. un bon casse-croûte si on est au régime

5-2 Qu'est-ce que vous désirez ? Vous êtes au café avec un/e partenaire. Dites ce que vous préférez d'après la situation donnée.

MODÈLE Vous êtes au régime.
É1 Qu'est-ce que tu vas prendre ?
É2 Je n'ai pas très faim. Pour moi, une salade verte.
É1 Moi, j'ai faim. Une salade composée.

1. Vous êtes au café.
2. Vous avez du mal à vous réveiller.
3. Vous avez envie d'une boisson chaude.
4. Vous avez soif.
5. Vous avez faim.
6. Vous voulez quelque chose de rafraîchissant.
7. Vous avez du mal à vous endormir.
8. Vous n'aimez pas le sucre.

 **5-3 Au café.** À tour de rôle, imaginez que vous êtes le serveur ou la serveuse. Vous prenez la commande de vos camarades qui sont les clients.

MODÈLE É1 S'il vous plaît.
É2 Oui, j'écoute.
É1 Un café crème, s'il vous plaît.
É2 Oui, et pour vous, Mademoiselle ?
É3 Je voudrais un sandwich au jambon et une bière.
É2 Alors, pour Monsieur, un café crème, et pour Mademoiselle, un sandwich au jambon et une bière.

Vie et culture

La restauration rapide

Un fast-food turc à Paris

On peut manger des crêpes dans la rue.

Ils achètent des sandwichs, des pizzas et des quiches chez Paul, le restaurant rapide le plus apprécié par les Français.

Les Français fréquentent de plus en plus les établissements de restauration rapide, comme la Maison Paul, la Brioche Dorée, la Boîte à Pizza, le Club Sandwich Café et les restaurants américains comme McDonald's et Subway. La chaîne la plus importante reste toujours McDonald's, avec plus de 1.400 restaurants en 2017. Les Français mangent aussi beaucoup de pizza ; aujourd'hui ils consomment plus de pizza que les Italiens mais moins que les Américains.

e Et vous ?

1. Quelles options existent pour les Français quand ils ont envie de manger rapidement ? Pour en découvrir plus, cherchez **restauration rapide** en ligne.
2. Quels restaurants est-ce que vous fréquentez le plus ? Pourquoi ?

Sons et lettres

Les voyelles nasales

Both English and French have nasal vowels. In English, any vowel followed by a nasal consonant is automatically nasalized, as in *man*, *pen*, *song*. In French, whether a vowel is nasal or not can make a difference in meaning. For example:

beau	/bo/	*handsome*	vs.	bon	/bɔ̃/	*good*
ça	/sa/	*that*	vs.	cent	/sɑ̃/	*a hundred*
sec	/sɛk/	*dry*	vs.	cinq	/sɛ̃k/	*five*

There are four nasal vowels in French. Use this phrase to remember them:

un /œ̃/ bon /bɔ̃/ vin /vɛ̃/ blanc /blɑ̃/ *a good white wine*

Nasal vowels are always written with a vowel letter followed by a nasal consonant (**m** or **n**), but that consonant is not usually pronounced: **mon**, **dans**, **cinq**.

- The vowel /ɔ̃/ is usually spelled **on**: **du jambon, des glaçons**
- The vowel /ɑ̃/ is spelled **an** or **en**: **sandwich, prendre**
- For /ɛ̃/there are several spellings: **le vin, l'examen, la faim, sympa**
- The vowel /œ̃/, which many French people pronounce like /ɛ̃/, is spelled **un**: **brun**, **lundi**
- Before **b** and **p**, nasal vowels are spelled with **m**: **combien**, **impossible** Note this exception: **le bonbon**

À vous la parole

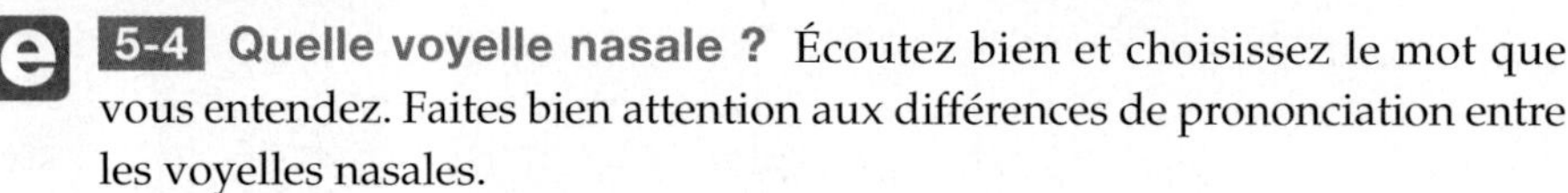

5-4 Quelle voyelle nasale ? Écoutez bien et choisissez le mot que vous entendez. Faites bien attention aux différences de prononciation entre les voyelles nasales.

1.	le vin	le vent *(the wind)*
2.	cent pages	cinq pages
3.	c'est lent *(slow)*	c'est long
4.	il vend	ils vont
5.	il est blond	il est blanc
6.	enfant	enfin

5-5 Proverbes. Répétez chaque proverbe.

1. Beau et bon on ne peut pas être.
2. Bien boire et bien manger font bien travailler.
3. Du vin, du fromage et du pain font un bon festin (*feast*).
4. Qui boit et mange sobrement vivra (*will live*) longtemps.
5. Une famille unie (*united*) mange dans la même assiette (*plate*). (proverbe africain)

Formes et fonctions : les verbes **prendre** et **boire**

The verbs **prendre** and **boire** are irregular. Like other verbs you know, the three singular forms are pronounced alike despite differences in the written endings. These verbs have three stems indicated by the shading in the charts.

PRENDRE *to take, (to have) to eat or drink*			
je	prend**s**	nous	prenons
tu	prend**s**	vous	prenez
il / elle / on	prend	ils / elles	prennent
IMPÉRATIF : Pren**ds** un café ! Prenez du vin ! Prenons une pizza !			

BOIRE *to drink*			
je	boi**s**	nous	buvons
tu	boi**s**	vous	buvez
il / elle / on	boi**t**	ils / elles	boivent
IMPÉRATIF : Ne boi**s** pas ça ! Buvez de l'eau ! Ne buvons pas trop !			

The verb **prendre** is used with foods or beverages.

Qu'est-ce que vous **prenez** ?	*What are you having?*
— Je **prends** une boule de glace à la vanille.	*—I'm having a scoop of vanilla ice cream.*
On **prend** un sandwich au fromage et des frites.	*We're having a cheese sandwich and fries.*

As you have learned, **prendre** also means *to take*.

On **prend** le bus ou un taxi ?	*Shall we take the bus or a taxi?*
Tu **prends** ton sac ?	*Are you taking your bag?*
Elle **prend** une douche.	*She's taking a shower.*

Apprendre, *to learn*, and **comprendre**, *to understand*, are formed like **prendre**.

Tu **apprends** l'allemand ?	*You're learning German?*
Ils **comprennent** l'arabe.	*They understand Arabic.*

Boire means *to drink*.

Qu'est-ce que tu **bois** ?	*What are you drinking?*
On **boit** du vin rouge.	*We're drinking red wine.*
Je ne **bois** pas trop de café.	*I don't drink too much coffee.*

À vous la parole

5-6 Observé au café. Qu'est-ce que ces personnes prennent ou boivent ?

MODÈLE Amina ?
Elle prend du thé à la menthe (*mint tea*).

1. Hubert ?

2. Ola et Bengala?

3. Anne et Philippe ?

4. Jacques et Mathilde?

5. Leslie ?

5-7 C'est logique. Posez une question logique pour savoir quelles langues ces personnes comprennent ou apprennent. Voici la liste des langues :

l'allemand	l'espagnol	le français	l'italien	le russe

MODÈLES Bruno va travailler en Allemagne.
Alors, il apprend l'allemand ?

J'habite à Buenos Aires en Argentine.
Alors, tu comprends l'espagnol ?

1. Isabella habite en Italie.
2. Vous allez au Québec ?
3. Je vais à Rome.
4. Georges et moi, nous habitons en France.
5. J'habite en Russie.
6. Guillaume et Pierre vont à Moscou.
7. Mélanie va au Mexique.
8. Mes cousins habitent en Espagne.

5-8 Vos habitudes. Qu'est-ce que vous prenez dans ces situations ? Comparez votre réponse avec la réponse de votre partenaire.

MODÈLE le matin, avant d'aller en classe ?
É1 Moi, je prends un café noir.
É2 Et moi, je bois un jus de fruits tous les matins.

1. quand vous avez faim pendant la journée ?
2. quand vous n'avez pas le temps de manger ?
3. le soir, quand vous ne pouvez pas dormir ?
4. quand vous regardez la télé ?
5. quand vous avez très soif ?
6. quand vous sortez avec des amis ?

Formes et fonctions : les articles définis, indéfinis et partitifs

Nouns are of two types in French and in English: *Count nouns* refer to things that can be counted, such as oranges and bananas, and *mass nouns* are things that normally are not counted, like coffee, tea, sugar, and water. Notice that, as in the examples below, count nouns can be made plural; mass nouns are normally used only in the singular.

J'aime le café, mais pas le thé.	*I like coffee, but not tea.*
J'adore les oranges, mais pas trop les bananes.	*I love oranges but don't much like bananas.*

- When you refer to a noun not previously specified, use the indefinite article if it is a count noun.

Il mange **un** sandwich.	*He's eating a sandwich.*
Je prends **une** pizza.	*I'm having a pizza.*
Elle achète **des** bananes.	*She's buying bananas.*

- Use one of the three forms of the *partitive article* with a mass noun.

Tu veux **du** coca ?	*Do you want some Coke?*
Tu prends **de la** glace ?	*Do you want some ice cream?*
Je sers **de l'**eau minérale.	*I'm serving mineral water.*

In the examples below, note the differences in meaning between the definite article on the one hand, and the indefinite and partitive articles on the other. Here the definite article denotes a specific or presupposed item. The indefinite or partitive article denotes an unspecified item.

Definite article	**Indefinite or partitive article**
Il prend **l'**orange.	Il prend **une** orange.
He's taking the orange. (*the specific orange*)	*He's taking an orange.* (*any orange*)
Vous voulez **les** sandwichs ?	Vous voulez **des** sandwichs ?
Do you want the sandwiches? (*these particular sandwiches*)	*Do you want sandwiches?* (*any sandwiches*)
Elle mange **le** pain.	Elle mange **du** pain.
She's eating the bread. (*this specific bread*)	*She's eating some bread.* (*any bread*)

The definite article is also used when nouns are used in a general sense; for example, to express preferences.

J'aime **le** vin, mais je n'aime pas **la** bière.	*I like wine, but I do not like beer.*

In negative sentences, both the indefinite and the partitive articles are replaced by **de/d'**:

Il prend **un** Orangina ?	— Non, non, il ne prend pas **d'**Orangina.
Je peux avoir **des** glaçons ?	— Désolé, on n'a pas **de** glaçons, Madame.
Vous avez **du** thé glacé ?	— Nous ne servons pas **de** thé glacé, Monsieur.

À vous la parole

5-9 Qu'est-ce que Chloé mange ? Regardez bien la liste des aliments suivants. Notez la forme de l'article dans chaque cas pour bien déterminer si Chloé prend les aliments suivants ou pas.

	Elle prend…	Elle ne prend pas…	
MODÈLE	_____	✓	… de glace.
1.	_____	_____	… du thé nature.
2.	_____	_____	… de chocolat chaud.
3.	_____	_____	… de la salade.
4.	_____	_____	… de l'eau minérale.
5.	_____	_____	… de frites.
6.	_____	_____	… de sucre.
7.	_____	_____	… de coca.

D'après les habitudes de Chloé, est-ce qu'elle va probablement maigrir ou grossir ? Expliquez votre réponse.

5-10 Ce n'est pas logique ! Avec un/e partenaire, corrigez ces phrases illogiques et parlez de vos habitudes.

MODÈLE Avec le café, je prends du vin blanc.
Avec le café, je ne prends pas de vin blanc ; je prends du sucre.

1. Comme dessert, je prends un croque-monsieur.
2. Avec une pizza, je prends du chocolat chaud.
3. Quand j'ai très soif, je prends du vin rouge.
4. Généralement, avec le thé, je prends des frites.
5. Au mois de juillet, je prends souvent du chocolat chaud.
6. Dans un thé au lait, je mets de la glace.
7. Quand j'ai faim, je prends de la limonade.
8. Quand j'ai soif, je prends une glace au chocolat.

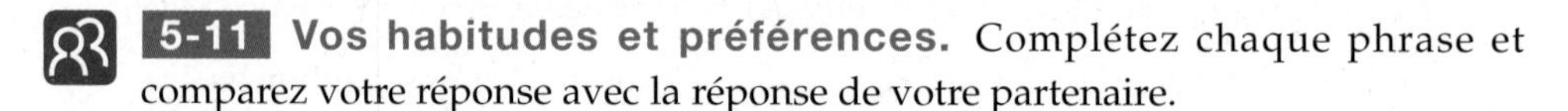

5-11 Vos habitudes et préférences. Complétez chaque phrase et comparez votre réponse avec la réponse de votre partenaire.

MODÈLE Le matin, je prends toujours…
É1 Le matin, je prends toujours du café.
É2 Je déteste le café. Moi, je prends toujours du thé.

1. L'après-midi, je prends souvent…
2. Quand je vais dans un restaurant rapide, je ne prends jamais…
3. Comme dessert, j'adore…
4. Quand j'ai très soif, je bois…
5. Quand je travaille très tard le soir, je prends souvent…
6. Ma boisson préférée, c'est…

Observons

5-12 Allons au café !

Stratégie

As you observe people in a familiar situation—ordering something to eat or drink at a café, for example—pay close attention to what they say and do. Do they go about it exactly as you would, or are there differences that tell you something about French customs and attitudes?

A. Avant de regarder. Qu'est-ce qui se passe normalement quand vous allez au café avec des amis ? Avec un/e partenaire, faites une liste des actions typiques. Par exemple, on regarde la carte, on discute de ce qu'on va prendre, on appelle le serveur/la serveuse… Ensuite, pensez à ce que vous dites : Comment est-ce que vous appelez le serveur/la serveuse, par exemple ?

B. En regardant. Visionnez le clip vidéo et choisissez toutes les bonnes expressions pour chaque situation que vous observez.

1. Pour appeler le serveur, on dit…
   a. Garçon ! **b.** Monsieur ! **c.** À table ! **d.** S'il vous plaît !
2. Le serveur apporte la commande, et Jacques, Maud et Hubert lui disent…
   a. S'il vous plaît. **b.** Ici. **c.** Voilà. **d.** Merci.
3. Quand on dit « merci », le serveur répond…
   a. Merci à vous. **b.** Je vous en prie. **c.** De rien. **d.** Voilà.
4. Avant de manger, Jacques et Maud disent…
   a. À vos souhaits ! **b.** Bon appétit ! **c.** Santé ! **d.** Mangez bien !
5. Pour payer, on dit…
   a. L'addition, s'il vous plaît. **b.** C'est combien ?
   c. On va payer maintenant. **d.** Je vais te rembourser plus tard.

C. Après avoir regardé. Maintenant que vous avez regardé la vidéo, discutez de ces questions avec des camarades de classe.

1. Quelles similarités et différences est-ce que vous remarquez entre un après-midi passé au café en France et chez vous ?
2. Quelles sont les formules de politesse pour passer la commande, pour commencer à manger et pour communiquer avec le serveur ?

LEÇON 2

À table !

Points de départ : les repas

Les Sangala habitent à Bordeaux ; ils prennent le petit-déjeuner vers huit heures.

Au Canada, on prend souvent un déjeuner copieux.

Les Dupuis habitent en Touraine ; ils déjeunent chez eux à midi et demi. Le plat principal, c'est du poulet avec comme légumes, des haricots verts et des pommes de terre. Anne, la fille, est végétarienne ; elle ne prend pas de poulet.

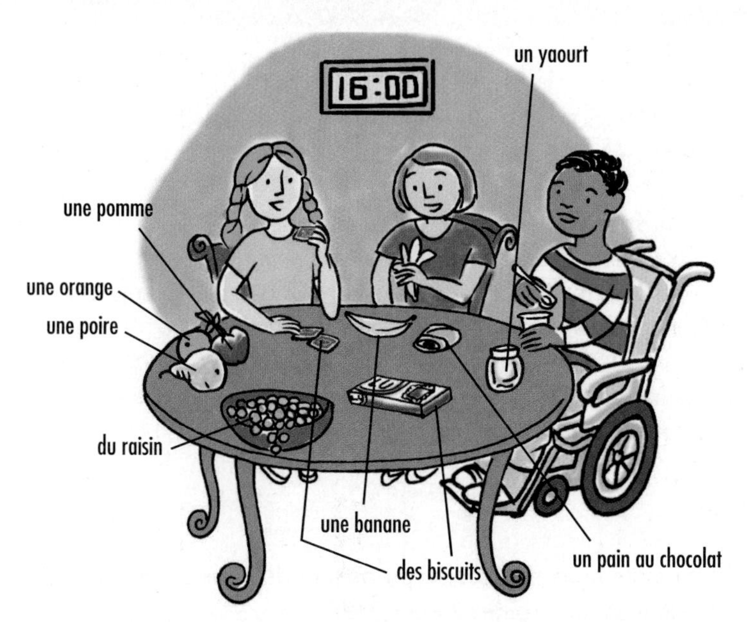

Margot, Sophie et Franck habitent en Belgique ; ils prennent le goûter vers quatre heures.

M. et Mme Chaudet habitent en Suisse. Ils sont végétaliens ; ils ne mangent pas de produits d'origine animale. Ils soupent vers huit heures du soir. M. Chaudet a préparé une salade de haricots noirs au riz complet.

Vie et culture

Au café-restaurant

Regardez ce menu du jour affiché devant un café-brasserie à Paris. On propose deux options : la formule à 16,50 euros et le menu à 18,50 euros. Si on a faim, on peut prendre le menu avec une entrée, un plat et un dessert. On peut aussi commander à la carte, mais c'est plus cher.

Les Français mangent moins souvent au restaurant que les Américains. En moyenne, les Américains prennent un repas sur deux à l'extérieur de la maison. Pour les Français, c'est seulement un repas sur sept. À l'exception des restaurants fast-food, quand on est en France, on ne peut pas manger dans un restaurant à n'importe quelle heure. Si vous voulez déjeuner au restaurant, c'est entre midi et quatorze heures. Ensuite, les restaurants ferment jusqu'à dix-neuf heures quand le service du dîner commence. Les Français dînent tard ; on peut manger jusqu'à 22 heures ou même plus tard.

e Et vous ?

1. Est-ce que les restaurants nord-américains proposent des menus ou des formules ? Est-ce que vous en profitez ? Pourquoi ?
2. Combien de fois par semaine est-ce que vous mangez au restaurant ? Est-ce que vos habitudes sont semblables aux habitudes de l'Américain typique à votre avis ?
3. La plupart des restaurants français ferment l'après-midi et commencent à servir le soir à partir de dix-neuf heures. Quels sont les horaires typiques des restaurants américains ? Comment est-ce qu'on peut expliquer cette différence entre la pratique française et la pratique américaine ?

Les Dupuis habitent en Touraine ; ils déjeunent chez eux à midi et demi. Le plat principal, c'est du poulet avec comme légumes, des haricots verts et des pommes de terre. Anne, la fille, est végétarienne ; elle ne prend pas de poulet.

Margot, Sophie et Franck habitent en Belgique ; ils prennent le goûter vers quatre heures.

M. et Mme Chaudet habitent en Suisse. Ils sont végétaliens ; ils ne mangent pas de produits d'origine animale. Ils soupent vers huit heures du soir. M. Chaudet a préparé une salade de haricots noirs au riz complet.

Vie et culture

Au café-restaurant

Regardez ce menu du jour affiché devant un café-brasserie à Paris. On propose deux options : la formule à 16,50 euros et le menu à 18,50 euros. Si on a faim, on peut prendre le menu avec une entrée, un plat et un dessert. On peut aussi commander à la carte, mais c'est plus cher.

Les Français mangent moins souvent au restaurant que les Américains. En moyenne, les Américains prennent un repas sur deux à l'extérieur de la maison. Pour les Français, c'est seulement un repas sur sept. À l'exception des restaurants fast-food, quand on est en France, on ne peut pas manger dans un restaurant à n'importe quelle heure. Si vous voulez déjeuner au restaurant, c'est entre midi et quatorze heures. Ensuite, les restaurants ferment jusqu'à dix-neuf heures quand le service du dîner commence. Les Français dînent tard ; on peut manger jusqu'à 22 heures ou même plus tard.

e Et vous ?

1. Est-ce que les restaurants nord-américains proposent des menus ou des formules ? Est-ce que vous en profitez ? Pourquoi ?
2. Combien de fois par semaine est-ce que vous mangez au restaurant ? Est-ce que vos habitudes sont semblables aux habitudes de l'Américain typique à votre avis ?
3. La plupart des restaurants français ferment l'après-midi et commencent à servir le soir à partir de dix-neuf heures. Quels sont les horaires typiques des restaurants américains ? Comment est-ce qu'on peut expliquer cette différence entre la pratique française et la pratique américaine ?

Les Dupuis habitent en Touraine ; ils déjeunent chez eux à midi et demi. Le plat principal, c'est du poulet avec comme légumes, des haricots verts et des pommes de terre. Anne, la fille, est végétarienne ; elle ne prend pas de poulet.

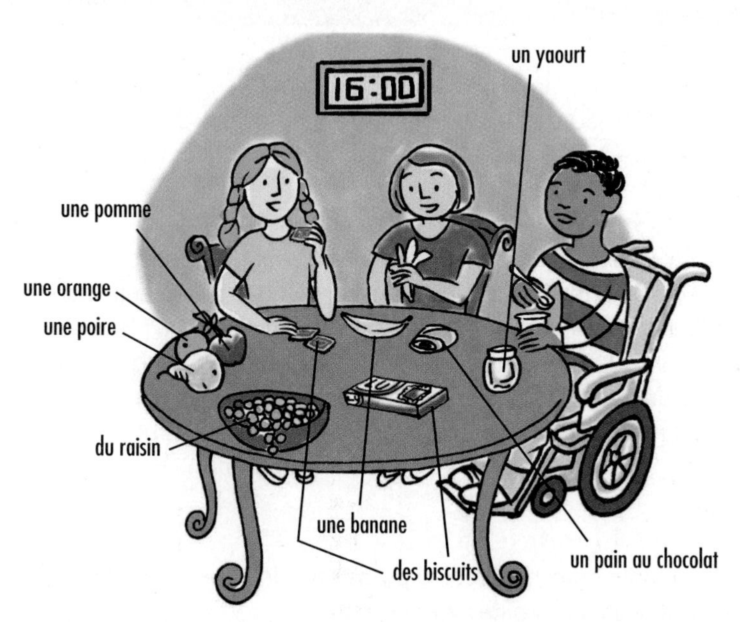

Margot, Sophie et Franck habitent en Belgique ; ils prennent le goûter vers quatre heures.

M. et Mme Chaudet habitent en Suisse. Ils sont végétaliens ; ils ne mangent pas de produits d'origine animale. Ils soupent vers huit heures du soir. M. Chaudet a préparé une salade de haricots noirs au riz complet.

Vie et culture

Au café-restaurant

Regardez ce menu du jour affiché devant un café-brasserie à Paris. On propose deux options : la formule à 16,50 euros et le menu à 18,50 euros. Si on a faim, on peut prendre le menu avec une entrée, un plat et un dessert. On peut aussi commander à la carte, mais c'est plus cher.

Les Français mangent moins souvent au restaurant que les Américains. En moyenne, les Américains prennent un repas sur deux à l'extérieur de la maison. Pour les Français, c'est seulement un repas sur sept. À l'exception des restaurants fast-food, quand on est en France, on ne peut pas manger dans un restaurant à n'importe quelle heure. Si vous voulez déjeuner au restaurant, c'est entre midi et quatorze heures. Ensuite, les restaurants ferment jusqu'à dix-neuf heures quand le service du dîner commence. Les Français dînent tard ; on peut manger jusqu'à 22 heures ou même plus tard.

e Et vous ?

1. Est-ce que les restaurants nord-américains proposent des menus ou des formules ? Est-ce que vous en profitez ? Pourquoi ?
2. Combien de fois par semaine est-ce que vous mangez au restaurant ? Est-ce que vos habitudes sont semblables aux habitudes de l'Américain typique à votre avis ?
3. La plupart des restaurants français ferment l'après-midi et commencent à servir le soir à partir de dix-neuf heures. Quels sont les horaires typiques des restaurants américains ? Comment est-ce qu'on peut expliquer cette différence entre la pratique française et la pratique américaine ?

Les Dupuis habitent en Touraine ; ils déjeunent chez eux à midi et demi. Le plat principal, c'est du poulet avec comme légumes, des haricots verts et des pommes de terre. Anne, la fille, est végétarienne ; elle ne prend pas de poulet.

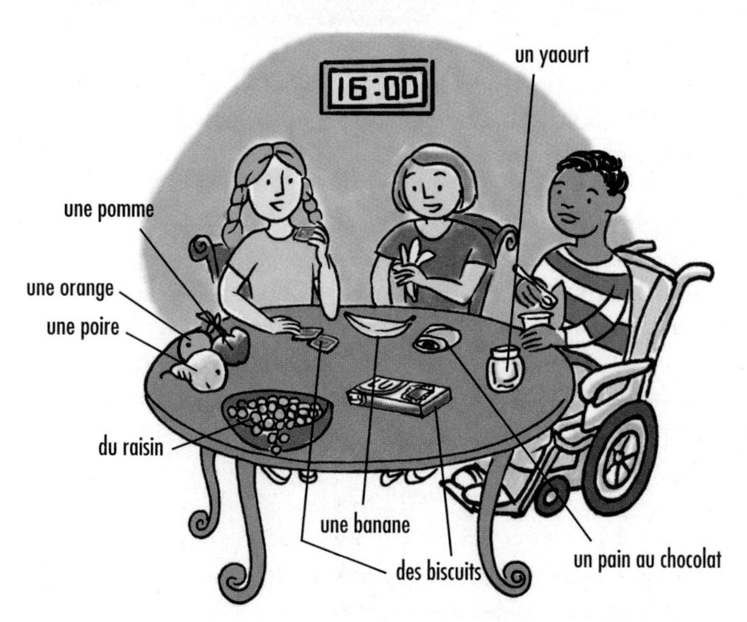

Margot, Sophie et Franck habitent en Belgique ; ils prennent le goûter vers quatre heures.

M. et Mme Chaudet habitent en Suisse. Ils sont végétaliens ; ils ne mangent pas de produits d'origine animale. Ils soupent vers huit heures du soir. M. Chaudet a préparé une salade de haricots noirs au riz complet.

Vie et culture

Au café-restaurant

Regardez ce menu du jour affiché devant un café-brasserie à Paris. On propose deux options : la formule à 16,50 euros et le menu à 18,50 euros. Si on a faim, on peut prendre le menu avec une entrée, un plat et un dessert. On peut aussi commander à la carte, mais c'est plus cher.

Les Français mangent moins souvent au restaurant que les Américains. En moyenne, les Américains prennent un repas sur deux à l'extérieur de la maison. Pour les Français, c'est seulement un repas sur sept. À l'exception des restaurants fast-food, quand on est en France, on ne peut pas manger dans un restaurant à n'importe quelle heure. Si vous voulez déjeuner au restaurant, c'est entre midi et quatorze heures. Ensuite, les restaurants ferment jusqu'à dix-neuf heures quand le service du dîner commence. Les Français dînent tard ; on peut manger jusqu'à 22 heures ou même plus tard.

Et vous ?

1. Est-ce que les restaurants nord-américains proposent des menus ou des formules ? Est-ce que vous en profitez ? Pourquoi ?
2. Combien de fois par semaine est-ce que vous mangez au restaurant ? Est-ce que vos habitudes sont semblables aux habitudes de l'Américain typique à votre avis ?
3. La plupart des restaurants français ferment l'après-midi et commencent à servir le soir à partir de dix-neuf heures. Quels sont les horaires typiques des restaurants américains ? Comment est-ce qu'on peut expliquer cette différence entre la pratique française et la pratique américaine ?

À vous la parole

5-13 Quel repas ? Selon la description, identifiez le repas. N'oubliez pas que les Canadiens, les Suisses et les Belges prennent **le déjeuner** le matin ; **le dîner** à midi et **le souper** le soir.

MODÈLE Monsieur Maisonneuve prend des œufs sur le plat avec du jambon et des rôties.
Il prend le déjeuner. (Il est canadien.)
OU Il prend le petit-déjeuner. (Il est français.)

1. Madame Lopez donne des yaourts et des fruits à ses enfants.
2. Madame Leroux prend seulement du café et un croissant.
3. Nicolas prend un pain au chocolat et un jus de pomme.
4. Monsieur et Madame Poirier prennent des œufs avec des rôties.
5. Il est une heure de l'après-midi ; les Schumann mangent du poisson avec du riz.
6. Madame Ladouceur sert de la soupe le soir.
7. Avant de retourner au bureau, Marion et Gaëlle prennent un sandwich et une quiche chez Paul.
8. Il est huit heures du soir, et les Deleuze mangent du rosbif et des pommes de terre.

5-14 Des bonnes recettes. Comment est-ce qu'on prépare les plats suivants ? Avec un/e partenaire, mettez-vous d'accord sur les ingrédients nécessaires.

MODÈLE une omelette ?
É1 Avec quoi est-ce qu'on fait une omelette ?
É2 On fait une omelette avec des œufs, du lait et du beurre.
É1 Et aussi avec du jambon et du fromage.

1. un citron pressé ?
2. une salade composée ?
3. un sandwich ?
4. une salade de fruits ?
5. une tartine ?
6. un croque-madame ?
7. un café au lait ?
8. un pain au chocolat ?

5-15 Nos repas préférés. En groupes de trois ou quatre, comparez vos repas préférés. Identifiez le repas et ensuite parlez des détails en répondant aux questions suivantes : Qu'est-ce que vous mangez ? Où ? Avec qui ? Quand ? Qui prépare le repas ?

MODÈLE É1 Moi, je préfère le repas de dimanche en fin de matinée avec ma famille. Nous déjeunons dans un petit restaurant où ils servent des œufs, du bacon et des pommes de terre sautées.
É2 Ça a l'air bon. Moi, j'adore dîner le vendredi soir chez mon copain. Il est végétarien. On fait de la pizza avec beaucoup de légumes mais pas de viande et comme dessert, il y a toujours de la glace à la vanille avec de la sauce au chocolat.

Parallèles : un repas en famille

Regardez les images. Où sont Mathilde et Diandra ? Avec qui ? Qu'est-ce qu'elles font ?

Sons et lettres

Les voyelles nasales et les voyelles orales plus consonne nasale

Compare the following pairs of words; the first ends with a final pronounced consonant (**-n** or **-m**) and the second ends in a nasal vowel. Only the second word contains a nasal vowel; notice the difference as you listen to these words.

bonne /bɔn/	bon /bɔ̃/
ma cousine /kuzin/	mon cousin /kuzɛ̃/
ils prennent /prɛn/	il prend /prɑ̃/
Jeanne /ʒan/	Jean /ʒɑ̃/

À vous la parole

e **5-16 Les groupes de mots.** Écoutez bien et sélectionnez le groupe de mots que vous entendez.

1. Il est bon.	Elle est bonne.
2. C'est un Américain.	C'est une Américaine
3. Voilà Simon.	Voilà Simone.
4. Il prend un thé.	Ils prennent un thé.
5. C'est un Canadien.	C'est une Canadienne.
6. Voilà mes copains.	Voilà mes copines.

5-17 Les phrases. Écoutez bien et ensuite répétez chaque phrase.

1. Il a faim ; donc, il mange une omelette.
2. Le matin, Simon prend des croissants ; Simone et son cousin prennent des tartines.
3. Au restaurant, mon copain prend du poisson ; mes parents prennent du poulet.
4. Jean et Jeanne vont en Bourgogne en juin.
5. Marianne et son copain vont en Louisiane avec des cousins et des cousines.

5-18 Poème. Écoutez et ensuite répétez ces vers d'un poème par Paul Verlaine, écrit en 1866.

Les sanglots° longs des violons de l'automne	*sobbing*
Blessent° mon cœur° d'une langueur monotone.	*Strike / heart*

Formes et fonctions : le passé composé avec avoir

To express an action completed in the past, use the **passé composé**. The **passé composé** is a past tense composed of an auxiliary, or helping verb, and the past participle of the verb that expresses the action. Usually, the present tense of **avoir** is the helping verb.

J'**ai travaillé** hier au restaurant.	*I worked yesterday at the restaurant.*
Tu **as mangé** ?	*Did you eat?*
Il **a préparé** un sandwich.	*He made a sandwich.*
Nous **avons écouté** le serveur.	*We listened to the server.*
Vous **avez regardé** la carte ?	*Did you look at the menu?*
Ils **ont servi** une bonne soupe à l'oignon.	*They served a nice onion soup.*

The specific meaning of the **passé composé** depends on the verb and on the context.

Hier on **a montré** un film à la télé.	*Yesterday they showed a film on TV.*
Mais j'**ai** déjà **fait** la vaisselle !	*But I have already done the dishes!*
La semaine dernière, il **a été** malade.	*Last week, he got sick.*
Mais j'**ai** beaucoup **travaillé** !	*But I did work a lot!*

To form the past participle …

- for **-er** verbs, add**-é** to the base (the infinitive form minus the **-er** ending):

  acheter Ils ont acheté du lait et des œufs. *They bought milk and eggs.*

- for **-ir** verbs, add **-i** to the base (the infinitive form minus the **-ir** ending):

  servir Tu as servi le vin ? *Did you serve the wine?*

- for **-re** verbs, add **-u** to the base (the infinitive form minus the **-re** ending):

  attendre Ils ont attendu devant le café. *They waited in front of the café.*

Here are past participles for irregular verbs that you know.

avoir	J'ai **eu** une bonne note.	*I got a good grade.*
boire	On a **bu** un bon vin blanc.	*We drank a nice white wine.*
courir	Elle a **couru** cinq kilomètres.	*She ran five kilometers.*
devoir	Il a **dû** travailler hier soir.	*He had to work last night.*
être	On a **été** surpris.	*We were surprised.*
faire	Il a **fait** la vaisselle.	*He did the dishes.*
mettre	J'ai **mis** du sel et du poivre.	*I put in salt and pepper.*
ouvrir	Tu as **ouvert** le paquet ?	*Did you open the package?*
pouvoir	J'ai **pu** sortir.	*I was able to go out.*
prendre	Elle a **pris** le poisson.	*She had the fish.*
vouloir	Elles n'ont pas **voulu** partir.	*They refused to leave.*

In negative sentences, place **ne** and **pas** around the conjugated auxiliary verb.

Il **n'a pas** payé l'addition.	*He didn't pay the bill.*
Nos parents **n'**ont **pas** téléphoné.	*Our parents didn't call.*

Short adverbs such as **déjà** and **beaucoup** are placed after the helping verb.

Elle a **déjà** mangé.	*She already ate.*
Ils ont **beaucoup** bu.	*They drank a lot.*

The following expressions are useful for referring to the past.

Pour parler du passé

hier	*yesterday*
avant-hier	*the day before yesterday*
samedi dernier	*last Saturday*
l'année dernière	*last year*
il y a longtemps	*a long time ago*
il y a deux jours	*two days ago*
ce jour-là	*that day*
à ce moment-là	*at that moment*

À vous la parole

5-19 Qu'est-ce qu'on a mangé ? Selon la situation, qu'est-ce que les gens ont probablement mangé, bu ou servi ?

MODÈLE Monsieur et Madame Jourdain ont fêté dix ans de mariage hier dans un bon restaurant.
Ils ont bu du champagne.

1. Sébastien a pris un petit-déjeuner copieux ce matin.
2. Marie-Laure a retrouvé son copain au café il y a deux jours.
3. Georges a fait la cuisine pour ses amis le week-end dernier.
4. Madame Sauvert a préparé un déjeuner très simple pour sa famille hier à midi.
5. Les enfants ont pris un goûter après l'école.
6. Suzanne et moi, nous avons invité nos grands-parents à déjeuner dimanche.
7. On a pris un très bon dessert hier soir au restaurant à côté de chez nous.

5-20 Mais c'est logique ! Avec un/e partenaire, imaginez ce que ces gens ont fait à l'endroit mentionné. Combien de possibilités est-ce que vous pouvez trouver ?

MODÈLE Qu'est-ce que Julie a fait dans le magasin hier ?
Elle a acheté une nouvelle robe.
OU Elle a travaillé ; c'est une vendeuse.

1. Qu'est-ce que vous avez fait au restaurant hier ?
2. Qu'est-ce que les Aubert ont fait à la piscine l'été dernier ?
3. Qu'est-ce que tu as fait au supermarché hier ?
4. Qu'est-ce qu'on a fait en cours il y a deux jours ?
5. Qu'est-ce que tu as fait chez toi hier soir ?
6. Qu'est-ce que Clément a fait au café avant-hier ?
7. Qu'est-ce que vos camarades ont fait chez eux le week-end dernier ?
8. Qu'est-ce que le prof a fait dans son bureau ce matin ?

5-21 Normalement, mais... Racontez à votre partenaire vos habitudes et aussi les exceptions !

MODÈLE dormir
Normalement, je dors jusqu'à sept heures, mais samedi dernier j'ai dormi jusqu'à dix heures.

1. dormir
2. manger
3. quitter la maison
4. travailler
5. jouer
6. regarder un match à la télé
7. boire
8. prendre le soir

Formes et fonctions : les verbes comme acheter et appeler

You have learned that for verbs like **préférer** (*to prefer*), the second vowel in the singular forms and the third-person plural form of the present tense are spelled and pronounced like the **è** in **mère**:

Je préf**è**re le poisson. Ils préf**è**rent le poulet.

Verbs like **acheter** (*to buy*) and **appeler** (*to call*) similarly show changes in the singular forms and in the third-person plural. The final vowel in these forms is also pronounced like the /ɛ/ in **mère**.

- This pronunciation change is reflected in the spelling by the use of the **accent grave** in verbs like **acheter** and by doubling the final consonant in verbs like **appeler.**

acheter	*to buy*	Qu'est-ce que tu **achètes** ?
se lever	*to get up*	Elle se **lève** à huit heures.
appeler	*to call*	**J'appelle** le restaurant pour réserver ?
s'appeler	*to be called*	Il s'appelle Yves Loiseau.
épeler	*to spell*	Il **épelle** son nom pour la réservation.
jeter	*to throw (out)*	Elle ne **jette** pas les bananes.

- The **nous-** and **vous-** forms for these verbs are two syllables long:

nous ach~~e~~tons   vous app~~e~~lez

ACHETER *to buy*			
j'	ach**è**te	nous	achetons
tu	ach**è**tes	vous	achetez
il / elle / on	ach**è**te	ils / elles	ach**è**tent

IMPÉRATIF : Ach**è**te des haricots ! Achetez une belle tarte ! Achetons des pommes !

PASSÉ COMPOSÉ : J'ai acheté des belles tomates.

APPELER *to call*			
j'	app**ell**e	nous	appelons
tu	app**ell**es	vous	appelez
il / elle / on	app**ell**e	ils / elles	app**ell**ent

IMPÉRATIF : App**ell**e le serveur ! Appelez le médecin ! Appelons ton copain !

PASSÉ COMPOSÉ : On a appelé leurs parents.

À vous la parole

5-22 Des achats. Quels produits est-ce qu'on achète ?

MODÈLE Je prépare un plateau de fromages.
J'achète du brie, du camembert et du chèvre (*goat cheese*).

1. Nous, on prépare un petit-déjeuner copieux.
2. Mes amis vont faire un pique-nique.
3. Adrien a envie d'un fruit.
4. Louise n'aime pas le poisson comme plat principal.
5. Vous êtes invité chez des amis pour dîner.
6. Anaïs cherche des épices (*spices*).
7. Tu veux des légumes.
8. Je voudrais un beau dessert.

5-23 Mais pourquoi ? Imaginez que vous avez un/e colocataire impossible. Demandez-lui pourquoi il/elle fait les choses suivantes.

MODÈLE ne pas appeler tes parents
É1 Pourquoi est-ce que tu n'appelles pas tes parents plus souvent ?
É2 Je n'aime pas parler au téléphone.

1. acheter beaucoup de biscuits
2. jeter les bouteilles vides (*empty*)
3. ne pas te lever avant midi
4. ne pas épeler correctement mon nom
5. acheter toujours des chips et du chocolat
6. appeler tous tes amis avec mon portable
7. jeter les tomates

5-24 On va tout savoir. Posez des questions à vos camarades de classe pour trouver une personne qui répond « oui » à chaque question.

MODÈLE jeter ses tee-shirts du lycée
É1 Est-ce que tu jettes tes vieux tee-shirts du lycée ?
É2 Non. (*vous demandez à quelqu'un d'autre*)
OU Oui, je jette mes vieux tee-shirts. J'ai trop de vêtements. (*vous notez son prénom*)

1. appeler ses parents pour demander des conseils
2. acheter beaucoup de légumes
3. acheter des fruits tropicaux
4. se lever souvent avant huit heures
5. jeter ses vieux tee-shirts du lycée
6. jeter toujours ses vieux devoirs et ses examens notés
7. ne pas se lever avant midi le week-end
8. épeler *Mississippi* sans problème

Stratégie

To understand a review, scan the text by searching for specific information that you need. When you locate the desired information, read it carefully.

Lisons

5-25 Bien manger à Bruxelles

A. Avant de lire. You are going to read excerpts from two entries on a blog, **Bien manger à Bruxelles**, written by a French couple who are working in Brussels, sometimes called "the European capital." When you are in a new place how do you usually decide where to eat? Do you look for reviews online, use a mobile app, rely on the recommendations of a friend or family member, or consult a travel guide? When you are looking at an online review or blog post about a restaurant, what type of information do you look for first: type of cuisine, price, ambiance, or location? Do you have any tips for locating such information quickly? With a partner, make a list of the criteria that are important to you in reading a restaurant review and share your typical approach to getting the information you need quickly.

B. En lisant. Vous n'allez certainement pas comprendre tout le texte ; ce n'est pas grave. L'essentiel, c'est de trouver des informations utiles pour pouvoir prendre une décision : manger dans ce restaurant, oui ou non ?

1. D'abord, complétez ce tableau avec des détails pratiques.

	Positano	L'Horloge du Sud
repas servis		
horaires d'ouverture	*du lundi au vendredi, tous les midis et soirs*	
journées de fermeture		

2. Ensuite, cherchez d'autres informations importantes qui peuvent vous aider à prendre une bonne décision et complétez ce tableau.

	Positano	L'Horloge du Sud
la cuisine	☆☆☆	★★★★★ *délicieuse, originale, bonne, unique*
les spécialités		
le prix	*Ce n'est pas donné.*	
l'ambiance	★★☆☆☆	☆☆
le service		*pas rapide : il faut être patient*

Déjeuner et dîner : Ouvert tous les midis et soirs de la semaine, fermé le samedi et dimanche.

Cuisine : ★★☆☆☆ Ambiance : ★★☆☆☆

Rue de Pascale, 20, 1040 BRUXELLES (ETTERBEEK), Tél. : 02.280.06.82

- À deux pas de la Place du Luxembourg, cantine des fonctionnaires européens
- Très agité le midi, et à l'inverse calme voire vide le soir. À l'image du quartier européen !
- Possibilité de commander pizzas, pâtes et autres plats à emporter
- Une terrasse / jardin à l'arrière, très appréciable lors des beaux jours
- Plats sympathiques sans être exceptionnels, avec une distinction tout de même pour leurs pâtes aux asperges et leurs poissons, notamment leur sole grillée !
- Service parfois un peu long, voire très très long, au risque de gâcher un peu le repas

En bref : Correct, bien pour un déjeuner entre collègues

L'HORLOGE DU SUD

Déjeuner et dîner : Ouvert du lundi au vendredi de 11h à 15h, puis de 18h à minuit - le samedi de 18h à minuit. Menus variés de 20 à 27 euros

Cuisine : ★★★★★ **Ambiance :** ★★★☆☆

Rue du Trône, 141, 1050 BRUXELLES, Tél. : 02.512.18.64

- Restaurant africain, avec crocodile et bananes grillées, et toutes sortes de spécialités africaines aussi délicieuses qu'originales. ... Ici la cuisine n'est pas une industrie, c'est une passion !
- C'est bon, c'est pas très cher, mais prévoyez du temps, beaucoup de temps ! Et pas mal de patience dans la prise de commande.
- Carte des vins internationale : Chili, Afrique du Sud...
- Mention spéciale pour la boisson hibiscus / gingembre : frais et original.

En bref : bon, unique, prix abordable

C. En regardant de plus près. Maintenant, examinez de plus près quelques aspects des critiques.

1. Le restaurant Positano est situé dans le quartier européen, où se trouve le siège de l'Union européenne. Pourquoi est-ce que le restaurant est « très agité » le midi et calme le soir ?
2. Est-ce que la cuisine du restaurant Positano est bonne en général ? Comment est-ce que les auteurs expriment leur opinion ?
3. Quels sont les avantages et un inconvénient de L'Horloge du Sud ?

D. Après avoir lu. Imaginez que vous êtes à Bruxelles. Est-ce que vous voudriez manger à Positano ou à l'Horloge du Sud ? Pourquoi ? Cherchez en ligne d'autres restaurants intéressants à Bruxelles et partagez vos découvertes avec vos camarades de classe.

Faisons les courses

Points de départ : Allons au supermarché !

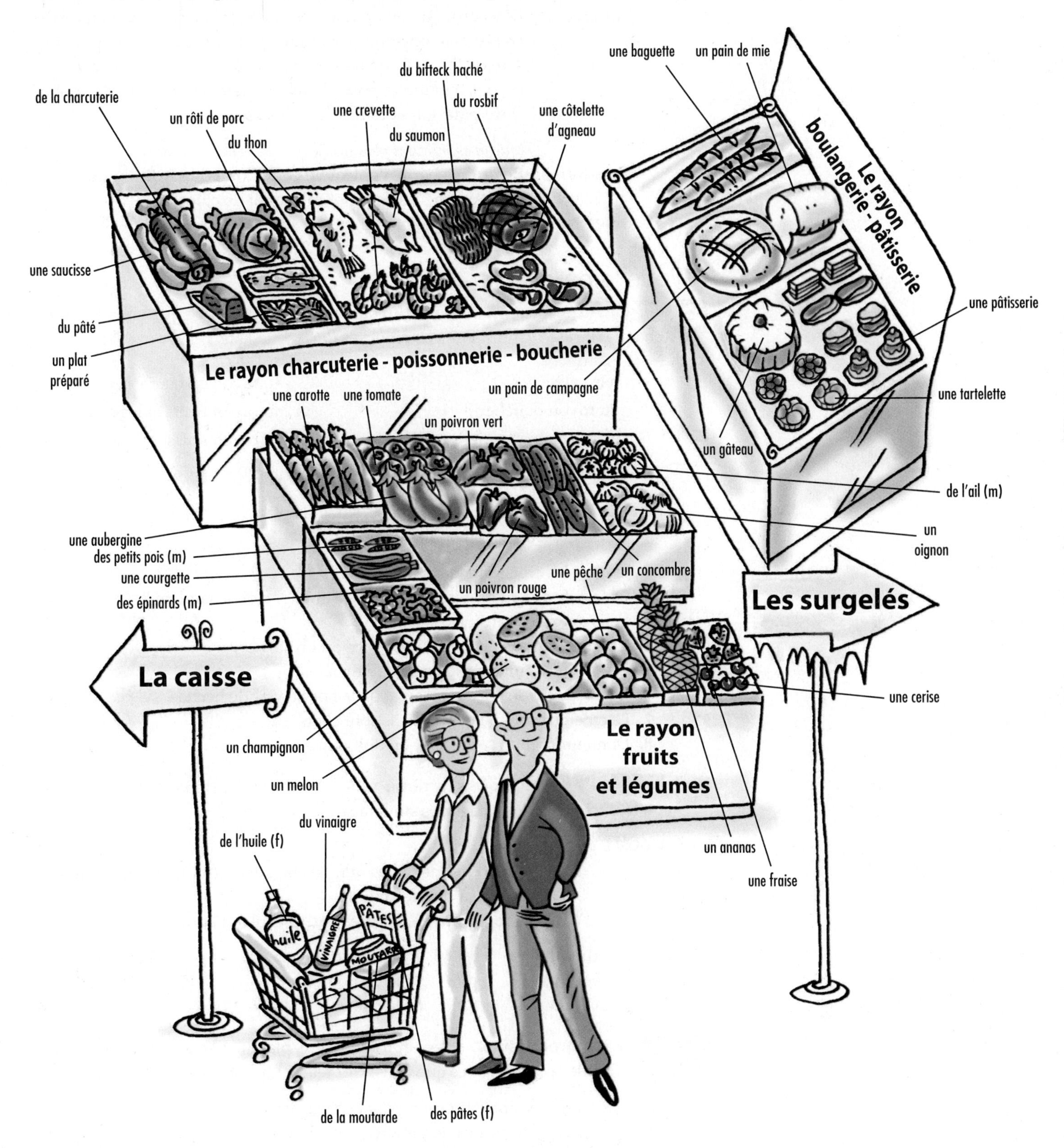
de la charcuterie
un rôti de porc
du thon
une crevette
du saumon
du bifteck haché
du rosbif
une côtelette d'agneau
une baguette
un pain de mie
Le rayon boulangerie - pâtisserie
une saucisse
du pâté
un plat préparé
Le rayon charcuterie - poissonnerie - boucherie
un pain de campagne
une pâtisserie
une tartelette
un gâteau
une carotte
une tomate
un poivron vert
de l'ail (m)
un oignon
une aubergine
des petits pois (m)
une courgette
des épinards (m)
un poivron rouge
une pêche
un concombre
Les surgelés
La caisse
une cerise
un champignon
un melon
Le rayon fruits et légumes
un ananas
une fraise
du vinaigre
de l'huile (f)
huile
VINAIGRE
PÂTES
MOUTARDE
de la moutarde
des pâtes (f)

C'est samedi. Michèle et Bernard font leurs courses à Super U. Ils sont au rayon boucherie.

BERNARD : Qu'est-ce qu'on prend comme viande ? Des côtelettes d'agneau ? Elles sont belles.
MICHÈLE : Mais elles sont trop chères. Quinze euros le kilo !
BERNARD : Alors, prenons du rosbif ! C'est délicieux avec des haricots verts.
MICHÈLE : D'accord. Tu veux passer au rayon crèmerie ? On va faire des crêpes demain donc on a besoin d'une douzaine d'œufs et d'un litre de lait. Il faut aussi un morceau de cantal. Moi, je vais au rayon charcuterie pour chercher quelques tranches de jambon et du pâté. On se retrouve à la caisse ?

(quelques minutes plus tard)

BERNARD : Regarde, chérie, j'ai trouvé cette boîte de sardines, un pot de moutarde à l'ancienne et ce paquet de chips bio.
MICHÈLE : Tu es incorrigible ! C'est pas sur la liste, tout ça !

À vous la parole

5-26 À quel rayon ? On est au supermarché. Où est-ce que vous entendez chaque phrase ? Choisissez vos réponses dans cette liste.

à la caisse	au rayon crèmerie
au rayon boucherie	au rayon fruits et légumes
au rayon boulangerie-pâtisserie	au rayon poissonnerie
au rayon charcuterie	au rayon surgelés

MODÈLE Je voudrais trois baguettes, s'il vous plaît.
C'est au rayon boulangerie-pâtisserie.

1. Je mets les croissants dans un sac ?
2. Qu'est-ce que tu préfères, le pâté de campagne ou le jambon ?
3. Vous avez des sardines ?
4. Comme dessert, on prend une glace ou un sorbet ?
5. Je vous recommande le brie, Madame.
6. Il y a des côtelettes d'agneau et de la bonne viande hachée.
7. Les melons sont beaux, mais ils sont chers.
8. Donne-moi mon sac, chéri ; on doit payer maintenant.

5-27 J'adore. Moi, je n'aime pas. Avec un/e partenaire, parlez de vos préférences dans les catégories suivantes.

MODÈLE les desserts
É1 Moi, j'adore les tartes aux fruits, surtout la tarte aux pommes. Je trouve ça délicieux. Et toi ?
É2 Pas moi, je préfère le gâteau au chocolat. J'adore le chocolat.

1. les fruits
2. les légumes
3. la charcuterie
4. le poisson
5. la viande
6. le pain
7. les desserts
8. les boissons

5-28 Un grand dîner. Avec un/e partenaire, planifiez un grand dîner avec des amis. Quelle occasion est-ce que vous allez fêter ? Qu'est-ce que vous allez servir ?

MODÈLE É1 Comme entrée, on peut acheter du jambon.
É2 Je déteste ça. Je préfère les crevettes.
É1 C'est cher, mais d'accord. Et comme plat principal ? …

Vie et culture

Où faire ses courses ?

Dans cette épicerie dans le sud de la France, on vend des produits bio et régionaux.

On trouve de tout dans un hypermarché comme Carrefour, et c'est bon marché.

Pour faire les courses, les Français ont beaucoup de possibilités. Ils peuvent aller chez les petits commerçants près de chez eux, faire leurs courses dans les grandes surfaces ou aller au marché. Aujourd'hui, la majorité des Français font les courses une ou deux fois par semaine dans les supermarchés. Cependant[1] beaucoup de Français continuent à acheter du pain chez le boulanger presque tous les jours ; un beau gâteau ou une belle tarte chez le pâtissier pour les repas de fête ; et des fruits et légumes au marché, surtout le samedi matin. Il est vrai que les marchés sont moins pratiques que les supermarchés, en particulier au mois de janvier ! Mais les produits sont plus frais et les marchés sont souvent plus animés. Dans les pays francophones aux Antilles et en Afrique, les marchés sont encore plus vivants et intéressants qu'en Europe ou en Amérique du Nord. On y trouve des couleurs plus variées, des odeurs plus fortes et un langage plus expressif.

[1]*However*

Un marché en plein air au Sénégal

Le marché couvert de Dijon

À Dijon, il y a un très beau marché couvert où Bernard et Michèle font leurs courses le samedi matin. Visionnez la vidéo pour voir ce qu'ils achètent.

Bernard et Michèle chez la marchande de légumes.

Et vous ?

1. Michèle et Bernard ont acheté beaucoup de choses au marché. Imaginez leur repas de midi.
2. Est-ce que vous avez les mêmes possibilités que les Français pour faire vos courses, c'est-à-dire chez les petits commerçants, dans les grandes surfaces ou au marché ? Où est-ce que vous préférez faire les courses ? Pourquoi ?

Formes et fonctions : le passé composé avec être

To tell what you did in the past, you have learned that most French verbs form the **passé composé** with the present tense of **avoir**. However, some verbs—all reflexives and many verbs of motion—use the present-tense forms of **être** as an auxiliary. You should memorize the verbs on this list:

arriver	*to arrive*	Je **suis arrivée** au café avant toi.
entrer	*to go / come in*	Anne **est entrée** dans le café.
rentrer	*to go / come back*	Nous **sommes rentrés** tard hier soir.
venir	*to come*	Il **est venu** avec nous au marché.
revenir	*to return*	Elle **est revenue** au bureau hier.
retourner	*to go back*	Elles **sont retournées** en France.
monter	*to go up*	Lucie **est montée** dans sa chambre.
descendre	*to go down, to get off*	Il **est descendu** en ville pour dîner.
rester	*to stay*	Ils **sont restés** chez eux samedi.
tomber	*to fall*	Elle **est tombée** devant la maison.
partir	*to leave*	Vous **êtes parties** pour Lyon ?
sortir	*to go out*	Luc et Jules **sont sortis** pour manger.
aller	*to go*	Tu **es allé** au restaurant à midi ?
passer	*to go / come by*	On **est passés** chez elle hier.
naître	*to be born*	Nous **sommes nés** en 1999.
mourir	*to die*	Il **est mort** l'été dernier.
devenir	*to become*	Elle **est devenue** chef.

- For verbs that form the **passé composé** with **être**, the past participle agrees in gender and number with the subject.

Mon frère est arrivé hier.	*My brother arrived yesterday.*
Ma sœur est arrivé**e** ce matin.	*My sister arrived this morning.*
Ses cousins sont allé**s** au musée.	*Her cousins went to the museum.*
Ses cousines sont descendu**es** en ville aussi.	*Her cousins went downtown too.*

- Reflexive verbs always use **être** in the **passé composé**. Note, however, that when a noun follows the verb, no past participle agreement is made.

Il s'est endormi.	*He fell asleep.*
Ils se sont couché**s**.	*They went to bed.*
Elle s'est lavé**e**.	*She washed up.*
BUT: Elle s'est lavé les cheveux.	*She washed her hair.*

To narrate a series of events or actions, use the following expressions:

Pour faire un récit				
d'abord	ensuite	après	puis	enfin
first	*next*	*after, after that*	*then*	*finally*

D'abord elle a pris une douche, **ensuite** elle s'est habillée et **puis**, elle a déjeuné.	*First she took a shower, next she got dressed, and then she ate breakfast.*
Après elle s'est brossé les dents, et **enfin** elle est partie au travail.	*Afterwards, she brushed her teeth, and finally she left for work.*

À vous la parole

5-29 La vie des serveurs. Il est difficile de travailler comme serveur dans un restaurant. Lisez attentivement les phrases suivantes et indiquez si elles décrivent les serveurs maintenant ou au passé.

Les serveurs…

	MAINTENANT	AU PASSÉ
MODÈLE … sont stressés.	✔	______
1. … sont arrivés à l'heure.	______	______
2. … sont énergiques.	______	______
3. … sont entrés dans le bar.	______	______
4. … sont assez jeunes.	______	______
5. … sont devenus des amis.	______	______
6. … sont sortis ensemble.	______	______
7. … sont fatigués.	______	______
8. … sont réservés.	______	______
9. … sont allés au cinéma.	______	______

À votre avis, est-ce que c'est mieux d'être serveur maintenant ou dans le passé ? Pourquoi ?

5-30 L'après-midi de Madame Lebeau. Avec un/e partenaire, complétez le récit pour raconter l'après-midi de Madame Lebeau. Choisissez les verbes de cette liste. Utilisez chaque verbe une seule fois et faites attention à bien faire tous les accords nécessaires.

arriver	descendre	entrer	passer	rentrer	~~sortir~~
boire	discuter	partir	prendre	rester	visiter

Hier après-midi Madame Lebeau *est sortie* faire une promenade avec sa chienne, Tango. Son mari __________ à la maison pour préparer le dîner. À trois heures, Madame Lebeau et Tango __________ chez une amie. Elles __________ jusqu'à quatre heures quand Madame Lebeau et Tango __________ voir des animaux au zoo. Au parc zoologique, elles __________ devant les éléphants, les tigres et les antilopes. Après, elles __________ par l'avenue principale, et elles __________ dans un petit café où Madame Lebeau __________ un thé et Tango __________ de l'eau. Enfin, elles __________ à la maison vers six heures trente.

5-31 Le samedi de Maxime. Racontez comment Maxime a passé la journée samedi. N'oubliez pas d'utiliser les expressions suivantes pour faire un récit : **d'abord, ensuite, après, puis, enfin.**

MODÈLE D'abord, Maxime a quitté sa chambre à huit heures. Ensuite, il…
OU D'abord, Maxime est sorti à huit heures. Après, il…

a.

b.

c.

d.

e.

f.

g.

5-32 Hier ? Qu'est-ce que vous avez fait hier ? Où est-ce que vous êtes allé/e ? Avec qui ? Racontez à un/e partenaire.

MODÈLE Hier, dimanche, je ne suis pas allé/e à la fac. J'ai quitté mon appartement vers neuf heures et ensuite…

Formes et fonctions : les expressions de quantité et le pronom en

Here are some useful expressions for specifying quantity. Note that these nouns of measure are followed by **de/d'** when used with nouns.

The pronoun **en** can be used to replace nouns modified by an expression of quantity (including numbers). In this case, the expression of quantity is placed at the end of the sentence.

Il faut beaucoup de sucre pour cette recette ?	*Do you need a lot of sugar for this recipe?*
— Oui, il **en** faut beaucoup.	*—Yes, you need a lot (of it).*
Tu as pris **du vin rouge** ?	*Did you have some red wine?*
— Oui, j'**en** ai bu un verre.	*—Yes, I drank a glass (of it).*
Combien de **melons** est-ce que vous allez prendre ?	*How many melons are you going to take?*
— Nous allons **en** prendre trois.	*—We'll take three (of them).*

The pronoun **en** also replaces nouns used with the partitive article or the plural indefinite article **des**:

Vous avez acheté **de l'ail** ?	*Did you buy garlic?*
— Oui, j'**en** ai acheté.	*—Yes, I bought some.*
Il n'y a pas **de sucre** ?	*There isn't any sugar?*
— Si, il y **en** a.	*—Yes, there is some.*
Qui veut **des fraises à la crème** ?	*Who wants strawberries with cream?*
— Jérémy **en** prend. Il aime bien ça.	*—Jeremy's having some. He likes that.*

As the examples above show, **en** is placed immediately before the conjugated verb of a sentence, unless there is an infinitive. In that case, it precedes the infinitive.

À vous la parole

5-33 Qu'est-ce qu'il a acheté ? David achète des provisions. D'après les indications, qu'est-ce qu'il a acheté ? Avec un/e partenaire, trouvez des possibilités.

MODÈLE Il en a acheté une douzaine.
É1 Il a acheté une douzaine d'œufs.
É2 Il a acheté une douzaine de citrons.

1. Il en a pris un pot.
2. Il en a acheté un morceau.
3. Il en a pris une douzaine.
4. Il en a acheté une bouteille.
5. Il en a pris deux paquets.
6. Il en a demandé deux.
7. Il en a pris beaucoup.
8. Il en a acheté un kilo.
9. Il en a demandé dix tranches.
10. Il en a acheté une boîte.

5-34 Préparation pour un repas. Qu'est-ce qu'il faut acheter, et en quelles quantités ? Décidez avec votre partenaire.

MODÈLE Marion va faire une omelette au jambon pour quatre personnes.
É1 Elle doit acheter une douzaine d'œufs.
É2 Il faut du jambon et des oignons aussi.
É1 Oui, elle doit acheter quatre tranches de jambon et un oignon.

1. Cédric va inviter deux amis à prendre le dessert.
2. Madame Salazar va faire un rôti de porc et des petits pois pour elle, son mari et leurs trois enfants.
3. Monsieur Bertrand voudrait préparer une salade de fruits.
4. Vanessa va servir du saumon à sept personnes. Quels légumes est-ce que vous lui suggérez ?
5. Audrey a invité ses parents, son fiancé et les parents de son fiancé à déjeuner dimanche. Qu'est-ce qu'elle peut servir comme entrée ?
6. Monsieur Charpentier a des amis chez lui ; avec sa femme, ses deux enfants et lui, ça fait sept personnes. Il va chez le boulanger. Qu'est-ce qu'il va acheter ?
7. Monsieur Papin a invité son chef de bureau et sa femme à dîner. Qu'est-ce que les Papin vont préparer comme plat principal ? Et comme dessert ?

5-35 Elle en prend combien ? Voici la liste des provisions que Madame Serres achète pour sa famille. Quelles quantités est-ce qu'il lui faut ?

MODÈLE des carottes
Elle en achète un kilo.

– carottes
– oignons
– petits pains
– pâtes
– moutarde
– vin
– eau minérale
– lait
– œufs
– saumon

5-36 Vous en avez combien ? Donnez une réponse logique et personnalisée, et comparez-la avec la réponse de votre partenaire. Ensuite, comparez vos réponses avec les autres étudiants dans votre cours.

MODÈLE des sœurs ?
É1 J'en ai deux. Elle s'appelle Holly et Amy.
É2 Je n'en ai pas, mais j'ai deux frères.

1. des sœurs ?
2. des frères ?
3. des amis ?
4. des problèmes ?
5. de l'argent ?
6. des devoirs ?
7. des responsabilités ?
8. des vacances ?

Écrivons

5-37 Un repas mémorable

A. Avant d'écrire. Pensez à un repas mémorable, à la maison, chez des amis ou dans un bon restaurant. Qu'est-ce que vous avez mangé ? Vous avez pris une entrée, un plat et un dessert ? Quel plat est-ce que vous avez préféré ? Vous avez sans doute des photos de ce repas. Choisissez quelques photos pour accompagner votre récit.

B. En écrivant.

1. Expliquez ce que vous avez mangé et bu et dans quel ordre.
2. Dans votre description, utilisez des mots pour indiquer une série d'actions : par exemple, **d'abord, ensuite, après.**

MODÈLE *Hier*, je suis allée au restaurant avec mes parents. J'adore ça parce que je peux bien manger et je ne paye pas. *D'abord* en entrée, nous avons pris des moules. *Ensuite*, j'ai pris des pâtes aux fruits de mer (avec des crevettes, des moules et du crabe). Mon père a mangé du saumon avec du riz. Ma mère est toujours au régime. Elle a pris une salade avec du poisson grillé. *Après* le repas, on a commandé un dessert, une coupe de glaces qui s'appelle un *banana split*. Je me suis régalée, trois boules de glace, beaucoup de crème chantilly et du chocolat ! Nous avons vraiment bien mangé.

C. Après avoir écrit. Échangez vos images et votre description avec vos camarades de classe. Qui a mangé le mieux ? Qui a écrit la meilleure description ? Qui a pris les plus belles photos ?

Stratégie

To narrate past events effectively, clearly establish the sequence in which they took place by using appropriate adverbial expressions.

Venez chez nous !

Traditions gastronomiques

La France est un pays où l'on peut bien manger et boire. Certains produits et traditions français ont traversé le monde entier : le champagne, les crêpes, la soupe à l'oignon, la mousse au chocolat. Mais pour bien comprendre la cuisine française, il faut aussi reconnaître sa grande variété ; chaque région a ses plats particuliers qui dépendent de son climat, de ses produits et de ses traditions culturelles. De plus, tous les pays où l'on parle français ont également leurs plats traditionnels, et certains sont devenus des plats appréciés partout : le couscous, le jambalaya, les beignets, le thé à la menthe. Dans cette leçon, vous allez découvrir encore plus sur la gastronomie française et francophone. Bon appétit !

Observons

5-38 Voici des spécialités de chez nous

Des spécialités du Bénin.

Un bon couscous.

A. Avant de regarder. Voici des spécialités du Bénin et d'un restaurant marocain en France. Quels ingrédients est-ce que vous pouvez identifier ?

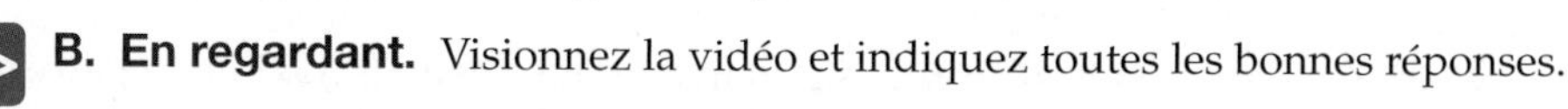

B. En regardant. Visionnez la vidéo et indiquez toutes les bonnes réponses.

1. Bienvenu décrit des spécialités du Bénin. D'abord, ce sont des épinards avec…
   du poulet   du porc   des crevettes
2. Les épinards sont accompagnés de pâte faite de…
   plantain   maïs   riz
3. Le plantain, c'est une forme de…
   céréales   légume   banane
4. Fadoua décrit son plat préféré, le couscous. Pour le préparer, il faut…
   un grand four   un couscoussier   une casserole
5. D'après Fadoua, comme ingrédients, on peut mettre…
   de la viande   du poisson   des tomates
   des carottes   des oignons   des concombres
6. Pour servir, on met un bol avec du bouillon pour…
   mouiller (*moisten*) le plat   boire   mélanger (*mix*) les ingrédients

C. Après avoir regardé. Est-ce que vous avez déjà goûté un des plats décrits dans ce clip ? Est-ce que vous avez aimé ce plat ? Pourquoi ? Quel plat est-ce que vous avez envie d'essayer ?

Lisons

5-39 Une recette canadienne

A. Avant de lire. Late winter and early spring mark **le temps des sucres** in Quebec. Maple sap is collected to make **le sirop d'érable,** and visitors flock to **les cabanes à sucre** to observe the syrup-making process, enjoy a good meal, and listen to traditional music. Maple syrup is a main ingredient in traditional cooking in Quebec. It is used in everything from marinades to vegetable dishes and desserts.

Look at the recipe in the photo below: what do you think will probably be among the main ingredients? Read the recipe through, line by line, making sure you understand the ingredients, the quantities involved, and the procedures.

B. En lisant. Trouvez les réponses aux questions suivantes.

1. La recette est divisée en trois parties — quelles sont ces trois parties ?
2. Dressez une liste des ingrédients, par exemple : deux pâtes à tarte, …
3. Voici une liste de verbes qui indiquent les méthodes de préparation. Décidez dans quelle catégorie on peut mettre chaque verbe. Ensuite, avec un/e partenaire, essayez de trouver un équivalent en anglais pour chaque verbe.

ajouter	chauffer	incorporer	mélanger
baisser	faire cuire	laisser refroidir	préchauffer

Verbes concernant la température : baisser (*lower*),

Verbes pour combiner :

Tarte au sirop d'érable

Réalisation

Préparation	10 mn
Cuisson	30 mn
Temps total	40 mn
Difficulté	Facile
Pour	8 Personnes

Ingrédients

2 pâtes[1] à tarte
1 et ½ tasses (375 ml) de sirop d'érable
½ tasse (125 ml) de crème 35 %
⅓ tasse (80 g) de beurre
1 cuillère à table de farine[2]
3 œufs

Préparation

1. Préchauffer le four à 375°F (190°C).
2. Dans une casserole, chauffer le sirop d'érable et la crème jusqu'à l'ébullition[3].
3. Retirer du feu[4]. Ajouter le beurre et la farine et bien mélanger.
4. Laisser refroidir 10 minutes.
5. Préparer les pâtes à tarte. Faire cuire 15 minutes. Ensuite, baisser la température à 300°F (150°C).
6. Incorporer les œufs dans le mélange d'érable refroidi.
7. Verser dans les pâtes précuites.
8. Faire cuire à 300°F pendant 20 minutes.

[1]*crusts* [2]*flour* [3]*until boiling* [4]*remove from heat*

C. Après avoir lu. Discutez de ces questions avec vos camarades de classe.

1. Est-ce que c'est un bon exemple d'un plat québécois ? Pourquoi ?
2. Est-ce que vous connaissez une autre recette qui ressemble à celle-ci ? Quelle est cette recette ?
3. Essayez cette recette, et apportez-la en classe !

Parlons

5-40 Les plats régionaux en France

A. Avant de parler. Comme vous le savez, les spécialités de la cuisine française varient selon la région. Est-ce que vous avez déjà goûté certains de ces plats ?

- la salade niçoise
- la choucroute alsacienne
- la quiche lorraine
- les crêpes bretonnes
- le coq au vin bourguignon
- la fondue savoyarde

1.

2.

3.

4.

5.

6.

B. En parlant. Avec un/e partenaire, regardez ces images de spécialités régionales. Décrivez chaque photo et identifiez le plat. Faites un peu de recherche sur Internet si vous voulez.

MODÈLE É1 Regarde l'image numéro un. Il y a beaucoup de légumes : des concombres, des tomates et de la salade.
É2 Oui, et des œufs durs, des anchois, du thon et des olives.
É1 C'est une salade, je pense.
É2 Oui, ça doit être la salade niçoise.

C. Après avoir parlé. Est-ce que vous et votre partenaire avez identifié tous les plats ? Situez sur une carte l'origine géographique de chacun de ces plats régionaux et décidez pourquoi certains plats sont liés à une région particulière. Comparez vos idées avec celles de vos camarades de classe.

Écrivons

5-41 Pour faire une nature morte

A. Avant d'écrire. Vous avez probablement vu des natures mortes (*still lifes*) dans un musée ou un livre d'art. Mais est-ce que vous avez composé une nature morte avec des objets chez vous avec l'aide de votre portable ou tablette ? Pour commencer, regardez cette nature morte de Paul Cézanne. Quels objets est-ce qu'il a peints ? Est-ce qu'il y a une variété d'éléments et de couleurs dans ce tableau ?

Composez une nature morte pour montrer vos préférences culinaires, pour communiquer un message ou simplement pour faire rire. Choisissez trois ou quatre objets et placez-les sur une table ou un bureau. Ensuite, prenez quelques photos de votre composition et choisissez la photo que vous préférez pour en rédiger une description.

Paul Cézanne, *Nature morte aux pommes et aux oranges*

B. En écrivant. Maintenant écrivez une description de votre nature morte.

1. D'abord décrivez les objets, les couleurs et la composition. Expliquez pourquoi vous avez choisi ces éléments pour votre nature morte et le message que vous voulez transmettre.
2. N'oubliez pas de rendre une copie de votre photographie avec la description écrite.

C. Après avoir écrit. Avec vos camarades de classe, comparez vos natures mortes et vos descriptions. Qui a composé la nature morte la plus originale ? la plus drôle ? la plus artistique ?

Vocabulaire

Leçon 1

des boissons rafraîchissantes	*cold drinks*
un citron pressé	*lemonade*
un coca (-cola)	*cola*
de l'eau (f) minérale (plate / gazeuse) (froide)	*mineral water (non-carbonated / carbonated)(cold)*
un jus (de fruits)	*(fruit) juice*
une limonade	*lemon-lime soft drink*
un Orangina	*type of orange soda*
un thé glacé	*iced tea*
des boissons chaudes	*hot drinks*
un café (crème)	*coffee (with cream)*
un chocolat chaud	*hot chocolate*
un thé (au citron, au lait, nature)	*tea (with lemon, milk, plain)*
des boissons alcoolisées	*alcoholic drinks*
une bière	*beer*
un verre de vin (rouge, blanc, rosé)	*glass of (red, white, rosé) wine*
des aliments (m)	*food*
un café gourmand	*coffee with one or more small desserts*
un casse-croûte	*snack*
un croque-madame	*grilled ham-and-cheese sandwich with egg on top*
un croque-monsieur	*grilled ham-and-cheese sandwich*
des frites (f)	*French fries*
une glace (à deux boules / avec de la crème chantilly)	*(two scoops of) ice cream (with whipped cream)*
une pizza	*pizza*
une salade (composée / verte)	*(mixed / green) salad*
un sandwich (au jambon, au fromage)	*(ham, cheese) sandwich*
sans glaçons (m)	*without ice cubes*
du sucre	*sugar*
quelques verbes utiles	*some useful verbs*
apprendre	*to learn*
avoir faim	*to be hungry*
avoir soif	*to be thirsty*
boire	*to drink*
commander	*to order*
comprendre	*to understand*
éliminer	*to eliminate*
être au régime	*to be on a diet, to diet*
prendre	*to have (to eat or drink)*
se régaler	*to have a treat, to really enjoy something (often food)*
je voudrais…	*I would like …*

Leçon 2

les repas (m)	*meals*
le petit-déjeuner	*breakfast*
le déjeuner	*lunch; breakfast (Belg., Can., Switz.)*
le goûter	*afternoon snack*
le dîner	*dinner; lunch (Belg., Can., Switz.)*
le souper	*dinner; supper (Belg., Can., Switz.)*
au petit-déjeuner	*at breakfast*
prendre le petit-déjeuner	*to have / eat breakfast*
du bacon	*bacon*
du beurre	*butter*
un café au lait	*coffee with milk*
des céréales (f)	*cereal*
de la confiture	*jam*
un croissant	*croissant*
un œuf (sur le plat / au plat)	*(fried) egg*
du pain	*bread*
un pain au chocolat	*croissant-like pastry filled with chocolate*
une rôtie	*piece of toast (Can.)*
une tartine	*slice of bread with butter and/or jam*
une tranche de pain grillé	*slice of toast*
au déjeuner	*at lunch*
une entrée	*appetizer or starter*
un plat (principal)	*(main) dish*
un dessert	*dessert*
des aliments (m)	*foods*
un biscuit	*cookie*
du fromage	*cheese*
des *haricots (m) (noirs, rouges)	*dried (black, red) beans*
des *haricots (m) verts	*green beans*
un légume	*vegetable*
une pomme de terre	*potato*
du poulet	*chicken*
du riz (complet)	*(brown) rice*
de la soupe	*soup*
une tarte (aux pommes)	*(apple) pie*
un yaourt	*yogurt*
des fruits (m)	*fruits*
une banane	*banana*
une orange	*orange*
une poire	*pear*
une pomme	*apple*
du raisin	*grapes*

des épices (f)	*spices*
du sel et du poivre	*salt and pepper*

sur la table	*on the table*
une assiette	*plate*
un bol (de café au lait)	*bowl (of coffee with hot milk)*
une bouteille (de vin)	*bottle (of wine)*
une carafe (d'eau)	*carafe (of water)*
une tasse (de café noir)	*cup of black coffee*

pour décrire la cuisine	*to describe cooking*
copieux/-euse ; un repas copieux	*copious; a hearty meal*
grillé/e	*grilled, toasted*
sauté/e	*sautéed*
végétalien/ne	*vegan*
végétarien/ne	*vegetarian*

pour parler du passé	*to talk about the past*
(*See page 179*)	

quelques verbes utiles	*some useful verbs*
acheter	*to buy*
appeler	*to call*
épeler	*to spell*
faire la vaisselle	*to do the dishes*
jeter	*to throw, to throw away*
lever, se lever	*to raise, to get up*

Leçon 3

les rayons du supermarché	*supermarket aisles or sections*
le rayon boulangerie-pâtisserie	*bakery / pastry aisle*
une baguette	*long, thin loaf*
un gâteau	*cake*
un pain de campagne / de mie	*round / sliced loaf of bread*
une pâtisserie	*pastry*
une tartelette	*small tart*
le rayon boucherie	*meat counter*
du bifteck haché	*ground beef*
une côtelette d'agneau	*lamb chop*
du rosbif	*roast beef*
de la viande	*meat*
le rayon crèmerie	*dairy section*
le rayon charcuterie	*deli counter*
du pâté	*pâté*
des plats (m) préparés	*prepared dishes*
un rôti (de porc)	*(pork) roast*
une saucisse	*sausage link*
le rayon fruits et légumes	*produce aisle*
un ananas	*pineapple*
une cerise	*cherry*
une fraise	*strawberry*
un melon	*melon*
une pêche	*peach*
de l'ail (m)	*garlic*
une aubergine	*eggplant*
une carotte	*carrot*
un champignon	*mushroom*
un concombre	*cucumber*
une courgette	*zucchini*
des épinards (m)	*spinach*
un oignon	*onion*
des petits pois (m)	*peas*
un poivron (vert / rouge)	*(green / red) bell / sweet pepper*
une tomate	*tomato*
le rayon poissonnerie	*fish counter*
une crevette	*shrimp*
du saumon	*salmon*
du thon	*tuna*
le rayon surgelés (m)	*frozen foods aisle*

des condiments (m)	*condiments*
de l'huile (f)	*oil*
de la moutarde (à l'ancienne)	*(grainy) mustard*
du vinaigre	*vinegar*

des quantités (f)	*quantities*
une assiette de (crudités)	*plate of (raw vegetables)*
une boîte de (céréales / sardines)	*box of (cereal); can of (sardines)*
une douzaine d'(œufs)	*dozen (eggs)*
un (demi-)kilo de (pommes)	*(half) kilo of (apples)*
un litre de (lait)	*liter of (milk)*
un morceau de (cantal)	*piece of (Cantal cheese)*
un paquet de (céréales, pâtes [f])	*package of (cereal, pasta)*
un pot de (moutarde)	*jar of (mustard)*
une tranche de (pâté)	*slice of (pâté)*

quelques verbes conjugués avec *être* au passé composé	*some verbs conjugated with* être *in the passé composé*
(*See page 188*)	

pour faire un récit	*to construct a narrative*
(*See page 188*)	

d'autres expressions utiles	*other useful expressions*
avoir besoin de / J'ai besoin d'huile.	*to need / I need (some) oil.*
il faut / Il faut quatre œufs.	*to need / We need four eggs.*
biologique / une tomate bio	*organic / organic tomato*
la caisse	*cash register*
chéri/e	*dear; honey*
une crêpe	*crepe; pancake*
délicieux/-euse	*delicious*

Chapitre 6

Nous sommes chez nous

Et voici la cuisine avec une petite table pour faire déjeuner les enfants.

On démarre !

Joanna et sa nouvelle babysitteuse font un tour de l'appartement. Elles sont dans quelle pièce ? Elles vont visiter quelles autres parties de l'appartement probablement ?

▷ Visionnez la vidéo pour en apprendre plus. Comment est-ce que l'appartement de Joanna reflète sa situation familiale, économique et géographique ?

? À votre avis, est-ce que le mode de vie diffère selon la région, en France et chez vous ? Pourquoi ?

Learning Outcomes

After completing this chapter, you will be able to:

- Talk about where you live
- Specify dates, distances, and prices
- Make suggestions
- Describe situations in the past
- Identify geographical features
- Explain how geography influences French regional culture

LEÇON 1

La vie en ville

Points de départ : chez les Deschamps

Les Deschamps — Alex, Joanna, et leurs deux enfants — habitent un bel immeuble dans une rue tranquille. Ils sont propriétaires de leur appartement. L'appartement se trouve dans un quartier résidentiel dans le quinzième arrondissement de Paris. C'est assez calme mais tout près des petits commerces donc très pratique.

L'appartement est au troisième étage — on peut prendre l'escalier ou l'ascenseur pour monter. C'est un quatre-pièces, avec une grande salle de séjour et trois chambres. Il n'y a pas de salle à manger, mais il y a une grande table pour manger dans le séjour. Chaque enfant a sa propre chambre. Il y a aussi une salle de bains, des toilettes (des W.-C.), une grande cuisine et une belle terrasse qui donne sur la cour. Dans la cour il y a un beau jardin entouré d'un mur. Les Deschamps peuvent garer leur voiture dans le garage au sous-sol. Ils ont des voisins sympathiques au deuxième étage.

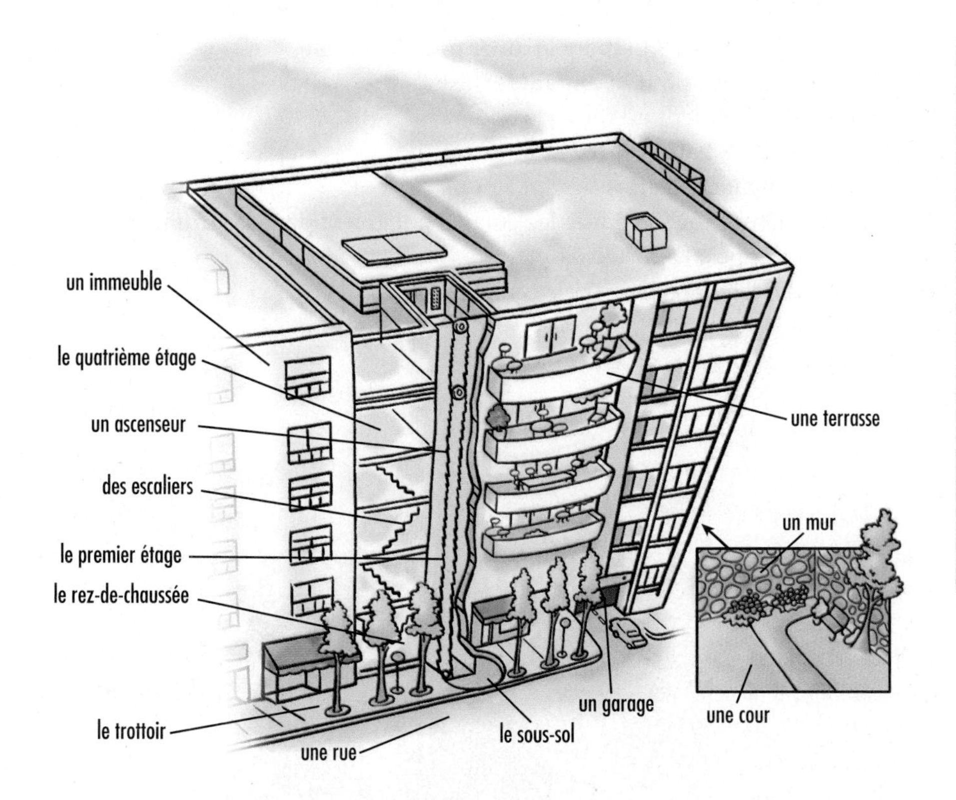

À quel étage ?

RdeCh	au rez-de-chaussée
1er	au premier
2e	au deuxième
3e	au troisième
…	
10e	au dixième
11e	au onzième
12e	au douzième
…	
19e	au dix-neuvième
20e	au vingtième
21e	au vingt-et-unième

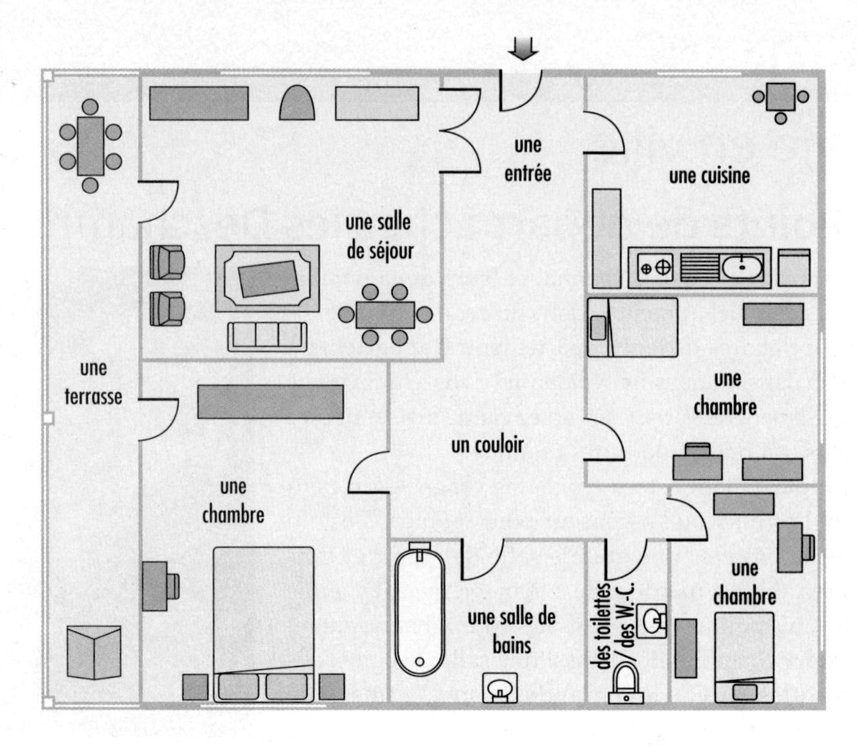

À vous la parole

6-1 Où est-ce qu'ils sont ? Expliquez où sont ces gens.

MODÈLE Aaron joue avec sa sœur.
Il est dans sa chambre.

1. Monsieur Deschamps prépare le dîner pour la famille.
2. Éloïse met la table pour les enfants.
3. Les enfants regardent un film à la télé.
4. Aaron prend un bain.
5. Les amis jouent aux cartes.
6. Monsieur Deschamps regarde les enfants qui jouent dans le jardin.
7. Le voisin frappe à la porte.
8. Madame Deschamps prépare le café.
9. Aléna fait la sieste.
10. Madame Deschamps gare la voiture.

Vie et culture

Chez les Français

Regardez cette image d'une maison en France. Elle diffère peut-être des maisons typiques chez vous, d'abord par sa construction. En France, on construit typiquement en brique ou en pierre[1] — ce sont des matériaux qui durent. Il n'est pas rare d'habiter une maison qui a cent ans.

Ensuite, examinez les fenêtres : il y a des volets[2] qui empêchent[3] de voir dans la maison la nuit. Le jour, on peut ouvrir au soleil[4]. Mais aux mois de juillet-août, ils peuvent

[1]*stone* [2]*shutters* [3]*prevent* [4]*sun*

Voici une maison dans un lotissement (*subdivision*) en Île-de-France.

 **6-2 Où allez-vous ?** Où est-ce que vous préférez faire les choses suivantes ? Comparez vos préférences avec celles de vos camarades de classe.

MODÈLE faire la sieste
É1 J'aime aller dans ma chambre pour faire la sieste.
É2 Je préfère faire la sieste dans la salle de séjour, devant la télé.
É3 Moi, j'aime aller sur la terrasse.

1. faire la sieste
2. regarder un film
3. faire les devoirs
4. prendre le petit-déjeuner
5. écouter de la musique
6. travailler sur l'ordinateur
7. parler avec des amis
8. dîner

 **6-3 Une comparaison.** Avec un/e partenaire, comparez l'endroit (*place*) où vous habitez avec l'appartement des Deschamps.

MODÈLE Les Deschamps habitent un appartement de quatre pièces.
É1 Moi, j'habite un deux-pièces.
É2 Moi, j'ai une chambre à la résidence.

1. Les Deschamps habitent une grande ville.
2. Ils habitent un quartier calme.
3. Ils habitent un bel immeuble.
4. Ils sont propriétaires, pas locataires.
5. Ils habitent au troisième étage.
6. Il y a un ascenseur et aussi un escalier dans l'immeuble.
7. Les Deschamps habitent un appartement de quatre pièces.
8. Chez les Deschamps, il y a une grande cuisine.
9. Il y a trois chambres chez eux.
10. Ils ont une belle terrasse.

rester fermés, pour permettre la circulation de l'air dans la maison — c'est très pratique !

À l'extérieur de la maison il y a un jardin. La maison et le jardin sont séparés de la rue par des plantes, des murs et une grille. Les Français distinguent ainsi entre l'espace public et l'espace privé.

Regardez encore le plan de l'appartement des Deschamps. Quand les invités entrent dans une maison française, ils se trouvent souvent devant une série de portes fermées. L'hôte ou l'hôtesse donne accès à certaines pièces en ouvrant la porte. Les invités ne visitent pas toute la maison !

e Et vous ?

1. Comment est-ce que les maisons françaises diffèrent des maisons typiques chez vous ?
2. Imaginez que vous êtes invité/e chez des Français : À quelles pièces est-ce que l'on va vous donner accès, à votre avis ?
3. Quand vous invitez des amis chez vous, est-ce que vous faites visiter toute la maison ? Est-ce que vous dites, « Faites comme chez vous » ? Pourquoi ?

Sons et lettres

La consonne *l*

Say the English word *little*. Notice how your tongue moves from the front to the back of your mouth. In English, we have two ways of producing the consonant **l**: a front **l**, with the tongue against the upper front teeth and a final **l**, pronounced with the tongue pulled back. To pronounce a French **l**, however, always keep your tongue against your upper front teeth, just like the English front **l**. Compare the differences in pronunciation of a final **-l** in English and French:

ill il *bell* belle *bowl* bol

La prononciation de *-ill-*

The combination of letters **-ill-** has two pronunciations: with the /l/ sound of **il** or the /j/ sound at the end of **travaille**. It is difficult to predict how that combination is to be pronounced in a given word; the pronunciation of individual words must be memorized. Compare:

/l/: mi**ll**e un mi**ll**ion la vi**ll**e le vi**ll**age tranqui**ll**e
/j/: la fi**ll**e la fami**ll**e se maqui**ll**er elle se maqui**ll**e s'habi**ll**er il s'habi**ll**e

À vous la parole

6-4 Anglais ou français ? Écoutez bien et indiquez si le mot que vous entendez est un mot français ou un mot anglais.

1.	anglais	français	**6.**	anglais	français
2.	anglais	français	**7.**	anglais	français
3.	anglais	français	**8.**	anglais	français
4.	anglais	français	**9.**	anglais	français
5.	anglais	français	**10.**	anglais	français

6-5 Un aide-mémoire. Pour ne pas oublier quels mots avec les lettres **-ill-** sont prononcés comme /il/, écoutez et puis répétez cette phrase mnémonique :

Mille personnes habitent ce village tranquille ; dans la ville c'est un million.

6-6 La lettre « l ». Voici le début d'un petit poème du livre *Comptines en forme d'alphabet* de Jo Hoestlandt. Répétez cette strophe.

Quelle Belle de nuit en colère,	*What Beauty of the night in anger*
A lancé son collier de perles là-haut,	*Has thrown her pearl necklace up there,*
Son céleste collier d'étoiles	*Her celestial necklace of stars*
Dans la Voie lactée ?	*In the Milky Way?*

Vincent van Gogh (1853–1890), « La nuit étoilée » 1889.

Oil on canvas, Acquired through the Lillie P. Bliss Bequest. (472.1941). The Museum of Modern Art, NY, U.S.A. Digital Image © The Museum of Modern Art / Licensed de Vincent van Gogh.

Formes et fonctions : les verbes en -ir comme **choisir**

Like other **-ir** verbs, verbs like **choisir** have four spoken forms. However, the present indicative of these verbs is formed by adding **-iss-** to the base for the plural forms: **chois ir** → **chois -iss-.** The final /s/ of the plural form is dropped in the singular.

Ils **choisissent** le deux-pièces.
[ʃwazis]

Il **choisit** le studio.
[ʃwazi]

CHOISIR *to choose*			
je	chois**is**	nous	chois**iss**ons
tu	chois**is**	vous	chois**iss**ez
il / elle / on	chois**it**	ils / elles	chois**iss**ent

IMPÉRATIF : Ne chois**is** pas ça ! Chois**iss**ez le studio ! Chois**iss**ons un appartement !
PASSÉ COMPOSÉ : J'ai déjà choisi.

Some **-ir/-iss-** verbs are derived from common adjectives. They express the meaning that someone or something is becoming more like the adjective:

grande	*large, tall*	**grandir**	*to grow taller, to grow up (for children)*
grosse	*large, fat*	**grossir**	*to gain weight*
maigre	*thin, skinny*	**maigrir**	*to lose weight*
pâle	*pale*	**pâlir**	*to become pale*
rouge	*red*	**rougir**	*to blush*

Some other common verbs conjugated like **choisir** are:

finir	*to finish*	Tu **as fini** la visite de l'appartement ?
obéir à	*to obey*	**Obéis** à ta mère ! Pas de chocolat dans le séjour !
désobéir à	*to disobey*	Ces enfants **désobéissent** toujours à leur père.
punir	*to punish*	Tu **punis** ton fils parce qu'il n'a pas bien garé la voiture ?
réfléchir à	*to think about*	Je **réfléchis** à l'appartement que je préfère.
réussir à	*to succeed*	Elle ne **réussit** pas à appeler l'ascenseur.
	to pass	Il **a réussi** à son examen de maths. (ou Il **a réussi** son examen de maths.)

J'ai choisi un bel appartement au troisième étage de cet immeuble dans le vieux Nice.

À vous la parole

6-7 Des enfants modèles ? Est-ce que ces enfants obéissent ou désobéissent à leurs parents ?

MODÈLE Delphine ne s'essuie pas quand elle sort de la douche.
Elle désobéit à ses parents.

1. Fabien mange du chocolat dans sa chambre.
2. Laetitia et Fabien font leurs devoirs devant la télé.
3. Tu manges bien tous les matins avant d'aller à l'école.
4. Fabien et Delphine jouent au basket sur la terrasse.
5. Laetitia ne mange jamais dans sa chambre.
6. Vous ne sortez pas quand vous avez un examen à préparer.
7. Delphine et vous, vous mettez la musique très fort.
8. J'aide mes parents à préparer le dîner.

6-8 Le choix est à vous ! Qu'est-ce que vous choisissez ? En groupes de trois ou quatre, comparez votre réponse avec la réponse de vos partenaires.

MODÈLE entre un appartement au rez-de-chaussée et un appartement au cinquième étage

É1 Moi, je choisis l'appartement au rez-de-chaussée ; c'est pratique pour sortir.

É2 Pas moi ! Je choisis l'appartement au cinquième ; j'aime avoir une belle vue.

É3 Moi aussi. Donc toi et moi, on choisit l'appartement au cinquième.

1. entre un appartement en centre-ville et un appartement dans un quartier tranquille
2. entre un grand studio et un petit deux-pièces
3. entre l'ascenseur et l'escalier
4. entre une grande cuisine et une grande salle de bains
5. entre une belle terrasse qui donne sur la rue et un petit balcon qui donne sur la cour
6. entre un appartement avec une grande chambre et un appartement avec deux petites chambres
7. entre un appartement avec un jardin et un appartement avec un garage

6-9 Trouvez une personne. Dans votre salle de classe, trouvez une personne qui…

MODÈLE finit toujours ses devoirs avant d'arriver en classe

É1 Est-ce que tu finis toujours tes devoirs avant d'arriver en classe ?

É2 Non, je ne finis pas toujours mes devoirs avant d'arriver en classe.

OU Oui, je finis toujours mes devoirs avant d'arriver en classe.

1. rougit toujours quand il/elle parle devant un groupe
2. finit toujours ses devoirs avant d'arriver en classe
3. a fini ses devoirs avant minuit hier soir
4. grandit toujours (*still*)
5. réfléchit toujours avant de répondre
6. réussit toujours à ses examens
7. a réussi au dernier examen de français
8. maigrit quand il/elle est stressé/e
9. grossit quand il/elle est stressé/e
10. n'a jamais désobéi à ses parents

Formes et fonctions : les pronoms compléments d'objet direct le, la, l', les

A direct object receives the action of a verb, answering the question *whom* or *what*. For example, **la voiture** is the direct object in the following sentence: **Elle gare la voiture**. A direct-object pronoun can replace a direct-object noun; it agrees in gender and number with the noun it replaces. Direct-object pronouns are often used to avoid sounding repetitive.

Elle gare **la voiture** ?	Oui, elle **la** gare.	*Yes, she is parking it.*
Elle regarde **le voisin** ?	Oui, elle **le** regarde.	*Yes, she is looking at him.*
Elle achète **l'appartement** ?	Oui, elle **l'**achète.	*Yes, she is buying it.*
Elle aime bien **les voisins** ?	Oui, elle **les**‿aime bien. /z/	*Yes, she likes them.*

Here are the forms of the third-person direct-object pronouns. In the plural, liaison /z/ is pronounced before a vowel sound.

Les pronoms compléments d'objet direct			
	MASCULIN	**FÉMININ**	**M / F + VOYELLE**
SINGULIER	**le**	**la**	**l'**
PLURIEL	**les**		**les**‿ /z/

Normally, direct-object pronouns directly precede the conjugated verb:

Vous aimez l'appartement en centre-ville ?	*Do you like the downtown apartment?*
— Oui, on **l'**aime bien. Ce n'est pas trop cher.	*— Yes, we like it. It's not too expensive.*
Où sont mes clés ?	*Where are my keys ?*
— Je ne sais pas, je ne **les** ai pas remarquées.	*— I don't know, I didn't notice them.*

A direct-object pronoun precedes an infinitive:

Tu vas payer le gaz et l'électricité ?	*Are you going to pay the gas and electric bills?*
— Mais bien sûr, je vais **les** payer. Je ne peux pas **les** oublier ; on doit **les** payer tous les mois.	*— Well, of course I'm going to pay them. I can't forget them; we have to pay them every month.*

The negative **ne** never comes between an object pronoun and verb; it precedes the direct-object pronoun.

Les voisins, on ne **les** voit jamais.	*... we never see them.*
Cette maison, je ne **l'**ai pas achetée.	*... I didn't buy it.*

To point out people or objects, the direct-object pronouns precede **voilà**:

Sophie ? **La** voilà.	*Sophie? There she is.*
Mon portable ? **Le** voilà.	*My cell phone? There it is.*

The placement of direct-object pronouns in commands is identical to what you learned for reflexive pronouns.

- In negative commands, the object pronoun precedes the conjugated verb:

  Cet appartement ? Ne **le** montrez pas ! *... Don't show it!*

- In affirmative commands, an object pronoun is placed after the conjugated verb and is joined to it by a hyphen:

  Le nouveau studio ? Montrez-**le** à Julien ! *... Show it to Julien!*

In the **passé composé**, the past participle agrees in gender and number with a preceding direct-object pronoun. This agreement shows up in writing, but is heard in speaking only when the past participle ends in a consonant.

La tarte pour ce soir, je **l'**ai déjà fait**e**.

Les photos sur la table ? Elle **les** a pris**es.**

À vous la parole

6-10 On joue à cache-cache. Cécile joue à cache-cache (*hide-and-seek*) avec sa sœur, son frère et ses chats. Pour chaque phrase, décidez si elle cherche (ou trouve) sa sœur, son frère ou ses chats.

Je…	sa sœur	son frère	ses chats
MODÈLE … la cherche dans la cour.	✔		
1. … les cherche dans le séjour.			
2. … le cherche dans la cuisine.			
3. … la cherche sur la terrasse.			
4. … le cherche partout (*everywhere*)			
5. … les trouve sur le balcon.			
6. … la trouve dans sa chambre.			
7. … le cherche encore (*still*).			

Qui a trouvé le meilleur endroit (*place*) pour se cacher ? Pourquoi ?

Fiche pratique

In French you cannot emphasize a word by adding stress to it, as in English: "Did you see *John* or *Bill*?" "I saw *John*." One way to emphasize a word or phrase in French is to place it at the very beginning of the sentence, and put a pronoun equivalent in its place: **Les voisins**, tu **les** aimes ?

6-11 Les opinions sont partagées ! Décidez avec un/e partenaire si vous êtes d'accord ou non.

MODÈLE On les aime : les films ou les examens ?
É1 Les films, on les aime.
É2 Oui, et les examens, on ne les aime pas.

On les aide souvent : les amis ou les parents ?
É1 Les amis, on les aide souvent.
É2 Oui, mais les parents, on les aide souvent aussi.

1. On l'aime beaucoup : le cinéma ou le théâtre ?
2. On l'aime bien : le coca ou la bière ?
3. On les écoute toujours : les parents ou les professeurs ?
4. On les déteste : les examens ou les essais ?
5. On les regarde souvent : les matchs de foot ou les documentaires ?
6. On le visite souvent : le musée ou le parc ?
7. On l'adore : le français ou la philosophie ?
8. On les aime : les cours ou les vacances ?

6-12 Un dîner de fête. Parmi vos camarades de classe, qui aime inviter des amis et faire les préparations pour un dîner de fête ? Posez des questions à deux camarades, et ensuite comparez les réponses.

MODÈLE faire la cuisine
É1 Tu aimes faire la cuisine ?
É2 Oui, j'aime la faire. Et toi ?
É3 Non, je n'aime pas la faire.

1. inviter tes amis
2. faire les courses
3. faire la cuisine
4. préparer un bon dessert
5. mettre la table
6. servir des plats
7. regarder ton portable pendant la soirée
8. faire la vaisselle

Écoutons

6-13 Deux appartements

A. Avant d'écouter. Imaginez que vous cherchez un appartement. Regardez la liste des critères importants pour Damien dans la partie B. Quels critères sont importants pour vous ?

B. En écoutant. Maintenant, écoutez Damien : il décrit deux appartements possibles. Cochez les critères qu'il mentionne. Écoutez plusieurs fois si c'est nécessaire !

Appartement	n°1	n°2
en centre-ville		
deux-pièces		
ascenseur		
douche		
balcon		
près des commerces		

C. Après avoir écouté. Discutez de ces questions avec vos camarades de classe.

1. D'après la description des deux appartements, est-ce que Damien va probablement louer le premier ou le second ? Pourquoi ?
2. Est-ce que Damien a les mêmes critères que vous pour un appartement ?
3. Et vous, quel appartement est-ce que vous préférez ? Pourquoi ?

Ces étudiants ont trouvé un appartement sous les toits (*attic apartment*) à Montmartre.

Stratégie

Make a list of criteria that are important to you when you have a decision to make. Then refer to it as you listen to relevant information.

LEÇON 2

Je suis chez moi

Points de départ : chez Maud

Voici le quartier à Dijon où se trouve le studio de Maud.

Maud habite un vieil immeuble rénové dans un quartier animé de Dijon. Son studio se trouve sous les toits : il n'est pas très chic, mais il est agréable. En plus, il n'est pas cher : son loyer est de seulement 390 euros par mois charges comprises, donc elle ne doit pas payer l'électricité et le gaz en plus. Elle n'a pas de colocataire. Le studio est meublé : il y a une belle armoire ancienne pour ranger ses vêtements et une petite étagère pour ranger ses livres. Les autres meubles sont un peu abîmés, mais ils sont confortables, surtout le lit et le fauteuil. Par terre il y a un beau tapis, et il y a des rideaux neufs à la fenêtre. Il y a des affiches aux murs. Le coin cuisine est petit mais bien équipé : il y a un petit réfrigérateur à côté de l'évier, une cuisinière avec un petit four et des grands placards — c'est très pratique pour mettre ses affaires. Il y a aussi une salle de bains moderne et des W.-C. Elle aime bien son quartier et les petits commerces autour. Il y a une épicerie, un café sympa et des restaurants pas chers.

À vous la parole

6-14 Chez Maud. Décrivez l'appartement de Maud en choisissant l'adjectif approprié.

MODÈLE Le studio est spacieux ou petit ?
Son studio est spacieux.

1. L'immeuble est neuf ou vieux ?
2. Le loyer est cher ou pas cher ?
3. Le fauteuil est confortable ou pas confortable ?
4. La salle de bains est ancienne ou moderne ?
5. L'armoire est neuve ou ancienne ?
6. Les rideaux sont neufs ou vieux ?
7. Le tapis est abîmé ou beau ?
8. La cuisine est bien équipée ou mal équipée ?

Vie et culture

Le quartier

Dans les grandes villes, c'est le quartier qui donne un aspect plus personnel à la vie urbaine souvent trop impersonnelle. Chaque quartier est comme une petite communauté : il y a le café du coin[1] et les petits commerçants. On peut faire les courses tous les jours. Il y a souvent un marché certains jours de la semaine.

Pauline achète du pain à la boulangerie du coin.

Visionnez la vidéo où Pauline nous fait visiter le quatorzième arrondissement de Paris. Elle aime beaucoup son quartier et les gens qui y habitent.

Et vous ?

1. Est-ce que vous aimez le quartier de Pauline ? Pourquoi ?
2. Dans le quartier où vous habitez est-ce que vous avez le sentiment de faire partie d'une petite communauté ? Pourquoi ?

[1]*corner*

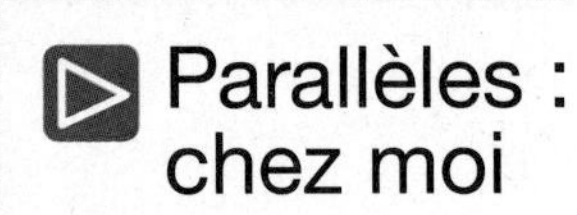

Parallèles : chez moi

Mathilde nous montre son appartement et Diandra nous fait visiter son quartier.

Mathilde nous fait visiter sa petite salle de bains.

Diandra nous présente son quartier.

6-15 La chambre de Van Gogh. Van Gogh (1853–1890), un artiste néerlandais bien connu, a habité en France. Voici un de ses tableaux ; c'est sa chambre en Provence. Décrivez cette chambre en cinq ou six phrases.

MODÈLE Dans cette chambre, il y a un petit lit. À côté du lit, il y a…

Vincent Van Gogh, « La chambre de Van Gogh à Arles », 1889.
Oil on canvas. Musée d'Orsay, Paris, France. Erich Lessing/Art Resource, NY.

6-16 Ma chambre. Avec un/e partenaire, décrivez votre chambre à la résidence, dans votre maison ou votre appartement, ou chez vos parents. N'oubliez pas de parler de ce que vous avez fait pour rendre votre environnement plus personnel.

Des suggestions :

Quels meubles est-ce qu'il y a ?
Qu'est-ce qu'il y a aux murs ? par terre ?
Quels objets personnels — des photos, des plantes — est-ce qu'il y a ?
Quelles couleurs est-ce que vous avez mises dans la chambre ?

MODÈLE
É1 J'habite une grande chambre dans la résidence universitaire. Dans ma chambre, il y a deux lits, deux bureaux et des étagères.
É2 Moi aussi, j'habite une chambre dans la résidence. Qu'est-ce que tu as fait pour rendre ta chambre plus personnelle ?
É1 J'ai mis des plantes ; j'adore les plantes. Et toi ?
É2 Moi, j'ai mis un beau tapis par terre et beaucoup d'affiches aux murs. C'est très bien chez moi.

Sons et lettres

La consonne *r*

The French /r/ has no equivalent sound in English. To pronounce /r/ in French, begin by saying *aga*; then move your tongue up and back until you pronounce a continuous sound: *ara*. Practice by alternating the two sounds: *aga/ara, aga/ara*, etc.

Note the pronunciation of /r/ in liaison and linking across words (*enchaînement*).

Liaison :	le premie**r**‿étage	le dernie**r**‿immeuble
Enchaînement :	un séjou**r**‿agréable	Il so**r**t‿avec moi.

À vous la parole

6-17 Anglais ou français ? Écoutez bien et indiquez si le mot que vous entendez est un mot français ou un mot anglais.

1. anglais	français	**5.** anglais	français
2. anglais	français	**6.** anglais	français
3. anglais	français	**7.** anglais	français
4. anglais	français	**8.** anglais	français

6-18 Phrases. Répétez ces virelangues (*tongue twisters*) amusants.

1. La robe rouge de Rosalie est ravissante.
2. Le pervers père de Pierre perd son imper vert.
3. Un dragon gradé dégrade un gradé dragon.
4. Le mur murant Paris rend Paris murmurant.
5. Cinq gros rats grillent dans la grosse graisse grasse.

Formes et fonctions : les pronoms compléments d'objet indirect **lui** et **leur**

You have learned that nouns that function as direct objects answer the question *whom?* or *what?*; they follow the verb directly and can be replaced by a direct-object pronoun.

Tu prends **cet appartement** ?	—Oui, je **le** prends.
Elle attend **la propriétaire** ?	—Oui, elle **l'**attend.
Vous aimez **ces appartements** ?	—Non, on ne **les** aime pas.

In French, nouns that function as indirect objects are generally introduced by the preposition **à;** they often answer the question *to whom?* and always refer to a person:

Je donne le loyer **à la propriétaire.**	*I'm giving the rent* ***to the landlord****.* (or *I'm giving* ***the landlord*** *the rent.*)
Tu as répondu **à tes parents** ?	*Did you answer* ***your parents****?*

In the sentences above, the indirect-object pronouns **lui** (*to him, to her*) and **leur** (*to them*) can be used to refer to **à la propriétaire** and **à tes parents**.

Je **lui** donne le loyer.	*I'm giving the rent* ***to him/her.***
Tu **leur** as répondu ?	*Did you answer* ***them****?*

Like other object pronouns, **lui** and **leur** are placed immediately before the conjugated verb, unless there is an infinitive. If there is an infinitive in the sentence, **lui** and **leur** precede the infinitive.

Je **lui** parle du loyer.	*I'm speaking **to him/her** about the rent.*
Nous **leur** avons téléphoné.	*We called **them** up.*
Tu vas **lui** donner l'argent pour les charges ?	*Are you going to give **him / her** the money for utilities?*
Elle peut **leur** expliquer combien ça coûte par mois.	*She can explain **to them** how much it costs per month.*

The placement of indirect-object pronouns in commands is identical to what you learned for reflexive and direct-object pronouns.

- In affirmative commands, **lui** and **leur** are placed immediately after the verb and joined to it by a hyphen:

Donne-**lui** ta nouvelle adresse.	*Give **him/her** your new address.*
Téléphone-**leur** à propos de l'appartement.	*Call **them** about the apartment.*

- In negative commands, **lui** and **leur** are placed immediately before the conjugated verb:

Ne **lui** prête pas l'appartement.	*Don't loan the apartment **to him/her**.*

Two main groups of verbs take indirect objects.

- Verbs of communication:

demander	*to ask*	On va **leur** demander l'adresse.
dire	*to tell*	Dites-**lui** la vérité !
écrire	*to write*	Vous **leur** écrivez souvent ?
expliquer	*to explain*	Tu peux **lui** expliquer le problème ?
montrer	*to show*	Qui va **lui** montrer la chambre ?
parler	*to speak*	Je **leur** parle souvent au téléphone.
répondre	*to answer*	Elle ne **leur** a pas répondu.
téléphoner	*to phone*	Nous **leur** avons téléphoné hier.

- Verbs of transfer:

acheter	*to buy*	Je **leur** ai acheté un petit appartement.
apporter	*to bring*	La propriétaire **lui** a apporté la lettre.
donner	*to give*	On peut **leur** donner l'adresse.
emprunter	*to borrow*	Je **lui** emprunte la voiture.
offrir	*to give (a gift)*	Elle **lui** offre un cadeau pour son anniversaire.
prêter	*to lend*	Tu **leur** prêtes ton appartement ?
remettre	*to hand in/over*	On **lui** a remis le loyer.
rendre	*to give back*	Je **lui** ai rendu son livre.

À vous la parole

6-19 À qui est-ce qu'on parle ? Romain parle de ses habitudes. Pour chaque phrase, décidez s'il parle à sa copine ou à ses parents.

Normalement, je…	à sa copine	à ses parents
MODÈLE … lui téléphone une ou deux fois par jour.	✔	______
1. … leur téléphone le week-end.	______	______
2. … lui parle quand je suis frustré.	______	______
3. … lui parle quand je me lève le matin.	______	______
4. … lui téléphone quand j'ai des problèmes.	______	______
5. … leur parle quand j'ai besoin d'argent.	______	______
6. … lui téléphone quand je veux sortir.	______	______
7. … leur parle quand c'est bientôt les vacances.	______	______

D'après ces descriptions, à qui est-ce qu'il parle le plus souvent ?

6-20 Qu'est-ce qu'on peut offrir ? Les personnes suivantes ont acheté un nouvel appartement. D'après les indications, qu'est-ce qu'on pourrait leur offrir comme cadeau ?

MODÈLE É1 Ma sœur n'a pas grand-chose aux murs.
É2 Tu peux lui offrir une belle affiche.
É1 Oui, c'est une bonne idée ou je peux lui offrir une photo de famille.

1. Mes parents aiment bien les films.
2. Mon oncle adore faire la cuisine.
3. Ma tante adore travailler dans le jardin.
4. Ma cousine aime lire.
5. Mes grands-parents aiment la musique.
6. Mon cousin n'a pas de colocataire.
7. Mes amis ont une belle terrasse.

6-21 Rarement, souvent ou jamais ? Interviewez un/e camarade de classe pour savoir avec quelle fréquence il/elle fait les choses suivantes : **rarement**, **souvent** ou **jamais** ?

MODÈLE prêter tes vêtements à ta/ton colocataire
É1 Est-ce que tu prêtes tes vêtements à ta colocataire ?
É2 Non, je ne lui prête jamais mes vêtements.
OU Oui, je lui prête souvent mes pull-overs.

1. rendre les devoirs au professeur
2. expliquer tes problèmes à tes parents
3. téléphoner à tes parents
4. offrir des cadeaux à tes amis
5. demander de l'argent à tes parents
6. emprunter des vêtements à tes amis
7. acheter des bonbons pour tes nièces et tes neveux
8. emprunter de l'argent à tes amis

Formes et fonctions : les nombres à partir de mille

To express numbers larger than 999, use the following terms:

1 000 mille	1 000 000 un-million
2 000 deux-mille	2 000 000 deux-millions
1 000 000 000 un-milliard	2 000 000 000 deux-milliards

- As the examples above show, add **-s** after **million** and **milliard** in the plural. No **-s** is ever added after **mille**. Note that, unlike in English, the number **un** is never used before **mille**.

Dates prior to the twenty-first century can be expressed in either of two ways:

On a acheté la maison en mille-neuf-cent-quatre-vingt-neuf (1989).	*We bought the house in 1989.*
Mes grands-parents louent cet appartement depuis dix-neuf-cent-quatre-vingt-dix-neuf (1999).	*My grandparents have been renting that apartment since 1999.*

Dates in the twenty-first century and beyond are expressed with **deux-mille**:

Elle habite là depuis deux-mille-dix-sept (2017).	*She's been living there since 2017.*

A comma is used in French where we would use a decimal point.

Environ trente-sept virgule neuf pour cent (37,9 %) des Français sont locataires.	*About thirty-seven point nine percent (37.9%) of the French are renters.*

Use a space or a period to separate out thousands and other large numbers.

De Lille à Ajaccio (en Corse), ça fait 1 061 kilomètres.	*From Lille to Ajaccio (in Corsica) is 1,061 kilometers.*
De Paris à Montréal, ça fait 5.511 kilomètres.	*From Paris to Montreal is 5,511 kilometers.*

Use **de/d'** after million:

À Paris, il y a environ 11.000.000 **d'**habitants.	*The city of Paris has more than 11,000,000 inhabitants.*

À vous la parole

6-22 Un peu d'histoire. Écoutez bien la date de chaque évènement historique et écrivez-la comme dans le modèle.

MODÈLE : (*vous entendez*) Les Haïtiens déclarent leur indépendance en 1804.
(*vous écrivez*) Les Haïtiens déclarent leur indépendance en <u>1804</u>.

1. La Révolution française commence en ________.
2. Les Normands arrivent en Angleterre en ________.
3. Le premier président noir est élu aux États-Unis en ________.
4. La Première Guerre mondiale commence en ________.
5. Les attentats du 11 septembre ont lieu en ________.
6. La Seconde Guerre mondiale commence en ________.
7. Lincoln décrète la Proclamation d'émancipation en ________.
8. Jefferson écrit la Déclaration d'Indépendance américaine en ________.
9. Christophe Colomb « découvre » l'Amérique en ________.

6-23 Maisons de rêve. Regardez ces annonces pour des belles propriétés à vendre en France. Dites combien coûte chaque maison ou appartement.

MODÈLE **Normandie** : belle vue sur la vallée, piscine, grand jardin ;
Prix : 875.000 €
La maison en Normandie coûte huit-cent-soixante-quinze-mille euros.

1. **Bourgogne-Franche-Comté :** belle ferme restaurée ; **Prix : 498.000 €**
2. **Bretagne** : propriété de charme près de la mer ; **Prix : 692.000 €**
3. **Pays de la Loire:** belle vue sur l'océan ; **Prix : 768.000 €**
4. **Provence-Alpes-Côte d'Azur:** un charme fou ; **Prix : 1.154.000 €**
5. **Nouvelle Aquitaine :** appartement, grande terrasse ; **Prix : 319.000 €**
6. **Occitanie :** maison ancienne, à restaurer ; **Prix : 107.000 €**

6-24 Chiffres importants. Partagez les informations suivantes avec votre partenaire. Pour être sûr/e d'avoir bien compris, écrivez les chiffres que vous entendez et vérifiez-les avec votre partenaire.

MODÈLES date de naissance (*birth*)
É1 (*dit*) C'est le quatorze février, mille-neuf-cent- quatre-vingt-dix-neuf.
É2 (*écrit*) 14/02/1999 ; (*et dit*) le quatorze février dix-neuf-cent-quatre-vingt-dix-neuf

numéro de téléphone
É2 (*dit*) C'est le cinq-cent-cinquante-cinq, zéro huit, trente-sept.
É1 (*écrit*) 555-0837 ; (*et dit*) C'est le cinq-cent-cinquante-cinq...

1. date de naissance
2. numéro de téléphone
3. code postal
4. année où vous avez terminé vos études secondaires
5. année où vous allez terminer vos études universitaires

Parlons

6-25 À la recherche d'un appartement parisien

A. Avant de parler. Imaginez que vous êtes à Paris pour apprendre le français à l'Université Paris-Sorbonne ; vous cherchez un appartement d'étudiant. Consultez le plan des arrondissements pour situer le centre des Cours de Civilisation Française de la Sorbonne (CCFS). Ensuite, remplissez la Fiche A avec les critères que vous cherchez. Quelles sont les questions que vous allez poser à un/e propriétaire à propos de son appartement à louer ? Si vous êtes un/e propriétaire, remplissez la Fiche B pour décrire l'appartement que vous voulez louer. Comment persuader un/e étudiant/e de louer cet appartement ?

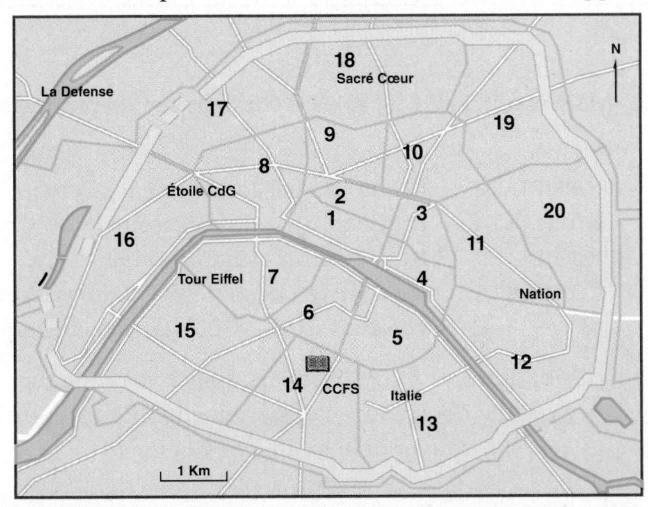

Stratégie

What features would you look for in student housing when studying French abroad? What, on the other hand, would you expect a potential landlord to emphasize in presenting an option to you? Anticipating both questions and responses can help you make the most of your interaction.

A : Étudiant/e qui cherche un logement	
Budget	de ______ € à ______ € par mois
Colocataires	□ Oui, combien ______ □ Non
Critères / préférences	□ Studio □ ________ -pièces
	□ ascenseur □ donne sur la cour □ au calme □ rénové □ baignoire □ au rez-de-chaussée □ balcon □ spacieux □ charges comprises □ terrasse □ cuisine équipée □ ____________
Emplacement	dans le ________ arrondissement Près : □ des commerces □ de la CCFS □ d'une station de métro □ ________________

B : Propriétaire d'un logement à louer	
Loyer	________ € par mois Charges comprises : □ Oui □ Non
Description	□ Studio □ ________ -pièces □ ascenseur □ donne sur la cour □ au calme □ rénové □ baignoire □ au rez-de-chaussée □ balcon □ spacieux □ coin cuisine □ terrasse □ cuisine équipée □ ____________
Emplacement	dans le ________ arrondissement Près : □ des commerces □ de la CCFS □ d'une station de métro □ ________________

B. En parlant. Maintenant, jouez les rôles d'étudiant/e et de propriétaire avec votre partenaire.

MODÈLE PROPRIÉTAIRE : J'ai un très bel appartement au cinquième étage.
ÉTUDIANT/E : Est-ce qu'il y a un ascenseur ?
PROPRIÉTAIRE : Non, c'est un vieil immeuble.
ÉTUDIANT/E : Il a combien de pièces ? J'ai un/e colocataire, donc je voudrais un deux-pièces ou même un trois-pièces…

C. Après avoir parlé. Racontez votre conversation à vos collègues. Étudiant/e/s, est-ce que vous avez décidé de prendre l'appartement ? Pourquoi ? Propriétaires, est-ce que vous avez réussi à trouver un/e locataire ? Comment ?

LEÇON 3

La vie à la campagne

Points de départ : tout près de la nature

La sœur et le beau-frère de Leslie possèdent une maison de campagne qui se trouve en Normandie. Ce n'est pas très loin de Paris et à une heure de la mer. Leslie a passé le week-end dernier là-bas avec des amis et Olive bien sûr. Elle en parle avec un ami, Benoît.

La résidence secondaire en Normandie où Leslie a passé le week-end avec des amis.

BENOÎT : Qu'est-ce que tu as fait le week-end dernier ?

LESLIE : Je suis allée en Normandie avec des copains. On a couché dans la maison de campagne de ma sœur.

BENOÎT : C'était bien ?

LESLIE : C'était super ! Samedi, mes amis sont allés à la pêche, et j'ai fait des belles promenades avec Olive dans le bois. Dimanche, on est tous allés à Honfleur, et on a fait un pique-nique au bord de la mer.

BENOÎT : Vous avez mangé des pommes normandes ?

LESLIE : Mais oui, bien sûr. Mon beau-frère a quelques arbres fruitiers. Pour le pique-nique, on a mangé des pommes de son jardin et des carottes et des tomates de son potager.

BENOÎT : Dis donc, j'ai l'impression que tu as passé un week-end plutôt agréable.

LESLIE : En effet, c'est un endroit très calme. Je me détends toujours quand on est à la campagne, loin du stress de la ville.

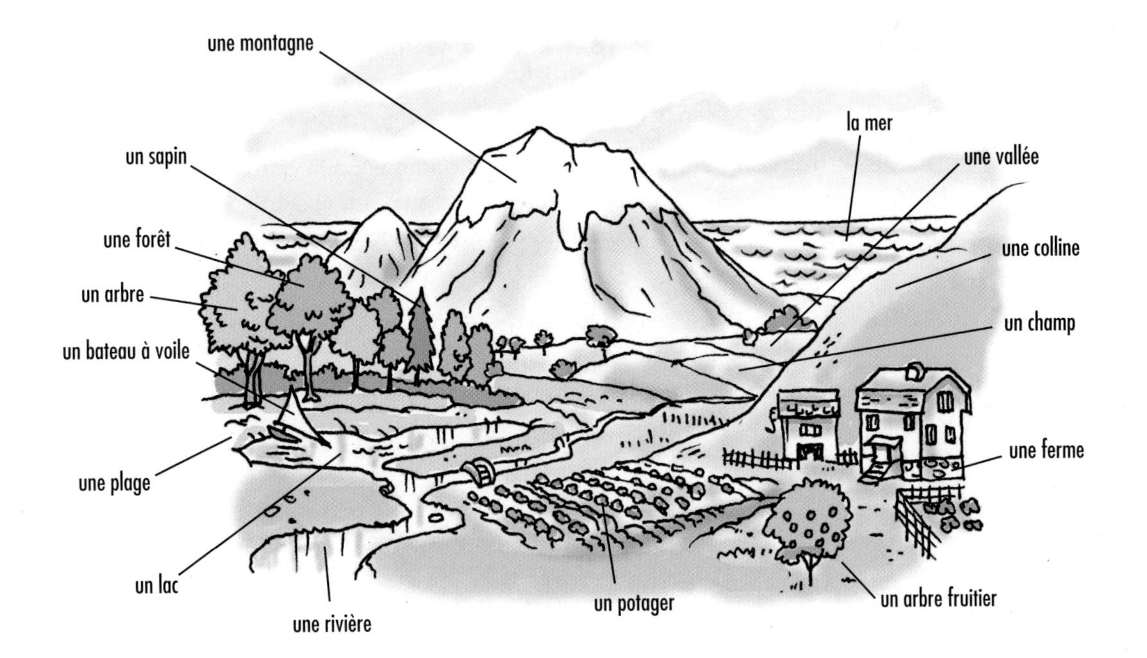

À vous la parole

e **6-26 Où aller ?** Suggérez le meilleur endroit pour chaque activité mentionnée.

MODÈLE pour aller à la pêche
Allons au bord d'une rivière.
OU Allons au bord de la mer.
OU Allons au lac.

1. pour faire du ski
2. pour faire un pique-nique
3. pour nager
4. pour se promener dans la nature
5. pour chercher des tomates et des carottes
6. pour faire du camping
7. pour faire du bateau

6-27 Êtes-vous plutôt... ? Discutez de vos préférences avec un/e partenaire et dressez une liste des avantages et des inconvénients de chaque choix.

MODÈLE Êtes-vous plutôt ville ou campagne ?
É1 Moi, je préfère habiter la ville ; il y a beaucoup de bons restaurants et de cinémas.
É2 Il y a trop d'activité et trop de voitures en ville ; je préfère le calme à la campagne…

la ville : avantages = les restaurants, les cinémas, …
inconvénients = les voitures, …
la campagne : avantages = le calme, …

1. Êtes-vous plutôt ville ou campagne ?
2. Êtes-vous plutôt mer ou montagne ?
3. Êtes-vous plutôt maison ou appartement ?
4. Êtes-vous plutôt lac ou piscine ?
5. Êtes-vous plutôt potager ou jardin ?
6. Êtes-vous plutôt forêt ou vallée ?

6-28 La maison de vos rêves. Imaginez que vous pouvez acheter une résidence secondaire. Décrivez-la d'après vos préférences, et comparez vos idées avec celles d'un/e partenaire.

1. Elle se trouve au bord de la mer ? à la montagne ? à la campagne ?
2. C'est une grande ou une petite maison ? simple ou élégante ?
3. Qu'est-ce que vous faites quand vous allez dans votre résidence secondaire ?

MODÈLE Ma résidence secondaire se trouve à la montagne. C'est un petit chalet, très simple mais confortable. J'adore la nature. J'aime me promener et faire de la marche.

Vie et culture

La diversité géographique de la France

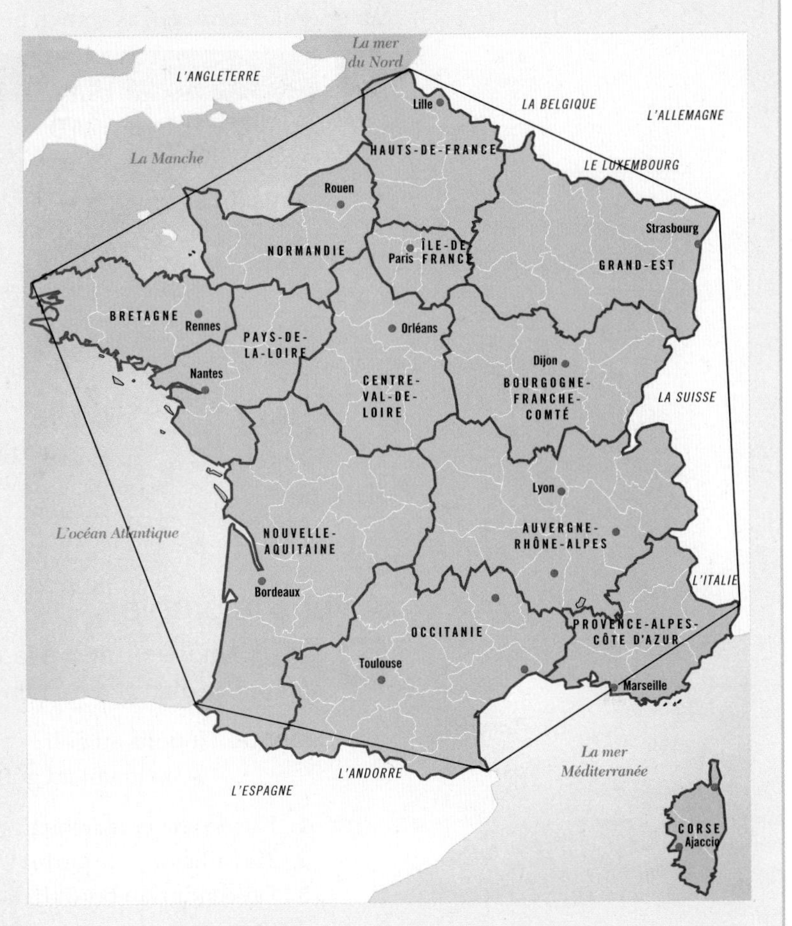

Pour les Français, la France a la forme d'une figure géométrique, un hexagone équilibré, avec trois côtés bordés par des mers et trois côtés limités par d'autres pays[1]. Tracez les six côtés de l'hexagone et identifiez les mers et les pays autour.

Pour un pays qui est un peu moins grand que l'État du Texas, la France a une variété géographique impressionnante. Chaque région a ses attractions. En Bretagne on peut voir des côtes sauvages. En Auvergne-Rhône-Alpes, on peut descendre dans une grotte préhistorique ou monter au sommet d'un puy[2], site d'un ancien[3] volcan. Sur la côte ouest, on peut bronzer[4] sur les plages blanches de l'Atlantique. Dans les Alpes et les Pyrénées on trouve les plaisirs de la montagne : le ski en hiver, la marche et la pêche en été. Sur la côte méditerranéenne, on peut admirer des panoramas magnifiques et des belles plages sans être très loin de la montagne. La ville de Montpellier, par exemple, dans la région d'Occitanie offre une variété géographique exceptionnelle.

Visionnez le clip vidéo pour découvrir pourquoi trois habitants de Montpellier aiment tellement cette ville.

Et vous ?

1. Quels sont les avantages d'un pays comme la France où l'on trouve beaucoup de variation géographique dans un espace réduit ?
2. Quelles sont les particularités géographiques de votre région ? Est-ce que vous devez aller loin pour trouver de la diversité géographique (par exemple, combien de temps est-ce qu'il vous faut pour aller à la montagne ou à la mer) ?

[1]*countries* [2]*mountaintop* [3]*former* [4]*tan*

Formes et fonctions : faire des suggestions avec l'imparfait

The imperfect **(l'imparfait)** is a tense that is used in a variety of ways. For example, it is used with **si** to make suggestions and to soften commands.

Si on **faisait** une promenade ?	*Shall we take a walk?*
Si tu **allais** à la pêche ?	*Why don't you go fishing?*
Si on **allait** à la montagne ?	*How about going to the mountains?*

To form the **imparfait**, drop the **-ons** ending of the **nous-** form of the present tense and add the **imparfait** endings. The only exception to this rule is the verb **être**, which has an irregular stem, **ét-**, as shown below.

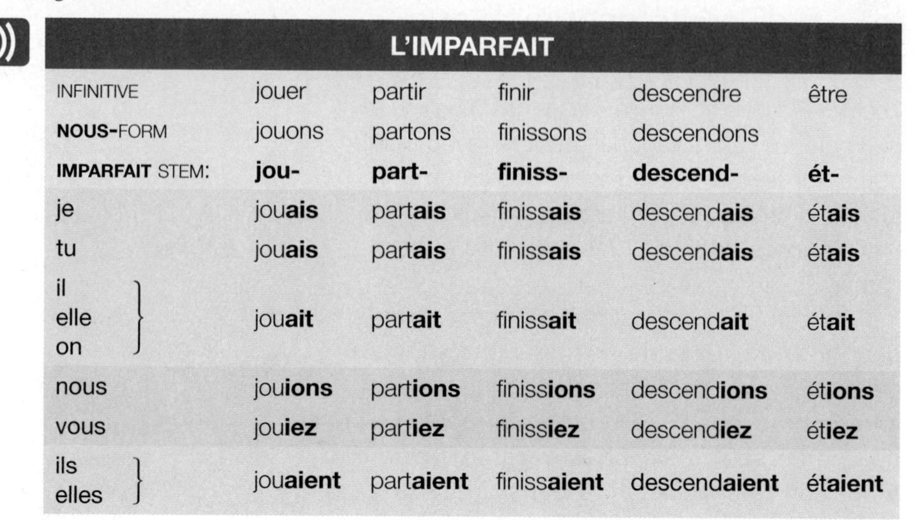

L'IMPARFAIT					
INFINITIVE	jouer	partir	finir	descendre	être
NOUS-FORM	jouons	partons	finissons	descendons	
IMPARFAIT STEM:	**jou-**	**part-**	**finiss-**	**descend-**	**ét-**
je	jou**ais**	part**ais**	finiss**ais**	descend**ais**	ét**ais**
tu	jou**ais**	part**ais**	finiss**ais**	descend**ais**	ét**ais**
il / elle / on	jou**ait**	part**ait**	finiss**ait**	descend**ait**	ét**ait**
nous	jou**ions**	part**ions**	finiss**ions**	descend**ions**	ét**ions**
vous	jou**iez**	part**iez**	finiss**iez**	descend**iez**	ét**iez**
ils / elles	jou**aient**	part**aient**	finiss**aient**	descend**aient**	ét**aient**

À vous la parole

6-29 Un week-end à la campagne. Complétez ces phrases avec la forme appropriée d'un verbe à l'imparfait pour transformer ces ordres en suggestions.

MODÈLE Jouons au golf !
Si on jouait au golf ?

1. Faisons de la marche !
2. Travaille dans le jardin !
3. Descendez au bord du lac !
4. Organisons un pique-nique !
5. Faites une promenade dans la forêt !
6. Cherchons des tomates !
7. Fais du bricolage !
8. Allons à la pêche !

6-30 Projets pour le cours de français. Avec un/e partenaire, dressez une liste de suggestions pour votre prof de français pour rendre le cours de français plus amusant. Voici quelques verbes que vous pouvez utiliser: **regarder, écouter, parler, ne pas rendre, faire la cuisine, chanter, aller, déjeuner, goûter**, ...

MODÈLE É1 Si on regardait un film en français ?
É2 Oui, et si on écoutait de la musique ?

6-31 Pour une sortie. En groupes de trois personnes, organisez une petite sortie. Mettez-vous d'accord sur l'endroit et les distractions. Utilisez au moins les verbes suivants : **acheter, aller, apporter, faire, jouer, inviter**.

MODÈLE É1 Si on allait à la plage ? (ou chez Makayla ?, etc.)
É2 Bonne idée ! Si tu apportais ta guitare, Brooke ?
É3 Pourquoi pas. Et si on faisait un pique-nique ?

Formes et fonctions : l'imparfait et la description au passé

You have learned to use the **imparfait** to make suggestions. This tense is more frequently used to describe situations and settings in the past.

- To indicate the time:

Il **était** une heure du matin.	*It was one o'clock in the morning.*
C'**était** au mois de mai.	*It was during the month of May.*

- To describe the weather:

Il **faisait** beau.	*It was nice.*
Il y **avait** du soleil.	*It was sunny.*

- To describe people and places:

C'**était** une belle maison.	*It was a nice house.*
La dame **avait** les cheveux roux.	*The woman had red hair.*
Elle **portait** un manteau noir.	*She was wearing a black coat.*

- To express feelings or describe emotions:

On **avait** faim.	*We were hungry.*
Ils **étaient** contents.	*They were happy.*

Use the **imparfait** also to express habitual actions in the past:

Tous les week-ends on **faisait** une promenade dans les bois.	*Every weekend we would take (we took) a walk in the woods.*
Quand j'étais petit, on **passait** les vacances chez mes grands-parents.	*When I was little, we used to spend vacations at my grandparents'.*

Here are some expressions often used with the **imparfait** to describe things that were done on a routine basis:

quelquefois	*sometimes*
souvent	*often*
d'habitude	*usually*
toujours	*always*
le lundi, le week-end	*every Monday, every weekend*
tous les jours, tous les soirs	*every day, every evening*
toutes les semaines	*every week*

Quand j'étais petite, on allait souvent chez mes grands-parents en Bretagne. Ils habitaient une belle maison à la campagne.

À vous la parole

6-32 Un après-midi en famille. Regardez l'image de cette famille à Biarritz et complétez les phrases pour décrire leur après-midi.

MODÈLE Ce / être le mois de juin
C'était le mois de juin.

1. les enfants / jouer dans le jardin
2. le grand-père / parle avec sa petite-fille
3. le fils / jouer au foot
4. leur mère et leur tante / boire un jus d'orange
5. les femmes / regarder les enfants et leur père
6. leur frère / préparer le repas
7. le chien et les chats / dormir

6-33 Votre premier cours de langue. Avec un/e partenaire, parlez de votre premier cours de langue. Est-ce que vous aviez des expériences semblables ou pas ?

MODÈLE le prof
É1 Mon premier prof de français s'appelait M. Dell. Il était grand et assez mince. Il était très dynamique et assez drôle. Et toi ?
É2 Mon premier prof d'espagnol s'appelait Señora Glatis. Elle était très sympa et très énergique. Je l'adorais !

1. l'heure du cours
2. l'endroit (le bâtiment, la salle de classe ou le campus…)
3. le prof
4. les autres étudiants ou élèves
5. vos émotions / sentiments
6. le travail
7. les activités habituelles

6-34 Votre enfance. Posez des questions à un/e camarade de classe pour savoir ce qu'il/elle faisait pendant son enfance.

MODÈLE habiter ici
É1 Est-ce que tu habitais ici ?
É2 Non, j'habitais à Chicago avec mes parents.

1. habiter ici
2. avoir des animaux
3. aimer aller à l'école
4. faire du sport
5. jouer d'un instrument
6. aller souvent chez des amis
7. partir souvent en vacances
8. avoir une résidence secondaire

Lisons

6-35 Quand j'étais toute petite

A. Avant de lire. J.M.G. Le Clézio, a well-known and prolific French author, received the Nobel Prize for Literature in 2008. The excerpt you are about to read is from *Printemps et autres saisons,* a collection of short stories. Each one is set in a different season and tells the story of a particular woman. In this excerpt, Zinna, a young woman who has left her home in Morocco for the South of France, describes her childhood home in the **Mellah** (the Jewish quarter). Like Zinna, do you have a vivid memory of a particular place from your childhood?

1. Before reading, skim the text and discover the role of each of the characters named below:

_____ mon père	a. Zinna's uncle
_____ Moché	b. a neighbor or household worker
_____ Khadija	c. Zinna's only parent

2. An essential character who figures prominently in the story is Zinna's neighbor, **la tante Rahel**. Although she is referred to as "aunt," she is not related to Zinna. Why then, might people call her "aunt"? Skim the text and decide which of the descriptions below apply to Rahel:

   a. jeune / vieille **b.** pauvre / riche **c.** mariée / célibataire

   Might Rahel be considered unusual in her society? Why?

Voici une petite rue dans le Mellah, ancien quartier juif d'Essaouira, au Maroc.

B. En lisant. Zinna décrit deux maisons ; choisissez toutes les bonnes réponses aux questions suivantes.

1. La maison de Zinna était…
   a. grande. / petite. **b.** nouvelle. / vieille. **c.** large. / étroite.
2. Sa maison avait…
   deux pièces. beaucoup de fenêtres. un lavoir sur le toit.
3. La maison de Rahel était…
   grande. petite.
4. Sa maison avait…
   une porte et des fenêtres bleues. beaucoup de chambres. un balcon.
5. Sur le toit de sa maison à elle, Zinna…
   peut voir très loin. fait des travaux domestiques.
6. Du balcon de Rahel, Zinna imagine que l'on peut voir…
   sa maison à elle. toute la ville. la rivière. la mer.

Stratégie

To understand a narrative, identify the main characters and the nature of their relationship with each other. Then as you read and reread the passage, focus on the significance of each character and how he or she figures in the story.

« … quand j'étais toute petite, il n'y avait pas de plus beau quartier que le Mellah. »

Zinna commençait toujours ainsi. …

« Alors, nous habitions une maison très vieille, étroite, juste une pièce en bas
5 où couchait mon père avec mon oncle Moché, et moi j'étais dans la chambre du haut. Il y avait une échelle[1] pour grimper[2] sur le toit, là où était le lavoir[3]. C'était moi qui lavais le linge, quelquefois Khadija venait m'aider ; elle était grosse, elle n'arrivait pas à grimper l'échelle, il fallait[4] la pousser. À côté de chez nous, il y avait la maison bleue. Elle n'était pas bleue, mais on l'appelait comme ça parce
10 qu'elle avait une grande porte peinte en bleu, et les fenêtres à l'étage aussi étaient peintes en bleu. Il y avait surtout une fenêtre très haute, au premier, qui donnait sur un balcon rond. C'était la maison d'une vieille femme qu'on appelait la tante Rahel, mais elle n'était pas vraiment notre tante. On disait qu'elle était très riche, qu'elle n'avait jamais voulu[5] se marier. Elle vivait[6] toute seule dans
15 cette grande maison, avec ce balcon où les pigeons venaient se percher. Tous les jours, j'allais voir sa maison. De son balcon, je rêvais[7] qu'on pouvait voir tout le paysage, la ville, la rivière avec les barques qui traversaient, jusqu'à la mer. La vieille Rahel n'ouvrait jamais sa fenêtre, elle ne se mettait jamais au balcon pour regarder… »

---

[1]*ladder* [2]*climb* [3]*washtub* [4]*it was necessary* [5]*had never wanted* [6]*lived* [7]*imagined*

C. En regardant de plus près. Maintenant, considérez ces questions.

1. Qui est plus curieuse, Zinna ou Rahel ? Expliquez.
2. La description des deux maisons montre les différences entre Zinna et Rahel. Quelles sont ces différences ?
3. Dans ce texte, l'écrivain utilise presque exclusivement l'imparfait ; pourquoi, à votre avis ?

D. Après avoir lu. Comme Zinna, est-ce que vous avez le souvenir d'un lieu important dans votre passé ? Décrivez cet endroit. Quelles idées ou sentiments est-ce que vous associez à ce lieu ?

Cette maison se trouve au Mellah à Fès, au Maroc.

Venez chez nous !

À la découverte de la France : les régions

Les frontières[1] de la France d'aujourd'hui ne sont pas toutes des frontières naturelles, comme la mer et les montagnes. En fait, l'Hexagone est le résultat d'évènements[2] politiques qui ont réuni[3] peu à peu des peuples de langues et de cultures différentes. Par exemple, la Bretagne a été ajoutée[4] en 1532 ; le Pays Basque en 1620; le Roussillon (la région autour de Perpignan) en 1659 ; l'Alsace en 1681 ; la Flandre en 1713 ; la Corse en 1768 ; la Savoie et la région de Nice en 1860.

Les habitants des régions françaises ont conservé une partie de leur culture à travers la musique, les fêtes et la cuisine régionales. La diversité culturelle se manifeste aussi par la langue. Dans ces régions, on entend encore parler les langues traditionnelles. Les communautés locales font un effort pour préserver ces langues, et on commence à enseigner les langues régionales à l'école. Voici quelques exemples de la langue de ces régions qui, tous, veulent dire : « Venez chez nous en… ! »

- En Bretagne, le breton : Deit genomb é Breizh !
- Dans les Hauts-de-France (la région de Dunkerque, la Flandre), le flamand : Kom bij ons in Vlanders !
- Dans le Grand-Est (Alsace et Lorraine), des dialectes allemands : Komme zü uns ens Elsass !
- En Corse, le corse : Venite in Corsica !
- Au Pays Basque français (en Nouvelle-Aquitaine), le basque : Zatozte Euskal herrirat !
- En Occitanie, des dialectes occitans : Venetz en Occitania !

[1]*borders* [2]*events* [3]*brought together* [4]*added*

Lisons

6-36 L'identité de la France : la pluralité culturelle

A. Avant de lire. This excerpt from a classic history-geography textbook for French high school students discusses the cultural diversity apparent in the various regions in France. Follow the progression of the passage by identifying the main idea of each paragraph; at the end, you should be able to articulate the essential points of this discussion. Then fill in the details about regional differences and similarities that complement the main ideas.

B. En lisant. Trouvez la réponse (ou les réponses) à chaque question.

1. Quelle est l'idée principale du premier paragraphe ?
   a. La France est un pays uniforme et homogène.
   b. Chaque région de France est un peu différente à cause du contact entre les peuples qui sont arrivés plus récemment et les peuples qui étaient déjà là.
   c. Il faut respecter les habitudes et les coutumes des peuples qui sont originaires de chaque région.

Un bel exemple du folklore régional : le « Mai », ou la fête de Nice, sur la Côte d'Azur ; en niçois (une variété de l'occitan) : lu « Mai » o lu festin de Nissa.

2. Le deuxième paragraphe parle principalement des différences…
   a. linguistiques b. culturelles c. sociales
3. Selon le troisième paragraphe, les régions de France…
   a. sont toutes assez similaires.
   b. ont leurs propres identités.
   c. ont leurs propres coutumes.
4. Le dernier paragraphe conclut que la distinction principale en France actuelle peut se résumer à la différence entre le Nord et le Sud. Sélectionnez les caractéristiques de la France du Sud.
   a. On fait la cuisine avec du beurre.
   b. On fait la cuisine avec l'huile d'olive.
   c. On préfère le rugby.
   d. On préfère le football.
   e. On y trouve les langues d'oc.
   f. On y trouve les langues d'oïl.

Le phare de Ploumanch, sur la Côte de granit rose en Bretagne

La commune de Ville-Dommange dans le département de la Marne

La Côte d'Azur entre montagnes et la mer Méditerranée

La pluralité culturelle

Des apports multiples

La France est un creuset[1] humain et culturel… Les peuples qui se sont installés dans une région y ont imposé certaines de leurs habitudes, mais ils ont aussi transformé leurs usages au contact des populations autochtones[2]…

Certains contrastes anciens ont aujourd'hui disparu… Les divisions linguistiques se sont atténuées[3] et si quelques langues régionales comme le breton, le basque et le corse se maintiennent, la généralisation du français et le brassage[4] des populations ont minimisé l'opposition entre pays de langue d'oïl[5] et pays de langue d'oc[6]. 5

France du Nord, France du Sud

La France forme une mosaïque complexe de provinces, qui ont une identité historique forte et des modes de vie assez homogènes. On identifie encore, à juste titre, les Normands, les Bourguignons, les Angevins, les Provençaux ou les Béarnais, et chacune de leurs régions a sa propre cuisine, son folklore, ses proverbes et ses coutumes pour les grands moments de la vie sociale (comme les baptêmes ou les mariages).

10 À l'échelle[7] nationale cependant[8], la division Nord-Sud semble s'imposer plus que toute autre… On utilise toujours la tuile plate[9] dans la France du Nord, la tuile ronde[10] dans le Sud et l'ardoise[11] dans l'Ouest armoricain[12], mais plus importantes sont les différences de comportement[13] : par exemple, … dans le domaine sportif : grandes villes exceptées, une France méridionale[14] du rugby s'oppose à une France septentrionale[15] du football ; et dans le domaine culinaire : une France du beurre au Nord fait face à une France de l'huile au Sud.

[1]*melting pot* [2]*indigenous* [3]*diminished* [4]*mixing* [5]*name given to the languages (where oïl meant oui) spoken in the North of France* [6]*name given to the languages (where oc meant oui) spoken in the South of France* [7]*scale* [8]*however* [9]*flat roofing tile* [10]*rounded roofing tile* [11]*slate roofing* [12]Bretagne [13]*behavior* [14]du Sud [15]du Nord

Extrait de : « La pluralité culturelle », *Geographie 1er : La France en Europe et dans le monde*, sous la direction de J. L. Mathieu (Bordas, 1994).

C. Après avoir lu. Discutez de ces questions avec vos camarades de classe.

1. Est-ce que vous pouvez identifier des caractéristiques particulières d'une ou de plusieurs régions aux États-Unis ou au Canada ? Trouvez des exemples avec un/e partenaire.
2. Est-ce qu'il y a aux États-Unis, comme en France, une division majeure entre le Nord et le Sud ? Expliquez votre réponse.

Observons

6-37 Visitons Courcelles

A. Avant de regarder. Dans cette séquence vidéo, nous allons « visiter Courcelles ». Courcelles Val d'Esnoms se trouve dans le département de la Haute-Marne dans la région de Bourgogne–Franche-Comté.

1. Philippe va faire le guide dans cette séquence vidéo. Pourquoi, à votre avis ?
2. Courcelles, c'est un centre urbain, une grande ville ou un petit village ?
3. À votre avis, quels aspects de Courcelles est-ce que Philippe va nous montrer ?

B. En regardant. Maintenant, regardez la séquence vidéo pour trouver la bonne réponse.

1. Courcelles se trouve dans l'est ou l'ouest de la France ?
2. C'est une ville ou un village ? Il y a combien d'habitants ?
3. À Courcelles, les principaux lieux sont (cochez les bonnes réponses) :

_____ une belle fontaine
_____ un monument aux morts
_____ la place
_____ l'église
_____ la salle des fêtes
_____ le Badin, le ruisseau (*stream*)

C. Après avoir regardé. Courcelles est un petit village dynamique. Ce n'est pas toujours le cas en France actuellement. Beaucoup de personnes ont choisi de quitter les petits villages pour habiter dans les centres plus urbains. Est-ce que Courcelles est un endroit que vous voudriez visiter ? Est-ce que vous voudriez habiter un village comme Courcelles ? Pourquoi ?

Écrivons

6-38 Ma visite à...

A. Avant d'écrire. Imaginez que vous voulez partager des photos sur un réseau social d'un séjour en France. Choisissez une ville qui vous intéresse et cherchez des renseignements sur Internet (les sites à visiter, les musées, les spécialités culinaires, ...) et quelques images pour illustrer vos aventures. (Bien sûr, si vous avez déjà visité la France, vous pouvez utiliser vos propres photos !)

B. En écrivant. Maintenant, utilisez vos informations pour écrire des légendes pour les trois ou quatre images que vous avez choisies. Regardez le modèle à la page suivante.

C. Après avoir écrit. Montrez vos images à vos camarades de classe et regardez les images des autres. Quelles images est-ce que vous allez « aimer » ?

Parlons

6-39 Un voyage en France. Imaginez qu'avec deux ou trois de vos amis, vous décidez de faire un voyage de quinze jours en France cet été. Mais dans le groupe, il y a des personnalités très différentes :

1. Une personne est très sportive. Il/Elle adore assister à des matchs de tennis et de foot et il/elle aime bien faire de la marche, du canoë et du kayak.
2. Une personne se spécialise en histoire de l'art. Il/Elle veut visiter tous les musées possibles.
3. Une personne est assez sédentaire. Il/Elle veut faire le moins possible et surtout se détendre au maximum.
4. Une personne adore la mode et veut faire beaucoup de shopping pour acheter des vêtements, des chaussures et des accessoires chics.

A. Avant de parler. Choisissez le rôle que vous allez jouer, et réfléchissez à vos projets préférés. Dressez une petite liste des possibilités.

MODÈLE É1 Il faut s'arrêter d'abord à Paris pour voir les musées et les monuments, par exemple, le Louvre, ...

B. En parlant. En groupes de trois ou quatre, essayez de persuader vos amis de visiter les sites qui vous intéressent et de faire les activités que vous préférez. Créez un itinéraire qui plaît à tout le monde.

MODÈLE É1 On s'arrête d'abord à Paris où je peux assister au tournoi de tennis Roland-Garros.
É2 Oui, et quand tu es aux matchs, je visite les musées, par exemple, ...
É3 Et moi, je peux m'installer à la terrasse d'un café pour regarder les gens.
É4 Et bien sûr, on doit faire du shopping sur les Champs-Élysées.

C. Après avoir parlé. Partagez votre itinéraire avec les autres étudiants. Qui a l'itinéraire le plus intéressant ? Qui visite le plus grand nombre de villes ? Qui fait le plus de kilomètres ?

MODÈLE POUR EX. 6-38

cmg_22 On a fait une belle promenade dans le jardin de Peyrou. C'est magnifique. On a pris beaucoup de photos. #jaimelaFrance #Montpellier2019

J'aime **5** Commenter Partager

cmg_22 Visite au musée Fabre pour décrire des tableaux pour notre cours de français. Bazille, Courbet, Delacroix, Dufy – c'est beau, tout ça ! #jaimelaFrance #Montpellier2019 #vivelesbeaux-arts

J'aime **5** Commenter Partager

cmg_22 On est sortis boire un verre et regarder des gens. Place de la Comédie, voilà l'Opéra au fond. J'adore la France ! #Montpellierlanuit #Montpellier2019

J'aime **14** Commenter Partager

cmg_22 Superbe journée à la plage, près de Montpellier et sur la mer Méditerranée. J'ai bien nagé. #jaimelaFrance #Montpellier2019

J'aime **26** Commenter Partager

Vocabulaire

Leçon 1

pour décrire un immeuble	to describe a building
un ascenseur	*elevator*
un bâtiment	*building*
une cour	*courtyard*
un escalier	*staircase, stairs*
un étage	*floor (of a building)*
un garage	*garage*
garer la voiture	*to park the car*
un mur	*wall*
le rez-de-chaussée	*ground floor*
le sous-sol	*basement*
un/e voisin/e	*neighbor*

pour situer un immeuble	to situate a building
un arrondissement	*Parisian city district*
un commerce ; les petits commerces	*shop, business; small shops*
un quartier (résidentiel)	*(residential) neighborhood*
une rue	*street*
tranquille	*quiet, tranquil*
un trottoir	*sidewalk*

pour parler d'un appartement	to talk about an apartment
un balcon	*balcony*
une chambre	*bedroom*
un quatre-pièces	*4-room apartment (for example, a 3-bedroom apartment with a living room)*
un couloir	*hallway*
une cuisine	*kitchen*
donner sur	*to look out on*
une entrée	*entrance, foyer*
un/e locataire	*renter*
louer	*to rent*
un/e propriétaire	*homeowner; landlord/landlady*
une salle à manger	*dining room*
une salle de bains	*bathroom*
un séjour, une salle de séjour	*living room*
un studio	*studio apartment*
une terrasse	*terrace*
des toilettes (f pl), des W.-C. (m pl)	*toilet, water closet*

verbes en *-ir* comme *choisir*	verbs ending in -ir like choisir
choisir	*to choose*
désobéir à	*to disobey*
finir	*to finish*
grandir	*to grow taller, to grow up (for children)*
grossir	*to gain weight*
maigrir	*to lose weight*
obéir à	*to obey*
pâlir	*to become pale*
punir	*to punish*
réfléchir à	*to think*
réussir à	*to succeed; to pass*
rougir	*to blush*

autres mots utiles	other useful words
chaque	*each*
monter	*to go up*
pâle	*pale*
propre	*own*

à quel étage ?	on what floor?
RdeCh, rez-de-chaussée	*ground floor*
1er, premier/première	*first*
2e, deuxième	*second*
3e, troisième	*third*
10e, dixième	*tenth*
11e, onzième	*eleventh*
12e, douzième	*twelfth*
13e, treizième	*thirteenth*
19e, dix-neuvième	*nineteenth*
20e, vingtième	*twentieth*
21e, vingt-et-unième	*twenty-first*

Leçon 2

des meubles (m)	furniture
une armoire	*armoire, wardrobe*
un canapé	*couch*
une cuisinière	*stove*
une étagère	*bookcase, (book)shelf*
un évier	*sink*
un fauteuil	*armchair*
un four	*oven*
une lampe	*lamp*
un lit	*bed*
un placard	*cupboard, kitchen cabinet; closet*
une plante	*plant*
un réfrigérateur, un frigo	*refrigerator, fridge*
des rideaux (m)	*curtains*
une table basse	*coffee table*
un tapis	*rug*

pour décrire un appartement ou un meuble	*to describe an apartment or a piece of furniture*
abîmé/e	*worn, worn-out*
à côté de	*next to, beside*
agréable	*pleasant*
ancien/ne	*old, antique*
en centre-ville (m)	*downtown*
les charges (f pl) (comprises)	*utilities (included)*
chic	*stylish*
avec coin cuisine	*with a kitchenette*
confortable	*comfortable (said of objects or places)*
équipé/e	*equipped*
meublé/e	*furnished*
moderne	*modern*
neuf/neuve	*brand-new*
par terre	*on the floor*
pratique	*practical*
rénové/e	*renovated*
sous les toits	*in the attic*
sous	*under*
spacieux/-euse	*spacious*
sur	*on top of*
le toit	*roof*

autres mots utiles	*other useful words*
animé/e	*lively, animated*
des affaires (f)	*belongings, things*
coûter	*to cost*
le loyer	*the rent*
ranger	*to put in order, to put away*
surtout	*above all*

quelques verbes de communication et de transfert	*some verbs of communication and transfer*
apporter	*to bring*
dire	*to say, to tell*
écrire	*to write*
emprunter	*to borrow*
expliquer	*to explain*
offrir (un cadeau)	*to give (a gift)*
prêter	*to lend*
remettre	*to hand in/over*

les nombres à partir de mille	*numbers from 1,000*
mille	*thousand*
un-million	*a million*
un-milliard	*a billion*

Leçon 3

la vie à la campagne	*life in the country*
aller à la pêche	*to go fishing*
se détendre	*to relax*
faire un pique-nique	*to picnic*
une ferme	*farm*
un jardin	*garden, yard*
un potager	*vegetable garden*
se promener	*to take a walk*

la nature	*nature*
un arbre (fruitier)	*(fruit) tree*
un bateau (à voile)	*(sail)boat*
un bois	*woods*
un champ	*field*
une colline	*hill*
une forêt	*forest*
un lac	*lake*
une mer, aller à la mer	*sea, to go to the seaside*
une montagne	*mountain*
une plage	*beach*
une rivière	*large stream or river (tributary)*
un sapin	*evergreen tree*
une vallée	*valley*

quelques expressions utiles	*some useful expressions*
au bord (du lac)	*on the shore (of the lake)*
au bord de la mer	*at the seashore*
avoir l'impression que	*to have a feeling (that)*
un endroit	*place*
en effet	*yes, indeed*
Il faisait beau.	*It was nice out. (the weather)*
Il y avait du soleil.	*It was sunny.*
là(-bas)	*there*
plutôt	*rather, instead*
posséder	*to own*
les vacances (f pl)	*vacation*

pour parler des activités habituelles dans le passé	*to talk about habitual activities in the past*
d'habitude	*usually*
le lundi	*every Monday, on Mondays*
quelquefois	*sometimes*
souvent	*often*
toujours	*always*
tous les jours / les soirs	*every day / evening*
toutes les semaines	*every week*
le week-end	*on weekends, every weekend*

Chapitre 7

Activités par tous les temps

Aujourd'hui il fait beau ; si on sortait faire une promenade ?

On démarre !

C'est le mois de juin à Paris et il fait beau. Où sont Joanna et les enfants ? Qu'est-ce qu'ils font ?

▷ Visionnez la vidéo pour en apprendre plus. Quelles sont vos activités préférées selon la météo ?

? Quelle est l'importance des vacances pour vous ? Où allez-vous et qu'est-ce que vous faites ? Est-ce que vous pensez que les préférences des Francophones sont similaires ?

Learning Outcomes

After completing this chapter, you will be able to:

- Talk about the weather and vacation activities
- Talk about past actions or states
- Extend, accept, and refuse invitations
- Ask for information
- Make suggestions and give advice
- Identify vacation spots and cultural activities in places where French is spoken

LEÇON 1

Il fait quel temps ?

Points de départ : le temps à toutes les saisons

C'est le printemps dans les Alpes. Il fait beau : il y a du soleil et le ciel est bleu. Il fait toujours frais et il y a de la neige.

C'est l'été sur la Côte d'Azur. Il fait chaud, mais il y a du vent. Il n'y a pas de nuages.

C'est l'automne à Paris. Il commence à faire froid. Le ciel est couvert ; il pleut et il fait du vent.

C'est l'hiver à Québec. Il fait mauvais : il gèle, il neige, il y a du verglas et du brouillard.

Pour parler de la température et de la météo

Il fait chaud / bon / frais / froid / cinq degrés.

Il fait beau / mauvais.

Le ciel est bleu / gris / couvert.

Il y a du soleil / des nuages / du vent / de la pluie / du brouillard / un orage / de la neige / du verglas.

Il pleut / neige / gèle.

Il va pleuvoir / neiger / geler.

Il fait 30° ; j'ai très chaud.

Il commence à neiger ; nous avons froid.

Vie et culture

La température

À travers le monde francophone et dans le monde entier, on mesure la température en degrés Celsius. Regardez la photo de la pharmacie avec la température indiquée. Est-ce qu'il fait bon ou est-ce qu'il fait froid ?

Voici quelques expressions clés avec des températures correspondantes :

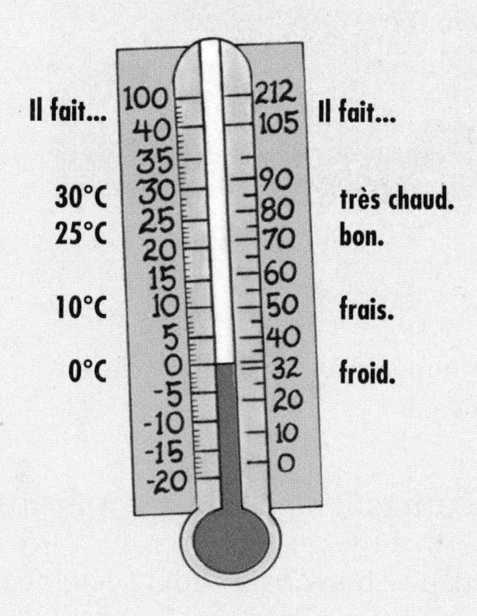

e Et vous ?

1. À ces températures, est-ce que vous avez chaud ou est-ce que vous avez froid ?

   a. 30° **b.** 32° **c.** 10° **d.** 2° **e.** –5°

2. Est-ce qu'on devrait mesurer la température en degrés Celsius dans le monde entier ? Pourquoi, à votre avis ?

À vous la parole

7-1 La météo internationale. D'après le site Web, dites quel temps il fait dans ces villes francophones.

MODÈLE Paris
À Paris, il fait assez frais et le ciel est couvert.

1. Genève
2. Alger
3. Yaoundé
4. Montréal
5. Ajaccio
6. La Nouvelle-Orléans
7. Papeete
8. Fort-de-France
9. Bruxelles

7-2 Carte météo de France. Voilà la météo qu'on annonce en ligne pour la France. Demandez à votre partenaire quel temps il va faire et la température.

MODÈLE à Lyon
É1 Quel temps est-ce qu'il va faire à Lyon ?
É2 À Lyon, il va pleuvoir.
É1 Et la température ?
É2 Il va faire onze degrés, donc il va faire assez frais.

1. à Paris
2. à Bordeaux
3. à Perpignan
4. à Brest
5. à Nice
6. à Grenoble
7. à Lille
8. à Strasbourg
9. à Bastia

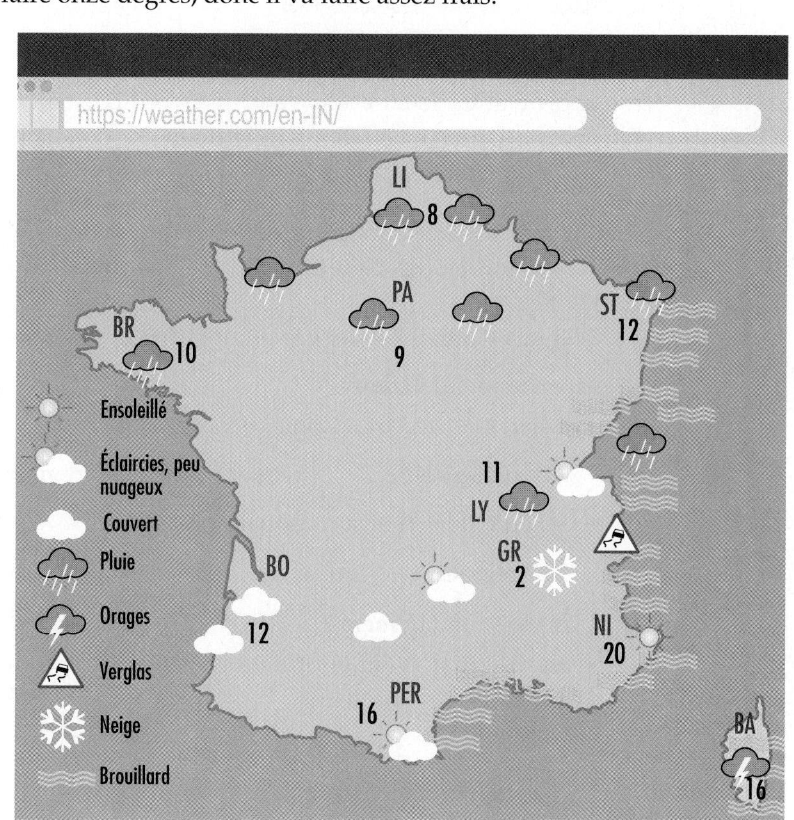

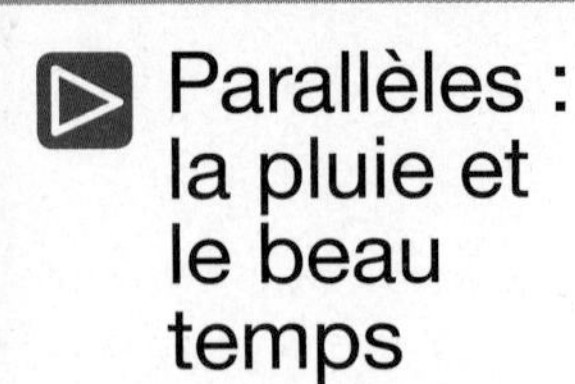

Parallèles : la pluie et le beau temps

Diandra et Mathilde décrivent des endroits qu'elles aiment visiter.

Le bois de Vincennes

Le musée des Beaux-Arts de Dijon

7-3 Vos préférences. Posez les questions suivantes à votre partenaire. Ensuite, comparez vos réponses avec celles de vos camarades de classe.

MODÈLE É1 Quand est-ce que tu n'aimes pas aller en classe ?
É2 Je n'aime pas aller en classe quand il pleut ou quand il y a un orage.

1. Quand est-ce que tu aimes travailler dans le jardin ?
2. Quand est-ce que tu aimes faire du shopping ?
3. Quand est-ce que tu aimes faire une randonnée ?
4. Quand est-ce que tu préfères rester chez toi ?
5. Quand est-ce que tu aimes aller au cinéma ?
6. Quand est-ce que tu n'aimes pas voyager ?

7-4 En quelle saison ? Pour chaque endroit, décidez avec un/e partenaire quelle saison est la meilleure pour faire du tourisme.

MODÈLE Paris
É1 Il ne faut pas visiter Paris en été ; il y a trop de touristes. Si on visitait Paris au printemps ?
É2 Il pleut beaucoup à Paris au printemps. Allons à Paris en automne ; il y a beaucoup de parcs et les couleurs sont très belles.

1. la Côte d'Azur
2. le Québec
3. la Guadeloupe
4. Tahiti
5. la Louisiane
6. la Suisse

Sons et lettres

La prononciation de la lettre *e*

You know that the letter **e** at the end of a word is usually not pronounced; it tells you that the consonant it follows is pronounced. Compare:

un anglais vs. **une** anglais**e**

Final **e** may be pronounced in one-syllable words such as the pronouns **je**, **me**, **te**, **se**, and **le**, the definite article **le**, the preposition **de** and the negative marker **ne**.

Within a word, the letter **e** is pronounced in several ways:

1. Like the sound in **deux** /ø/
   - when followed by a single consonant letter:

     un semestre premier une partenaire vous prenez

   - when followed by a consonant plus **r** or **l**:

     regretter un secret degrés

2. Like the sound in **mère** /ɛ/
   - in the final syllable of a word, when it is followed by one or more pronounced consonants:

     sert couvert hiver lunettes de soleil cet

- in a non-final syllable, when it is followed by two or more consonants (but see the exception below for double consonants):

  du verglas   mercredi   quelque

- in a non-final syllable, when followed by an **x** (that letter represents the consonant groups /gz/ or /ks/)

  un exemple   expliquer   un examen

3. Like the sound in **thé** /e/
   - when it is followed by a double consonant or the combination **sc** in a non-final syllable of a word:

     pressé   un effort   descendre

   - in one-syllable function words such as **les**, **des**, **ces**, **ses**, **tes**.

In words like **samedi** and **maintenant**, the letter **e** in the middle of the word is not pronounced.

Compare the following two words. Look especially at the number of consonants before the **e**:

vendredi   samedi

In **samedi**, the letter **e** comes after a single consonant, /m/, so it is not pronounced. But in **vendredi**, it comes after two pronounced consonants /dr/, so it is pronounced.

À vous la parole

e **7-5 Comparez.** Écoutez bien et choisissez la voyelle que vous entendez : le **e** comme dans **deux** /ø/ ou comme dans **mère** /ɛ/.

1. prenez /ø/ /ɛ/
2. prennent /ø/ /ɛ/
3. verglas /ø/ /ɛ/
4. degrés /ø/ /ɛ/
5. hiver /ø/ /ɛ/
6. ciel /ø/ /ɛ/
7. couvert /ø/ /ɛ/
8. il pleut /ø/ /ɛ/
9. il gèle /ø/ /ɛ/

e **7-6 Prononcer ou pas ?** Répétez chaque paire de mots. Ensuite, choisissez le mot avec le **e** prononcé.

1. samedi   vendredi
2. quelquefois   normalement
3. achetez   prenez
4. appelez-moi   appelle-moi
5. mercredi   seulement
6. rez-de-chaussée   appartement

7-7 Quel son ? Répétez les proverbes suivants et faites attention à la lettre **e** prononcée comme la voyelle de **thé**, de **mère** ou de **deux**. Attention aussi aux **e non prononcés.** Remarquez que les équivalences en anglais ne sont pas toujours exactes !

1. Tel père, tel fils. — *Like father, like son.*
2. À cheval donné on ne regarde pas les dents. — *Don't look a gift horse in the mouth.*
3. Une hirondelle ne fait pas le printemps. — *One swallow doesn't make a summer.*
4. Qui va lentement va sûrement. — *Slow and steady wins the race.*
5. S'il pleut le jour de Saint Denis, tout l'hiver aurez de la pluie. — *If it rains on Saint Denis' day (October 9), you'll have rain all winter.*

Formes et fonctions : les questions avec **quel**

The interrogative adjective **quel** is used to ask *which?* or *what?* Although **quel** agrees in number and gender with the noun it modifies, it is always pronounced the same, unless a plural form, **quels** or **quelles**, modifies a noun beginning with a vowel. In that case, liaison occurs.

Quel mois est-ce que tu préfères ? *Which month do you prefer?*
Quelle saison est-ce qu'il préfère ? *What season does he prefer?*
Quels cours est-ce que tu suis ? *Which courses are you taking?*
Quelles‿affiches est-ce que tu aimes ? *Which posters do you like?*

Quel is used in some common questions:

Quel temps fait-il ? *What's the weather like?*
Quelle heure est-il ? *What time is it?*
Quel âge as-tu ? *How old are you?*

Quel can also be used before a form of the verb **être**, followed by the noun it modifies:

Quelle est la température ? *What's the temperature?*
Quelle est la date aujourd'hui ? *What's today's date?*
Quels sont les jours de la semaine ? *What are the days of the week?*

À vous la parole

7-8 Petite épreuve. Posez des questions à un/e partenaire, qui doit répondre correctement !

MODÈLES les jours de la semaine
É1 Quels sont les jours de la semaine ?
É2 Lundi, mardi, …

la date aujourd'hui
É1 Quelle est la date aujourd'hui ?
É2 C'est le huit mars.

1. les jours de la semaine
2. les mois de l'année
3. les saisons de l'année
4. la date aujourd'hui
5. l'heure
6. le temps
7. la température
8. la date de ton anniversaire
9. ton âge

7-9 Une interview. Interviewez un/e partenaire pour découvrir ses préférences.

MODÈLE la saison
É1 Quelle saison est-ce que tu préfères ?
É2 Je préfère l'automne. Et toi, quelle est ta saison préférée ?
É1 Moi, j'adore le printemps.

1. la saison
2. la ville
3. le sport
4. la musique
5. la couleur
6. les écrivains
7. les artistes
8. les acteurs

Formes et fonctions : description et narration au passé

Both the **passé composé** and the **imparfait** express past actions and states. They serve different functions in a narrative, however.

- The **passé composé** indicates that an event in the past has been completed. In a story or narrative, the **passé composé** is used to recount actions or events that move the story forward. In other words, the **passé composé** advances the plot; it answers the question, *What happened?* Consider the opening sentences of the following narrative:

Patrick **a terminé** ses études en juin. Il **a quitté** la fac.	*Patrick finished his studies in June. He left the university.*

- In contrast, the **imparfait** provides background information. It describes the setting or situation and answers the questions: *What were the circumstances? What was going on?* Compare the use of the **passé composé** and the **imparfait** as the narrative about Patrick's experience continues:

Patrick **voulait** travailler dans l'agriculture, mais il n'**avait** pas d'expérience. Il **devait** faire un stage. Alors il **a cherché** en ligne. Et il **a trouvé** un poste dans une ferme en Haute-Savoie. Il **a écrit** au propriétaire, et il **a eu** une réponse positive. Il **était** très heureux : Il **pouvait** gagner de l'expérience et découvrir une autre région.	*Patrick wanted to work in agriculture, but he didn't have any experience. He needed to complete an internship. So he looked online. And he found a position on a farm in Haute-Savoie. He wrote to the owner, and he got a positive response. He was very happy: He could get some experience and get to know another region.*

- Use the **imparfait** to describe time, weather, ongoing actions, physical characteristics, psychological states and feelings, intentions, and thoughts. The following verbs, when used in the past, will more often appear in the **imparfait: avoir, devoir, être, penser, pouvoir,** and **vouloir.**

Elle **avait** vingt ans en 2019.	*She was twenty years old in 2019.*
Elle **devait** travailler comme serveuse.	*She had to work as a server.*
Ils **étaient** contents de partir en vacances.	*They were happy to leave on vacation.*
Je **pensais** qu'elle habitait avec sa sœur.	*I thought that she lived with her sister.*
Ils ne **pouvaient** pas trouver d'emploi.	*They couldn't find any work.*
Il ne **voulait** pas apporter un parapluie.	*He didn't want to carry an umbrella.*

À vous la parole

e **7-10 Un accident de voiture.** Complétez cette histoire au passé ; choisissez le passé composé ou l'imparfait, selon le cas.

Il a été / (était) huit heures du soir. Il a fait / faisait (1) très froid et il a neigé / neigeait (2). Il y a eu / avait (3) du verglas sur la route. Je/J' suis allée / allais (4) un peu vite (*fast*). Soudain, une autre voiture est passée / passait (5) devant moi. J' ai essayé / essayais (6) de m'arrêter, mais je n'ai pas réussi / ne réussissais pas (7) à le faire. J' ai heurté / heurtais (*hit*) (8) l'autre voiture. Deux hommes sont sortis / sortaient (9) de cette voiture. Ils n'ont pas été / n'étaient pas (10) contents. Mais moi, j' ai été / étais (11) contente parce que personne n'a été / n'était (12) blessé (*injured*). Je/J' ai téléphoné / téléphonais (13) à la police. Ils sont arrivés / arrivaient (14) tout de suite après.

7-11 Des excuses. Pourquoi est-ce que ces gens ne sont pas venus en classe ? Expliquez la situation ou l'évènement, selon le cas.

MODÈLES Vanessa : il / pleuvoir
Vanessa n'est pas venue parce qu'il pleuvait.

David : il / tomber dans l'escalier
David n'est pas venu parce qu'il est tombé dans l'escalier.

1. Ben : sa mère / téléphoner
2. Adrien : il / être malade
3. Marie : elle / vouloir rester au lit
4. Guillaume : son chien / manger ses devoirs
5. Annick : elle / devoir préparer un examen
6. Grégory : il / être à la bibliothèque
7. Claire : elle / avoir un accident
8. Koffi : il / devoir terminer un rapport

7-12 Racontez une histoire. Avec un/e partenaire, racontez la journée d'Adrien d'après les dessins et en utilisant les mots-clés.

MODÈLE Hier, c'était samedi. Adrien s'est réveillé à huit heures, etc.

A. **être samedi, se réveiller, ne pas avoir cours**

B. **être à table, le téléphone / sonner, être Julie, vouloir jouer au tennis, dire oui**

C. **l'après-midi, jouer au tennis, tomber, être anxieuse**

D. **aller à l'hôpital, le médecin / dire / ne pas être grave**

Maintenant, racontez votre journée d'hier à un/e partenaire.

Lisons

7-13 Il pleure dans mon cœur

A. Avant de lire. The poet Paul Verlaine (1844–1896) believed that the music of language is more important than the actual words, and that suggestion is more important than statement. The effect of his poetry is like that of Impressionist art or music, and his poems are often compared to the paintings of Claude Monet or the music of Claude Debussy (who set sixteen of Verlaine's poems to music).

Verlaine often used free verse (that is, unrhymed lines of unequal length) and the sounds and rhythms of French to create richly musical poems, like « Il pleure dans mon cœur », which even listeners who do not know French can appreciate. Listen as the poem is read aloud and think about how its sounds and rhythm suggest the poet's mood on a particular day. Next, complete the related questions.

Ce tableau de Claude Monet, *Impression : soleil levant*, a donné son nom au mouvement impressionniste.

B. En lisant. Cherchez les réponses à ces questions.

1. Dans les deux premières strophes (*verses*), le poète utilise le verbe **pleurer** (*to cry*) pour parler de ses émotions. Quelle expression similaire pour parler de la météo est-ce qu'il emploie aussi ?
2. Dans les dernières strophes, le poète décrit ses émotions. Il est surtout…
   - **a.** confus
   - **b.** triste (*sad*)
   - **c.** anxieux
   - **d.** content
3. Résumez l'action du poème en une ou deux phrases.

Stratégie

Discover as you listen to a poem being read aloud how sounds and rhythm affect the musicality of the poem. Consider in turn what the music of language may be suggesting about a poem's meaning, and what the impact is on your own reactions.

Il pleure dans mon cœur…

Il pleut doucement° sur la ville.
—Arthur Rimbaud

Glosses		Poem
It's crying / heart		Il pleure° dans mon cœur°
		Comme il pleut sur la ville ;
		Quelle est cette langueur
		Qui pénètre mon cœur ?
soft sound	5	Ô bruit doux° de la pluie
On the ground		Par terre° et sur les toits !
is troubled		Pour un cœur qui s'ennuie°
song		Ô le chant° de la pluie !
		Il pleure sans raison
is sickened	10	Dans ce cœur qui s'écœure°.
no betrayal		Quoi ! nulle trahison° ? …
grief		Ce deuil° est sans raison.
worst pain		C'est bien la pire peine°
not knowing		De ne savoir° pourquoi
hate	15	Sans amour et sans haine°
so much		Mon cœur a tant de° peine !

softly: doucement

—Paul Verlaine

C. En regardant de plus près. Maintenant, examinez les aspects suivants du poème.

1. Les expressions **il pleure** et **il pleut** ont presque la même prononciation et une signification semblable. Comment est-ce que ces phrases communiquent le message du poète ?

   Le temps et ses émotions sont… très différents similaires

2. Notez la répétition de certains sons dans le poème, surtout de la voyelle dans le mot **cœur**.
   a. Trouvez tous les mots du poème avec ce son.
   b. Est-ce que ces mots sont importants pour les rimes ?
   c. Quel effet est-ce que la répétition de cette voyelle produit ?

   Le ton du poème est plutôt… heureux mélancolique

3. Si vous voulez, écoutez encore le poème.

D. Après avoir lu. Discutez de ces questions avec vos camarades de classe.

1. Comparez le tableau de Monet à la page précédente avec le poème de Verlaine.
   a. Est-ce que le tableau représente une scène réaliste ou une impression ?
   b. Est-ce que le poème suggère une action concrète ou un sentiment vague ?

2. Ce poème a un ton très mélancolique. Comment est-ce qu'on peut produire un effet de mélancolie dans la musique ?
   a. avec des accords majeurs ou mineurs (*major or minor keys*) ?
   b. avec un tempo rapide ou lent ?

On part en vacances !

Points de départ : des activités par tous les temps

À la plage, au bord de la mer ou au lac, on peut faire…
- du ski nautique
- du surf
- de la voile
- de la planche à voile
- du kitesurf
- de la plongée
- et on peut bronzer.

À la campagne, on peut faire…
- des pique-niques
- du cheval
- du vélo
- et de la moto.

À la montagne, on peut faire…
du camping
de l'alpinisme
du VTT
des randonnées
du ski
du snowboard
et de la motoneige.

En ville, on peut faire…
du tourisme
un tour au parc
des achats ;
on peut visiter…
des musées
des monuments ;
on peut prendre des photos.

À vous la parole

7-14 Qu'est-ce qu'on peut faire ? Suggérez à votre partenaire des activités logiques selon la situation.

MODÈLE à la montagne, quand il y a de la neige ?
É1 Qu'est-ce qu'on peut faire à la montagne, quand il y a de la neige ?
É2 On peut faire du ski ou du snowboard.

1. à la plage, en été ?
2. à la campagne, quand il fait beau ?
3. à la plage, quand il y a un beau soleil ?
4. à la montagne, au printemps ?
5. au lac, quand il y a du vent ?
6. en ville, quand il fait très chaud ?
7. en ville, quand il fait beau ?
8. en ville, quand il fait mauvais ?

7-15 Suggestions. Proposez une activité à votre partenaire, qui va donner sa réaction.

MODÈLE Vous êtes à la montagne.
É1 Si on faisait une randonnée ?
É2 Super ! J'adore la nature !
OU Zut alors ! Je n'ai pas de bonnes chaussures !

1. Vous êtes à la montagne.
2. Vous êtes à la plage.
3. Vous êtes à la campagne.
4. Vous êtes en ville.

7-16 À l'Office de Tourisme. Qu'est-ce que les vacanciers peuvent faire dans votre région ? Parlez-en avec un/e partenaire.

MODÈLE É1 J'habite à Asheville, en Caroline du Nord. Nous sommes à la montagne. Il fait beau en été et on peut faire du camping et des randonnées… Et toi ?
É2 Moi, j'habite à Baltimore, dans le Maryland. C'est près de la mer. Il y a un port et un grand aquarium…

Vie et culture

Les vacances des Français

Vacances scolaires 2018–2019

	ZONE A	ZONE B	ZONE C
Rentrée scolaire	le 03-09-18		
Toussaint	du 20-10-18 au 05-11-18		
Noël	du 22-12-18 au 07-01-19		
Hiver	du 16-02-19 au 04-03-19	du 09-02-19 au 25-02-19	du 23-02-19 au 11-03-19
Printemps	du 13-04-19 au 29-04-19	du 06-04-19 au 23-04-19	du 20-04-19 au 06-05-19
Pont de l'Ascension	du 31-05-19 au 03-06-19		
Vacances d'été	fin des cours : le 06-07-19		

Calendrier pour la Corse et l'Outre-mer :
Corse - Guadeloupe - Guyane - Martinique - Mayotte - Réunion

Carte des zones

ZONE A ZONE B ZONE C

Regardez ce tableau : il indique les vacances scolaires pour les élèves des écoles primaires, des collèges et des lycées. La France est divisée en trois zones. Pour certaines périodes de vacances, les dates sont différentes selon la zone.

Notez qu'il y a un lien[1] pour le calendrier qui correspond à la Corse et l'Outre-mer : la Guadeloupe, la Guyane, la Martinique, la Mayotte et la Réunion. Toutes ces îles et régions font partie de la France. Ce sont des destinations de vacances très populaires pour les Français de la métropole[2].

Les employés à plein temps en France ont au moins cinq semaines de congés payés[3] tous les ans. Les gens qui travaillent à temps partiel — les étudiants, par exemple — ont moins de vacances : peut-être quelques jours, ou une semaine. D'autres gens ne travaillent pas : les gens au chômage[4], qui n'ont pas d'emploi, et les retraités[5], qui ont arrêté la vie active.

[1] *link* [2] *metropolitan/mainland* [3] *paid vacation* [4] *unemployed* [5] *retirees*

On parle des vacances

Visionnez la vidéo, où on interviewe quelques Français à Montpellier. Notez le nombre de jours ou semaines de vacances pour chaque personne.

Et vous ?

1. À votre avis, pourquoi est-ce que les dates de certaines vacances scolaires varient selon la région ? Pensez à la saison et imaginez où les Français peuvent aller pour ces vacances et ce qu'ils peuvent faire.
2. Aux États-Unis en général, les employés ont combien de semaines de congés payés ? Et en France ? Qu'est-ce que cela nous dit sur l'importance des vacances pour les Français ? Est-ce que vous pensez que les Américains donnent autant d'importance aux vacances ? Pourquoi ?

Formes et fonctions : les questions avec **qui** et **que**

To ask *what*, use **qu'est-ce qui** and **qu'est-ce que**:

- **Qu'est-ce qui** is used as the subject of a question and is followed by a verb:

  Qu'est-ce qui se passe ? — *What's happening?*
  Qu'est-ce qui est sur la photo ? — *What's in the photo?*

- **Qu'est-ce que** is used as the direct object and is followed by the subject of the sentence:

  Qu'est-ce que vous faites ? — *What are you doing?*
  Qu'est-ce que tu as mis dans le sac ? — *What did you put in the bag?*

To ask *who* or *whom*, use **qui**:

- When **qui** is the subject, it is followed directly by the verb:

  Qui va à la plage ? — *Who's going to the beach?*
  Qui n'aime pas partir à la montagne ? — *Who doesn't like going to the mountains?*

- When **qui** is the direct object, use **est-ce que** before the subject of the sentence:

  Qui est-ce que tu aimes ? — *Who do you like?*
  Qui est-ce qu'ils regardent ? — *Who are they looking at?*

- When a verb requires a preposition, that preposition precedes **qui**:

  À qui est-ce que tu parles ? — *Who are you talking to?*
  Avec qui est-ce que tu pars en vacances ? — *Who are you going on vacation with?*

Fiche pratique

To remember whether to use **qu'est-ce qui** or **qu'est-ce que** to ask a question, memorize this formula and two frequent questions in French:

Qu'est-ce qui + verbe : **Qu'est-ce qui se passe ?** *What's happening?*

Qu'est-ce que + sujet + verbe : **Qu'est-ce que tu fais ?** *What are you doing?*

À vous la parole

7-17 La curieuse. La petite sœur d'Élodie est très curieuse et lui pose beaucoup de questions. Pour chaque question, indiquez si elle parle d'une chose ou d'une personne.

	UNE CHOSE	UNE PERSONNE
MODÈLE Qu'est-ce que tu fais ?	✔	______
1. Qu'est-ce que tu regardes ?	______	______
2. Qui est-ce que tu préfères ?	______	______
3. Qui est-ce que tu attends ?	______	______
4. Qu'est-ce que tu écoutes ?	______	______
5. Qu'est-ce que tu prends ?	______	______
6. Avec qui est-ce que tu vas partir ?	______	______
7. Qu'est-ce que tu écris ?	______	______
8. De qui est-ce que tu parles ?	______	______

À votre avis, est-ce que la sœur d'Élodie s'intéresse plus aux personnes ou aux objets ? Pourquoi ?

7-18 Projets de vacances. La famille Dupont part en vacances. Madame Dupont pose beaucoup de questions pour avoir tous les détails. Avec un/e partenaire, suivez le modèle et jouez les rôles de Madame Dupont et de son mari.

MODÈLES É1 Dis, chéri, *Damien* a acheté les billets (*tickets*) ?
É2 Mais non.
É1 Alors, *qui* a acheté les billets ?

É2 Dis, chéri, on va dîner *chez ta cousine* ?
É1 Mais non, ma chérie.
É2 Alors, *chez qui est-ce qu'*on va dîner ?

1. *Damien* va porter nos sacs ?
2. Stéphane va inviter *sa fiancée* ?
3. On a demandé *à Séverine* de garder le chien ?
4. On va acheter *des cartes postales* comme souvenirs ?
5. On va faire *du vélo* ?
6. *Ta secrétaire* va téléphoner à l'hôtel ?
7. On va visiter *le musée* ?

7-19 Jeopardy® ! Avec deux partenaires, jouez au Jeopardy. La première personne donne une réponse au hasard. Les deux autres consultent la liste des verbes et posent une question logique. La première à poser une question appropriée donne la réponse suivante.

admirer	écouter	manger	regarder
aimer	étudier	parler	téléphoner

MODÈLES É1 de la musique classique
É2 Qu'est-ce que vous écoutez ?
É1 C'est bon. Alors, c'est à toi.
É2 à mes parents
É3 À qui est-ce que tu téléphones ?
É2 Oui, à toi alors !

un bon film	Carrie Underwood	un disque de jazz
Bill et Melinda Gates	la sociologie	à/de mes amis
(de) la pizza	un match de foot	
à/de mon copain	le/du chocolat	

7-20 On va tout savoir. Interviewez un/e partenaire pour connaître tous les détails de sa vie universitaire.

MODÈLES habiter
Où est-ce que tu habites ? Avec qui est-ce que tu habites ?

faire comme études
Qu'est-ce que tu fais comme études ?

1. habiter
2. faire comme études
3. manger le matin
4. sortir le soir
5. faire le week-end

Formes et fonctions : d'autres contrastes au passé

As you have seen, the choice of the **imparfait** or the **passé composé** to express an action in the past often depends on the context and the speaker's view of the action or situation.

Use the **passé composé** to express:

- an action or state that occurred at a specific point in time:

  Elle est née **le jeudi 9 mai 1991**. *She was born on Thursday, May 9, 1991.*

- an action or state that occurred a specified number of times:

  Elle a visité le Canada **deux fois**. *She visited Canada twice.*

Use the **imparfait** to express:

- enduring states in the past:

  Cécile était une enfant très sérieuse. *Cécile was a very studious child.*

- habitual actions in the past:

  D'habitude on jouait au foot **le dimanche**. *Usually we played soccer on Sundays.*

- an ongoing action or state interrupted by another action, which is expressed by the **passé composé**.

  Sophie **regardait** un film quand sa mère **a téléphoné**. *Sophie was watching a film when her mother called.*

  Ils **quittaient** le parc quand elle **est arrivée.** *They were leaving the park when she arrived.*

Some actions or states can be expressed either in the **passé composé** or the **imparfait**, depending on what the speaker means to say.

Elle était malade pendant les vacances. *She was sick during the vacation.* (emphasis on her state of being sick)

Elle a été malade pendant les vacances. *She got sick during the vacation.* (emphasis on the act of getting sick)

Il avait dix ans. *He was ten years old.*

Il a eu dix ans. *He turned ten / celebrated his tenth birthday.*

Fiche pratique

The **imparfait** can often be translated as *used to …*, *would …*, *was [doing something] …*, or *was feeling …* When in doubt about whether to use the **imparfait** or the **passé composé**, try substituting these expressions in the sentence to see whether they fit the context.

À vous la parole

7-21 Hier, ça n'allait pas ! Chloé a eu des problèmes hier. Les choses n'ont pas marché comme d'habitude. Expliquez !

MODÈLE arriver en avance
D'habitude, elle arrivait en avance.
Mais hier elle est arrivée en retard.

1. quitter la maison à huit heures
2. arriver la première en classe
3. apporter sa tablette
4. réviser sa leçon
5. finir ses devoirs
6. répondre aux questions
7. travailler à la bibliothèque
8. sortir avec ses amis

7-22 Qu'est-ce qu'ils faisaient ? Décrivez ce que ces gens faisaient quand Solange est arrivée à la fête.

MODÈLE Quand Solange est arrivée, Marc travaillait dans sa chambre.

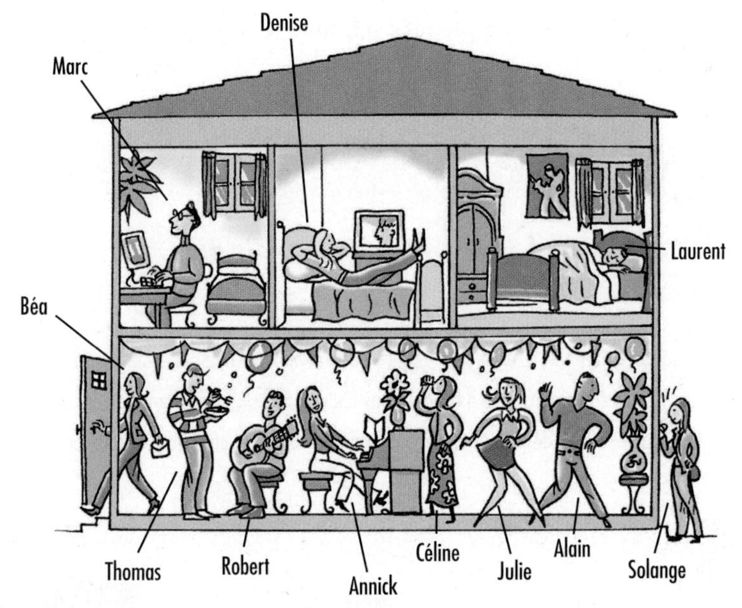

7-23 Nos alibis. Hier entre midi et treize heures, quelqu'un a mangé la tablette de chocolat du professeur ! Qui est le coupable (*guilty one*) ? Avec un/e partenaire, préparez un alibi. Mettez-vous d'accord sur tous les détails. Attention ! Vos camarades de classe vont vous séparer et ensuite essayer de casser votre alibi en vous posant des questions très précises !

MODÈLE É1 Où étiez-vous hier à midi ?
É2 Mon copain et moi, nous étions au gymnase.
É1 Qu'est-ce que vous faisiez ?
É2 On jouait au basket.

7-24 Mes quinze ans. Avec un/e partenaire, parlez de vos quinze ans. Comment étiez-vous ? Qu'est-ce que vous faisiez ? Qu'est-ce que vous avez fait ?

MODÈLES le caractère
É1 Moi, à quinze ans, j'étais très timide.
É2 Moi, à quinze ans, j'étais très indépendant et individualiste.

les voyages
É1 À quinze ans, je suis allée à Washington, DC visiter les monuments et les musées.
É2 Et moi, je suis allé en Floride avec ma famille.

1. le caractère
2. le physique
3. les amis
4. le sport
5. les voyages
6. les études
7. la musique
8. les projets d'avenir

Stratégie

A social media post calls for a brief communication: Choose an appropriate image and write about it, providing a few details that will interest your reader.

Écrivons

7-25 Une journée de vacances

A. Avant d'écrire. Pensez à une journée de vacances particulièrement agréable. Qu'est-ce que vous avez fait, ou vu ? Avec qui est-ce que vous avez passé cette belle journée ? Faites une liste de trois ou quatre choses intéressantes pour décrire votre expérience.

B. En écrivant. Maintenant décrivez votre journée de vacances sous la forme d'un message pour un réseau social. Vous pouvez vous inspirer du message d'Amina. Notez comment elle utilise des photos pour illustrer sa journée avec des amis à Marrakech.

1. Choisissez une ou deux belles photos pour illustrer vos activités.
2. Utilisez la liste que vous avez préparée dans l'exercice A et organisez vos commentaires.
3. Donnez des détails. Par exemple : Il a fait quel temps ? Comment était votre expérience ?

ACCUEIL	PROFIL	VOYAGES	MODE DE VIE	BIEN MANGER

VOYAGES

Des chameaux à Marrakech !

le 22 avril 2019

Avec des amies on est parties à Marrakech et on est montées à chameau. C'était super cool ! Nous avons mis une écharpe pour nous protéger contre le vent du désert. Mon chameau s'appelait Fakher ; il était très gentil, mais il n'aimait pas les voitures qui passaient. Après, on nous a servi du thé à la menthe et des crêpes marocaines - miam, miam, c'était délicieux ! Enfin, nous avons vu un coucher du soleil spectaculaire. J'adore le Maroc !

C. Après avoir écrit. Postez votre message dans le forum de discussion de votre classe. Vous allez aussi pouvoir lire les messages de vos camarades de classe ! Postez vos commentaires sur leurs vacances.

LEÇON 3

Je vous invite

Points de départ : Qu'est-ce qu'on propose ?

On organise une petite fête samedi soir ; tu es libre ?
— Non, désolée, je ne peux pas.

J'ai des places pour un spectacle de danse moderne. Tu veux m'accompagner ?
— Ah oui, c'est gentil à toi !

Je peux t'accompagner à l'exposition.
— Génial ! On se retrouve devant le musée ?

Pour le concert de rock demain soir, rendez-vous au stade devant la porte D
Oui à 19h

J'ai envie de voir la pièce de Molière en ville samedi. Tu veux la voir avec moi ?
— Pas vraiment. Je préfère les comédies musicales. Si on allait voir *Les Misérables* ?

CINÉ
Qu'est-ce qu'on fait cet après-midi ? Il fait pas bon.
Il y a un bon film à la Cinémathèque à 15h15. On y va ?

Tu veux venir chez Clément ? On va faire une soirée jeux de société.
— Dommage, je ne peux pas venir. Je dois travailler.

Les invitations

Pour inviter quelqu'un

Tu es / Vous êtes libre/s ?
Tu veux / Vous voulez... venir / aller avec moi ?
Tu veux m'accompagner ? / Vous voulez nous accompagner ?
On y va ensemble ?

Pour préciser

On se retrouve devant le musée ? Rendez-vous à dix-neuf heures ?

Pour accepter une invitation	Pour refuser une invitation	
Oui, je suis libre / je veux bien.	Désolé/e...	je ne suis pas libre.
D'accord ! C'est gentil à toi !	Tant pis...	je dois travailler.
Oui, bien sûr ! Génial ! Super !	C'est dommage...	je ne peux pas.

À vous la parole

7-26 Oui ou non ? Avec un/e camarade de classe, imaginez les situations suivantes. Qu'est-ce que vous allez dire ? Élaborez votre conversation en donnant plus de détails, comme dans le modèle.

MODÈLE On vous invite à aller au musée. Vous ne voulez pas y aller.
É1 Tu veux aller au musée d'art moderne avec moi demain après-midi ? Il y a une bonne exposition de photographies.
É2 Désolé, je ne suis pas libre demain ; je dois travailler.

1. On vous invite à un concert. Vous acceptez et vous fixez rendez-vous.
2. On vous invite à aller au théâtre. Vous demandez quelle pièce on joue, et vous acceptez.
3. On vous invite à faire une randonnée, mais vous n'aimez pas les promenades.
4. On cherche quelqu'un pour jouer au Scrabble. Vous aimez ce jeu.
5. On a des places pour un concert de rock. Vous aimez ce type de musique, mais vous avez un rendez-vous ce jour-là.
6. On a deux places pour un spectacle de danse moderne. Vous demandez pour quel soir c'est, et puis vous acceptez.

Vie et culture

Les pratiques culturelles

Les sorties[1] culturelles sont très importantes pour les Français, le week-end et aussi pendant les vacances. Voici les résultats d'un sondage[2] récent du Ministère de la Culture en France. Les résultats indiquent le nombre de Français qui ont participé à des activités culturelles au cours des douze mois précédents. Regardez les chiffres[3] donnés dans le tableau ; ce sont des pourcentages.

PRATIQUES CULTURELLES

Sur 100 Français de 15 ans et plus, au cours des douze derniers mois :

85	ont regardé ou écouté à la télé ou à la radio un programme culturel
73	ont lu au moins un livre
63	sont allés au cinéma
54	ont visité un monument ou un site historique
51	ont pratiqué en amateur une activité artistique
39	ont visité un musée ou une galerie
33	sont allés à un concert
33	sont allés dans une bibliothèque publique
25	sont allés à un ballet, un spectacle de danse ou un opéra
21	sont allés au théâtre

Et vous ?

1. Quelles sont les activités les plus populaires pour les Français, d'après le sondage ?
2. Est-ce que vos activités culturelles ressemblent aux activités des Français ? Pourquoi ?
3. Est-ce que vous participez à ces activités surtout le week-end, ou pendant les vacances ?

[1]*outings* [2]*survey* [3]*numbers*

7-27 Trouvez une personne. Découvrez à quelles activités culturelles vos camarades de classe ont participé récemment. Posez un maximum de deux questions par personne pour trouver une personne qui a fait les choses suivantes ; essayez d'obtenir quelques détails supplémentaires aussi.

MODÈLE a lu un livre
É1 Est-ce que tu as lu un livre récemment ?
É2 Oui, j'ai lu une biographie intéressante.
É1 Ah bon ? Une biographie sur qui ?
É2 Sur Léonard de Vinci, …

1. a lu un livre
2. est allé/e au cinéma
3. a visité un monument ou un site historique
4. a pratiqué en amateur une activité artistique
5. a visité un musée ou une galerie
6. est allé/e à un concert
7. est allé/e dans une bibliothèque publique
8. est allé/e au théâtre
9. est allé/e à un spectacle de danse ou un opéra

7-28 Des invitations. Vous allez inviter des camarades de classe. Ils vont accepter ou refuser selon leurs préférences.

1. D'abord, faites une liste de trois activités que vous voulez proposer et une liste de trois personnes que vous voulez inviter. N'oubliez pas le professeur !
2. Ensuite, proposez vos activités à trois personnes différentes qui vont accepter ou refuser vos invitations selon leurs préférences. Si on accepte, fixez rendez-vous. Bien sûr, vos camarades de classe vont vous inviter aussi et vous devez accepter ou refuser à votre tour.
3. Pour terminer : Qui est-ce que vous avez invité ? Pour quelle activité ? Est-ce qu'on a accepté ou refusé ? Pour quand est-ce que vous avez pris rendez-vous ?

7-29 Qu'est-ce qu'on peut faire ? Le Centre Pompidou est un musée d'art moderne et contemporain à Paris. Le musée expose des collections permanentes aussi bien que des expositions temporaires. Il y a une bibliothèque publique et aussi des salles de cinéma, de conférences et de spectacles. Avec un/e partenaire, regardez l'agenda du musée en ligne et choisissez une activité.

MODÈLE É1 Le cinq mai, il y a un concert de musique contemporaine.
É2 Et regarde, il y a une exposition à la Galerie d'art graphique du 5 mars au 2 juin…

Le Centre Pompidou

Sons et lettres

Le *h* aspiré et le *h* muet

In French the letter **h** does not represent any sound. Most words beginning with **h** behave as if they began with a vowel, in other words, *elision* and *liaison* are normally made. These words are said to begin with **un h muet**.

l'hiver	l'histoire	
les‿hommes /z/	les‿habitudes /z/	avan**t**‿hier /t/
pas d'huile	s'habiller	

Other words beginning with **h** behave as if they began with a consonant: There is neither *elision* nor *liaison*. These words begin with **un h aspiré**. In the glossary at the end of this textbook and in the vocabulary lists in each chapter, these words are preceded by an asterisk (*).

un *hamburger	la *Hollande	le *huitième mois
les *haricots verts	le *hockey	

Some words that begin with a vowel letter, in particular **un** and **onze**, also behave as if they contain **un h aspiré**.

le nombre *un	le *onze novembre

À vous la parole

e **7-30 Contrastes.** Écoutez bien et indiquez si le mot que vous entendez contient le **h aspiré**.

1. les haricots verts	oui	non
2. les hommes	oui	non
3. la Hollande	oui	non
4. l'habitude	oui	non
5. un hamburger	oui	non
6. un hôpital	oui	non
7. le onze	oui	non
8. en hiver	oui	non

7-31 Phrases. Répétez chaque phrase.

1. J'aime les haricots verts avec de l'huile d'olive et du citron.
2. Hier et avant-hier, il a neigé ; c'est parfait pour les sports d'hiver.
3. On part à la mer en Hollande le onze octobre à huit heures.
4. Les Hollandais et les Hongrois jouent au hockey et au hand-ball.

Formes et fonctions : la modalité avec devoir, pouvoir et vouloir

You saw in **Chapitre 3, Leçon 3** that the verbs **devoir**, **pouvoir**, and **vouloir** can be used to insist, to soften commands, and to make suggestions. Compare:

Attendez-moi devant le café !	*Wait for me in front of the café!*
Vous **devez** m'attendre devant le café.	*You must wait for me in front of the café.*
Vous **pouvez** m'attendre devant le café.	*You can wait for me in front of the café.*
Vous **voulez** m'attendre devant le café ?	*Will you wait for me in front of the café?*

The conditional forms of the three verbs make orders or suggestions sound even more polite. The conditional forms are generally equivalent to *should*, *could*, and *would like to*.

Vous **devriez** voir cette pièce.	*You should see that play.*
Ils **pourraient** réserver des places.	*They could reserve tickets.*
Tu **voudrais** nous accompagner au spectacle ?	*Would you like to go with us to the show?*

Here are the conditional forms for **devoir**, **pouvoir**, and **vouloir**.

LE CONDITIONNEL : DEVOIR, POUVOIR, VOULOIR			
INFINITIVE	devoir	pouvoir	vouloir
CONDITIONAL STEM	**devr-**	**pourr-**	**voudr-**
je	devr**ais**	pourr**ais**	voudr**ais**
tu	devr**ais**	pourr**ais**	voudr**ais**
il / elle / on	devr**ait**	pourr**ait**	voudr**ait**
nous	devr**ions**	pourr**ions**	voudr**ions**
vous	devr**iez**	pourr**iez**	voudr**iez**
ils / elles	devr**aient**	pourr**aient**	voudr**aient**

À vous la parole

7-32 Une soirée élégante. Madame Élaguais organise une soirée très chic chez elle. Décidez si les instructions qu'elle donne à ses enfants, à son mari et aux serveurs sont du style « ordre direct » ou « suggestion/conseil ».

		ORDRE DIRECT	SUGGESTION/CONSEIL
MODÈLE	Mets cette plante près de la porte !	✔	______
1.	Tu devrais bien t'habiller, chéri !	______	______
2.	Apportez ces plats à la cuisine !	______	______
3.	Cherchez les jolies assiettes !	______	______
4.	Vous pourriez servir le vin ici.	______	______
5.	Tu voudrais montrer le salon à cette dame ?	______	______
6.	Mettez les manteaux ici !	______	______
7.	Tu pourrais aider Loïc dans la cuisine ?	______	______
8.	Vous devriez servir les hors-d'œuvre maintenant.	______	______

À votre avis, est-ce que Madame Élaguais donne plus de suggestions, ou plus d'ordres ?

7-33 Qu'est-ce qu'on devrait faire ce week-end ? Faites une suggestion pour chaque personne selon le cas.

MODÈLE Stéphanie aime bien la danse.
Elle devrait aller voir un ballet.
OU Elle pourrait voir un spectacle de danse.

1. Mathieu n'aime pas le théâtre.
2. Nous adorons les concerts en plein air.
3. Jessica est très sociable.
4. Monsieur et Madame Dulac voudraient voir cette exposition.
5. Je voudrais voir un bon film.
6. On n'aime pas le rock.
7. Jonathan et Ben vont à la campagne.
8. Je vais au bord de la mer.

 **7-34 Bonnes résolutions.** Avec un/e partenaire, comparez vos bonnes résolutions pour ce semestre.

MODÈLE finir tous les devoirs avant les cours

É1 Est-ce que tu finis tous tes devoirs avant les cours ?

É2 Pas toujours, mais ce semestre je voudrais finir tous mes devoirs avant les cours. Et toi ?

É1 Moi aussi, je devrais les finir avant les cours.

É2 C'est bien. On va avoir des bonnes notes ce semestre !

1. finir tous les devoirs avant les cours
2. travailler à la bibliothèque
3. assister régulièrement aux cours
4. bien manger
5. faire régulièrement du sport
6. se détendre de temps en temps
7. regarder la télévision
8. dormir toujours assez

Formes et fonctions : les pronoms complément d'objet **me, te, nous** et **vous**

You have learned that nouns that function as direct objects answer the question *whom?* or *what?*; they follow the verb directly and can be replaced by a direct-object pronoun.

Tu entends **les enfants** ? — Oui, je **les** entends.

You also learned that nouns functioning as indirect objects are generally introduced by the preposition **à**; they often answer the question *to whom?* and they generally refer to a person.

Tu donnes des programmes **aux spectateurs** ? — Oui, je **leur** donne des programmes.

The pronouns **me/m'**, **te/t'**, **nous**, and **vous** function as direct-object pronouns, corresponding to **le**, **la**, **l'**, and **les**. They also serve as indirect-object pronouns, corresponding to **lui** and **leur**.

- **Direct-object pronouns**

  Tu **m'**attends devant le théâtre ? — *Will you wait for me in front of the theater?*

  Je vais **vous** inviter à dîner. — *I'm going to invite you to dinner.*

- **Indirect-object pronouns**

  Je **te** prête mon beau pull. — *I'll lend you my nice pullover.*

  Il **nous** a offert des places pour l'opéra. — *He gave us tickets to the opera.*

Here is a summary of object pronouns:

PERSONNE	SINGULIER		PLURIEL	
	direct	*indirect*	*direct*	*indirect*
1ère	me / m'		nous	
2e	te / t'		vous	
3e	le / l' (m) la / l' (f)	lui	les	leur

À vous la parole

7-35 Esprit de contradiction ou pas ? Vous allez proposer quelque chose. Un/e de vos partenaires va donner son accord, l'autre va refuser.

MODÈLE É1 Tu m'attends ?
É2 Oui, je t'attends.
É3 Non, je ne t'attends pas.

1. Tu vas m'aider à préparer le dîner ?
2. Tu me téléphones ce soir ?
3. Tu m'invites au théâtre ce week-end ?
4. Tu me prêtes ta belle écharpe pour l'opéra ?
5. Tu vas me répondre rapidement ?
6. Tu vas me montrer le programme ?
7. Tu vas m'accompagner à l'exposition ?

7-36 Donnant donnant. Répondez à votre partenaire que vous êtes d'accord.

MODÈLE Je t'invite à dîner si tu me prêtes de l'argent.
Alors, je te prête de l'argent.

1. Je t'envoie une carte postale si tu me donnes ton adresse.
2. Je te téléphone si tu me donnes ton numéro de téléphone.
3. Nous t'invitons au concert si tu nous accompagnes au musée.
4. Nous t'offrons une bouteille de vin si tu nous prépares un pique-nique.
5. Je t'invite au cinéma si tu me prêtes ta voiture demain.
6. Je t'accompagne au ciné si tu m'accompagnes au bal.
7. Nous te prêtons de l'argent si tu nous offres des places pour l'opéra.

7-37 Qu'est-ce qu'ils font ? Qu'est-ce que ces gens font pour vous ? Parlez-en avec un/e camarade, et ensuite comparez vos réponses avec celles des autres étudiants.

MODÈLE vos parents
É1 Qu'est-ce que tes parents font pour toi ?
É2 Ils me téléphonent le week-end ; ils me prêtent de l'argent pour payer mes études ; ils m'écoutent quand j'ai des problèmes.

1. votre frère ou sœur
2. votre colocataire
3. votre meilleur/e ami/e
4. votre copain/copine ou votre mari/femme
5. vos professeurs
6. vos parents

Stratégie

When listening to a one-sided conversation, you must make inferences about what the other person is saying. Focus on the tone and key words uttered by the speaker you hear to infer the reactions of the other person.

Observons

7-38 Tu es libre ?

A. Avant de regarder. Leslie a une soirée de libre à Paris, et elle propose des activités culturelles à ses amis.

1. D'abord, faites une liste d'activités que Leslie peut proposer pour une soirée à Paris. Vous pouvez consulter les sites Web de *Pariscope* ou *L'Officiel des spectacles* pour des idées.
2. Leslie a beaucoup de difficulté pour trouver quelqu'un qui peut l'accompagner. Imaginez quelles raisons ses amis peuvent lui donner pour refuser son invitation.

B. En regardant. Visionnez la vidéo et répondez aux questions.

1. D'abord, complétez le tableau en français : Est-ce qu'on accepte ou refuse son invitation ? Pourquoi ?

Leslie téléphone à…	Hortense	Benoît	Nicolas	Françoise
On accepte ou refuse ?	*refuse*			
Pourquoi ?	*Elle n'est pas libre.*			

2. Leslie et son amie se donnent rendez-vous pour ________.
   a. 17h00 b. 18h00 c. 19h00 d. 20h00
3. Le spectacle commence à ________.
   a. 17h00 b. 18h00 c. 19h00 d. 20h00
4. Les deux amies vont probablement ________ avant le spectacle.
   a. dîner
   b. boire quelque chose
   c. visiter le quartier
   d. faire des courses

C. Après avoir regardé. Est-ce que l'invitation de Leslie d'aller voir un opéra au Palais Garnier vous tente ? Regardez le site Web de l'Opéra national de Paris pour voir si cela vous intéresse, et expliquez pourquoi.

Venez chez nous !

Vive les vacances !

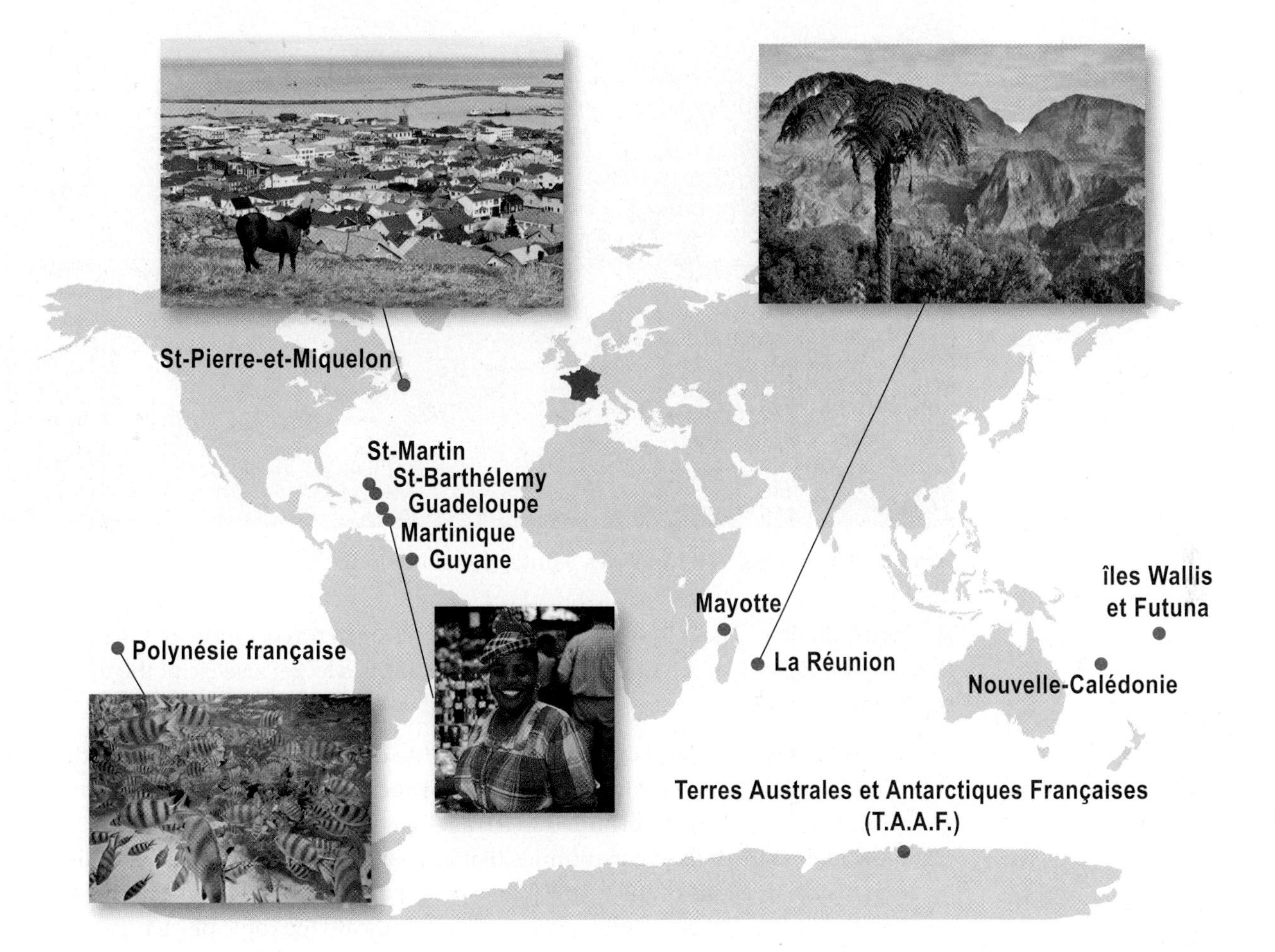

Les Outre-mer

Où vont les Français pour trouver du soleil au mois de février ? Souvent c'est aux Antilles, à la Réunion ou en Polynésie française. Ce sont des bonnes destinations touristiques si vous voulez trouver la chaleur en hiver et si vous voulez entendre le français !

Vous pouvez voyager aux quatre coins du globe et rester toujours en région francophone, car la France comprend douze départements, régions et territoires d'outre-mer. Ce sont des anciennes colonies françaises qui sont associées administrativement et politiquement à la France. Les Outre-mer comprennent les **départements-régions d'outre-mer** (DROM) et les **collectivités d'outre-mer** (COM). Les DROM ont la même organisation administrative et les mêmes services que les départements et régions de la France métropolitaine et leurs habitants sont des citoyens français. Les COM ont une plus grande autonomie administrative que les DROM.

Complétez les activités de cette leçon et considérez quels sont les avantages pour la France et pour ces territoires de maintenir des liens administratifs et politiques. Est-ce qu'il existe aussi des territoires d'outre-mer américains ?

Lisons

7-39 Guadeloupe : Guide du voyageur

Terre-de-Haut dans l'archipel des Saintes en Guadeloupe

A. Avant de lire. The following passage is taken from a travel guide for Guadeloupe. Before reading, look at the title and the various subtitles to get a sense of the focus and organization of this excerpt.

1. The title of this section is **Guadeloupe : Guide du voyageur**. Who do you think is the intended audience for a **Guide du voyageur**? What kind of information would you expect to be included in a travel guide?
2. Now look at the two major subtitles that appear in larger type. They establish the two major divisions of the text. What is the focus of each?
3. Finally, look at the eight subheadings. These indicate the topic of each paragraph. Considering these subheadings together with what you have determined about the focus and organization of the text, summarize what you know already about its content.

B. En lisant. Trouvez les réponses aux questions suivantes.

1. Il y a combien de kilomètres entre la Guadeloupe et la France ?
2. Quel est le climat en Guadeloupe ?
3. Il y a deux saisons en Guadeloupe. En quels mois est-ce qu'il y a la saison sèche (*dry*) ? Et la saison des pluies ?
4. À quelles activités est-ce qu'on peut participer pendant des vacances en Guadeloupe ?
5. Quelles spécialités est-ce qu'on peut goûter ?
6. Quelles langues est-ce qu'on parle en Guadeloupe ?
7. Est-ce qu'il est nécessaire pour les voyageurs d'Amérique du Nord d'avoir un visa pour entrer en Guadeloupe ? Qu'est-ce qu'il leur faut ?
8. Quels vêtements est-ce qu'il faut apporter pour une visite en Guadeloupe ?

Guadeloupe : Guide du voyageur

Informations générales

Géographie

La Guadeloupe est en fait un archipel situé dans l'arc des petites Antilles, dans la mer Caraïbe, à environ 6 200 km de la France. On dit que les îles principales, Grande-Terre et Basse-Terre, ressemblent aux deux ailes[1] d'un papillon[2], posé sur la mer. La Guadeloupe compte aussi plusieurs îlets : Marie-Galante, la Désirade, et l'archipel des Saintes.

Climat

La Guadeloupe bénéficie d'un climat tropical maritime. La température moyenne est d'environ 27°C, mais peut monter jusqu'à 32°C. Il y a deux saisons. La saison sèche s'appelle Carême et dure de décembre à mai. De juin à novembre, des pluies fréquentes et intenses ne sont pas rares. Ne planifiez surtout pas vos vacances en Guadeloupe entre août et fin septembre si vous voulez vous assurer du beau temps : c'est la période des cyclones.

Activités

Ça bouge en Guadeloupe ! Les sports nautiques tels que la plongée, le surf, le kitesurf et la voile sont à tenter dans les eaux turquoise des îles. Le Parc national permet de découvrir la flore et la faune tropicales, des cascades et l'ancien volcan de la Soufrière. Pour les amateurs d'histoire, nombreux sont les forts, bâtiments et musées à explorer.

Gastronomie

Issue d'un mélange de traditions africaines, françaises et indiennes, la cuisine créole est riche, savoureuse et souvent très épicée. Il faut absolument goûter : les accras de morue[3] (voir sur la photo), le colombo (à base de viande et légumes au curry), le poulet boucané (cuit longuement avec la fumée de la canne à sucre) et le flan coco (dessert à base de noix de coco). À fréquenter : les marchés où on trouve du poisson frais et des fruits locaux (bananes, papayes, citrons). À ne pas manquer : le rhum agricole, très apprécié par les visiteurs ainsi que les gens du pays.

Informations pratiques

Langue

Le français en tant que langue officielle est parlé et compris par toute la population mais le créole guadeloupéen est omniprésent et très largement utilisé à l'oral et à l'écrit. Apprenez quelques expressions créoles comme *Ki jan ou yé* (Comment ça va ?) pour faciliter le contact avec les Guadeloupéens.

Formalités d'entrée

La Guadeloupe fait partie de la France. Les Français et les membres de l'Union Européenne peuvent y entrer avec leur carte nationale d'identité ou leur passeport. Les ressortissants des États-Unis, du Canada et du Mexique n'ont pas besoin d'un visa pour un séjour inférieur à 90 jours. Un passeport en cours de validité est toutefois requis.

Conseils vestimentaires

Au pays où il fait toujours chaud, apportez des vêtements légers et décontractés pour vos excursions. Il faut toutefois des bonnes chaussures de marche et un imperméable léger pour les randonnées. N'oubliez pas des lunettes de soleil, un chapeau et de la crème solaire. Pour les soirées, prévoyez des tenues plus habillées et un gilet pour les soirées d'hiver.

Monnaie

La monnaie légale est l'euro. Les cartes de crédit sont acceptées presque partout et on peut également trouver de nombreux distributeurs automatiques de billets.

[1]*wings* [2]*butterfly* [3]*spicy cod fish cakes*

C. Après avoir lu. Discutez de ces questions avec vos camarades de classe.

1. À votre avis, quelles sont les informations les plus importantes ou intéressantes dans ce **Guide du voyageur** ?
2. Est-ce qu'il y a d'autres informations qu'on devrait y ajouter pour les visiteurs en Guadeloupe ?
3. Est-ce que vous avez envie maintenant de voyager en Guadeloupe ? Pourquoi ?

Observons

7-40 Projets de vacances

A. Avant de regarder. Dans cette séquence vidéo, Mathilde, son frère Jacques et son père Philippe choisissent une destination de vacances pour toute la famille avec Anne, la maman de Mathilde et Jacques. À votre avis, qui va préférer les activités de la liste ci-dessous ?

1. retrouver le soleil
2. visiter des musées
3. voir des sites historiques de batailles militaires
4. voir des beaux paysages et prendre des photos

a. Mathilde
b. Jacques
c. Philippe

B. En regardant. Visionnez la vidéo et choisissez la bonne réponse aux questions suivantes.

1. Philippe propose d'aller…
   au Maroc. aux États-Unis. en Belgique. en Espagne.
2. Jacques n'aime pas cette idée parce qu'il n'y a pas…
   de soleil. de musées. d'activités sportives. de bons restaurants.
3. Jacques suggère d'aller…
   à la Réunion. en Guadeloupe. en Martinique. en Nouvelle-Calédonie.
4. Philippe pense que…
   c'est trop cher. c'est trop loin. il fait trop chaud. ce n'est pas intéressant.
5. Pour sa part, Mathilde voudrait aller…
   aux États-Unis. au Québec. en Amérique latine. en Guyane.
6. Mathilde veut surtout faire des randonnées et…
   visiter les musées. prendre des belles photos. voir des amis. se reposer.
7. Philippe remarque que visiter des musées, cela va faire plaisir à…
   Philippe. Maman. Jacques. Mathilde.
8. Finalement, la destination de vacances choisie par la famille, c'est…
   la Belgique. la Nouvelle-Calédonie. le Québec.

On peut faire du paddle en Polynésie française.

C. Après avoir regardé. Discutez de ces questions avec vos camarades de classe.

1. Qu'est-ce que vous pensez de la décision prise par Philippe et ses enfants ? Quels sont les facteurs importants pour eux dans le choix d'une destination de vacances ?
2. Qu'est-ce qui est important pour vous quand vous planifiez des vacances ?

Parlons

7-41 Projet de voyage en Outre-mer

A. Avant de parler. Quelle partie de la France d'outre-mer est-ce que vous voudriez visiter ? Travaillez en groupe de quatre ou cinq personnes : Choisissez une destination en outre-mer et préparez une présentation pour persuader vos camarades de classe de vous accompagner. Cherchez en ligne des informations sur le climat, les activités, la cuisine et les langues parlées. Choisissez des détails intéressants pour partager avec vos camarades de classe.

On peut découvrir le Parc amazonien de Guyane, l'un des plus grands parcs nationaux du monde.

On peut explorer les Terres Australes et Antarctiques à bord d'un navire océanographique.

B. En parlant. Donnez à chaque personne dans votre groupe un aspect particulier à décrire. Faites des recherches ensemble et décidez quels sont les points les plus importants. Trouvez des images pour illustrer votre description. N'oubliez pas que c'est une présentation orale et pas écrite ! Ensuite présentez votre projet de voyage en classe.

MODÈLE É1 (*donne une introduction et parle du climat*) Nous proposons d'aller en Guadeloupe. La Guadeloupe se trouve dans les Antilles. C'est un archipel composé de neuf îles. Le climat est tropical : il fait chaud toute l'année. …
É2 (*parle des activités*) Il y a des plages magnifiques et on peut faire de la plongée ou de la natation tous les jours. Le parc national de la Guadeloupe se trouve…
É3 (*parle de la cuisine*) Il y a beaucoup de types de poisson en Guadeloupe et bien sûr des fruits tropicaux, par exemple, …
É4 (*parle des langues*) La Guadeloupe, c'est un département et une région française, donc tout le monde parle français. Mais on entend aussi le créole guadeloupéen, par exemple, on dit *Ki jan ou ye ?* pour dire, Comment ça va ?

C. Après avoir parlé. Comparez les voyages proposés par chaque groupe : quel voyage vous semble le plus intéressant ? Pourquoi ?

Écrivons

7-42 Mes meilleurs souvenirs de vacances

A. Avant d'écrire. Racontez des vacances mémorables que vous avez passées.

1. D'abord répondez à ces questions générales :
   Où est-ce que vous êtes allé/e ? Avec qui ? Quand ?
   Quel temps est-ce qu'il faisait ?
   Comment était cet endroit ? tropical, pittoresque, tranquille, animé… ?
2. Ensuite pensez à vos activités. Quels sont les deux ou trois évènements les plus mémorables ? Faites une liste.

B. En écrivant. Utilisez vos réponses aux questions générales et la liste que vous avez préparée dans l'exercice **A**, et rédigez un paragraphe pour décrire vos vacances. N'oubliez pas d'utiliser le passé composé et l'imparfait d'une manière appropriée ; finalement, donnez une évaluation générale de vos vacances.

MODÈLE L'été dernier, je suis allée au Québec avec ma famille. La ville de Québec était très pittoresque ; il y avait des petits magasins avec des fleurs, des cafés et des restaurants en plein air et beaucoup d'animation… Un jour, nous avons fait une promenade en bateau pour voir des baleines (*whales*). Il faisait frais sur le bateau, mais on a vu plusieurs baleines. C'était super. On s'est bien amusés au Canada.

C. Après avoir écrit. Échangez votre description avec un/e camarade de classe. Qui a passé les vacances les plus intéressantes ?

Vocabulaire

Leçon 1

le temps à toutes les saisons (f)	*the weather in all seasons*
Il fait quel temps ?	*What's the weather like?*
Il fait beau.	*It's beautiful weather.*
Il y a du soleil.	*It's sunny.*
Le ciel est bleu.	*The sky is blue.*
Il y a du brouillard.	*It's foggy.*
Il y a des nuages (m).	*It's cloudy.*
Le ciel est couvert.	*The sky is overcast.*
Le ciel est gris.	*The sky is gray.*
Il y a du vent. / Il fait du vent.	*It's windy.*
Il fait mauvais.	*The weather's bad.*
Il neige. (neiger)	*It's snowing. (to snow)*
Il y a du verglas.	*It's icy, slippery.*
Il y a un orage.	*There is a (thunder)storm.*
Il pleut. (pleuvoir) (la pluie)	*It's raining. (to rain) (rain)*

pour parler de la température	*to talk about the temperature*
Il fait dix degrés (m).	*It's ten degrees.*
Il fait bon.	*It's warm (weather).*
Il fait chaud.	*It's hot (weather).*
Il fait frais.	*It's cool (weather).*
Il fait froid.	*It's cold (weather).*
Il gèle. (geler)	*It's freezing. (to freeze)*
J'ai chaud / froid.	*I'm hot / cold.*
la météo(rologie)	*weather, weather report*

les saisons (f)	*the seasons*
au printemps (m)	*in the spring*
en été (m)	*in the summer*
en automne (m)	*in the fall*
en hiver (m)	*in the winter*

pour poser une question	*to ask a question*
quel/s, quelle/s	***what, which***
Quelle saison est-ce que tu préfères ?	*Which season do you prefer?*
Quel temps fait-il ?	***What's the weather like?***
Quelle est la date ?	***What's the date?***

Leçon 2

les vacances (f pl)	*vacation*
partir en vacances	*to go on vacation*

des activités (f)	*activities*
bronzer	*to sunbathe*
faire…	
des achats (m)	*to shop*
de l'alpinisme (m)	*to go mountain climbing*
du camping	*to camp, to go camping*
du cheval	*to go horseback riding*
du kitesurf	*to kitesurf*
de la moto	*to ride a motorcycle*
de la motoneige	*to go snowmobiling*
un pique-nique	*to picnic*
de la planche à voile	*to windsurf*
de la plongée	*to go diving, to snorkel*
du ski	*to ski*
du ski nautique	*to water-ski*
du surf	*to go surfing*
du snowboard	*to go snowboarding*
un tour au parc	*to tour the park*
du tourisme	*to go sightseeing*
de la voile	*to go sailing*
du V.T.T. (vélo tout terrain)	*to go mountain biking*
prendre des photos	*to take photos*
visiter des musées ou des monuments	*to visit museums or monuments*

pour poser une question	*to ask a question*
qu'est-ce que/qui… ?	*what?*
Qu'est-ce que tu fais ?	*What are you doing?*
Qu'est-ce qui est arrivé ?	*What happened?*
qui ?	*who?*
Qui parle français ?	*Who speaks French?*
qui est-ce que… ?	*whom?*
Qui est-ce que tu invites ?	*Whom are you inviting?*
Avec qui est-ce que tu parles ?	*With whom are you speaking?*

Leçon 3

pour inviter quelqu'un	*to invite someone*
Tu es / Vous êtes libre/s ?	*Are you free?*
Tu veux venir avec moi ?	*Do you want to come with me?*
Tu veux m'accompagner ?	*Would you like to come with me?*
Vous voulez nous accompagner ?	*Would you like to come with us?*
On y va ensemble ?	*Shall we go (there) together?*

pour préciser	*to clarify*
On se retrouve devant le musée ?	*Shall we meet in front of the museum?*
Rendez-vous à dix-neuf heures ?	*Shall we meet at seven PM?*

pour accepter une invitation	*to accept an invitation*
Oui, je suis libre.	*Yes, I am free.*
Je veux bien.	*I'd like that.*
C'est gentil à toi / vous.	*That's kind (of you).*
D'accord.	*OK.*
Bien sûr.	*Of course.*
Génial !	*Terrific!*

pour refuser une invitation	*to refuse an invitation*
Désolé/e…	*Sorry …*
C'est dommage…	*It's too bad …*
Tant pis…	*Too bad …*
Je ne suis pas libre.	*I'm not free.*
Je ne peux pas.	*I can't.*
Je dois travailler.	*I have to work.*

des distractions (f)	*amusements/diversions*
une comédie musicale	*musical*
des places (f)	*seats, tickets*
une soirée jeux (de société)	*an evening of (board) games*
un spectacle	*show*

un autre mot utile	*another useful word*
prêter	*to lend*

Chapitre 8

Voyageons !

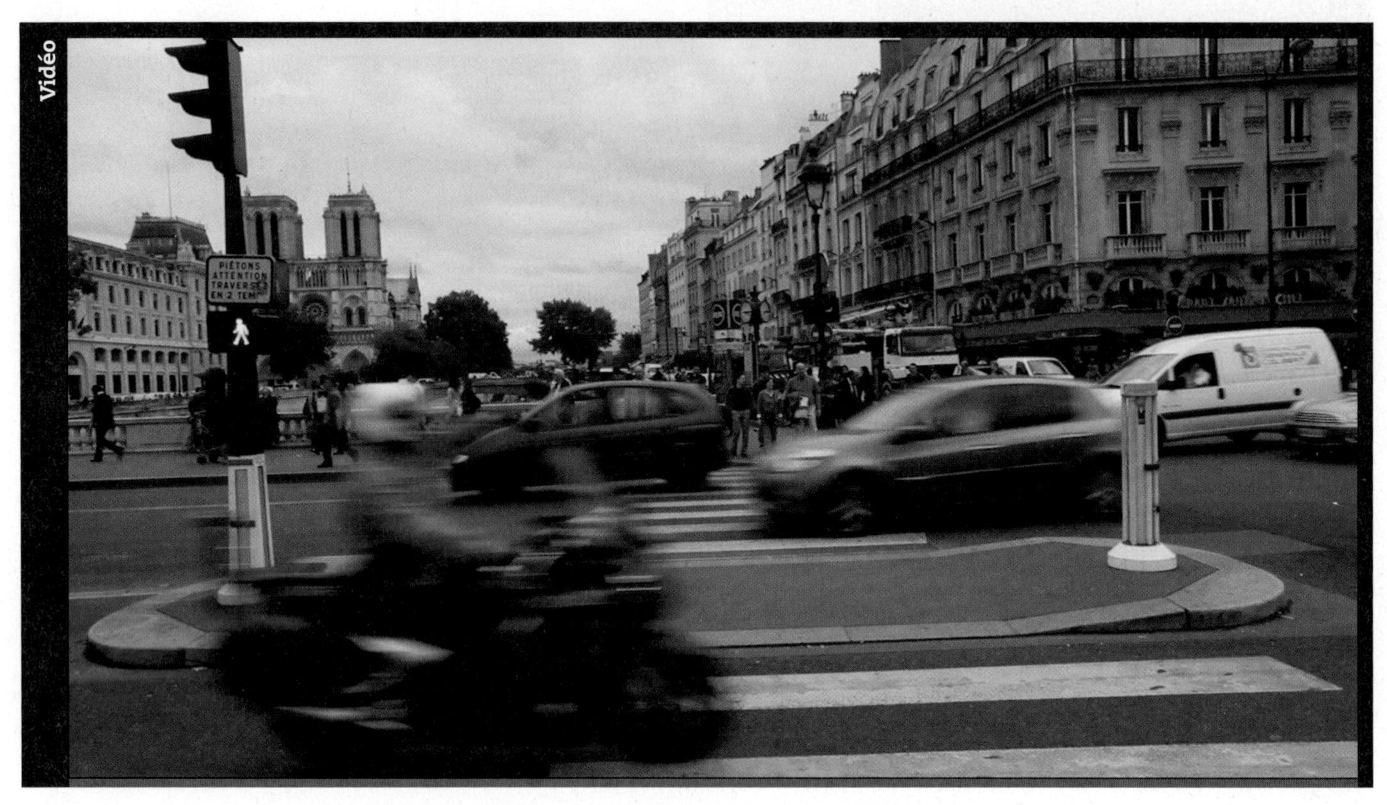

Attention, ça bouge ! La circulation est intense à Paris.

On démarre !

Comment est-ce que les gens se déplacent ici : en bus, à pied, en voiture, à moto, à vélo ?

Visionnez la vidéo pour en apprendre plus. Est-ce que les Français se déplacent plus souvent en transports en commun ou en transport individuel ? Et dans votre région ?

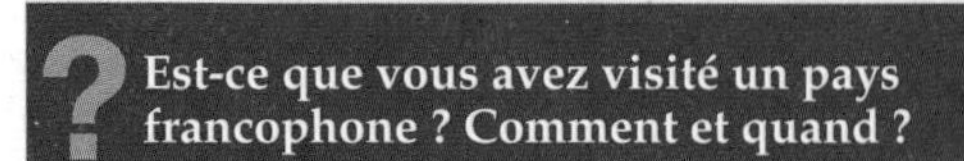

Est-ce que vous avez visité un pays francophone ? Comment et quand ?

Learning Outcomes

After completing this chapter, you will be able to:

- Describe future plans
- Make travel plans
- Make arrangements for lodging and sightseeing
- Describe places and people
- Describe some major French cities, especially Paris

LEÇON 1

Projets de voyage

Points de départ : Comment y aller ?

Éva et Lucie se préparent pour les vacances de printemps. Elles partent aujourd'hui en train pour Nice où elles vont passer quelques jours. Ensuite elles prendront l'avion pour aller au Maroc. Lucie fait ses valises ; elle n'a pas oublié d'y mettre des lunettes de soleil et son chapeau de paille. Éva fait attention de ne pas oublier son permis de conduire, parce que les deux étudiantes vont louer une voiture pour voir la Côte d'Azur.

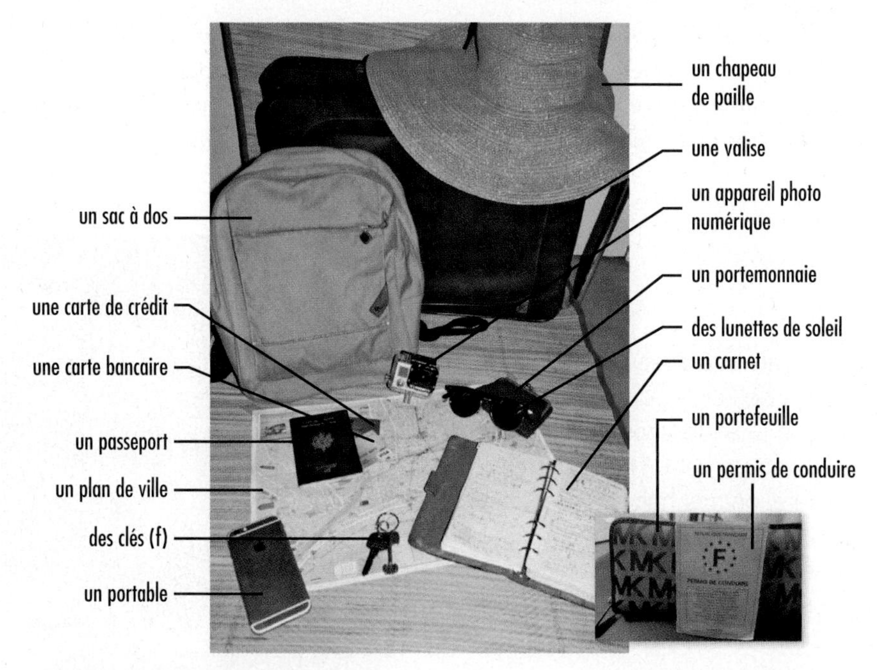

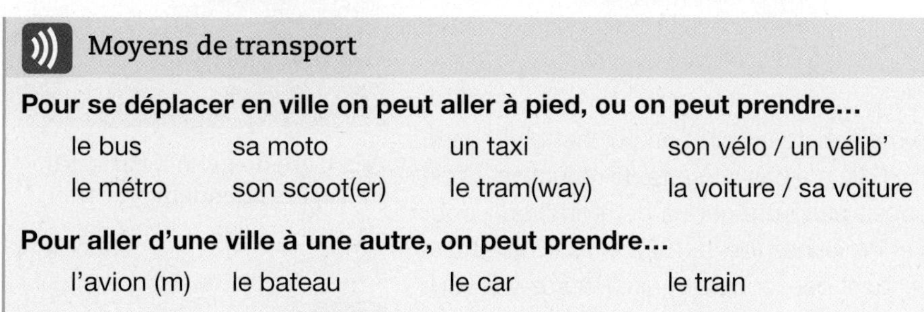

Moyens de transport

Pour se déplacer en ville on peut aller à pied, ou on peut prendre...

le bus	sa moto	un taxi	son vélo / un vélib'
le métro	son scoot(er)	le tram(way)	la voiture / sa voiture

Pour aller d'une ville à une autre, on peut prendre...

l'avion (m)	le bateau	le car	le train

Fiche pratique

When specifying a means of transportation after a verb such as **aller, partir,** or **voyager**, use the preposition **en** for traveling inside the vehicle (**en avion, en bateau, en bus, en car, en métro, en taxi, en train, en tram, en voiture**) and **à** with means of transportation that are mounted (**à cheval, à moto, à pied, à scooter, à vélo**).

À vous la parole

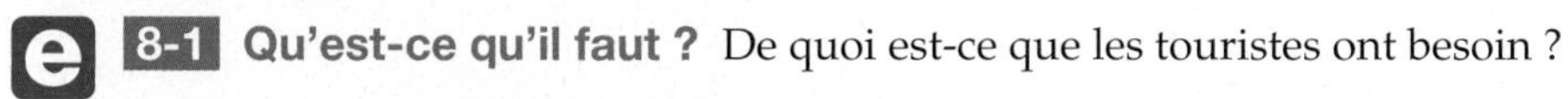

8-1 Qu'est-ce qu'il faut ? De quoi est-ce que les touristes ont besoin ?

MODÈLE pour trouver les monuments dans une grande ville ?
Ils ont besoin d'un plan de la ville.

1. pour payer l'hôtel ?
2. pour louer une voiture ?
3. pour ranger leur argent ?
4. pour prendre des photos ?
5. pour aller dans un pays étranger ?
6. pour rentrer dans leur chambre d'hôtel ?
7. pour apporter leurs affaires ?
8. pour se protéger du soleil ?

8-2 Quel moyen de transport ? D'après les indications, quel/s moyen/s de transport est-ce que les personnes suivantes vont probablement utiliser ?

MODÈLE Agathe habite près de Paris ; elle va faire des courses à Paris.
Elle va à pied à la gare. Ensuite, elle prend le train pour aller à Paris. En ville, elle fait ses courses en métro ou en autobus.

1. Madame Moreau habite à Paris ; elle va rendre visite à sa grand-mère à Lyon.
2. Les Martinez vont quitter la France pour passer des vacances aux Antilles.
3. La petite Margaux va à l'école primaire près de chez elle.
4. Romain habite une ville moyenne ; il va au centre-ville pour faire des courses.
5. Monsieur Lacroix doit traverser Paris pour aller au travail.
6. Maxime et Amélie vont faire un pique-nique à la campagne.
7. Madame Nguyen voyage pour son travail : elle va à Lyon, à Rome et à Berlin.
8. Les Leclair vont visiter les îles grecques pendant les vacances.

Vie et culture

Voyager en France

Pour voyager en France, beaucoup de Français choisissent le train — géré[1] par la SNCF (Société Nationale des Chemins de Fer) — parce que c'est très pratique. Par exemple, avec le TGV® (Train à Grande Vitesse), on peut aller de Paris à Marseille en seulement trois heures ; c'est 661 kilomètres à vol[2] d'oiseau. Pour faire le même voyage en voiture, on met huit heures. C'est plus rapide en avion (une heure et quart de vol), mais le voyage en train peut être plus avantageux ; le train coûte moins cher et arrive directement en centre-ville.

Le voyage à petit prix se développe de plus en plus en France. Pour certaines destinations, on peut voyager beaucoup moins cher avec OUIGO®, un nouveau train à grande vitesse introduit par la SNCF en 2013.

À la Gare de Lyon à Paris, les passagers attendent leur train.

 Voyager en train

Visionnez la vidéo où une jeune femme achète un billet au guichet de la gare. Elle voudrait le tarif le moins cher, mais elle n'a pas de carte de réduction. C'est dommage parce que la SNCF propose plusieurs cartes de réduction : pour les familles, les enfants, les seniors et les jeunes (de 18 à 27 ans inclus) et des tarifs intéressants[3] pour ceux qui voyagent beaucoup en train. Pensez-y si vous voyagez en France un jour.

Et vous ?

1. Comment est-ce que les gens voyagent typiquement dans votre région ? Comparez avec les possibilités en France. Pouvez-vous expliquer les différences ? (Pensez aux éléments comme la distance, la demande, les habitudes…)
2. Quelles valeurs sont exprimées à travers le système de réduction de prix de la SNCF pour des jeunes (et ceci jusqu'à 27 ans), des seniors, des familles, des personnes en difficulté, etc. en France ?

Pour un trajet rapide, les trains OUIGO, qui ont deux niveaux (*double decker*), peuvent accueillir plus de voyageurs mais coûtent moins cher que le TGV.

[1] *managed* [2] *flight* [3] *low priced*

8-3 Comment y aller ? Avec un/e partenaire, discutez de ces questions. Ensuite, comparez vos réponses et vos conclusions avec les conclusions de vos camarades de classe.

1. Comment est-ce que vous allez à vos cours ? Comment est-ce que vous faites vos courses ?
2. Est-ce qu'il y a un service de bus dans votre ville ? Un métro ? Comment est-ce que les habitants de votre ville se déplacent habituellement ?
3. Comment est-ce que vous rentrez chez vous pour les vacances ?
4. Est-ce que vous avez une voiture ? Si oui, quelle sorte de voiture ? Une voiture française, japonaise, américaine, allemande ? Est-ce que c'est une voiture hybride ?
5. Est-ce que le train passe par votre ville ? Où est-ce qu'on peut aller en train en partant de votre ville ?
6. Comparez les trains américains aux trains français. Est-ce qu'il existe un TGV aux États-Unis ?
7. Pour voyager aux États-Unis, quel est votre moyen de transport préféré ? Pourquoi ?

Parallèles : pour me déplacer

Mathilde et Diandra expliquent comment elles se déplacent en ville.

Voilà Mathilde et les vélos en libre-service à Dijon.

Diandra attend son bus dans la région parisienne.

Sons et lettres

La liaison obligatoire

You will recall that liaison consonants are pronounced only when the word that follows begins with a vowel. The pronunciation of these consonants is called **liaison**. Liaison is always accompanied by **enchaînement**: the liaison consonant is pronounced as part of the following word: **nous allons** [nu za lɔ̃].

Liaison is not always made. In addition to occurring before a vowel, liaison depends on grammatical and stylistic factors. Cases where liaison must always be made are called **liaisons obligatoires**. They are relatively limited. In this lesson and in Lesson 2 we list the cases of **liaisons obligatoires**.

Liaison /z/ is the most common liaison consonant because it indicates the plural. It is usually spelled **-s**, but in some cases it is spelled **-x**. Always pronounce liaison /z/:

- After the plural form of articles and adjectives that precede the noun:

  le**s**‿hôtels /z/ — de**s**‿autos /z/ — ce**s**‿étages /z/

  le**s**‿ancienne**s**‿églises /z/ /z/ — les grand**s**‿immeubles /z/ — ces beau**x**‿avions /z/

- After the singular adjectives **gros** and **mauvais**:

  un gro**s**‿homme /z/ — un mauvai**s**‿hôtel /z/

- After numerals:

  troi**s**‿heures /z/ — quatre-vingt**s**‿ans /z/ — le si**x**‿avril /z/

- After the plural subject pronouns **nous, vous, ils, elles**:

  nou**s**‿habitons /z/ — vou**s**‿utilisez /z/ — il**s**‿ont payé /z/ — elle**s**‿adorent /z/

- After the plural possessive adjectives **mes, tes, ses, vos, nos, leurs**:

  me**s**‿amis /z/ — leur**s**‿enfants /z/ — no**s**‿itinéraires /z/

- After one-syllable adverbs and prepositions (**pas**, **plus**, **très**, **dans**, **sans**, **sous**) and the combination of the preposition **à** and **de** with the plural definite articles (**aux**, **des**):

  très‿intéressant /z/ dans‿un appartement /z/ aux‿Antilles /z/ sans‿argent /z/

À vous la parole

8-4 Discriminations. Écoutez bien les phrases suivantes et choisissez la phrase où vous entendez une liaison.

1.	un mauvais quartier	un mauvais endroit
2.	deux avions	deux trains
3.	les appareils photos	les billets
4.	des villes	des îles
5.	les belles Françaises	les belles Américaines
6.	les belles avenues	les belles rues
7.	ces beaux musées	ces beaux hôtels
8.	nous achetons un billet	nous louons une voiture
9.	ils arrivent	ils partent
10.	ses cartes de crédit	ses adresses

8-5 Phrases. Répétez chaque phrase.

1. Vous allez aux Antilles ou en Afrique ?
2. Mes autres amis habitent aux États-Unis.
3. Cet avion part à trois heures et arrive à six heures.
4. C'est un mauvais endroit pour construire des grands immeubles.
5. En Italie, il y a des très vieilles églises et des beaux hôtels.

Formes et fonctions : le futur simple

Future events can be expressed in French using the **futur proche** or the **futur simple**. In spoken French, the **futur proche** predominates, and in formal written French, the **future simple** is more common. Although there is considerable overlap between the two grammatical structures, there are also clear distinctions in many cases. Compare:

a. Ma tante **va avoir** un enfant. — *My aunt's going to have a baby.*

b. Ils vont se marier et ils **auront** beaucoup d'enfants. — *They're going to get married, and they will have lots of kids.*

In **a.** we assume that the aunt is expecting. In **b.** it is not certain that the couple to be married will have *any* children, let alone many.

The **futur proche** is used for immediate events and those that are certain to occur, while the **future simple** is used for events in the future that are not so definite. It is often used in weather forecasts, for predictions, to make promises, and for future plans or projects. Compare:

Dépêche-toi ! On **va rater** le train. Il arrive.	*Hurry up! We are going to miss the train. It's arriving.*
L'été prochain je **vais aller** en Suisse.	*Next summer I'm going to Switzerland (definite).*
Un jour, j'**irai** en Afrique.	*Someday I'll go to Africa (indefinite).*
Demain, il **fera** beau avec un ciel dégagé dans la région parisienne.	*Tomorrow will be a beautiful day with clear skies in the metropolitan Paris area. (prediction/forecast)*
Je **passerai** chez toi demain après-midi.	*I'll come to your house tomorrow afternoon. (promise)*

The **future simple** is also used to soften instructions and emphatic commands.

Vous **traverserez** l'avenue et vous **tournerez** à gauche dans la rue Colbert.	*You cross the avenue and turn left at Colbert Street.*

To form the simple future tense, add the future endings to the future stem. The future stem of regular verbs is the infinitive (for verbs ending in **-re**, remove the final **-e** from the infinitive).

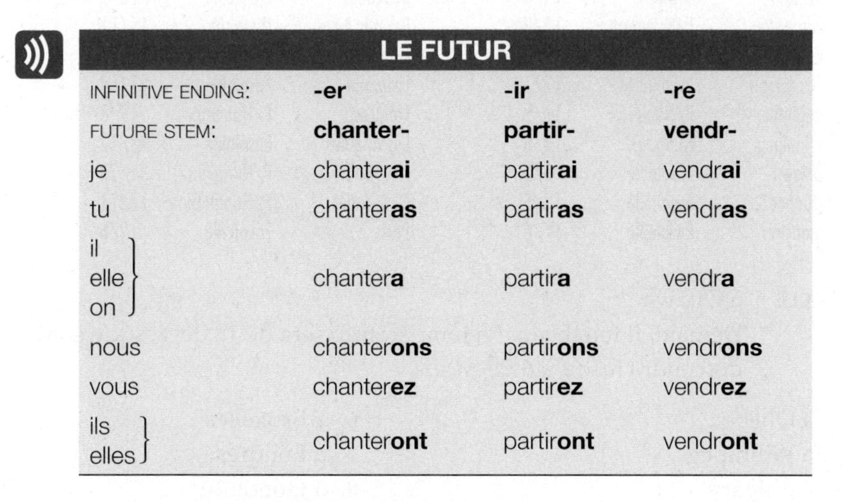

LE FUTUR			
INFINITIVE ENDING:	**-er**	**-ir**	**-re**
FUTURE STEM:	**chanter-**	**partir-**	**vendr-**
je	chanter**ai**	partir**ai**	vendr**ai**
tu	chanter**as**	partir**as**	vendr**as**
il / elle / on	chanter**a**	partir**a**	vendr**a**
nous	chanter**ons**	partir**ons**	vendr**ons**
vous	chanter**ez**	partir**ez**	vendr**ez**
ils / elles	chanter**ont**	partir**ont**	vendr**ont**

The following verbs have irregular future stems:

acheter	j'**achèter**ai	devoir	je **devr**ai	pleuvoir	il **pleuvr**a
aller	j'**ir**ai	être	je **ser**ai	pouvoir	je **pourr**ai
appeler	j'**appeller**ai	faire	je **fer**ai	savoir	je **saur**ai
avoir	j'**aur**ai	préférer	je **préfèrer**ai	vouloir	je **voudr**ai

À vous la parole

8-6 Projets de voyage. Adèle pense faire un voyage au Québec cet hiver. Pour chaque activité décrite, notez si c'est sûr qu'elle va le faire ou si ce n'est pas sûr.

	Adèle…	sûr	pas sûr
MODÈLE	va acheter un guide du Québec.	✔	______
	fera une excursion en bateau.	______	✔
1.	va obtenir un passeport.	______	______
2.	va rechercher les tarifs sur Internet.	______	______
3.	téléphonera à ses amis au Québec.	______	______
4.	achètera un nouvel appareil numérique.	______	______
5.	va réserver une chambre d'hôtel.	______	______
6.	va préparer son itinéraire.	______	______
7.	achètera des bonnes chaussures de marche.	______	______
8.	visitera l'île d'Orléans.	______	______

Est-ce qu'Adèle planifie bien son voyage ? Pourquoi ?

8-7 Prévisions météo. Voici les prévisions météo pour le Canada et pour le monde entier. Quel temps est prévu pour les villes indiquées ?

Au Pays		Demain	Le monde		Demain
Vancouver	Averses	14/8	Berlin	Ensoleillé	14/3
Victoria	Averses	13/8	Bruxelles	Ensoleillé	16/5
Edmonton	P/Nuageux	15/2	Buenos Aires	Nuageux	15/11
Calgary	P/Nuageux	19/3	Honolulu	P/Nuageux	29/23
Saskatoon	Ensoleillé	12/1	Lisbonne	Ensoleillé	27/14
Régina	P/Nuageux	11/2	Londres	P/Nuageux	19/8
Winnipeg	Nuageux	12/5	Los Angeles	Ensoleillé	23/12
Ottawa	Ensoleillé	18/6	New Delhi	P/Nuageux	34/23
Québec	Ensoleillé	18/5	New York	P/Nuageux	17/11
Moncton	Ensoleillé	17/6	Paris	Ensoleillé	19/6

MODÈLE à Ottawa
Demain, il fera beau. La température sera de 18 degrés. Ce soir, elle descendra jusqu'à 6 degrés.

1. à Québec
2. à Winnipeg
3. à Calgary
4. à Vancouver
5. à Paris
6. à Bruxelles
7. à Londres
8. à Honolulu
9. à New York

8-8 Boule de cristal. Imaginez que vous allez chez un/e voyant/e. Un/e camarade de classe jouera le rôle du/de la voyant/e. Voici ses prédictions. Avec un/e partenaire, tirez-en des conclusions. Voyons si vous avez compris la même chose.

MODÈLE É1 Je vois que beaucoup d'argent passera entre vos mains.
É2 Alors je serai très riche.
É3 Alors je travaillerai dans une banque.

1. Je vois que vous voyagerez beaucoup à cause du travail.
2. Je vois beaucoup d'enfants dans votre avenir.
3. Je vous vois devant une grande maison.
4. Je vous vois en compagnie d'une belle femme / d'un bel homme.
5. Je vois que vous aurez beaucoup d'amis.
6. Je vois que vous serez très célèbre.

Formes et fonctions : le pronom y

The pronoun **y** means *there*. It refers back to the name of a place, which can be introduced by a preposition such as **à**, **en**, **chez**, **devant**, or **à côté de**.

Tu es allé **en Provence** l'été dernier ?	*You went to Provence last summer?*
— Oui, j'**y** suis allé avec mes parents.	*—Yes, I went there with my parents.*
Tes cousins habitent **au Canada** ?	*Your cousins live in Canada?*
— Non, ils n'**y** habitent plus.	*—No, they don't live there anymore.*
Qui va aller **chez Cécile** ?	*Who's going to Cécile's house?*
— Pas moi ; je n'aime pas **y** aller.	*—Not me; I don't like going there.*

Like the other object pronouns, **y** is placed immediately before the conjugated verb, unless there is an infinitive. When there is an infinitive, the pronoun goes immediately in front of it.

Tu **y** vas ?	*Are you going there?*
Cet hôtel est abominable. Je ne peux plus **y** rester.	*This hotel is awful. I can't stay here any longer.*
Paris ? Oui, nous **y** sommes allés l'été dernier.	*Paris? Yes, we went there last summer.*

À vous la parole

8-9 Vive les voyages ! Pour chaque situation, trouvez un endroit logique.

MODÈLE Nous y sommes allés pour bronzer et faire de la plongée.
au bord de la mer
OU en Guadeloupe

1. On va y aller pour faire du ski et de la motoneige.
2. Les Marchand y ont fait un tour à vélo.
3. On y passe les vacances à bord d'un bâteau à voile.
4. Christian va y passer ses vacances pour économiser son argent.
5. Nous y avons pris un petit avion pour survoler les îles.
6. J'y suis allé avec des copains pour faire du camping et de la randonnée.

8-10 Les voyageurs. Choisissez l'endroit que les personnes suivantes visitent selon les raisons données. Attention au temps du verbe !

MODÈLE Les Kerboul sont allés à la Nouvelle-Orléans.
b ; Ils y sont allés pour voir le Carnaval.

1. Les Kerboul sont allés à la Nouvelle-Orléans.	**a.** acheter du bon vin
2. Les Dupuis vont aller dans les Alpes.	**b.** voir le Carnaval
3. Raymond veut aller en Guadeloupe.	**c.** visiter les pyramides
4. Arnaud voudrait aller à Paris.	**d.** visiter la tour Eiffel
5. Les Brunet sont allés sur la Côte d'Azur.	**e.** apprendre l'espagnol
6. Christiane va au Mexique.	**f.** apprendre le créole
7. Les Santini vont en Égypte.	**g.** nager et bronzer
8. Monsieur Lescure va aller dans la région de Bordeaux.	**h.** faire du ski

8-11 Vos habitudes. Demandez à votre partenaire s'il ou si elle va aux endroits suivants. Il/Elle doit vous donner une raison pour justifier sa réponse.

MODÈLE dans des bons restaurants
É1 Tu vas quelquefois dans des bons restaurants ?
É2 Non, je n'y vais jamais.
É1 Pourquoi ?
É2 Parce qu'ils sont très chers et je n'ai pas assez d'argent pour y aller.

1. au théâtre
2. à des concerts
3. dans un café
4. au musée
5. à la plage
6. à la montagne
7. en Europe
8. dans un pays francophone

Stratégie

When listening to an announcement, you may find it difficult to understand every word. Use the context and key words to make intelligent guesses about the content of the announcement. Also, don't panic! Travel announcements are usually repeated. As you listen a second (or third) time, focus on listening for the missed information.

Écoutons

8-12 Votre attention, s'il vous plaît !

A. Avant d'écouter. Quand on voyage, on entend souvent des annonces à l'aéroport ; à la gare ; à la station de métro ; dans le métro, le train ou le tram. Normalement, ces annonces sont répétées, parce qu'elles transmettent des renseignements importants dans des endroits où il y a souvent beaucoup de monde et de bruit (*noise*). Quels sont les détails les plus importants qu'il faut comprendre généralement ?

À la Gare d'Amiens, on peut aussi passer à l'accueil pour se renseigner.

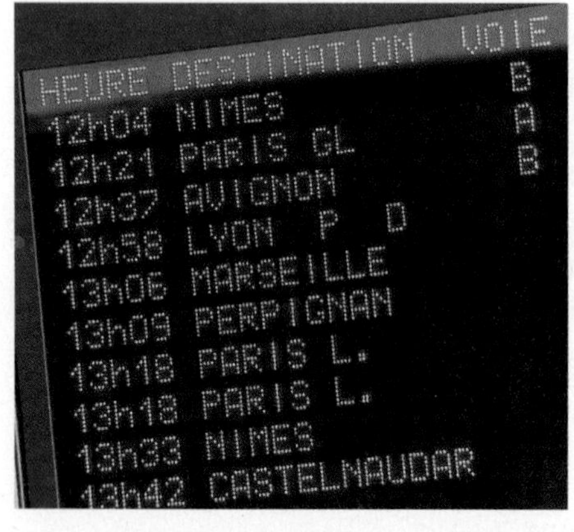

On annonce le départ des prochains trains à la Gare de Montpellier.

B. En écoutant. Écoutez ces annonces adressées aux voyageurs et complétez le tableau suivant.

1. La première fois que vous écoutez, dites où se trouvent les gens qui entendent l'annonce — **à l'aéroport, à la gare, à la station de métro, dans le train** — et complétez la première colonne.
2. Dans la deuxième colonne, indiquez ce que les gens qui entendent l'annonce doivent faire.
3. Enfin, notez dans la troisième colonne d'autres détails importants pour chaque annonce.

	Où	Action à faire	Autres détails importants
Annonce 1	*dans le métro*	*prendre les correspondances*	*quelques stations de métro sont fermées ; il y a eu un accident*
Annonce 2			
Annonce 3		*s'éloigner du quai*	
Annonce 4			*passagers Dupont, Smith et Labonté, Air France, le Hall B*
Annonce 5			
Annonce 6			

C. Après avoir écouté. Est-ce que vous avez déjà entendu des annonces de ce style ? Où ? Est-ce que vous les écoutez attentivement ? Pourquoi ?

Faisons du tourisme !

Points de départ : le logement et les visites

Les Francard, une famille de touristes belges, viennent d'arriver à Tours. Ils vont loger dans un petit hôtel pas très loin de la gare pendant une semaine. C'est pratique pour découvrir la région historique de la Touraine. Madame Francard a très envie de voir les beaux châteaux de la Renaissance. Les enfants ont hâte de visiter le château fort de Montbazon et d'assister au spectacle son et lumière à Amboise. Monsieur Francard aime le bon vin ; il va visiter les caves et déguster les vins de Touraine. Ils vont tous visiter la cathédrale de Tours et bien sûr se promener dans le vieux Tours avec ses maisons médiévales et la magnifique place Plumereau.

Des sites historiques et culturels

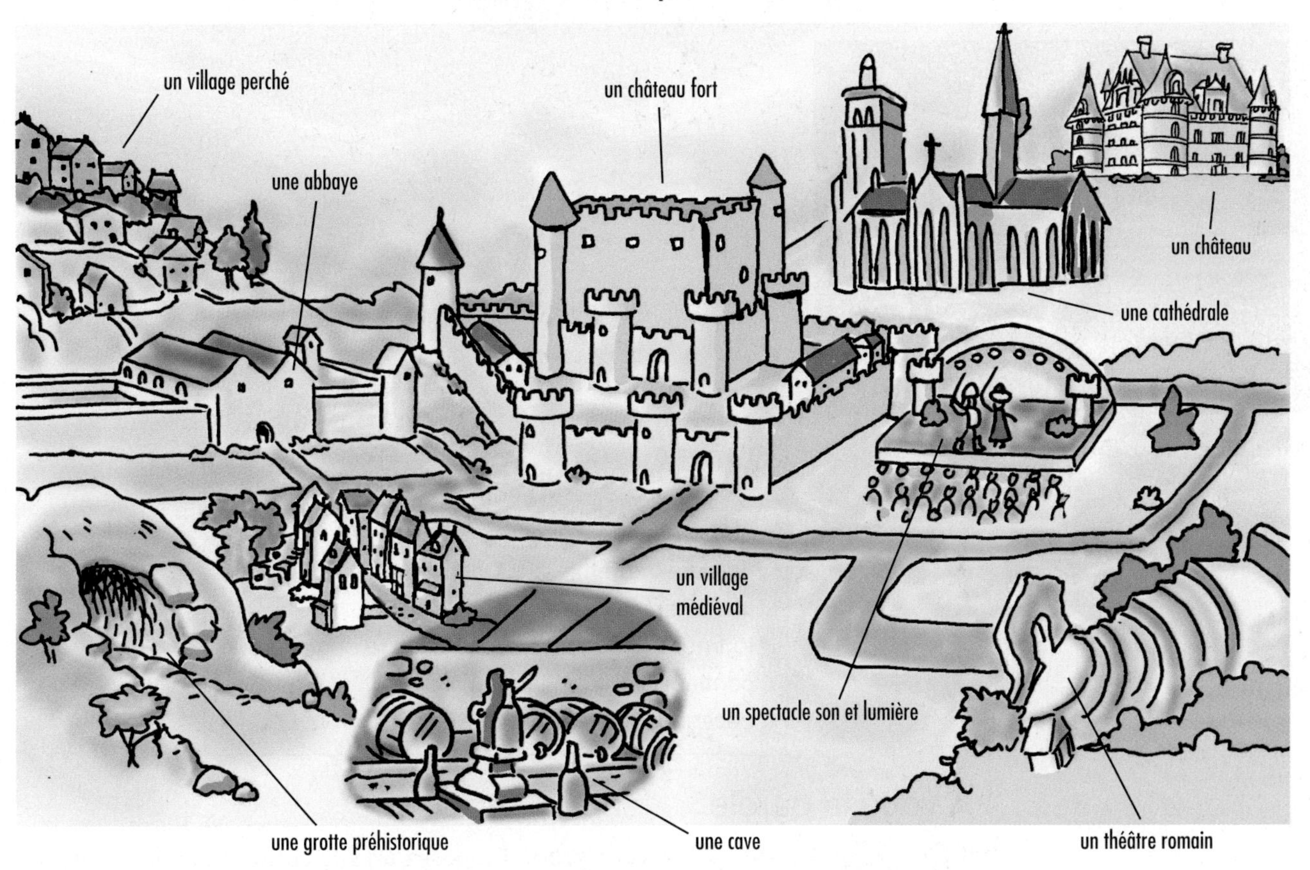

Les Francard rentrent dans l'Office de Tourisme pour chercher des renseignements. Ils voudraient un plan et le meilleur chemin pour aller à la place Plumereau.

RÉCEPTIONNISTE : Bonjour, Madame, Monsieur.

M. FRANCARD : Bonjour, Madame. Nous cherchons un plan du centre-ville. C'est pour aller à la place Plumereau.

RÉCEPTIONNISTE : Tenez, voici un plan du centre-ville. En sortant d'ici, vous allez prendre la rue Bernard-Palissy. Continuez tout droit jusqu'à la rue Colbert et tournez à gauche. Vous allez traverser la rue Nationale. Continuez tout droit et vous trouverez la place Plumereau sur votre droite.

Tours, le centre-ville

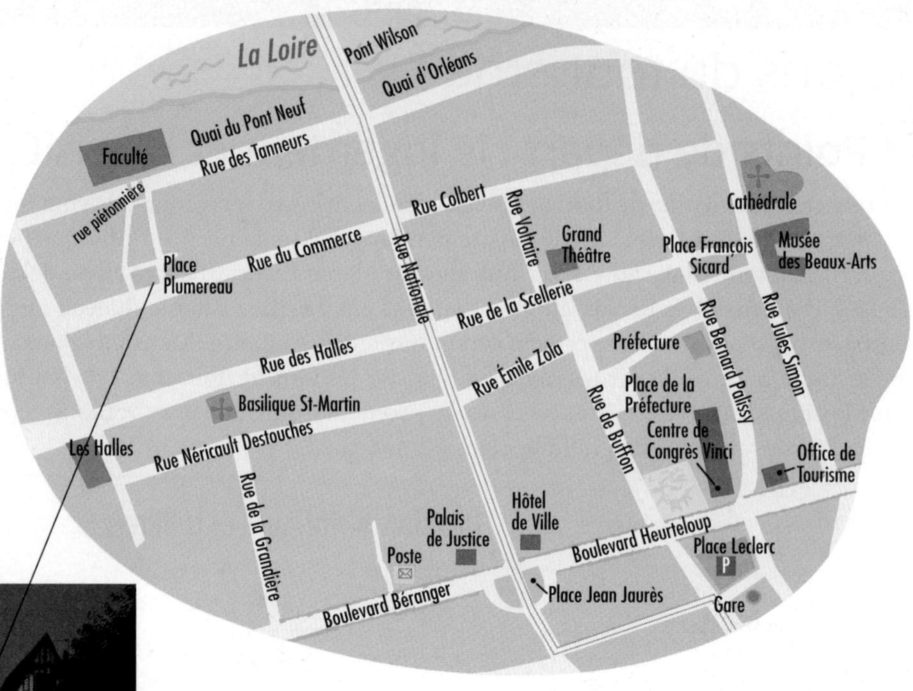

La place Plumereau à Tours

Pour indiquer le chemin

prendre la rue, l'avenue, le boulevard
prendre la première / la deuxième à droite…
traverser la place…
tourner à droite / à gauche dans le boulevard…
continuer tout droit jusqu'à la rue…
descendre l'avenue…

À vous la parole

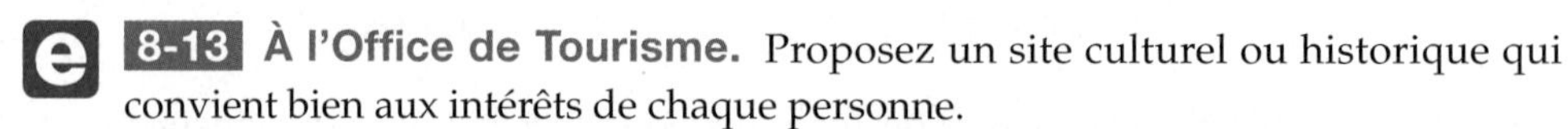

8-13 À l'Office de Tourisme. Proposez un site culturel ou historique qui convient bien aux intérêts de chaque personne.

MODÈLE Jérôme se passionne pour la peinture et la sculpture.
Il peut visiter des musées et des galeries.

1. Les Martin sont fascinés par la préhistoire.
2. Sophie veut voir un château illuminé le soir.
3. Madame Simon s'intéresse aux ruines et à l'archéologie.
4. Monsieur Marin aime l'architecture de la Renaissance.
5. Pierre a étudié l'histoire des religions.
6. Monsieur Dupin voudrait goûter les meilleurs vins de la région.
7. Audrey veut assister à la messe dans un endroit historique.
8. Vincent aime les collines et les belles vues.

8-14 Les bonnes indications. Imaginez que vous êtes devant la gare de Tours. Suivez les indications données et dites où vous arrivez. Choisissez votre destination dans la liste suivante.

MODÈLE É1 Vous tournerez à gauche dans le boulevard Heurteloup, ensuite à droite dans la rue Nationale et à droite dans la rue de la Scellerie. Vous arriverez au coin (*corner*) de cette rue et de la rue Voltaire.

É2 À gauche dans le boulevard Heurteloup et ensuite à droite dans la rue Nationale ?

É1 Oui, c'est ça. Et après, à droite dans la rue de la Scellerie.

É2 C'est le Grand Théâtre ?

É1 Voilà.

la Faculté des Lettres	la Basilique Saint-Martin
le Grand Théâtre	les Halles
le musée des Beaux-Arts	la place Plumereau

1. Vous traverserez le boulevard Heurteloup. Vous prendrez la rue Bernard Palissy et vous continuerez tout droit. À la place François Sicard, vous tournerez à droite.
2. Vous tournerez à gauche dans le boulevard Heurteloup jusqu'à la place Jean Jaurès. Ensuite, vous tournerez à droite dans la rue Nationale et continuerez tout droit jusqu'à la rue des Tanneurs tout près de la Loire. Vous tournerez à gauche et voilà ce sera sur votre droite.
3. Le plus facile, c'est de suivre la rue Nationale jusqu'à la Loire et de prendre la rue des Tanneurs juste avant le quai du Pont Neuf. Ensuite, vous tournerez à gauche en face de la fac dans une petite rue piétonnière (*pedestrian street*).
4. Traversez le boulevard Heurteloup, prenez la rue de Buffon, tournez à gauche dans la rue de la Scellerie et continuez tout droit. Traversez la rue Nationale. Suivez la rue des Halles. C'est au bout (*at the end*) sur votre gauche.

Fiche pratique

When someone gives you directions, it is helpful to confirm that you have understood by repeating or summarizing briefly what you have been told.

8-15 Quel/le touriste êtes-vous ? Répondez à ces questions avec un/e partenaire pour voir si vous êtes compatibles. Expliquez vos choix.

MODÈLE Êtes-vous plutôt train ou avion ?

É1 Moi, je préfère l'avion. C'est plus rapide.

É2 Pas moi. J'aime bien voyager en train. On peut facilement se déplacer pendant le voyage, et on a des belles vues. C'est aussi moins cher.

É1 Pas toujours. Quelquefois, ça coûte cher de prendre le train et puis on perd du temps.

1. Êtes-vous plutôt visite guidée d'un château ou d'une grotte préhistorique ?
2. Êtes-vous plutôt hôtel ou auberge de jeunesse ?
3. Êtes-vous plutôt gîte rural ou hôtel de luxe ?
4. Êtes-vous plutôt tente ou camping-car ?
5. Êtes-vous plutôt promenade dans un village médiéval ou shopping ?
6. Êtes-vous plutôt spectacle son et lumière en plein air ou soirée opéra ?
7. Pour découvrir un village perché, êtes-vous plutôt randonnée ou promenade en autocar ?
8. Pour trouver votre chemin dans une nouvelle ville, vous consultez un plan ou vous demandez plutôt à un/e passant/e ?

Vie et culture

Où loger pendant les vacances

Les voyageurs en France ont énormément de possibilités pour se loger à tout prix. Dans les grandes villes, à la montagne et à la plage, on trouve des hôtels de luxe et des petits hôtels une ou deux étoiles qui ne sont pas très chers. On peut aussi chercher en ligne ou avec l'aide d'un/e agent/e immobilière une location de vacances (un studio, un appartement, une maison ou même une chambre chez un particulier). Regardez les images pour découvrir plus sur des choix classiques des étudiants qui ont un petit budget.

Pendant l'été en France, on trouve beaucoup de gens qui voyagent avec une caravane, un camping car ou simplement une tente dans les campings.

Si on est jeune, on peut rester dans une auberge de jeunesse. On fait et refait les valises !

Une autre possibilité est de rester chez l'habitant, dans un gîte rural à la campagne. C'est surtout une bonne option si on veut établir un contact avec les gens.

Et vous ?

1. Quels sont les avantages et les inconvénients de chaque option de logement ? Quel type de logement est-ce que vous préférez et pourquoi ?
2. Est-ce que vous avez les mêmes possibilités de logement dans votre pays ?

Formes et fonctions : les relatifs **où** et **qui**

A relative pronoun or adverb allows you to introduce a clause, called a subordinate clause, that provides additional information to a sentence about a person, place, or thing. The relative connects the subordinate clause to the main clause of the sentence. In the examples below, the subordinate clause, introduced by the relative pronoun **qui**, is set off by brackets.

David est un guide [**qui** a beaucoup de talent].	*David is a tour guide [who is very talented].*
Rome est une ville [**qui** est connue pour son architecture].	*Rome is a city [that is known for its architecture].*

In these examples the relative pronoun **qui**, which refers to a guide or a city, respectively, is the subject of the subordinate clause. **Qui**, the equivalent of English *who* or *which/that*, always functions as the subject of the clause it introduces and is always followed by a verb.

Où is used to introduce a place or a time; it is equivalent to English *where* or *when*.

C'est une ville [**où** il y a beaucoup de monuments historiques].	*It's a city [where there are many historical monuments].*
L'automne en France, c'est la saison [**où** il commence à faire froid].	*Autumn in France is the season [when it starts to get cold].*

À vous la parole

8-16 En quelles saisons ? En quelles saisons est-ce que vous préférez faire les activités suivantes ? Avec un/e partenaire, discutez de vos choix avec les verbes de préférence comme **aimer, avoir envie de** ou **préférer**.

MODÈLE voyager dans les pays tropicaux

É1 L'hiver est la saison où j'ai envie de voyager dans les pays tropicaux. Chez moi, il fait froid et il y a de la neige.

É2 Pas moi. L'été est la saison où j'ai envie de voyager dans les pays tropicaux. Ça coûte beaucoup moins cher !

1. faire un pique-nique à la montagne
2. faire du ski et du surf des neiges
3. aller au bord de la mer
4. faire des randonnées dans la forêt
5. faire du jardinage
6. admirer les fleurs à la campagne
7. regarder les compétitions sportives à la télé
8. partir en vacances

8-17 Les grandes villes. En groupe de trois ou quatre personnes, décrivez ces grandes villes.

MODÈLE New York

É1 New York est une ville où il y a beaucoup de grands magasins.

É2 C'est aussi une ville qui a beaucoup de théâtres et de cinémas.

É3 C'est la ville où on trouve la statue de la Liberté.

1. San Francisco
2. Paris
3. La Nouvelle-Orléans
4. Los Angeles
5. Washington, DC
6. Dakar
7. Québec
8. Genève

8-18 Quelles sont vos préférences ? Pour le logement, les vacances, les gens ? Discutez de cela avec un/e partenaire.

MODÈLE J'aime les hôtels…

É1 J'aime les hôtels qui sont très modernes.
É2 Moi, j'aime surtout les hôtels où il y a une piscine.

1. Je préfère les villes…
2. Je n'aime pas les musées…
3. J'aime les vacances…
4. J'aime surtout visiter les endroits…
5. J'aime les gens…
6. Je n'aime pas beaucoup les gens…

Formes et fonctions : le pronom relatif que

As you have just learned, a relative enables you to introduce a clause, called a subordinate clause, that provides additional information about a person, place, or thing. The relative pronoun **qui** functions as the subject of the clause it introduces and is followed by the verb of the subordinate clause.

Le guide [**qui** nous **a fait** visiter le château] était bien informé.	*The guide [who gave us a tour of the château] was well informed.*

Que is used when the relative is the direct object of the subordinate clause. Use **qu'** before words beginning with a vowel. The subject of the subordinate clause usually follows **que/qu'**.

C'est un village perché. J'aime beaucoup ce village.

C'est un village perché [**que j'**aime beaucoup].

It's a village perched on a hillside [that I like a lot].

Like **qui**, the relative pronoun **que/qu'** can refer either to a person or a thing.

Le guide **que** j'ai eu était très enthousiaste.	*The guide whom/that I had was very enthusiastic.*
Nous avons visité le musée **que** Madame Lerond a recommandé.	*We visited the museum (that) Mrs. Lerond recommended.*

> Be careful! In English the words *whom* or *that* may be left out, but in French, **que** must always be used.

When you use the **passé composé**, the past participle agrees in number and gender with the preceding direct-object pronoun. In both examples below, **que/qu'** refers to a feminine plural noun, and the feminine plural form of the past participle is used.

Regardez les belles photos **que** j'ai pris**es**.	*Look at the beautiful pictures (that) I took.*
Vous avez aimé les crêpes **qu'**ils ont servi**es** à la soirée ?	*Did you like the crepes (that) they served at the evening reception?*

À vous la parole

8-19 Un bibliophile à Paris. Choisissez le relatif qui convient pour compléter ces phrases.

MODÈLE La Maison de la Presse _que_ je connais le mieux se trouve boulevard Auguste-Blanqui à Paris et ouvre à 6h30 du matin.

1. Quand je visite Paris, je vais toujours à la FNAC, _____ on peut trouver beaucoup de livres et de DVD pas chers.
2. Pour acheter des journaux, les Français _____ habitent une grande ville peuvent aller à un kiosque.
3. Gibert Jeune est une librairie _____ les étudiants visitent régulièrement pour trouver des livres pour leurs cours à la fac.
4. Chez Gibert Jeune, on peut également trouver beaucoup de livres d'occasion (*used*) _____ les étudiants aiment acheter parce qu'ils sont moins chers.
5. À Paris, on peut trouver une librairie anglophone _____ s'appelle Shakespeare and Company.
6. Les bouquinistes _____ se trouvent au bord de la Seine près de Notre-Dame sont très populaires auprès des touristes.
7. La bibliothèque municipale _____ on peut emprunter des livres et des DVD est ouverte de mardi à samedi.
8. À la bibliothèque universitaire, vous trouverez beaucoup d'ouvrages de référence _____ on peut consulter sur place.

8-20 Le mot juste. Le voyageur a besoin d'un vocabulaire précis. Dans les définitions, on emploie souvent des propositions relatives. Est-ce que vous et votre partenaire pouvez définir les choses suivantes ?

MODÈLE une auberge de jeunesse

É1 C'est un endroit où les jeunes peuvent rencontrer d'autres jeunes voyageurs.
É2 C'est aussi un logement qui ne coûte pas très cher.

1. un gîte rural
2. un spectacle son et lumière
3. une visite guidée
4. un musée
5. un office de tourisme
6. une agence de voyages
7. un/e réceptionniste
8. un/e agent de police

8-21 On va tout savoir. Est-ce que vous avez déjà visité ces villes ou ces sites ? Si non, est-ce que vous avez envie d'y aller ? Parlez-en avec un/e partenaire.

MODÈLE la statue de la Liberté

É1 C'est un monument que j'ai visité avec mes parents quand j'avais dix ans.
É2 Pas moi, mais je veux y aller. C'est un monument que tous les Américains doivent visiter.

1. New York
2. le Mémorial du 11 septembre
3. Washington, DC
4. la Smithsonian
5. Paris
6. la tour Eiffel
7. Québec
8. le parc de la Chute-Montmorency

Stratégie

When someone is giving directions, active listening—such as following along on a map—will allow you to understand unknown terms and perhaps learn new words.

Observons

8-22 À l'Office de Tourisme

A. Avant de regarder. Il y a un Office de Tourisme dans presque toutes les villes de France. On peut y trouver des plans et des guides, se renseigner sur des hôtels, réserver une chambre et acheter des places pour des spectacles. Dans ce clip, Jacques passe à l'Office de Tourisme pour aider les amis de ses parents qui viendront visiter la région. Il cherche le chemin pour aller de la gare à l'hôtel où ils vont loger. Vous ne comprendrez certainement pas tous les noms des rues ou des monuments à Dijon, mais si vous suivez les indications de la réceptionniste sur le plan, vous pourrez trouver l'hôtel. Avant de visionner le clip, regardez bien le plan que vous trouverez dans l'Exercice B, et mettez un cercle autour de la gare et autour de l'Office de Tourisme.

B. En regardant. Regardez le clip et répondez aux questions suivantes.

1. D'après la conversation téléphonique de Jacques, qui viendra à Dijon ?
   un adulte   un couple   une famille avec des enfants
2. Quand est-ce qu'ils vont venir ?
   la semaine prochaine   le mois prochain   dans quelques jours
3. Qu'est-ce qu'ils cherchent comme logement ? Cochez tous leurs critères de sélection.

____ centre-ville	____ un grand lit	____ une piscine
____ deux chambres	____ un restaurant	____ un trois-étoiles
____ un deux-étoiles	____ un parking	____ le WiFi

4. Regardez le plan de Dijon. Si vous n'avez pas encore indiqué la gare et l'Office de Tourisme, faites-le maintenant. Ensuite, regardez le clip de nouveau et suivez les indications de la réceptionniste sur le plan pour répondre à ces questions.

a. Elle dit de passer devant le palais. C'est quel palais ?
   le palais des Ducs de Bourgogne
   le palais des Sports
   le palais de la Libération
b. On prend la rue Chabot Charny quand on arrive à quelle place ?
   Place Darcy Place Grangier Place du Théâtre
c. On arrive à un rond-point à la place Wilson. Un rond-point a quelle forme ?
   un hexagone un cercle une croix
d. Quel repère (*landmark*) est-ce qu'elle mentionne pour trouver l'hôtel ?
   une fontaine le monument aux morts le cinéma

C. Après avoir regardé. Maintenant discutez de ces questions avec vos camarades de classe.

1. Quels nouveaux mots ou repères dijonnais est-ce que vous avez appris ? Comparez avec vos camarades de classe.
2. Avec tous les renseignements disponibles sur Internet, le GPS et le téléguidage mobile (sur son portable, par exemple), est-ce que les Offices de Tourisme sont toujours pertinents ? Est-il nécessaire d'avoir de l'interaction avec un être humain pour chercher des renseignements, demander son chemin ou réserver ? Pourquoi ?

LEÇON 3

Destinations

Points de départ : Où est-ce qu'on va ?

Je m'appelle Modou Diarra. Je suis franco-sénégalais ; mon père vient du Sénégal et ma mère est française. Je parle wolof aussi bien que français. Je vais à Dakar cet été pour voir mes grands-parents et passer les vacances chez eux au Sénégal.

Je suis Nicolas Dubois. Je suis belge. J'habite à Bruxelles. Ma langue maternelle, c'est le français, mais je parle aussi flamand et anglais. Je suis à Paris pour une réunion de travail. Je vais rentrer en Belgique demain.

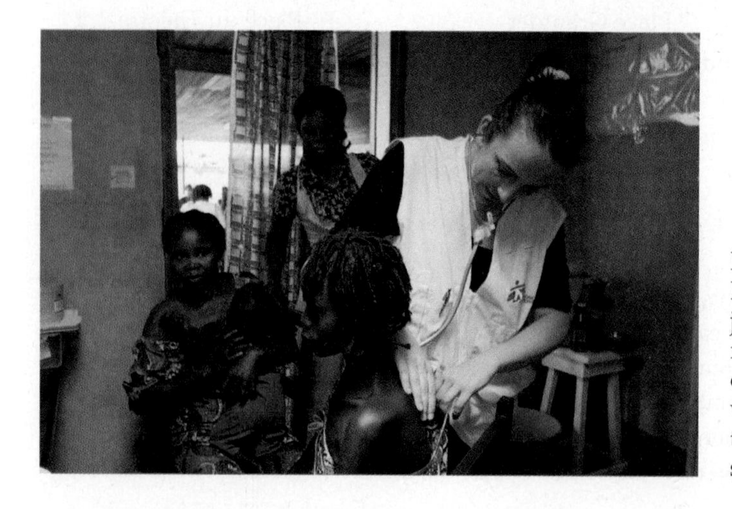

Mon nom, c'est Sandra Pellet. Je suis suisse et j'habite à Lausanne. Je retourne en République centrafricaine, où je vais reprendre mon travail pour Médecins sans Frontières.

Continents	Quelques pays	Quelques adjectifs de nationalité
L'Afrique	l'Algérie	algérien/ne
	le Cameroun	camerounais/e
	la Côte d'Ivoire	ivoirien/ne
	le Maroc	marocain/e
	le Sénégal	sénégalais/e
L'Amérique	le Canada	canadien/ne
... du Nord	les États-Unis	américain/e
	le Mexique	mexicain/e
... du Sud	l'Argentine	argentin/e
	le Brésil	brésilien/ne
	le Chili	chilien/ne
	la Colombie	colombien/ne
L'Asie	la Chine	chinois/e
	la Corée	coréen/ne
	l'Inde	indien/ne
	Israël	israélien/ne
	le Japon	japonais/e
	le Liban	libanais/e
	le Vietnam	vietnamien/ne
L'Europe	l'Allemagne	allemand/e
	l'Angleterre	anglais/e
	la Belgique	belge
	l'Espagne	espagnol/e
	la France	français/e
	l'Italie	italien/ne
	les Pays-Bas	néerlandais/e
	le Portugal	portugais/e
	le Royaume-Uni	britannique
	la Suisse	suisse
	la Russie	russe
L'Océanie	l'Australie	australien/ne
	la Nouvelle-Zélande	néo-zélandais/e
	Tahiti	tahitien/ne

À vous la parole

8-23 C'est quel pays ? Décidez quel pays on visite, d'après la description.

MODÈLE On s'installe à la terrasse d'un café pour admirer la tour Eiffel.
C'est la France.

1. On mange du sushi et on peut prendre des trains super rapides.
2. On boit un cappuccino et on regarde les gondoles qui passent.
3. Il y a des pyramides aztèques.
4. On peut visiter les souks (*les marchés*) de Marrakech.
5. On visite le château Frontenac à Québec.
6. Là-bas, il y a l'administration centrale de l'Union européenne.
7. C'est le seul pays d'Europe où l'on parle espagnol.
8. On visite le palais de Buckingham et le British Museum.

8-24 Présentations. Selon l'endroit où chaque personne habite, indiquez sa nationalité et des langues possibles.

MODÈLE Carlos Morales habite à San Antonio dans le Texas.
Il est américain. Il parle anglais et probablement espagnol.

1. Ana García est de Buenos Aires.
2. Sylvie Gerniers habite à Bruxelles.
3. Chantal Dupuis est de Genève.
4. Paolo Dos Santos habite à Rio de Janeiro.
5. Helmut Müller est de Berlin.
6. Federica Verdi habite à Milan.
7. Jin Lu ? Elle est de Beijing.

8-25 Un voyage. Avec un/e partenaire, imaginez que vous partez visiter un pays lointain. Quel pays est-ce que vous choisirez ? Qu'est-ce que vous y ferez ?

MODÈLE É1 Je visiterai la Suisse, parce que j'ai des cousins là-bas. Je ferai du ski dans les Alpes.
É2 Et moi, je visiterai l'Égypte. J'irai voir les pyramides.

Vie et culture

Le français vous ouvre le monde

Dans le Chapitre préliminaire, vous avez appris que le français est l'une des deux langues parlées par plus de 270 millions de personnes sur les cinq continents : l'Europe, l'Afrique, l'Amérique, l'Asie et l'Océanie. Le français est aussi la deuxième langue la plus apprise du monde. Vous n'êtes pas seul/e à étudier le français ; en 2018, il y avait plus de 125 millions d'élèves partout dans le monde. Pourquoi ? C'est simple, le français peut vous ouvrir les portes au monde entier.

Le français, c'est...

- la 3e langue des affaires (après l'anglais et le chinois) ;
- la 2e langue d'information internationale dans les médias (après l'anglais) ;
- la 2e langue de travail de plusieurs organisations internationales : l'Organisation des Nations unies, l'Union européenne, l'Union africaine, les Jeux Olympiques.

Le français est aussi la langue officielle de 29 pays du monde.

Si vous voulez travailler, habiter ou être volontaire à l'étranger, pensez à continuer vos études de français.

Une Américaine qui sert avec le *Peace Corps* travaille à côté des Sénégalaises.

Voici le siège principal des Nations unies en Europe. C'est à Genève, en Suisse.

Pouvoir parler français en plus de l'anglais vous donne la possibilité de travailler dans le domaine de la diplomatie, pour les organisations non gouvernementales internationales à but humanitaire (Médecins sans Frontières, Pharmaciens sans Frontières, le Comité international de la Croix-Rouge) ou dans les affaires, parce que les pays où l'on parle français représentent plus de 20 % du marché du commerce mondial. Vous pouvez aussi faire du volontariat dans les pays en voie de développement où la langue française est une langue officielle.

Et vous ?

1. Pourquoi est-ce que vous avez décidé d'apprendre le français ? Est-ce que vous avez envie d'utiliser le français dans votre carrière future ou de voyager ou vivre dans un pays où l'on parle français ? Si oui, quels sont vos projets pour l'avenir ?
2. Malheureusement il y a des Américains qui pensent que ce n'est pas nécessaire d'apprendre des langues étrangères. Quelles raisons est-ce que vous pouvez leur donner pour apprendre une autre langue ? Par exemple, connaître une autre langue permet de mieux apprécier sa musique, ses films, sa littérature et sa cuisine.

Sons et lettres

La liaison avec *t, n* et *r*

After /z/, the next most common liaison consonant is /t/. It is usually spelled **-t**, but in some cases it is spelled **-d**.

- Pronounce liaison /t/ after the adjectives **petit** and **grand**, the form **cet**, and the numbers **huit**, **vingt**, **cent**:

un peti**t**‿animal /t/	un gran**d**‿immeuble /t/	ce**t**‿hiver /t/
il a hui**t**‿ans /t/	ving**t**‿heures /t/	cen**t**‿appartements /t/

- Liaison /t/ must also be pronounced in certain fixed phrases:

Quel temps fai**t**‿-il ? /t/	Quelle heure es**t**‿-il ? /t/	Commen**t**‿allez-vous ? /t/

- Although it is not obligatory, liaison is often made after the verb forms **ont**, **sont**, **vont**, and **font**. These are cases of optional liaison:

ils son**t**‿ici /t/	elles fon**t**‿un voyage /t/	elles von**t**‿en Afrique /t/

- Liaison /t/ is *never* pronounced after the word **et**:

Pierre e~~t~~ Alain	ving**t**‿-e~~t~~-un /t/

Liaison /n/ occurs in the following cases:

- after **un** and the possessives **mon**, **ton**, **son**:

u**n**‿hôtel /n/	mo**n**‿église /n/	to**n**‿auto /n/	so**n**‿itinéraire /n/

- after the pronouns **on** and **en**, and the preposition **en**:

o**n**‿y va /n/	il e**n**‿a /n/	e**n**‿octobre /n/

- after the adjectives **bon**, **certain**, **prochain**:

un bo**n**‿avion /n/	un certai**n**‿itinéraire /n/	le prochai**n**‿arrêt /n/

Liaison /r/ occurs in **dernier** and **premier**:

le premie**r**‿étage /r/	le dernie**r**‿avion /r/

À vous la parole

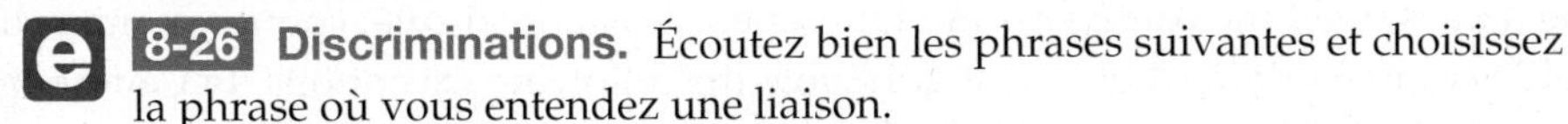

8-26 Discriminations. Écoutez bien les phrases suivantes et choisissez la phrase où vous entendez une liaison.

1. le dernier avion — le dernier car
2. un grand restaurant — un grand hôtel
3. le prochain bus — le prochain arrêt
4. le premier août — le premier juin
5. un bon plan — un bon itinéraire
6. un mauvais achat — un mauvais voyage
7. en octobre — en juin
8. mon guide — mon agent de voyage
9. on s'en va — on y va
10. vingt heures — vingt pays

8-27 Voyage en Afrique. Céline parle au téléphone du voyage prévu par ses parents. Écoutez bien et répétez chaque phrase.

1. Oui, c'est vrai. Mes parents, ils font un super voyage en Afrique du Nord cet été.
2. Ils y vont en avion le vingt-et-un juillet.
3. Quel temps fait-il là-bas en été ? C'est une bonne question. En Algérie, il fera probablement assez chaud.
4. Oui, oui. Ils ont un bon itinéraire. Ils iront en Algérie, au Maroc et en Tunisie. Ils auront du temps à la plage, en ville, et dans le désert.
5. Et puis, mon père a trouvé un bon hôtel trois étoiles pas cher pour fêter son anniversaire et leur anniversaire de mariage. C'est le même jour, le vingt août.
6. Moi ? Je reste à la maison pour m'occuper des animaux, Tigrou le chat et Olivier notre chien, et bien sûr pour travailler. Je veux pouvoir partir moi aussi, un de ces étés !

Formes et fonctions : les prépositions avec des noms de lieux

You have learned to use the prepositions **à** (meaning *to*, *at*, or *in*) and **de** (meaning *from*) with the names of cities.

Elle arrive **à** Paris.	*She's arriving in Paris.*
Nous allons **à** Québec.	*We're going to Quebec City.*
Ils viennent **de** Lille.	*They're coming from Lille.*

Fiche pratique

The preposition used sometimes allows one to distinguish between two places such as Quebec City and the province of Quebec

J'habite à Québec.
I live in Quebec City.

Elle étudie au Québec.
She studies in the province of Quebec.

To express *to*, *at*, *in*, or *from* with the name of countries and continents, use the following prepositions in French:

	FEMININE COUNTRY OR CONTINENT	MASCULINE COUNTRY BEGINNING WITH A VOWEL	MASCULINE COUNTRY BEGINNING WITH A CONSONANT	PLURAL COUNTRY
TO, AT, IN	**en** Suisse	**en** Haïti	**au** Maroc	**aux** Pays-Bas
FROM	**de** Belgique **d'**Afrique	**d'**Iran	**du** Canada	**des** États-Unis

The names of all the continents are feminine. As a general rule, country names that end in **-e** are feminine, but you should note the following exceptions: **le Cambodge, le Mexique, le Mozambique, le Zimbabwe, le Belize**. In general, names of countries that end in any letter other than **-e** are masculine: **le Canada, le Brésil, les États-Unis, les Pays-Bas**.

Ils habitent **en** Amérique latine.	*They live in Latin America.*
Nous sommes allés **en** Australie.	*We went to Australia.*
Sakiko a fait ses études **au** Canada.	*Sakiko studied in Canada.*
Mon collègue va **aux** Pays-Bas.	*My colleague is going to the Netherlands.*
Je viens **du** Sénégal.	*I'm from Senegal.*

À vous la parole

8-28 Vos connaissances en géographie. Dites dans quel continent sont situés ces pays.

MODÈLE le Brésil
C'est en Amérique ; en Amérique du Sud.

1. le Mexique
2. la Corée
3. le Nigéria
4. la Suisse
5. le Canada
6. l'Afrique du Sud
7. la Chine
8. les États-Unis
9. l'Australie
10. la Russie

8-29 Escales. Quelquefois il n'y a pas de vol direct entre deux villes. Dites dans quel pays les personnes suivantes doivent s'arrêter pour arriver à leur destination.

MODÈLE Mademoiselle Schmidt : Berlin–Madrid–Lisbonne
Elle doit s'arrêter en Espagne.

1. Monsieur Ducret : Paris–Lisbonne–Abidjan
2. Monsieur Noyau : Marseille–Rome–Moscou
3. Madame Smith : Londres–Paris–Barcelone
4. Madame Bordes : Paris–New York–Mexico
5. Madame Schmidt : Berlin–Londres–Québec
6. Monsieur Thompson : Londres–Montréal–Chicago
7. Madame Marconi : Marseille–Genève–Casablanca
8. Monsieur Kulemeka : Johannesburg–Amsterdam–Washington

8-30 Vos origines. Beaucoup d'Américains ont des parents ou des grands-parents qui sont nés dans d'autres pays. Est-ce que certains membres de votre famille ou certains de vos camarades sont nés dans d'autres pays ?

MODÈLE É1 Tes parents ou tes grands-parents sont nés dans d'autres pays ?
É2 Oui, ma grand-mère. Elle est née en Chine. Et toi, où est-ce que tu es né ?
É1 Moi, je suis né aux États-Unis, en Californie. Mais mes parents sont du Pérou.
É3 Mon père est né en Côte d'Ivoire et ma mère dans l'État de New York.

Formes et fonctions : le verbe venir

The verb **venir** means *to come* or *to come from*:

Tu viens avec nous ? On s'en va.	*Are you coming with us? We're leaving.*
— Oui, oui, j'arrive.	*— Yes, I'm coming.*
Mes grands-parents viennent d'Italie.	*My grandparents come from Italy.*

Be careful. To say that you will be there shortly or that you are on your way, the French use the verb **arriver**, as in the above example.

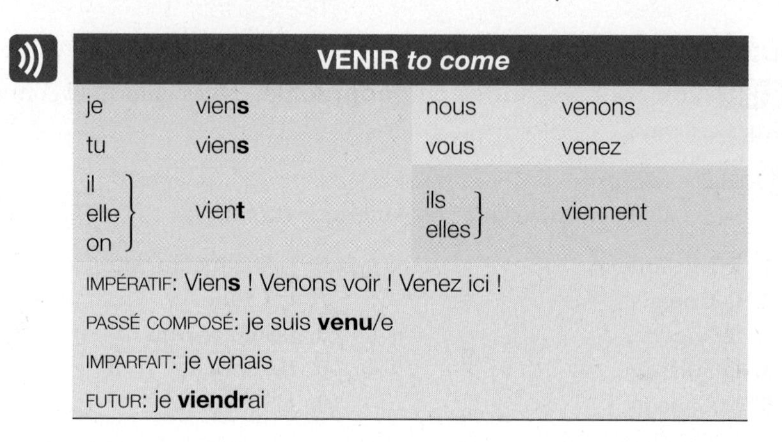

VENIR *to come*			
je	vien**s**	nous	venons
tu	vien**s**	vous	venez
il / elle / on	vien**t**	ils / elles	viennent

IMPÉRATIF: Vien**s** ! Venons voir ! Venez ici !

PASSÉ COMPOSÉ: je suis **venu**/e

IMPARFAIT: je venais

FUTUR: je **viendr**ai

Devenir (*to become*), **revenir** (*to come back*), **tenir** (*to hold*), **retenir** (*to hold, to book*), **maintenir** (*to affirm, to uphold*), **soutenir** (*to support*), and **obtenir** (*to obtain*) are conjugated like **venir**:

Alors, qu'est-ce que tu **deviens** ?	*What's new with you these days?*
Quand est-ce qu'il **revient** de Genève ?	*When is he coming back from Geneva?*
Elle **tenait** son billet à la main.	*She held her ticket in her hand.*
On va **retenir** des places dans l'avion.	*We're going to book plane tickets.*
Je **maintiens** que c'est vrai.	*I affirm that it's true.*
Le Sénat **soutient** le Président.	*The Senate is supporting the President.*
J'ai **obtenu** mon diplôme en mai.	*I got my degree in May.*

To express an event that has just occurred, use **venir de** plus an infinitive.

Le train **vient de partir**.	*The train has just left.*
Ils **viennent d'acheter** des billets.	*They've just purchased tickets.*

À vous la parole

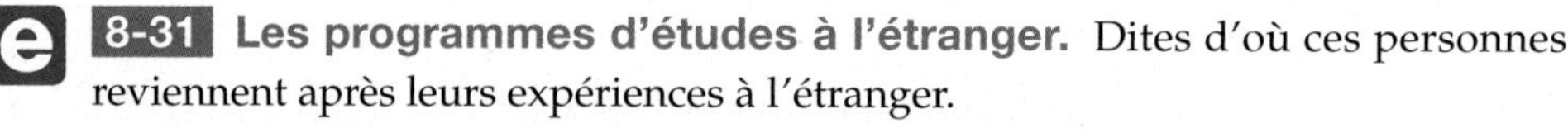

8-31 Les programmes d'études à l'étranger. Dites d'où ces personnes reviennent après leurs expériences à l'étranger.

MODÈLE Elles ont appris le portugais brésilien.
Elles reviennent du Brésil.

1. Elle a appris l'italien à Florence.
2. Il parle bien espagnol après un semestre à Séville.
3. Nous avons fait un stage à Buenos Aires pendant l'été.
4. Je parle un peu mieux le japonais après mon séjour à Kyoto.
5. Tu as étudié la politique allemande et européenne à Tübingen.
6. Elles ont étudié la culture chinoise à Beiyu (l'Université des langues et des cultures de Pékin).
7. Il a appris le français à Montpellier.

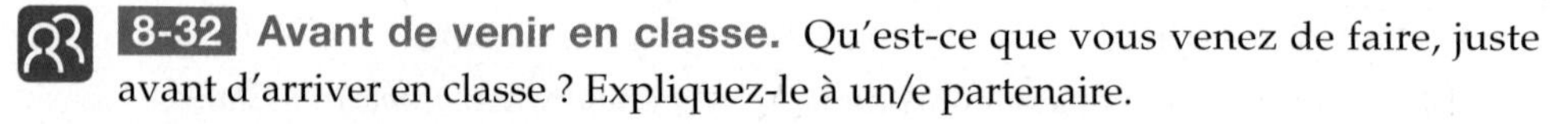

8-32 Avant de venir en classe. Qu'est-ce que vous venez de faire, juste avant d'arriver en classe ? Expliquez-le à un/e partenaire.

MODÈLE É1 Moi, je viens de déjeuner au resto U. Et toi ?
É2 Moi, je viens de travailler à la bibliothèque. Je viens de terminer mes devoirs.

8-33 Trouvez une personne qui… Posez des questions à vos camarades de classe pour trouver au moins une personne qui a fait, fait ou fera des choses suivantes.

MODÈLE obtiendra son diplôme cette année

É1 Est-ce que tu obtiendras ton diplôme cette année ?
É2 Oui, je vais l'obtenir au mois de juin. (*Écrivez le nom de cette personne.*)
OU Non, je l'obtiendrai probablement dans deux ans. (*Demandez à une autre personne.*)

1. vient d'un autre pays ou d'un autre État
2. revient de vacances
3. obtiendra son diplôme cette année
4. a obtenu son diplôme du lycée l'année dernière
5. a soutenu / soutient / soutiendra un/e candidat/e politique
6. tient un portable ou une tablette à la main
7. a retenu / retiendra des places pour un concert ou un spectacle
8. devient stressé/e vers la fin du semestre

Écrivons

8-34 Projet pour un voyage

A. Avant d'écrire. Présentez un projet de voyage dans un pays francophone. Tout d'abord, préparez un plan. Quels détails est-ce qu'il faudra planifier ? Organisez vos idées. Ensuite, faites les recherches nécessaires pour détailler votre voyage et prenez des notes.

MODÈLE

I. La destination: la ville de Québec
  A. une ville historique : …
  B. …

II. Les moyens de transport
  A. l'avion (jusqu'à Montréal)
  B. le car (jusqu'à Québec)

III. Le logement et les repas
  A. un petit hôtel dans le centre-ville…
  B. …

IV. Les activités
  A. …
  B. …

B. En écrivant. Maintenant, utilisez votre plan pour écrire la description de vos projets de voyage.

MODÈLE Je voudrais visiter Québec, une ville francophone qui n'est pas très loin de chez moi. C'est une ville historique et très pittoresque. La ville de Québec a plus de 400 ans, et la vieille ville est entourée par un grand mur. Pour aller à Québec, je prendrai l'avion jusqu'à Montréal et ensuite le car jusqu'à Québec. On logera à l'Auberge internationale de Québec, une auberge de jeunesse dans la vieille ville. Ce n'est pas cher et le petit-déjeuner est inclus. L'auberge offre aussi des visites guidées à pied et d'autres activités culturelles. Il y aura beaucoup d'autres choses à faire aussi : par exemple, …

C. Après avoir écrit. Partagez votre description avec vos camarades de classe. Après la discussion, quels endroits est-ce que vous avez envie de visiter ? Pourquoi ?

Stratégie

When you need to research and present a topic, prepare a basic outline before you begin, then fill it in as you gather information. This will provide you with a complete, orderly plan to follow when you begin to write.

Venez chez nous !

Paris, ville lumière

Notre-Dame de Paris

Une bouche de métro, style art nouveau, à la station Saint-Michel

Paris est la capitale de la France. C'est aussi une des villes les plus visitées du monde. C'est une belle ville où il y en a pour tous les goûts. Il y a des monuments intéressants, des églises, des quartiers historiques et des musées. On y trouve aussi des très bons restaurants, des grands magasins, des boutiques de luxe, des beaux parcs et un nombre illimité de spectacles.

On appelle Paris *la Ville Lumière*. D'où cette désignation vient-elle ? Il y a plusieurs hypothèses, mais il est certain que la ville est magnifique la nuit avec ses monuments, ses grands boulevards et ses ponts (*bridges*) illuminés.

À la fin du dix-neuvième siècle et au début du vingtième, Paris était le centre artistique et culturel du monde et la capitale de l'élégance, du luxe et des plaisirs. Beaucoup d'écrivains, de musiciens et d'artistes passaient au moins un an dans *la Ville Lumière* pour apprendre leur métier ou trouver de l'inspiration.

Vidéo

Observons

8-35 Visitons Paris

A. Avant de regarder. Dans ce clip, vous accompagnerez Ola pendant sa visite à Paris avec Bengala comme guide. Où est-ce qu'elles vont probablement aller ? Imaginez que vous visitez Paris. Quels monuments ou musées est-ce que vous voudriez voir ? Dressez une liste de cinq ou six endroits incontournables (*essential*) pour les touristes à Paris.

 **B. En regardant.** Sélectionnez toutes les bonnes réponses à chaque question.

1. Bengala commence la visite à Notre-Dame. C'est…
   une cathédrale. une chapelle. une abbaye. un château.
2. Elle propose de visiter…
   l'arc de Triomphe. les Invalides. le Louvre. les Champs-Élysées.
3. Elles vont faire leur tour de Paris…
   à vélib'. à pied. en voiture. en bus.
4. Elles visitent le musée d'Orsay et remarquent la Grande Horloge. D'après Bengala, c'est parce que le musée était autrefois…
   une bibliothèque. un théâtre. une mairie. une gare.
5. Leur visite se termine…
   au Louvre. à Montmartre. à la tour Eiffel. aux Champs-Élysées.

C. Après avoir regardé. Maintenant discutez de ces questions avec vos camarades de classe.

1. Pensez à la liste que vous avez dressée avant de regarder la vidéo. Est-ce que vos idées d'une visite idéale à Paris sont similaires ou différentes de la visite de Bengala et Ola ? Comment ?
2. Paris est l'une des villes les plus visitées au monde avec plus de 30 millions de visiteurs par an. Quel est l'impact d'un si grand nombre de touristes dans une ville ? Est-ce que vous aimeriez habiter dans une ville avec autant de touristes ? Pourquoi ?

Parlons

8-36 La visite d'un monument. Une façon agréable de voir les monuments de Paris est de prendre un bateau-mouche. Ces bateaux font des circuits touristiques avec des commentaires sur tous les monuments qui se trouvent au bord de la Seine. Regardez ce détail d'un plan de Paris à la page suivante et identifiez les monuments que vous reconnaissez.

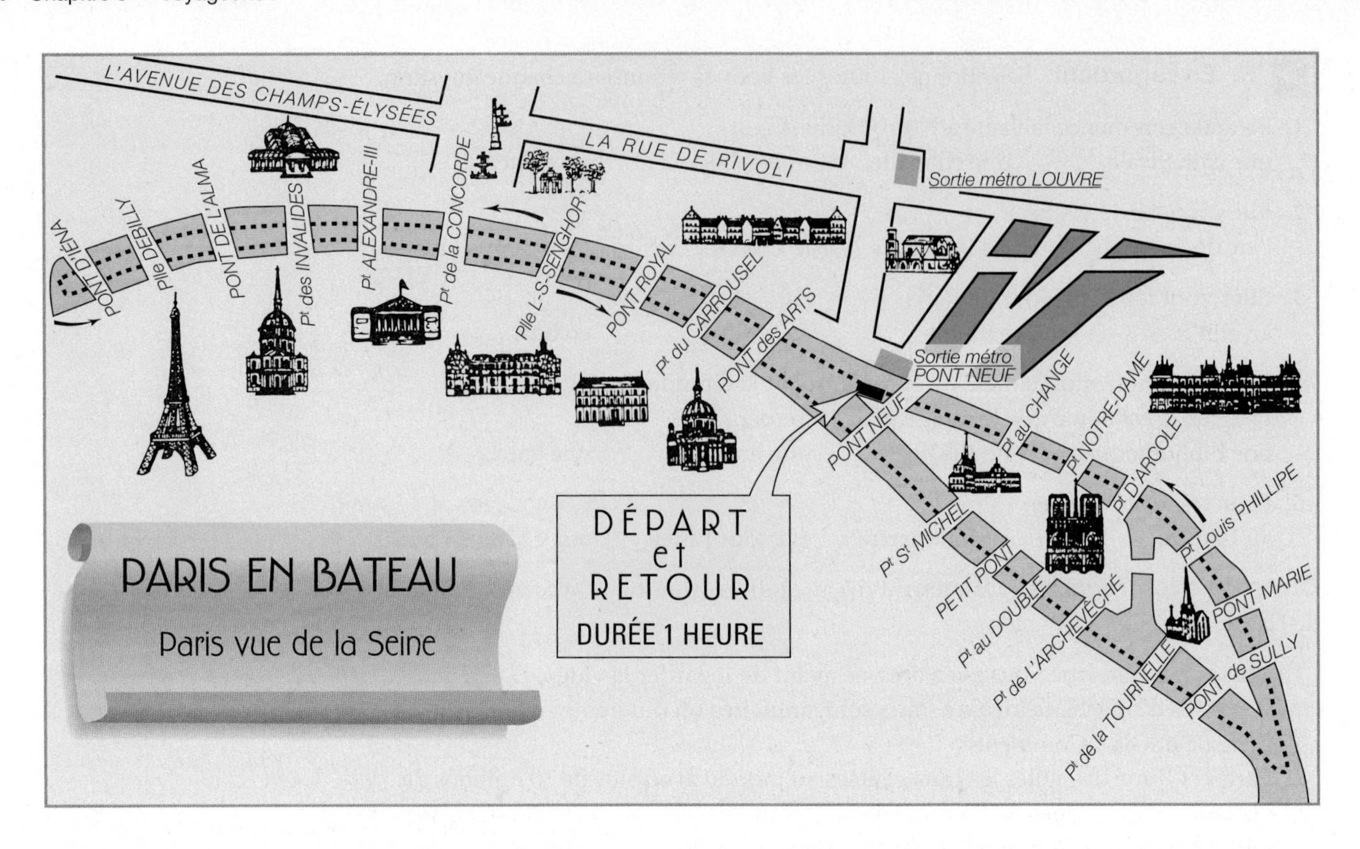

A. Avant de parler. Maintenant, c'est à vous de jouer le rôle d'un/e guide à bord d'un bateau-mouche à Paris. D'abord, choisissez un monument. Voici quelques possibilités.

1. l'Hôtel de Ville
2. la Conciergerie
3. les jardins des Tuileries
4. le musée d'Orsay
5. l'obélisque de la Concorde
6. le Pont Neuf
7. la tour Eiffel
8. Notre-Dame de Paris
9. les Invalides
10. le musée du Louvre
11. le Grand Palais
12. l'Institut de France

Ensuite, préparez une description de votre monument. Considérez les questions suivantes :

a. Où se trouve ce monument ? Dans quel arrondissement ? Dans quelle rue ? À côté de quels autres sites importants ? Est-ce qu'il y a une station de métro à proximité ?
b. Quand est-ce que ce monument a été construit ? Par qui ? Pourquoi est-ce que ce monument est important aujourd'hui ?

Pour trouver des renseignements, cherchez sur Internet et consultez des guides touristiques.

MODÈLE Le Palais Bourbon se trouve dans le septième arrondissement. C'est entre le musée d'Orsay et les Invalides, et on peut y aller en métro. La station de métro tout près s'appelle Assemblée nationale. C'est logique, parce que depuis 1795, le Palais Bourbon est le siège de l'Assemblée nationale, où les députés français se réunissent. La visite est gratuite mais on ne peut pas visiter quand les députés sont en session.

B. En parlant. Présentez votre monument à vos camarades de classe. N'oubliez pas de montrer des images de votre monument pendant votre présentation pour la rendre plus intéressante !

C. Après avoir parlé. Quelles sont les présentations les plus intéressantes ? Quels monuments est-ce que vous voudriez visiter maintenant ?

Lisons

8-37 Berthillon : Un trésor sur l'île Saint-Louis

A. Avant de lire. One of the treasures of Paris is *l'île Saint-Louis*, a small island in the Seine behind *l'île de la Cité* and Notre-Dame. *L'île Saint-Louis* is now a well-to-do residential neighborhood that would seem to be off the beaten path for tourists. However, it is home to Berthillon, a family-owned ice-cream shop. Olivier Magny includes a chapter about this shop in *Dessine-moi un Parisien*, a collection of satirical and humorous essays about the behavior of Parisians. As you read, notice the tone of the essay and pay attention to the practical tips Magny provides at the end for acting and speaking like a Parisian.

Voici l'île Saint-Louis où se trouve le glacier Berthillon. D'après l'image, comment est-ce que vous pouvez décrire le quartier ?

On fait la queue au glacier Berthillon.

B. En lisant. Trouvez la réponse aux questions suivantes.

1. Magny écrit que « Berthillon est l'un des rares luxes que tous les Parisiens peuvent s'offrir ». Pourquoi est-ce qu'il considère que c'est un luxe ? Est-ce que c'est simplement le fait de manger une bonne glace ou un bon sorbet ? Expliquez.
2. D'après l'auteur, l'expérience de prendre une glace chez Berthillon n'est pas un plaisir solitaire. Trouvez les phrases dans le texte où cette idée est clairement exprimée. Quelle expression originale est-ce qu'il utilise pour indiquer la personne qui partage cette expérience ?
3. Comment est-ce que l'expérience de Berthillon pour les touristes diffère de celle des Parisiens ? Justifiez votre réponse avec une phrase tirée de l'extrait.
4. D'après Magny, acheter une glace Berthillon donne des caractéristiques assez positives au Parisien. Donnez au moins trois adjectifs qui expliquent cette « transformation ».
5. L'auteur soutient aussi que prendre une glace chez Berthillon signifie qu'on « a gagné » une certaine compétition ou qu'on a accompli quelque chose de spécial. Trouvez le passage dans le texte qui exprime ce sentiment.
6. Trouvez les phrases qui montrent que Magny pense que le fait d'acheter une glace Berthillon est aussi une façon de lutter contre la globalisation et/ou la modernisation.

Berthillon

À l'évidence, on trouve les meilleures glaces au monde à Paris, chez Berthillon. L'adresse est connue de tous les Parisiens, sans exception.

Berthillon est l'un des rares luxes que tous les Parisiens peuvent s'offrir. La grâce de Berthillon tient dans[1] ses glaces et sorbets. Mais l'expérience Berthillon dépasse les plaisirs glaces : le plaisir Berthillon se tricote[2] en patience, il débute 5 dans l'attente. L'occasion de choisir parfums[3] et nombre de boules, une en général, deux pour les gourmands[4].

Une fois servi, le Parisien se promènera sur *l'île Saint-Louis* avec sa glace et demandera systématiquement à son co-Berthilloneur: «*C'est bon ?* »

Lui : « *C'est super bon.* » C'est là l'un des seuls moments où le Parisien se comporte exactement comme un touriste. Il s'en ravit, se promenant, le cœur léger[5], le temps d'une glace… Il est une forme de fierté[6] à acheter une 10 glace Berthillon. Cet achat… rend le Parisien tout à la fois très sophistiqué, très distingué, très ancré et très riche. Chaque fois qu'il s'arrêtera[7] prendre une glace chez Berthillon, le Parisien partagera la nouvelle autour de lui, une semaine durant[8]. « *On s'est arrêté chez Berthillon.* » Boum. *One point.*

L'essor[9] ces dernières années des glaciers américains et plus récemment italiens a accru la concurrence[10] sur le marché[11] de la glace de promenade. Mais continuant de choisir, face à l'armada marketing des grandes chaînes, 15 une petite entreprise familiale qui s'est toujours refusée à la production de masse, le Parisien sait inconsciemment qu'il s'offre plus qu'un petit plaisir. Il défend là une certaine forme de civilisation. Une certaine idée du monde. Une certaine idée de Paris.

CONSEIL UTILE

Allez-y le soir : une glace Berthillon,
Notre-Dame, l'île Saint-Louis et le
silence sous le ciel de Paris sont un vrai
pansement à l'âme[12].

PARLEZ PARISIEN

« Berthillon ? !
Eh bah ça va, tu te fais plaisir… »

[1] *consists of* [2] *is stitched* [3] *flavors* [4] *those who love to eat and often indulge too much* [5] *light-hearted* [6] *source of pride* [7] *will stop* [8] *for an entire week* [9] *rise* [10] *has increased competition* [11] *the market* [12] *balm for the soul*

Extrait de : *Dessine-moi un Parisien*, Olivier Magny; ©2010, Éditions 10/18

C. Après avoir lu. Discutez de ces questions avec vos camarades de classe.

1. Quelle est votre réaction à ce texte ? Est-ce qu'il vous donne envie de prendre une glace chez Berthillon ? de découvrir l'île Saint-Louis à Paris ? peut-être de lire plus de chapitres de ce petit livre assez drôle ?
2. Est-ce que vous pensez que les observations de Magny sont exagérées ? Pouvez-vous trouver un exemple d'une expérience semblable en Amérique du Nord où manger ou boire ou acheter un certain produit a une signification plus large ? Partagez vos impressions avec vos camarades de classe.

Écrivons

8-38 Des Américains à Paris C'est Thomas Jefferson qui a dit : « *Every man has two countries, his own and France.* » Jefferson, comme tant d'autres Américains, était fasciné par la France et par la ville de Paris. Nommé Ambassadeur des États-Unis en France, il y va en 1784, succédant à Benjamin Franklin, et il y reste cinq ans. Depuis longtemps, Paris attire non seulement des diplomates, mais aussi des artistes, des ingénieurs, des écrivains et des chanteurs. À Paris, ils trouvent une certaine liberté, personnelle et artistique, qui manque à leur vie américaine. Ils découvrent aussi une autre façon de voir le monde, une autre ouverture culturelle.

Benjamin Franklin est Ambassadeur des États-Unis en France de 1776 jusqu'en 1785.

Joséphine Baker, une vedette des Folies Bergères pendant les années vingt et trente.

A. Avant d'écrire. Préparez une description de la vie parisienne d'un/e Américain/e. D'abord, choisissez une personne dans une des catégories indiquées. Ensuite, cherchez des renseignements sur son séjour (ou ses séjours) à Paris. Pour trouver des renseignements, cherchez en ligne ou consultez des biographies.

Diplomates / Hommes d'État	Ingénieurs / Aventuriers	Écrivains	Musiciens	Danseurs / Comédiens
John Adams	Elizabeth Blackwell	James Baldwin	Louis Armstrong	Fred Astaire
Benjamin Franklin	Julia Child	Ernest Hemingway	Duke Ellington	Joséphine Baker
Thomas Jefferson	Thomas Edison	Katherine Anne Porter	George Gershwin	Ada « Bricktop » Smith
R. Sargent Shriver	Charles Lindbergh	Susan Sonntag	Cole Porter	Isadora Duncan
Woodrow Wilson	Orville & Wilbur Wright	Gertrude Stein	Jim Morrison	Buster Keaton

Pour préparer votre description, répondez aux questions suivantes :

1. Quand et pourquoi est-ce que cet/te Américain/e va à Paris ?
2. Combien de temps est-ce qu'il/elle y reste ? Pourquoi ?
3. Qu'est-ce qu'il/elle fait à Paris ?
4. Quelles sont ses impressions de Paris ?

B. En écrivant. Rédigez deux paragraphes qui expliquent le séjour à Paris de cet/te Américain/e. Dans le premier paragraphe, donnez des détails sur son séjour (questions 1–3). Dans le deuxième paragraphe, parlez de ses impressions de Paris (question 4), et terminez votre texte avec une phrase qui résume l'importance du séjour parisien dans la vie de cette personne. N'oubliez pas que vous pouvez utiliser le présent en français pour des récits historiques.

C. Après avoir écrit. Lisez votre texte à vos camarades de classe. Qui sont les individus les plus intéressants qui ont visité Paris, à votre avis ? Pourquoi ?

Vocabulaire

Leçon 1

moyens de transport (m)	means of transportation
à pied	*on foot*
un avion ; en avion	*plane; by plane*
un bus ; en bus	*city bus; by city bus*
un car ; en car	*excursion bus, intercity bus: by (intercity / excursion) bus*
un métro ; en métro	*subway; by subway*
une moto ; à moto	*motorcycle; by motorcycle*
un scoot(er) ; à scoot(er)	*motorscooter; by motorscooter*
un taxi ; en taxi	*taxi; by taxi*
un train ; en train	*train; by train*
un tram(way) ; en tram	*tram; by tram*

pour faire un voyage	to take a trip
un aéroport	*airport*
un appareil photo (numérique)	*(digital) camera*
un carnet	*small notebook*
une carte bancaire	*debit card*
une carte de crédit	*credit card*
une clé	*key*
un passeport	*passport*
un permis de conduire	*driver's licence*
un plan de ville	*city map*
un portefeuille	*wallet*
un portemonnaie	*change purse*
faire ses valises (f)	*to pack one's suitcases*

d'autres mots utiles	other useful words
un billet	*(train, plane) ticket*
faire attention	*pay attention*
la paille ; un chapeau de paille	*straw; straw hat*
un tarif	*rate, price*
tout	*everything*
Voyons…	*Let's see …*

Leçon 2

des sites (m) historiques et culturels	historical and cultural sites
une abbaye	*abbey*
une cathédrale	*cathedral*
une cave	*wine cellar*
un château	*castle*
un château fort	*fortress ; fortified castle*
une grotte préhistorique	*prehistoric cave*
un spectacle son et lumière	*sound and light historical production*
un théâtre romain	*Roman theater*
un village médiéval	*medieval village*
un village perché	*village perched on a hillside*

pour se renseigner	to get information
un guide	*guidebook*
un/e guide	*tour guide*
un Office de Tourisme	*tourism office*
des renseignements (m)	*information*

pour indiquer le chemin	to give directions
une avenue	*avenue*
un boulevard	*boulevard*
le chemin	*the way*
continuer (tout droit)	*to keep going (straight ahead)*
descendre (l'avenue)	*to go down (the avenue)*
tourner à (droite / gauche)	*to turn (right / left)*
traverser	*to cross*

le logement	lodgings
une auberge (de jeunesse)	*inn, (youth) hostel*
un camping	*campground*
un camping-car	*recreational vehicle*
une caravane	*camper*
un gîte (rural)	*(rural) bed and breakfast*
loger dans un hôtel trois étoiles (f)	*to stay in a three-star hotel*
une tente	*tent*

d'autres mots utiles	other useful words
avoir hâte de (visiter)	*to be excited (to visit)*
J'ai hâte de te revoir.	*I can't wait to see you again.*
déguster	*to taste, to savor*
établir	*to establish*

Leçon 3

les continents (m)	continents
l'Afrique (f)	*Africa*
l'Amérique (f)	*America*
… du Nord	*North America*
… du Sud	*South America*
l'Asie (f)	*Asia*
l'Europe (f)	*Europe*
l'Océanie (f)	*Pacific*

quelques pays (m)	some countries

(See page 285)

quelques adjectifs de nationalité (f)	*some adjectives of nationality*
(See page 285)	

quelques langues (f)	*some languages*
le flamand	*Flemish*
le wolof	*Wolof*

d'autres mots utiles	*other useful words*
une frontière	*border*
une langue maternelle	*native language*
une réunion	*meeting*

quelques verbes utiles	*some useful verbs*
devenir	*to become*
maintenir	*to affirm, to uphold*
obtenir	*to obtain*
retenir	*to hold, to book*
revenir	*to come back*
soutenir	*to support*
tenir	*to hold*
venir	*to come*
venir de + *inf.* venir d'arriver	*to have just done something* *to have just arrived*

Chapitre 9

Nos relations interpersonnelles

C'est le baptême de mon neveu Augustin. Voici le bébé heureux avec ses parents et son parrain (*godfather*).

On démarre !

Joanna décrit le baptême de son neveu. Qui sont les personnages importants pour ce rituel ? Comment est-ce qu'on célèbre un baptême ?

Visionnez la vidéo pour en apprendre plus. Est-ce que vous célébrez certains rites de passage dans votre famille ?

Dans ce chapitre, nous examinons nos origines, nos relations et les éléments qui contribuent à notre identité. Quelles sont les traditions culturelles importantes pour votre identité ?

Learning Outcomes

After completing this chapter, you will be able to:

- Describe significant life events
- Report what others say and write
- Express beliefs, values, and opinions
- Express emotions
- Talk about diversity and identity in the French-speaking world

LEÇON 1

Ça se fête !

Points de départ : les bons moments

Sarah et son mari, Karim, vont bientôt fêter quatre ans de mariage. Pour se rappeler les moments importants dans leur vie à deux, Sarah a posté quelques photos.

smm_22 Karim et moi fêtons nos fiançailles avec la famille et les amis. #lavieàdeux #j'mkarim
J'aime 75 Commenter Partager
smm_22 Le jour du mariage : la cérémonie civile le matin à la mairie, la cérémonie religieuse à l'église l'après-midi et le vin d'honneur ensuite. #lavieàdeux #j'mkarim
J'aime 89 Commenter Partager
smm_22 Deux ans de mariage, et le petit Alex est né le 20 décembre : Il est adorable ! #lepetitalex
J'aime 109 Commenter Partager
smm_22 Voilà Alex à son baptême, avec sa marraine et son parrain. #lepetitalex
J'aime 78 Commenter Partager
smm_22 Ce sont les grandes vacances au Liban avec Mamie et Papi ! #vivelesvacances
J'aime 53 Commenter Partager
smm_22 Alex a un an ! Maman souffle la grande bougie sur le gâteau. Il a beaucoup de cadeaux, pour son anniversaire et pour Noël ! #lepetitalex #ilaunan
J'aime 92 Commenter Partager

Les vœux

Meilleurs vœux !	*Best wishes!*	Joyeux Noël !	*Merry Christmas!*
Félicitations !	*Congratulations!*	Bonne année !	*Happy New Year!*
Bon / Joyeux anniversaire !	*Happy Birthday!*	Bon voyage !	*Have a good trip!*
Joyeux anniversaire de mariage !	*Happy Anniversary!*	Bonnes vacances !	*Have a good vacation!*
		À votre / ta santé !	*To your health!*

Vie et culture

Les fêtes familiales

Pour les Français, c'est souvent autour de la table que l'on fête les bons moments de la vie. Il y a des boissons et des plats traditionnels — typiquement des vins, des spécialités régionales et des desserts fantaisistes. On danse et on chante aussi. Certains rites de passage (le baptême, les anniversaires, les fiançailles et le mariage) sont marqués par des célébrations, ainsi que des fêtes religieuses et nationales.

Pour beaucoup de Français, croyants ou pas[1], **Noël** est la plus grande fête de l'année. On décore le sapin et on échange des cadeaux. Le soir du 24 décembre, on prépare un grand repas familial, le réveillon, avec des huîtres[2], du foie gras, de la dinde[3] et surtout la bûche de Noël en dessert. Le Père Noël arrive cette nuit.

Le jour de l'An, le premier janvier, est précédé par le réveillon de la Saint-Sylvestre, la nuit du 31 décembre. Ensuite, au mois de janvier on envoie des cartes de vœux pour souhaiter une heureuse et prospère Nouvel Année à ses amis. En janvier on mange aussi la galette des Rois[4] : La personne qui trouve la fève[5] dans sa part du gâteau peut porter la couronne !

Au printemps, on célèbre **Pâques** et on peut voir des œufs et des poules[6] en chocolat dans les vitrines des confiseries[7]. Il y a de nombreux jours fériés[8] associés à cette fête : le lundi de Pâques, l'Ascension et le lundi de Pentecôte.

La fête nationale célèbre le début de la Révolution le 14 juillet 1789. Le matin, les Parisiens assistent au grand défilé militaire sur les Champs-Élysées, retransmis en direct à la télévision. Le soir, toutes les villes organisent un bal populaire et l'on tire des feux d'artifice[9].

Une bûche de Noël

Une fête familiale

Enfin les mois de juillet-août offrent aux familles l'occasion de faire une pause et de passer les grandes vacances ensemble. Il n'y a pas d'école, les parents ont des vacances aussi et on peut partir découvrir une autre région de la France ou même un pays étranger. Cela fait des bons souvenirs !

Et vous ?

1. Quelles sont les grandes occasions en France où la famille et les amis se réunissent ? Est-ce que vous célébrez certaines de ces fêtes dans votre région ?
2. Est-ce que vos traditions sont différentes des traditions des Français ? Expliquez comment.

Un défilé militaire

[1] *whether or not they are believers* [2] *oysters* [3] *turkey* [4] *Kings' cake* [5] *favor* [6] *hens* [7] *candy shops* [8] *legal holidays* [9] *shoot off fireworks*

À vous la parole

9-1 Qu'est-ce qu'on dit ? Qu'est-ce que vous dites dans les situations suivantes ?

MODÈLE C'est l'anniversaire de votre mère.
Bon anniversaire, maman !

1. Vos amis ont eu un enfant.
2. C'est le 25 décembre.
3. C'est la Saint-Sylvestre.
4. Vous assistez à un mariage.
5. Votre ami fête ses 20 ans.
6. Vos cousins partent en voyage.
7. Vous prenez un verre de champagne avec des amis.
8. Vos parents fêtent leurs 25 ans de mariage.

9-2 Jeu d'association. À quelle occasion est-ce que vous associez ces choses ou ces personnes ? Parlez-en avec un/e partenaire.

MODÈLE un voyage

É1 Ce sont les grandes vacances.
É2 C'est un mariage.

1. un gâteau
2. des cadeaux
3. un document officiel
4. un grand dîner
5. un défilé militaire
6. un bouquet de fleurs
7. la marraine
8. le maire
9. le prêtre, le pasteur, le rabbin, l'imam
10. un bébé

9-3 Tous les éléments. Quels sont les éléments importants pour une fête ? Avec un/e partenaire, décrivez une fête d'après les éléments suivants : **le lieu, les gens importants, les vêtements et les accessoires, les activités.**

MODÈLE un anniversaire

É1 On peut fêter un anniversaire à la maison ou dans un restaurant, par exemple.
É2 Normalement, la famille et les amis sont présents. Il y a souvent un gâteau avec des bougies.
É1 Oui, on chante et on offre des cadeaux.

1. le jour de l'An
2. un mariage
3. un baptême
4. la fête nationale
5. les grandes vacances
6. un anniversaire de mariage

Parallèles : Joyeux anniversaire !

Mathilde et Diandra fêtent chacune leur anniversaire.

Mathilde reçoit un cadeau d'anniversaire de ses parents.

Diandra a un beau gâteau au chocolat avec des bougies.

Formes et fonctions : les verbes de communication : écrire, lire et dire

Here are some useful verbs of communication: **écrire**, *to write*; **lire**, *to read*; **dire**, *to say, to tell*. The verb **décrire**, *to describe*, is conjugated like **écrire.**

ÉCRIRE *to write* / LIRE *to read* / DIRE *to say*			
je/j'	écri**s** / li**s** / di**s**	nous	écri**v**ons / li**s**ons / di**s**ons
tu	écri**s** / li**s** / di**s**	vous	écri**v**ez / li**s**ez / **dites**
il / elle / on	écri**t** / li**t** / di**t**	ils / elles	écri**v**ent / li**s**ent / di**s**ent
IMPÉRATIF :	Écri**s** ! Li**s** ! Di**s** ! Écri**v**ons ! Li**s**ons ! Di**s**ons ! Écri**v**ez ! Li**s**ez ! **Dites** !		
PASSÉ COMPOSÉ :	il a **écrit** / il a **lu** / il a **dit**		
IMPARFAIT :	il écrivait / il lisait / il disait		
FUTUR :	il écrira / il lira / il dira		

All these verbs can take direct and indirect objects.

J'écris **une carte de vœux à mes parents**.	*I'm writing a card to my parents.*
Tu **leur** dis **bonjour** de ma part ?	*Will you say hello to them for me?*
Tu **lui** as écrit ?	*Did you write to him?*
Décris **ton cousin à Gabriel**.	*Describe your cousin to Gabriel.*
Vous allez écrire **votre rapport** pour demain ?	*Are you writing your report for tomorrow?*
Elles ne mentent jamais ; elles disent toujours **la vérité**.	*They never lie; they always tell the truth.*
Elle lit **ses poèmes à ses amis**, mais elle ne **les** lira jamais **à ses parents**.	*She reads her poems to her friends, but she will never read them to her parents.*

À vous la parole

9-4 Étudiants étrangers. Tout le monde est d'accord ! Comment est-ce que ces étudiants disent « oui » ? Choisissez un mot de la liste : **oui, da, ja, sí, yes.**

MODÈLE María est espagnole.
Elle dit « sí ».

1. Peter et Helmut sont allemands.
2. Louis-Jean est haïtien.
3. Moi, je suis russe.
4. Isabel est mexicaine.
5. Michèle et moi, nous sommes belges.
6. Toi, tu es américaine.
7. Georges et toi, vous êtes suisses allemands.
8. Alan et Mark, ils sont anglais.

9-5 Qu'est-ce qu'ils écrivent ? Avec un/e partenaire, choisissez dans la liste ce qu'écrivent ces gens.

MODÈLE un/e journaliste

É1 Il écrit des articles.
É2 Elle écrit peut-être aussi des blogs ou des critiques.

un article	une critique	un poème	un statut
un blog	un CV	un programme	un texto
une chanson	un e-mail	un rapport scientifique	un tweet

1. un/e écrivain/e
2. des chercheurs scientifiques
3. des étudiants en informatique
4. un/e médecin
5. des fanatiques du cinéma
6. moi
7. mes amis et moi
8. toi et tes amis

9-6 Sondage. Trouvez une personne qui…

MODÈLE lit le journal tous les jours

É1 Est-ce que tu lis le journal tous les jours ?
É2 Oui, je lis le *New York Times* en ligne.
OU Non, je ne lis pas le journal.

1. lit le journal tous les jours
2. écrit un blog
3. dit toujours la vérité
4. écrit pour le journal de l'université
5. a lu une biographie récemment
6. va écrire un essai cette semaine
7. lit son horoscope tous les jours
8. a écrit un poème

Formes et fonctions : les expressions de nécessité

You have learned to use a form of the verb **devoir** plus an infinitive to describe what one *must* or *should* do.

Pour acheter un beau gâteau, tu **dois aller** à la pâtisserie.	*To buy a nice cake, you must go to the pastry shop.*
Elle **doit chercher** un beau cadeau pour l'anniversaire de sa sœur.	*She must look for a nice gift for her sister's birthday.*

The following expressions that include the impersonal subject **il** can be used with an infinitive to express obligation in a more general way:

il faut	*you have to / must*
il ne faut pas	*you must not*
il est nécessaire de	*it is necessary to*
il est important de	*it is important to*
il est utile de	*it is useful to*

Il faut mettre un beau costume pour aller à un mariage.	*You must wear a nice suit to go to a wedding.*
Il ne faut pas partir en vacances sans votre passeport.	*You must not leave on vacation without your passport.*
En été, **il est important de porter** des lunettes de soleil.	*In summer, it's important to wear sunglasses.*

À vous la parole

9-7 Oui ou non ? Quand il fait beau, mais on a un examen et des devoirs importants à préparer, est-ce qu'il faut faire les choses suivantes ? Sinon, qu'est-ce qu'il faut faire ?

MODÈLE aller à la plage

É1 Non, il ne faut pas aller à la plage.
É2 Il est nécessaire de rester à la maison pour travailler.

1. travailler sérieusement
2. appeler les copains pour sortir
3. faire un pique-nique avec des amis
4. aller au parc pour se promener
5. bien manger
6. sortir avec des amis
7. aller à la bibliothèque
8. réviser avec des camarades de classe

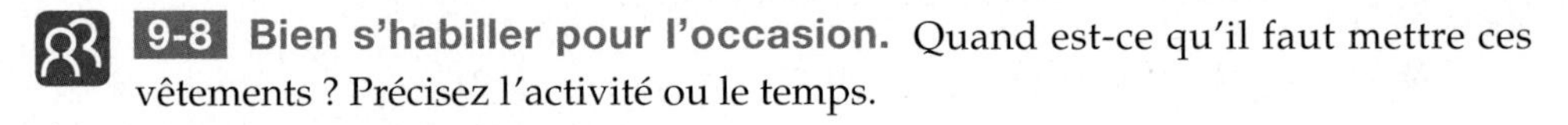

9-8 Bien s'habiller pour l'occasion. Quand est-ce qu'il faut mettre ces vêtements ? Précisez l'activité ou le temps.

MODÈLE un anorak

É1 Il faut le mettre quand il fait froid.
É2 Et il faut le mettre pour faire du ski.

1. un maillot de bain
2. une belle robe en soie
3. des gants
4. des sandales
5. un imperméable
6. des lunettes de soleil
7. des bottes
8. une écharpe

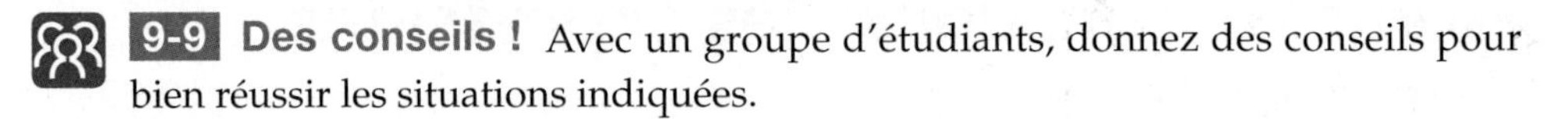

9-9 Des conseils ! Avec un groupe d'étudiants, donnez des conseils pour bien réussir les situations indiquées.

MODÈLE pour passer les grandes vacances avec des amis

É1 Il faut louer une petite maison à la plage.
É2 Il est utile d'organiser les repas en commun.
É3 Il est important de sortir ensemble et individuellement.
É4 Il faut partager les frais de voyage.

1. pour organiser une fête d'anniversaire pour un/e ami/e
2. pour planifier un grand repas de famille
3. pour assister à un mariage
4. pour passer les grandes vacances en famille
5. pour fêter Thanksgiving avec la famille
6. pour célébrer Halloween avec des amis

Écrivons

9-10 Souvenir d'une fête

A. Avant d'écrire. Pensez à une fête agréable dans votre passé. Pour organiser vos idées, réfléchissez aux questions suivantes. Attention au temps du verbe : passé composé ou imparfait ?

Quelle **était** l'occasion ?	
Qui **était** là ?	
Qu'est-ce que vous **avez fait** ?	

Stratégie

As you write a narrative in the past, consider in each instance whether you are describing a situation or advancing the plot by telling what happened. This will help you decide whether to use the **imparfait** or the **passé composé** for each verb.

B. En écrivant. Maintenant, composez votre texte sous forme de paragraphe(s) :

MODÈLE Quand j'étais petite, on fêtait toujours Halloween avec des amis. On sortait tous les ans en groupe dans notre quartier pour demander des bonbons. Quand j'avais dix ans, je me suis déguisée en sorcière (*witch*). Ma mère m'a aidée avec le maquillage. J'étais très contente de mon costume et on m'a donné beaucoup de chocolats. C'est un très bon souvenir de mon enfance.

Pour fêter Halloween en France, on peut se déguiser en sorcière avec une perruque (*wig*), un chapeau et un balai (*broom*).

C. Après avoir écrit. Comparez votre paragraphe avec celui de vos camarades de classe. Quelles sortes d'expériences est-ce que vous avez décrites ?

À Cherbourg, on vend des citrouilles pour Halloween.

LEÇON 2

Mon identité

Points de départ : mes caractéristiques et valeurs

Mes origines

J'ai des racines multiethniques / multiculturelles.
Mes parents / mes ancêtres ont immigré en France / aux États-Unis.
J'ai des parents irlandais.
Je suis d'origine italienne.
Je suis enfant d'un couple mixte ; mon père est camerounais et ma mère est d'origine française.

Mes caractéristiques et valeurs

Je suis...	J'apprécie...
travailleur/-euse.	l'ambition, la discipline, le goût du travail et le succès personnel.
écologiste.	l'environnement, la flore et la faune.
croyant/e.	la recherche spirituelle, les pratiques religieuses, les croyances diverses et la tolérance.
individualiste.	la liberté, la créativité et l'indépendance.
poli/e.	la politesse, les bonnes manières et le respect des autres.
fidèle.	le sens de la famille, l'amitié et la fidélité.
honnête.	l'honnêteté.
solidaire et engagé/e.	le civisme, le bien commun et la justice.
soucieux/-euse de ma santé.	les produits bio et les activités sportives.
bien dans ma peau.	la confiance et l'optimisme.

Vie et culture

La diversité ethnique en France

Regardez toutes ces photos prises à Paris. Elles montrent que la France aujourd'hui, surtout dans les grandes villes, est une société pluriculturelle. Il est difficile de préciser les chiffres[1] de l'immigration, mais la région parisienne, surtout les banlieues[2], accueille[3] un grand nombre d'étrangers et d'immigrés. Cette nouvelle réalité démographique est en même temps un défi[4] et une richesse pour la France. Un défi parce que ces populations ne s'intègrent pas toujours bien à la société française : le chômage[5] est en particulier un problème très grave pour les jeunes des banlieues. Une richesse aussi, parce que ces populations rajoutent leur cuisine, leur musique et leurs traditions à la culture de la France. On peut parler d'un « métissage culturel »[6] en France aujourd'hui, ce qui suggère l'image d'une tapisserie, tissée[7] de couleurs très variées.

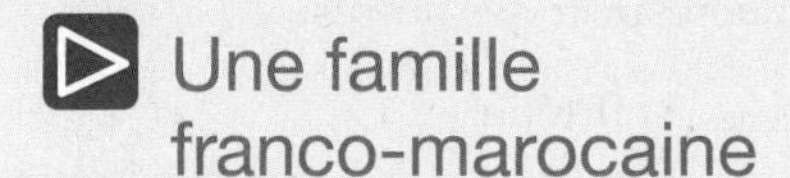

Une famille franco-marocaine

Regardez la vidéo où Fadoua parle de ses origines et de sa famille en montrant une carte et des photos. Elle a des parents en France et au Maroc.

Et vous ?

1. Fadoua décrit ses origines. Où habitent les différents membres de sa famille ?
2. Quelle est l'importance de l'immigration dans votre région ? Est-ce qu'on accueille un grand nombre d'immigrés ? De quels pays ?
3. Est-ce que l'immigration constitue une richesse ou un défi pour votre région ? Quelles difficultés est-ce que les immigrés rencontrent chez vous ? Par exemple, est-ce qu'ils ont des difficultés à s'intégrer ou à trouver du travail ? Quels éléments culturels est-ce qu'ils apportent à votre région ?

[1] les statistiques [2] *areas around Paris where recent immigrants live* [3] *welcomes* [4] *challenge* [5] *unemployment* [6] *cultural mixing* [7] *woven*

À vous la parole

9-11 Descriptions. Précisez les caractéristiques de chaque personne.

MODÈLE Lucien manifeste contre l'énergie nucléaire.
Il est très écologiste.

1. Séverine est toujours au bureau ; elle travaille toujours le week-end.
2. Alina voyage toute seule et sans réserver une chambre.
3. Grégory pratique un sport, et il fait très attention de manger correctement.
4. Janine est pratiquante : elle va à la messe tous les dimanches.
5. Hubert n'a pas de complexes.
6. Samir respecte la planète et il recycle régulièrement.
7. Alain vient toujours à l'aide de ses amis quand ils ont besoin de lui.
8. Le père de Maryse est sénégalais et sa mère est anglaise.
9. Tous les parents de Julie habitent en Italie.

9-12 Nos valeurs. Mettez en ordre ces valeurs : mettez le numéro 1 à côté de la valeur qui vous semble la plus importante ; le numéro 10 à côté de celle qui vous semble la moins importante. Ensuite, comparez vos réponses avec celles d'un/e partenaire.

MODÈLE É1 À mon avis, la valeur la plus importante, c'est le sens de la famille ; ma famille est très importante pour moi.
É2 Je suis d'accord, la famille est importante, mais pour moi, le plus important, c'est la tolérance et le respect des autres.

____ le goût de l'effort et du travail
____ le sens de la famille
____ la recherche spirituelle
____ le civisme, le respect du bien commun
____ le respect de l'environnement
____ la fidélité
____ la tolérance, le respect des autres
____ l'honnêteté
____ la politesse, les bonnes manières
____ le sens de la justice

9-13 Et vous ? Dans un groupe de trois ou quatre personnes, complétez les phrases suivantes selon votre propre expérience.

MODÈLE Dans ma famille, j'ai appris…

É1 Dans ma famille, j'ai appris à être honnête et poli ; je respecte les autres.
É2 Et moi, j'ai appris à apprécier la nature ; je suis donc très écolo.
É3 Mes grands-parents étaient très engagés pendant les années soixante ; pour moi, travailler pour le bien commun est très important.

1. Dans ma famille, j'ai appris à…
2. Ma famille, c'est une famille…
3. Pour moi, la recherche spirituelle…
4. Je suis / ne suis pas très soucieux/-euse de ma santé : …

Sons et lettres

La semi-voyelle /j/

When the letter **i** immediately precedes a vowel sound, it is pronounced /j/, as in the English word *yes*. It forms a single syllable with the following vowel. Compare:

le mari / le marié   étudie / étudiez   crois / croyez

Note that when **i** is preceded by a group of consonants and followed by a vowel sound, it is pronounced /i/ and forms a separate syllable. Compare:

le lien / le cli-ent   bien / ou-bli-er

The letter **y** is often pronounced /j/:

joyeux   il **y** a   croyez-moi   Lyon

À vous la parole

9-14 Comparez. Écoutez bien et choisissez la forme du verbe que vous entendez, présent ou imparfait.

1. nous lisons — nous lisions
2. vous écrivez — vous écriviez
3. nous disons — nous disions
4. vous chantez — vous chantiez
5. vous dansez — vous dansiez
6. nous célébrons — nous célébrions
7. vous jouez — vous jouiez
8. nous habitons — nous habitions

9-15 Contrastes. Répétez et comparez les deux mots ou expressions.

1. la vie / les vieux
2. l'ami / le mieux
3. le cri / crier
4. le mari / le mariage
5. elle étudie / elle va étudier
6. c'est une bougie / c'est génial

9-16 Une comptine. Maintenant, écoutez et répétez cette comptine.

À l'intérieur d'une citrouille
Vivait un papillon volant
Très amoureux d'une grenouille.

Formes et fonctions : les verbes **voir** et **croire** et la conjonction **que**

Here are the forms of the irregular verbs **croire** and **voir**.

CROIRE *to believe* / VOIR *to see*			
je	crois / vois	nous	croyons / voyons
tu	crois / vois	vous	croyez / voyez
il / elle / on	croit / voit	ils / elles	croient / voient
IMPÉRATIF :	Crois-moi ! Croyons aux jeunes ! Croyez-nous ! / Voyons ! Voyez !		
PASSÉ COMPOSÉ :	j'ai **cru** / j'ai **vu**		
IMPARFAIT :	je croyais / je voyais		
FUTUR :	je croirai / on **verra**		

Use the verb **croire**:

- to indicate that you believe someone or something:

Je **crois** Jean.	*I believe Jean.*
Cette histoire ? Nous la **croyons**.	*This story? We believe it.*

- to indicate that you believe in something. In this case, use **croire** along with the preposition **à**.

Nous **croyons au** bien commun.	*We believe in the common good.*
Ils **croient au** Père Noël.	*They believe in Santa Claus.*

- to indicate belief in God. In this case, use **croire** along with the preposition **en.**

Nous **croyons en** Dieu.	*We believe in God.*

Here are some common expressions using **croire**:

Je crois. / Je crois que oui.	*I think so.*
Je ne crois pas. / Je crois que non.	*I don't think so.*

To express an opinion, use a verb such as **croire** or **penser** plus the conjunction **que**. Notice that the conjunction is not always expressed in English but must be present in French.

Je **pense que** Suzanne est très engagée.	*I think (that) Suzanne is very committed.*
Je **crois que** tu as raison.	*I think (that) you are right.*

Use the verb **dire** plus the conjunction **que** to report what someone says.

Elle dit **qu'**elle pratique le civisme.	*She says (that) she is civic-minded.*
Il dit **que** Marc va se marier.	*He says (that) Marc is getting married.*

À vous la parole

9-17 Les croyances. À quoi croient ces personnes ? Pour chaque phrase, choisissez dans la liste suivante la réponse qui convient.

MODÈLE Madame Martin achète des billets de LOTO® chaque semaine.
Elle croit à la chance.

l'amour	la chance	la médecine
l'avenir	Dieu	le Père Noël
le bien commun	la discipline	la tolérance

1. Je voudrais avoir beaucoup d'enfants.
2. Anne a six ans, et son frère a quatre ans.
3. Geoffrey est un jeune homme sentimental.
4. Madame Leblanc est pratiquante.
5. Nous respectons les croyances des autres personnes.
6. Monsieur Gervais a trois enfants et il est très autoritaire.
7. Quand ça ne va pas bien, vous allez tout de suite voir le médecin.
8. Tu es très engagée.

9-18 Que de choses à voir ! Expliquez ce que chaque personne voit — attention au temps du verbe !

MODÈLES Nous avons visité Paris.
Nous avons vu la tour Eiffel.

Les Davy allaient souvent au zoo.
Ils voyaient souvent des lions, des tigres et des éléphants.

1. Je vais aller à Nice pour les vacances.
2. Vous êtes allés au Québec ?
3. Ils vont visiter Washington.
4. Tu visites la Guadeloupe ?
5. Elles allaient souvent à Paris.
6. Nous sommes allés à New York le mois dernier.
7. Ma copine va au centre-ville.

9-19 Qu'est-ce qui est plus important ? Quelle est votre opinion personnelle ? Remarquez que les opinions sont souvent partagées !

MODÈLE la politesse ou l'honnêteté

É1 Je crois que la politesse est plus importante ; il ne faut pas faire mal aux gens (*hurt people*).

É2 Je ne crois pas. Je crois que nous avons une responsabilité d'être toujours honnête.

1. la politesse ou l'honnêteté
2. l'individualisme ou la solidarité
3. la tradition ou l'indépendance
4. le bien commun ou le succès personnel
5. la créativité ou la discipline
6. la recherche spirituelle ou les pratiques religieuses

Formes et fonctions : les expressions indéfinies et négatives

Look at the following exchanges:

Tu fais **quelque chose** pour l'environnement ?	*Do you do anything for the environment?*
— Je **ne** fais **rien** ; je ne suis pas très écolo.	*— I don't do anything; I'm not very eco-conscious.*
Tu vis avec **quelqu'un** ?	*Do you live with someone?*
— Je **ne** vis avec **personne** ; je suis trop indépendante.	*— I don't live with anyone; I'm too independent.*
Tu vas **quelquefois** à la messe ?	*Do you go to mass sometimes?*
— Je **n'**y vais **jamais**, je ne suis pas croyante.	*— I never go, I'm not a believer.*

As you can see in the exchanges above, the negative expressions are composed of two parts: the word **ne** and another element that carries the specific meaning.

These negative expressions may also be used alone:

Qu'est-ce que tu as ?	— **Rien**.
Qui vient ce soir ?	— **Personne**.
Tu as visité ton pays d'origine ?	— **Jamais**.

Rien and **personne** may be used as the subject of a sentence; **ne** still precedes the verb:

Rien ne s'est passé hier.	*Nothing happened yesterday.*
Personne n'est venu.	*No one came.*

The following chart summarizes indefinite and negative expressions referring to time, things, and persons:

INDÉFINI	NÉGATIF
quelquefois	ne … jamais
quelque chose	ne … rien
quelqu'un	ne … personne

Note the placement of negative expressions in the **passé composé** and **futur proche**.

Tu **n'**as **rien** mangé ?	— Si, j'ai mangé une salade.
Tu **n'**a **jamais** dîné ici ?	— Si, j'ai dîné ici une fois.
Tu **n'**as vu **personne** ?	— Si, j'ai vu mon cousin.
Il **ne** va **rien** acheter ?	— Si, il va acheter des fruits.
Il **ne** va **jamais** nous rendre visite ?	— Si, il va nous rendre visite en juillet.
Il **ne** va inviter **personne** ?	— Si, il va inviter sa copine.

À vous la parole

9-20 Au négatif. Répondez avec une expression négative.

MODÈLE Qu'est-ce que tu regardes ?
Rien. Je ne regarde rien.

1. Qu'est-ce que tu écoutes ?
2. Qui nous invite à dîner ?
3. Quand est-ce qu'ils sont venus en France ?
4. Qu'est-ce qu'il y a dans ton sac ?
5. Qui est-ce que tu écoutes ?
6. Qu'est-ce que tu prends ?
7. Quand est-ce que tu vas à la messe ?
8. Qui est-ce que tu accompagnes ?

9-21 Une petite contradiction. Dites le contraire dans vos réponses !

MODÈLES Est-ce qu'il y a quelqu'un au théâtre ?
Non, il n'y a personne.

Vous ne vous détendez jamais ?
Si, je me détends quelquefois.

1. Il y a quelque chose sur la table ?
2. Est-ce qu'elle invite quelqu'un ?
3. Vous achetez quelque chose ?
4. Vous ne mangez rien ?
5. Personne n'a téléphoné ?
6. Il ne va jamais au musée ?
7. Vous allez quelquefois aux concerts ?
8. Il y a quelqu'un à la porte ?

9-22 Des situations. Pour chaque situation, discutez avec un/e partenaire de ce que vous faites. Utilisez **ne … jamais**, **ne … personne**, **ne … rien** quand c'est logique.

MODÈLE quand vous allez au supermarché

É1 Qu'est-ce que tu fais quand tu vas au supermarché ?
É2 J'achète surtout des produits bio. Je n'achète jamais de viande, parce que je suis végétarien. Et toi ?
É1 Moi, j'achète quelquefois des surgelés parce que c'est pratique. Mais je n'achète rien en dessert parce que ça fait grossir, et je suis soucieuse de ma santé !

1. quand vous passez des fêtes en famille
2. quand vous sortez avec des amis le week-end
3. quand vous partez en vacances en famille
4. quand vous avez beaucoup de travail à la fac
5. quand vous n'avez pas beaucoup d'argent
6. quand vous vous disputez avec des amis

Stratégie

When participating in a discussion in which you express your opinions, it is important to:

(1) listen to what others have to say, (2) build on what has already been said, and (3) explain in simple terms the basis for your opinion. Recall expressions that you have learned for agreeing and disagreeing: **je suis d'accord**, **oui, mais…**, **pour moi,** and **plutôt**.

Parlons

9-23 Nos valeurs

A. Avant de parler. Regardez ce tableau basé sur un sondage ; il indique les valeurs des Français. Discutez-en avec vos camarades de classe.

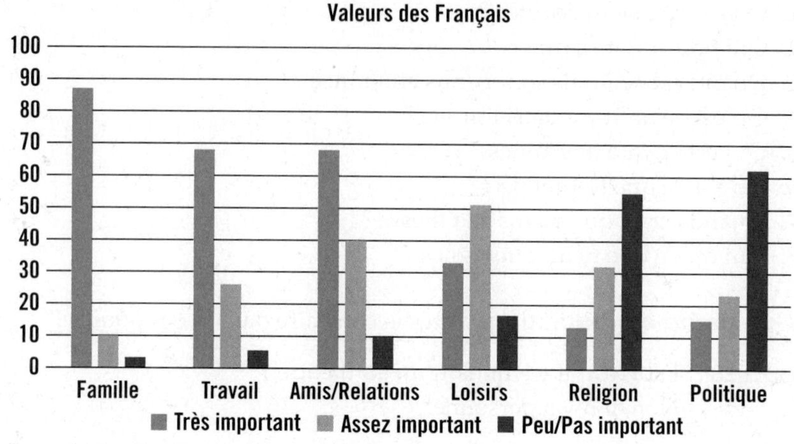

Source des données : Enquête ARVAL sur les valeurs

1. Quelles sont les trois catégories les plus importantes ? Comment est-ce que vous expliquez cela ?
2. Quelles sont les deux catégories les moins importantes ? Est-ce que cela vous surprend ? Pourquoi ?

B. En parlant. Continuez votre discussion avec deux ou trois camarades de classe. Est-ce que ce tableau correspond à vos valeurs personnelles ? Pourquoi ?

MODÈLE É1 Pour moi, la famille est la valeur la plus importante aussi. Je suis d'une famille nombreuse et nous sommes très proches.

É2 Je suis fille unique, donc je n'ai pas de frère ou sœur ; pour moi, les amis sont plutôt importants.

É3 Je suis d'accord, les rapports personnels sont très importants pour nous tous. Et le travail ? Pour moi, le travail n'est pas très important. J'ai un petit job à mi-temps.

É4 Oui, mais je voudrais avoir une carrière un jour, et le travail sera donc très important. …

C. Après avoir parlé. Maintenant, comparez vos idées avec celles de vos camarades de classe.

1. Est-ce que vous avez des expériences et des opinions différentes ?
2. Est-ce qu'il y a d'autres catégories que vous voudriez rajouter à ce tableau pour parler de vos valeurs ? Lesquelles ?
3. Est-ce que vous pensez que les valeurs des Américains sont différentes des valeurs des Français ? Comment ?

LEÇON 3

Mes rapports et émotions

Points de départ : pour exprimer les sentiments et les émotions

MÉLANIE : Tu as l'air content, toi !
ANTOINE : En effet, je suis ravi. Écoute la bonne nouvelle : mon frère s'est fiancé. Il va se marier au mois de juin.
MÉLANIE : C'est super. Elle est comment, sa fiancée ?
ANTOINE : Elle est très sympa ; on s'entend bien. Mais dis-moi, qu'est-ce que tu as, toi ? Tu n'as pas l'air heureuse. Tu te fais du souci ?
MÉLANIE : Eh bien, je suis assez inquiète ; je n'ai pas de nouvelles de ma sœur. Elle a eu un bébé le mois dernier et elle se dispute beaucoup avec son mari. Elle doit se reposer, mais c'est elle qui fait tout le travail.
ANTOINE : Calme-toi. Elle est probablement trop occupée pour t'appeler. Téléphone-lui.

Les sentiments

le bonheur, la joie : être heureux/-euse, content/e, ravi/e
l'inquiétude, l'anxiété : être inquiet/inquiète, anxieux/-euse
l'indifférence : être indifférent/e
la colère : être furieux/-euse, fâché/e, en colère
l'amour : être amoureux/-euse ; tomber amoureux/-euse
la tristesse : être triste, malheureux/-euse
la frustration : être frustré/e
la surprise : être surpris/e
l'embarras : être embarrassé/e, gêné/e
la jalousie : être jaloux/-ouse

Les réactions

crier	Quand on est faché/e, on crie.
pleurer	Quand on est triste, on pleure.
rire	Quand on est heureux/-euse, on rit.

On s'exprime !

Vie et culture

Les gestes

Les gestes font partie de la communication non verbale et expriment nos attitudes et émotions. **Faire la bise** et **se serrer la main** sont des gestes importants pour établir et maintenir les relations. Mais attention, le langage des gestes n'est pas un langage universel ! Trouvez l'expression qui correspond à chacun de ces gestes typiques chez les Français.

1. ___ Mon œil ! Je ne vous crois pas !
2. ___ Super !
3. ___ Zéro ! C'est nul !
4. ___ C'est rasant ! C'est ennuyeux !
5. ___ Bof ! Ça m'est égal.
6. ___ On s'appelle ?

a.

b.

c.

d.

e.

f.

Et vous ?

1. Est-ce que vous utilisez certains de ces gestes ? Lesquels ?
2. Est-ce qu'il y a des gestes qui sont différents pour les Français et les Américains ? Lesquels ?
3. Est-ce que vous avez utilisé un geste d'une manière inappropriée ? Quel était le résultat ?

À vous la parole

9-24 Des conseils. Quels conseils est-ce que vous et votre partenaire pouvez donner aux personnes suivantes ?

MODÈLE Votre colocataire a des soucis.
Ne t'en fais pas ! Ça va s'arranger.

1. Vos copains sont anxieux avant un examen.
2. Votre ami est furieux parce qu'il pense qu'on l'a insulté.
3. Votre amie a tendance à être un peu jalouse.
4. Une amie est très inquiète pour son copain.
5. Votre petit frère est frustré parce qu'il ne trouve pas son jeu préféré.
6. Une femme se dispute avec votre amie et elle commence à se fâcher.
7. Votre ami est gêné parce qu'il a perdu ton beau pullover.
8. Vos camarades sont malheureux parce qu'ils ont perdu le match de foot.

9-25 Lire les expressions du visage. Est-ce que vous et votre partenaire savez lire les émotions peintes sur le visage d'une personne ?

MODÈLE É1 Cette dame est triste ; peut-être qu'elle a entendu des mauvaises nouvelles.
É2 Je pense qu'elle est anxieuse parce qu'elle n'a pas de nouvelles de son ami.

1.

2.

3.

4.

9-26 Les sentiments. Expliquez à votre partenaire dans quelle/s situation/s vous ressentez les sentiments suivants.

MODÈLE la tristesse
Je suis triste quand mes parents se disputent.

1. le bonheur
2. la jalousie
3. l'inquiétude
4. l'anxiété
5. la colère
6. la surprise
7. la frustration
8. l'embarras

Sons et lettres

Les semi-voyelles /w/ et /ɥ/

The semivowel /w/ is always followed by a vowel, and that vowel is very often /a/. To pronounce /w/, start from the word *tweet* in English: *tweet* / **toi**.

When followed by the sound /a/, this semivowel is usually spelled **oi**, as in **moi** or **trois**. It can also be spelled **ou**, as in **oui** or **jouer**. The spelling **oy** represents the sequence /waj/ comprised of the semivowel /w/ and the semivowel /j/ as heard in **soyez** or **voyons**. The semivowel /w/ also occurs in combination with the nasal vowel /ɛ̃/. In this case, it is spelled **oin**: **loin** [lwɛ̃] or **moins** [mwɛ̃].

To pronounce the semivowel in **lui**, start from the vowel of **lu** but pronounce it together with the following vowel: **lu** / **lui**.

This sound is frequently followed by the vowel /i/: **huit**, **je suis**, **la nuit**, **le bruit**, but not exclusively: **le nuage**, **muette**, **s'essuyer**. It is always spelled with the letter **u** followed by another vowel.

À vous la parole

e **9-27 Quel son ?** Indiquez si vous entendez le son comme dans **oui** [wi] ou dans **huit** [ɥit].

1. ess**u**yé	/w/	/ɥ/
2. v**o**yez	/w/	/ɥ/
3. m**oi**ns	/w/	/ɥ/
4. n**u**age	/w/	/ɥ/
5. s**oi**s	/w/	/ɥ/
6. pl**ui**e	/w/	/ɥ/
7. s**ui**s	/w/	/ɥ/
8. s**o**yez	/w/	/ɥ/

9-28 Contrastes. Répétez et comparez les paires de mots suivantes.

la j**oi**e	j**o**yeux	s**oi**s	s**o**yez
je cr**oi**s	cr**o**yez-moi	je v**oi**s	v**o**yons

Maintenant, comparez ces paires de mots.

oui	**huit**	L**oui**s	**lui**
j**oi**nt	j**ui**n	la p**oi**re	la pl**ui**e

9-29 Suivez le guide ! Répétez cet extrait d'un texte écrit par Jacques Prévert, qui joue sur les deux sens de l'expression « je suis ».

Le Guide :	Suivez le guide !
Un touriste :	Je suis le guide.
Son Chien :	Je suis mon maître.
Une Jolie Femme :	Je suis le guide. Donc je ne suis pas une femme puisque je suis un homme.
Le Touriste :	Je suis cette jolie femme.
Son Chien :	Et moi aussi, je suis cette femme, puisque je suis mon maître.

Formes et fonctions : les verbes pronominaux idiomatiques et réciproques

You have learned that reflexive verbs include a reflexive pronoun to indicate that the subject is acting upon himself or herself: **Je me lève tôt et je m'habille tout de suite.** Reflexive verbs, like other verbs used with a reflexive pronoun, are called pronominal verbs. Many verbs express special idiomatic meanings when they are combined with a reflexive pronoun. Compare the verbs and their meanings in the sentences below.

appeler	J'appelle mon chien.	*I'm calling my dog.*
s'appeler	Je **m'appelle** David.	*My name is David.*
entendre	J'entends un bruit.	*I hear a noise.*
s'entendre avec	Je **m'entends** bien **avec** eux.	*I get along well with them.*

Here are some additional idiomatic pronominal verbs:

s'amuser	Ils **se sont** bien **amusés**.	*They had a lot of fun.*
s'arranger	Ça va **s'arranger** !	*It will all work out!*
se calmer	**Calmez-vous**, voyons !	*Look here, calm down!*
se dépêcher	Il ne **se dépêchait** jamais.	*He never hurried.*
se détendre	Tu devrais **te détendre**.	*You should relax.*
se disputer	Ils **se disputent** tout le temps.	*They argue all the time.*
s'ennuyer	Je **m'ennuie** !	*I'm bored!*
s'exprimer	Elle **s'exprime** bien.	*She expresses herself well.*
se fâcher	Elle **se fâche** contre lui.	*She's getting angry at him.*
se faire du souci	Tu **te fais du souci** ?	*Are you worried about something?*
s'inquiéter	Ne **t'inquiète** pas !	*Don't worry!*
s'intéresser à	Tu **t'intéresses à** la musique ?	*Are you interested in music?*
s'occuper de	Tu **t'occupes de** lui ?	*Are you taking care of him?*
se passer	Qu'est-ce qui **se passe** ?	*What's happening?*
se promener	Elle **se promène** souvent.	*She often takes a walk.*
se rappeler	Je ne **me rappelle** pas.	*I don't remember.*
se reposer	On **se repose**.	*We're resting.*
se retrouver	On **se retrouve** ici ?	*Shall we meet here?*

Many verbs can be used with a reflexive pronoun to show that the action is mutual, or reciprocal. In English we sometimes use the phrase *each other* to express this idea.

se téléphoner	On **s'**est téléphoné.	*We called each other.*
se rencontrer	On **s'**est rencontrés cet été.	*We met this summer.*
s'embrasser	Ils **se** sont embrassés.	*They kissed.*
se fiancer	Ils **se** sont fiancés.	*They got engaged.*
se marier	Ils **se** sont mariés.	*They got married.*
se séparer	Ils **se** sont séparés.	*They separated.*
MAIS : divorcer	Ils ont divorcé.	*They got divorced.*

Fiche pratique

When learning vocabulary, it is helpful to group together words with similar meanings but that are different parts of speech. In this lesson, nouns, adjectives, and verbs can be grouped together for ease in memorization. For example, group the adjective **inquiet/inquiète** with the noun **l'inquiétude** and with the related verb **s'inquiéter.**

À vous la parole

9-30 À la maternelle. Christophe se rappelle sa classe à l'école maternelle. Pour compléter ses descriptions, choisissez un verbe qui convient dans la liste ci-dessous.

MODÈLE La maîtresse était toujours calme.
Elle ne se fâchait jamais.

s'amuser	s'ennuyer	se fâcher	se rappeler
se dépêcher	s'entendre	s'occuper de	se reposer

1. Pendant la récréation, les enfants jouaient ensemble.
2. À midi, on n'avait pas beaucoup de temps pour aller à la cantine.
3. Une vieille femme préparait le déjeuner.
4. Après le déjeuner, tout le monde faisait la sieste.
5. Jacques et moi, nous étions des bons amis.
6. Je trouvais toutes nos activités en classe très intéressantes.
7. Jacques n'oubliait jamais ses leçons.

9-31 Histoire d'amour. Racontez cette histoire d'amour en vous servant des verbes indiqués et en donnant des détails.

MODÈLE se rencontrer

É1 Ils se sont rencontrés au cinéma ; c'était un film d'amour.
É2 Ils ont détesté le film tous les deux ; donc ils ont décidé d'aller à un match de hockey.

1. se parler de
2. tomber amoureux/-euse
3. se fiancer
4. se marier
5. s'entendre bien
6. se disputer
7. se séparer
8. divorcer

9-32 Trouvez une personne. Trouvez une personne qui…

MODÈLE s'entend bien avec ses parents

É1 Est-ce que tu t'entends bien avec tes parents ?
É2 Non, je ne m'entends pas bien avec eux.
OU Oui, je m'entends bien avec eux.

1. s'entend bien avec ses parents
2. se rappelle son premier jour à l'école
3. s'amuse quelquefois pendant le cours de français
4. s'occupe toujours du dîner le soir
5. ne se fâche jamais
6. s'est dépêchée ce matin
7. va se détendre ce week-end
8. se rappelle les heures de bureau du professeur

9-33 Quand ? Avec un/e partenaire, expliquez quand cela vous arrive de…

MODÈLE vous fâcher

É1 Quand est-ce que tu te fâches ?
É2 Je me fâche quand ma sœur emprunte mes affaires.

1. vous fâcher
2. vous inquiéter
3. vous amuser
4. vous dépêcher
5. vous reposer
6. vous ennuyer
7. vous détendre
8. vous disputer

Formes et fonctions : les verbes **connaître** et **savoir**

The irregular verbs **connaître** and **savoir** both mean *to know*, but they are used in somewhat different ways.

Connaître means *to be acquainted with* or *to be familiar with* and usually refers to places and persons; **connaître** is always followed by a noun:

Je **connais** bien sa famille.	*I know his/her family well.*
Il ne **connaît** pas les Antilles.	*He is not familiar with the West Indies.*
Vous **connaissez** ce poème ?	*Are you familiar with this poem?*

When used in the **passé composé** with persons, **connaître** means *to have met*.

J'**ai connu** mon copain l'été dernier.	*I met my boyfriend last summer.*

CONNAÎTRE *to know, be familiar with*			
je	connai**s**	nous	connai**ss**ons
tu	connai**s**	vous	connai**ss**ez
il / elle / on	connaî**t**	ils / elles	connai**ss**ent
PASSÉ COMPOSÉ : j'ai **connu**		IMPARFAIT : je connaissais	
FUTUR : je connaîtrai			

Savoir generally means *to know facts*, *information*, or *how to do something*. It can be used in five types of constructions:

- Followed by an infinitive:

Tu **sais** faire de la voile ?	*Do you know how to sail?*
Ma mère ne **sait** pas se détendre.	*My mother doesn't know how to relax.*

- Followed by a noun:

Il **sait** son adresse par cœur.	*He knows his address by heart.*
Je ne **sais** pas tout.	*I don't know everything.*
Nous **savons** la réponse.	*We know the answer.*

- Followed by a sentence introduced by **que**:

Je **sais qu'**ils sont très écolos.	*I know that they are very eco-conscious.*
Elle **sait qu'**on est très engagés.	*She knows that we are very committed.*
Vous **savez qu'**en Louisiane on parle encore français ?	*Do you know that in Louisiana French is still spoken ?*

- Followed by a sentence introduced by a question word or **si** (*whether, if*).

Je ne **sais** pas **comment** sa copine s'appelle.	*I don't know his girlfriend's name.*
Tu **sais si** elle est fâchée ?	*Do you know whether she's angry?*

- Used alone:

Qu'est-ce qu'elles **savent** ?	*What do they know?*
Je **sais**.	*I know.*

When used to talk about the past, **savoir** in the **imparfait** means *knew*. When used in the **passé composé**, **savoir** means *to have learned* or *found out*.

Elle **savait** que nous étions végétariens.	*She knew that we were vegetarians.*
J'**ai su** qu'elle est allée à la manifestation.	*I found out that she went to the protest rally.*

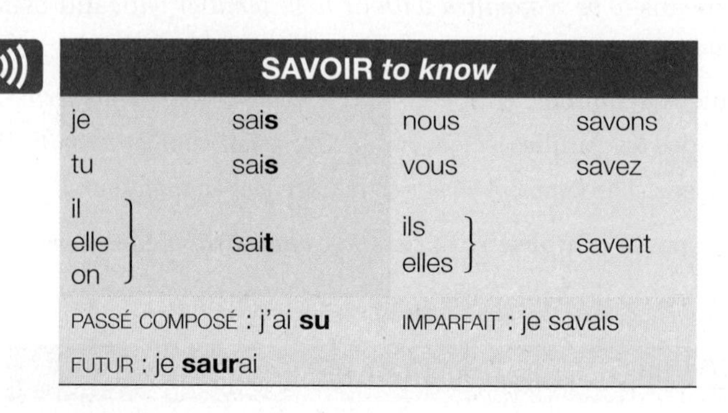

SAVOIR *to know*			
je	sai**s**	nous	savons
tu	sai**s**	vous	savez
il / elle / on	sai**t**	ils / elles	savent
PASSÉ COMPOSÉ : j'ai **su**		IMPARFAIT : je savais	
FUTUR : je **saur**ai			

À vous la parole

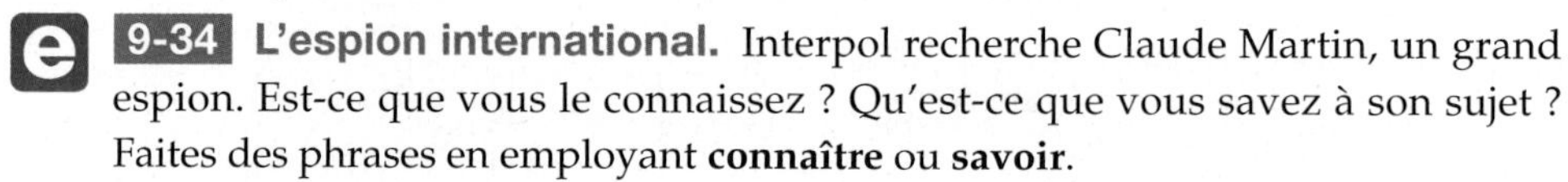

9-34 L'espion international. Interpol recherche Claude Martin, un grand espion. Est-ce que vous le connaissez ? Qu'est-ce que vous savez à son sujet ? Faites des phrases en employant **connaître** ou **savoir**.

MODÈLES où il travaille
Je sais où il travaille.

la ville où il est né
Je connais la ville où il est né.

1. Monsieur Martin
2. qu'il parle portugais
3. les noms de ses camarades
4. sa femme
5. quand il est parti d'Italie
6. qu'il parle allemand
7. où Monsieur Martin habite
8. pourquoi il est allé en Belgique
9. ses amis à Liège
10. quand il va repartir

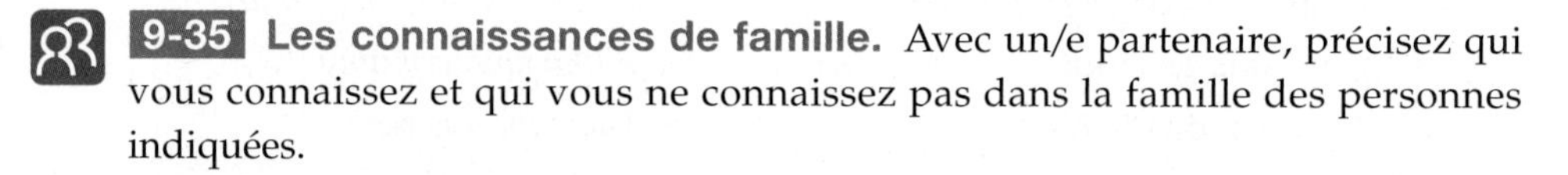

9-35 Les connaissances de famille. Avec un/e partenaire, précisez qui vous connaissez et qui vous ne connaissez pas dans la famille des personnes indiquées.

MODÈLE votre copain/copine
Je connais la sœur de ma copine, mais je ne connais pas sa grand-mère.

1. votre copain/copine
2. votre colocataire
3. votre meilleur/e ami/e
4. vos voisins
5. vos cousins
6. votre prof de français

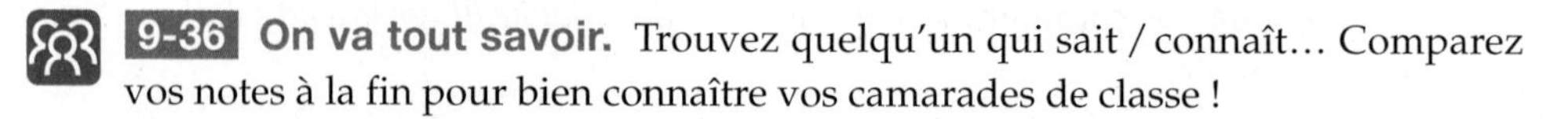

9-36 On va tout savoir. Trouvez quelqu'un qui sait / connaît... Comparez vos notes à la fin pour bien connaître vos camarades de classe !

MODÈLE jouer de la guitare
Est-ce que tu sais jouer de la guitare ?

1. parler italien
2. une personne célèbre
3. le président de l'université
4. faire du ski
5. la ville de Washington, DC
6. la Belgique
7. jouer d'un instrument
8. le prénom du professeur
9. combien d'étudiants il y a à l'université

Lisons

9-37 Je suis cadien

A. Avant de lire. The title of this poem, "Je suis cadien," gives you essential information about the identity of the poet, Jean Arceneaux. He speaks **le français cadien**, and he is a descendent of French speakers who fled to Louisiana in the eighteenth century from the former French colony of **Acadie** (the present-day Canadian provinces of Nova Scotia, New Brunswick, and Prince Edward Island, as well as the northeast part of Maine). After **Acadie** was ceded to England by France, the Acadians refused allegiance to the British crown and were forced to leave.

Since the 1960s, French has been taught in Louisiana's public schools, beginning in grade school, and it is sometimes used to teach other subjects such as math and science. During an earlier period in Louisiana history, however, the use of French was forbidden in schools. The poet uses some strong language to evoke the experience of a schoolboy at that time who spoke **le français cadien.** Can you put yourself in the place of this schoolboy, identifying with his thoughts and feelings about those who scorn his Cajun French identity? What message do you think the poet may attempt to convey?

Stratégie

Put yourself in the writer's place to better understand his or her point of view. Consider whether there may be aspects of the writer's background or experience that have shaped his or her perspective, reactions, and focus.

B. En lisant. Le poète exprime les pensées et les émotions d'un enfant cadien qui va à l'école publique en Louisiane. En lisant un extrait de ce poème, répondez aux questions suivantes.

1. Le poète répète la première phrase plusieurs fois. Quelle est cette punition pendant « leur temps de recess » ?
   a. On doit lire devant la classe.
   b. On doit écrire la même phrase 100 fois.
   c. On doit déjeuner tout seul.
2. Le poète écrit au vers (*line*) 9, « Ça fait mal ; ça fait honte ». Quelle situation est-ce qu'il décrit ?
   a. L'enfant est puni parce qu'il a menti.
   b. Il est puni parce qu'il a fait mal à quelqu'un.
   c. Il est puni parce qu'il a parlé sa langue maternelle.
3. Dans les vers 25 à 42, on explique à l'enfant pourquoi il doit parler anglais. Choisissez tous les arguments que l'on lui donne.
   a. C'est important pour les communications de masse.
   b. C'est une belle langue.
   c. Tous les bons Américains parlent anglais.
   d. C'est plus simple.
4. L'enfant n'est pas convaincu. Comment est-ce que les derniers vers (52 à 57) montrent cela ?
   a. Il devient très fâché.
   b. Il pose beaucoup de questions.
   c. Il rejette l'anglais.

Voici le poète, Jean Arceneaux. Pourquoi, à votre avis, est-ce qu'il est habillé ainsi ?

JE SUIS CADIEN *(suite poétique)*

I will not speak French on the school grounds.
I will not speak French on the school grounds.
I will not speak French…
I will not speak French…
5 I will not speak French…
Hé ! Ils sont pas bêtes, ces salauds°. — *bastards*
Après mille fois, ça commence à pénétrer
Dans n'importe quel esprit°. — *anybody's head*
Ça fait mal ; ça fait honte°. — *makes you ashamed*
10 Et on ne speak pas French on the school grounds
Et ni anywhere else non plus.
Jamais avec des étrangers.
On sait jamais qui a l'autorité
De faire écrire ces sacrées° lignes — *damned*
15 À n'importe quel âge.
Surtout pas avec les enfants.
Faut jamais que eux, ils passent leur temps de recess
À écrire ces sacrées lignes.

I will not speak French on the school grounds.
20 I will not speak French on the school grounds.

Faut pas qu'ils aient besoin° d'écrire ça — *They shouldn't have to*
Parce qu'il faut pas qu'ils parlent français du tout.
Ça laisse voir° qu'on est rien que° des Cadiens. — *It shows; nothing but*
Don't mind us, we're just poor coonasses°, — *derogatory term referring to Cajuns*
25 Basse classe, faut cacher ça°. — *gotta hide it*
Faut dépasser ça.
Faut parler en anglais.
Faut regarder la télévision en anglais.
Faut écouter la radio en anglais
30 Comme de bons Américains.
Why not just go ahead and learn English,
Don't fight it, it's much easier anyway,
No bilingual bills, no bilingual publicity.
No danger of internal frontiers.
35 Enseignez l'anglais aux enfants.
Rendez-les tout le long°, — *Take them all the way*
Tout le long jusqu'aux discos,
Jusqu'au Million Dollar Man.
On a pas réellement besoin de parler français quand même°. — *anyway*
40 C'est les États-Unis ici.
Land of the Free.
On restera toujours rien que des poor coonasses.

I will not speak French on the school grounds.
I will not speak French on the school grounds.

45 Coonass, non, non, ça gêne pas.
C'est juste un petit nom.
Ça veut rien dire.
C'est pour s'amuser, ça gêne pas.
On aime ça, c'est cute.
50 Ça nous fait pas fâchés.
Ça nous fait rire.
Mais quand on doit rire, c'est en quelle langue qu'on rit ?
Et pour pleurer, c'est en quelle langue qu'on pleure ?
Et pour crier ?
55 Et chanter ?
Et aimer ?
Et vivre ?

— Jean Arceneaux, extrait de « Je suis Cadien », *Suite du loup*, Éditions Perce-Neige, 1998.

C. En regardant de plus près. Le poète permet au lecteur (*reader*) de s'identifier avec l'enfant cadien. Choisissez toutes les bonnes réponses.

1. Pourquoi est-ce que le poème mélange (*mix*) l'anglais et le français ?
   a. Cela permet de montrer les différents points de vue.
   b. Il y a une tension entre les anglophones et les francophones.
   c. L'enfant ne comprend pas l'anglais.
2. Dans le texte, on utilise plusieurs fois un nom péjoratif : quelle est la réaction de l'enfant quand il entend ce nom ?
   a. Il devient fâché.
   b. Il dit que c'est juste un petit nom.
   c. Il pleure.
3. Le poème finit par une série de questions ; quel est l'effet de ces questions sur le lecteur ?
   a. Cela montre que l'enfant est curieux.
   b. Cela montre qu'il n'y a pas de réponse à ces questions.
   c. Cela montre que parler français est très important pour son identité.

D. Après avoir lu. Discutez de ces questions avec vos camarades de classe.

1. Est-ce que vous pouvez vous identifier avec le point de vue et les émotions exprimés dans ce poème ? Pourquoi ?
2. Est-ce que vous connaissez un peu l'histoire des immigrés arrivés aux États-Unis à la fin du dix-neuvième et au début du vingtième siècle ? Est-ce que l'expérience de l'enfant cadien ressemble à l'expérience des enfants de ces immigrés ? Pourquoi ?

Venez chez nous !

Les valeurs sociétales

Chaque société exprime ses valeurs à travers ses rituels, ses devises (*mottos*) et ses symboles. Quels sont les symboles les plus importants pour votre identité ? Nous considérons ici des rituels et des symboles qui représentent certains aspects de l'identité française et francophone.

Observons

9-38 Le rituel du mariage

A. Avant de regarder. Dans cette séquence vidéo, Philippe, maire délégué de Courcelles, parle avec un jeune couple qui veut se marier. Philippe utilise un vocabulaire précis pour expliquer comment se marier en France. Avant de visionner le clip, mariez chaque expression à sa définition.

___ **1.** le maire
___ **2.** les papiers officiels
___ **3.** la publication des bans
___ **4.** les témoins

a. un acte de naissance, un justificatif de domicile (*proof of residence*)
b. les personnes qui signent le registre d'état civil avec les mariés
c. l'officier d'état civil, la seule personne qui peut marier un couple en France
d. l'annonce publique de mariage

 **B. En regardant.** Choisissez la bonne réponse à chaque question.

1. Selon Philippe, qu'est-ce qui est nécessaire pour un mariage en France ? Choisissez toutes les bonnes réponses.

a. Le couple fait une demande à la préfecture, le centre administratif du département.

b. Ils montrent leurs papiers officiels : acte de naissance, justificatif de domicile.

c. La préfecture publie les bans, une annonce officielle qui donne le nom des mariés, la date et le lieu du mariage.

d. Le couple doit passer devant un/e membre du clergé pour une cérémonie religieuse.

e. Le jour du mariage, le/la maire pose la question traditionnelle et on répond, « Oui ».

f. Le couple, leurs témoins et le/la maire signent les actes d'état civil (*marriage license*).

2. Qui peut marier un couple en France ?
   a. un/e juge b. un/e membre du clergé c. le/la maire
3. Quelle date est-ce que ce couple a choisi pour leur mariage ?
   a. le 9 août b. le 29 août c. le 29 octobre

C. Après avoir regardé. Maintenant, discutez de ces questions avec vos camarades de classe.

1. Le code civil en France précise les rapports entre époux (*spouses*) : par exemple, les époux se doivent mutuellement fidélité et assistance ; ils assurent ensemble la direction morale et matérielle de la famille ; et ils s'obligent mutuellement à une communauté de vie. Quelles valeurs sont exprimées par la République française à travers ces articles du code civil ?
2. Comment est-ce qu'un mariage se déroule chez vous ? En quoi est-ce que cela diffère des mariages en France ?

   MODÈLE En France, on publie les bans ; chez nous, on n'est pas obligé de publier les bans.

Lisons

9-39 Je m'appelle Béni

A. Avant de lire. Our name is the first indicator of our identity to the world at large. It may reveal our ancestry or the hopes of our parents for our future. In the following excerpt Abdallah, a lycée student of Algerian heritage born in Lyon, describes his feelings when people make fun of his name. It is not uncommon in literature for a character to create his or her own name as a way of creating a new identity. Discover how this proves to be the case for Abdallah.

The text is taken from the 1989 novel *Béni ou le Paradis Privé* by Azouz Begag, French writer, politician, and researcher in sociology and economics at the *Centre national de la recherche scientifique* (CRNS). Begag is himself of Algerian descent and was born in Lyon; his first novel is considered to be autobiographical. He has written more than twenty books and served as a Visiting Professor at the University of California, Los Angeles.

La djellaba est un vêtement traditionnel du Maghreb.

B. En lisant. Choisissez la bonne réponse à chaque question.

1. Abdallah compare son nom à…
- **a.** un cours ennuyeux qu'il doit suivre.
- **b.** une religion qu'il est important de respecter.
- **c.** un vêtement traditionnel qu'il est obligé de porter.

2. Il préfère le nom « Béni » parce que…
- **a.** c'est plus joli.
- **b.** ce n'est pas un nom arabe.
- **c.** c'est plus court.

3. Ses camarades de classe rient parce que/qu'…
- **a.** Abdallah refuse de dire son nom en classe.
- **b.** il porte toujours une djellaba.
- **c.** ses professeurs prononcent mal son nom.

4. Selon ses traditions religieuses, le nom d'Abdallah est un nom…
- **a.** qui doit impressionner.
- **b.** qui fait rire.
- **c.** qui ne sert à rien.

5. Quand il sera plus âgé, Abdallah…
- **a.** ira au Maghreb.
- **b.** changera son nom.
- **c.** étudiera à Paris.

6. Il veut surtout…
- **a.** être comme les autres.
- **b.** se distinguer des autres.

Et je peux pas supporter[1] qu'on me demande mon nom. C'est pas pour faire semblant[2] que je déteste qu'on m'appelle Ben Abdallah… Mais j'aime surtout quand on m'appelle Béni, parce que là, on voit pas que je suis arabe. Pas comme Ben Abdallah que je suis obligé de porter comme une djellaba toute la 5 journée en classe…

J'ai commencé à vouloir changer de prénom à cause de l'école. Les profs n'arrivaient[3] jamais à prononcer correctement le mien, soi-disant[4] parce qu'ils n'avaient pas l'habitude. Mon œil, oui ! Moi je crois plutôt que c'était pour faire rire la classe. Et que faisait-elle la classe pour faire plaisir[5] aux profs ? Elle riait à 10 pleines dents[6] évidemment…

Fils de serviteur d'Allah : voilà la définition de Ben Abdallah. Fils élevé à la puissance deux d'Allah[7]. Ça devrait impressionner, normalement, mais voilà, comme on n'est pas au pays des djellabas et des mosquées, ça n'impressionne pas le Lyonnais… Au contraire, ça fait rire. Qu'Allah[8] me pardonne, mais quand 15 j'aurai les moyens[9] et quand je serai plus sûr de moi, je changerai de nom. Je prendrai André par exemple. Parce que franchement, faut avouer[10] que ça sert strictement à rien[11] de s'appeler Ben Abdallah quand on veut être comme tout le monde.

[1] bear [2] to pretend [3] managed [4] so they said [5] to please [6] laughed out loud [7] son of Allah to the second power/squared [8] May Allah [9] the means [10] you have to admit [11] it's absolutely no use

C. Après avoir lu. Discutez de ces questions avec vos camarades de classe.

1. Est-ce que vous êtes surpris/e qu'Abdallah souhaite si vivement changer son nom ? Pourquoi ?
2. Quelle est l'importance de ses origines et traditions pour Abdallah ? Est-il croyant ? Comment est-ce que vous le savez ?
3. Quelle est l'origine de votre nom ? Qui l'a choisi ? Avez-vous un surnom (*nickname*) que vous préférez ? Pourquoi ?

Parlons

9-40 Symboles de la République française

A. Avant de parler. Chaque société utilise des symboles pour communiquer ses valeurs. Le drapeau du pays est un exemple. Quels sont d'autres exemples, et où est-ce qu'on voit typiquement ces objets symboliques ? Est-ce que vous pouvez donner des exemples de symboles de la République française ?

La Liberté guidant le peuple, Eugène Delacroix

B. En parlant. Travaillez avec deux ou trois camarades de classe pour décrire un symbole de la République française.

1. Choisissez un exemple dans la liste :

le 14 juillet	le drapeau tricolore	Marianne
le coq gaulois	« liberté, égalité, fraternité »	la Marseillaise

2. Faites des recherches en ligne et complétez le tableau pour le symbole que vous avez choisi. Mettez-vous d'accord sur tous les détails.

MODÈLE

Symbole	Quelle est l'histoire du symbole ?	Qu'est-ce qu'il représente ?	Où est-ce qu'on le trouve ?
le sceau *(seal)*	C'est un signe d'autorité utilisé pour des documents officiels, d'abord utilisé par le roi, ensuite par la République ; son dessin remonte à 1848 et la IIe République.	Il y a la Liberté et le coq gaulois ; il y a les initiales SU (pour le suffrage universel) ; il y aussi trois inscriptions : « République démocratique française, une et indivisible » ; « Au nom du peuple français » ; « Liberté, égalité, fraternité »	Utilisé seulement dans des cérémonies officielles solennelles, comme la signature de la Constitution

3. Trouvez une image avec le symbole, et présentez vos informations à la classe.

C. Après avoir parlé. Quel est le symbole le plus représentatif de la République française, à votre avis ? Est-ce qu'il y a des symboles correspondants pour les États-Unis ? Lesquels ?

Les pratiques religieuses et les fêtes populaires

Certains rituels et fêtes expriment les valeurs de la foi et de la communauté.

Le Ramadan est un rituel pratiqué par les musulmans. Ils sont environ six millions en France, où l'islam est la deuxième religion après le catholicisme, et ils sont en vaste majorité au Maghreb (au Maroc, en Algérie et en Tunisie). Le Ramadan est une période de jeûne[1]. Pendant ce mois, les musulmans ne peuvent ni[2] manger, ni boire pendant la journée. Mais au coucher du soleil, les familles et les amis partagent des grands repas. La pratique du jeûne vise à purifier, à se tourner vers Dieu et à se détacher des biens matériels. C'est aussi l'occasion de se tourner vers les autres, de manifester son amour, son altruisme et sa générosité.

La fête de l'Aïd el-fitr marque la fin de Ramadan.

Les Chrétiens observent aussi une période d'abstinence et de réflexion, le Carême[3] (les quarante jours qui précèdent Pâques). Avant cette période, il y a des fêtes importantes. En France, le Carnaval de Nice a lieu au mois de février et attire beaucoup de touristes. En Louisiane, à la Nouvelle-Orléans, on fête le Mardi Gras pendant des semaines avec des défilés, de la musique, de la danse et des déguisements[4]. Dans les petites villes comme Eunice, Basile et Mamou, on participe au « Courir de Mardi Gras », où les gens vont de maison en maison en demandant des ingrédients pour faire un gombo communal. Tous ces évènements ont comme origine une fête religieuse catholique, mais elles sont célébrées maintenant de façon[5] séculaire dans des régions où on parle français.

La bataille de fleurs, un défilé de chars (*floats*) fleuris, se déroule sur la Promenade des Anglais à Nice, pendant le Carnaval.

Au Courir de Mardi Gras à Church Point en Louisiane, on prépare un grand repas communal.

[1] *fasting* [2] *neither, nor* [3] *Lent* [4] *costumes, disguises* [5] *in a way*

Écrivons

9-41 Une tradition importante

A. Avant d'écrire. Lisez les textes au sujet du rituel islamique, le Ramadan et les fêtes du Carnaval et de Mardi Gras. Pensez maintenant aux rituels ou traditions que vous pratiquez. Est-ce qu'il y a des rituels importants dans votre famille ? votre religion ? votre région ? Choisissez un rituel avec des traditions que vous voulez décrire et faites une liste des éléments importants de ce rituel. Pensez à la dernière fois que vous avez participé à ce rituel, et indiquez des détails essentiels.

MODÈLE Le Carnaval de la Nouvelle-Orléans

Éléments importants	Détails
des défilés organisés par des troupes nommés « Krewes »	1. Il y avait un défilé tous les jours pendant le Carnaval. 2. Ma famille fait partie du Krewe de Rex.
des chars (*floats*), des costumes, des objets lancés par les membres des Krewes	1. J'ai aidé à la construction d'un char. 2. Nous avons attrapé des colliers (*necklaces*) et des doublons lancés par les membres des Krewes.
des couleurs officielles	Partout on voyait les couleurs officielles : le vert représente la foi ; le violet, la justice ; l'or, le pouvoir.
des gourmandises et spécialités régionales : galette des Rois, beignets, gombo, jambalaya	1. On a mangé la galette des Rois. 2. Samantha a trouvé la fève dans sa part du gâteau et elle a porté la couronne.

B. En écrivant. Maintenant, écrivez un paragraphe pour décrire la dernière fois que vous avez participé à ce rituel. N'oubliez pas de donner des détails et d'utiliser le passé composé et l'imparfait !

MODÈLE Le Carnaval de la Nouvelle-Orléans

Je suis né à la Nouvelle-Orléans, et tous les ans on y fête le Carnaval. L'année dernière je m'y suis bien amusé avec ma famille et mes amis. Le Carnaval a duré du 6 janvier au 5 mars et il y avait un défilé presque tous les jours. Ma famille fait partie du Krewe de Rex, et nous avons aidé à la construction d'un char. Pendant tous les défilés, nous avons attrapé des colliers et des doublons (ce sont des fausses pièces de monnaie) lancés par les membres des Krewes. Tous les participants portaient des costumes en vert, violet et or. Les couleurs sont symboliques : le vert représente la foi ; le violet, la justice ; et l'or, le pouvoir. On a mangé une galette des Rois. Ma copine Samantha a trouvé la fève dans sa part du gâteau et elle a porté la couronne.

C. Après avoir écrit. Échangez votre texte avec un/e camarade de classe pour comparer vos expériences. Est-ce que certaines personnes ont choisi de décrire le même évènement ? Quel texte est-ce que vous trouvez le plus intéressant ? Pourquoi ?

Vocabulaire

Leçon 1

les bons moments	***good times***
un anniversaire	*birthday, anniversary*
un baptême	*baptism*
une bougie	*candle*
un cadeau	*gift*
une cérémonie civile	*civil ceremony*
une fête religieuse	*religious holiday*
les fiançailles (f pl)	*engagement*
les grandes vacances (f pl)	*summer vacation*
un mariage	*wedding*
une marraine	*godmother*
une naissance	*birth*
un parrain	*godfather*
des vœux (m)	***wishes***
un vœu	*wish*
Meilleurs vœux !	*Best wishes!*
Félicitations !	*Congratulations!*
Bon / Joyeux anniversaire !	*Happy Birthday!*
Joyeux anniversaire de mariage !	*Happy Anniversary!*
Joyeux Noël !	*Merry Christmas!*
Bonne année !	*Happy New Year!*
Bon voyage !	*Have a good trip!*
Bonnes vacances !	*Have a good vacation!*
À votre / ta santé !	*To your health! Cheers!*
pour parler des fêtes	***to talk about holidays***
avoir lieu	*to take place*
un bal populaire	*a street dance*
un défilé	*parade*
fêter	*to celebrate*
un feu d'artifice	*fireworks*
une fleur	*flower*
se réunir	*to get together*
un rite de passage	*rite of passage*
verbes de communication	***verbs of communication***
décrire	*to describe*
dire	*to say, to tell*
écrire	*to write*
lire	*to read*
expressions de nécessité	***expressions of necessity***
il faut	*you have to / must*
il ne faut pas	*you must not*
il est important de	*it is important to*
il est nécessaire de	*it is necessary to*
il est utile de	*it is useful to*

Leçon 2

les origines (f)	***origins, ancestry***
avoir des parents (irlandais) (m)	*to have (Irish) parents, relatives*
avoir des racines (f) multiethniques / multiculturelles	*to have multiethnic / multicultural roots*
être enfant d'un couple mixte	*to be biracial, bicultural, binational*
immigrer	*to immigrate*
les caractéristiques (m)	***characteristics***
être bien dans sa peau	*to be self-confident, comfortable with oneself*
croyant/e	*a believer*
écologiste (écolo)	*eco-conscious*
engagé/e	*committed, involved*
fidèle	*faithful*
honnête	*honest*
poli/e	*polite*
solidaire	*supportive*
soucieux/-euse de sa santé	*careful about one's health*
travailleur/-euse	*hardworking*
les valeurs (f)	***values***
l'ambition (f)	*ambition*
l'amitié (f)	*friendship*
le bien commun	*common good*
les bonnes manières (f pl)	*good manners*
le civisme	*civic-mindedness*
la confiance	*confidence*
les croyances (diverses) (f)	*(diverse) religious beliefs*
la discipline	*discipline*
l'environnement (m)	*environment*
la fidélité	*fidelity*
la flore et la faune	*flora and fauna, plants and animals*
le goût du travail	*appreciation for hard work*
l'honnêteté (f)	*honesty*
la justice	*justice*
l'optimisme (m)	*optimism*
la politesse	*politeness*
une pratique religieuse	*religious practice*
la recherche spirituelle	*spiritual searching*
le respect des autres	*respect for others*
le sens de la famille	*sense of family*
le succès personnel	*personal success*
la tolérance	*tolerance*
quelques verbes	***some verbs***
croire	*to believe*
Je crois que…	*I think, I believe that …*
Je crois. / Je crois que oui.	*I think / believe so.*
Je ne crois pas. / Je crois que non.	*I don't think / believe so.*
voir	*to see*

Écrivons

9-41 Une tradition importante

A. Avant d'écrire. Lisez les textes au sujet du rituel islamique, le Ramadan et les fêtes du Carnaval et de Mardi Gras. Pensez maintenant aux rituels ou traditions que vous pratiquez. Est-ce qu'il y a des rituels importants dans votre famille ? votre religion ? votre région ? Choisissez un rituel avec des traditions que vous voulez décrire et faites une liste des éléments importants de ce rituel. Pensez à la dernière fois que vous avez participé à ce rituel, et indiquez des détails essentiels.

MODÈLE Le Carnaval de la Nouvelle-Orléans

Éléments importants	Détails
des défilés organisés par des troupes nommés « Krewes »	1. Il y avait un défilé tous les jours pendant le Carnaval. 2. Ma famille fait partie du Krewe de Rex.
des chars (*floats*), des costumes, des objets lancés par les membres des Krewes	1. J'ai aidé à la construction d'un char. 2. Nous avons attrapé des colliers (*necklaces*) et des doublons lancés par les membres des Krewes.
des couleurs officielles	Partout on voyait les couleurs officielles : le vert représente la foi ; le violet, la justice ; l'or, le pouvoir.
des gourmandises et spécialités régionales : galette des Rois, beignets, gombo, jambalaya	1. On a mangé la galette des Rois. 2. Samantha a trouvé la fève dans sa part du gâteau et elle a porté la couronne.

B. En écrivant. Maintenant, écrivez un paragraphe pour décrire la dernière fois que vous avez participé à ce rituel. N'oubliez pas de donner des détails et d'utiliser le passé composé et l'imparfait !

MODÈLE Le Carnaval de la Nouvelle-Orléans

Je suis né à la Nouvelle-Orléans, et tous les ans on y fête le Carnaval. L'année dernière je m'y suis bien amusé avec ma famille et mes amis. Le Carnaval a duré du 6 janvier au 5 mars et il y avait un défilé presque tous les jours. Ma famille fait partie du Krewe de Rex, et nous avons aidé à la construction d'un char. Pendant tous les défilés, nous avons attrapé des colliers et des doublons (ce sont des fausses pièces de monnaie) lancés par les membres des Krewes. Tous les participants portaient des costumes en vert, violet et or. Les couleurs sont symboliques : le vert représente la foi ; le violet, la justice ; et l'or, le pouvoir. On a mangé une galette des Rois. Ma copine Samantha a trouvé la fève dans sa part du gâteau et elle a porté la couronne.

C. Après avoir écrit. Échangez votre texte avec un/e camarade de classe pour comparer vos expériences. Est-ce que certaines personnes ont choisi de décrire le même évènement ? Quel texte est-ce que vous trouvez le plus intéressant ? Pourquoi ?

Vocabulaire

Leçon 1

les bons moments	***good times***
un anniversaire	*birthday, anniversary*
un baptême	*baptism*
une bougie	*candle*
un cadeau	*gift*
une cérémonie civile	*civil ceremony*
une fête religieuse	*religious holiday*
les fiançailles (f pl)	*engagement*
les grandes vacances (f pl)	*summer vacation*
un mariage	*wedding*
une marraine	*godmother*
une naissance	*birth*
un parrain	*godfather*

des vœux (m)	***wishes***
un vœu	*wish*
Meilleurs vœux !	*Best wishes!*
Félicitations !	*Congratulations!*
Bon / Joyeux anniversaire !	*Happy Birthday!*
Joyeux anniversaire de mariage !	*Happy Anniversary!*
Joyeux Noël !	*Merry Christmas!*
Bonne année !	*Happy New Year!*
Bon voyage !	*Have a good trip!*
Bonnes vacances !	*Have a good vacation!*
À votre / ta santé !	*To your health! Cheers!*

pour parler des fêtes	***to talk about holidays***
avoir lieu	*to take place*
un bal populaire	*a street dance*
un défilé	*parade*
fêter	*to celebrate*
un feu d'artifice	*fireworks*
une fleur	*flower*
se réunir	*to get together*
un rite de passage	*rite of passage*

verbes de communication	***verbs of communication***
décrire	*to describe*
dire	*to say, to tell*
écrire	*to write*
lire	*to read*

expressions de nécessité	***expressions of necessity***
il faut	*you have to / must*
il ne faut pas	*you must not*
il est important de	*it is important to*
il est nécessaire de	*it is necessary to*
il est utile de	*it is useful to*

Leçon 2

les origines (f)	***origins, ancestry***
avoir des parents (irlandais) (m)	*to have (Irish) parents, relatives*
avoir des racines (f) multiethniques / multiculturelles	*to have multiethnic / multicultural roots*
être enfant d'un couple mixte	*to be biracial, bicultural, binational*
immigrer	*to immigrate*

les caractéristiques (m)	***characteristics***
être bien dans sa peau	*to be self-confident, comfortable with oneself*
croyant/e	*a believer*
écologiste (écolo)	*eco-conscious*
engagé/e	*committed, involved*
fidèle	*faithful*
honnête	*honest*
poli/e	*polite*
solidaire	*supportive*
soucieux/-euse de sa santé	*careful about one's health*
travailleur/-euse	*hardworking*

les valeurs (f)	***values***
l'ambition (f)	*ambition*
l'amitié (f)	*friendship*
le bien commun	*common good*
les bonnes manières (f pl)	*good manners*
le civisme	*civic-mindedness*
la confiance	*confidence*
les croyances (diverses) (f)	*(diverse) religious beliefs*
la discipline	*discipline*
l'environnement (m)	*environment*
la fidélité	*fidelity*
la flore et la faune	*flora and fauna, plants and animals*
le goût du travail	*appreciation for hard work*
l'honnêteté (f)	*honesty*
la justice	*justice*
l'optimisme (m)	*optimism*
la politesse	*politeness*
une pratique religieuse	*religious practice*
la recherche spirituelle	*spiritual searching*
le respect des autres	*respect for others*
le sens de la famille	*sense of family*
le succès personnel	*personal success*
la tolérance	*tolerance*

quelques verbes	***some verbs***
croire	*to believe*
Je crois que…	*I think, I believe that …*
Je crois. / Je crois que oui.	*I think / believe so.*
Je ne crois pas. / Je crois que non.	*I don't think / believe so.*
voir	*to see*

Écrivons

9-41 Une tradition importante

A. Avant d'écrire. Lisez les textes au sujet du rituel islamique, le Ramadan et les fêtes du Carnaval et de Mardi Gras. Pensez maintenant aux rituels ou traditions que vous pratiquez. Est-ce qu'il y a des rituels importants dans votre famille ? votre religion ? votre région ? Choisissez un rituel avec des traditions que vous voulez décrire et faites une liste des éléments importants de ce rituel. Pensez à la dernière fois que vous avez participé à ce rituel, et indiquez des détails essentiels.

MODÈLE Le Carnaval de la Nouvelle-Orléans

Éléments importants	Détails
des défilés organisés par des troupes nommés « Krewes »	1. Il y avait un défilé tous les jours pendant le Carnaval. 2. Ma famille fait partie du Krewe de Rex.
des chars (*floats*), des costumes, des objets lancés par les membres des Krewes	1. J'ai aidé à la construction d'un char. 2. Nous avons attrapé des colliers (*necklaces*) et des doublons lancés par les membres des Krewes.
des couleurs officielles	Partout on voyait les couleurs officielles : le vert représente la foi ; le violet, la justice ; l'or, le pouvoir.
des gourmandises et spécialités régionales : galette des Rois, beignets, gombo, jambalaya	1. On a mangé la galette des Rois. 2. Samantha a trouvé la fève dans sa part du gâteau et elle a porté la couronne.

B. En écrivant. Maintenant, écrivez un paragraphe pour décrire la dernière fois que vous avez participé à ce rituel. N'oubliez pas de donner des détails et d'utiliser le passé composé et l'imparfait !

MODÈLE Le Carnaval de la Nouvelle-Orléans
Je suis né à la Nouvelle-Orléans, et tous les ans on y fête le Carnaval. L'année dernière je m'y suis bien amusé avec ma famille et mes amis. Le Carnaval a duré du 6 janvier au 5 mars et il y avait un défilé presque tous les jours. Ma famille fait partie du Krewe de Rex, et nous avons aidé à la construction d'un char. Pendant tous les défilés, nous avons attrapé des colliers et des doublons (ce sont des fausses pièces de monnaie) lancés par les membres des Krewes. Tous les participants portaient des costumes en vert, violet et or. Les couleurs sont symboliques : le vert représente la foi ; le violet, la justice ; et l'or, le pouvoir. On a mangé une galette des Rois. Ma copine Samantha a trouvé la fève dans sa part du gâteau et elle a porté la couronne.

C. Après avoir écrit. Échangez votre texte avec un/e camarade de classe pour comparer vos expériences. Est-ce que certaines personnes ont choisi de décrire le même évènement ? Quel texte est-ce que vous trouvez le plus intéressant ? Pourquoi ?

Vocabulaire

Leçon 1

les bons moments	good times
un anniversaire	*birthday, anniversary*
un baptême	*baptism*
une bougie	*candle*
un cadeau	*gift*
une cérémonie civile	*civil ceremony*
une fête religieuse	*religious holiday*
les fiançailles (f pl)	*engagement*
les grandes vacances (f pl)	*summer vacation*
un mariage	*wedding*
une marraine	*godmother*
une naissance	*birth*
un parrain	*godfather*

des vœux (m)	wishes
un vœu	*wish*
Meilleurs vœux !	*Best wishes!*
Félicitations !	*Congratulations!*
Bon / Joyeux anniversaire !	*Happy Birthday!*
Joyeux anniversaire de mariage !	*Happy Anniversary!*
Joyeux Noël !	*Merry Christmas!*
Bonne année !	*Happy New Year!*
Bon voyage !	*Have a good trip!*
Bonnes vacances !	*Have a good vacation!*
À votre / ta santé !	*To your health! Cheers!*

pour parler des fêtes	to talk about holidays
avoir lieu	*to take place*
un bal populaire	*a street dance*
un défilé	*parade*
fêter	*to celebrate*
un feu d'artifice	*fireworks*
une fleur	*flower*
se réunir	*to get together*
un rite de passage	*rite of passage*

verbes de communication	verbs of communication
décrire	*to describe*
dire	*to say, to tell*
écrire	*to write*
lire	*to read*

expressions de nécessité	expressions of necessity
il faut	*you have to / must*
il ne faut pas	*you must not*
il est important de	*it is important to*
il est nécessaire de	*it is necessary to*
il est utile de	*it is useful to*

Leçon 2

les origines (f)	origins, ancestry
avoir des parents (irlandais) (m)	*to have (Irish) parents, relatives*
avoir des racines (f) multiethniques / multiculturelles	*to have multiethnic / multicultural roots*
être enfant d'un couple mixte	*to be biracial, bicultural, binational*
immigrer	*to immigrate*

les caractéristiques (m)	characteristics
être bien dans sa peau	*to be self-confident, comfortable with oneself*
croyant/e	*a believer*
écologiste (écolo)	*eco-conscious*
engagé/e	*committed, involved*
fidèle	*faithful*
honnête	*honest*
poli/e	*polite*
solidaire	*supportive*
soucieux/-euse de sa santé	*careful about one's health*
travailleur/-euse	*hardworking*

les valeurs (f)	values
l'ambition (f)	*ambition*
l'amitié (f)	*friendship*
le bien commun	*common good*
les bonnes manières (f pl)	*good manners*
le civisme	*civic-mindedness*
la confiance	*confidence*
les croyances (diverses) (f)	*(diverse) religious beliefs*
la discipline	*discipline*
l'environnement (m)	*environment*
la fidélité	*fidelity*
la flore et la faune	*flora and fauna, plants and animals*
le goût du travail	*appreciation for hard work*
l'honnêteté (f)	*honesty*
la justice	*justice*
l'optimisme (m)	*optimism*
la politesse	*politeness*
une pratique religieuse	*religious practice*
la recherche spirituelle	*spiritual searching*
le respect des autres	*respect for others*
le sens de la famille	*sense of family*
le succès personnel	*personal success*
la tolérance	*tolerance*

quelques verbes	some verbs
croire	*to believe*
Je crois que…	*I think, I believe that …*
Je crois. / Je crois que oui.	*I think / believe so.*
Je ne crois pas. / Je crois que non.	*I don't think / believe so.*
voir	*to see*

Écrivons

9-41 Une tradition importante

A. Avant d'écrire. Lisez les textes au sujet du rituel islamique, le Ramadan et les fêtes du Carnaval et de Mardi Gras. Pensez maintenant aux rituels ou traditions que vous pratiquez. Est-ce qu'il y a des rituels importants dans votre famille ? votre religion ? votre région ? Choisissez un rituel avec des traditions que vous voulez décrire et faites une liste des éléments importants de ce rituel. Pensez à la dernière fois que vous avez participé à ce rituel, et indiquez des détails essentiels.

MODÈLE Le Carnaval de la Nouvelle-Orléans

Éléments importants	**Détails**
des défilés organisés par des troupes nommés « Krewes »	1. Il y avait un défilé tous les jours pendant le Carnaval. 2. Ma famille fait partie du Krewe de Rex.
des chars (*floats*), des costumes, des objets lancés par les membres des Krewes	1. J'ai aidé à la construction d'un char. 2. Nous avons attrapé des colliers (*necklaces*) et des doublons lancés par les membres des Krewes.
des couleurs officielles	Partout on voyait les couleurs officielles : le vert représente la foi ; le violet, la justice ; l'or, le pouvoir.
des gourmandises et spécialités régionales : galette des Rois, beignets, gombo, jambalaya	1. On a mangé la galette des Rois. 2. Samantha a trouvé la fève dans sa part du gâteau et elle a porté la couronne.

B. En écrivant. Maintenant, écrivez un paragraphe pour décrire la dernière fois que vous avez participé à ce rituel. N'oubliez pas de donner des détails et d'utiliser le passé composé et l'imparfait !

MODÈLE Le Carnaval de la Nouvelle-Orléans

Je suis né à la Nouvelle-Orléans, et tous les ans on y fête le Carnaval. L'année dernière je m'y suis bien amusé avec ma famille et mes amis. Le Carnaval a duré du 6 janvier au 5 mars et il y avait un défilé presque tous les jours. Ma famille fait partie du Krewe de Rex, et nous avons aidé à la construction d'un char. Pendant tous les défilés, nous avons attrapé des colliers et des doublons (ce sont des fausses pièces de monnaie) lancés par les membres des Krewes. Tous les participants portaient des costumes en vert, violet et or. Les couleurs sont symboliques : le vert représente la foi ; le violet, la justice ; et l'or, le pouvoir. On a mangé une galette des Rois. Ma copine Samantha a trouvé la fève dans sa part du gâteau et elle a porté la couronne.

C. Après avoir écrit. Échangez votre texte avec un/e camarade de classe pour comparer vos expériences. Est-ce que certaines personnes ont choisi de décrire le même évènement ? Quel texte est-ce que vous trouvez le plus intéressant ? Pourquoi ?

Vocabulaire

Leçon 1

les bons moments	*good times*
un anniversaire	*birthday, anniversary*
un baptême	*baptism*
une bougie	*candle*
un cadeau	*gift*
une cérémonie civile	*civil ceremony*
une fête religieuse	*religious holiday*
les fiançailles (f pl)	*engagement*
les grandes vacances (f pl)	*summer vacation*
un mariage	*wedding*
une marraine	*godmother*
une naissance	*birth*
un parrain	*godfather*
des vœux (m)	***wishes***
un vœu	*wish*
Meilleurs vœux !	*Best wishes!*
Félicitations !	*Congratulations!*
Bon / Joyeux anniversaire !	*Happy Birthday!*
Joyeux anniversaire de mariage !	*Happy Anniversary!*
Joyeux Noël !	*Merry Christmas!*
Bonne année !	*Happy New Year!*
Bon voyage !	*Have a good trip!*
Bonnes vacances !	*Have a good vacation!*
À votre / ta santé !	*To your health! Cheers!*
pour parler des fêtes	***to talk about holidays***
avoir lieu	*to take place*
un bal populaire	*a street dance*
un défilé	*parade*
fêter	*to celebrate*
un feu d'artifice	*fireworks*
une fleur	*flower*
se réunir	*to get together*
un rite de passage	*rite of passage*
verbes de communication	***verbs of communication***
décrire	*to describe*
dire	*to say, to tell*
écrire	*to write*
lire	*to read*
expressions de nécessité	***expressions of necessity***
il faut	*you have to / must*
il ne faut pas	*you must not*
il est important de	*it is important to*
il est nécessaire de	*it is necessary to*
il est utile de	*it is useful to*

Leçon 2

les origines (f)	*origins, ancestry*
avoir des parents (irlandais) (m)	*to have (Irish) parents, relatives*
avoir des racines (f) multiethniques / multiculturelles	*to have multiethnic / multicultural roots*
être enfant d'un couple mixte	*to be biracial, bicultural, binational*
immigrer	*to immigrate*
les caractéristiques (m)	***characteristics***
être bien dans sa peau	*to be self-confident, comfortable with oneself*
croyant/e	*a believer*
écologiste (écolo)	*eco-conscious*
engagé/e	*committed, involved*
fidèle	*faithful*
honnête	*honest*
poli/e	*polite*
solidaire	*supportive*
soucieux/-euse de sa santé	*careful about one's health*
travailleur/-euse	*hardworking*
les valeurs (f)	***values***
l'ambition (f)	*ambition*
l'amitié (f)	*friendship*
le bien commun	*common good*
les bonnes manières (f pl)	*good manners*
le civisme	*civic-mindedness*
la confiance	*confidence*
les croyances (diverses) (f)	*(diverse) religious beliefs*
la discipline	*discipline*
l'environnement (m)	*environment*
la fidélité	*fidelity*
la flore et la faune	*flora and fauna, plants and animals*
le goût du travail	*appreciation for hard work*
l'honnêteté (f)	*honesty*
la justice	*justice*
l'optimisme (m)	*optimism*
la politesse	*politeness*
une pratique religieuse	*religious practice*
la recherche spirituelle	*spiritual searching*
le respect des autres	*respect for others*
le sens de la famille	*sense of family*
le succès personnel	*personal success*
la tolérance	*tolerance*
quelques verbes	***some verbs***
croire	*to believe*
Je crois que…	*I think, I believe that …*
Je crois. / Je crois que oui.	*I think / believe so.*
Je ne crois pas. / Je crois que non.	*I don't think / believe so.*
voir	*to see*

Écrivons

9-41 Une tradition importante

A. Avant d'écrire. Lisez les textes au sujet du rituel islamique, le Ramadan et les fêtes du Carnaval et de Mardi Gras. Pensez maintenant aux rituels ou traditions que vous pratiquez. Est-ce qu'il y a des rituels importants dans votre famille ? votre religion ? votre région ? Choisissez un rituel avec des traditions que vous voulez décrire et faites une liste des éléments importants de ce rituel. Pensez à la dernière fois que vous avez participé à ce rituel, et indiquez des détails essentiels.

MODÈLE Le Carnaval de la Nouvelle-Orléans

Éléments importants	Détails
des défilés organisés par des troupes nommés « Krewes »	1. Il y avait un défilé tous les jours pendant le Carnaval. 2. Ma famille fait partie du Krewe de Rex.
des chars (*floats*), des costumes, des objets lancés par les membres des Krewes	1. J'ai aidé à la construction d'un char. 2. Nous avons attrapé des colliers (*necklaces*) et des doublons lancés par les membres des Krewes.
des couleurs officielles	Partout on voyait les couleurs officielles : le vert représente la foi ; le violet, la justice ; l'or, le pouvoir.
des gourmandises et spécialités régionales : galette des Rois, beignets, gombo, jambalaya	1. On a mangé la galette des Rois. 2. Samantha a trouvé la fève dans sa part du gâteau et elle a porté la couronne.

B. En écrivant. Maintenant, écrivez un paragraphe pour décrire la dernière fois que vous avez participé à ce rituel. N'oubliez pas de donner des détails et d'utiliser le passé composé et l'imparfait !

MODÈLE Le Carnaval de la Nouvelle-Orléans

Je suis né à la Nouvelle-Orléans, et tous les ans on y fête le Carnaval. L'année dernière je m'y suis bien amusé avec ma famille et mes amis. Le Carnaval a duré du 6 janvier au 5 mars et il y avait un défilé presque tous les jours. Ma famille fait partie du Krewe de Rex, et nous avons aidé à la construction d'un char. Pendant tous les défilés, nous avons attrapé des colliers et des doublons (ce sont des fausses pièces de monnaie) lancés par les membres des Krewes. Tous les participants portaient des costumes en vert, violet et or. Les couleurs sont symboliques : le vert représente la foi ; le violet, la justice ; et l'or, le pouvoir. On a mangé une galette des Rois. Ma copine Samantha a trouvé la fève dans sa part du gâteau et elle a porté la couronne.

C. Après avoir écrit. Échangez votre texte avec un/e camarade de classe pour comparer vos expériences. Est-ce que certaines personnes ont choisi de décrire le même évènement ? Quel texte est-ce que vous trouvez le plus intéressant ? Pourquoi ?

Vocabulaire

Leçon 1

les bons moments	good times
un anniversaire	*birthday, anniversary*
un baptême	*baptism*
une bougie	*candle*
un cadeau	*gift*
une cérémonie civile	*civil ceremony*
une fête religieuse	*religious holiday*
les fiançailles (f pl)	*engagement*
les grandes vacances (f pl)	*summer vacation*
un mariage	*wedding*
une marraine	*godmother*
une naissance	*birth*
un parrain	*godfather*
des vœux (m)	***wishes***
un vœu	*wish*
Meilleurs vœux !	*Best wishes!*
Félicitations !	*Congratulations!*
Bon / Joyeux anniversaire !	*Happy Birthday!*
Joyeux anniversaire de mariage !	*Happy Anniversary!*
Joyeux Noël !	*Merry Christmas!*
Bonne année !	*Happy New Year!*
Bon voyage !	*Have a good trip!*
Bonnes vacances !	*Have a good vacation!*
À votre / ta santé !	*To your health! Cheers!*
pour parler des fêtes	***to talk about holidays***
avoir lieu	*to take place*
un bal populaire	*a street dance*
un défilé	*parade*
fêter	*to celebrate*
un feu d'artifice	*fireworks*
une fleur	*flower*
se réunir	*to get together*
un rite de passage	*rite of passage*
verbes de communication	***verbs of communication***
décrire	*to describe*
dire	*to say, to tell*
écrire	*to write*
lire	*to read*
expressions de nécessité	***expressions of necessity***
il faut	*you have to / must*
il ne faut pas	*you must not*
il est important de	*it is important to*
il est nécessaire de	*it is necessary to*
il est utile de	*it is useful to*

Leçon 2

les origines (f)	origins, ancestry
avoir des parents (irlandais) (m)	*to have (Irish) parents, relatives*
avoir des racines (f) multiethniques / multiculturelles	*to have multiethnic / multicultural roots*
être enfant d'un couple mixte	*to be biracial, bicultural, binational*
immigrer	*to immigrate*
les caractéristiques (m)	***characteristics***
être bien dans sa peau	*to be self-confident, comfortable with oneself*
croyant/e	*a believer*
écologiste (écolo)	*eco-conscious*
engagé/e	*committed, involved*
fidèle	*faithful*
honnête	*honest*
poli/e	*polite*
solidaire	*supportive*
soucieux/-euse de sa santé	*careful about one's health*
travailleur/-euse	*hardworking*
les valeurs (f)	***values***
l'ambition (f)	*ambition*
l'amitié (f)	*friendship*
le bien commun	*common good*
les bonnes manières (f pl)	*good manners*
le civisme	*civic-mindedness*
la confiance	*confidence*
les croyances (diverses) (f)	*(diverse) religious beliefs*
la discipline	*discipline*
l'environnement (m)	*environment*
la fidélité	*fidelity*
la flore et la faune	*flora and fauna, plants and animals*
le goût du travail	*appreciation for hard work*
l'honnêteté (f)	*honesty*
la justice	*justice*
l'optimisme (m)	*optimism*
la politesse	*politeness*
une pratique religieuse	*religious practice*
la recherche spirituelle	*spiritual searching*
le respect des autres	*respect for others*
le sens de la famille	*sense of family*
le succès personnel	*personal success*
la tolérance	*tolerance*
quelques verbes	***some verbs***
croire	*to believe*
Je crois que…	*I think, I believe that …*
Je crois. / Je crois que oui.	*I think / believe so.*
Je ne crois pas. / Je crois que non.	*I don't think / believe so.*
voir	*to see*

quelques expressions indéfinies et négatives	*some indefinite and negative expressions*
quelque chose	*something*
quelquefois	*sometimes*
quelqu'un	*someone*
ne … jamais	*never*
ne … personne	*no one*
ne … rien	*nothing*

Leçon 3

les sentiments (m)	*feelings*
avoir l'air (d'être) (content/e)	*to seem, to appear (to be) (happy)*
Qu'est-ce que tu as ?	*What's wrong?*
amoureux/-euse	*in love*
tomber amoureux/-euse de	*to fall in love with*
anxieux/-euse	*anxious*
content/e	*happy*
embarrassé/e	*embarrassed*
en colère	*angry*
fâché/e	*angry*
frustré/e	*frustrated*
furieux/-euse	*furious*
gêné/e	*bothered, embarrassed*
heureux/-euse	*happy*
indifférent/e	*indifferent*
inquiet/inquiète	*uneasy, anxious, worried*
jaloux/-ouse	*jealous*
malheureux/-euse	*unhappy*
ravi/e	*delighted*
surpris/e	*surprised*
triste	*sad*

les émotions (f)	*emotions*
l'amour (m)	*love*
l'anxiété (f)	*anxiety*
le bonheur	*happiness*
la colère	*anger*
l'embarras (m)	*embarrassment*
la frustration	*frustration*
l'indifférence (f)	*indifference*
l'inquiétude (f)	*uneasiness*
la jalousie	*jealousy*
la joie	*joy*
la surprise	*surprise*
la tristesse	*sadness*

quelques verbes pronominaux	*some pronominal verbs*
s'amuser	*to have fun*
s'appeler	*to be named, called*
s'arranger	*to work out, to be all right*
se calmer	*to calm down*
se disputer	*to argue*
s'ennuyer	*to become bored*
s'entendre (avec)	*to get along (with)*
s'exprimer	*to express oneself*
se fâcher (contre)	*to get angry (at, with)*
se faire du souci	*to worry*
s'inquiéter	*to worry*
s'intéresser à	*to be interested in*
s'occuper de	*to take care of*
se passer	*to happen*
se rappeler	*to remember*
se reposer	*to rest*
se retrouver	*to meet*
se téléphoner	*to phone each other*

dans la vie sentimentale	*in one's emotional life*
se disputer	*to argue, to fight*
divorcer	*to get divorced*
s'embrasser	*to kiss*
se fiancer	*to get engaged*
se marier	*to get married*
se rencontrer	*to meet (for the first time)*
se séparer	*to separate*

des verbes utiles	*useful verbs*
connaître	*to know, to be familiar with*
crier	*to shout, to yell*
pleurer	*to cry*
rire	*to laugh*
savoir	*to know (facts, how to do something)*

quelques expressions utiles	*some useful expressions*
Bof !	*Meh!*
Ça m'est égal.	*It's all the same to me.*
Ça va s'arranger.	*It will all work out.*
Ce n'est pas grave.	*It's not so bad.*
Ce n'est pas vrai.	*It's not true.*
C'est rasant !	*That's boring!*
Imbécile !	*Imbecile!*
Incroyable !	*Unbelievable!*
Mon œil !	*My eye! (expressing disbelief)*
Ne criez pas !	*Don't yell!*
Ne sois pas furieux/-euse !	*Don't be angry!*
Ne t'en fais pas ! / Ne vous en faites pas !	*Don't worry!*
Oh, là, là.	*Oh, my.*
On s'appelle ?	*Let's talk soon.*
Quel/le idiot/e !	*What an idiot!*
Soyez plus calme !	*Calm down!*
Zéro ! C'est nul !	*No way! Worthless!*
Zut !	*Darn!*

Chapitre 10
La santé et le bien-être

Ça défoule quand même de faire du sport.
— Oui, mais moi, je préfère aller au cinéma ou boire un verre avec des amis pour me détendre.

On démarre !

Mathilde, Jacques et Hubert discutent du bien-être. Qu'est-ce qu'ils font pour se détendre ?

Visionnez la vidéo pour en apprendre plus. Qu'est-ce que vous faites pour votre bien-être ?

Quels éléments sont nécessaires, à votre avis, pour assurer une bonne qualité de vie ? Est-ce que vous pensez que les réponses des Français seront similaires ? Pourquoi ?

Learning Outcomes

After completing this chapter, you will be able to:

- Talk about health and well-being
- Give advice
- Express emotions and desires
- State opinions
- Provide examples of civic engagement in France
- Discuss environmental and ecological concerns in the French-speaking world

LEÇON 1

La santé

Points de départ : la santé physique et morale

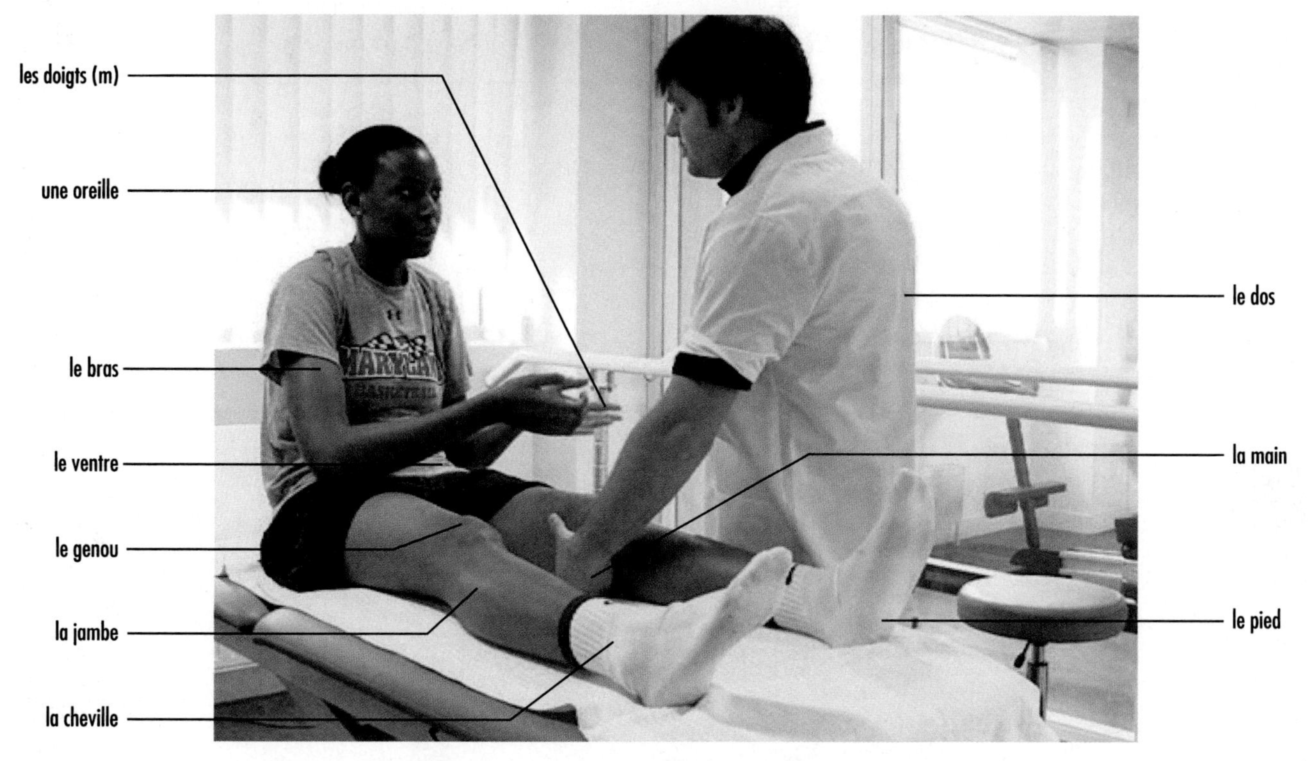

Diandra s'est fait mal au genou. Elle fait de la rééducation chez le kinésithérapeute.

Jacques s'est fait mal à l'épaule en jouant au rugby.

Fiche pratique

To indicate the location of body pains in French, use the expression **avoir mal à** plus the definite article and the body part. To indicate that a body part is being hurt, use the expression **se faire mal à.** Remember that the preposition **à** contracts with the definite article **le**, **la**, **les** in some cases.

Vous avez mal ?

J'**ai mal à la** tête.	*I have a headache.*
Il **a mal au** cœur.	*He's nauseated.*
Elle **a mal aux** pieds.	*Her feet hurt.*
Tu **as mal au** ventre ?	*Do you have a stomachache?*
J'ai mal partout.	*I hurt everywhere.*
Je **me** suis **fait mal au** bras.	*I have hurt my arm.*

Pour rester en forme

Il faut...	**Il ne faut pas...**
manger des repas équilibrés.	boire trop d'alcool.
faire du sport ou de l'exercice.	fumer.
dormir au moins sept heures par nuit.	sauter des repas.
se détendre de temps en temps.	suivre des régimes trop stricts.

À vous la parole

10-1 J'ai mal ! Dites où ces personnes ont mal.

MODÈLE Thérèse
Thérèse, elle a mal aux pieds.

10-2 Des bons conseils. Avec un/e partenaire, donnez des conseils à chaque personne.

MODÈLE J'ai grossi de cinq kilos.
É1 Il faut suivre un régime.
É2 Mais il ne faut pas sauter des repas.

1. Je suis toujours fatigué/e.
2. J'ai très mal au dos.
3. Je voudrais maigrir un peu.
4. Je suis très stressé/e.
5. J'adore les chips et le coca, mais j'ai tendance à grossir.
6. J'ai très mal aux dents.
7. Je fume un paquet de cigarettes par jour.
8. Je n'ai pas le temps de manger le matin.

Maux et remèdes

Quand on a...	on peut prendre...
de la fièvre, une grippe	de l'aspirine, un anti-inflammatoire.
un rhume ; le nez qui coule ; le nez bouché	des gouttes pour le nez, un spray d'eau de mer.
une toux, et on tousse beaucoup	un sirop.
une infection	un antibiotique.

10-3 Diagnostic. Faites un diagnostic pour chaque symptôme que votre partenaire vous donne.

MODÈLE É1 J'ai mal au cœur, le nez qui coule et j'ai 40° de fièvre.
É2 Tu as sans doute une grippe. Va voir le médecin.

1. J'ai le nez qui coule.
2. J'ai 39° de fièvre.
3. Je tousse beaucoup et j'ai très mal à la gorge.
4. Je suis tombé/e et j'ai très mal au bras.
5. J'ai mal partout et un peu de fièvre.
6. J'ai très mal aux oreilles et le nez bouché.

Vie et culture

La médecine en France

Quels aspects de la vie contribuent à notre sens du bien-être ? Un facteur important, c'est l'accès aux soins médicaux.[1] Les Français ont un excellent système médical. Ils sont assurés[2] par un système de sécurité sociale qui couvre les dépenses[3] médicales de presque toute la population — même les visiteurs pour les soins d'urgence.[4] Il est facile de trouver un/e médecin ou un/e pharmacien/ne même la nuit et le week-end, car chaque ville a des médecins/pharmaciens de garde.[5] Il n'est pas surprenant que la majorité (près de 70 pour cent) des Français se disent en bonne ou très bonne santé.

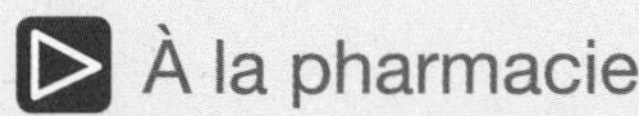

À la pharmacie

En France, on peut également demander conseil à la pharmacie pour certains maux et y obtenir des médicaments sans avoir besoin de voir un/e médecin. Visionnez la vidéo pour voir une consultation à la pharmacie.

Et vous ?

1. Pourquoi est-ce que la jeune femme parle à la pharmacienne ? Qu'est-ce que la pharmacienne lui donne ?
2. Quelles sont les similarités et les différences entre ce qui se passe à la pharmacie dans la vidéo et dans une pharmacie près de chez vous ?
3. Comment est-ce que le système médical chez vous diffère du système français ?

[1]*medical care* [2]*insured* [3]*expenses* [4]*emergency care* [5]*on call*

Sons et lettres

Les consonnes *s* et *z*

The letter **s** may represent either the sound /s/ or the sound /z/. A number of word pairs are distinguished by these two consonant sounds. In the middle of words, **-ss-** is pronounced as /s/ and **-s-** as /z/:

le de**ss**ert	*dessert*	le dé**s**ert	*desert*
le cou**ss**in	*cushion*	le cou**s**in	*cousin*
le poi**ss**on	*fish*	le poi**s**on	*poison*

At the beginning of words, the letter **s** is pronounced /s/; in liaison it is pronounced /z/. Compare:

ils **s**ont / il**s**‿ont vous **s**avez / vou**s**‿avez

After a nasal vowel written with **n**, the letter **s** is pronounced /s/:

con**s**ervation pen**s**er en**s**emble

Next to a consonant, **s** is pronounced /s/:

rembour**s**er re**s**ter re**s**pirer

But note the exception **Alsace**, where **s** is pronounced /z/.

The letter **c** is also pronounced /s/ before the letters **e** and **i** or when spelled with a cedilla.

cent **c**igarette **ç**a gar**ç**on

The letter **x** is pronounced:

• /s/ in:	si**x**	soi**x**ante	Bru**x**elles
• liaison /z/ in:	si**x**‿hommes	di**x**‿aspirines	
• /gz/ in:	l'e**x**amen	e**x**agérer	e**x**actement
• /ks/ in:	le ta**x**i	l'e**x**périence	e**x**cellent

À vous la parole

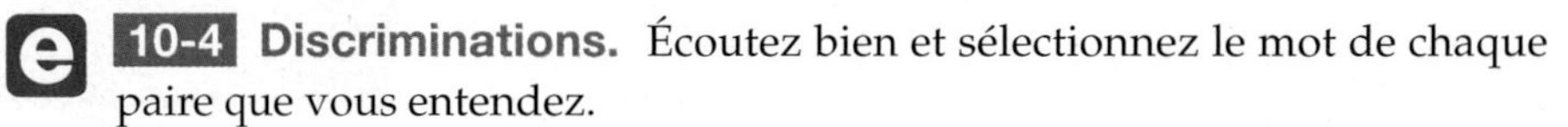

10-4 Discriminations. Écoutez bien et sélectionnez le mot de chaque paire que vous entendez.

1. le dessert	le désert
2. le poisson	le poison
3. les sœurs	les heures
4. vous savez	vous avez
5. ils sont	ils ont
6. ils s'aiment	ils aiment
7. elle s'écrivent	elles écrivent
8. je l'essaye	je les ai

10-5 Proverbes. Répétez ces proverbes.

1. Poisson sans boisson, c'est poison.
2. Santé passe richesse.
3. Si jeunesse savait, si vieillesse pouvait.
4. La santé est un trésor qui est le plus mal gardé.
5. Qui maîtrise sa soif, maîtrise sa santé.
6. Il faut donner peu au plaisir, mais beaucoup à la santé.

Formes et fonctions : le subjonctif des verbes réguliers avec les expressions de nécessité

You have learned to use the indicative mood to state facts and ask questions, the imperative to express commands, and the conditional (with **devoir**, **pouvoir**, and **vouloir**) to make suggestions. When you wish to express a subjective point of view—obligation, wishes, emotions, or necessity, for example—French often requires the use of the subjunctive mood. The subjunctive usually occurs in the second clause of a complex sentence, a sentence that has two parts, or clauses, which are connected by **que/qu'**. Compare the use of the present indicative and the present subjunctive in the sentences below.

Tu **dors** six heures par nuit.	*You sleep six hours a night.*
Il est important que tu **dormes** huit heures par nuit.	*It is important that you sleep eight hours a night.*

The impersonal expressions of obligation and necessity that you have learned require the subjunctive when they are followed by a second clause with its own subject and verb, rather than an infinitive.

Il est essentiel **de se reposer** le week-end.	Il est essentiel **que tu te reposes** le week-end.
Il faut **te soigner**.	Il faut **que tu te soignes**.
Il ne faut pas **fumer**.	Il ne faut pas **qu'il fume**.
Il est important **de se détendre**.	Il est important **qu'elle se détende**.
Il est nécessaire **de manger** des repas équilibrés.	Il est nécessaire **que nous mangions** des repas équilibrés.
Il est urgent **d'appeler** le médecin.	Il est urgent **que vous appeliez** le médecin.
Il est utile **de dormir** sept ou huit heures par nuit.	Il est utile **que vous dormiez** sept ou huit heures par nuit.
Il vaut (vaudrait) mieux **faire** du sport.	Il vaut (vaudrait) mieux **qu'ils fassent** du sport.

Remember to use **de** before the infinitive with expressions of necessity such as **il est essentiel de, il est nécessaire de, il est important de, il est urgent de, il est utile de.**

All verbs take the same set of present subjunctive endings. These endings are added to the present stem, which is found by dropping the present indicative ending **-ent** from the **ils/elles**-form.

LE SUBJONCTIF				
INFINITIVE ENDING:	**-er**	**-ir**	**-ir/-iss-**	**-re**
ILS/ELLES-FORM:	mangent	dorment	finissent	descendent
Il faut que/qu'...				
je	mang**e**	dorm**e**	finiss**e**	descend**e**
tu	mang**es**	dorm**es**	finiss**es**	descend**es**
il / elle / on	mang**e**	dorm**e**	finiss**e**	descend**e**
nous	mang**ions**	dorm**ions**	finiss**ions**	descend**ions**
vous	mang**iez**	dorm**iez**	finiss**iez**	descend**iez**
ils / elles	mang**ent**	dorm**ent**	finiss**ent**	descend**ent**

Parallèles : santé et bien-être

Mathilde se détend et Diandra se fait soigner.

Mathilde se détend au cinéma.

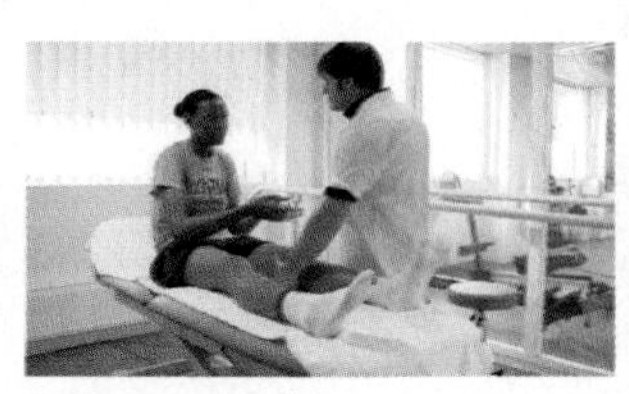

Diandra se fait soigner chez le kiné.

À vous la parole

10-6 Pour améliorer votre santé. Caroline ne va pas très bien. Elle en discute avec une infirmière qui lui fait des commentaires et lui donne des conseils. Dans chaque cas, identifiez s'il s'agit d'un commentaire (**je sais que**) ou un conseil (**il faut que**).

	JE SAIS QUE VOUS...	IL FAUT QUE VOUS...	
MODÈLES	_____	✔	vous soigniez plus. Vous n'allez pas bien.
	✔	_____	buvez avec modération.
1.	_____	_____	ne fumez pas.
2.	_____	_____	mangiez des repas équilibrés.
3.	_____	_____	ne suivez pas de régimes trop stricts.
4.	_____	_____	arrêtiez de manger du fast-food.
5.	_____	_____	dormiez plus.
6.	_____	_____	faites du sport.
7.	_____	_____	vous vous détendiez plus souvent.

Est-ce que Caroline fait déjà suffisamment attention à sa santé, ou est-ce qu'elle devrait faire plus d'efforts ? Pourquoi ?

10-7 Pour être en meilleure santé. Avec un/e partenaire, dites à ces gens ce qu'il faut faire.

MODÈLE Mes amies veulent sortir très tard, mais elles ne dorment pas assez.

É1 Mais il ne faut pas qu'elles sortent très tard.

É2 Tu as raison (*You're right*) ; il vaut mieux qu'elles dorment huit heures.

1. Je ne pratique pas de sport.
2. Pierre ne maigrit pas.
3. Fatmah mange beaucoup de fast-food.
4. Nous ne consultons jamais le médecin.
5. Je ne consulte pas le dentiste.
6. Ma sœur continue à fumer.
7. Mon frère saute souvent des repas.
8. Yann ne se détend pas assez.

Il est important qu'on se détende. Ce couple fait une randonnée dans les Alpes près de Briançon.

10-8 C'est logique. Qu'est-ce qu'on dit dans chaque cas ? Travaillez avec un/e partenaire, et choisissez des verbes dans la liste suivante.

MODÈLE un parent à son enfant
É1 Il faut que tu manges tes légumes !
É2 Il ne faut pas que tu joues dans la rue !

arrêter	jouer	parler	rendre	téléphoner
finir	manger	payer	réserver	travailler

1. un/e professeur à ses élèves
2. un/e étudiant/e à son/sa colocataire
3. un/e agent/e de police à un/e automobiliste
4. une sœur à son petit frère
5. un/e médecin à un/e patient/e
6. un/e dentiste à un/e patient/e
7. un/e directeur/-trice à un/e employé/e
8. un/e pharmacien/ne à son/sa client/e

10-9 Obligations. Qu'est-ce que vous avez à faire ? Pour chaque verbe de la liste, précisez vos obligations en discutant avec un/e partenaire. Ensuite, comparez vos responsabilités avec celles de vos camarades de classe.

MODÈLE lire
É1 Il faut que je lise un article pour mon cours de philo.
É2 Et moi, il faut que je lise trois chapitres pour mon cours d'anglais.

1. lire
2. préparer
3. rendre
4. finir
5. téléphoner
6. sortir

Formes et fonctions: le subjonctif des verbes irréguliers

A small number of verbs have a special stem for the subjunctive.

faire	**fass-**	Il vaut mieux qu'elle **fass**e un régime.
pouvoir	**puiss-**	Il faut qu'il **puiss**e dormir.
savoir	**sach-**	Il est important qu'elles **sach**ent le nom du médecin.
pleuvoir	**pleuv-**	Il vaut mieux qu'il ne **pleuv**e pas le week-end.

Avoir and **être** show many irregularities:

	AVOIR	ÊTRE
que j'/je	**ai**e	**sois**
que tu	**ai**es	**sois**
qu'il / qu'elle / qu'on	**ait**	**soit**
que nous	**ayons**	**soyons**
que vous	**ayez**	**soyez**
qu'ils / qu'elles	**ai**ent	**soi**ent

À vous la parole

10-10 Prendre des bonnes habitudes. Expliquez comment Thomas doit changer certaines de ses habitudes pour améliorer sa santé.

MODÈLE Il n'est pas raisonnable.
Il vaut mieux qu'il soit raisonnable.

1. Il ne fait pas de repas équilibrés.
2. Il ne dort pas assez.
3. Il ne fait pas de sport.
4. Il ne sait pas son taux (*level*) de cholestérol.
5. Il n'a pas de vacances.
6. Il ne sait pas se détendre.
7. Il n'est pas très énergique.
8. Il ne fait pas attention à sa santé.

10-11 Conseils pour combattre le stress. Donnez des conseils pour combattre le stress à un/e partenaire qui va faire le difficile (*who is going to be difficult*) !

MODÈLE avoir plus de temps libre
É1 Il est important que tu aies plus de temps libre.
É2 Oui, mais il faut que j'aie assez de temps pour mes devoirs.

1. avoir plus de loisirs
2. être plus relax quand tu as une mauvaise note
3. faire du yoga trois fois par semaine
4. savoir comment te détendre
5. avoir plus de temps pour tes amis
6. dormir plus

10-12 Solutions. Comment résoudre les problèmes suivants ? Discutez des solutions possibles avec vos camarades de classe.

MODÈLE É1 Je ne réussis pas dans mes études ; j'ai toujours des mauvaises notes.
É2 Il faut que tu fasses plus d'efforts, et que tu en parles avec tes profs.
É3 Oui, et il est important que tu sois toujours en classe et que tu lises les textes.

1. Je n'ai pas beaucoup d'amis et je me sens seul/e à la fac.
2. J'ai des mauvaises relations avec mes colocataires.
3. Je ne suis pas en forme ; je suis toujours fatigué/e.
4. Je suis très stressé/e par tous mes problèmes.
5. Je dois manger plus équilibré, mais j'ai beaucoup de difficulté à le faire.

Lisons

10-13 La médecine douce

A. Avant de lire. How much do you know about alternative medicine? The following article, which appeared in the online Health section of the well-known French newspaper *Le Monde*, provides a brief overview of its use in France. **La médecine douce** is defined as alternative, or complementary, medical treatment through natural techniques without the use of pharmaceutical substances. Before reading the article, consider its title and subtitles to get a sense of its content and organization.

1. Based on the title, **Cinq chiffres pour comprendre les médecines complémentaires et alternatives,** what do you expect to learn from this article?
2. How do the subtitles appear to relate to the title?
3. Now indicate the essential point of each subtitle by matching it to a sentence on the right.

Sous-titre n° 1 :
_____ Quatre cents médecines recensées par l'OMS

Sous-titre n° 2 :
_____ Quatre pratiques reconnues en France

Sous-titre n° 3 :
_____ 6 115 praticiens français

Sous-titre n° 4 :
_____ Utilisées par 40 % des Français

Sous-titre n° 5 :
_____ Près de 30 % des pays enseignent les MAC

a. There are 6,115 doctors in France who practice alternative medicine.

b. In France, 40% of the population has used some form of alternative medicine.

c. Almost 30% of countries surveyed offer training in traditional and complementary medicine.

d. The World Health Organization has documented 400 types of medicinal practices.

e. Four types of alternative medicine are officially recognized in France.

B. En lisant. Maintenant lisez l'article pour trouver les réponses à ces questions.

1. À quoi correspondent les deux sigles **l'OMS** et **les MAC** ?
2. Trouvez quelques exemples des médecines « complémentaires », « alternatives » ou « traditionnelles » qui font partie des quatre cents médecines comptées par l'OMS.
3. Quelle est la profession des 6 115 praticiens français ?
4. L'article spécifie que 91 pour cent de ces professionnels exercent dans trois domaines. Quels sont ces trois domaines ?
5. Quel est le pourcentage de ces praticiens qui exercent à l'hôpital ? Est-ce que cela vous surprend ? Pourquoi ?
6. En général, qui sont les personnes qui utilisent le plus ces pratiques complémentaires ou alternatives ?
7. Quelle pratique est le plus populaire en France ?

Stratégie

Use the title and subtitles of a text as clues to understanding its focus and organization. You can learn what kind of information is likely to be included by examining the major subsections. With this approach, you will know a great deal about the content even before you read the passage as a whole.

Cinq chiffres pour comprendre les médecines complémentaires et alternatives

Réflexologie, ostéopathie, hypnose, méditation… les médecines alternatives et complémentaires (MAC) forment un large ensemble de pratiques, que les autorités de santé peinent à encadrer[1] tant elles sont hétérogènes. L'Organisation mondiale de la santé (OMS) a lancé[2] en 2014 son deuxième plan stratégique, qui court jusqu'en 2023, pour assurer le développement de ces formes de médecine.

> *« Alors que la médecine traditionnelle et complémentaire est de plus en plus largement adoptée, indique le rapport, il est nécessaire qu'elle soit plus étroitement intégrée dans les systèmes de santé… »*

Quatre cents médecines recensées par l'OMS

L'Organisation mondiale de la santé comptabilise pas moins de quatre cents médecines « complémentaires », « alternatives » ou « traditionnelles ». Ces termes regroupent un grand nombre de pratiques, nouvelles ou ancestrales, fondées sur des thérapies manuelles, biologiques ou encore des approches dites « corps-esprit ». Certaines ont fait leurs preuves[3] mais restent discutées, comme l'acupuncture ou l'hypnose, qui se développent dans les pays occidentaux. D'autres restent plus confidentielles,[4] comme le reiki (une thérapie énergétique d'origine japonaise) ou la médecine ayurvédique (médecine traditionnelle indienne).

Quatre pratiques reconnues en france

Dans ce large panel,[5] en France par exemple, l'ordre des médecins[6] reconnaît quatre pratiques : l'homéopathie, l'acupuncture, la mésothérapie et l'ostéopathie. Le code de la santé publique précise que « les médecins ne peuvent proposer aux malades ou à leur entourage comme salutaire ou sans danger un remède ou un procédé illusoire ou insuffisamment éprouvé ».

6 115 praticiens français

En 2015, 6 115 médecins français ont déclaré un titre ou une orientation de médecine alternative et complémentaire. Un sur cinq exerce à l'hôpital. La grande majorité des cas (91 %) concerne l'homéopathie, l'ostéopathie ou l'acupuncture, reconnues par l'ordre des médecins.

Utilisées par 40 % des Français

40 % des Français auraient recours[7] aux MAC, selon l'ordre des médecins. Une proportion qui augmente chez les personnes atteintes[8] d'une maladie grave ou chronique. L'homéopathie rencontre un succès particulier : 56 % des Français y ont déjà eu recours. La France est le premier pays producteur de médicaments homéopathiques.

Près de 30 % des pays enseignent les MAC

Selon une enquête menée par l'OMS en 2012, 39 pays sur les 129 interrogés, soit[9] 30 %, proposent des programmes d'enseignement de haut niveau[10] pour les médecines traditionnelles et complémentaires, « notamment des diplômes de premier cycle, des masters ou des doctorats à l'université ».

En France, la formation prend la forme de diplômes universitaires, par exemple dans le domaine des pratiques corps-esprit, ou des thérapies d'activation de la conscience, proches de l'hypnose.

[1]ont de la difficulté à classifier [2]a commencé [3]*are evidence-based* [4]limitées [5]*sample* [6]*the professional organization for physicians in France* [7]ont utilisé [8]qui ont [9]ou [10]*high-level*

SOURCE : « Cinq chiffres pour comprendre les médecines complémentaires et alternatives. » *Le Monde*, 31 août 2016.

C. En regardant de plus près. Lisez encore une fois l'article et trouvez dans l'article le terme qui correspond à chaque définition des quatre pratiques de MAC reconnues en France.

1. C'est une branche de la médecine traditionnelle chinoise qui utilise des fines aiguilles (*needles*) en différents points du corps qu'on identifie comme « zones énergétiques ».
2. Cette médecine douce soigne « le mal par le mal ». C'est-à-dire qu'on est traité avec des toutes petites doses d'éléments naturels qui provoquent le mal chez quelqu'un en bonne santé.
3. C'est une technique de manipulation manuelle qui traite différents problèmes des muscles et du squelette.
4. C'est un traitement par des micro-injections de médicaments directement sous la peau tout près de l'endroit où on a mal.

D. Après avoir lu. Discutez de ces questions avec vos camarades de classe.

1. Quelles possibilités de MAC sont courantes et appréciées dans votre communauté ? Faites un peu de recherche en ligne pour savoir combien de personnes les utilisent et quelles pratiques sont les plus utilisées.
2. Est-ce que vous avez déjà suivi un traitement alternatif ? Si oui, est-ce que vous en êtes satisfait/e ? Si non, est-ce que cela vous tente ? Pourquoi ?
3. L'article mentionne plusieurs fois des approches « corps-esprit ». Est-ce que vous croyez que ce lien entre le corps et l'esprit (la tête) est important ? Si oui, donnez-en un exemple.

Voici le rayon homéopathie dans une pharmacie.

LEÇON 2

La santé de l'environnement

Points de départ : Passons à l'action !

Un environnement sain contribue à notre sens du bien-être. Voici quelques éco-gestes pour lutter contre le réchauffement climatique et améliorer la qualité de notre vie.

DES ÉCO-GESTES POUR LE DÉVELOPPEMENT DURABLE

ÉNERGIE

- **Réduire la consommation :** débrancher l'ordinateur, votre chargeur de portable et la télé ; éteindre la lumière
- **Privilégier les énergies renouvelables :** l'énergie solaire et éolienne

DÉCHETS

- **Réduire la quantité des déchets ménagers :** privilégier les sacs réutilisables et les paquets avec peu d'emballage ; dire non aux gobelets jetables, aux sacs en plastique, à l'eau en bouteille
- **Combattre le gaspillage alimentaire**
- **Recycler :** le papier, le carton, le verre, le plastique ; ne pas oublier de faire le tri

DÉPLACEMENTS

- **Utiliser les transports en commun**
- **Privilégier les transports propres :** faire de la marche, du vélo, de l'autopartage, du covoiturage
- **Réduire la consommation de l'essence :** penser aux voitures électriques et hybrides

ALIMENTATION

- **Manger mieux :** des produits locaux, des fruits et légumes en saison, moins de viande
- **Privilégier les produits bio**

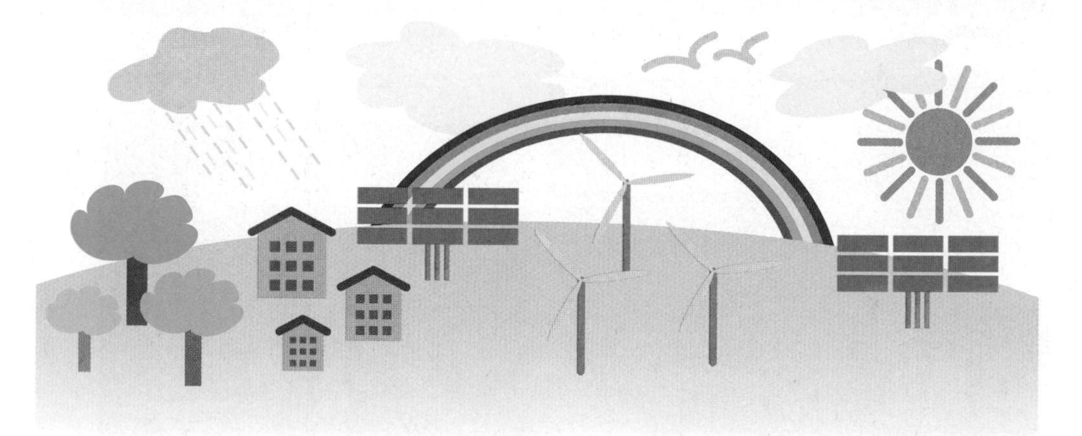

The verbs **réduire, combattre,** and **éteindre** are irregular but conjugated like the two-stem verbs you already know. Add **-s**, **-s**, **-t** to the singular stems **rédui-**, **combat-** and **étein-** ; add **-ons**, **-ez**, **-ent** added to the plural stems **réduis-**, **combatt-**, and **éteign-**.

J'**éteins** toujours la lumière quand je quitte une pièce, mais tu ne l'as pas **éteinte** quand tu es sortie hier soir.	*I always turn off the lights when I leave a room, but you did not turn them off when you went out last night.*
Vous **réduisez** vos dépenses ?	*Are you reducing your expenses?*
Ils **combattent** le gaspillage alimentaire.	*They are fighting food wastage.*
Ils **ont réduit** leurs déchets ménagers.	*They reduced their household waste.*

Vie et culture

La France et l'environnement

Ces Toulousains se mobilisent pour demander que l'on privilégie les transports en commun.

À Paris, on voit beaucoup de cyclistes. C'est un bon exemple des transports « doux », les transports sans moteurs qui ne polluent pas.

Bien avant l'Accord de Paris[1] sur le climat en 2015, les Français pensaient beaucoup à l'environnement et faisaient des efforts pour réduire leur consommation d'énergie et privilégier le développement durable.[2] L'empreinte[3] écologique du Français moyen est presque la moitié de l'empreinte écologique de l'Américain moyen, 4,7 hectares[4] par personne en France contre 8,4 hectares par personne aux États-Unis. Mais, face à la situation actuelle du réchauffement de la planète, il faut encore agir. La France semble être à la hauteur.[5] Par exemple, en 2018, la ville de Paris a adopté un nouveau Plan Climat Air Énergie avec des objectifs ambitieux :

- zéro véhicules diesel en 2024 ;
- 100 % de bus propres ;
- zéro véhicules essence en 2030.

La ville de Paris est déjà la championne de la mobilité partagée parmi les capitales européennes avec 128 véhicules (des vélos, des voitures et des scooters) en libre-service pour chaque 10.000 habitants.

Depuis 2001, l'Agence de l'environnement et de la maîtrise de l'énergie (ADEME) fait un sondage tous les ans pour découvrir les opinions des Français sur les questions environnementales. Voici leurs réponses en 2017 à la question, « Je vais vous citer un certain nombre de problèmes d'environnement. Quels sont les deux qui vous semblent les plus préoccupants[6] ? »

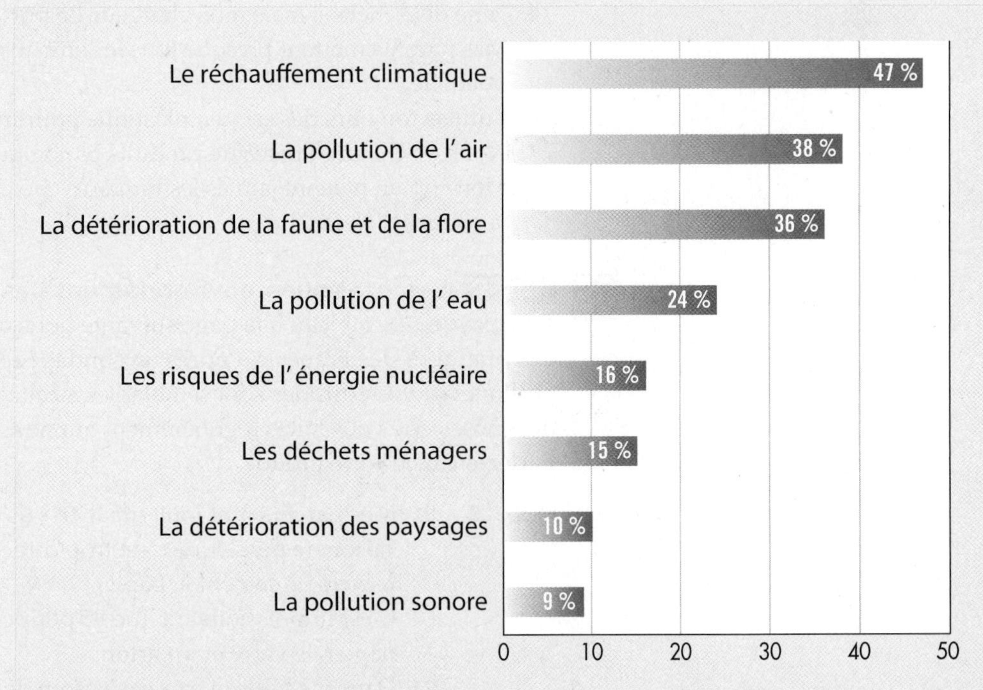

SOURCE : ADEME, « Représentations sociales de l'effet de serre et du réchauffement climatique, 18ème vague »

e Et vous ?

1. Pour les Français, quels sont les deux problèmes d'environnement les plus sérieux ? Quels sont les deux problèmes les plus importants dans votre région ? Pourquoi ?
2. Les Américains consomment le plus de ressources naturelles et produisent le plus de pollution sur le plan mondial. Pourquoi, à votre avis ? Qu'est-ce qu'on peut faire pour changer cette situation ?

[1]*The Paris Accord dealing with the mitigation of greenhouse gas emissions* [2]*sustainable development* [3]*footprint* [4]*hectares (one hectare = 2.47 acres)* [5]*to be up to the challenge* [6]*worrisome*

À vous la parole

10-14 Des éco-gestes à l'appui. Voici trois conseils pour améliorer l'environnement et notre qualité de vie : **réduire la consommation d'énergie, réduire la quantité des déchets ménagers, privilégier les transports propres.** Voici quelques éco-gestes pour pouvoir les réaliser. Pour chaque éco-geste, identifiez sa catégorie avec un/e partenaire.

MODÈLE É1 Je consomme certains produits après la Date Limite d'Utilisation.
É2 Bravo, tu réduis la quantité des déchets ménagers.

1. Je prends des douches rapides — moins de cinq minutes.
2. J'ai acheté une voiture électrique.
3. Je débranche mon ordinateur quand je ne travaille pas.
4. Je n'achète jamais d'eau en bouteille.
5. Je fais attention d'éteindre la lumière quand je quitte une pièce.
6. J'utilise les transports en commun.
7. Je ne gaspille pas de nourriture ; je cuisine des soupes avec des légumes abîmés (*overripe*).
8. Je vais à la fac à vélo ou à pied.
9. J'achète des produits avec peu d'emballages.

10-15 Changeons le comportement des gens. Avec un/e partenaire, suggérez des alternatives moins polluantes. Voici quelques verbes utiles : **débrancher, éteindre, faire le tri, ne pas gaspiller, recycler, réduire, utiliser.**

MODÈLE Je prends toujours ma voiture pour faire des courses en ville.
É1 Mais non ! Il faut réduire les émissions de CO_2. Prends le bus.
É2 Ou bien, privilégie les transports propres, comme le vélo ou la marche.

1. Je prends ma moto pour aller à la bibliothèque.
2. J'adore prendre un bon bain très chaud.
3. Je n'aime pas écrire sur du papier recyclé.
4. Je ne débranche jamais mon chargeur de portable.
5. Mes parents mettent presque tous les emballages et boîtes de conserve à la poubelle.
6. J'utilise toujours des sacs en plastique pour mes courses.
7. Nous n'achetons jamais de produits biologiques. C'est trop cher.
8. Mon copain n'éteint jamais les lumières chez lui. Ce n'est pas lui qui paye la facture d'électricité.

10-16 Les pratiques environnementales des Français et de votre entourage. Le tableau à la page suivante nous donne une idée des attitudes et des pratiques des Français d'après un sondage récent. Comment est-ce que vos pratiques et vos attitudes sont semblables à celles des Français ? Est-ce qu'il y a des choses que vous faites régulièrement qui ne se trouvent pas dans le tableau ? Parlez-en avec votre groupe.

MODÈLE É1 Mes parents font toujours le tri ; ils trient le papier, le verre et le carton. Je pense que c'est trop difficile, et je n'ai pas d'espace. Je recycle seulement le papier.
É2 C'est impressionnant que 85 pour cent des Français trient le papier, le verre et le carton.
É3 Dans ma ville, on n'a pas besoin de faire le tri sélectif. On peut tout mettre dans le bac de recyclage. C'est très pratique.

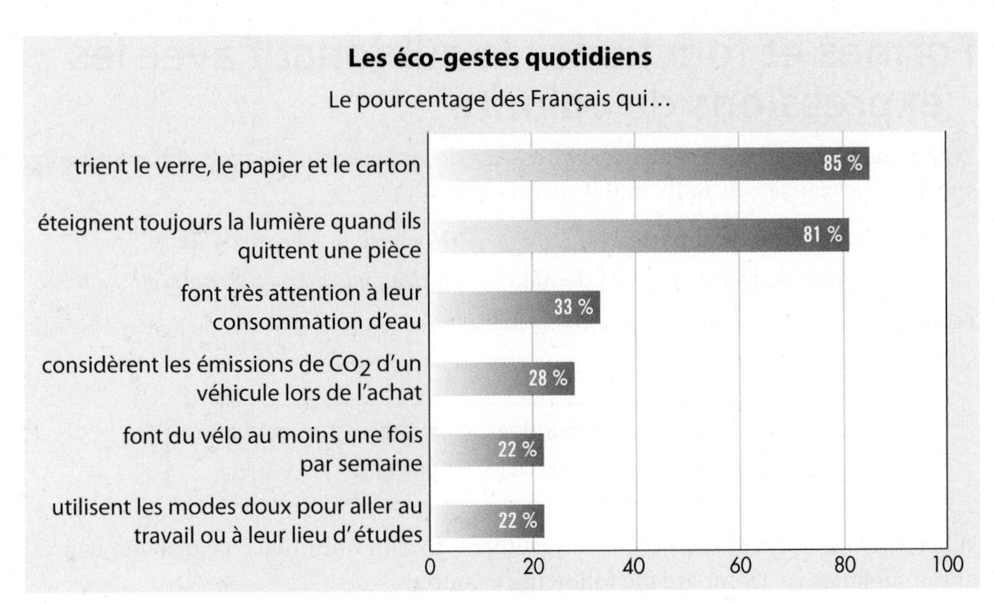

SOURCE : *Adapté de* CCDD/SDES (Epem2016). *Dans* Commissariat général au développement durable, avril, 2018. *Modes de vie et pratiques environnementales des Français.*

Sons et lettres

La consonne *gn*

The consonant /ɲ/, as in **campagne** or **soigner**, is pronounced with the tip of the tongue placed against the lower front teeth, with the tongue body touching the hard palate. It is as if you were pronouncing /n/ and /j/ simultaneously. It is always spelled **gn**.

À vous la parole

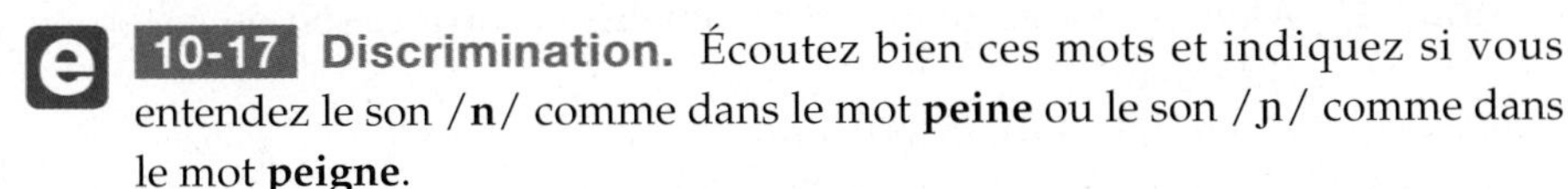

10-17 Discrimination. Écoutez bien ces mots et indiquez si vous entendez le son /**n**/ comme dans le mot **peine** ou le son /ɲ/ comme dans le mot **peigne**.

1. /n/ /ɲ/	**4.** /n/ /ɲ/	**7.** /n/ /ɲ/
2. /n/ /ɲ/	**5.** /n/ /ɲ/	**8.** /n/ /ɲ/
3. /n/ /ɲ/	**6.** /n/ /ɲ/	**9.** /n/ /ɲ/

10-18 Contrastes. Répétez ces paires de mots et expressions.

1. à Cannes	à Cagnes	**4.** la reine	le règne
2. la panne	le pagne	**5.** il dîne	il daigne
3. la peine	le peigne	**6.** la vie	la vigne

10-19 Pour s'amuser. Maintenant, répétez ces morceaux de quelques chansons et comptines pour enfants.

1. Sur le pont (*bridge*) d'Avignon, on y danse, on y danse. Sur le pont d'Avignon, on y danse tout en rond (*round and round*).
2. Rossignol (*nightingale*) joli do si do ré mi. Joli rossignol mi fa mi fa sol.
3. Un petit champignon mignon (*cute*), se moquait (*made fun of*) de la pluie. Il disait d'un air polisson (*mischievously*), Moi, j'ai mon parapluie !
4. Sur le plancher (*floor*) une araignée (*spider*), se tricotait (*knitted herself*) des bottes.

Formes et fonctions : le subjonctif avec les expressions de volonté

When the main verb of a sentence expresses a desire or wish, the verb of the following subordinate clause is usually in the subjunctive.

Elles souhaitent qu'il **parte**.	*They wish that he would leave.*
Il exige qu'on **attende** jusqu'à demain.	*He demands that we wait until tomorrow.*

Here are some verbs used to express desires or wishes that are followed by the subjunctive:

aimer	demander	exiger	souhaiter
aimer mieux	désirer	préférer	vouloir

When there is only one subject of the sentence, use an infinitive construction instead of the subjunctive. Compare the following examples.

Je voudrais **recycler** plus souvent.	*I'd like to recycle more often.*
Le maire voudrait **qu'on recycle** davantage.	*The mayor would like us to recycle more.*
Moi, je voudrais y **aller** à vélo et je veux **que tu m'accompagnes**.	*As for me, I'd like to go by bike, and I'd like for you to accompany me.*

À vous la parole

10-20 Une soirée tranquille. Vous avez prévu de passer la soirée avec votre colocataire, mais il/elle rentre tard après une journée très stressante. Imaginez ses réponses à vos questions.

MODÈLE Alors, qu'est-ce qu'on fait ? On pourrait sortir ce soir ou rester chez nous.
Je voudrais rester chez nous.
OU Je voudrais qu'on sorte.

1. On invite des amis ou on passe une soirée tranquille ?
2. Et pour manger ? On prépare des pâtes ou on commande une pizza ?
3. Et après, tu veux finir tes devoirs ou tu veux regarder la télé ?
4. Il y a un match de foot et un film. Qu'est-ce que tu préfères regarder ?
5. On regarde le film tout de suite ou on attend encore une heure pour le début du match ?
6. Tu as soif ? Tu veux prendre un coca ou un jus de fruit ?
7. On joue aux jeux vidéo ou on regarde les infos ?
8. Et après, on discute un peu ou on se couche ?

10-21 Les désirs écologiques d'Olivier. Olivier est un père de famille très écolo, mais ses enfants ont des mauvaises habitudes. Avec un/e partenaire, imaginez les réponses d'Olivier à ses enfants.

MODÈLE É1 Le recyclage est trop difficile ; ça prend trop de temps.
É2 Mais moi, je veux que tu fasses du recyclage. C'est important.

1. Je n'aime pas prendre le bus pour aller à la fac ; je veux prendre ma voiture.
2. Je n'aime pas aller à l'école avec les voisins dans leur voiture.
3. C'est inutile de recycler le plastique.
4. Je ne veux pas éteindre les lumières dans ma chambre. J'ai peur la nuit.
5. Ce n'est pas juste. Je ne veux pas attendre le printemps pour pouvoir manger des fraises. Je les adore.

6. Je n'aime pas les douches. C'est plus agréable de prendre un bon bain chaud.
7. Je ne vais pas prendre ces sacs réutilisables quand je vais au supermarché, c'est trop compliqué.
8. Je mets les boîtes de conserve dans la poubelle. C'est plus facile et je ne dois pas les rincer.

10-22 Harmonie ou conflit ? Parlez-en avec un/e partenaire : pour chaque catégorie, dites si vous et vos parents partagez les mêmes souhaits, désirs, etc.

MODÈLE votre future profession : votre souhait

É1 Je souhaite être musicienne. Mes parents veulent que je sois médecin.

É2 Mes parents veulent que je sois architecte et moi aussi. J'adore dessiner et je veux travailler comme architecte.

1. vos études : votre souhait
2. vos projets pour l'été prochain : votre préférence
3. votre prochaine voiture : votre désir
4. votre future profession : votre souhait
5. votre futur/e mari ou femme : votre préférence
6. vos futurs enfants : votre souhait
7. votre lieu de résidence éventuel : votre désir

Formes et fonctions : d'autres verbes irréguliers au subjonctif

A few verbs have two stems in the subjunctive. All stems take the regular subjunctive endings.

- For most of these verbs the stem for the singular forms and the third-person plural is found by dropping the present indicative ending **-ent** from the **ils/elles** form. The verbs **aller** and **vouloir** have an irregular stem, **aill-** and **veuill-**.

Il faut que tu **boives** de l'eau du robinet.	*You must drink tap water.*
Il vaut mieux que tu y **ailles** à pied.	*It is better for you to walk there.*
Je veux qu'elle **vienne** avec nous.	*I want her to come with us.*

- The stem for the **nous-** and **vous-**forms is always based on the **nous-**form of the present indicative.

C'est dommage que vous ne **preniez** pas régulièrement le tram.	*It's a shame that you don't take the tramway regularly.*
Elle veut que vous y **alliez**.	*She wants you to go there.*

LE SUBJONCTIF DE QUELQUES VERBES IRRÉGULIERS

	BOIRE	DEVOIR	PRENDRE	VENIR	ALLER	VOULOIR
Il faut que/qu'...						
je	boive	doive	prenne	vienne	**aill**e	**veuill**e
tu	boives	doives	prennes	viennes	**aill**es	**veuill**es
il / elle / on	boive	doive	prenne	vienne	**aill**e	**veuill**e
nous	buvions	devions	prenions	venions	allions	voulions
vous	buviez	deviez	preniez	veniez	alliez	vouliez
ils / elles	boivent	doivent	prennent	viennent	**aill**ent	**veuill**ent

> **Fiche pratique**
>
> To learn irregular verb forms, try writing them down or repeating them out loud. Using the technique that works best for you, focus both on exceptional forms and on any patterns that you see.

Verbs in **-er** that have two stems in the present indicative show the same pattern in the subjunctive. As is the case for all **-er** verbs, only the **nous-** and **vous**-forms of the subjunctive are different from the indicative forms.

Il faut que nous **achetions** du papier recyclé. *We have to buy recycled paper.*

Il vaut mieux qu'ils **appellent** un journaliste. *It's best they call a reporter.*

LE SUBJONCTIF DES VERBES EN -ER AVEC DES CHANGEMENTS ORTHOGRAPHIQUES

	PRÉFÉRER	ACHETER	APPELER	ESSUYER
Il faut que/qu'...				
je/j'	préf**è**re	ach**è**te	appe**ll**e	essu**i**e
tu	préf**è**res	ach**è**tes	appe**ll**es	essu**i**es
il / elle / on	préf**è**re	ach**è**te	appe**ll**e	essu**i**e
nous	préférions	achetions	appelions	essuyions
vous	préfériez	achetiez	appeliez	essuyiez
ils / elles	préf**è**rent	ach**è**tent	appe**ll**ent	essu**i**ent

À vous la parole

10-23 C'est important ! Pour réduire les émissions de gaz à effet de serre (*greenhouse gasses*) et améliorer notre qualité de vie, qu'est-ce qu'il est important de faire ?

MODÈLE les employés de la ville / boire le café dans les tasses réutilisables
Il est important que les employés de la ville boivent le café dans les tasses réutilisables, pour montrer le bon exemple.

1. les familles / prendre des douches rapides et pas de bains
2. la ville / pouvoir établir un programme de recyclage
3. nous / utiliser les transports en commun pour aller en ville
4. vous / acheter des produits avec peu d'emballages
5. les étudiants / ne pas venir sur le campus en voiture individuelle
6. nous / préférer les énergies renouvelables.
7. tu / devenir plus écologique
8. tu / aller au marché pour acheter des fruits et légumes en saison
9. vous / maintenir vos bonnes habitudes écologiques
10. les jeunes / vouloir faire des éco-gestes en permanence.

10-24 Nos préférences. Avec un/e partenaire, décidez si vos préférences sont les mêmes que les préférences de votre professeur. Comparez vos réponses avec les réponses de vos camarades de classe.

MODÈLE parler toujours en français en classe
É1 Je n'aime pas parler toujours en français.
É2 Moi, ça va. J'aime parler français. Et le prof préfère que nous parlions toujours en français.

1. faire tous les devoirs
2. acheter des livres en français
3. prendre des notes
4. aller au centre informatique
5. venir en classe tous les jours
6. faire des crêpes
7. aller voir des films français
8. ne pas boire de vin
9. apprendre tout le vocabulaire
10. parler comme des Français

Observons

10-25 Pour parler de l'environnement

A. Avant de regarder. Julie, étudiante en communication, travaille pour la ville de Montpellier pendant l'été. Elle fait des micros-trottoirs pour découvrir les opinions et les habitudes des touristes et des habitants de la ville. Elle pose des questions sur l'environnement à plusieurs personnes dans la rue pour avoir leur réponse spontanée. Avant de regarder la vidéo, dressez une liste de deux ou trois questions qu'elle pourrait poser.

B. En regardant. Visionnez la vidéo et répondez aux questions suivantes en choisissant toutes les bonnes réponses.

1. Les deux questions posées par Julie concernent…
   le tri sélectif — les transports en commun
   la pollution de l'air — les émissions de CO_2
2. Pour chaque personne interviewée, choisissez la phrase qui correspond le mieux à son profil.

_____

_____

_____

_____

_____

a. Il/Elle prend toujours sa voiture de fonction. Il/Elle ne prend jamais le tramway.
b. Il/Elle trouve que le tram est très pratique. Il/Elle donne une bonne description du tri sélectif.
c. Il/Elle essaye de faire le recyclage, mais il/elle trouve que ce n'est pas toujours facile à Montpellier.
d. Il/Elle était contre le tramway au début, mais maintenant il/elle ne prend jamais sa voiture.
e. Il/Elle prend le tram tous les jours. Il/Elle utilise les bacs de tri sélectif à la maison et au travail.

C. Après avoir regardé. Discutez de ces questions avec vos camarades de classe.

1. Quelles autres questions est-ce que vous pourriez poser à ces personnes pour en savoir plus sur leurs opinions et habitudes vis-à-vis de l'environnement ?
2. Avec quelle personne interviewée est-ce que vous êtes le plus d'accord ? Pourquoi ?
3. Quelles questions au sujet de l'environnement est-ce que vous voudriez poser aux gens de votre communauté ?

Stratégie

When listening to person-on-the-street interviews, focus first on understanding the questions to which each person will reply. Then find the main idea in each person's response: For example, is it positive or negative? Finally, listen again for more details to support or correct your first impressions.

LEÇON 3

La solidarité

Points de départ : On s'engage.

« Franchement, j'ai décidé de faire cette mission pour compléter mon CV. Je continue à cause des gens que j'ai connus. On partage les mêmes valeurs, et on travaille ensemble pour un but commun. C'est très sympa. » **Hugo, 20 ans, étudiant en droit**

Léa et Marielle distribuent des repas aux réfugiés syriens à Paris.

Romain travaille pour une banque alimentaire qui lutte contre la faim et le gaspillage alimentaire. On récupère les aliments, toujours mangeables, qui sont jetés par les supermarchés et les distribue gratuitement aux SDF* et à d'autres personnes en difficulté.

Des bénévoles de la Croix-Rouge tiennent un stand pour sensibiliser le public. Les voici à la Gare de l'Est à Paris.

« Je fais du bénévolat parce qu'il faut qu'on réagisse contre les injustices dans notre société. On pense le faire pour aider les autres, mais finalement, c'est pour moi aussi. Se sentir utile, c'est quelque chose de très positif. » **Anaïs, 18 ans, étudiante en communication**

* des gens sans domicile fixe, souvent avec peu de ressources, qui vivent dans la rue

D'autres missions bénévoles

aider les personnes en difficulté
créer une association ou un organisme à but non lucratif
faire une collecte (de fonds, de signatures, d'aliments, de vêtements, …)
organiser un évènement, une manifestation
travailler pour un organisme d'aide humanitaire

Des populations servies

un/e enfant de milieu défavorisé
un/e migrant/e
un/e sans-abri
une personne âgée, handicapée, malade, solitaire

Fiche pratique

Beware of false cognates, which the French call **des faux amis**. For example, the French word **un/e volontaire** is not equivalent to the English word *volunteer*. **Un/e volontaire** works full-time for a set period of time, often overseas, and receives a minimal stipend and/or living expenses. To talk about volunteering in the community, be sure to use the terms **un/e bénévole** or **le bénévolat**.

Vie et culture

Les associations bénévoles

Les notions de solidarité et de bien commun sont très importantes pour les Français. Selon un sondage récent, 39 pour cent des Français consacrent du temps pour aider les autres en dehors de la famille. Par exemple :

- Les banques alimentaires font des collectes d'aliments et aident les gens qui n'ont pas les moyens[1] de se nourrir.
- Des membres d'associations comme S.O.S. Amitié répondent aux coups de téléphone des gens qui ont besoin d'une écoute sympathique.
- D'autres associations s'occupent des visites à domicile[2] ou font des courses pour les personnes âgées ou handicapées.
- Certaines associations ont pour mission l'aide aux SDF ou aux sans-abris. Les bénévoles distribuent des aliments et des couvertures[3] quand il fait froid et facilitent[4] les démarches administratives[5] et les visites médicales.

Si vous étudiez en France, une bonne façon de vous intégrer dans votre communauté d'accueil[6] est de devenir bénévole.

L'esprit civique

Dans un pays démocratique, une des principales responsabilités civiques est de participer dans la vie politique, c'est-à-dire de se renseigner et de voter. Savez-vous…

- qu'en France, on est automatiquement inscrit/e sur les listes électorales à l'âge de dix-huit ans ?
- que les Français votent toujours le dimanche ?
- que le taux de participation aux élections présidentielles françaises aux dernières élections était de 75 pour cent ?
- qu'il y a en France une loi sur la parité[7] politique depuis l'an 2000 précisant qu'il faut avoir autant de candidats du sexe féminin que du sexe masculin ?

Cette fille met le bulletin de vote de son papa dans l'urne. Elle apprend très jeune l'importance de son devoir civique.

e Et vous ?

1. Est-ce que les Américains font beaucoup de bénévolat ? Dans quels domaines ? Et vous personnellement ?
2. À votre avis, est-ce que la notion de solidarité joue un rôle dans la culture nord-américaine ? Donnez-en un exemple.
3. En 2016, le taux de participation aux élections présidentielles américaines était de seulement 60 pour cent. À votre avis, quelles sont les raisons de cette différence de participation dans la vie civique des Français et des Américains ? Est-ce que vous votez ? Pourquoi ?

[1] *the means* [2] *home* [3] *blankets* [4] *facilitate* [5] *administrative formalities* [6] *host* [7] *equality*

À vous la parole

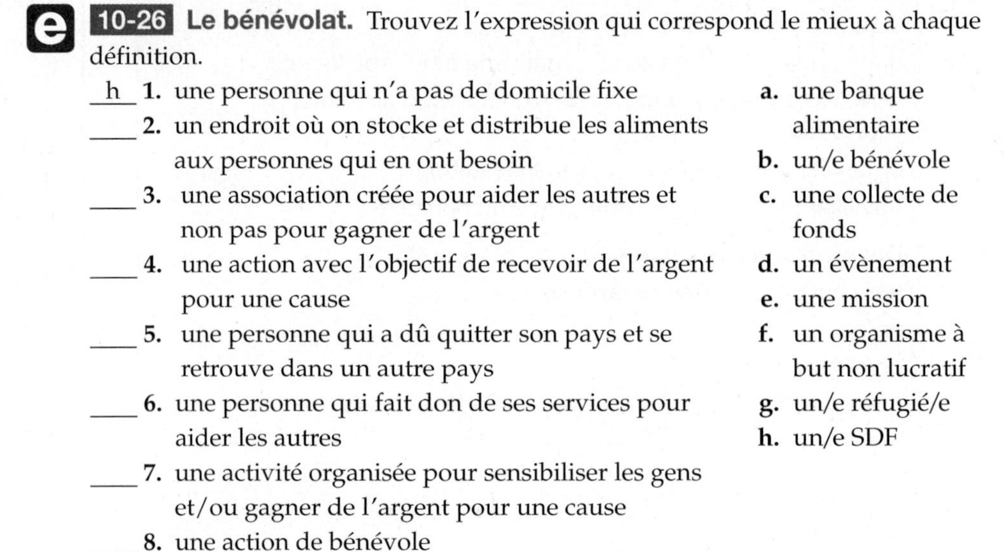

10-26 Le bénévolat. Trouvez l'expression qui correspond le mieux à chaque définition.

_h_ **1.** une personne qui n'a pas de domicile fixe
____ **2.** un endroit où on stocke et distribue les aliments aux personnes qui en ont besoin
____ **3.** une association créée pour aider les autres et non pas pour gagner de l'argent
____ **4.** une action avec l'objectif de recevoir de l'argent pour une cause
____ **5.** une personne qui a dû quitter son pays et se retrouve dans un autre pays
____ **6.** une personne qui fait don de ses services pour aider les autres
____ **7.** une activité organisée pour sensibiliser les gens et/ou gagner de l'argent pour une cause
____ **8.** une action de bénévole

a. une banque alimentaire
b. un/e bénévole
c. une collecte de fonds
d. un évènement
e. une mission
f. un organisme à but non lucratif
g. un/e réfugié/e
h. un/e SDF

10-27 Vous êtes engagé/e ? En groupes de trois ou quatre, parlez de votre niveau d'engagement dans la vie de votre communauté en comparant vos réponses aux questions suivantes.

MODÈLE Est-ce que vous avez déjà voté ? Quand ? Où ? Pour quelles élections ?

É1 Moi, j'ai voté pour la première fois au moment des élections présidentielles. Et toi ?

É2 Je n'ai jamais voté. Je n'avais pas dix-huit ans aux dernières élections présidentielles, et les élections municipales ne m'intéressent pas.

É3 C'est dommage que tu ne participes pas aux élections municipales. Je trouve que la politique locale est très importante pour notre qualité de vie. Moi, je vote toujours.

1. Est-ce que vous avez déjà voté ? Quand ? Où ? Pour quelles élections ?
2. Est-ce que vous avez été obligé/e de faire du bénévolat quand vous étiez au collège ou au lycée ? Si oui, est-ce que cette expérience a été positive ou négative ? Pourquoi ?
3. Est-ce que vous avez continué votre mission de bénévolat quand vous êtes arrivé/e à la fac ? Comment ? Expliquez votre décision de continuer ou d'arrêter.
4. Est-ce que vous voudriez travailler comme volontaire après vos études ? Avec quel organisme ? Où est-ce que vous avez envie de travailler ?
5. Est-ce que vous croyez que c'est important de faire du bénévolat ? Pourquoi ?

10-28 Posters et slogans. Souvent, les associations organisent des manifestations avec des posters et des slogans pour sensibiliser le public ou pour faire pression sur les élus (*put pressure on elected representatives*). Organisez-vous en groupes de trois ou quatre, choisissez un thème et préparez trois ou quatre posters ou slogans intéressants (un par personne) pour une manifestation sur le campus. Les posters et les slogans prennent souvent la forme d'une phrase impérative ou alors ils contiennent les expressions **À bas...** (*Down with* ...), **Plus de...** (*No more* ...), **Vive...** , **Non à...** , **Oui à...**

MODÈLE l'environnement, surtout l'utilisation des transports en commun
Vive le tramway et le métro !
Oui au covoiturage !
À bas les grosses voitures !

1. l'environnement (par exemple, le gaspillage alimentaire, l'utilisation des transports en commun...)
2. la vie universitaire (par exemple, la réduction de nombre de postes de professeurs, l'augmentation des frais de scolarité, le remplacement des cours avec des profs par des cours en ligne, les vacances trop courtes...)
3. les droits humains (par exemple, la situation des migrants dans votre communauté, le problème des réfugiés, la violence, les SDF, l'accès à l'eau potable...)

Formes et fonctions : le subjonctif avec les expressions d'émotion

When the main clause of a sentence expresses an emotion, such as anger, doubt, fear, joy, sadness, or surprise, the verb of the subordinate clause is always in the subjunctive.

Je regrette que vous **partiez** si tôt.	*I'm sorry (that) you're leaving so soon.*
Elle est contente que tu **viennes** avec nous.	*She's happy (that) you're coming with us.*

Here are some verbs that convey emotion and are followed by the subjunctive:

avoir peur	être enchanté/e	être inquiet/inquiète
douter	être étonné/e	être ravi/e
être content/e	être fâché/e	être surpris/e
être déçu/e	être furieux/-euse	être triste
être désolé/e	être heureux/-euse	regretter

Emotion can be expressed using the impersonal expressions **il est** or **c'est** with appropriate adjectives.

Il est malheureux que les SDF ne **soient** pas servis.	*It is unfortunate that the homeless are not served.*
C'est bon qu'on **fasse** la collecte d'aliments.	*It's good that we collect food.*

Here are some impersonal expressions of emotion that are followed by the subjunctive:

Il est / C'est bizarre que...	Il est / C'est injuste que...
Il est / C'est bon que...	Il est / C'est juste que...
Il est / C'est dommage que...	Il est / C'est malheureux que...
Il est / C'est étonnant que...	Il est / C'est mauvais que...

When the subject does not change, use an infinitive construction preceded by **de** instead of the subjunctive. Compare the following examples.

Elle est contente **de faire** des courses pour les personnes âgées.	*She's happy to run errands for older people.*
Elle est contente **que vous fassiez** don des vêtements pour son association.	*She's happy (that) you are donating clothes to her charity.*
C'est dommage **de ne pas pouvoir** participer.	*It's a shame to not be able to participate.*
C'est dommage **que tu ne puisses pas** participer.	*It's a shame (that) you will not be able to participate.*

À vous la parole

10-29 Votre réaction. Exprimez votre réaction face à ces situations.

MODÈLES Souvent, les jeunes ne participent pas aux élections.
C'est bizarre que les jeunes ne participent pas aux élections.

Vous travaillez comme bénévole pour encourager les jeunes à voter.
Je suis content que vous travailliez comme bénévole pour encourager les jeunes à voter.

1. Vous faites du bénévolat.
2. Vos voisins sont très engagés dans la lutte contre les injustices sociales.
3. Vous n'avez pas le temps d'aider votre association humanitaire préférée ce semestre.
4. Vos parents font beaucoup d'éco-gestes.
5. Vos amis ne participent jamais aux collectes d'aliments et de vêtements sur le campus.
6. Votre ami/e rend visite à une famille de réfugiés.
7. Votre voisin/e ne participe pas à la vie de votre quartier.

10-30 Que d'émotions ! Avec un/e partenaire, réagissez à ces annonces de votre professeur. Comparez vos réactions avec les réactions de vos camarades de classe.

MODÈLES Il n'y a pas de devoirs ce soir.
É1 Je suis surpris qu'il n'y ait pas de devoirs.
É2 C'est bon qu'il n'y ait pas de devoirs.

Vous aurez un examen vendredi.
É1 C'est dommage qu'on ait un examen vendredi.
É2 Oui, je suis étonnée d'avoir un autre examen.

1. Il n'y aura pas cours demain.
2. Tout le monde ira au restaurant ensemble ce week-end.
3. Je vous achèterai un souvenir en France cet été.
4. Vous n'aurez pas d'examen final.
5. Les résultats du dernier examen sont excellents.
6. Vous faites beaucoup de progrès en français.

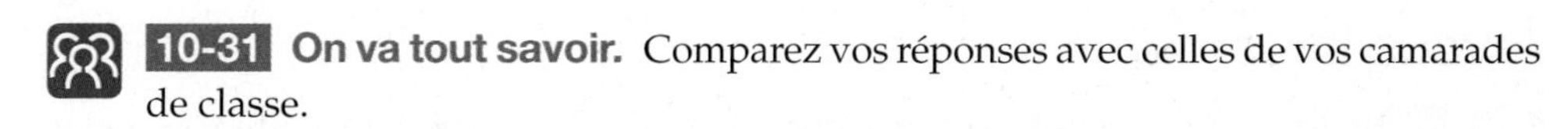

10-31 On va tout savoir. Comparez vos réponses avec celles de vos camarades de classe.

MODÈLE Nommez une chose qui vous rend heureux/-euse.

É1 Je suis heureuse que ma petite sœur vienne me voir ce week-end. Et toi ?

É2 Je suis heureux que mon cours de biologie finisse la semaine prochaine. Et toi ?

É3 Je suis heureux d'avoir une bonne note pour l'examen de français !

1. Nommez une chose qui vous rend heureux/-euse.
2. Nommez une chose qui vous inquiète.
3. Nommez une chose qui vous surprend.
4. Nommez une chose qui vous rend triste.
5. Nommez une chose que vous regrettez.
6. Nommez une chose qui vous fait peur.
7. Nommez une chose qui vous fâche.
8. Nommez une chose que vous trouvez injuste.

Formes et fonctions : le subjonctif et l'indicatif

You have learned that the subjunctive, when required, is usually used in a subordinate clause introduced by **que/qu'**. But be careful; not all complex sentences with the conjunction **que/qu'** require the subjunctive. Remember that expressions reporting what an individual says or believes such as **dire que, croire que, penser que, voir que**, along with factual assertions such as **il est certain que, il est clair que, il est évident que, il est vrai que** are followed by the indicative.

Il est vrai qu'on **doit** aider les autres.	*It is true that we must help others.*
Je pense que vous **avez** raison.	*I think (that) you are right.*
Elle croit que ce n'**est** pas juste.	*She thinks (that) it is not fair.*

It is necessary to use the subjunctive with verbs and impersonal expressions of obligation, emotion, and desire followed by **que**. However, as you have learned, the subjunctive clause can be avoided in many cases. For example:

- To make a general statement, an impersonal expression can be followed by the infinitive (or **de** plus the infinitive).

Il vaudrait mieux **combattre** l'injustice.	*It would be better to fight against injustice.*
Il est bon **de travailler** sérieusement.	*It's good to work hard.*

- Similarly, with verbs of desire or emotion, use an infinitive when there is no change in the subject.

Je veux **aider** nos voisins.	*I want to help our neighbors.*
Il est content **d'y aller**.	*He is happy to be going there.*

Although the subjunctive is used more frequently in French than in English, French speakers often avoid the use of the subjunctive by paraphrasing. Consider the following sentences. They are all nearly identical in meaning, but only the first uses the subjunctive.

Il **faut que tu choisisses** le nom de ta nouvelle association.

Il **faut choisir** le nom de ta nouvelle association.

Tu dois choisir le nom de ta nouvelle association.

À vous la parole

10-32 Pour compléter la phrase. Lisez bien ces débuts de phrase et indiquez si la phrase va continuer avec le subjonctif ou non.

		SUBJONCTIF	PAS DE SUBJONCTIF
MODÈLES	Je suis inquiète que…	✔	______
	Elle dit que…	______	✔
	Nous voudrions… [une glace, partir bientôt]	______	✔
1.	Il vaudrait mieux…	______	______
2.	Ils veulent que…	______	______
3.	Je préfère…	______	______
4.	Il est essentiel que…	______	______
5.	C'est surprenant de…	______	______
6.	Je pense que…	______	______
7.	Il a peur de…	______	______
8.	Il est bizarre que…	______	______

10-33 Pour reformuler. Vous êtes rédacteur ou rédactrice (*editor*). Reformulez ces phrases pour simplifier et éviter l'emploi du subjonctif.

MODÈLE Il vaut mieux que la société limite le gaspillage alimentaire.
Il vaut mieux limiter le gaspillage alimentaire.

1. Il faut que les gens trouvent des solutions pour réduire le nombre de SDF.
2. Il est bon que les étudiants fassent du bénévolat pendant leurs études.
3. Il est important que les jeunes recyclent plus.
4. Il faut que vous fassiez plus d'efforts pour prendre les transports en commun.
5. Il ne faut pas que tu fumes.
6. Il est dommage que nous ayons des problèmes à recruter des bénévoles.
7. Il est nécessaire que vous fassiez plus d'efforts.
8. Il est injuste que notre communauté rejette des immigrés.

10-34 Les réactions. Mettez-vous en groupes de trois ou quatre. À tour de rôle, complétez chaque phrase. Les autres membres du groupe vont réagir, peut-être avec des conseils, peut-être avec de l'émotion.

MODÈLE Après mes études, je veux…
É1 Après mes études, je veux travailler en Belgique.
É2 Il faudra bien parler français.
É3 Il faut que tu apprennes le flamand aussi.
É4 Je suis surpris que tu veuilles travailler en Belgique.

1. Le week-end, j'aime…
2. Dimanche matin, j'aime mieux…
3. Pour les vacances, je préfère…
4. Le semestre prochain, je…
5. Cet été, je désire…
6. Après mes études, je veux…

Parlons

10-35 Engagez-vous ! Est-ce que vous avez déjà fait un discours persuasif devant un auditoire ou devant la classe ? Il faut donner des arguments pour convaincre les gens de s'engager à faire quelque chose.

A. Avant de parler. Choisissez un sujet qui vous passionne et une action spécifique. Renseignez-vous sur des sites Web en français pour trouver le vocabulaire nécessaire et des faits intéressants (mais ne copiez pas directement). Préparez un plan qui respecte les conventions d'un discours qui a comme objectif de persuader :

1. une introduction qui attire l'attention (avec une question, une anecdote personnelle ou une statistique choquante) ;
2. des arguments pour ;
3. un contre-argument que vous allez démonter ;
4. une conclusion qui est un appel à l'action.

MODÈLE Sujet : Devenir un/e donneur/-euse d'organes

Introduction : Aujourd'hui, huit personnes vont mourir parce qu'ils attendent une transplantation d'organes, et il n'y en a pas suffisamment.

Trois arguments pour :

- La décision de devenir donneur/-euse d'organes peut sauver la vie à huit personnes. Donner des tissus humains (par exemple, la cornée) peut aider jusqu'à 50 personnes.
- C'est facile. Il suffit de vous inscrire quand vous obtenez (ou renouvelez) votre permis de conduire. Autrement, vous pouvez facilement vous inscrire en ligne.
- C'est un acte de générosité qui continue bien longtemps après la mort.

Contre-argument : Certains pensent que ce n'est pas autorisé par la pratique religieuse. C'est un mythe. Donner des organes et des tissus humains est acceptable pour les chrétiens, les juifs et les musulmans.

Conclusion : Devenez donneur ou donneuse d'organes ! C'est une façon super facile d'aider les autres et de continuer à exister après la mort. N'attendez plus ! Inscrivez-vous tout de suite ! Vous pouvez le faire avec votre portable avant votre prochain cours.

B. En parlant. Avant de faire votre exposé oral devant la classe, faites plusieurs répétitions pour vous entraîner, devant le miroir, pour vos colocataires, pour votre famille. Quand c'est votre tour de faire votre exposé devant la classe, essayez de vous détendre un peu. Respirez bien et rappelez-vous que vous avez bien préparé et avez répété votre exposé plusieurs fois.

MODÈLE Bonjour, je voudrais vous encourager à devenir donneur ou donneuse d'organes et de tissus humains. Est-ce que vous savez que huit personnes vont mourir aujourd'hui parce qu'elles attendent une transplantation d'organes, et il n'y en a pas suffisamment ? Nous pouvons changer cette situation. Je vais vous expliquer pourquoi et comment…

C. Après avoir parlé. Est-ce que certains exposés vous ont persuadé/e de passer à l'action ? Pourquoi ? Est-ce que vous avez réussi à persuader vos camarades de classe de s'engager ?

Stratégie

You might be nervous about giving a presentation in front of the class. Here are a few tips for success: (1) Research your topic and outline your major points. (2) Practice in front of a mirror or a friendly audience until you feel comfortable. (3) On the day of the presentation, take a few deep breaths, pick out a receptive individual in your audience, and speak slowly and carefully to that person.

Venez chez nous !

Pour un meilleur monde

Partout, des gens s'engagent pour améliorer la qualité de vie dans leur quartier, leur ville, leur pays et le monde entier. Ils s'y engagent pour leur bien-être et pour le bien-être des autres. Dans cette leçon, nous examinons quelques exemples du monde francophone. En complétant ces activités, réfléchissez bien : Est-ce que les problèmes sociaux en pays francophones sont similaires aux problèmes chez vous ? Et les solutions ?

L'Association pour la Valorisation de l'Écotourisme au Niger (AVEN) a été créée en 2000 par des guides nigériens qui voulaient sauvegarder les girafes blanches de l'Afrique de l'Ouest dans la réserve naturelle à Kouré, à soixante kilomètres de Niamey, la capitale.

Observons

10-36 Multiferm : le circuit court

A. Avant de regarder. Regardez l'image de l'extérieur de ce magasin à Courcelles Val d'Ésnoms dans le département de Haute-Marne. Quels produits est-ce qu'on peut y acheter ? Le nom de ce magasin, **Multiferm**, est composé de deux éléments, **multi** et **ferme**. On voit aussi la phrase « des producteurs ». À votre avis, quel type de magasin est-ce que Philippe va nous faire visiter ?

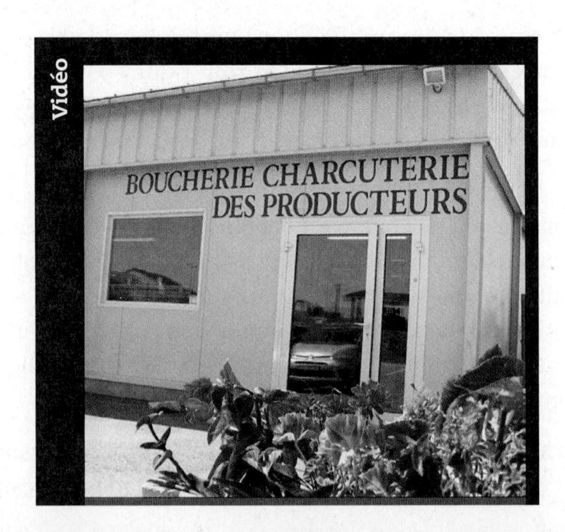

B. En regardant. Visionnez la vidéo pour en apprendre plus. Choisissez toutes les bonnes réponses.

1. Philippe emploie le terme **un circuit court** pour décrire les produits vendus dans ce magasin. Quel est le meilleur équivalent pour ce terme en anglais ?

   fair trade   certified organic   farm-to-table   short circuit

2. Quelles sont les caractéristiques des produits vendus dans ce magasin, d'après Philippe ?

   Ils ne font pas beaucoup de kilomètres.   Ils sont issus de la production bio.
   Ils sont moins chers.   Ils sont de meilleure qualité.

3. D'après Rémy, le projet de **Multiferm** a été développé par un groupe de/d'…

   agriculteurs   bouchers   charcutiers   viticulteurs

4. Est-ce que tous les producteurs doivent suivre les mêmes méthodes d'élevage (*livestock farming*) ?

   oui   non

5. D'après Rémy, certains producteurs font l'élevage à l'ancienne (*in a traditional way*). Quels exemples est-ce qu'il en donne ?

   Les vaches (*cows*) sont élevées sur la prairie et nourries aux céréales.
   Les veaux (*calves*) sont nourris au lait de vache.
   Les porcs sont élevés sur la paille (*straw*) dans un bâtiment ouvert.
   Les volailles (*chickens*) sont élevées en semi-plein air et nourries aux céréales.

6. Quels autres produits régionaux sont vendus dans le magasin d'après Philippe ?

   le cassis   la confiture   le fromage   le vin

C. Après avoir regardé. Répondez à ces questions.

1. Est-ce que vous avez confirmé votre hypothèse sur le nom du magasin après avoir visionné la vidéo ? Pourquoi ?
2. Est-ce qu'il existe des magasins comme **Multiferm** près de chez vous ? Décrivez-les.
3. Quels sont les avantages d'un circuit court ? Est-ce qu'il y a des inconvénients ? Expliquez.

Lisons

10-37 À Madagascar, la grand-mère ingénieure solaire

A. Avant de lire. You may have been in a situation where the power went out, perhaps during a thunderstorm or after a heavy snowfall. What do you remember about the experience? How was your routine disrupted? How long did the outage last? Did you feel frustration, anger, or resignation? Try to imagine what it would be like to live in a village with no access to electricity. How would your everyday routines change? This is the reality for about half the inhabitants of Sub-Saharan Africa, approximately 600 million people mostly in rural areas. This article will introduce you to a grandmother from Madagascar who left her village to learn a new trade and who brought life-changing electricity to her community through the power of the sun.

La petite-fille de Yolande Randrianambinina, la grand-mère malgache devenue ingénieure solaire, fait ses devoirs le soir grâce à cette lampe solaire.

À Madagascar, une grand-mère devenue ingénieure solaire

Ambakivao (Madagascar) 07 juin 2018 AFP (Laure FILLON)

Yollande Randrianambinina, grand-mère de 53 ans, habite le petit village d'Ambakivao. Jusqu'à fin 2017, ce village de pêcheurs isolé à l'ouest de Madagascar n'avait pas accès à l'électricité. Yollande et ses petits-enfants s'éclairaient[1], difficilement, à la lampe à pétrole. Maintenant c'est fini. Car la grand-mère, ancienne[2] pêcheuse de crevettes, est devenue ingénieure solaire et éclaire son petit village grâce à l'énergie solaire.

« La lampe à pétrole, ça ne faisait pas assez de lumière, on ne pouvait pas travailler correctement. La fumée nous rendait malade. Les enfants n'arrêtaient pas de tousser et avaient les narines[3] noircies », raconte Yollande.

Mais aujourd'hui près de 200 logements sont équipés de panneaux solaires. Yollande et trois autres femmes du village assurent l'installation et la réparation des équipements. Les quatre nouvelles ingénieures ont acquis leurs savoirs en Inde. Loin de leur grande île, elles ont bénéficié d'une formation de technicienne solaire.

Quand l'ONG[4] Fonds mondial pour la nature (WWF[5]) demande en 2016 aux villageois ce qui leur manque le plus[6] pour bien vivre, la réponse est unanime : « la lumière », affirme Yollande.

WWF inclut alors ces quatre femmes dans un programme développé par *Barefoot College*. Cette ONG indienne forme pendant six mois des villageoises venues d'Asie, d'Afrique ou d'Amérique latine — essentiellement des grands-mères peu éduquées voire illettrées[7] — à installer et entretenir[8] des petits systèmes photovoltaïques permettant d'alimenter[9] des lampes ou un chargeur de téléphone.

Yollande Randrianambinina n'avait jamais quitté son île natale mais, dit-elle « Je voulais depuis longtemps apporter quelque chose au village ». En Inde, les femmes apprennent à identifier les composants électroniques pour ensuite assembler et réparer les systèmes photovoltaïques. « Je pensais que seuls les hommes étaient destinés à avoir du travail et du talent, mais pendant la formation, j'ai réalisé que les femmes sont très capables », raconte Yollande.

Le programme a changé la vie des villageois. Ils peuvent continuer à travailler et à étudier, même le soir. L'énergie solaire permet aussi de lutter contre l'insécurité, en assurant un éclairage du village même la nuit. Les habitants peuvent ainsi voir des intrus[10] de loin et se préparer si besoin.

Maintenant, Yollande Randrianambinina a cessé de pêcher les crevettes : Elle répare les filets[11] de pêche de son mari et surtout elle s'occupe des installations solaires.

---

[1]*lighted their home* [2]*former* [3]*nostrils* [4]*NGO, Non-Governmental Organization* [5]*World Wide Fund for Nature* [6]*what they most needed* [7]qui ne savent pas lire ou écrire [8]*maintain* [9]*to power* [10]*intruders* [11]*nets*

B. En lisant. Lisez le texte et répondez à ces questions.

1. Qu'est-ce que les habitants d'Ambakivao faisaient pour éclairer (*to light*) leurs maisons avant l'arrivée de l'énergie solaire ? Quels étaient les inconvénients de cette façon d'éclairer ?
2. Nommez le nouveau travail de Yollande et trois autres femmes mentionnées dans l'article.
3. Où est-ce qu'elles ont appris leur nouveau métier ? Qui a subventionné (*subsidized*) leur voyage et formation ?
4. Quel est le profil typique des gens qui suivent cette même formation de *Barefoot College* ?
5. À part son nouveau savoir technique, qu'est-ce que Yollande a appris pendant sa formation ?
6. Nommez deux choses que les villageois peuvent faire maintenant grâce à l'arrivée de l'énergie solaire.

C. Après avoir lu. Discutez des questions suivantes avec vos camarades de classe.

1. Est-ce que le profil des gens choisis pour suivre la formation de *Barefoot College* vous a étonné/e ? Comment ? Quels sont les avantages et les inconvénients de travailler avec les gens de ce profil ?
2. Quelles sont vos expériences avec l'énergie solaire ? Est-ce que c'est très ou peu présent dans votre communauté et sur votre campus ? Est-ce que vous pensez qu'il faut en avoir plus ou moins ? Pourquoi ?
3. Comparez le rôle que l'énergie solaire joue en Afrique ou en Amérique latine par rapport au rôle qu'elle joue en Amérique du Nord ou en Europe.

Parlons

10-38 Des solutions nouvelles

A. Avant de parler. Regardez cette liste partielle des problèmes et des défis (*challenges*) de certains pays francophones. Dans un groupe de quatre ou cinq personnes, vous allez décider ensemble d'un seul problème à résoudre, faire un peu de recherche et élaborer toutes les solutions possibles.

Quelques problèmes et défis	
En Europe et en Amérique du Nord	la surconsommation de l'énergie, la pollution de l'air et de l'eau, la pollution sonore, la pollution lumineuse, les SDF, les réfugiés, les immigrés, le gaspillage (des aliments, de l'eau, des ressources naturelles), l'obésité des enfants/adultes, le racisme
en Afrique ou à Haïti en milieu urbain	la pollution, le chômage, le surpeuplement, le manque d'électricité stable, l'accès à l'éducation pour tous les enfants (surtout les filles), la sécurité, le SIDA
en Afrique en milieu rural	l'accès à l'eau potable (*drinkable*), l'accès aux soins médicaux, le manque total d'électricité, la chasse illégale des animaux sauvages (par exemple, des éléphants pour avoir l'ivoire de leurs défenses), l'accès à l'éducation, le SIDA

Dans ce village africain traditionnel, on utilise le bois pour faire la cuisine, ce qui mène à la déforestation, l'érosion et la pollution de l'air et de l'eau. Une solution, c'est d'introduire l'énergie solaire, une énergie propre et renouvelable.

B. En parlant. Faites des recherches en ligne, en anglais et en français, pour savoir quelles sont les solutions proposées. Ensuite présentez votre problème et les meilleures solutions que votre groupe a pu trouver à la classe. Si vous utilisez des mots nouveaux ou techniques dans votre présentation, expliquez-les à vos camarades de classe.

MODÈLE É1 Nous avons parlé des villages ruraux au Sénégal qui n'ont pas d'électricité. Nous pensons que l'énergie solaire peut être une bonne solution. Mais les panneaux solaires sont chers. Les gens dans les villages n'ont pas beaucoup d'argent.

É2 Le gouvernement peut aider, mais il ne dispose pas de beaucoup d'argent non plus. Il y a des usines (*factories*) et des centrales (*power stations*) qui produisent de l'énergie solaire au Sénégal, mais beaucoup de villages ruraux ne sont pas connectés.

É3 Il y a une société au Sénégal qui s'appelle BaobabPlus. Ses membres donnent des kits solaires aux villages, et la société utilise un système de crédit. Les gens peuvent payer une petite somme chaque fois qu'ils utilisent l'énergie solaire.

É4 Petit à petit, les gens deviennent propriétaires de leur installation solaire. Même si le gouvernement n'apporte pas l'électricité aux villages, les habitants ne doivent pas rester dans le noir. Nous pensons que c'est une bonne solution.

C. Après avoir parlé. Avec vos camarades de classe, considérez d'une façon critique vos solutions : Ont-elles une portée (*reach*) universelle ou sont-elles plutôt limitées à une certaine région ou à un certain pays ? Expliquez pourquoi. Maintenant, évaluez les problèmes et les solutions proposés par chaque groupe. Quel groupe a le problème le plus difficile à résoudre ? Quel groupe a trouvé la solution la plus intéressante à son problème ?

Écrivons

10-39 Un blog : C'est ma passion.

A. Avant d'écrire. Quelle est votre idée ou passion pour améliorer notre monde ? Partagez-la en écrivant un article de blog qui encouragera les autres à s'engager. Votre blog aura trois éléments : une photo, un texte et un descriptif biographique. Quelle photo poussera les gens à passer à l'action ? Quels éléments de votre biographie pourraient montrer aux lecteurs et lectrices votre lien avec cette passion ? Réfléchissez à ces détails et étudiez le modèle avant de créer votre article de blog.

B. En écrivant. Maintenant, rédigez votre article de blog et partagez-le avec vos camarades de classe. D'abord, choisissez une image pour attirer l'attention de votre lecteur ou lectrice. Ensuite, rédigez un texte pour expliquer votre passion et trouvez-lui un titre. Finalement, préparez trois ou quatre faits intéressants qui vous décrivent et qui ont un lien avec votre passion, pour compléter la rubrique « Qui suis-je ? ».

MODÈLE

Justice pour tous ! Même pour nos amis les animaux.

J'ai assisté à une manif pour la défense des animaux à Paris le week-end dernier. Allez, vous autres, il est temps. Pourquoi attendre ? Si vous aimez vraiment les animaux et voulez respecter la planète, devenez végane. C'est facile. En plus, c'est bon pour la santé (c'est un régime idéal pour le cœur), bon pour les animaux (ils ne souffrent pas), et bon pour l'environnement (l'élevage industriel produit énormément d'émissions à effet de serre). Arrêtez de manger et de porter des produits d'origine animale. On vivra tous dans un monde plus juste !

Qui suis-je ?

- végane depuis 3 ans
- compagnon de Tango et Rex (des chiens trop affectueux) et Tigrou, Princesse et Luna (des chats adorables)
- cycliste et footballeur
- étudiant en neurosciences

C. Après avoir écrit. Lisez les blogs de vos camarades de classe et discutez-en ensemble.

1. Quels titres sont les plus intéressants ? Quelles photos sont les plus attirantes ? Quels articles sont les plus convaincants ? Pourquoi ?
2. Est-ce qu'un article vous pousse à vous engager ? Comment ? Est-ce qu'il y a d'autres personnes dans votre classe qui s'intéressent à la même cause ?

Vocabulaire

Leçon 1

le corps humain	*the human body*
la bouche	*mouth*
le bras	*arm*
la cheville	*ankle*
le cœur	*heart*
le cou	*neck*
les doigts (m)	*fingers*
le dos	*back*
l'épaule (f)	*shoulder*
le genou	*knee*
la gorge	*throat*
la jambe	*leg*
le nez	*nose*
l'œil (m) (les yeux)	*eye (eyes)*
l'oreille (f)	*ear*
le pied	*foot*
la poitrine	*chest*
la tête	*head*
le ventre	*belly, abdomen*
le visage	*face*

des maladies (f) et des symptômes (m)	*sicknesses and symptoms*
avoir de la fièvre	*to have a fever*
avoir mal à (la tête)	*to hurt (to have a headache)*
avoir mal au cœur	*to be nauseated*
avoir mal au ventre	*to have a stomachache*
avoir mal partout	*to hurt everywhere*
la grippe	*flu*
une infection	*infection*
un mal (des maux)	*pain/s, ache/s*
le nez bouché	*stuffed-up nose*
le nez qui coule	*runny nose*
un rhume	*cold*
tousser	*to cough*
une toux	*cough*

pour se soigner	*to take care of oneself*
un antibiotique	*antibiotic*
un anti-inflammatoire	*anti-inflammatory*
une aspirine	*aspirin*
une goutte	*drop*
un sirop (pour la toux)	*(cough) syrup*
un spray (nasal) (d'eau de mer)	*(nasal) (saline) spray*

pour rester en forme	*to stay in shape*
le bien-être	*well-being*
faire de l'exercice	*to exercise*
faire / suivre un régime	*to (be on a) diet*
un repas équilibré	*well-balanced meal*
la santé	*health*

choses à éviter pour rester en forme	*things to avoid to stay in shape*
l'alcool (m)	*alcohol*
fumer	*to smoke*
sauter (un repas)	*to skip (a meal)*

expressions de nécessité	*expressions of necessity*
Il est essentiel que	*It is essential that*
Il est important que	*It is important that*
Il est nécessaire que	*It is necessary that*
Il est urgent que	*It is urgent that*
Il est utile que	*It is useful that*
Il faut que / Il ne faut pas que	*You must / must not*
Il vaut / vaudrait mieux que	*It is / would be better (best) that*

Leçon 2

pour passer à l'action	*to take action*
l'autopartage (m)	*car sharing*
combattre (le gaspillage alimentaire)	*to fight (food waste)*
le covoiturage	*carpooling*
débrancher (un ordinateur, un chargeur de portable)	*to unplug (a computer, a phone charger)*
un éco-geste	*ecological act or gesture*
l'énergie renouvelable (l'énergie éolienne, l'énergie solaire)	*renewable energy (wind energy, solar power)*
éteindre (la lumière)	*to turn off (the lights)*
faire le tri (sélectif)	*to sort (selectively, for recycling purposes)*
privilégier	*to make something one's first choice, to favor*
le recyclage	*recycling*
recycler (le carton)	*to recycle (cardboard)*
réduire (la consommation)	*to reduce (consumption)*
les transports (m pl) en commun	*public transportation*
les transports (m pl) propres	*clean transportation*
trier	*to sort*
utiliser (un sac réutilisable)	*to use (a reusable bag)*
une voiture électrique, hybride	*electric, hybrid car*

mauvais pour l'environnement (m)	bad for the environment
le changement climatique	*climate change*
les déchets (m pl) ménagers	*household waste, refuse*
le gaspillage	*waste*
gaspiller	*to waste*
un gobelet jetable	*disposable cup*
laisser la lumière allumée	*to leave the light on*
polluer	*to pollute*
la pollution (de l'air, de l'eau, sonore, des sols)	*(air, water, noise, soil) pollution*
le réchauffement climatique	*global warming*
un sac en plastique	*plastic sack/bag*

autres mots utiles	other useful words
améliorer	*to improve, to better*
consommer	*to consume*
une empreinte écologique	*ecological footprint*
un emballage	*packaging*
l'essence (f)	*gasoline*
lutter (contre)	*to fight (against)*
une poubelle	*trash bin*
sain/e	*healthy*
un sens	*sense*

quelques verbes de volonté qui exigent le subjonctif	some verbs of volition that require the subjunctive
(See page 352 for a complete list)	
aimer mieux	*to prefer*
désirer	*to desire, to want*
exiger	*to require, to demand*
souhaiter	*to hope, to wish*

Leçon 3

pour s'engager	to get involved
faire du bénévolat	*to volunteer*
réagir contre les injustices	*to react against injustice*
se sentir utile	*to feel useful*

des missions bénévoles	volunteer actions
aider les autres	*to help others*
créer une association	*to start a (charitable) organization*
distribuer (des aliments, des repas)	*to deliver (food, meals)*
faire une collecte (de fonds, de signatures, d'aliments, de vêtements, …)	*to organize a collection (of funds, of signatures, of food, of clothes …)*
organiser (un évènement, une manifestation [une manif])	*to organize (an event, a demonstration)*
récupérer	*to recover*
sensibiliser les gens	*to make people aware*
tenir un stand	*to work at a stand*

le bénévolat	volunteering
une association	*organization, association, group*
une banque alimentaire	*food bank*
un/e bénévole	*volunteer*
un but (commun)	*(common) goal*
faire du bénévolat	*to volunteer*
un organisme à but non lucratif	*non-profit organization*
un organisme d'aide humanitaire	*humanitarian organization*
un/e volontaire	*long-term volunteer*

des populations servies	populations served
un/e enfant de milieu défavorisé	*disadvantaged child*
un/e immigré/e	*immigrant*
un/e migrant/e	*migrant*
une personne âgée (handicapée, malade, solitaire)	*elderly (handicapped, sick, isolated/alone) person*
une personne en difficulté	*person in need of help*
un/e réfugié/e	*refugee*
un/e sans-abri	*homeless person (for any reason)*
un/e SDF, une personne sans domicile fixe	*homeless person (as a chronic condition)*

quelques expressions d'émotion qui exigent le subjonctif	some expressions of emotion that require the subjunctive
(See page 359 for a complete list)	
avoir peur que	*to be afraid (that)*
être déçu/e que	*to be disappointed (that)*
être désolé/e que	*to be sorry (that)*
être étonné/e que	*to be surprised (that)*
Il est / C'est bizarre que	*It's bizarre (that)*
Il est / C'est dommage que	*It's too bad, a shame (that)*
Il est / C'est étonnant que	*It's surprising (that)*
Il est / C'est juste que	*It's right (that)*
Il est / C'est injuste que	*It's not right (that)*

d'autres mots utiles	other useful words
à cause de	*because of*
douter	*to doubt*
regretter	*to regret*

Chapitre 11

Arts et médias

Alors, ce film. C'était bien, non ?
— J'adore ce film. Je suis fan de Godard.

On démarre !

Ola et Bengala ont vu un film du réalisateur Jean-Luc Godard. Ola demande à d'autres spectateurs s'ils ont apprécié ce film.

Visionnez la vidéo pour en apprendre plus. Qui a aimé le film ?

Connaissez-vous le cinéma et d'autres médias français ? Quel est le rôle de l'art et des médias français dans le monde ?

Learning Outcomes

After completing this chapter, you will be able to:

- Talk about the arts and media
- Express hypothetical situations and possible results
- Describe simultaneous and sequential events in the past, present, and future
- Describe and narrate events in the past
- Discuss artistic expression in the French-speaking world

LEÇON 1

Le grand et le petit écran

Points de départ : maintenant à l'écran

JACQUES : Tu veux regarder le match de foot en direct cet après-midi ou en replay ce soir ?

HUBERT : En direct, bien sûr. C'est sur quelle chaîne ?

JACQUES : Et si on allait plutôt au café pour voir le match ? Ça serait plus sympa de voir le match avec d'autres fans.

PHILIPPE : Ça te dit d'aller à Dijon voir un film ce soir ?

ANNE : Bof, j'ai pas tellement envie de sortir. En plus, le ciné, ça coûte cher et on peut voir des centaines de films à la maison avec notre service SVOD.

PHILIPPE : Tu as raison. C'est plus intime à la maison et on peut s'arrêter quand on veut. En plus, on a ce nouveau téléviseur avec un bel écran en haute définition. Mais par contre, au cinéma l'ambiance est meilleure, le son est plus intense et on partage l'expérience avec les autres.

ANNE : Eh oui. Et après, on peut prendre un pot avec des amis et en discuter. C'est ça ?

PHILIPPE : Ah oui, tu me connais trop bien ! Mais écoute, ce soir on reste à la maison, on allume la télé et on regarde tranquillement notre film.

Fiche pratique

In French and English, we use acronyms as a short cut to communication. Here are two French acronyms commonly used to describe TV watching:

VOD = vidéo à la demande (ou en streaming)

SVOD = un service payant de VOD

To describe films, the French use:

en VF = en version française

en VO = en version originale

en VOST = en version originale sous-titrée

Des genres d'émissions à la télé

un dessin animé	les informations (les infos)
une émission de sport	un jeu télévisé
une émission de téléréalité	un magazine
un feuilleton	un reportage
un film, un téléfilm	une série (dramatique, humoristique, policière, de suspense)

Des genres de films

une comédie	un film d'animation
une comédie musicale	un film d'aventure
une comédie romantique	un film historique
un dessin animé	un film d'horreur
un documentaire	un film policier
un drame	un film de science-fiction
un film d'action	un western

À vous la parole

11-1 Quel genre d'émission ou de film ? Trouvez la meilleure définition pour chaque type d'émission ou de film.

_e_ **1.** une comédie romantique
____ **2.** un dessin animé
____ **3.** une série policière
____ **4.** un film d'aventure
____ **5.** une série humoristique
____ **6.** un film d'animation
____ **7.** un film d'horreur
____ **8.** les informations
____ **9.** un film de science-fiction
____ **10.** une émission de téléréalité

a. doit faire peur aux gens ; il y a des monstres, des fantômes, des vampires ou bien des psychopathes
b. raconte les mésaventures amusantes des gens
c. présentent les évènements de la journée
d. fait d'images dessinées et puis filmées ; c'est souvent pour les enfants
e. raconte les histoires d'amour des personnages
f. raconte des évènements futuristes et imaginaires
g. raconte les aventures d'un personnage courageux
h. filme la vie d'un groupe de personnes dans une certaine situation prédéterminée
i. raconte un crime et l'enquête (*investigation*) pour retrouver le criminel
j. est réalisé avec des images faites sur ordinateur, des images dessinées et des effets spéciaux

 **11-2 Films et émissions préférés.** Quels genres d'émissions et de films est-ce que vous préférez ? Classez-les par ordre de préférence et parlez-en avec un/e partenaire.

MODÈLE	moi	mon/ma partenaire
	1. comédies romantiques	**1.** séries policières
	2. séries dramatiques	**2.** films d'aventure
	3. séries humoristiques	**3.** émissions de téléréalité

É1 J'aime surtout les comédies romantiques. Mais je regarde aussi beaucoup de séries. Je préfère les séries dramatiques et humoristiques. Et toi ?

É2 J'adore les séries policières. Je les regarde presque tous les jours. J'aime aussi les films d'aventure et les émissions de téléréalité.

 **11-3 Ça dépend des jours.** Quelquefois on préfère un type de film, d'autres fois on préfère un autre type. Quelquefois on a envie de sortir au cinéma, d'autres fois on a envie de rester à la maison et voir plusieurs épisodes d'une série sur son ordinateur portable en pyjama. Quelles sont les préférences des membres de votre groupe dans les situations suivantes ?

MODÈLE quand vous voulez vous préparer pour un examen oral en français ?

É1 Je préfère rester à la maison et regarder des films français sur SVOD en VO (en français bien sûr). Je mets les sous-titres en français aussi !

É2 Je n'aime pas du tout les films étrangers. Je préfère me détendre avec un film d'aventure ou une comédie… des films américains bien sûr !

É3 Je préfère aussi regarder quelque chose en français, mais plutôt un ou deux épisodes d'une série humoristique ou d'un film d'animation pour enfants.

1. quand vous êtes heureux/-euse ?
2. quand vous avez un problème que vous voulez oublier ?
3. quand vous venez de passer un examen ?
4. quand vous êtes avec votre petit frère / votre petite sœur ou un autre enfant ?
5. quand vous êtes avec les parents de votre ami/e ?
6. quand vous êtes avec vos parents ?
7. quand vous êtes avec votre copain/copine ?
8. quand vous êtes triste ?

Vie et culture

Les festivals de film

Le Palais des Festivals à Cannes

Les spectateurs regardent un film en plein air sur la Place des Vosges dans le Marais, un quartier très animé de Paris.

Chaque année, il y a des festivals de films où les professionnels de cinéma se rencontrent pour échanger des idées, pour essayer de vendre leurs nouveaux films et pour distribuer des prix pour les meilleurs films. Le Festival de Cannes est un des plus connus, et tous les ans au mois de mai cette ville touristique devient une capitale cinématographique. Le FESPACO (le Festival Panafricain du Cinéma et de la Télévision de Ouagadougou) joue ce rôle pour le cinéma africain. Ce grand festival a lieu tous les deux ans à Ouagadougou, la capitale du Burkina Faso. Son objectif est de favoriser la diffusion de toutes les œuvres du cinéma africain. Au Québec, les Rendez-vous Québec Cinéma, qui ont lieu tous les hivers à Montréal, célèbrent le cinéma québécois et rassemblent des professionnels et des cinéphiles pour faire rayonner les créations des cinéastes québécois.

Il y a également beaucoup d'occasions pour le grand public d'apprécier le cinéma, une industrie importante en France. Pendant le Printemps du Cinéma au mois de mars et la Fête du Cinéma en début d'été, les Français peuvent voir des films en salle de cinéma pour un tarif réduit. Chaque été depuis 1990, le Festival du cinéma en plein air de la Villette offre aux Parisiens et aux touristes la possibilité de voir gratuitement un film différent chaque soir, du mercredi au dimanche, pendant tout un mois. Chaque année, les films sont choisis à partir d'un thème. Beaucoup d'autres villes en France et au Canada programment des séances de film en plein air l'été — gratuit ou pour un prix très abordable.

e Et vous ?

1. Est-ce que vous avez assisté à un festival de films ? Où ? Résumez votre expérience en quelques phrases.
2. Est-ce que vous voudriez aller à un festival international de film, comme celui de Cannes ? Pourquoi ?

Sons et lettres

Le *e* instable et les groupes de consonnes

In **Chapitre 7** you learned that, generally speaking, an unstable **e** is dropped within words when it occurs after only one pronounced consonant **(un feuill~~e~~ton)** but that it is retained when it occurs after two pronounced consonants **(le gouvernement)**. This general rule also applies across words in phrases. Compare:

dans c~~e~~ film	avec c**e** film
On peut r~~e~~garder.	Elles peuvent r**e**garder.
C'est l~~e~~ journal télévisé.	On préfère l**e** journal télévisé.
beaucoup d~~e~~ chaînes	quelqu**e**s chaînes

Within words, unstable **e** is retained when it occurs after a group of consonants ending in /r/ or /l/. Compare:

nous monte̸rons	nous montr**e**rons
facile̸ment	simpl**e**ment

Unstable **e** occurs in many one-syllable function words: the pronouns **je**, **te**, **me**, **se**, **le**; the negative particle **ne**; the determiners **le**, **ce**; the preposition **de**; the conjunction **que**. In these words, the unstable **e** is usually retained when it occurs at the beginning of a phrase. Compare:

je peux	Mais je̸ peux sortir.
Ne fais rien.	On ne̸ fait rien.
ce documentaire	C'est ce̸ documentaire.

This principle also applies to combinations of two one-syllable words. Note that when two unstable **e**'s occur in succession, one of them is generally deleted.

Je ne̸ sais pas.	On **ne** le̸ veut pas.
Ne le̸ regarde pas.	**De** ne̸ pas le̸ faire est triste.

À vous la parole

11-4 Comptons les consonnes ! Écoutez bien et choisissez la forme que vous entendez. Est-ce que le **e** instable est prononcé (e̲) ou non (e̸) **?**

MODÈLES (*vous entendez*) nous de̸vons [nudvõ]
(*vous choisissez*) nous de̲vons **[nous de̸vons]**

(*vous entendez*) nous montre̲rons [numõtrørõ]
(*vous choisissez*) **[nous montre̲rons]** nous montre̸rons

1. le pe̲tit écran	le pe̸tit écran
2. un re̲portage	un re̸portage
3. le festival de̲ Cannes	le festival de̸ Cannes
4. une série de̲ films	une série de̸ films
5. l'autre̲ chaîne	l'autre̸ chaîne
6. Arrête de̲ parler.	Arrête de̸ parler.
7. J'aime ce̲ magazine.	J'aime ce̸ magazine.
8. Tu ne̲ regardes pas ?	Tu ne̸ regardes pas ?
9. Pas de̲ sous-titres.	Pas de̸ sous-titres.

11-5 Comptine. Dans cette comptine, la pomme de reinette et la pomme d'api sont des variétés de pommes. Écoutez et répétez la comptine.

Pomme **de** reinette et pomme d'api,
D'api d'api rouge.
Pomme **de** reinette et pomme d'api,
D'api d'api gris.
C'est à la halle° — *au marché*
Que **je** m'installe
C'est à Paris **que je** vends mes fruits.
Pomme **de** reinette et pomme d'api,
D'api d'api gris.
Cache ton poing° derrière ton dos — *fist*
Ou **je te** donne un coup **de** marteau° ! — *hammer*

Formes et fonctions : l'emploi des temps avec certaines conjonctions

To talk about two events that occur at the same time, use the following conjunctions:

quand, lorsque	*when*
dès que, aussitôt que	*as soon as*
pendant que	*while*

To describe ongoing or habitual actions, both verbs are in the present:

J'allume le téléviseur **pendant qu'**il cherche ses lunettes. — *I'm turning on the TV set while he's looking for his glasses.*

Quand j'ai du temps libre le week-end, je vais toujours au cinéma. — *When I have free time on the weekend, I always go to the movies.*

To talk about future events that will occur at the same time, French uses the future tense in both clauses. Note that this is different from English usage.

On verra ce film français **quand** il **passera** à Chicago. — *We'll see that French film when it is shown in Chicago.*

Dès que la série **commencera,** tu m'appelleras, non ? — *As soon as the show starts, you'll call me, won't you?*

Note that with the imperative, either the present or the future tense can be used:

Il est tard. Va te coucher **dès que** le film **se terminera**. — *It's late. Go to bed as soon as the film is over.*

Quand ils **arrivent** à la gare, faites-moi signe. — *When they arrive at the train station, let me know.*

When talking about simultaneous events in the past, use a past tense for both verbs:

On a regardé un film intéressant l'autre soir **quand** ils étaient chez nous. — *We watched an interesting movie the other evening when they were at our house.*

À vous la parole

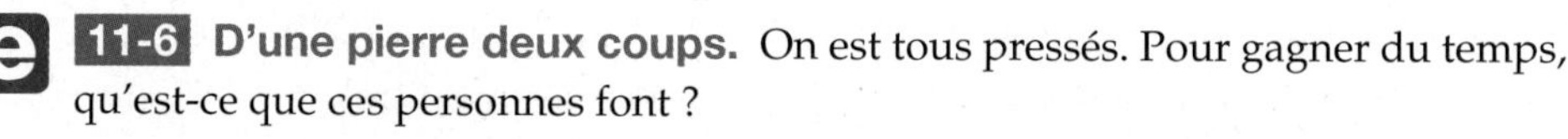

e 11-6 D'une pierre deux coups. On est tous pressés. Pour gagner du temps, qu'est-ce que ces personnes font ?

MODÈLE Pendant qu'elle regarde le journal télévisé le matin, ma mère… boit son café.

1. Pendant qu'elle regarde la télé, ma sœur…
2. Quand je fais du sport…
3. Pendant que mon professeur déjeune…
4. Quand je parle au téléphone…
5. Pendant que je suis en cours de français…
6. Quand mes parents sont dans la voiture, ils…
7. Pendant que mon colocataire fait ses devoirs…
8. Quand je suis dans l'avion ou dans le train…
9. Pendant qu'il prend sa douche, mon frère…

11-7 Les vacances du passé. Complétez les phrases pour parler de vos vacances dans le passé. Comparez vos souvenirs avec un/e partenaire.

MODÈLE Quand j'étais petit/e, …

É1 Quand j'étais petite, nous passions toujours l'été dans le Maine.

É2 Tu avais de la chance. Moi, je devais rester chez moi et souvent je suivais des cours d'été.

1. Quand j'étais petit/e, …
2. Quand j'allais au lycée, …
3. Quand les vacances arrivaient, …
4. Pendant que je m'amusais, …
5. Pendant que mes parents travaillaient, …
6. Quand il faisait très chaud, …
7. Quand les vacances étaient terminées, …

11-8 Des projets. Qu'est-ce que vous ferez dans les situations suivantes ? Avec un/e partenaire, parlez de vos projets.

MODÈLE quand on sera en vacances ?

É1 Qu'est-ce que tu feras quand on sera en vacances à la fin du semestre ?

É2 J'irai à Los Angeles pour faire un stage (*internship*). Et toi ?

É1 Je resterai chez mes parents pendant une semaine, et puis je retournerai sur le campus pour suivre un cours d'été.

1. quand on sera en vacances ?
2. quand tu auras ton diplôme ?
3. quand tu auras un emploi ?
4. quand tu auras des enfants ?
5. quand tu seras riche ?
6. quand tu auras 50 ans ?

Formes et fonctions : quelques prépositions avec les expressions de temps

There are two distinct prepositions in French, **pour** and **pendant**, which correspond to the English preposition *for* followed by a time expression.

- **Pendant** is used to express a specific time duration and has the meaning of *during*. It is most often used with verbs in the past tense but can be used with verbs in the present or the future tense, as illustrated in the following examples:

Elles ont regardé une série à la télé **pendant** cinq heures d'affilée hier après-midi.	*They watched one series on television for five straight hours yesterday afternoon.*
Ma grand-mère regarde ses feuilletons **pendant** une heure et demie tous les jours.	*My grandmother watches her soap operas for an hour and a half every day.*
Elle sera au cinéma **pendant** deux heures.	*She will be at the movie theater for two hours.*

- **Pour** refers to some period of time in the future. It is most often used with verbs such as **aller, partir, sortir, venir**.

Ils vont en France **pour** trois mois.	*They are going to France for (a period of) three months.*
Agathe vient chez nous **pour** un mois cet été.	*Agathe is coming to our house for a month this summer.*
Elle est partie faire des études à Nice **pour** un semestre.	*She left to study in Nice for a semester.*

> **Fiche pratique**
>
> When two French words correspond to a single English word, such as *in* used with a time expression, create contrasting examples to help remember which French word to use. For example, you might use the sentences:
>
> J'ai terminé les devoirs de maths **en** vingt minutes. C'est rapide !
>
> Je vais commencer les devoirs de français **dans** cinq minutes. C'est bientôt !

Similarly, two distinct prepositions in French, **en** and **dans**, correspond to the English preposition *in* followed by an expression of time.

- **En** is used to express the amount of time needed to accomplish an action.

En 2015, Serena Williams a gagné son match de finale à Roland-Garros **en** presque deux heures.	*In 2015, Serena Williams won the final match at the French Open in almost two hours.*

- **Dans** is used to express when a future action will take place.

Je vais le faire **dans** cinq minutes. Un peu de patience, voyons !	*I'm going to do it in five minutes. Be patient!*

À vous la parole

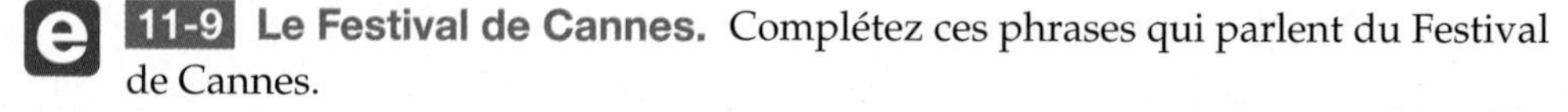

11-9 Le Festival de Cannes. Complétez ces phrases qui parlent du Festival de Cannes.

__e__ **1.** Les grandes stars partiront à Cannes...
_____ **2.** Cette actrice ne se presse pas ; elle se maquille et s'habille pour la grande soirée...
_____ **3.** Le réalisateur n'a pas beaucoup de temps ; il parle aux journalistes... seulement.
_____ **4.** Ce jeune acteur sans argent est allé à Cannes...
_____ **5.** Il restera chez des amis...
_____ **6.** Les professionnels du cinéma visionnent énormément de films...
_____ **7.** Les invités d'honneur sortiront après la projection du film...
_____ **8.** Quand il fait beau, les stars se promènent quelquefois sur la plage…

a. pendant deux nuits.
b. pendant les douze jours du Festival.
c. pour toute la soirée.
d. pendant trente-cinq minutes
e. pour quinze jours.
f. pour seulement trois jours.
g. pendant l'après-midi.
h. pendant des heures et des heures.

11-10 Chez Sophie et Guy. Sophie est une jeune fille dynamique qui accomplit tout assez rapidement. Par contre, son papa Guy est très occupé en ce moment et il remet (*puts off*) tout à plus tard. Imaginez leurs réponses aux situations suivantes en jouant les rôles de Sophie et de Guy avec un/e partenaire.

MODÈLES
GUY : appeler le médecin pour fixer un rendez-vous
SOPHIE : Papa, tu as appelé le médecin pour me fixer un rendez-vous ?
GUY : Non, chérie, mais je vais l'appeler dans dix minutes.

SOPHIE : finir tes devoirs
GUY : Sophie, tu as fini tes devoirs ?
SOPHIE : Oui, papa, je les ai finis en 20 minutes.

1. SOPHIE : mettre la table
2. SOPHIE : promener le chien
3. GUY : préparer le dîner
4. SOPHIE : ranger ta chambre
5. GUY : écrire un mot pour mon prof
6. GUY : signer l'autorisation parentale pour la sortie à l'école
7. SOPHIE : préparer une salade

11-11 Projets de vacances. C'est bientôt la fin du semestre. En groupes de trois ou quatre, parlez de vos projets. Voici quelques idées pour vous aider.

aller à la plage / à la montagne	rendre visite à la famille / aux amis
faire du bénévolat	se reposer
partir à l'étranger	suivre des cours
partir en vacances	travailler

MODÈLE É1 Moi, je vais me reposer pendant quelques jours et ensuite je dois travailler. Et toi, Juwan ?

É2 Moi, je compte me reposer pendant une semaine et ensuite, je vais travailler pendant trois semaines. Et toi, Katie?

É3 Je ne suis pas paresseuse comme vous deux ! Je ne vais pas me reposer du tout. Je vais partir étudier en France pour trois semaines et après je voyagerai en Europe pendant dix jours avant de retourner aux États-Unis.

Observons

11-12 Les films qu'on adore

A. Avant de regarder. Ola et Bengala interrogent quelques spectateurs en sortant du cinéma pour avoir leur réaction et savoir pourquoi ils ont choisi de voir le film. Quelles sont quelques réponses possibles ? Pensez à un film que vous connaissez et aimez bien. Est-ce que vous l'avez vu plusieurs fois ? Pourquoi ? Comment est-ce que vous pouvez décrire ce film en quelques mots à quelqu'un d'autre ?

B. En regardant. Visionnez la vidéo et répondez aux questions suivantes en choisissant toutes les bonnes réponses.

1. Quel film est-ce que le monsieur a vu ?
   La Haine *Annie Hall* *Paris, je t'aime* *Paris–New York*
2. Comment est-ce qu'il décrit le film ?
   C'est un film d'aventure qui a lieu à New York.
   Un New Yorkais et une Française tombent amoureux.
   C'est l'histoire d'un couple et de leurs difficultés.
3. Pourquoi est-ce qu'il aime ce film ?
   Il adore le jeu des acteurs.
   Il aime les belles images de New York dans le film.
   Il a déjà vu le film plusieurs fois et il trouve toujours du plaisir à le revoir.
   Il aime beaucoup les films d'action.
4. La dame a vu un film fait par quel cinéaste ?
   Jean-Luc Godard Jean Renoir François Truffaut Claude Chabrol
5. Pourquoi est-ce qu'elle aime ce film ?
   C'est très drôle et elle aime beaucoup les acteurs qui sont très comiques.
   Il y a des belles images de châteaux à la campagne.
   On peut le revoir et trouver toujours quelque chose.
   Son actrice préférée joue le rôle d'une jolie servante.
6. D'après sa description du film, c'est quel genre de film ?
   une comédie romantique un film d'horreur un drame un film d'aventure

C. Après avoir regardé. Maintenant, complétez ces activités.

1. Pensez à un film que vous aimez bien. Résumez le film en quelques phrases et expliquez à un/e partenaire pourquoi ce film vous plaît.
2. Est-ce que vous avez vu des films des grands réalisateurs français comme Jean-Luc Godard, François Truffaut ou Jean Renoir ? Sinon, pensez à visionner un film avec des amis ou avec vos camarades de classe.

Stratégie

When people comment on a film, however briefly, listen carefully to understand their reactions and why they feel as they do. What do they choose to mention? How do they indicate very briefly what the film is about as well as their own point of view?

LEÇON 2

La technologie et la vie

Points de départ : Connecté/e/s H 24 !

Que font Éric et Audrey ? Ils prennent un selfie ? regardent une vidéo ? passent un appel vidéo ?

7h30	Le réveil de son portable sonne et Éric se lève. Sa copine Audrey consulte son portable aussi pour lire les textos envoyés par ses amis pendant la nuit.
7h45	Avant de sortir pour courir, Éric consulte des applis pour la météo et pour son tracker d'activité. Audrey finit ses devoirs en ligne.
8h30	Pendant le petit-déjeuner, Éric allume son ordi et vérifie ses e-mails. Audrey télécharge des photos qu'elle a stockées dans le cloud et elle met à jour son statut sur les réseaux sociaux.
9h45	Avant d'aller en cours de sciences po, Éric lit le journal en ligne. Audrey est déjà en cours et elle consulte la version électronique de son manuel sur sa tablette.
12h30	Audrey déjeune au café, où elle surf sur le site Web de sa boutique préférée. La connexion WiFi n'est pas rapide et le réseau n'est pas sécurisé, donc elle part pour la BU. Là-bas elle a un réseau sécurisé et elle peut donc passer sa commande. Ensuite avec l'appli de sa banque, elle compose son mot de passe et vérifie le montant sur son compte. Enfin, elle se met au travail.

12h45 Éric apporte son ordi à la bibliothèque où il prépare un rapport et un exposé pour son cours de biologie. Trois logiciels sont ouverts sur son bureau : un logiciel de traitement de texte pour écrire, un tableur pour analyser et organiser ses données, et un logiciel de présentation pour son exposé oral. Il sauvegarde ses fichiers souvent pour ne pas perdre son travail. Vers seize heures, il finit son rapport et le télécharge sur la page Web de sa professeure.

15h30 L'après-midi, Audrey a rendez-vous avec un nouveau kiné et elle utilise le GPS sur son portable pour y aller. Elle arrive avec 20 minutes d'avance et lit un roman sur sa tablette en attendant.

22h00 Éric se connecte à son SVOD pour regarder un film avant de se coucher. Audrey passe un appel vidéo à sa mère et ensuite éteint sa tablette. Mais son portable restera allumé toute la nuit pour ne rien manquer !

À vous la parole

11-13 Une solution pour chaque tâche. Choisissez toutes les bonnes solutions pour accomplir les tâches (*tasks*) suivantes.

MODÈLE Pour bien réussir à la fac, il vaut mieux…
finir ses devoirs en ligne avant de venir en classe.
vérifier ses e-mails et ses textos pendant le cours pour ne rien manquer.
avoir accès aux bons logiciels pour faire son travail correctement.

1. Pour garder le contact avec ses amis d'enfance et sa famille, on peut…
   se servir d'un logiciel de présentation.
   être actif/-ive sur les réseaux sociaux.
   télécharger une application GPS.
2. Pour se connecter dans un lieu public, il faut…
   une appli. un logiciel. un fichier. une connexion WiFi.
3. Pour ne pas perdre ses photos et ses fichiers, il vaut mieux…
   les sauvegarder sur une clé USB.
   les sauvegarder dans le cloud.
   les imprimer en version papier.
4. Pour communiquer avec son/sa professeur/e de façon professionnelle, on devrait…
   envoyer un e-mail bien rédigé.
   faire un appel vidéo.
   envoyer un texto rapide.
5. Pour partager des moments importants avec des amis et de la famille, il est bon de…
   mettre à jour son statut sur les réseaux sociaux.
   se servir d'un logiciel de présentation.
   stocker des images dans le cloud.

Vie et culture

Les Français et le numérique

Les Français participent de plein cœur à la révolution numérique. D'après un sondage récent, 88 pour cent des Français sont des Internautes ; c'est 100 pour cent pour les Français âgés de 12 à 39 ans. Ils sont également des gros consommateurs des appareils numériques ; par exemple, 94 pour cent des Français ont un téléphone portable ; pour 73 pour cent, c'est un smartphone (ou un téléphone intelligent comme on le dit au Québec) ; 81 pour cent possèdent un ordinateur, et ils sont 85 pour cent à bénéficier d'une connexion Internet chez eux. En plus, 36 pour cent des personnes âgées de 12 ans et plus possèdent un ordinateur, un smartphone et une tablette (c'est 45 pour cent pour les 18 à 24 ans). Mais tous ces appareils ne sont pas égaux. Regardez ce graphique pour découvrir les appareils préférés pour accomplir certaines activités.

L'appareil que les Français* utilisent le plus souvent pour...

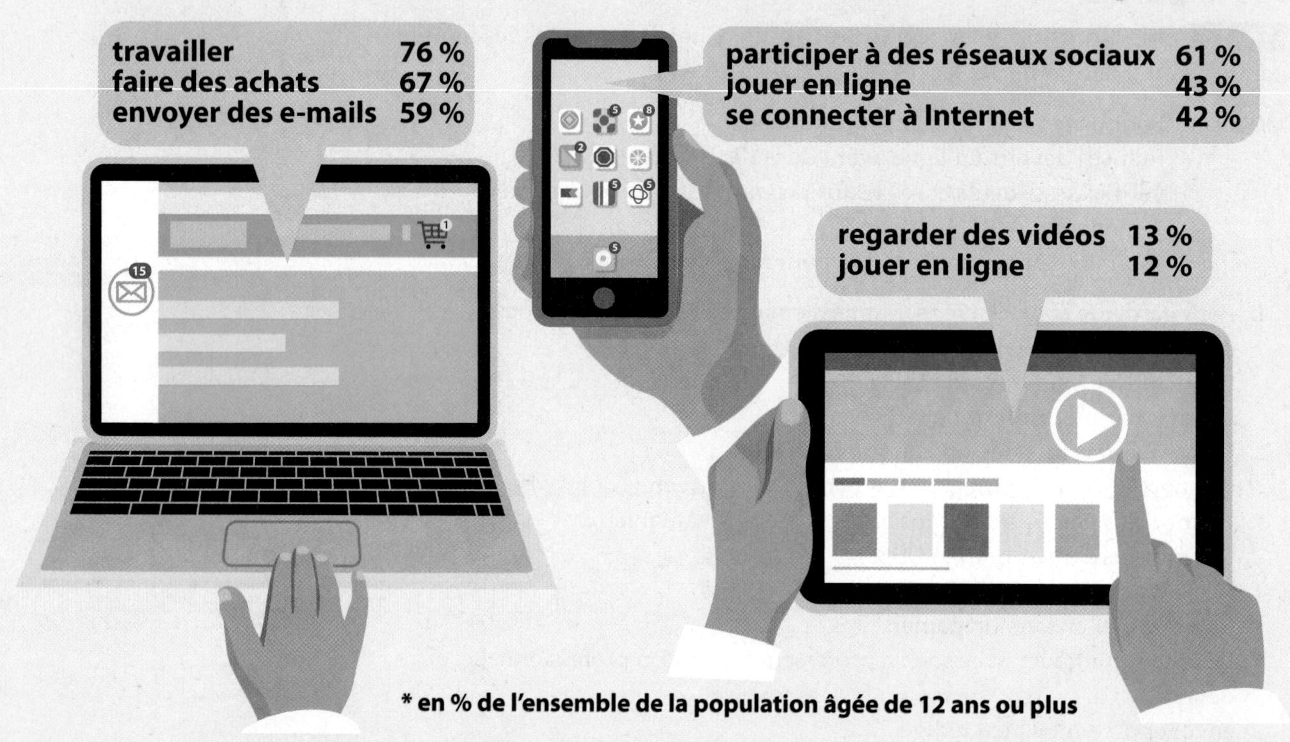

*** en % de l'ensemble de la population âgée de 12 ans ou plus**

Source : *Adapté de* CRÉDOC, « Conditions de vie et les Aspirations des Français » dans *Baromètre du numérique 2017 (17e éd.).*

Et vous ?

1. Faites un résumé des appareils que les Français utilisent le plus souvent pour travailler, participer à des réseaux sociaux, envoyer des e-mails, regarder des vidéos, faire des achats en ligne, se connecter à Internet. Est-ce que vous êtes surpris/e par certaines de ces préférences ? Pourquoi ?
2. Avez-vous plusieurs appareils numériques ? Lesquels ? Comment est-ce que vous accomplissez le plus souvent les tâches mentionnées dans le graphique ?
3. Est-ce que vos habitudes sont similaires ou différentes des habitudes de vos parents ou de vos grands-parents ? Comment ? À votre avis, est-ce que les gens d'âges différents auraient des préférences distinctes ? Pourquoi ?

11-14 Accros (*addicted*) au portable ? Étudiez le tableau pour savoir le pourcentage des Français qui utilisent le portable pour les tâches indiquées. Avec un/e partenaire, comparez votre usage du portable pour les activités mentionnées.

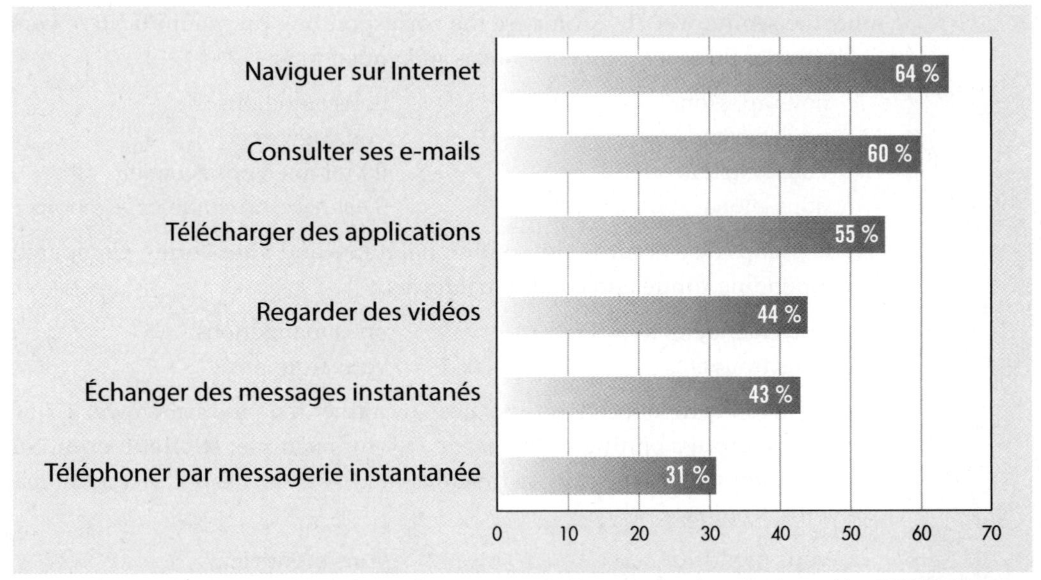

Source : *Adapté de* CRÉDOC, « Conditions de vie et les Aspirations des Français » dans *Baromètre du numérique 2017 (17e éd.).*

MODÈLE Pour naviguer sur Internet

É1 Je n'utilise pas beaucoup mon portable pour naviguer sur Internet. Je préfère le faire sur mon ordinateur. Certains sites Web sont difficiles à lire sur un portable.

É2 Tu trouves ? Pas moi. Je me sers beaucoup de mon portable pour naviguer sur Internet, comme les Français. Je trouve que c'est très pratique.

11-15 On va tout savoir : la technologie et nous. Trouvez une personne qui…

MODÈLE a un téléphone fixe

É1 Est-ce que tu as un téléphone fixe ?

É2 Bien sûr que non. J'ai un téléphone portable.

OU Oui, j'habite chez mes parents, et nous avons un téléphone fixe.

1. apporte toujours une tablette en classe
2. n'a pas de smartphone
3. communique avec ses parents par messages instantanés
4. possède un ordinateur portable, une tablette et un smartphone
5. a plus de trois comptes e-mail
6. utilise son portable pour faire ses devoirs de français
7. préfère la messagerie instantanée aux textos ou e-mails
8. préfère naviguer sur Internet avec un ordinateur
9. ne participe pas à des réseaux sociaux
10. préfère lire les manuels en version papier

Parallèles : J'aime lire.

Comme beaucoup d'autres Français, Mathilde et Diandra aiment bien lire en version papier aussi bien qu'en version numérique. Elles nous expliquent leurs préférences de lecture.

Diandra achète des magazines dans un kiosque à Paris.

Mathilde regarde des livres d'art dans une librairie à Dijon.

Sons et lettres

Le *e* instable et les groupes consonne + /j/

Unstable **e** is pronounced when it occurs before groups consisting of a consonant plus the semivowel /j/. Compare the corresponding present indicative versus imperfect or present subjunctive **nous-** and **vous-**forms:

nous app~~e~~lons	nous app**e**lions
vous d~~e~~vez	vous d**e**viez
vous ach~~e~~tez	il faut que vous ach**e**tiez
nous j~~e~~tons	il est nécessaire que nous j**e**tions

These groups also occur in the conditional **nous-** and **vous-**forms. Compare the corresponding future and conditional forms:

nous mang~~e~~rons	nous mang**er**ions
vous trouv~~e~~rez	vous trouv**e**riez

Recall that **i** is pronounced as the vowel /i/ rather than the semivowel /j/ after consonant groups ending with /r/ or /l/, for example: **le client**, **crier**. Such combinations occur especially in the **nous-** and **vous-**forms of the conditional of **-re** verbs. Compare:

vous prendrez	vous prendr**i**ez
nous nous détendrons	nous nous détendr**i**ons

À vous la parole

e **11-16 Maintenant ou dans le passé ?** Écoutez bien et décidez si on parle du présent (**le présent**) ou du passé (**l'imparfait**).

1.	le présent	l'imparfait	**4.**	le présent	l'imparfait
2.	le présent	l'imparfait	**5.**	le présent	l'imparfait
3.	le présent	l'imparfait	**6.**	le présent	l'imparfait

e **11-17 On fait des projets ou on rêve ?** Écoutez bien et décidez si on parle d'un projet (**le futur**) ou d'un rêve (**le conditionnel**).

1.	le futur	le conditionnel	**4.**	le futur	le conditionnel
2.	le futur	le conditionnel	**5.**	le futur	le conditionnel
3.	le futur	le conditionnel	**6.**	le futur	le conditionnel

11-18 Répétitions. Écoutez et répétez ces conversations. Faites bien attention à la prononciation ou à l'absence des -**e** instables.

1. Vous me donnerez votre mot de passe pour le réseau WiFi ?
   — Nous te le donnerions si nous pouvions. C'est-à-dire si nous nous le rappelions !
2. Nous avons acheté ces livres en ligne. Nous en achèterions plus si nous avions de l'argent.
   — Comment ? Vous n'achèterez plus de livres ? Ce n'est pas possible.
3. Nous appelions nos amis au Sénégal avec une appli de messagerie instantanée. Vous devez l'essayer.
   — Je le sais. Nous devrions le faire, mais mon père n'aime pas les applis.

Formes et fonctions : le conditionnel

You have used the conditional forms of **devoir**, **pouvoir**, and **vouloir** to express obligation, to soften commands, and to make suggestions.

Tu **pourrais** lui envoyer un e-mail.	*You could send him an e-mail.*
On **devrait** acheter une tablette.	*We should buy a tablet.*

Here are some additional uses of the conditional:

- to express events or situations that are hypothetical or conjectural:

J'**aimerais** acheter un nouvel ordinateur portable, mais c'est cher.	*I'd like to buy a new laptop, but it's expensive.*
Tu **vendrais** vraiment ton téléviseur ?	*Would you really sell your TV set?*
Nous **voudrions** être riches !	*We would like to be rich!*

- to express future events or situations in relation to the past. Compare the use of the future with the present tense and the use of the conditional with the **passé composé** in the following pair of sentences:

Future event with relation to the present:

Il **dit** qu'il n'**aura** jamais de portable.	*He says that he will never have a cell phone.*

Future event with relation to the past:

Il **a dit** qu'il n'**aurait** jamais de portable.	*He said that he would never have a cell phone.*

The conditional is formed by adding the imperfect endings to the future stem.

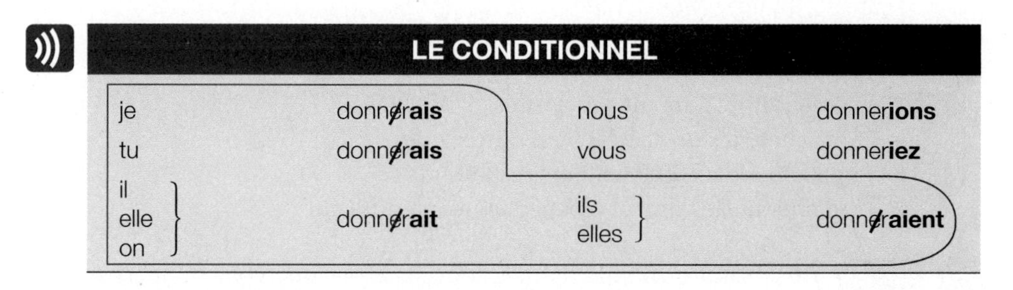

LE CONDITIONNEL			
je	donn~~e~~**rais**	nous	donner**ions**
tu	donn~~e~~**rais**	vous	donner**iez**
il / elle / on	donn~~e~~**rait**	ils / elles	donn~~e~~**raient**

Here are the conditional forms of the main verb groups.

VERB GROUP	INFINITIVE	CONDITIONAL
-er	parler	je **parlerais**
-ir	partir	je **partirais**
-re	vendre	je **vendrais**

Verbs that have an irregular future stem use that same stem in the conditional: **j'irais**, **j'aurais**, **je serais**, **je me lèverais**, **je jetterais**, **je préfèrerais**, etc.

À vous la parole

11-19 Projet ou rêve. Julien a beaucoup de projets pour l'avenir et beaucoup de rêves (*dreams*). Pour chacune de ses idées, indiquez si c'est un rêve ou un projet d'avenir.

	IL RÊVE.	IL PLANIFIE.
MODÈLE J'irais en Suisse.	✔	______
1. Claire et moi irions aux Rendez-vous du cinéma québécois à Montréal.	______	______
2. Je regarderai les Rendez-vous en ligne.	______	______
3. J'achèterai un nouvel ordinateur portable.	______	______
4. Je ferais le tour du monde.	______	______
5. Claire et moi travaillerons beaucoup et gagnerons bien notre vie.	______	______
6. Je travaillerais pour Google.	______	______
7. J'achèterais un écran haute définition.	______	______

Est-ce que Julien est plus rêveur ou plus réaliste ? Pourquoi ?

11-20 Vous aussi ? Avec plus d'argent, qu'est-ce que vous feriez ? Êtes-vous d'accord avec votre partenaire ?

MODÈLE Je m'achèterais une nouvelle voiture.
É1 Moi aussi, je m'achèterais une nouvelle voiture hybride.
É2 Moi non, je m'achèterais plutôt un grand bateau à voile.

1. Je voyagerais tout le temps.
2. Je ne travaillerais pas.
3. Je partagerais l'argent avec ma famille.
4. Je prêterais de l'argent à mes amis.
5. Je m'achèterais un château en France.
6. J'irais dîner dans les meilleurs restaurants.
7. Je donnerais de l'argent aux personnes en difficulté.

11-21 Des bons conseils. Quels conseils est-ce que vous donneriez à ces personnes ? Avec vos camarades de classe, jouez le rôle de la personne qui a besoin d'aide.

MODÈLE « Je ne suis pas très bien informé/e. »
É1 Je ne suis pas très bien informé.
É2 À ta place, je regarderais les infos sur mon smartphone.
É3 Oui, c'est tellement facile. Et tu pourrais partager les articles intéressants avec tes amis sur des réseaux sociaux.

1. « Ma petite sœur n'éteint jamais son smartphone. Elle le regarde tout le temps. »
2. « J'ai envie de me détendre ce soir. »
3. « Nous partons bientôt en vacances. »
4. « Avec mon copain, on se dispute toujours pour savoir quel film on va voir parce que nous avons des goûts très différents. »
5. « J'ai envie de manger dans un bon restaurant ce week-end. »
6. « Je ne fais pas assez attention à ma santé. »

 **11-22 Vous avez le pouvoir !** Avec un/e partenaire, imaginez que vous êtes dans les situations suivantes. Qu'est-ce que vous feriez ? Ensuite, comparez vos idées avec celles de vos camarades de classe.

MODÈLE Vous êtes le professeur / la professeure de votre cours de français.
É1 Je donnerais moins de devoirs.
É2 Je ne permettrais pas aux étudiants de parler anglais.

1. Vous êtes le professeur / la professeure de votre cours de français.
2. Vous êtes le président / la présidente de votre université.
3. Vous êtes un acteur / une actrice célèbre.
4. Vous êtes le directeur / la directrice d'une grande société.
5. Vous êtes le/la maire de votre ville.
6. Vous êtes le président / la présidente des États-Unis.

Formes et fonctions : l'ordre des évènements

To order events in time, you can use the expression **avant de** plus an infinitive. This expression can be used whether the time frame is past, present, or future.

Avant d'aller au travail, elle consulte les messages sur son smartphone.	*Before going to work, she checks messages on her phone.*
Avant de se coucher, il a lu un peu.	*Before going to bed, he read a little.*
Je vais terminer mes devoirs **avant de jouer** en ligne.	*I will finish my homework before playing a game online.*

The expression **après avoir / après être** plus the past participle can be used in a similar way to order events. Choose **avoir** or **être** based on how the particular verb is conjugated in the **passé composé**. Remember that when verbs are conjugated with **être,** the past participle must agree in number and gender with the subject.

Après avoir vu cette vidéo amusante, je l'ai envoyée à ma sœur.	*After watching that funny video, I sent it to my sister.*
Le soir, je regarde souvent une VOD **après avoir dîné**.	*In the evenings, I often watch a video on demand after eating.*
Après s'être levée, elle vous rappellera.	*After getting up, she will call you back.*

À vous la parole

 **11-23 Une journée typique.** Déterminez l'ordre typique des évènements décrits.

MODÈLES Après avoir mangé, je me brosse les dents.
1. manger ; 2. me brosser les dents

Avant de me brosser les dents, je bois mon café.
2. me brosser les dents ; 1. boire mon café

1. Avant de m'habiller, je prends une douche.
2. Après être sortie, je mets mes gants et mon foulard.
3. Je vais m'acheter un café avant d'arriver à la fac.
4. Après avoir travaillé un peu, j'ai déjeuné avec des amis.
5. Avant de quitter la fac, je vais téléphoner à mon copain.
6. Après avoir quitté le campus, je suis allé au supermarché.
7. Avant de préparer à manger, je cherche une recette sur Internet.
8. Je regarde un film sur ma tablette avant de me coucher.

11-24 Vos activités. Avec un/e partenaire, parlez de vos activités passées, habituelles et futures.

MODÈLE Avant de venir en classe aujourd'hui, ...
É1 Avant de venir en classe aujourd'hui, j'ai travaillé à la BU.
É2 Et moi, avant de venir en classe, j'ai déjeuné au resto U.

1. Avant de venir en classe aujourd'hui, ...
2. Après avoir fini mes devoirs hier soir, ...
3. Normalement avant de me coucher, ...
4. Avant de sortir avec mes amis le week-end, ...
5. Après avoir passé mes examens ce semestre, ...
6. Après avoir terminé mes études, ...
7. Avant de chercher un travail, ...

11-25 Dernières nouvelles. Imaginez que vous êtes journaliste. Voici vos notes pour un reportage que vous préparez ; pour le rédiger, vous devriez utiliser un style plus sophistiqué.

MODÈLE La présidente a parlé avec le ministre. Ensuite, elle a donné une conférence de presse.
Après avoir parlé avec le ministre, la présidente a donné une conférence de presse.
OU Avant de donner une conférence de presse, la présidente a parlé avec le ministre.

1. Le ministre a parlé devant le Sénat, mais d'abord il a lu la proposition.
2. L'ambassadeur a annoncé la nouvelle, mais d'abord il a téléphoné à la présidente.
3. La sénatrice se réunira (*will meet*) avec son équipe et ensuite elle annoncera son plan économique.
4. Le ministre annoncera sa réforme éducative, mais d'abord il va prévenir (*to inform*) la presse.
5. La journaliste a interviewé la présidente et ensuite elle a écrit son article.

11-26 Narration. Expliquez à votre partenaire ce que vous avez fait hier et ce que vous allez faire demain. Voici quelques expressions utiles.

d'abord	avant de + infinitif	après avoir	+ participe passé
ensuite	enfin	après être	+ participe passé

MODÈLE Hier, c'était dimanche. Je me suis levé très tard. D'abord, j'ai pris mon petit-déjeuner. Après avoir mangé, j'ai pris une douche. Avant de sortir, j'ai passé une ou deux heures sur des réseaux sociaux.

Lisons

Stratégie

Before you read a text, think about the topic in terms of your own experience. This can help you better understand and respond to the ideas that are presented.

11-27 Les Français et la télé

A. Avant de lire. Before reading this excerpt of an online article from *Libération*, a daily French newspaper, answer the following questions.

1. This article presents data from an annual study carried out by the French firm Médiamétrie. The name of the company provides insight into the content of the article. What two English words can you extract from the name? What might they imply about the subject of the article?

2. Look at the title and subtitle. What further information do they provide about the content of the article?
3. Now look at the photo that accompanies the article. Does it resonate with your own experience? In what ways? What does it add to your understanding of the scope of the article?

Les Français regardent toujours la télé près de quatre heures par jour

Par Jérôme Lefilliâtre — 25 janvier 2017 à 13 heures 43

D'après Médiamétrie, la consommation des programmes télévisuels, tous écrans confondus, a même progressé de deux minutes l'an dernier.

Chaque fin janvier, c'est la même chose. L'institut Médiamétrie publie son bilan[1] sur *« l'année TV »* passée et on se frotte[2] les yeux devant un chiffre : les Français passent en moyenne près de quatre heures par jour — chaque jour donc — devant les programmes télévisuels. En 2016, la durée d'écoute individuelle (DEI) quotidienne du média télé s'est précisément établie à 3 heures et 52 minutes. Le fait notable est qu'elle a progressé de deux minutes par rapport à 2015. Loin d'être morte, la télévision reste le loisir indétrônable[3] du monde contemporain et, par la même occasion, une activité économique puissante.[4]

Cette mesure additionne la consommation sur les quatre écrans fondamentaux de notre vie quotidienne : téléviseur, ordinateur, tablette et smartphone. Sur ces 3h52, le classique téléviseur (qui est HD dans 88 % des foyers équipés et connecté à Internet dans 56 % des cas) capte un total de temps passé de 3h43 : la consommation linéaire et en direct des programmes représente encore 3h33, tandis que leur usage en différé[5] (parce qu'ils ont été enregistrés auparavant[6]) ou en replay (sur les services de vidéos à la demande des chaînes) compte pour seulement dix minutes. Les neuf minutes restantes sont le fait de l'ordinateur, de la tablette et du smartphone.

Des proportions qui changent selon l'âge

Si l'on veut pousser l'analyse plus loin, on notera que les contenus télévisuels représentent 93 % du temps passé à mater[7] de la vidéo sur les quatre écrans. Les choses disponibles[8] seulement sur YouTube et ses congénères[9] en ligne, hors programmes des chaînes de télé accessibles sur ces plateformes, comptent pour 6 %. Enfin, la vidéo à la demande (VOD), par exemple l'achat d'un film à l'unité sur la boutique en ligne de TF1 et la vidéo à la demande par abonnement (SVOD), type Netflix ou Canalplay, font 1 % du total.

Cependant, ces proportions changent nettement si l'on se focalise sur les 15–24 ans : YouTube et les autres montent à 20 %, la VOD/SVOD à 3 % et les contenus télévisuels tombent à 76 %. Pour l'industrie des médias, la question à 1.000 euros, et même beaucoup plus, est de savoir si les jeunes maintiendront ces habitudes de consommation en vieillissant, auquel cas[10] le média télé s'affaiblira[11].

[1]*assessment* [2]*rubs* [3]*undisputed* [4]*powerful* [5]*recorded via DVR* [6]avant [7]regarder (en français familier) [8]*available* [9]*others like it* [10]*in which case* [11]*will become weaker*

SOURCE : Adapté de *Libération* en ligne, « Les Français regardent toujours la télé près de quatre heures par jour, » 25 janvier 2017.

B. En lisant. Lisez le texte et répondez aux questions suivantes.

1. Quelle est l'idée principale du premier paragraphe ?
   Les Français regardent 3 heures et 52 minutes de télévision par jour.
   L'institut Médiamétrie fait un bilan sur « l'année TV » tous les ans.
   La télévision continue à jouer un rôle très important dans les loisirs des Français.
2. D'après le journaliste, est-ce qu'il est étonnant que les Français passent beaucoup de temps devant la télé ?
   oui   non
3. Quelle expression du premier paragraphe justifie votre réponse à la question 2 ?
   on se frotte les yeux   le fait notable   chaque jour donc
4. Dans le deuxième paragraphe, on explique en détail comment on arrive à ces 3 heures et 52 minutes. Choisissez la durée appropriée pour chaque moyen de consommation de télévision :
   a. regarder des programmes devant le téléviseur au moment où ils passent
   neuf minutes   dix minutes   trois heures et 33 minutes
   b. regarder des programmes quand on veut parce qu'on les a déjà enregistrés
   neuf minutes   dix minutes   trois heures et 33 minutes
   c. regarder des programmes grâce à l'ordinateur, une tablette ou un smartphone
   neuf minutes   dix minutes   trois heures et 33 minutes
5. Dans les derniers paragraphes de cet extrait, on voit plus en détails ce que l'on regarde pendant ces 3 heures et 52 minutes par jour. Complétez le tableau avec le pourcentage qui correspond à chaque type de contenu pour chaque tranche d'âge.

ce qu'on regarde à l'écran	la population totale	les 15 à 24 ans
les contenus télévisuels (émissions, films, infos, magazines, …)		
les contenus créés par des individus et distribués en ligne sur des sites vidéos		
la VOD/SVOD		

6. Quelle est la question sur l'avenir posée à la fin de l'extrait ?
   Qu'est-ce qu'il faut faire pour encourager plus de consommation de la VOD/SVOD ?
   Est-ce que les jeunes vont continuer à regarder moins de contenus télévisuels ?
   Est-ce que les contenus non télévisuels continueront à s'améliorer ?

C. En regardant de plus près. Maintenant examinez le vocabulaire de cet article.

1. Considérez l'adjectif **quotidienne** (trouvé à la ligne 3 et 7). C'est un adjectif fréquent en français qui correspond à un mot en anglais de style formel, *quotidian*. Regardez bien le contexte pour trouver un autre synonyme en anglais.
2. Regardez l'expression **en vieillissant** à la ligne 21. C'est le participe présent d'un verbe en **-ir**, comme les verbes **grandir, grossir** ou **pâlir**. Quels sont l'adjectif et le verbe qui correspondent à ce participe présent ? Que veut dire l'expression **en vieillissant** ?
3. Dans le domaine de la technologie, le français emprunte souvent des mots à l'anglais. Quels exemples d'anglicismes est-ce que vous pouvez trouver dans cet article ?

D. Après avoir lu. Discutez des questions suivantes avec vos camarades de classe.

1. Combien de temps est-ce que vous passez devant la télévision tous les jours ? Et vos camarades de classe ? Quels contenus est-ce que vous regardez et sur quelles plateformes ?
2. Quelle est votre réponse à la question à 1.000 euros ? Est-ce que vos habitudes télévisuelles et les habitudes de vos amis changeront quand vous serez plus âgés ? Est-ce que vous pensez que la télévision jouera un plus grand ou moins grand rôle dans les loisirs à l'avenir ? Pourquoi ?

LEÇON 3

L'Art et ses formes d'expression

Points de départ : les artistes et leur œuvre

Les artistes au travail

Des matières pour la sculpture

l'argile	le marbre
le bois	le métal
le bronze	le plâtre

Ce sculpteur en Polynésie française travaille le bois.

Les artistes qui dessinent

- un dessinateur / une dessinatrice
- un/e graphiste
- un illustrateur / une illustratrice
- un/e peintre

Un artiste dessine le portrait d'une jeune fille au cœur de Montmartre.

Les outils nécessaires pour un/e graphiste

- un ordinateur performant
- un ou deux grands écrans
- une tablette graphique
- un stylet

Cette graphiste travaille à l'aide d'une tablette graphique et un stylet.

Fiche pratique

To learn specialized vocabulary, try combining the words into relevant family groups:

Un peintre peint.
Une sculptrice sculpte.
Une graphiste fait de l'art graphique.
Un dessinateur dessine.
Une illustratrice illustre des livres.

Les tableaux

Alfred Sisley a peint ce paysage dans le style impressionniste. Remarquez les effets de la lumière et ses reflets sur l'eau.

Alfred Sisley (1839–1899), *Île Saint-Denis*, 1872, musée d'Orsay

Cette nature morte d'Henri Rousseau est peinte dans le style naïf. La composition est simple, et les couleurs sont très vives.

Henri J.F. Rousseau (1844–1910), *Nature morte*, collection privée

Jacques-Louis David (1748–1825), *Le Sacre de Napoléon*, 1805–1807, musée du Louvre

Voici un détail de ce tableau monumental de Jacques-Louis David. Ce tableau réaliste représente le couronnement de l'empereur Napoléon et de sa femme l'impératrice Joséphine. Remarquez les détails des somptueux vêtements.

Quelques adjectifs pour décrire le style d'un tableau

abstrait/e	naïf/-ïve
cubiste	réaliste
figuratif/-ive	romantique
impressionniste	surréaliste

À vous la parole

11-28 Trouvez l'artiste qu'il faut. Trouvez l'artiste qui correspond le mieux à chaque description.

un/e graphiste	un/e photographe
un illustrateur / une illustratrice	un réalisateur / une réalisatrice
un/e peintre	un sculpteur / une sculptrice

MODÈLE Elle aime bien peindre les portraits, mais elle préfère les natures mortes.
une peintre

1. Il fait de la typographie et la mise en page, souvent à l'aide d'un ordinateur.
2. Elle va au Québec tous les ans pour sculpter la glace.
3. Elle aime beaucoup parler avec des gens pendant qu'elle fait leur portrait.
4. Presque tous les week-ends, il assiste à une cérémonie de mariage ou un baptême avec son appareil numérique.
5. Il est parti en tournage pour son nouveau film.
6. Elle fait des illustrations pour des livres d'enfant.
7. Il fait des affiches publicitaires et s'occupe du style de plusieurs sites Web.
8. Il travaille souvent avec le métal, mais il a envie de travailler plus avec le marbre.

11-29 Artistes célèbres. Avec un/e partenaire, choisissez un/e artiste qui vous intéresse dans la liste suivante. Faites des recherches rapides et présentez cet/cette artiste à vos camarades de classe. Parlez du style de l'artiste et de ses œuvres. Si possible, montrez une photo d'une de ses œuvres à vos camarades de classe.

Rosa Bonheur	Marc Chagall	Robert Doisneau	Claude, dit le Lorrain
Georges Braque	Jean-Baptiste-Siméon Chardin	Jean Dubuffet	Henri Matisse
Mary Cassatt	Sonia Delaunay	Speedy Graphito (Olivier Rizzo)	Auguste Rodin

MODÈLE É1 Nous avons choisi Camille Claudel.

É2 Camille Claudel était une sculptrice française. Elle a commencé à faire de la sculpture quand elle était adolescente. À l'âge de 20 ans, elle commence à travailler avec le sculpteur Rodin. Elle collabore avec lui pour faire des sculptures très connues comme *Le Baiser*.

É1 Elle a aussi sculpté ses propres œuvres comme cette sculpture qui s'appelle *l'Âge mûr*. Elle a fait plusieurs études en plâtre avant de réaliser le bronze en 1902.

Cette sculpture de Camille Claudel, *L'Âge mur* (1894–1900), est exposée au musée d'Orsay à Paris.

11-30 Une œuvre d'art que vous aimez. Apportez en classe une œuvre d'art ou la photo d'une œuvre d'art. Présentez-la à vos camarades de classe. N'oubliez pas de parler de l'artiste, du type d'art et de dire pourquoi vous l'aimez.

MODÈLE Voici un tableau de Pablo Picasso. C'est un portrait abstrait et cubiste qui s'appelle *Femme au chapeau bleu*. J'aime le bleu dans ce tableau ; c'est une couleur très vive. Cette femme n'est pas belle, mais son visage est intéressant. Il ressemble un peu à un masque africain. On voit les figures géométriques qui jouent un grand rôle dans l'art de Picasso.

Pablo Picasso (1881–1973), *Femme au chapeau bleu*, 1944. Scala Art Resource, NY.

Vie et culture

Le patrimoine culturel

Comme vous avez appris dans le chapitre 7, les arts jouent un rôle important dans la vie des Français. Regardez cet extrait du tableau « Pratiques culturelles ».

Les Français sont très nombreux à s'intéresser à l'art. Ils considèrent le patrimoine[1] culturel français comme une richesse, et ils en sont fiers. Dès leur enfance, les Français sont exposés à la pratique et à l'appréciation de l'art. Ils suivent des cours d'arts plastiques et de musique. Ils apprennent à faire le dessin et à jouer d'un instrument, et ils visitent les musées avec leurs professeurs. Au niveau gouvernemental, le Ministère de la Culture et de la Communication protège et met en valeur le patrimoine culturel et encourage la création de nouvelles œuvres artistiques. Il accorde des subventions généreuses aux créateurs, aux musées et aux associations d'artistes. Ils soutiennent des genres aussi variés que les arts de la rue, les arts plastiques, le cinéma, la musique, la photographie et le théâtre.

Des élèves écoutent attentivement la guide devant cette sculpture au musée d'Art moderne et d'Art contemporain à Nice.

[1]*heritage*

PRATIQUES CULTURELLES

Sur 100 Français de 15 ans et plus, au cours des douze derniers mois :

51	ont pratiqué en amateur une activité artistique
39	ont visité un musée ou une galerie

Musées et galeries d'art

D'après le sondage « Pratiques culturelles », les Français sont 39 pour cent à visiter un musée ou une galerie pendant l'année. Cette vidéo nous montre le musée préféré de Diandra et une galerie d'art à Dijon où Mathilde a exposé une de ses œuvres.

Et vous ?

1. Est-ce que vous préfèreriez visiter un musée comme le Centre Pompidou avec beaucoup d'animation comme Diandra ou des galeries d'art comme Mathilde ? Pourquoi ? Quels musées ou galeries est-ce que vous fréquentez régulièrement ? Lesquels est-ce que vous aimez visiter pendant les vacances ?
2. Pensez-vous qu'on soutient et fait autant d'efforts pour encourager les arts en Amérique du Nord qu'en France ? Pourquoi ?
3. À votre avis, est-ce que les gens de votre communauté s'intéressent autant à l'art que les Français ? Pourquoi ?

Formes et fonctions : les phrases avec si

The conjunction **si** is used in a clause that expresses a condition. It is often accompanied by another clause that expresses the result.

- Use **si** plus the present tense to express a condition that, if fulfilled, will result in a certain action (stated in the present or future).

  Si je **trouve** une belle affiche, je l'**achète**/je l'**achèterai**.
  If I find a nice poster, I'm buying it/ I will buy it.

  Elle nous **accompagne**/ **accompagnera** au concert **si** elle **a** le temps.
  She is going/will go with us to the concert if she has the time.

- Use **si** plus the imperfect if the situation is hypothetical; the result clause will then be in the conditional.

  Si j'**avais** assez d'argent, je m'**achèterais** une peinture abstraite.
  If I had enough money, I would buy myself an abstract painting.

  Ils **pourraient** nous accompagner à l'exposition, **s'**ils **avaient** plus de temps libre.
  They could come with us to the exhibition if they had more free time.

À vous la parole

11-31 Des conseils pour Marine. Marine se passionne pour les arts. Elle est en deuxième année d'arts graphiques, mais elle commence à avoir des inquiétudes pour son avenir. Ses amis lui donnent des conseils et des idées pratiques. Terminez chaque phrase d'une façon logique.

MODÈLE Si tu as besoin de plus d'expérience, …
Si tu as besoin de plus d'expérience, tu pourras chercher un stage pour l'été.

1. Si tu veux trouver un bon stage, …
2. Si tu ne peux pas te déplacer pour visiter ce musée, …
3. Si tu n'as pas assez d'argent pour acheter ce nouveau logiciel de retouche, …
4. Si tu ne peux pas voir tous les détails de tes dessins sur l'écran de ton ordi, …
5. Si tu veux faire du bénévolat avec les enfants, …
6. Si ce manuel n'est pas disponible en version électronique, …
7. Si tu finis cette affiche pour ton cours de communication visuelle avant la date limite, …

11-32 Choix de profession. Souvent les étudiants ont du mal à choisir une profession. Qu'est-ce qu'ils pourraient faire s'ils choisissaient une profession dans les arts ou dans les médias ? Avec un/e partenaire, jouez les rôles d'un/e conseiller/-ère d'orientation et d'un/e étudiant/e.

MODÈLE dessinateur/dessinatrice
É1 J'aime beaucoup dessiner.
É2 Si vous étiez dessinatrice, vous pourriez faire des beaux dessins pour un site Web.
É1 Ou je ferais peut-être des illustrations pour les bandes dessinées.

1. peintre
2. acteur/actrice
3. réalisateur/réalisatrice
4. illustrateur/illustratrice
5. photographe
6. sculpteur/sculptrice
7. graphiste
8. écrivain/e

11-33 Des rêves et des projets. Qu'est-ce que vous ferez ou feriez dans les situations suivantes ? Avec un/e partenaire, parlez de vos projets et de vos rêves (*dreams*).

MODÈLE être un acteur/une actrice célèbre
É1 Si tu étais une actrice célèbre, qu'est-ce que tu ferais ?
É2 Je serais très riche et j'habiterais à Hollywood.

1. avoir ton diplôme demain
2. être millionnaire
3. trouver un emploi aujourd'hui
4. aller en Afrique
5. être en France
6. être le président / la présidente des États-Unis
7. avoir 50 ans

Formes et fonctions : les expressions **depuis** et **il y a... que**

Depuis and **il y a... que** are used with an expression of time and the present tense to indicate that an event that began in the past is still going on in the present.

- **Depuis** is used with an expression of time to indicate how long an event has been going on. To ask how long something has been going on, use **depuis combien de temps ?**

Depuis combien de temps est-ce que tu peins ?	*How long have you been painting ?*
— Je peins **depuis** trois ans.	*—I've been painting for three years.*

- **Depuis** can also be used to indicate specifically when an event began. Use **depuis quand ?** to ask when an event started.

Depuis quand est-ce que tu travailles ici ?	*Since when have you been working here?*
— Je travaille ici **depuis** 2018.	*—I've been working here since 2018.*

- To emphasize the length of time that something has been going on, use **il y a** followed by a time expression and **que.**

Il y a combien de temps que tu as cette trompette ?	***How long*** *have you had this trumpet ?*
— Il y a deux mois.	*—For two months.*

À vous la parole

11-34 Ça fait longtemps ! Mettez l'accent sur la durée en utilisant **il y a... que**.

MODÈLE Mathilde est à l'École des Beaux-Arts depuis trois ans.
Il y a trois ans que Mathilde est à l'École des Beaux-Arts.

1. Elle réalise des films depuis deux ans.
2. Elle a une exposition à la Galerie Interface depuis trois mois.
3. Elle a un ordinateur portable avec un super écran haute définition depuis dix semaines.
4. Elle a un blog depuis un mois.
5. Elle lit la biographie de Jacques Tati depuis quelques semaines.
6. Elle cherche des acteurs pour son nouveau court-métrage (*short film*) depuis quinze jours.

Tomi Ungerer est un graphiste, un écrivain et un illustrateur français.

11-35 La biographie d'un artiste. Avec un/e partenaire, parlez de la vie et carrière de Tomi Ungerer en précisant depuis quand ou depuis combien de temps il fait les choses suivantes.

MODÈLE 1957 Tomi publie son premier livre pour enfants.
É1 Depuis quand est-ce que Tomi publie des livres pour enfants ?
É2 Il publie des livres pour enfants depuis 1957.

OU É1 Depuis combien de temps est-ce que Tomi publie des livres pour enfants ?
É2 Il publie des livres pour enfants depuis [xx] ans.

1957 Tomi publie son premier livre pour enfants.
1970 Tomi se marie avec Yvonne Wright.
1976 Tomi et Yvonne s'installent en Irlande.
1998 Tomi devient lauréat du prix Hans Christian Andersen pour les illustrateurs (le petit prix Nobel de littérature).
2000 Tomi devient Ambassadeur du Conseil de l'Europe pour l'enfance et l'éducation.
2007 Le musée Tomi Ungerer s'ouvre à Strasbourg.
2014 Tomi devient Commandeur de l'Ordre national du Mérite.

11-36 Et vous ? Posez des questions à un/e partenaire pour savoir s'il / si elle fait les choses suivantes, et si oui, depuis combien de temps.

MODÈLES pratiquer un sport
É1 Est-ce que tu pratiques un sport ?
É2 Oui, je joue au basket.
É1 Depuis combien de temps est-ce que tu joues au basket ?
É2 Depuis sept ans.

1. pratiquer un sport
2. jouer d'un instrument
3. pratiquer en amateur une activité artistique
4. habiter la résidence ou un appartement
5. travailler
6. avoir un blog
7. avoir un smartphone
8. être fiancé/e ou marié/e ou divorcé/e

Stratégie

Study a work of art carefully in order to write a review. Focus on one or more aspects that seem important and suggest how they contribute to the impact of the work as a whole.

Écrivons

11-37 Pour faire la critique d'une œuvre d'art

A. Avant d'écrire. Choisissez une œuvre d'art et rédigez une critique. Si possible, choisissez un tableau, une sculpture ou une photographie que vous pouvez examiner directement (par exemple, chez vous, à la fac, dans un musée ou dans un lieu public). Si ce n'est pas possible, vous pouvez l'étudier de façon virtuelle sur Internet. Regardez l'objet de tous les côtés et donnez votre impression générale de cette œuvre d'art. Ensuite, choisissez deux ou trois aspects que vous décrirez en détail et notez votre interprétation de ces détails.

Prenez une photo ou cherchez une image en ligne de cette œuvre. Vous pourrez regarder cette photo quand vous rédigez votre critique et ensuite la partager avec vos lecteurs et lectrices.

B. En écrivant. Maintenant, regardez les notes que vous avez prises et rédigez votre critique. Avant de remettre votre critique, relisez-la pour vérifier que vous avez inclus plusieurs détails et que vous avez donné votre interprétation et votre appréciation de l'œuvre. N'oubliez pas d'inclure l'image.

MODÈLE La sculpture *Nana danseuse* de Niki de Saint Phalle (1930–2002) qui se trouve dans cette image a été exposée à Montréal en 2017 pendant l'exposition *Balade pour la paix : un musée en plein air*. Je n'ai pas vu cette sculpture à Montréal, mais j'ai eu l'occasion de voir plusieurs *Nanas* de cette sculptrice à Nice sur la Promenade des Anglais. Cette femme gigantesque est impressionnante. Les couleurs sont très vives et les motifs attirent les yeux. Cette femme n'a pas de tête et elle n'a pas de mains non plus. Mais ce n'est pas important. On remarque la joie et la puissance de cette femme qui prend beaucoup de place dans un lieu public. J'adore cette sculpture. Je suis toujours contente quand je la regarde.

C. Après avoir écrit. Avec quelques camarades de classe, échangez les critiques et les images pour découvrir des œuvres d'art. Est-ce que certaines critiques vous inspirent de visiter un musée ou une galerie ? Pourquoi ? Relisez votre critique. Si elle ne vous inspire pas, qu'est-ce que vous pouvez faire pour l'améliorer ?

Venez chez nous !

Modes d'expression artistiques

Partout dans le monde, les gens s'expriment à travers l'art. Dans le monde francophone, on trouve une grande variété de modes d'expression artistique : des grands maîtres de l'impressionnisme français aux masques et sculptures africains en passant par l'art de style naïf. Côté musique, on trouve le zydeco en Louisiane, l'Afropop à Madagascar ou en Guinée ainsi que des grands compositeurs comme Bizet, Debussy et Ravel et les rappeurs de nos jours. Il y a également de nombreux artisans. Ce sont des personnes qui travaillent pour eux-mêmes et qui produisent des choses qui, sans être des œuvres d'art, ont une valeur artistique. Dans cette leçon, nous examinerons de près quelques manifestations organisées par des artistes et des artisans dans le monde francophone. Complétez ces activités pour en approfondir votre appréciation et réfléchissez bien au rôle que l'art joue dans le monde francophone et dans votre communauté.

Au musée d'Orsay, dans l'Allée centrale des sculptures, une artiste dessine la sculpture et une photographe la prend en photo.

Observons

11-38 La Fête de la Musique

Le groupe « Macadam » joue pendant la Fête de la Musique.

A. Avant de regarder. Est-ce que vous avez entendu parler de la Fête de la Musique ? C'est un évènement musical qui a débuté en France et qui est vite devenu une vraie fête internationale. Actuellement la Fête de la Musique a lieu chaque été dans plus de 120 pays sur les cinq continents. Avec cette vidéo qui présente le groupe musical Macadam — que vous voyez sur la photo — vous apprendrez plus sur les origines et le déroulement de cette fête. Avant de regarder la vidéo, répondez à ces questions : Où est-ce que les membres du groupe Macadam se trouvent ? De quels instruments est-ce qu'ils jouent ? De quel type de musique ?

B. En regardant. Regardez la vidéo et choisissez toutes les bonnes réponses à ces questions.

1. La Fête de la Musique se déroule…
   le 1 juin. le 21 juin. le 21 juillet.
2. À cette occasion, on joue surtout…
   dans les églises. dans les théâtres. dans les rues.
3. Qui a instauré cette fête ?
   un Ministre de la Culture, Jack Lang
   une chanteuse très connue, Édith Piaf
   l'association Les Amis de la musique française
4. Indiquez si les phrases suivantes sont vraies ou fausses. Si elles sont fausses, corrigez-les.
   a. La Fête de la Musique existe en France depuis plus de trente ans.
   b. La Fête de la Musique a lieu seulement à Paris et dans les grandes villes.
   c. Pour jouer, les groupes doivent obtenir une autorisation officielle.
   d. On peut assister à tous les concerts sans payer. C'est gratuit.

C. Après avoir regardé. Répondez à ces questions.

1. Pourquoi, à votre avis, est-ce qu'on a choisi cette date pour la Fête de la Musique ?
2. Le slogan de cette fête, c'est : « Faites de la musique, Fête de la Musique ». Est-ce que vous pouvez expliquer ce jeu de mots ?
3. Est-ce qu'un évènement similaire existe chez vous ? Aimeriez-vous participer à la Fête de la Musique ? Pourquoi ?

Voici Ayélé Gabiam (en jean) et Ayoko Gabiam. Elles portent des beaux chemisiers de la dernière collection de Nahêni. Cette marque met en valeur le batik traditionnel togolais.

Lisons

11-39 Le batik

A. Avant de lire. Art is not only an important cultural artifact and a passion or vocation for the artist, it is also a major world industry and a means for many artists and artisans to earn a living. The excerpt you will read is taken from an online article about a startup company creating, promoting, and selling batik items in the traditional Togolese style. Batik plays an important role in African culture, both as a decorative art form (wall hangings, table linens) and in everyday clothing such as shirts for men or **pagnes** (*fabric worn around the waist like a skirt, or as a headdress)* for women. African designers use traditional and new techniques to create accessories and stylish outfits such as those shown in the photo. These were produced by **Nahêni,** the startup company you will read about.

B. En lisant. Choisissez toutes les bonnes réponses pour chaque question.

1. Quelle est la relation entre Ayoko et Ayélé ?
   des amies d'enfance des amies de fac des cousines des sœurs
2. Pourquoi est-ce qu'elles ont choisi le nom **Nahêni** pour leur entreprise ?
   Elles aiment bien la sonorité du nom.
   Ce mot veut dire « batik » dans leur langue maternelle.
   C'est le prénom d'une femme importante dans leur vie.
   Elles ont toujours aimé ce nom.
3. Comment est-ce qu'on peut caractériser le batik togolais d'après Ayoko et Ayélé ?
   C'est du coton. C'est fait à la main. C'est très connu. C'est original.
4. D'après l'article, Ayoko a un parcours « atypique ». Pourquoi ?
   Elle est ingénieure et elle a un diplôme en chinois.
   Elle est styliste et ingénieure.
   Elle a fait des études en Chine, en France et au Togo.
   Elle a un diplôme de gestion et de chinois.
5. Pour chaque tâche, indiquez si c'est la responsabilité d'Ayoko ou d'Ayélé :

choisir des couleurs et des motifs	Ayoko	Ayélé
s'occuper du marketing et de la vente	Ayoko	Ayélé
développer et gérer des plateformes en ligne	Ayoko	Ayélé
créer des modèles et des styles	Ayoko	Ayélé

6. Comment est-ce que le batik togolais diffère du batik des autres pays de la région ?
   Il utilise des symboles Adrinké.
   Il est fabriqué avec des produits bios.
   Il utilise des représentations d'animaux.
   C'est fabriqué avec des couleurs très intenses.
7. Comment est-ce qu'on peut acheter les produits de la marque **Nahêni** ?
   dans une boutique à Lomé en ligne par catalogue dans les grands magasins
8. Quelle expression en anglais a le même sens que « du bouche-à-oreille » ?
   by word of mouth from ear to ear from your mouth to God's ear by ear

Dans les coulisses[1] de Nahêni, le batik togolais qui cartonne[2]

À Lomé, dans la capitale togolaise, se positionne une marque[3] de vente du batik, moyen d'un retour au tissu traditionnel et de valorisation de l'artisanat.

À la tête de cette marque Ayoko et Ayélé Gabiam, deux sœurs aux parcours[4] différents. … « Quand ma sœur et moi avions eu l'idée de créer cette marque pour valoriser le pagne batik authentique togolais, le nom qu'elle devrait porter était une évidence. … « Nahêni, c'est le prénom de notre grande mère
5 maternelle. Elle était une femme de cœur, mais de très fort caractère… C'est grâce à elle que nous sommes aujourd'hui des femmes conscientes de notre valeur et de nos capacités à réaliser nos rêves »…

Leurs diplômes en poche[5], elles effectuent[6] un voyage touristique à travers le Togo et tombent, disent-elles, sous le charme de ce tissu vivant, 100 %
10 coton, fait main, authentique Togolais qu'elles ne connaissaient pas : le Batik. Elles s'assignent alors une mission. « Quand tu redécouvres ton pays pour la première fois et que tu tombes sous le charme de son textile fait main surtout

[1]*behind the scenes* [2]réussit bien [3]*brand* [4]*paths* [5]*in their pockets = in hand* [6]font

le BATIK, qui est original, en coloris varié et unique, mais méconnu[7], tu prends l'engagement de le vulgariser[8] dans ton pays ainsi que dans le monde », résument-elles…

Ayoko, la plus jeune a plutôt un parcours « atypique ». Passion pour l'artisanat depuis la tendre enfance, ingénieure de conception en Réseaux Télécommunication, business développer depuis bientôt quatre ans. Mais aussi diplômée en langue et culture chinoise. Cette touche-à-tout[9] qui parle couramment[10] l'anglais affirme : « Moi je suis plus axée[11] sur le côté marketing, vente, développement et gestion de nos plateformes en ligne ». Quant à la création des modèles, des motifs[12] et des coloris appropriés, c'est Ayélé, la sœur ainée[13], styliste de formation qui s'en charge.

Le batik togolais est d'une qualité enviable dans la sous-région.[14] Contrairement au batik ghanéen marqué par des symboles Adrinké, le tissu togolais utilise des représentations d'animaux comme motifs. Nahêni insiste sur l'authenticité. « Notre batik diffère dans le processus de fabrication. Nous utilisons des produits bio, des colorants à base d'écorces[15] d'arbre. Le batik togolais dégage[16] une authenticité plus marquée[17] sur les valeurs », explique Ayélé Gabiam.

La dernière collection homme et femme de Nahêni a été lancée il y a quelques mois. Dénommé SEN'KA (visionnaire), elle valorise des motifs et des coloris qui décrivent « le contraste de mondialisation de la mode et l'importance de valoriser notre héritage artisanal », fait savoir Ayoko Gabiam…

Nahêni offre surtout des T-shirts originaux, du prêt-à-porter homme et femme, mais aussi des accessoires. … Pour le moment, Nahêni vend ses produits en ligne grâce à sa boutique Afrikrea. Les deux entrepreneures misent[18] également sur les réseaux sociaux (Facebook, Instagram, Pinterest, Twitter) et sur du bouche-à-oreille.

[7]*little known* [8]*popularize* [9]*Jack/Jill of all trades* [10]*fluently* [11]*focused* [12]*patterns* [13]plus âgée [14]*sub-region* [15]*bark* [16]*gives off* [17]*focused on* [18]*are betting*

SOURCE : « Dans les coulisses de Nahêni, le batik togolais qui cartonne » *Afrotribune*, 3 avril 2018.

C. Après avoir lu. Discutez de ces questions avec vos camarades de classe.

1. Décrivez ces deux entrepreneures et leur mission. Est-ce que cette mission est importante, à votre avis ? Pourquoi ?
2. Est-ce que les vêtements qu'on choisit de porter peuvent communiquer un message ? Comment ?

Le musée du Louvre et sa pyramide. C'est le musée le plus grand et le plus visité du monde. Il accueille plus de huit millions de visiteurs et de visiteuses par an.

Écrivons

11-40 Visite virtuelle de musée

Vous avez sans doute entendu parler du musée du Louvre et des chefs-d'œuvre qui s'y trouvent, comme la Joconde (*the Mona Lisa*). Mais on trouve d'autres musées intéressants à Paris, dans les autres villes en France et dans le monde francophone. Il serait impossible de les visiter tous, mais grâce à Internet, on peut faire des visites virtuelles.

A. Avant d'écrire. Avec un/e partenaire, choisissez un musée dans cette liste et faites-en une visite virtuelle. Ensuite, préparez un petit guide de visiteur/visiteuse qui aidera les autres à décider quels musées visiter.

au Canada :
- le Musée d'art contemporain de Montréal [au Québec]
- la galerie d'art Gilles Desjardins à Drummondville [au Québec]
- la Cinémathèque québécoise à Montréal [au Québec]
- le Musée de l'ingéniosité J. Armand Bombardier à Valcourt [au Québec]

en Europe :
- le Musée d'art moderne et d'art contemporain de Liège [en Belgique]
- le Musée de la bande dessinée à Bruxelles [en Belgique]
- le Musée d'art et d'histoire de Genève [en Suisse]
- l'Atelier des lumières à Paris
- la Grande Galerie de l'Évolution (le Muséum national d'histoire naturelle) à Paris
- le Musée de la musique / Philharmonie de Paris
- le Musée des arts décoratifs à Paris
- le Musée de Grenoble et sa collection d'arts graphiques [en France]
- l'Institut et le musée lumière (la cinématographie) à Lyon [en France]
- le musée Marc Chagall à Nice [en France]
- le musée Tomi Ungerer / Centre international de l'illustration à Strasbourg [en France]
- la fondation Maeght [en France]

B. En écrivant. Préparez un guide de visite virtuelle pour le musée que vous avez choisi avec les rubriques suivantes.

Une description générale :

MODÈLE L'Atelier des lumières est un nouveau musée ouvert en avril 2018. C'est le premier centre d'art numérique à Paris. Il offre des expositions immersives ; on voit des milliers d'images en mouvement animées par des vidéoprojecteurs et accompagnées de musique.

Informations pratiques : l'adresse, les tarifs, le site Web

MODÈLE Le musée se trouve à Paris dans le 11e arrondissement. On peut y aller en métro. L'entrée coûte 14,5 euros, mais il y a des tarifs réduits pour les jeunes, les seniors et les étudiants. Le site Web est…

Les collections et les expositions :

MODÈLE Il n'y a pas de collection permanente. La première exposition s'appelle « Gustave Klimt : une immersion dans l'art et la musique ». Elle est consacrée aux œuvres de ce peintre viennois (*Viennese*).

Votre appréciation du musée et de son site Web

MODÈLE Ce musée offre une nouvelle expérience et surtout une nouvelle façon de comprendre les œuvres d'art avec le mouvement, les lumières et la musique. Nous aimerions beaucoup y aller pour assister à cette exposition en personne. Mais, le site Web est beau et très bien fait. Il y a une galerie photos et des vidéos de l'exposition et du musée qui donnent une idée de cette expérience immersive.

C. Après avoir écrit. Est-ce que votre recherche vous a donné l'idée de planifier une visite à ce musée un jour ? Pourquoi ? En attendant de pouvoir réaliser cette visite, est-ce qu'il y a des musées intéressants à visiter près de chez vous ? Lesquels ?

Parlons

11-41 La musique que je préfère

A. Avant de parler. Quelle musique est-ce que vous préférez ? Préparez un exposé et présentez-le à vos camarades de classe. Pour préparer, …

- Décrivez le compositeur/la compositrice, le/la musicien/ne ou le groupe
- Décrivez le style de musique

C'est de la musique…	blues, classique, country, électrique, folklorique, funk, hip-hop, jazz, pop, rap, rock

- Décrivez ses caractéristiques

La mélodie est…	douce, harmonieuse, monotone, simple
Le rythme est…	lent, rapide, syncopé, vif
Les paroles (*words*) sont…	engagées, poétiques, rimées, sentimentales
On entend…	une batterie, un chanteur, une chanteuse, une guitare (basse), un harmonica, un piano, un saxophone, un violon

- Expliquez pourquoi vous appréciez cette musique
- Préparez des supports visuels
- Choisissez un extrait pour faire écouter à vos camarades de classe.

Attention ! Ne cherchez pas de mots compliqués en ligne ; utilisez des mots et des phrases simples que tout le monde comprendra.

Michael Doucet (au violon) et son frère David Doucet jouent pendant le Jazz Fest à la Nouvelle Orléans. Ils font partie du groupe BeauSoleil, un groupe de six musiciens cadiens. Le groupe a gagné un prix Grammy pour l'un de leurs albums.

B. En parlant. Présentez votre exposé à vos camarades de classe.

MODÈLE Je vais présenter une chanson du groupe BeauSoleil. C'est un groupe qui joue ensemble depuis plus de 40 ans. Ils font de la musique traditionnelle cadienne, mais ils composent aussi des nouvelles chansons. Leur style est influencé par le blues et le jazz. Le musicien principal du groupe s'appelle Michael Doucet ; il joue du violon et de l'accordéon. Il est chanteur et aussi compositeur. Les musiciens de BeauSoleil jouent avec beaucoup d'énergie et d'enthousiasme. J'aime cette musique parce qu'il y a un bon rythme qui donne envie de danser !

Voici un extrait de l'une de leurs chansons. Elle s'appelle *La Chanson d'Acadie*. On entend surtout le violon et l'accordéon avec de la batterie aussi. La mélodie et les paroles sont assez mélancoliques, mais c'est une belle chanson.

C. Après avoir parlé. Quelle musique est-ce que vous avez envie d'écouter maintenant ? Pourquoi ?

Vocabulaire

Leçon 1

des genres (m) d'émissions	*kinds of programs*
un dessin animé	*cartoon, animated film*
une émission	*program*
une émission de sport	*sports program*
une émission de téléréalité	*reality show*
un feuilleton	*serial, soap opera*
les informations (les infos) (f pl)	*news*
un jeu télévisé	*game show*
un magazine	*news magazine*
un reportage	*special report*
une série (dramatique, humoristique, policière, de suspense)	*(dramatic, comic, police, suspense) series*
un téléfilm	*made-for-TV movie*

pour regarder la télévision ou voir un film	*to watch TV or see a movie*
allumer	*to turn on (an appliance)*
une chaîne	*TV station*
en direct	*live*
un épisode	*episode*
en replay	*pre-recorded*
un service VOD/SVOD	*Video on Demand (Pay per View) / Subscription to video streaming service*
des sous-titres (m)	*subtitles*
un téléviseur	*TV set*
en version originale (en VO) / en version originale sous-titrée (en VOST) / en version française (en VF)	*in the original language / in the original language with subtitles / in French*

des genres de films	*types of films*
une comédie	*comedy*
une comédie musicale	*musical*
une comédie romantique	*romantic comedy*
un documentaire	*documentary*
un drame	*drama*
un film d'action	*action film*
un film d'animation	*animated film*
un film d'aventure	*adventure film*
un film historique	*historical movie*
un film d'horreur	*horror movie*
un film policier	*detective / police movie*
un film de science-fiction	*science fiction movie*
un western	*western*

quelques conjonctions	*some conjunctions*
aussitôt que	*as soon as*
dès que	*as soon as*
lorsque	*when*
pendant	*during, for*
pendant que	*while*

Leçon 2

le numérique	*digital technology*
un appel vidéo	*video call*
une appli(cation)	*app(lication)*
le bureau	*(computer) desktop*
le cloud, le nuage	*the cloud*
un compte (bancaire, e-mail)	*(bank, e-mail) account*
une connexion (à Internet, WiFi)	*(Internet, wireless) connection*
en ligne	*online*
un e-mail	*e-mail message*
un fichier	*file*
un logiciel (de présentation, de tableur, de traitement de texte)	*software (presentational, spreadsheet, word-processing)*
un manuel	*textbook*
un message instantané	*instant message (from a "texting" app)*
la messagerie électronique, instantanée, vocale	*e-mail application, instant messaging application, voice mail*
le montant	*(total) amount; balance*
un mot de passe	*password*
une page Web	*web page*
des réseaux (m) sociaux	*social media*
un selfie	*selfie*
un smartphone	*smartphone*
un statut	*status (on social media site)*
une tablette	*tablet*
un tableur	*spreadsheet software*
un téléphone intelligent	*smartphone (Can.)*
une tâche	*task, job*
un texto	*text message*
un tracker d'activité	*fitness tracker*
une version électronique, numérique, en papier	*e-book, digital media, print*
le WiFi	*Wi-Fi*

quelques verbes utiles	useful verbs
allumer	*to turn on*
composer	*enter; type; dial*
se connecter (à Internet)	*to connect (to the Internet), to go online*
consulter ses e-mails	*to read one's emails*
échanger des messages instantanées	*to exchange instant messages*
envoyer un e-mail, un texto	*to send an email, a text message*
éteindre	*to turn off*
manquer	*to miss*
mettre à jour	*to update*
naviguer sur Internet	*to surf / browse the Internet*
participer à des réseaux sociaux	*to participate in social media*
recevoir	*to receive*
sauvegarder (un fichier)	*to save (a file)*
se servir de (quelque chose)	*to use (something)*
stocker	*to store*
télécharger	*to download; to upload*
vérifier ses e-mails	*to check one's email*

la lecture	reading
un journal (des journaux)	*newspaper(s)*
un magazine	*magazine*
un roman	*novel*

pour situer l'action dans le temps	to order events in time
avant de (+ infinitif)	*before doing something*
avant de jouer en ligne	*before playing online games*
après avoir/être (+ participe passé)	*after having done something*
après avoir mangé, après être arrivé/e	*after having eaten, after having arrived*

Leçon 3

les artistes et leur œuvre	artists and their work
l'art (m) graphique	*graphic arts*
un dessin	*sketch/drawing*
un dessinateur / une dessinatrice	*someone who draws, sketches*
une étude	*study*
un/e graphiste	*graphic artist; graphic designer*
un illustrateur / une illustratrice	*illustrator*
une nature morte	*still life*
une œuvre d'art	*work of art*
un paysage	*landscape*
un/e peintre	*painter*
un/e photographe	*photographer*
une photo(graphie)	*photo(graph)*
un portrait	*portrait*
un sculpteur / une sculptrice	*sculptor*
un stylet	*stylus for a tablet*
un tableau	*painting*
une tablette graphique	*graphic tablet*

pour parler de l'art	to talk about art
la composition	*composition*
une couleur (sombre, vive)	*(somber, dark ; bright, vivid) color*
les matières (f)	*materials*
l'argile (f)	*clay*
le bois	*wood*
le bronze	*bronze*
le marbre	*marble*
le métal	*metal*
le plâtre	*plaster*
un reflet	*reflection*
le style	*style*
abstrait/e	*abstract*
cubiste	*cubist*
figuratif/-ive	*figurative*
impressionniste	*Impressionist*
naïf/-ïve	*naive*
réaliste	*realistic*
romantique	*romantic*
surréaliste	*surrealistic*
le sujet	*subject*
l'utilisation de la lumière	*use of light*

quelques verbes utiles	some useful verbs
dessiner	*to draw*
faire de l'art graphique	*to do graphic art*
illustrer	*to illustrate*
peindre ; on peint ; on a peint	*to paint; one paints; one painted*
sculpter	*to sculpt*

pour exprimer la durée	to express duration
depuis combien de temps ?	*for how long?*
depuis quand ?	*since when?*
il y a… que	*it's been …, for …*

Appendices

Appendice 1

L'ALPHABET PHONÉTIQUE INTERNATIONAL

a	**à**, l**a**	b	**b**ureau
e	écout**ez**	k	**c**ahier, **q**ui, **k**ilo
ɛ	**e**lle	ʃ	**ch**aise
i	**i**l, st**y**lo	d	**d**ans
o	styl**o**, bient**ô**t, tabl**eau**	f	**f**emme
ɔ	g**o**mme	g	**g**arçon
u	n**ou**s	ɲ	espa**gn**ol
y	d**u**	ʒ	**j**our, **g**entil
ø	d**eu**x	l	**l**a, vi**ll**age
œ	l**eu**r, s**œu**r	m	**m**ada**m**e
ɑ̃	**en**f**an**t	n	**n**euf
ɛ̃	cous**in**	ŋ	campi**ng**
ɔ̃	b**on**jour	p	**p**ère
œ̃	**un**	r	**r**épéter
j	n**i**èce, fi**ll**e, cra**y**on	s	**s**alut, **c**inq, fran**ç**ais, bro**ss**e
ɥ	l**u**i	t	**t**an**t**e
w	m**oi**, j**ou**er, **w**eek-end	v	**v**oici
		z	**z**éro, cou**s**ine

Appendice 2

GRAMMAIRE SUPPLÉMENTAIRE

Le plus-que-parfait

You have learned to use the **passé composé** and the **imparfait** to narrate or describe events in the past. Use the **plus-que-parfait** to order events in the past or to indicate that an event in the past occurred before another past event (or an implied event).

J'ai appris que l'exposition sur Matisse et Picasso **avait** déjà **fini**.	*I learned that the Matisse and Picasso exhibit had already finished.*
Quand on est arrivé, la pièce **avait** déjà **commencé**.	*When we arrived, the play had already begun.*
Elles ne **s'étaient** jamais **rencontrées**.	*They had never met.*

To form the **plus-que-parfait**, use the **imparfait** of **avoir** or **être** and the past participle.

LE PLUS-QUE-PARFAIT AVEC AVOIR			
j'	**avais** joué	nous	**avions** joué
tu	**avais** joué	vous	**aviez** joué
il / elle / on	**avait** joué	ils / elles	**avaient** joué

LE PLUS-QUE-PARFAIT AVEC ÊTRE			
j'	**étais** parti/e	nous	**étions** parti/e/s
tu	**étais** parti/e	vous	**étiez** parti/e/s
il	**était** parti	ils	**étaient** partis
elle	**était** partie	elles	**étaient** parties
on	**était** parti/e/s		

Use the **plus-que-parfait** also to report what someone said she *had done* in the past, as in the second example below. Note that in the first example, the imperfect is used to report what someone said she *was doing* in the past.

Elle dit : « Je lis le guide du voyageur. »	Elle a dit qu'elle lisait le guide du voyageur.
Elle dit : « J'ai lu le guide du voyageur. »	Elle a dit qu'elle **avait lu** le guide du voyageur.

À vous la parole

A-1 Histoire d'amour. Voici quelques moments dans la vie des poètes Paul Verlaine et Arthur Rimbaud, qui ont vécu ensemble pendant deux années assez agitées. Ils se sont séparés définitivement en 1873 quand Verlaine a tiré sur (*shot*) Rimbaud, qui a été légèrement blessé (*slightly wounded*). Est-ce que les actions suivantes se sont passées avant ou après cet incident ?

MODÈLE Paul Verlaine s'était marié avec Mathilde Mauté en 1870.
avant l'incident

1. Ils s'étaient souvent violemment disputés.
2. Verlaine avait rencontré Arthur Rimbaud à Paris en 1871.
3. Verlaine a écrit *Il pleure dans mon cœur*.
4. Verlaine a passé deux ans en prison.
5. Ils étaient partis ensemble en Belgique et puis en Angleterre.
6. Verlaine s'est converti au catholicisme.
7. Verlaine avait quitté sa femme et son fils.
8. Verlaine est mort à l'âge de 51 ans.

A-2 Voilà ce qu'on a dit. Imaginez que vous parlez au téléphone avec un/e amie/e. Dites-lui ce que ces personnes ont dit.

MODÈLE Laure a dit : « J'ai rencontré mes amis à une petite fête ce week-end. »
Laure a dit qu'elle avait rencontré ses amis à une petite fête ce week-end.

1. Kevin nous a dit : « Je n'ai pas pu inviter mes parents à dîner chez moi. »
2. Manon a dit : « Romain et moi n'avons pas aimé le concert de rock. »
3. Pauline a dit : « J'ai adoré ce concert de jazz. »
4. Hugo a écrit : « Le film à la cinémathèque a été magnifique. »
5. Grégory nous a dit : « Mes parents sont venus pour l'exposition. »
6. Aurore a écrit : « J'ai organisé une soirée jeux de société chez moi. »

A-3 Explications. Complétez ces phrases avec un verbe au **plus-que-parfait** choisi dans la liste suivante pour mieux expliquer la situation.

acheter	~~commencer~~	gagner	manger
apprendre	étudier	jouer	se terminer

MODÈLE Les équipes se sont arrêtés de jouer plus tôt que prévu parce qu'il... à pleuvoir.
avait déjà commencé

1. Nous sommes arrivés tellement en retard que le match...
2. Quand le nouveau coach est finalement arrivé, les basketteuses... ensemble pendant trois semaines.
3. C'est dommage mais quand il a téléphoné pour m'inviter au restaurant, j'...
4. J'ai perdu le tee-shirt des Bleus que mon copain m'...
5. Quand le match a commencé, nous... toutes les statistiques.
6. Quand elle est allée à la campagne avec nous, elle... à faire du cheval.
7. Il ne savait pas que cette équipe... la Coupe du Monde.

Vue d'ensemble : l'emploi des temps verbaux

The present indicative is the most versatile tense in French. As you know, it expresses habitual actions or states and ongoing actions or events. With an appropriate time expression, the present also recounts past events and describes future ones:

Il **parle** français couramment.	*He speaks French fluently.*
Elle **organise** un voyage en Martinique pour fêter l'anniversaire de mariage de ses parents.	*She is organizing a trip to Martinique to celebrate her parents' anniversary.*
Le centre Pompidou **ouvre** ses portes au public **le 2 février 1977**. C'**est** le début d'un des musées les plus visités à Paris.	*The Centre Pompidou opened its doors to the public on February 2, 1977. It was the start of one of the most visited museums in Paris.*
Nous **allons** au musée **demain**.	*We're going to the museum tomorrow.*

In **Chapitre 7**, you learned how to differentiate and use two of the tenses that express the past in French: **le passé composé** and **l'imparfait**. As you know, **l'imparfait** is used to express repeated or continuous actions; mental states and emotions; and descriptions of people, places, or the weather in the past. It is used to provide background information in a narrative, while **le passé composé** is used to express completed actions that advance the storyline. Consider these examples from texts you may have read or may read in *Chez nous*.

« … quand j'étais toute petite, il n'y avait pas de plus beau quartier que le Mellah. … À côté de chez nous, il y avait la maison bleue. Elle n'était pas bleue, mais on l'appelait comme ça parce qu'elle avait une grande porte peinte en bleu, et les fenêtres à l'étage aussi étaient peintes en bleu. ...Tous les jours, j'allais voir sa maison. » (Le Clézio, *Printemps et autres saisons*, Chapitre 6)

J'ai commencé à vouloir changer de prénom à cause de l'école. Les profs n'arrivaient (*managed*) jamais à prononcer correctement le mien (*mine*), soi-disant (*so they said*) parce qu'ils n'avaient pas l'habitude. (Azouz Begag, *Béni ou le Paradis Privé*, Chapitre 9)

Yollande Randrianambinina, grand-mère de 53 ans, habite le petit village d'Ambakivao. Jusqu'à fin 2017, ce village de pêcheurs (*fishermen*) isolé à l'ouest de Madagascar n'avait pas accès à l'électricité. Yollande et ses petits-enfants s'éclairaient (*lighted their home*), difficilement, à la lampe à pétrole. Maintenant c'est fini. Car la grand-mère… est devenue ingénieure solaire. (AFP, *À Madagascar, une grand-mère devenue ingénieure solaire*, Chapitre 10)

À vous la parole

A-4 Bien dit. Déterminez si chaque phrase évoque le présent, le futur ou le passé et suggérez d'autres façons de dire la même chose si c'est possible.

MODÈLE On va au musée ce week-end pour voir la nouvelle exposition.
On pourrait dire : On va aller au musée pour voir la nouvelle exposition.

1. Elle vient nous voir la semaine prochaine.
2. À l'âge de 16 ans, mon/ma prof part en France pour la première fois.
3. Mon grand-père s'installe à New York à l'âge de 16 ans.
4. Ce week-end, je travaille samedi et dimanche.
5. On part cet après-midi.
6. Maryse Condé écrit son premier roman à l'âge de 11 ans.
7. En ce moment, ils font un tour dans le quartier.
8. Ils arrivent en France le 18 mai.

A-5 Toujours le sport. Racontez cette histoire au passé ; employez le passé composé ou l'imparfait, selon le cas.

MODÈLE C'est un samedi après-midi au début du mois de juin.
C'était un samedi après-midi au début du mois de juin.

(1) Il y a un match de football à deux heures de l'après-midi. (2) Il fait très chaud. (3) Le ciel est gris. (4) Les parents sont anxieux. (5) Ils pensent qu'il va pleuvoir. (6) On fait nos derniers préparatifs quand il commence à pleuvoir très fort. (7) L'arbitre (*referee*) nous dit qu'on doit jouer sous la pluie. (8) Les spectateurs ne sont pas contents. (9) Nous allons commencer le match quand on voit un orage à l'horizon. (10) L'arbitre siffle (*whistles*). (11) Tout le monde doit quitter le terrain. (12) On attend une demi-heure dans les voitures des spectateurs mais la pluie ne s'arrête pas. (13) Finalement, le match est annulé et on rentre à la maison. (14) Je ne suis pas heureux. Quelle mauvaise journée !

A-6 Histoire à suivre. En groupes de cinq ou six, choisissez un début et puis imaginez la suite de l'histoire. Chaque membre du groupe va ajouter une phrase à tour de rôle.

MODÈLE Il faisait sombre.
É1 Il pleuvait depuis trois jours et...
É2 ... les petits chats n'étaient pas contents parce que...
É3 ... ils avaient faim.
É4 Ils cherchaient à manger quand soudainement...
É5 ... un gros chien est arrivé.
É1 Les petits chats...

1. Il faisait sombre...
2. C'était une journée ordinaire...
3. Il faisait beau et le soleil brillait...
4. C'était la première fois que...
5. Ils ont toujours voulu...

Le futur antérieur

When two future events are simultaneous in French, use the future tense in both clauses.

Dès que j'**aurai** vingt-et-un ans, j'**irai** au nouveau club.	*As soon as I'm twenty-one, I'll go to the new club.*

When one future event will have been completed before a second future event occurs, use the **futur antérieur** to convey the order of these events. Use the **futur antérieur** in a clause introduced by an expression such as **aussitôt que**, **dès que**, **quand**, or **lorsque** to express the earlier event.

Quand Rachid **aura terminé** ces devoirs, on ira à la soirée jeux de société.	*When Rachid has finished this homework, we will go to game night.*
Nous irons à Paris **aussitôt qu'**on **aura économisé** assez d'argent.	*We will go to Paris as soon as we have saved enough money.*
Dès que nous **aurons dîné**, nous sortirons.	*As soon as we have eaten, we will go out.*

The **futur antérieur** can also be used with a time expression to indicate that an action will have been finished at that moment.

En l'an 2050 on **aura** tout **vu.**	*In the year 2050, we will have seen it all.*
J'espère que la visite guidée **aura fini avant quatorze heures trente.**	*I hope that the guided visit will have ended by 2:30.*

To form the **futur antérieur**, use the future tense of **avoir** or **être** plus the past participle.

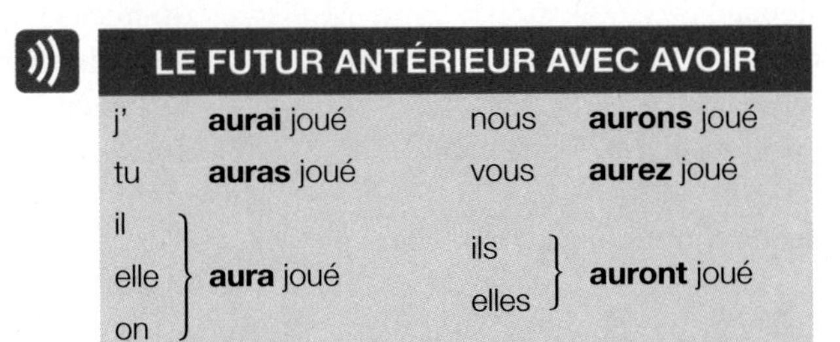

LE FUTUR ANTÉRIEUR AVEC AVOIR			
j'	**aurai** joué	nous	**aurons** joué
tu	**auras** joué	vous	**aurez** joué
il / elle / on	**aura** joué	ils / elles	**auront** joué

LE FUTUR ANTÉRIEUR AVEC ÊTRE			
je	**serai** parti/e	nous	**serons** parti/e/s
tu	**seras** parti/e	vous	**serez** parti/e/s
il	**sera** parti	ils	**seront** partis
elle	**sera** partie	elles	**seront** parties
on	**sera** parti/e/s		

À vous la parole

A-7 Des projets. Qu'est-ce que vous ferez dans les situations suivantes ? Avec un/e partenaire, parlez de vos projets.

MODÈLE Dès que j'aurai terminé mes devoirs ce soir, ...

É1 Dès que j'aurai terminé mes devoirs ce soir, je regarderai un peu la télé.

É2 Pas moi. Je préfère dormir. Dès que j'aurai terminé mes devoirs, je me coucherai.

1. Aussitôt que je me serai réveillé/e demain matin, je...
2. Dès que le week-end sera arrivé, je...
3. Lorsque j'aurai fini avec les examens finaux, je...
4. Quand les grandes vacances seront arrivées, je...
5. Lorsque j'aurai terminé mes études, je...
6. Quand j'aurai trouvé un bon travail, je...
7. Quand j'aurai rencontré le/la partenaire idéal/e, je...
8. Quand j'aurai eu des enfants, je...

A-8 Allons au musée du Louvre. Complétez chaque phrase logiquement en employant le **futur antérieur**.

MODÈLE Il y aura des critiques dans le journal dès que l'exposition...
Il y aura des critiques dans le journal dès que l'exposition aura commencé.

1. Il y aura des critiques dans le journal dès que l'exposition...
2. J'obtiendrai mon billet avec une réduction aussitôt que je...
3. Nous achèterons le catalogue quand nous...
4. Vous pourrez entrer dans le musée lorsque vous...
5. Vous pourrez visiter librement les salles quand la visite guidée...
6. Nous sortirons dans les jardins des Tuileries dès qu'on...
7. On prendra un café dès qu'on...
8. On achètera des cartes postales lorsqu'on...
9. Je mettrai ma nouvelle affiche au mur dès que...

a. arriver dans la boutique du musée
b. arriver devant le café Richelieu
c. finir
d. montrer ma carte d'étudiant
e. visiter toutes les salles
f. acheter des billets à l'entrée
g. rentrer à la maison
h. commencer
i. arriver à la caisse

A-9 En l'an 2050. Qu'est-ce que vous aurez fait en l'an 2050 ? Parlez de votre avenir avec un/e partenaire.

MODÈLE É1 En l'an 2050, j'aurai terminé mes études et je serai médecin. Je me serai mariée et j'habiterai à New York avec mon mari.

É2 Et moi, en l'an 2050, j'aurai gagné des millions de dollars avec ma propre société (*company*) et je serai très riche. J'aurai acheté un appartement à Paris, une grande maison à Long Island et une maison en Floride pour les vacances.

Vue d'ensemble : les combinaisons de pronoms compléments d'objet

You have learned to use direct- and indirect-object pronouns **le, la, les, lui, leur, me, te, nous, vous**, the reflexive pronoun **se**, the partitive pronoun **en**, and the locative pronoun **y**. As you know, these pronouns are used to avoid repetition and are generally placed before the conjugated verb. There are some special rules to learn when you use two pronouns in the same sentence.

Certain pronoun combinations are quite common in French:

- The expression **il y en a**:

Il y a toujours des billets de train à des tarifs intéressants ?	*Are there still train tickets with a good fare available ?*
— Oui, **il y en a** quelques-uns, mais il faut vous dépêcher.	*—There are a few (of them) left, but you must hurry.*

- Combinations involving a person and a thing (or things):

Tu **me le** prêtes ?	*Will you lend it to me?*
Je **te l'**offre.	*I'm giving it to you.*
Il **me l'**a déjà dit.	*He already told me that.*
Tu pourrais **me l'**apporter ?	*Could you bring it to me?*
Ne **leur en** donne pas !	*Don't give them any!*

When two object pronouns (direct, indirect, reflexive) occur together, their order is as follows:

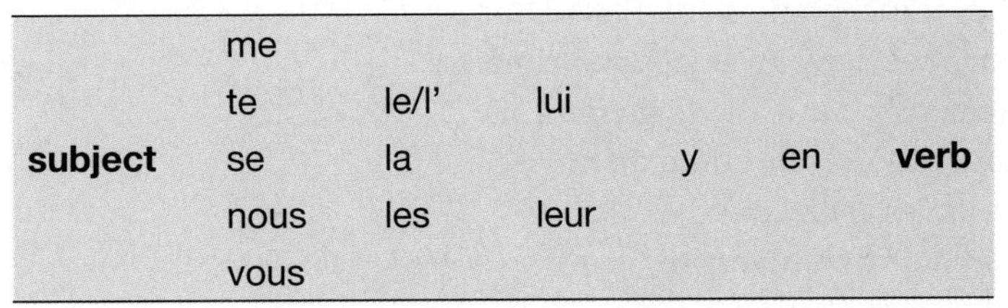

	me					
	te	le/l'	lui			
subject	se	la		y	en	**verb**
	nous	les	leur			
	vous					

In affirmative commands, the order is somewhat different:

Voilà mon passeport ; rends-**le-moi** !	*There's my passport; give it back to me!*
Donnez-**nous-en** !	*Give us some!*

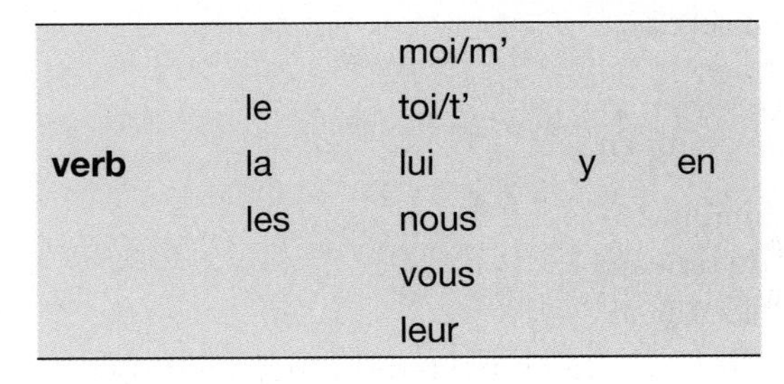

		moi/m'		
	le	toi/t'		
verb	la	lui	y	en
	les	nous		
		vous		
		leur		

À vous la parole

A-10 Dans l'avion. Vous écoutez des gens qui parlent autour de vous dans un avion qui fait New York-Paris. Avec un/e partenaire, imaginez de quoi ils parlent probablement.

MODÈLE Il y en a beaucoup.
É1 Il y a beaucoup de Français.
É2 Il y a beaucoup d'enfants.

1. Tenez, je vous le donne.
2. Non, il n'y en a pas.
3. Vous m'en donnez deux, s'il vous plaît ?
4. Est-ce que vous le lui avez donné ?
5. Passez-les-moi, s'il vous plaît.
6. Pas de problème ; il y en a pour tout le monde.

A-11 Il y en a combien ? Avec un/e partenaire, trouvez la bonne réponse.

MODÈLES gares à Paris
É1 Il y a combien de gares à Paris ?
É2 Il y en a sept.

pays francophones en Europe
É1 Il y a combien de pays francophones en Europe ?
É2 Il y en a cinq.

1. pays en Amérique du Nord
2. États francophones aux États-Unis
3. semaines dans un semestre/trimestre
4. examens pour le cours de français
5. étudiants dans le cours de français
6. portables chez vous
7. étudiants à l'université
8. personnes dans votre ville

A-12 Qui en prend ? C'est le premier soir de votre voyage organisé en France et il y a une réception pour tout le monde. On arrose (*toast*) le voyage avec du champagne. À qui est-ce qu'on en sert ?

MODÈLE au guide ?
Oui, on lui en sert.

1. au mari du guide ?
2. à son fils de sept ans ?
3. au chauffeur du car ?
4. à vos amis ?
5. à votre frère/sœur ?
6. à votre nièce/neveu ?
7. aux autres touristes ?

A-13 Donnant donnant. Est-ce que vous faites les choses suivantes pour votre colocataire ou votre meilleur/e ami/e et est-ce qu'il ou elle les fait pour vous ?

MODÈLES prêter la tablette
É1 Tu lui prêtes ta tablette ?
É2 Non, je ne la lui prête jamais.
É1 Et il te prête sa tablette ?
É2 Non, il ne me la prête jamais.

1. prêter la tablette
2. prêter le manuel de français
3. prêter des vêtements
4. prêter des livres
5. prêter l'ordinateur portable
6. envoyer une carte d'anniversaire
7. s'offrir des cadeaux
8. demander des conseils

Le passé du conditionnel

Use the past conditional to express a hypothetical action or event in the past. In this case, the past conditional is often used with such expressions as **à ta place**, **à votre place**, or with the stressed pronouns **moi**, **nous**.

À ta place, je n'**aurais** pas **dépensé** 250 euros pour un nouvel écran d'ordinateur. — *If I were you, I would not have spent 250 euros for a new computer screen.*

Moi, je **serais allée** au magasin pour me renseigner quand même. — *I still would have gone to the store to get information.*

To express what should have or could have been done in the past, use the past conditional of **devoir** or **pouvoir**.

J'**aurais dû** acheter une coque pour protéger mon smartphone avant de casser l'écran. — *I should have bought a case to protect my smartphone before breaking the screen.*

Je ne suis pas allée au ciné parce que j'avais un examen le lendemain, mais j'**aurais pu**. — *I didn't go to the movies because I had a test the next day, but I could have.*

You have learned that the conjunction **si** is used in a clause expressing a condition that is followed by another clause expressing the result. To express a past hypothetical situation, use **si** plus the **plus-que-parfait** followed by the result in the past conditional.

Si j'**avais su**, je ne **serais** pas **venu**. — *If I had known, I would not have come.*

Si on **avait passé** plus de temps à nous préparer, on **aurait réussi** l'examen. — *If we had spent more time getting ready, we would have passed the exam.*

To form the past conditional, use the conditional of **avoir** or **être** plus the past participle. The forms of the past conditional are illustrated with the verbs **devoir** and **partir**.

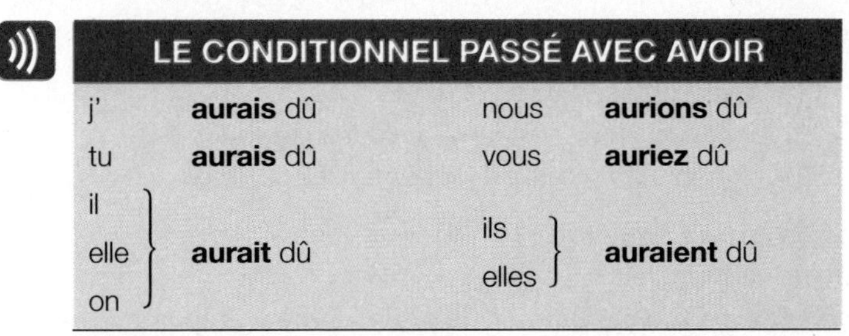

LE CONDITIONNEL PASSÉ AVEC AVOIR			
j'	**aurais** dû	nous	**aurions** dû
tu	**aurais** dû	vous	**auriez** dû
il / elle / on	**aurait** dû	ils / elles	**auraient** dû

LE CONDITIONNEL PASSÉ AVEC ÊTRE			
j'	**serais** parti/e	nous	**serions** parti/e/s
tu	**serais** parti/e	vous	**seriez** parti/e/s
il	**serait** parti	ils	**seraient** partis
elle	**serait** partie	elles	**seraient** parties
on	**serait** parti/e/s		

À vous la parole

A-14 Pour être un/e grand/e artiste. Avec un/e partenaire, dites ce que chaque personne aurait dû faire ou aurait pu faire pour être un/e grand/e artiste.

MODÈLE Sophie n'a pas pris de leçons de chant.
É1 Elle aurait dû prendre des leçons de chant.
É2 Elle aurait pu étudier avec une grande diva.

1. Hélène n'a pas beaucoup joué de violon quand elle était petite.
2. Ces peintres n'ont pas utilisé beaucoup de couleurs.
3. Je ne suis pas allée à toutes les répétitions.
4. Les garçons n'ont pas bien appris leurs rôles.
5. Suzanne n'a pas considéré l'opinion des critiques.
6. Elle n'a pas eu le temps de se concentrer.
7. Nous n'avons pas trouvé d'inspiration.

A-15 Des conseils tardifs. Vos amis n'ont pas de chance. Ils ont raté un bon spectacle pour des raisons diverses. Dites ce qu'ils auraient pu faire pour pouvoir y aller.

MODÈLE J'avais perdu les billets pour le spectacle.
Tu aurais pu les garder dans un endroit sûr.

1. Elle ne savait pas à quelle heure le spectacle commençait.
2. Nous n'avions pas assez d'argent.
3. Janique avait trop de devoirs à faire.
4. Mes amis ne savaient pas où se trouvait le théâtre.
5. Mon père ne voulait pas que j'y aille un mardi soir.
6. Nous sommes arrivés en retard pour le premier acte.
7. Elles ne savaient pas le prix des billets.

A-16 Des regrets. Ce week-end ne s'est pas bien passé. Avec un/e partenaire, dites ce que ces personnes auraient pu faire selon le cas.

MODÈLE S'il avait fait beau ce week-end...
É1 ... j'aurais joué au tennis avec ma copine.
É2 ... et moi, j'aurais fait de la planche à voile.

1. Si j'avais eu de l'argent...
2. Si j'avais eu plus de temps libre...
3. Si je n'avais pas eu cet examen de philosophie à préparer...
4. Si mes parents étaient venus ce week-end...
5. Si mes copains avaient voulu aller à ce concert avec moi...
6. Si mon prof de français avait été plus raisonnable...
7. Si l'examen n'avait pas duré si longtemps...

Vue d'ensemble : les verbes suivis de l'infinitif

Many verbs in French can be followed by an infinitive. Some are followed directly by an infinitive, and some require a preposition before the infinitive.

- As you have learned, the **futur proche** is one case where the verb **aller** is directly followed by an infinitive.

Elle **va chanter** avec sa chorale mercredi prochain.	*She is going to sing with her chorus next Wednesday.*

- Verbs expressing likes and dislikes, including **adorer**, **aimer**, **détester**, and **préférer**, are also directly followed by the infinitive.

J'**aime** bien **écouter** de la musique classique, mais mon copain **préfère écouter** du jazz.	*I like listening to classical music, but my boyfriend prefers listening to jazz.*

- The verbs **devoir**, **pouvoir**, and **vouloir** are directly followed by an infinitive.

Tu **veux venir** avec nous à un concert ce soir ?	*Do you want to come with us to a concert tonight?*
— Malheureusement, je ne **peux** pas **venir**. Je **dois travailler** ce soir.	*—Unfortunately, I can't come. I have to work tonight.*

- Other verbs directly followed by the infinitive are: **espérer**, **falloir** (**il faut**), and **savoir**.

Vous **savez jouer** du violon ?	*Do you know how to play the violin?*
— Non, mais **j'espère apprendre** bientôt.	*—No, but I hope to learn soon.*

Many other verbs require a preposition, either **à** or **de**, before the infinitive. The particular preposition required for each verb must be memorized. Here are some of the most frequently used verbs.

- These verbs, among others, require **à** before an infinitive:

aider à	*to help*	Il m'**aide à chanter** mieux.
apprendre à	*to learn*	J'**apprends à jouer** du piano.
commencer à	*to begin*	Elle **a commencé à jouer** de la guitare quand elle avait neuf ans.
continuer à	*to continue*	Nous **continuons à apprécier** le jazz.
inviter à	*to invite*	Je t'**invite à aller** à un concert avec moi.
réussir à	*to succeed*	Vous **avez réussi à jouer** du piano.

- These verbs, among others, require **de** before an infinitive:

accepter de	*to agree*	Il **a accepté de jouer** avec nous.
arrêter de	*to stop*	J'**ai arrêté de jouer** du piano il y a longtemps.
décider de	*to decide*	Ils **ont décidé de former** un groupe de jazz.
essayer de	*to try*	Je vais **essayer de chanter** plus.
finir de	*to finish*	Elle **finit de suivre** des cours lundi.
oublier de	*to forget*	J'**ai oublié d'apporter** mes lunettes de soleil.
refuser de	*to refuse*	La diva **refuse de chanter** cette aria.
rêver de	*to dream of*	Elle **rêve d'être** musicienne professionnelle.

- Note that **venir** can also be followed by **de** but that this expression has a special meaning: *to have just done something.*

Je **viens d'apprendre** cette chanson.	*I've just learned that song.*

À vous la parole

A-17 Des détails. Pour chaque phrase, ajoutez un verbe logique pour donner plus de détails.

MODÈLE Adrien apprend la flûte à l'école.
Adrien apprend à jouer de la flûte à l'école.

1. Elle finit ses devoirs pour le prof de piano.
2. Je continue mes leçons de chant.
3. Tu as oublié le concert hier soir ?
4. Delphine arrête la danse.
5. Nous adorons le jazz.
6. J'essaie le saxophone.
7. Vous commencez avec ce groupe folklorique ?
8. Tu préfères quel type de musique ?

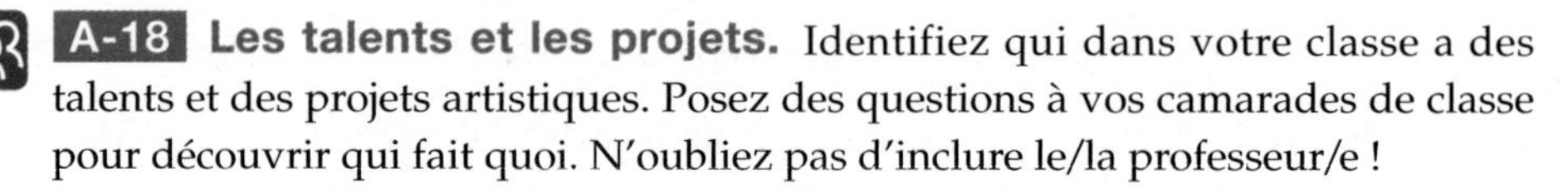

A-18 Les talents et les projets. Identifiez qui dans votre classe a des talents et des projets artistiques. Posez des questions à vos camarades de classe pour découvrir qui fait quoi. N'oubliez pas d'inclure le/la professeur/e !

MODÈLE savoir jouer d'un instrument
É1 Est-ce que tu sais jouer d'un instrument ?
É2 Non, je ne sais pas jouer d'un instrument.
OU Oui, je sais jouer un peu de piano, mais j'aimerais apprendre à jouer du saxophone.

1. savoir jouer d'un instrument
2. aimer peindre ou faire de la sculpture
3. commencer récemment à jouer d'un instrument
4. vouloir apprendre à mieux dessiner
5. rêver d'être chanteur/-euse de rock (de rap, de jazz, d'opéra)
6. refuser d'écouter du rap
7. réussir à peindre des natures mortes ou des paysages
8. essayer de faire de l'art graphique

A-19 Pendant les vacances. C'est bientôt les vacances. Avec un/e partenaire, discutez de vos projets.

MODÈLE Pendant les vacances, je refuse...
É1 Pendant les vacances, je refuse de me lever tôt. Et toi ?
É2 Et moi, je refuse de travailler. Je voudrais me reposer à la plage.

1. Pendant les vacances, j'ai accepté...
2. Je vais certainement...
3. Mais, j'ai aussi décidé...
4. J'aimerais apprendre...
5. Si j'avais le temps, je voudrais...
6. Je pourrais toujours...
7. En fait, je rêve...
8. Finalement, je sais que je vais réussir...

Appendice 3

VERBES RÉGULIERS

VERBE INFINITIF	PRÉSENT DE L'INDICATIF	PRÉSENT DU SUBJONCTIF	IMPARFAIT	PASSÉ COMPOSÉ	FUTUR	CONDITIONNEL	IMPÉRATIF
verbes **-er**							
regarder *to look at*	je regarde tu regardes il/elle/on regarde nous regardons vous regardez ils/elles regardent	que je regarde que tu regardes qu'il/elle/on regarde que nous regardions que vous regardiez qu'ils/elles regardent	je regardais tu regar dais il/elle/on regardait nous regardions vous regardiez ils/elles regardaient	j'ai regardé tu as regardé il/elle/on a regardé nous avons regardé vous avez regardé ils/elles ont regardé	je regarderai tu regarderas il/elle/on regardera nous regarderons vous regarderez ils/elles regarderont	je regarderais tu regarderais il/elle/on regarderait nous regarderions vous regarderiez ils/elles regarderaient	 regarde regardons regardez
verbes **-re**							
attendre *to wait for*	j'attends tu attends il/elle/on attend nous attendons vous attendez ils/elles attendent	que j'attende que tu attendes qu'il/elle/on attende que nous attendions que vous attendiez qu'ils/elles attendent	j'attendais tu attendais il/elle/on attendait nous attendions vous attendiez ils/elles attendaient	j'ai attendu tu as attendu il/elle/on a attendu nous avons attendu vous avez attendu ils/elles ont attendu	j'attendrai tu attendras il/elle/on attendra nous attendrons vous attendrez ils/elles attendront	j'attendrais tu attendrais il/elle/on attendrait nous attendrions vous attendriez ils/elles attendraient	 attends attendons attendez
verbes **-ir**							
dormir *to sleep*	je dors tu dors il/elle/on dort nous dormons vous dormez ils/elles dorment	que je dorme que tu dormes qu'il/elle/on dorme que nous dormions que vous dormiez qu'ils/elles dorment	je dormais tu dormais il/elle/on dormait nous dormions vous dormiez ils/elles dormaient	j'ai dormi tu as dormi il/elle/on a dormi nous avons dormi vous avez dormi ils/elles ont dormi	je dormirai tu dormiras il/elle/on dormira nous dormirons vous dormirez ils/elles dormiront	je dormirais tu dormirais il/elle/on dormirait nous dormirions vous dormiriez ils/elles dormiraient	 dors dormons dormez
verbes **-ir/-iss**							
choisir *to choose*	je choisis tu choisis il/elle/on choisit nous choisissons vous choisissez ils/elles choisissent	que je choisisse que tu choisisses qu'il/elle/on choisisse que nous choisissions que vous choisissiez qu'ils/elles choisissent	je choisissais tu choisissais il/elle/on choisissait nous choisissions vous choisissiez ils/elles choisissaient	j'ai choisi tu as choisi il/elle/on a choisi nous avons choisi vous avez choisi ils/elles ont choisi	je choisirai tu choisiras il/elle/on choisira nous choisirons vous choisirez ils/elles choisiront	je choisirais tu choisirais il/elle/on choisirait nous choisirions vous choisiriez ils/elles choisiraient	 choisis choisissons choisissez
verbes pronominaux							
se laver *to wash oneself*	je me lave tu te laves il/elle/on se lave nous nous lavons vous vous lavez ils/elles se lavent	que je me lave que tu te laves qu'il/elle/on se lave que nous nous lavions que vous vous laviez qu'ils/elles se lavent	je me lavais tu te lavais il/elle/on se lavait nous nous lavions vous vous laviez ils/elles se lavaient	je me suis lavé/e* tu t'es lavé/e il/elle/on s'est lavé/e/s** nous nous sommes lavé/e/s vous vous êtes lavé/e/s ils se sont lavés/elles se sont lavées	je me laverai tu te laveras il/elle/on se lavera nous nous laverons vous vous laverez ils/elles se laveront	je me laverais tu te laverais il/elle/on se laverait nous nous laverions vous vous laveriez ils/elles se laveraient	 lave-toi lavons-nous lavez-vous

Comme **dormir :** s'endormir, mentir, partir, se sentir, servir, sortir. Comme **choisir :** désobéir (à), finir, grandir, grossir, maigrir, obéir (à), pâlir, punir, réfléchir (à), réussir (à), rougir.

Comme **attendre :** descendre, se détendre, (s')entendre, perdre, rendre (à), rendre visite (à), répondre (à), vendre.

*Although agreement of the past participle is shown with reflexive verbs like *se laver*, recall that when a noun follows the verb, no past participle agreement is made. For example, *Elle s'est lavé les cheveux*.

**The final *s* on the form *s'est lavé/e/s* reflects the fact that *on* can be used as the equivalent of *nous*. This usage is variable. Grammatical agreement can be made with *on* as either a singular or plural subject, even though the subject is semantically plural when used as the equivalent of *nous*.

VERBES IRRÉGULIERS EN -ER

VERBE INFINITIF	PRÉSENT DE L’INDICATIF	PRÉSENT DU SUBJONCTIF	IMPARFAIT	PASSÉ COMPOSÉ	FUTUR	CONDITIONNEL	IMPÉRATIF
acheter	j’ach**è**te	que j’ach**è**te	j’achetais	j’ai acheté	j’ach**è**terai	j’ach**è**terais	
to buy	tu ach**è**tes	que tu ach**è**tes					ach**è**te
	il/elle/on ach**è**te	qu’il/elle/on ach**è**te					
	nous achetons	que nous achetions					achetons
	vous achetez	que vous achetiez					achetez
	ils/elles ach**è**tent	qu’ils/elles ach**è**tent					
appeler	j’appe**ll**e	que j’appe**ll**e	j’appelais	j’ai appelé	j’appe**ll**erai	j’appe**ll**erais	
to call	tu appe**ll**es	que tu appe**ll**es					appe**ll**e
	il/elle/on appe**ll**e	qu’il/elle/on appe**ll**e					
	nous appelons	que nous appelions					appelons
	vous appelez	que vous appeliez					appelez
	ils/elles appe**ll**ent	qu’ils/elles appe**ll**ent					
commencer	je commence	que je commence	je commen**ç**ais	j’ai commencé	je commencerai	je commencerais	
to call	tu commences	que tu commences					commence
	il/elle/on commence	qu’il/elle/on commence					
	nous commen**ç**ons	que nous commencions	nous commencions				commen**ç**ons
	vous commencez	que vous commenciez					commencez
	ils/elles commencent	qu’ils/elles commencent					
s’essuyer	je m’essu**i**e	que je m’essu**i**e	je m’essuyais	je me suis essuyé/e*	je m’essu**i**erai	je m’essu**i**erais	
to wipe, to dry oneself	tu t’essu**i**es	que tu t’essu**i**es					essu**i**e-toi
	il/elle/on s’essu**i**e	qu’il/elle/on s’essu**i**e					
	nous nous essuyons	que nous nous essuyions					essuyons-nous
	vous vous essuyez	que vous vous essuyiez					essuyez-vous
	ils/elles s’essu**i**ent	qu’ils/elles s’essu**i**ent					
manger	je mange	que je mange	je mang**e**ais	j’ai mangé	je mangerai	je mangerais	
to eat	tu manges	que tu manges					mange
	il/elle/on mange	qu’il/elle/on mange					
	nous mang**e**ons	que nous mangions	nous mangions				mang**e**ons
	vous mangez	que vous mangiez					mangez
	ils/elles mangent	qu’ils/elles mangent					
préférer	je préf**è**re	que je préf**è**re	je préférais	j’ai préféré	je préf**è**rerai**	je préf**è**rerais**	
to prefer	tu préf**è**res	que tu préf**è**res					
	il/elle/on préf**è**re	qu’il/elle/on préf**è**re					
	nous préférons	que nous préférions					
	vous préférez	que vous préfériez					
	ils/elles préf**è**rent	qu’ils/elles préf**è**rent					

Comme **acheter :** geler, (se) lever, (se) promener. Comme **appeler :** s’appeler, épeler, jeter, (se) rappeler. Comme **commencer :** recommencer. Comme **essuyer :** (s’)ennuyer, essayer, s’essuyer, payer. Comme **manger :** (s’)arranger, exiger, loger, nager, partager, protéger, ranger, voyager. Comme **préférer :** compléter, espérer, s’inquiéter, posséder, protéger, répéter, suggérer.

*Although agreement of the past participle is shown with reflexive verbs like *s’essuyer,* recall that when a noun follows the verb, no past participle agreement is made. For example, *Elle s’est essuyé les cheveux*.

**Note that the future and conditional forms of the *préférer*-type verbs (*préférer, espérer, répéter, suggérer*) are spelled here with an accent grave, based on the 1990 Orthographic reform. The accent grave clearly indicates the pronunciation of [ε].

D'AUTRES VERBES IRRÉGULIERS

VERBE INFINITIF	PRÉSENT DE L'INDICATIF		PRÉSENT DU SUBJONCTIF		IMPARFAIT	PASSÉ COMPOSÉ	FUTUR	CONDITIONNEL	IMPÉRATIF
aller	je vais	nous allons	que j'aille	que nous allions	j'allais	je suis allé/e	j'irai	j'irais	va ; vas-y
to go	tu vas	vous allez	que tu ailles	que vous alliez					allons ; allons-y
	il/elle/on va	ils/elles vont	qu'il/elle/on aille	qu'ils/elles aillent					allez ; allez-y
avoir	j'ai	nous avons	que j'aie	que nous ayons	j'avais	j'ai eu	j'aurai	j'aurais	aie
to have	tu as	vous avez	que tu aies	que vous ayez					ayons
	il/elle/on a	ils/elles ont	qu'il/elle/on ait	qu'ils/elles aient					ayez
boire	je bois	nous buvons	que je boive	que nous buvions	je buvais	j'ai bu	je boirai	je boirais	bois
to drink	tu bois	vous buvez	que tu boives	que vous buviez					buvons
	il/elle/on boit	ils/elles boivent	qu'il/elle/on boive	qu'ils/elles boivent					buvez
connaître	je connais	nous connaissons	que je connaisse	que nous connaissions	je connaissais	j'ai connu	je connaîtrai	je connaîtrais	
to know, be acquainted with	tu connais	vous connaissez	que tu connaisses	que vous connaissiez					
	il/elle/on connaît	ils/elles connaissent	qu'il/elle/on connaisse	qu'ils/elles connaissent					
courir	je cours	nous courons	que je coure	que nous courions	je courais	j'ai couru	je courrai	je courrais	cours
to run	tu cours	vous courez	que tu coures	que vous couriez					courons
	il/elle/on court	ils/elles courent	qu'il/elle/on coure	qu'ils/elles courent					courez
croire	je crois	nous croyons	que je croie	que nous croyions	je croyais	j'ai cru	je croirai	je croirais	crois
to believe	tu crois	vous croyez	que tu croies	que vous croyiez					croyons
	il/elle/on croit	ils/elles croient	qu'il/elle/on croie	qu'ils/elles croient					croyez
devoir	je dois	nous devons	que je doive	que nous devions	je devais	j'ai dû	je devrai	je devrais	
must, to have to; to owe	tu dois	vous devez	que tu doives	que vous deviez					
	il/elle/on doit	ils/elles doivent	qu'il/elle/on doive	qu'ils/elles doivent					
dire	je dis	nous disons	que je dise	que nous disions	je disais	j'ai dit	je dirai	je dirais	dis
to say	tu dis	vous dites	que tu dises	que vous disiez					disons
	il/elle/on dit	ils/elles disent	qu'il/elle/on dise	qu'ils/elles disent					dites
écrire	j'écris	nous écrivons	que j'écrive	que nous écrivions	j'écrivais	j'ai écrit	j'écrirai	j'écrirais	écris
to write	tu écris	vous écrivez	que tu écrives	que vous écriviez					écrivons
	il/elle/on écrit	ils/elles écrivent	qu'il/elle/on écrive	qu'ils/elles écrivent					écrivez
envoyer	j'envoie	nous envoyons	que j'envoie	que nous envoyions	j'envoyais	j'ai envoyé	j'enverrai	j'enverrais	envoie
to send	tu envoies	vous envoyez	que tu envoies	que vous envoyiez					envoyons
	il/elle/on envoie	ils/elles envoient	qu'il/elle/on envoie	qu'ils/elles envoient					envoyez

Comme **devoir :** recevoir (passé composé : j'ai reçu). Comme **écrire :** décrire.

VERBE INFINITIF	PRÉSENT DE L'INDICATIF		PRÉSENT DU SUBJONCTIF		IMPARFAIT	PASSÉ COMPOSÉ	FUTUR	CONDITIONNEL	IMPÉRATIF
éteindre *to turn off*	j'éteins tu éteins il/elle/on éteint	nous éteignons vous éteignez ils/elles éteignent	que j'éteigne que tu éteignes qu'il/elle/on éteigne	que nous éteignions que vous éteigniez qu'ils/elles éteignent	j'éteignais	j'ai éteint	j'éteindrai	j'éteindrais	éteins éteignons éteignez
être *to be*	je suis tu es il/elle/on est	nous sommes vous êtes ils/elles sont	que je sois que tu sois qu'il/elle/on soit	que nous soyons que vous soyez qu'ils/elles soient	j'étais	j'ai été	je serai	je serais	sois soyons soyez
faire *to do, make*	je fais tu fais il/elle/on fait	nous faisons vous faites ils/elles font	que je fasse que tu fasses qu'il/elle/on fasse	que nous fassions que vous fassiez qu'ils/elles fassent	je faisais	j'ai fait	je ferai	je ferais	fais faisons faites
falloir *to be necessary*	il faut		qu'il faille		il fallait	il a fallu	il faudra	il faudrait	
lire *to read*	je lis tu lis il/elle/on lit	nous lisons vous lisez ils/elles lisent	que je lise que tu lises qu'il/elle/on lise	que nous lisions que vous lisiez qu'ils/elles lisent	je lisais	j'ai lu	je lirai	je lirais	lis lisons lisez
mettre *to put, put on*	je mets tu mets il/elle/on met	nous mettons vous mettez ils/elles mettent	que je mette que tu mettes qu'il/elle/on mette	que nous mettions que vous mettiez qu'ils/elles mettent	je mettais	j'ai mis	je mettrai	je mettrais	mets mettons mettez
mourir *to die*	je meurs tu meurs il/elle/on meurt	nous mourons vous mourez ils/elles meurent	que je meure que tu meures qu'il/elle/on meure	que nous mourions que vous mouriez qu'ils/elles meurent	je mourais	je suis mort/e	je mourrai	je mourrais	
naître *to be born*	je nais tu nais il/elle/on naît	nous naissons vous naissez ils/elles naissent	que je naisse que tu naisses qu'il/elle/on naisse	que nous naissions que vous naissiez qu'ils/elles naissent	je naissais	je suis né/e	je naîtrai	je naîtrais	
ouvrir *to open*	j'ouvre tu ouvres il/elle/on ouvre	nous ouvrons vous ouvrez ils/elles ouvrent	que j'ouvre que tu ouvres qu'il/elle/on ouvre	que nous ouvrions que vous ouvriez qu'ils/elles ouvrent	j'ouvrais	j'ai ouvert	j'ouvrirai	j'ouvrirais	ouvre ouvrons ouvrez
pleuvoir *to rain*	il pleut		qu'il pleuve		il pleuvait	il a plu	il pleuvra	il pleuvrait	
pouvoir *to be able to*	je peux tu peux il/elle/on peut	nous pouvons vous pouvez ils/elles peuvent	que je puisse que tu puisses qu'il/elle/on puisse	que nous puissions que vous puissiez qu'ils/elles puissent	je pouvais	j'ai pu	je pourrai	je pourrais	
prendre *to take*	je prends tu prends il/elle/on prend	nous prenons vous prenez ils/elles prennent	que je prenne que tu prennes qu'il/elle/on prenne	que nous prenions que vous preniez qu'ils/elles prennent	je prenais	j'ai pris	je prendrai	je prendrais	prends prenons prenez

Comme **lire :** relire. Comme **mettre :** permettre, promettre, remettre, soumettre. Comme **ouvrir :** couvrir, découvrir, offrir. Comme **éteindre:** peindre. Comme **prendre :** apprendre, comprendre, surprendre.

VERBE INFINITIF	PRÉSENT DE L'INDICATIF		PRÉSENT DU SUBJONCTIF		IMPARFAIT	PASSÉ COMPOSÉ	FUTUR	CONDITIONNEL	IMPÉRATIF
réduire	je réduis	nous réduisons	que je réduise	que nous réduisions	je réduisais	j'ai réduit	je réduirai	je réduirais	réduis
to reduce	tu réduis	vous réduisez	que tu réduises	que vous réduisiez					réduisons
	il/elle/on réduit	ils/elles réduisent	qu'il/elle/on réduise	qu'ils/elles réduisent					réduisez
savoir	je sais	nous savons	que je sache	que nous sachions	je savais	j'ai su	je saurai	je saurais	sache
to know	tu sais	vous savez	que tu saches	que vous sachiez					sachons
	il/elle/on sait	ils/elles savent	qu'il/elle/on sache	qu'ils/elles sachent					sachez
suivre	je suis	nous suivons	que je suive	que nous suivions	je suivais	j'ai suivi	je suivrai	je suivrais	suis
to follow	tu suis	vous suivez	que tu suives	que vous suiviez					suivons
	il/elle/on suit	ils/elles suivent	qu'il/elle/on suive	qu'ils/elles suivent					suivez
valoir	il vaut		qu'il vaille		il valait	il a valu	il vaudra	il vaudrait	
to be worth									
venir	je viens	nous venons	que je vienne	que nous venions	je venais	je suis venu/e	je viendrai	je viendrais	viens
to come	tu viens	vous venez	que tu viennes	que vous veniez					venons
	il/elle/on vient	ils/elles viennent	qu'il/elle/on vienne	qu'ils/elles viennent					venez
vivre	je vis	nous vivons	que je vive	que nous vivions	je vivais	j'ai vécu	je vivrai	je vivrais	vis
to live	tu vis	vous vivez	que tu vives	que vous viviez					vivons
	il/elle/on vit	ils/elles vivent	qu'il/elle/on vive	qu'ils/elles vivent					vivez
voir	je vois	nous voyons	que je voie	que nous voyions	je voyais	j'ai vu	je verrai	je verrais	
to see	tu vois	vous voyez	que tu voies	que vous voyiez					voyons
	il/elle/on voit	ils/elles voient	qu'il/elle/on voie	qu'ils/elles voient					voyez
vouloir	je veux	nous voulons	que je veuille	que nous voulions	je voulais	j'ai voulu	je voudrai	je voudrais	
to want	tu veux	vous voulez	que tu veuilles	que vous vouliez					veuillez
	il/elle/on veut	ils/elles veulent	qu'il/elle/on veuille	qu'ils/elles veuillent					

Comme **réduire :** construire, produire. Comme **venir :** devenir, maintenir, obtenir, retenir, revenir, soutenir, se souvenir de, tenir. Comme **voir :** revoir.

Appendice 4

LEXIQUE FRANÇAIS-ANGLAIS

This glossary lists most French words found in the text. The vocabulary can be divided into two types: productive vocabulary and receptive vocabulary. Productive vocabulary words appear in the **Points de départ** and **Formes et fonctions** sections and occasionally in the **Vie et culture** sections; these words reappear periodically. You are expected to recognize these words when you read and hear them and to use them yourself in exercises and conversational activities. All other words, including those presented in readings and realia, are receptive vocabulary; you are expected only to recognize them and to know their meanings when you see them in written form or hear them in context.

- For all productive vocabulary items, the numbers following an entry indicate the chapter and lesson in which that vocabulary item is first introduced. Since verbs in their infinitive form are occasionally introduced as vocabulary items before their conjugation is presented, refer to the Index to locate where the conjugation is introduced. You will also find the complete conjugation information for each verb (or type of verb) in Appendix 3.
- To find the meaning of an expression, try to locate the main word in the expression and look that up. For example, the expression **Cela vous convient** is found with the entry for the verb **convenir**; the expression **faire du sport** is found under the entry for the noun **sport**.
- The gender of nouns is indicated by the abbreviations *m.* for masculine and *f.* for feminine. Feminine and masculine nouns that are closely related in meaning and identical or similar in pronunciation are listed under a single entry: **architecte** *m./f.*; **étudiant** *m.*, **étudiante** *f.* Nouns that occur only in the plural form are followed by the gender indication and *pl.*: **beaux-arts** *m. pl.*, **vacances** *f. pl.* Nouns and adjectives that show no agreement and do not change in the plural or feminine are indicated by the abbreviation *inv.*: **DVD** *m. inv.*
- Adjectives with differing masculine and feminine written forms are shown in the masculine form followed by the feminine ending: **allemand/e**, **ambitieux/-euse**, **canadien/ne**. For adjectives whose masculine and feminine forms vary considerably, both forms are listed: **cher/chère**. Special prenominal forms of adjectives are given in parentheses: **beau** (**bel**), **belle**. When necessary for clarity, adjectives and adverbs are indicated by *adj.* and *adv.*, respectively.
- The object pronouns **le, la, les, lui, leur, me, te, nous**, etc., have been indicated by the abbreviation *pron.*
- An asterisk (*) before a word indicates that the initial **h** is aspirate.
- The hashmark (†) appears after productive verbs showing some irregularity in conjugation; these verbs appear in their full conjugation in the verb charts, Appendix 3. Verbs showing irregularities in conjugation that are considered part of receptive vocabulary are not always included in Appendix 3, since you are only expected to recognize and not produce these verbs. However, the conjugations of many of these verbs are similar to conjugations you will find in Appendix 3. For example, the verb **admettre** is conjugated just like the verb **mettre**. For verbs that require a preposition under certain conditions, the latter appears in parentheses: **commencer (à)**, (**il commence son travail, il commence à travailler**); for verbs that always require a preposition, the preposition is indicated without parentheses: **s'occuper de** (**il s'occupe de moi**).

A

à to, at, in, on, P-1
abbaye *f.* abbey, 8-2
abîmé/e worn, worn out, 6-2
abominable abominable
abonnement *m.* subscription
d'abord first (of all), 1-1
abordable affordable
absence absence
absent/e absent, missing
absolument absolutely
abstrait/e abstract, 11-3
accent accent
accepter (de) to accept, 7-3
accès *m.* access
accessoire *m.* accessory
accident *m.* accident
accompagner to accompany, 7-3
  Tu veux/vous voulez m'accompagner ? Do you want to come with me?, 7-3
d'accord OK, all right, 2-3
  être d'accord to agree
  Je suis d'accord… I agree . . .
  Je ne suis pas d'accord… I disagree . . .
  se mettre † d'accord sur to agree on
accordéon *m.* accordion
accueil *m.* welcome; home (page)
accueillir to welcome
achat *m.* purchase, 7-2
  faire † des achats to shop, 7-2
acheter † to buy, 5-2
acte *m.* act of a play
acteur *m.*, **actrice** *f.* actor/actress, 3-3
actif/-ive active
action *f.* action
  film *m.***d'action** action film, 11-1
activité *f.* activity, 1-3
actuel/le current
addition *f.* bill
additionner to add
adjectif *m.* adjective
admettre † to admit
administratif/-ive administrative, 3-1
administration *f.* administration
admirer to admire
adolescent/e (ado) adolescent
adorable adorable
adorer to adore, love, 2-1
adresse *f.* address
adulte *m.; adj.*adult
adverbe *m.* adverb
aéroport *m.* airport, 8-1
affaires *f. pl.* belongings, things, 6-2; business
  faire des affaires to be in business
  femme *f.* **d'affaires** businesswoman, 3-3
  homme *m.* **d'affaires** businessman, 3-3
affectueux/-euse affectionate, warm-hearted
affiche *f.* poster, P-2
afficher to post
affirmatif/-ive affirmative
afin de + *inf.* in order to + *verb*
africain/e African
Afrique *f.* Africa, 8-3
âge *m.* age, 1-2
  Il/Elle a quel âge? How old is he/she?, 1-2
  Quel âge as-tu/avez-vous ? How old are you?, 1-2
  d'un certain âge middle-aged, 2-1
âgé/e aged, old, 2-1
agence *f.* agency
  agence de voyage travel agency
  agence immobilière real estate agency
agenda *m.* datebook
agent/e de police *m./f.* police officer
agent immobilier *m.*, **agente** immobilière *f.* real estate agent
agir to act
s'agir de to be about
  il s'agit de… it's about . . .
agneau *m.* lamb, 5-3
  côtelette *f.* **d'agneau** lamb chop, 5-3
agréable pleasant, 6-2
agricole agricultural
agriculteur *m.*, **agricultrice** *f.* farmer
aide *f.* help, assistance
aide-mémoire *m.* reminder
aider (à) to help, 3-3
  aider les gens to help people, 3-3
ail *m.* garlic, 5-3
aile *f.* wing
aimable lovable
aimer to like, to love, 1-3
  aimer beaucoup to like or love a lot, 3-2
  aimer bien to like fairly well, 3-2
  aimer mieux to prefer, 10-2
aîné/e older (brother/sister)
ainsi (que) thus, in such a way; as well as
air *m.* air, 10-2
  air frais fresh air
  avoir l'air (d'être) + *adj.* to seem/to appear (to be) + *adj.*, 9-3
  en plein air outdoors, 3-3
  pollution *f.* **de l'air** air pollution, 10-2
aisé/e easy, well off
ajouter to add
alarme *f.* alarm
album *m.* album
alcool *m.* alcohol, 10-1
  alcoolisé/e *adj.* containing alcohol, 5-1
alerte *adj.* alert
Algérie *f.* Algeria, 8-3
algérien/ne Algerian, 8-3
alimentaire *adj.* relating to food
  banque *f.* **alimentaire** food bank, 10-3
aliments *m. pl.*food, 5-1
allant (de) going (from)
Allemagne *f.* Germany, 8-3
allemand/e *adj.* German, 8-3
allemand *m.* German (language), 3-2
aller † to go, 2-3
  Ça ne va pas. Things aren't going well/are going badly., P-1
  Ça peut aller. I'm getting by, P-1
  Ça va, et toi/et vous ? Fine, and you?, P-1
  Comment allez-vous ? How are you?, P-1
  Comment ça va ? How are you?, P-1
  On y va ? Shall we go?, 7-3
allô hello (telephone only)
allumer to turn on (an appliance), 11-1
alors so, 2-3; then
alphabet *m.* alphabet
alpinisme *m.* mountain climbing, 7-2
  faire † de l'alpinisme to go mountain climbing, 7-2
ambassadeur *m.*, **ambassadrice** *f.* ambassador
ambition *f.* ambition, 9-2
ambitieux/-euse ambitious, 2-1
améliorer to improve, to better, 10-2
amener † to bring (along) a person
américain/e American, 8-3

Amérique *f.* America, 8-3
Amérique centrale Central America
Amérique du Nord North America, 8-3
Amérique du Sud South America, 8-3
Amérique latine Latin America
ami *m.*, **amie** *f.* friend, P-1
amitié *f.* friendship, 9-2
amour *m.* love, 9-3
amoureux/-euse in love, 9-3
tomber amoureux/-euse (de) to fall in love (with), 9-3
amphithéâtre *m.* amphitheater, lecture hall, 3-1
amusant/e funny, 2-1
s'amuser to have fun, 9-3
an *m.* year, 1-2
J'ai 19 ans. I am 19 years old., 1-2
analyse *f.* analysis
analytique analytical
ananas *m.* pineapple, 5-3
ancêtre *m./f.* ancestor, 9-2
anchois *m.* anchovy
ancien/ne old, antique, 6-2; former
à l'ancienne in a traditional way
anglais/e *adj.* English, 8-3
anglais *m.* English (language), P-2
Angleterre *f.* England, 8-3
anglophone English-speaking
angoisse *f.* anguish
angoissé/e anguished
animal *m.* animal, 1-1
animal de compagnie pet, 1-1
animation *f.* animation, excitement
film *m.* **d'animation** animated film, 11-1
animé/e lively, animated, 6-2
année *f.* year, 1-2
l'année dernière last year, 5-2
l'année prochaine next year, 2-3
anniversaire *m.* birthday, 1-2
Bon/Joyeux anniversaire ! Happy birthday!, 9-1
Joyeux anniversaire de mariage ! Happy Anniversary!, 9-1
annonce *f.* advertisement
annoncer to announce
anorak *m.* ski jacket, parka, 4-3
Antarctique *f.* Antarctica
anthropologie *f.* anthropology, 3-2
antibiotique *m.* antibiotic, 10-1
anti-inflammatoire anti-inflammatory, 10-1
anxiété *f.* anxiety, 9-3
anxieux/-euse anxious, 9-3
août August, 1-2
apéritif *m.* **(un apéro)** before-meal drink
appareil *m.* **mobile** mobile device
appareil *m.* **photo (numérique)** (digital) camera, 8-1
appartement *m.* apartment, 4-1
appartement sous les toits attic apartment, 6-2
appartenir † to belong to
appel *m.* call
appel vidéo video call, 11-2
appeler † to call, 5-2
s'appeler to be called, 5-2
Je m'appelle… My name is . . . , P-1
On s'appelle ? Let's talk soon., 9-3
appli(cation) *f.* application, app, 11-2
appliquer to apply (sthg)
apporter to bring (an object), 6-2
apprécier to appreciate
apprendre † to learn, 5-1
apprendre à † to teach, to learn, 5-1
apprentissage *m.* learning, apprenticeship
approprié/e appropriate
après after, after that, 3-1
après avoir/être… after having . . . , 11-2
après-midi *m.* afternoon, 1-3
après tout after all
d'après vous according to you
de l'après-midi in the afternoon, P.M., 4-2
aquarium *m.* aquarium
arabe *m.* Arabic
arbitre *m.* referee
arbre *m.* tree, 6-3
arbre fruitier fruit tree, 6-3
archéologie *m.* archaeology
archipel *m.* archipelago
architecte *m./f.* architect, 3-3
architecture *f.* architecture
argent *m.* money, 3-3
argentin/e Argentinian, 8-3
Argentine *f.* Argentina, 8-3
argile *f.* clay, 11-3
argot *m.* slang
argument *m.* argument
armoire *f.* armoire, 6-2
s'arranger † to be all right, to work out, 9-3
Ça va s'arranger. It will all work out., 9-3
arrêt *m.* stop
arrêter (de) to stop, App2
s'arrêter to stop oneself
arrière back, rear
arrière-grand-parent *m.* great-grandparent
arrivée *f.* arrival
arriver to arrive, 1-3; to happen
arriver à to succeed in (doing something)
Qu'est-ce qui est arrivé ? What happened?, 7-2
arrondissement *m.* Parisian city district, 6-1
arroser to water; to celebrate with wine or champagne
art *m.* art, 11-3
art graphique graphic arts, 11-3
arts *pl.* **décoratifs** decorative arts, interior design
arts *pl.* **du spectacle** performing arts, 3-2
arts *pl.* **plastiques** fine arts
article *m.* article
articles *pl.* **de toilette** toiletries, 4-1
artifice *f.* artifice
feu *m.* **d'artifice** fireworks, 9-1
artificiel/le artificial
artisan *m.* craftsman
artisanal/e handcrafted
artisanat *m.* arts and crafts
artiste *m./f.* artist, 3-3
artistique artistic
asiatique Asiatic
ascenseur *m.* elevator, 6-1
Asie *f.* Asia, 8-3
aspect *m.* aspect, side
asperge *f.* asparagus
aspiré/e aspirated
aspirine *f.* aspirin, 10-1
s'asseoir to sit down
Asseyez-vous ! Sit down!, P-2
assez rather, 1-2; enough, 4-1
assiette *f.* plate, 5-2
assistant *m.*, **assistante** *f.* assistant, 3-3
assistant *m.* **social, assistante** *f.* **sociale** social worker, 3-3
assister à to attend, 2-3
association *f.* association, 10-3
association étudiante student association, 3-1

association humanitaire humanitarian association
associé/e associate(d)
astronomie *f.* astronomy, 3-2
atelier *m.* studio (artist); workshop
athlète *m./f.* athlete
attendre to wait (for), to expect, 3-1
attention *f.* attention
faire † attention (à) to pay attention (to); to be careful, 8-1
attentivement attentively
s'atténuer to diminish
attraper to catch
au (à + le) 2-2
au revoir good-bye, P-1
auberge *f.* inn, 8-2
auberge de jeunesse youth hostel, 8-2
aubergine *f.* eggplant, 5-3
au-dessous *adv.* below
au-dessus *adv.* above
augmenter to increase
aujourd'hui today, 1-3
auparavant before, earlier
auprès de next to, close to
aussi also, P-1
aussi … que as . . . as, 4-2
aussi bien que as well as
moi aussi me too
aussitôt que as soon as, 11-1
Australie *f.* Australia, 8-3
australien/ne Australian, 8-3
autant (de) … que as many/much . . . as, 4-2
auteur *m.* author
(auto)bus *m.* city bus, 8-1
autocar *m.* intercity bus, coach
autochtone indigenous
automatique automatic
auto(mobile) *f.* car
automne *m.* fall, 7-1
autonome independent, 3-3
autonomie *f.* autonomy
autopartage *m.* car sharing, 10-2
autoritaire authoritarian
autorité *f.* authority
autoroute *f.* highway
autour de around
autre other, another, 2-1
d'autres *adj.* other
autrefois in the past
autrement otherwise
aux (à + les) 2-2
avance : (être) en avance (to be) early, 4-2
avant de + *inf.*before doing sthg , 11-2
avant-hier the day before yesterday, 5-2
avantage *m.* advantage
avec with, 1-3
Avec qui est-ce que tu parles ? With whom are you speaking?, 7-2
avenir *m.* future
aventure *f.* adventure
film *m.* **d'aventure** adventure film, 11-1
aventurier *m.*, **aventurière** *f.* adventurer
avenue *f.* avenue, 7-2
aveugle *adj.* blind
avion *m.* plane, 8-1
avis *m.* opinion
à mon avis, … in my opinion, . . .
à votre avis, … in your opinion, . . .
avocat *m.*, **avocate** *f.* lawyer, 3-3
avoir † to have, 1-2
avoir † le droit to have the right
avril April, 1-2
ayant having

B

bac(calauréat) *m.* high school diploma, after passing exam (*France*), 3-2
bacc(alauréat) *m.* **(en)** B.A. or B.S. degree (in) (*Can.*), 3-2
bacon *m.* bacon, 5-2
bagage *m.* luggage
baguette *f.* French bread (long, thin loaf), 5-3
baignoire *f.* bathtub
bain *m.* bath
maillot *m.* **de bain** bathing suit, 4-3
prendre un bain to take a bath
salle *f.* **de bains** bathroom, 6-1
baisser to lower
bal *m.* ball, dance
bal populaire *m.* street dance, 9-1
balade *f.* walk, stroll
balcon *m.* balcony, 6-1
baleine *f.* whale
ballet *m.* ballet, 2-3
banane *f.* banana, 5-2
bande dessinée *f.* **(une BD)** comic, comic strip
banlieue *f.* suburbs
banque *f.* bank
banque alimentaire food bank, 10-3; food pantry
baptême *m.* baptism, 9-1
bar *m.* bar
barbe *f.* beard
bas/se low, bottom
en bas downstairs
baskets *m. pl.* sports shoes, 4-3
basket(-ball) *m.* basketball, 2-2
basketballeur *m.*, **basketballeuse** *f.* basketball player
bataille *f.* battle
bateau *m.* boat, 6-3
bateau à voile sailboat, 6-3
bâtiment *m.* building, 6-1
batterie *f.* percussion, drum set, 2-2
faire de la batterie to play drums, 2-2
battre to beat, to break (record)
se battre to fight
battu/e beaten
beau (bel), belle beautiful, handsome, 2-1
Il faisait beau. It was nice out. (the weather), 6-3
Il fait beau. It's beautiful weather., 7-1
beaucoup a lot, 1-1
beau-frère *m.* brother-in-law
beau-père *m.* stepfather; father-in-law, 1-1
beaux-arts *m. pl.* fine arts, 3-2
beige beige, 4-3
belge Belgian, 8-3
Belgique *f.* Belgium, 8-3
Belize *m.* Belize
belle-mère *f.* stepmother; mother-in-law, 1-1
belle-sœur *f.* sister-in-law
beau-parents *m.* step-parents; parents-in-law, 1-1
bénévolat *m.* volunteering, 10-3
faire du bénévolat to volunteer, 10-3
bénévole *m./f.* volunteer, 10-3
besoin *m.* need, 5-3
avoir besoin de to need, 5-3
bête stupid, 2-1
beurre *m.* butter, 5-2
bibliothèque *f.* library, 2-3
bibli *f.* (Can.) library, 3-1
bibliothèque municipale municipal library, 2-3
bibliothèque universitaire (la B.U.) university library, 3-1

bien *m.* good
  bien commun common good, 9-2
bien *adv.* well, fine, P-1
  être bien dans sa peau to be self-confident, comfortable with oneself, 9-2
  faire † du bien to do (someone) good
  bien sûr of course, 7-3
bien-être *m.* well-being, 10-1
bientôt soon, 2-3
  à bientôt see you soon, P-1
bienvenu/e *adj.* welcome
bienvenue *f.* welcome; you're welcome (*Can.*)
bière *f.* beer, 5-1
bifteck *m.* steak, 5-3
  bifteck haché ground beef, 5-3
bijou *m.* piece of jewelry
bilingue bilingual
billet *m.* (train, plane) ticket, 8-1
  billet aller-retour round-trip ticket
bio = **biologique**
biographie *f.* biography
biologie *f.* biology, 3-2
bio(logique) organic, 5-3
biscuit *m.* cookie, 5-2
bise *f.* kiss
  faire † une/la bise to kiss hello/good-bye on the cheeks
bizarre bizarre, 10-3
  Il est/C'est bizarre que... It's bizarre that . . . , 10-3
blanc/blanche white, 4-3
blesser to wound, to strike
bleu/e blue, 2-1
blond/e blond, 2-1
bloquer to block
blouson *m.* waist-length casual jacket, 4-3
Bof ! Meh!, 9-3
boire † to drink, 5-1
bois *m.* woods, 6-3; wood (material), 11-3
boisson *f.* drink, 5-1
  boisson alcoolisée alcoholic beverage, 5-1
  boisson chaude hot drink, 5-1
  boisson rafraîchissante cold drink, 5-1
boîte *f.* box; can 5-3
  boîte de céréales box of cereal, 5-3
  boîte de sardines can of sardines, 5-3
bol *m.* bowl, 5-2
bonbon *m.* piece of candy
bon/ne good, 3-1
  Bon anniversaire ! Happy birthday!, 9-1
  bon marché *adj. inv.* inexpensive, 4-3
  Bonne année ! Happy New Year!, 9-1
  bonnes manières good manners, 9-2
  Bonnes vacances ! Have a good vacation!, 9-1
  Bon voyage ! Have a good trip!, 9-1
  de bonne heure early
  Il fait bon. It's nice weather., 7-1
bonheur *m.* happiness
bonjour hello, P-1
bonnet *m.* **(de laine)** knit (wool) cap, 4-3
bonsoir good evening, P-1
bord *m.* edge, shore
  au bord (du lac) at the shore (of the lake), 6-3
  au bord de la mer at the seashore, 6-3
bordé/e par bordered by, limited by, flanked by
border to border, to line up with, to limit
botanique *f.* botany, 3-2
botte *f.* boot, 4-3
bouche *f.* mouth, 10-1
boucher *m.*, **bouchère** *f.* butcher
boucherie *f.* butcher shop; 5-3
bouclé/e curly, 2-1
bougie *f.* candle, 9-1
bouillabaisse *f.* seafood stew
bouillon *m.* broth, stock
boulanger *m.*, **boulangère** *f.* baker
boulangerie *f.* bakery, 5-3
boule *f.* scoop (of ice cream); ball
boulevard *m.* boulevard, 8-2
boulot *m.* work (*colloq.*), 4-1
bout *m.* tip, end
  au bout at the end
bourgeois/e *adj.* bourgeois, middle-class
bouteille *f.* bottle, 5-2
boutique *f.* boutique, shop
branché/e plugged in, connected with
bras *m.* arm, 10-1
brassage *m.* mixing
bravo ! great! well done!
bref/brève brief
Brésil *m.* Brazil, 8-3
brésilien/ne Brazilian, 8-3
Bretagne *f.* Brittany
breton/ne Breton
bricolage *m.* do-it-yourself, 2-2
  faire † du bricolage to do do-it-yourself projects, 2-2
bricoler to do odd jobs, to tinker 2-2
  bricoleur *m.*, **bricoleuse** *f.* do-it-yourselfer
brique *f.* brick
britannique British, 8-3
brochure *f.* brochure, pamphlet
bronze *m.* bronze, 11-3
bronzé/e (sun) tanned
bronzer to sunbathe, 7-2
brosse *f.* eraser (for chalk- or whiteboard), P-2; brush, 4-1
  brosse à cheveux hairbrush, 4-1
  brosse à dents toothbrush, 4-1
se brosser to brush one's . . . , 4-1
  se brosser les cheveux to brush one's hair, 4-1
  se brosser les dents to brush one's teeth, 4-1
brouillard *m.* fog, 7-1
  Il y a du brouillard. It's foggy., 7-1
bruit *m.* sound, noise
brûlé/e burned
brun/e dark brown; brunette, 2-1
bruyant/e noisy
budget *m.* budget
bulletin *m.* **de vote** ballot
bureau *m.* desk, P-2; office, 1-3; (computer) desktop, 11-2
  bureau des inscriptions registrar's office, 3-1
  bureaux administratifs administrative offices 3-1
bus *m.* (city) bus, 8-1
but (commun) *m.* (common) goal, aim, purpose, 10-3

C

ça that
  Ça depend. That depends.
  Ça ne va pas. Things aren't going well/are going badly., P-1
  Ça peut aller. I'm getting by, P-1
  Ça va ? How are things?, P-1
  Ça va. It's going fine., P-1
  C'est ça. That's right.
  Comment ça va ? How's it going?, P-1
câble *m.* cable (television)
cache-cache *m.* hide-and-seek

caché/e hidden
cacher to hide
cadeau *m.* present, gift, 6-2
cadre *m.* business executive; frame (for a picture)
café *m.* café, 2-3; coffee, 5-1
  café au lait with milk, 5-2
  café crème with cream, 5-1
  café déca(féiné) decaffeinated coffee
  café gourmand coffee with one or more small desserts, 5-1
  café serré strong cup of expresso coffee
  pause-café *f.* coffee break
caféine *f.* caffeine
cafétéria *f.* cafeteria, 3-1
cahier *m.* notebook, P-2
caisse *f.* cash register, 5-3
calendrier *m.* calendar
calme calm, 1-2
se calmer to calm down, 9-3
  Soyez plus calme ! Calm down!, 9-3
camarade *m./f.* friend, buddy
  camarade de classe classmate, P-1
Cambodge *m.* Cambodia
Cameroun *m.* Cameroon, 8-3
camerounais/e Cameroonian, 8-3
campagne *f.* countryside, 8-2; campaign
  à la campagne in the country, 6-3
  pain *m.* **de campagne** round loaf of bread, 5-3
camping *m.* campground, 8-2
  faire †du camping to camp, to go camping, 7-2
camping-car *m.* RV, recreational vehicle, 8-2
campus *m.* campus
Canada *m.* Canada, 8-3
canadien/ne Canadian, 8-3
canapé *m.* couch, 6-2
candidat/e *m./f.* candidate
canne *f.* cane, walking stick
canoë *m.* canoe
cantal *m.* Cantal cheese, 5-3
capacité *f.* ability
car *m.* excursion bus, intercity bus, 9-1
caractère *m.* nature, disposition, 2-1
caractéristique *m.* characteristic, 9-2
carafe *f.* **(d'eau)** carafe (of water), 5-2
caravane *f.* camper (vehicle), 8-2
cardinal/e cardinal
carnet *m.* small notebook, 8-1
carotte *f.* carrot, 5-3
carrière *f.* career, 3-3
carte *f.* map, P-2; playing card, 2-2
  à la carte from the menu; cafeteria-style
  carte bancaire debit card, 8-1
  carte de crédit credit card, 8-1
  carte postale postcard
  jouer aux cartes to play cards, 2-2
carton *m.* cardboard, 10-2
cas *m.* case
casquette *f.* baseball cap, 4-3
casse-croûte *m. inv.* snack, 5-1
casser to break, to crack
catégorie *f.* category
cathédrale *f.* cathedral, 8-2
catholicisme *m.* Catholicism
catholique Catholic
cause *f.* cause
  à cause de due to, because of, 10-3
causer to cause; to chat
cave *f.* wine cellar, 8-2
ce (c') it, that
  c'est... this/it is . . . , P-1
  c'est-à-dire that is to say
  ce sont... these/they are. . ., P-1
ce (cet), cette this, that, 4-3
ces these, those, 4-3
céder to relinquish
ceinture *f.* belt
cela that
  Cela vous convient ? Does this suit you?
célèbre famous
célébrer to celebrate
célébrité *f.* celebrity
céleste celestial
célibataire single, 1-1
cent hundred, 1-2
centre *m.* center
  centre commercial shopping center, mall
  centre étudiant student center, 3-1
  centre informatique computer center, 3-1
  centre sportif sports complex, 3-1
  centre urbain urban center, downtown area
centre-ville *m.* downtown, 6-2
cependant however
céréales *f. pl.* cereal, 5-2
cérémonie *f.* ceremony, 9-1
  cérémonie civile civil (wedding) ceremony, 9-1
  cérémonie religieuse religious ceremony
cerise *f.* cherry, 5-3
certain/e certain
  Il est certain que... It's certain that . . . , 10-3
certainement certainly, of course
ces *see* **ce**
chacun/e each one
chaîne *f.* chain; TV (or radio) station, 11-1
chaise *f.* chair, P-2
chaleur *f.* heat, warmth
chameau *m.* camel
chambre *f.* bedroom, 4-1
champ *m.* field, 6-3
champignon *m.* mushroom, 5-3
champion *m.*, **championne** *f.* champion
championnat *m.* championship
chance *f.* luck
  avoir de la chance to be lucky
changement *m.* **climatique** climate change, 10-2
changer to change
chanson *f.* song
chant *m.* singing
chanter to sing, 3-3
chanteur *m.*, **chanteuse** *f.* singer, 3-3
chapeau *m.* hat, 4-3
chapelle *f.* chapel
chaque each, 6-1
char *m.* (carnival) float
charcuterie *f.* pork butcher shop; cooked pork meats, 5-3
charmant/e charming
charges *f. pl.* utilities, 6-2
  charges comprises utilities included, 6-2
chargeur *m.* **(de portable)** (cell phone) charger, 10-2
charte *f.* charter
chasse *f.* hunting
chat/te *m./f.* cat, 1-1
châtain *adj. inv.* chestnut-colored, auburn, 2-1
château *m.* castle, 8-2
  château fort fortress, 8-2
chaud hot, 5-1
  chocolat *m.* **chaud** hot chocolate, hot cocoa, 5-1
  Il fait chaud. It's hot (weather)., 7-1
  J'ai chaud. I'm hot. 7-1
chauffer to heat

chauffeur *m.* driver
chausser to put shoes on
chaussette *f.* sock, 4-3
chaussure *f.* shoe, 4-3
  chaussure à talon high-heeled shoe, 4-3
chef *m.* boss; chef
  chef d'œuvre *m.* **(chefs-d'œuvre** *pl.*) masterpiece
chemin *m.* way, 8-2; path
  indiquer le chemin to give directions, 8-2
cheminée *f.* chimney
chemise *f.* man's shirt, 4-3
chemisier *m.* woman's blouse, 4-3
cher/chère expensive, 4-3
chercher to look for, 2-3
chéri/e *m./f.* dear; honey, 5-3
cheval *m.* horse, 7-2
  faire † du cheval to go horseback riding, 7-2
cheveux *m. pl.* hair, 4-1
  avoir † les cheveux courts/longs/bouclés to have short/long/curly hair, 2-1
cheville *f.* ankle, 10-1
chez at the home of, at the place of, 1-1
  chez (les jeunes) among (the young)
  chez nous at our place, 1-1
chic *adj. inv.* chic, stylish, 4-3
chien/ne *m./f.* dog, 1-1
  chien d'assistance service dog
  chien guide guide dog
chiffre *m.* numeral, digit
Chili *m.* Chile, 8-3
chilien/e Chilean, 8-3
chimie *f.* chemistry, 3-2
Chine *f.* China, 8-3
chinois/e *adj.* Chinese, 8-3
chinois *m.* Chinese (language)
chocolat *m.* **chaud** hot chocolate, 5-1
choisir to choose, 6-1
choix *m.* choice
cholestérol *m.* cholesterol
chômage *m.* unemployment
choquant/e shocking
chose *f.* thing, 10-1
  quelque chose sthg, 9-2
  ne pas faire † grand-chose to not do much, 2-2
chou *m.* cabbage
choucroute *f.* sauerkraut
chouette ! neat!
chute *f.* fall
ci-dessous below
ci-dessus above
cidre *m.* cider
ciel *m.* sky, 7-1
  Le ciel est couvert. The sky is overcast., 7-1
cigarette *f.* cigarette
cimetière *m.* cemetery
ciné = cinéma
cinéaste *m.* filmmaker
cinéma *m.* cinema, the movies, 2-3; film studies, 3-2
cinématographe *m.* cinematographer
cinq five, 1-2
cinq-pièces *m.* three-bedroom apartment/house
cinquante fifty, 1-2
cinquième fifth, 6-1
circulation *f.* traffic; circulation
citer to cite
citoyen *m.*, **citoyenne** *f.* citizen
citron *m.* lemon, 5-1
  citron pressé lemonade, 5-1
citrouille *f.* pumpkin
civil/e civil
civique civic
civisme *m.* civic-mindedness, 9-2
clair/e clear; light (for colors)
  Il est clair que... It's clear that . . . , 10-3
classe *f.* class of students, school year, grade; school classroom
  classes *pl.* **préparatoires (classes prépas)** prepatory classes for entrance to **les Grandes Écoles**
classique classic
  musique *f.* **classique** classical music, 1-3
clé *f.* key, 8-1
  clé USB USB key drive, flash drive
climat *m.* climate
clinique *f.* private hospital, 3-3
clip (vidéo) *m.* video clip, 11-2
cloud *m.* the cloud, 11-2
CO_2 *m.* **(dioxyde de carbone)** carbon dioxide
coach *f.* coach
coca(-cola) *m.* cola, 5-1
cocher to check off
code *m.* code
  code postal postal code
cœur *m.* heart, 10-1
  avoir mal au cœur to be nauseated, 10-1
se coiffer to fix one's hair, 4-1
coin *m.* corner
  au coin de at the corner (of)
  avec coin cuisine with a kitchenette, 6-2
colère *f.* anger, 9-3
  en colère angry, 9-3
collecte : faire une collecte (de fonds, de signatures, d'aliments, de vêtements, ...) to organize a collection (of funds, of signatures, of food, of clothes ...), 10-3
collège *m.* middle school, 1-3
collègue *m./f.* colleague
collier *m.* necklace
colline *f.* hill, 6-3
coloc(ataire) *m./f.* roommate, housemate, 2-1
colocation *f.* renting a house or an apartment together
Colombie *f.* Colombia, 8-3
colombien/ne Colombian, 8-3
colonie *f.* colony
colonne *f.* column
combattre to fight, to combat, 10-2
combien how much, 2-1
  Ça fait combien? How much is it?, 1-2
  combien de how many, 2-1
combinaison *f.* combination
combiner to combine
comédie *f.* comedy; drama 11-1
  comédie musicale musical, 11-1
  comédie romantique romantic comedy, 11-1
commander to order, 5-1
comme like, as
commencer (à) † to begin, to start, 4-1
comment how, 2-1
  Comment ça va ? How's it going?, P-1
  Comment dit-on... ? How do you say. . . ?, P-2
  Comment tu t'appelles ? What is your name?, P-1
  Comment vous appelez-vous ? What is your name?, P-1
  Tu es comment ?/Vous êtes comment ? What are you like?, 1-2
commentaire *m.* comment
commenter to comment on, to give a commentary on
commerçant *m.*, **commerçante** *f.* merchant

commerce *m.* shop, business, 6-1
les petits commerces small shops, 6-1
communauté *f.* community
communication *f.* communication
communiquer to communicate
compagnon *m.*, **compagne** *f.* cohabiting partner, 1-1
compagnie *f.* company
comparaison *f.* comparison
comparatif/-ive comparative
comparer to compare, 4-2
compliment *m.* compliment
compliqué/e complicated
comportement *m.* behavior
se comporter to behave, to act
composé/e composite
composer to enter; to type; to dial, 11-2
compositeur *m.*, **compositrice** *f.* composer
composition *f.* composition, 11-3
compréhension *f.* comprehension
comprendre † to understand, 5-1
Je ne comprends pas. I don't understand., P-2
compris/e *adj.* included, 6-1
comptabilité *f.* accounting, 3-2
comptable *m./f.* accountant, 3-3
compte *m.* **(bancaire, e-mail)** (bank, e-mail) account, 11-2
compter to count
comptine *f.* nursery rhyme
comptoir *m.* counter
concentration *f.* (*Can.*) major, 3-2
se concentrer to concentrate
concept *m.* concept
concerner to concern
en ce qui concerne as to, in relation to
concert *m.* concert, 2-2
assister à un concert to attend a concert, 2-3
donner un concert to give a concert, 2-2
concierge *m./f.* caretaker, manager
concombre *m.* cucumber, 5-3
concurrence *f.* competition
condamner to condemn
condiment *m.* condiment, 5-3
conditionnel *m.* conditional tense
conduire to drive
confiance *f.* confidence, 9-2
confiserie *f.* confectionery, candy store
confiture *f.* jam, 5-2
conflit *m.* conflict
conformiste conformist, 1-2
confort *m.* comfort
confortable comfortable (material objects), 4-3
congé *m.* leave
congé de maternité maternity leave
prendre congé to take leave, say good-bye
congélateur *m.* freezer
congrès *m.* conference
conjonction *f.* conjunction
conjugaison *f.* conjugation
conjugué/e conjugated
connaissance *f.* knowledge, understanding; acquaintance
connaître † to know, be familiar with, 9-3
connecté/e connected
se connecter (à Internet) to connect (to the Internet), to go online, 11-2
connexion *f.* **(à Internet, WiFi)** (Internet, wireless) connection, 11-2
connu/e known, well-known
conquête *f.* conquest
consacrer to devote
conseil *m.* piece of advice; council
demander un conseil to ask for advice
conseiller to advise
conséquence *f.* consequence
conservateur/-trice conservative
conservation *f.* conservation
conserver to store; to conserve
consister to consist
consommateur *m.*, **consommatrice** *f.* consumer
consommation *f.* consumption, 10-2; drink
consommer to consume, 10-2
consonne *f.* consonant
constituer to be, to constitute, to form
construire † to construct, build
consultation *f.* visit with a health professional
consulter to consult
consulter le médecin to see a doctor
consulter ses e-mails to read one's e-mails, 11-2
contemporain/e contemporary
contenir † to contain
content/e happy, 9-3
contenus *m. pl.* content
continent *m.* continent, 8-3
continuer to continue, 4-2; to go on/keep going, 8-2
continuer (à) to continue, App2
continuer tout droit keep going straight ahead, 8-2
contraire *m.* opposite
au contraire, … to the contrary, . . . , 2-3
contraste *m.* contrast
contribuer to contribute
contrôle *m.* inspection, control, test
convaincre to convince
convenir † to suit
Cela vous convient ? Does this suit you?
se convertir à to convert to
copain *m.*, **copine** *f.* friend, 1-3
copieux/-euse copious, hearty, 5-2
coq *m.* rooster
Corée *f.* Korea, 8-3
coréen/ne Korean, 8-3
corps *m.* body, 10-1
corps humain human body, 10-1
correspondance *f.* correspondance; travel connection
correspondant/e *m./f.* pen pal
correspondre to correspond
corriger to correct
costume *m.* man's suit, 4-3
costume-cravate *m.* suit and a tie
côte *f.* coast
côté *m.* side
à côté next door, 4-1
à côté de next to, beside 3-1
d'un autre côté, … on the other hand, . . .
Côte-d'Ivoire *f.* Ivory Coast, 8-3
côtelette *f.* **(d'agneau)** (lamb) chop, 5-3
coton *m.* cotton, 4-3
cou *m.* neck, 10-1
coucher *m.* **du soleil** sunset
se coucher to go to bed, 4-1
coude *m.* elbow
couleur *f.* color, 4-3
de quelle couleur est… ? what color is . . . ?, 4-3
couloir *m.* hallway, 6-1
coup *m.* blow, strike, punch
coup de soleil sunburn
coup de téléphone phone call
coupable guilty

couper to cut, to chop

couple *m.* couple

couple mixte biracial/bicultural/binational couple, 9-2

cour *f.* courtyard, 6-1

couramment fluently

courant/e current

au courant up-to-date (for a person)

courant *m.* **d'air** draft, breeze

courgette *f.* zucchini, 5-3

courir † to run, 4-2

couronne *f.* crown

courriel *m. (Can.)* e-mail message

courrier électronique *m.* e-mail

cours *m.* course, class, 3-1

au cours de during

faire un cours to give a (classroom) lecture, 4-2

course *f.* errand, 2-2

faire † des courses to run errands, including grocery shopping, 2-2

faire † les courses to do the weekly grocery shopping, 5-3

court/e short, 2-1

cousin *m.*, **cousine** *f.* cousin, 1-1

coûter to cost, 6-2

coutume *f.* custom

couture *f.* sewing, dressmaking

haute couture designer fashion

couturier *m.* fashion designer

couturière *f.* dressmaker, seamstress

couvert/e covered

Le ciel est couvert The sky is overcast., 7-1

marché *m.* **couvert** indoor market

couvrir † to cover

covoiturage *m.* carpooling, 10-2

craie *f.* (piece of) chalk, P-2

cravate *f.* tie, 4-3

crayon *m.* pencil, P-2

créativité *f.* creativity, 9-2

créer to create, 10-3

créer une association to start a (charitable) organization, 10-3

crème *f.* cream, 5-1

crème glacée (*Can.*) ice-cream

crème solaire suntan lotion

crèmerie *f.* dairy store, 5-3

crêpe *f.* crepe; pancake, 5-3

créole *adj.* Creole

créole *m.* Creole (language)

creuset *m.* melting pot

crevette *f.* shrimp, 5-3

crier to shout, to yell, 9-3

Ne criez pas ! Don't yell!, 9-3

crime *m.* crime

crise *f.* crisis

cristal *m.* crystal

critère *m.* criterion

critique *f.* critique, criticism, (critical) review

critique *m.* (movie, literary) critic (person)

croire † (à, en) to believe, 9-2

Je crois. / Je crois que oui. I think so., 9-2

Je crois que… I believe that . . . , 9-2

Je ne crois pas. / Je crois que non. I don't think so., 9-2

croissant *m.* croissant, 5-2

croix *f.* cross

croque-madame *m. inv.* grilled ham-and-cheese sandwich topped with a fried egg, 5-1

croque-monsieur *m. inv.* grilled-ham-and cheese sandwich, 5-1

croyances *f. pl.* **(diverses)** (diverse) religious beliefs, 9-2

croyant/e a believer, 9-2

crudités *f. pl.* cut-up raw vegetables, 5-3

cubiste cubist, 11-3

cuiller, cuillère *f.* spoon

cuir *m.* leather, 4-3

cuire: faire cuire to cook

cuisine *f.* kitchen, 6-1; cooking

avec coin cuisine with a kitchenette, 6-2

faire † la cuisine to cook, 2-2

cuisinière *f.* stove, 6-2

culturel/le cultural

curieux/-euse curious

D

d'abord first, 1-1

d'accord OK, agreed, 2-3

danger *m.* danger

dans in, into, inside, P-2

danse *f.* dance, 3-2

faire †de la danse to dance, to study dance, 2-2

danser to dance

d'après… according to . . .

date *f.* date, 1-2

Quelle est la date ? What is the date?, 1-2

d'autres *adj.* other

davantage more

de (d') from, of, about, P-1

De rien. Not at all., You're welcome., P-2

débat *m.* debate

debout standing, on one's feet

être debout to be up, 4-1

débrancher (un ordinateur, un chargeur de portable) to unplug (a computer, a phone charger), 10-2

début *m.* beginning

décédé/e deceased, 1-1

décembre December, 1-2

déception *f.* disappointment

déchet *m.* waste, refuse, 10-2

déchets *pl.* **ménagers** household waste, refuse, 10-2

décider (de) to decide, App2

se décider to make up one's mind

déclaration *f.* declaration

décontracté/e relaxed

décorer to decorate

découverte *f.* discovery

découvrir † to discover; to uncover

décréter to decree

décrire † to describe, 9-1

déçu/e disappointed, 10-3

être déçu/e que to be disappointed that, 10-3

défaire † to undo

défaite *f.* defeat, loss

défi *m.* challenge

défilé *m.* parade, 9-1

défilé de mode fashion show

définir to define

définition *f.* definition

définitivement for good, once and for all

déforestation *f.* deforestation

degré *m.* degree; step

Il fait dix degrés. It's 10 degrees (Celsius)., 7-1

se déguiser to disguise oneself, to dress up in costume

déguster to taste, to savor, 8-2

dehors outside

en dehors de outside of

déjà already, 4-1

déjeuner *m.* lunch; breakfast *(Belg., Can., Switz.)*, 5-2

déjeuner to have lunch, 1-3

délégué/e *m./f.* delegate

maire *m.* **délégué** deputy mayor

délicieux/-euse delicious, 5-3

demain tomorrow, 2-3
 à demain see you tomorrow, P-1
demander to ask, request, 6-2
démarrer to begin, to start
demi/e half
 demi-frère *m.* stepbrother; half-brother, 1-1
 demi-kilo *m.* half-kilo, 5-3
 demi-sœur *f.* stepsister; half-sister, 1-1
 demi-tour *m.* U-turn
 et demi/e and a half, 4-2
 faire † demi-tour to make a U-turn
démocratie *f.* democracy
démocratique *adj.* democratic
démodé/e old-fashioned, out-of-date, 4-3
démonstratif/-ive demonstrative
dent *f.* tooth, 4-1
 se brosser les dents to brush one's teeth, 4-1
 se laver les dents to brush one's teeth, 4-1
dentifrice *m.* toothpaste, 4-1
dentiste *m./f.* dentist, 3-3
départ *m.* departure
 au départ de leaving from, originally
département *m.* department, regional administrative unit in France
dépasser to exceed
se dépêcher to hurry up, 4-1
dépendant/e *adj.* dependent
dépendre de to depend on
 Ça depend. That depends.
dépense *f.* expenditure
dépenser to spend
se déplacer to move about
déposer to drop off, to place
depuis since, 11-3
 depuis combien de temps... ? for how long . . . ?, 11-3
 depuis quand... ? since when . . . ?, 11-3
dernier/-ière last, 3-1
se dérouler to take place
derrière behind, 3-1
des *pl.* some, P-2
dès que as soon as, 11-1
désagréable disagreeable, 1-1
descendant (de) *m.* descendant (of)
descendre to go down, 3-1
 descendre de to get off, 3-1
 descendre en ville to go downtown, 3-1
descente *f.* descent
désert *m.* desert
se déshabiller to undress, 4-1
désignation *f.* name, designation
désirer to desire, to want, 10-2
désobéir à to disobey, 6-1
désolé/e sorry, 7-3
 être désolé/e to be sorry, 7-3
dessert *m.* dessert, 5-2
desservir to serve, to stop at
dessin *m.* drawing, sketch, 3-2
 dessin animé cartoon, animated film, 11-1
dessinateur/-trice *m./f.* draftsman/woman, 11-3
dessiner to draw, 11-3
dessous : en dessous underneath
destination *f.* destination, 8-3
se détendre to relax, 6-3
détente *f.* relaxation; release (of a consonant)
déterminer to determine, to work out
détester to detest, 3-2
deux two, 1-2
 deux fois par jour twice a day, 4-1
deuxième *m.* second, 6-1
devant in front of, 3-1
développement *m.* development
 développement durable sustainable development
 en voie de développement developing (country)
développer to develop
devenir † to become, 5-3
deviner to guess
devoir † must, to have to, should, 3-3
devoir *m.* essay, assignment 3-2
devoirs *m. pl.* homework, P-2
 faire †des devoirs to do homework
d'habitude usually, 6-3
diagnostic *m.* diagnosis
dialecte *m.* dialect
dialogue *m.* dialogue
dictionnaire *m.* **(un dico)** dictionary
Dieu *m.* God
 dieux *pl.* gods
différence : à la différence de unlike
différent/e different
différer † to differ
difficile difficult, 3-2
dimanche Sunday, 1-3
diminuer to decrease, to lower
dîner *m.* dinner; lunch *(Belg., Can., Switz.),* 5-2
dîner to have dinner, 1-3; to have lunch (*Can.*)
diplomate *m./f.* diplomat
diplôme *m.* degree, 3-2
 avoir un diplôme to have a degree
dire † to say, 6-2
 Ça te dit de... Do you feel like . . .
 dites-moi ! tell me!, 2-3
direct : en direct *adv.* live, 11-1
directeur *m.* **directrice** *f.* director, 3-3; manager
discipline *f.* discipline, 9-2
discipliné/e disciplined, 1-1
discours *m.* speech
discuter de to have a discussion, to talk**disjoint/e** disjointed, stressed (pronouns)
disparaître to disappear
disparition *f.* disappearance
disponible available
se disputer to argue, 9-3
disque *m.* record, (CD) disc
distinguer to distinguish
distractions *f. pl.* amusements, diversions, 7-3
distribuer (des aliments, des repas) to deliver (food, meals), 10-3
divers/e various
diversité *f.* diversity
divisé/e divided, split
diviser to divide, to split
divorcé/e divorced, 1-1
divorcer to divorce, 9-3
dix ten, 1-2
dixième tenth, 6-1
dix-huit eighteen, 1-2
dix-huitième eighteenth, 6-1
dix-neuf nineteen, 1-2
dix-neuvième nineteenth, 6-1
dix-sept seventeen, 1-2
dix-septième seventeenth, 6-1
docteur *m.*, **docteure** *f.* doctor, 3-3
doctorat *m.* doctorate, Ph.D.
documentaire *m.* documentary, 11-1
dodo (*colloq.*) sleep, 4-1
 faire † dodo (*colloq.*) go to sleep, 4-1
doigt *m.* finger, 10-1
domaine *m.* area, field
domicile *m.* place of residence

dommage *m.* damage
  C'est dommage. It's too bad. It's a pity., 7-3
  Il est/C'est dommage que... It's too bad that . . . , It's a shame that . . . , 10-3
  Quel dommage. What a pity.
donc then, therefore
donnée *f.* data
donner to give, P-2
  donner un concert to give a concert, 2-2
  donner sur to look onto or lead out to, 6-1
donneur *m.*, **donneuse** *f.* donor
doré/e golden brown, glazed
dormir to sleep, 4-1
dos *m.* back, 10-1
dossier *m.* file, case, folder
double double
doublé/e dubbed, 11-1
doubler to dub
doucement slowly, gently, softly, 4-1
douche *f.* shower
  prendre une douche to take a shower, 4-1
se doucher to shower, 4-1
doué/e (pour) to be talented (in), 3-3
douleur *f.* pain
doute *m.* doubt
  sans aucun doute without a doubt
  sans doute probably, 3-2
douter to doubt, 10-3
doux/douce gentle, soft, sweet
douzaine *f.* dozen, 5-3
douze twelve, 1-2
douzième twelfth, 6-1
drame *m.* **(psychologique)** (psychological) drama, 11-1
drapeau *m.* flag
dresser (une liste) to make (a list)
drogue *f. sg.* (illegal) drugs
droit *adv.* straight, 8-2
  tout droit straight ahead, 8-2
droit *m.* law, 3-2
droite *f.* right, 3-1
  à droite (de) to the right (of), 3-1
drôle amusing, funny, 2-1
du (= de + le), 2-2
durable sustainable
dur/e hard, difficult, stiff
durée *f.* length of time, duration, 11-3
durer to endure, last, 4-2
DVD *m. inv.* DVD, P-2
dynamique dynamic, 1-2

E

eau *f.* water, 5-1
  eau minérale mineral water, 5-1
  eau minérale gazeuse carbonated mineral water, 5-1
  eau minérale plate still mineral water, 5-1
  eau potable drinkable water
ébullition *f.* boiling
échange *m.* exchange
échanger (des messages instantanées) to exchange (instant messages), 11-2
échapper to escape
écharpe *f.* scarf, 4-3
échecs *m. pl.* chess, 2-2
échelle *f.* ladder; scale
éclair *m.* lightning
  Il y a des éclairs. There is lightning.
éclairer to light
éco-geste *m.* ecological act, gesture, 10-2
école *f.* school, 1-3
  école de commerce business school
  école maternelle preschool, nursery school
  école primaire elementary school
  école secondaire secondary school
écologie *f.* ecology
écologique ecological
écologiste (écolo) eco-conscious, 9-2
économie *f.* economy; economics, 3-2
  faire † des économies *pl.* to save money
économique economical
  sciences *f. pl.* **économiques** economics, 3-2
économiser to save (money, time, energy), economize
écosystème *m.* ecosystem
écotourisme *m.* ecotourism
écoute *f.* listening
écouter to listen, P-2
  écouter de la musique to listen to music, 1-3
  écouter la radio to listen to the radio, 1-3
écran *m.* screen (TV, projection, computer), P-2
  écran en haute définition high-definition TV
écrire † to write, 6-2
  comment ça s'écrit? how do you spell that?, P-2
écrivain *m.*, **écrivaine** *f.* writer, 3-3
éducatif/-ive educational
effacer to erase, P-2
effet *m.* effect
  en effet yes, indeed, 6-3
efficace efficient, effective
effort *m.* effort
égal/e equal
  Ça m'est égal. It's all the same to me., 9-3
également also
église *f.* Catholic church, 2-3
égoïste selfish, 2-1
élaborer to elaborate
électricité *f.* electricity
électrique electric
électronique electronic
élégance *f.* elegance
élégant/e elegant, 2-1
éléphant *m.* elephant
élevage *m.* livestock farming
élève *m./f.* pupil, student (elementary age)
éliminer to eliminate, 5-1
élire to elect
elle *f.* she, her, it, P-1
  elle-même *f.* herself
elles *f. pl.* they, them, P-1
  elles-mêmes *f. pl.* themselves
s'éloigner de to move away from
élu/e elected
e-mail *m.* e-mail, 11-2
emballage *m.* packaging, 10-2
embarras *m.* embarrassment, 9-3; trouble
embarrassé/e embarrassed, 9-3
s'embrasser to kiss, 9-3
émission *f.* program, 11-1
  émission de téléréalité reality show, 11-1
  émission de sport sports program, 11-1
emmener † to bring someone along
émotion *f.* emotion, 9-3
empêcher to prevent
emplacement *m.* location
emploi *m.* use; job
employé/e *m./f.* employee, white-collar worker
employer † to use
emporter to bring sthg, to take with

empreinte *f.* **écologique** ecological footprint, 10-2
emprunter to borrow, 6-2
en *prep.*to, at, P-1; *pron.* some, any, 5-3; while
  en ligne online, 11-2
encadrer to classify
enchaînement *m.* linking
enchanté/e delighted (to meet you), P-1
encore still, yet, again, another, 4-2
  encore vingt minutes another twenty minutes, 4-2
s'endormir to fall asleep, 4-1
endroit *m.* place, 6-3
énergie *f.* energy
  énergie éolienne wind energy, 10-2
  énergie renouvelable renewable energy, 10-2
  énergie solaire solar energy, 10-2
énergique energetic, 2-1
énervé/e irritable
s'énerver to become irritated/worked up
enfance *f.* childhood
enfant *m./f.* child, 1-1
  enfant de milieu défavorisé disadvantaged child, 10-3
  être enfant d'un couple mixte to be biracial, bicultural, binational, 9-2
enfin finally, 5-3
engagé/e committed, involved, 9-2
engagement *m.* involvement, commitment
s'engager to get involved, 10-3
s'ennuyer † to become bored, 9-3
ennuyeux/-euse boring, tedious, 3-2
enquête *f.* poll, survey
enrichir to enrich
enseignant/e *m./f.* teacher, instructor
enseignement *m.* teaching
enseigner to teach
ensemble together, 1-3
ensemble *m.* outfit, 4-3
ensuite next, then, 5-3
entendre to hear, 3-1
  s'entendre (avec) to get along (with), 9-3
enthousiaste enthusiastic
entier/entière entire
entourer to surround; to circle
s'entraîner to practice (sport)
entraîneur *m.* trainer, coach
entre between, 3-1
entrée *f.* appetizer or starter, 5-2; entrance, foyer, 6-1
entreprise *f.* firm, place of business
entrer to go/come in, 4-2
entretien *m.* interview
énumérer to enumerate, to list
envie *f.* urge, craving
  avoir envie de (+ *nom*, + *inf.*) ... to want, desire (sthg, to do sthg) . . . , 4-3
  avoir envie d'un café to want a cup of coffee, 4-3
environ about, approximately
environnement *m.* environment, 9-2
environs *m. pl.* surroundings
envoyer † to send, 11-2
épaule *f.* shoulder, 10-1
épeler † to spell, 5-2
épice *f.* spice, 5-2
épicerie *f.* grocer's shop
épinards *m. pl.* spinach, 5-3
épisode *m.* episode, 11-1
époque *f.* era, time
époux *m.*, **épouse** *f.* spouse
épreuve *f.* test
éprouver to feel, to experience
équilibré/e balanced
équipe *f.* team
équipé/e equipped, 6-2
équivalent *m.* equivalent
érosion *f.* erosion
erreur *f.* mistake, error
escalier *m.* staircase, stairs, 6-1
espace *m.* place, space
  espace vert green, grassy area
Espagne *f.* Spain, 8-3
espagnol/e *adj.* Spanish, 8-3
espagnol *m.* Spanish (language)
espion *m.* spy
espérer † to hope, App2
esprit *m.* spirit
  avoir † l'esprit d'équipe to be a team player
essai *m.* essay, 3-2
essayer (de) † to try; to try on, 4-3
essence *f.* gas, 10-2
essentiel/le essential
  Il est essential que... It is essential that . . . , 10-1
essuyer † to dry
  s'essuyer † to dry oneself off, wipe off, 4-1
est *m.* east
et and, P-1
établir to establish, 8-2
établissement *m.* establishment
étage *m.* floor (of a building), 6-1
  à quel étage ? on what floor?, 6-1
  premier étage second floor, 6-1
étagère *f.* bookcase, (book)shelf, 6-2
étape *f.* stage, step (in a process)
état *m.* state
  état civil marital status, 1-1
États-Unis *m. pl.* the United States, 8-3
été *m.* summer, 2-3
  l'été prochain next summer, 2-3
éteindre † to turn off, 10-2
  éteindre la lumière to turn off the light, 10-2
étoile *f.* star, 8-2
  loger dans un hôtel trois étoiles to stay in a three-star hotel, 8-2
étonnant/e surprising, 10-3
  Il est/C'est étonnant que... It's surprising that . . . , 10-3
étonné/e surprised, 10-3
étranger/-ère foreign, 3-2
étranger/-ère *m./f.* stranger, foreigner
être † to be, P-1
  être d'accord to agree
  être en train de + *inf.* to be busy doing sthg, 4-1
  Ne sois pas... Don't be . . . , 9-3
  sois, soyez... ! be . . . ! , 9-3
  Soyez plus calme ! Calm down!, 9-3
être *m.* **humain** human being
étroit/e narrow
étude *f.* study, 11-3
études *f. pl.* studies, 3-2
  faire † des études (de) to study (sthg)
étudiant *m.*, **étudiante** *f.* student, P-2
étudier to study; to major in, 3-2
Europe *f.* Europe, 8-3
européen/ne European
eux *m. pl.* they, them, P-1
  eux-mêmes *m. pl.* themselves
évènement *m.* event, 10-3
éventuel/le probable
éventuellement probably, perhaps
évident obvious, 10-3
évier *m.* (kitchen) sink, 6-2
éviter to avoid, 10-1
evoquer to evoke
exacte exact
exactement exactly
exagérer to exaggerate

examen *m.* exam, 3-2
passer un examen to take an exam, 3-2
préparer un examen to study for an exam
réussir un examen to pass an exam, 3-2
exemple *m.* example
excès *m.* excess
s'excuser to excuse oneself, 9-3
exercer to exercise, exert
exercice *m.* exercise
faire † de l'exercice to exercise, 10-1
exigeant/e demanding
exiger † to require, to demand, 10-2
exotique exotic
expérience *f.* experience; experiment
explication *f.* explanation
expliquer to explain, 6-2
exposé *m.* oral presentation, report, 3-2
exposer to state, to explain; to exhibit
exposition *f.* exhibition, 2-3
expression *f.* expression
expression fixe set expression, idiom
expresso *m.* small cup of strong coffee
exprimer to express
s'exprimer to express oneself, 9-3
extérieur *m.* exterior, outside
extrait *m.* exerpt, extract
extrême extreme
extrêmement extremely

F

fabriquer to make, to produce
fac = **faculté**
face *f.* face, side
(juste) en face (de) facing, (just) across from, 3-1
fâché/e angry, upset, 9-3
se fâcher (contre) to get angry (at, with), 9-3
facile easy, 3-2
facilement easily
faciliter to facilitate, to make easier
façon *f.* way
de toute façon in any case
facture *f.* bill
faculté *f.* college, university, 2-1
faculté (de droit) law school, 3-1
faible weak
faim *m.* hunger, 5-1
avoir faim to be hungry, 5-1
faire † to do, to make, 2-2
Deux plus deux, ça fait... Two plus two makes . . . , 1-2
faire partie de to belong to
faire penser à to remind one of
Il fait beau. It's beautiful weather., 7-1
Ne t'en fais pas !/Ne vous en faites pas ! Don't worry!, 9-3
se faire du souci to worry, 9-3
se faire mal (à) to injure, 10-2
se faire un petit plaisir to do sthg nice for oneself, 4-3
faire-part *m. inv.* (birth, wedding) announcement
fait *m.* fact
en fait in fact
falloir † to be necessary, 9-1
Il faut... to need, 5-3; you have to/must, 9-1
Il ne faut pas... you must not, 9-1
Il faut que... It is necessary that/You must . . . , 10-1
Il ne faut pas que... You must not . . . , 10-1
fameux/-euse famous
familial/e familial, related to family
familier/-ière familiar
famille *f.* family, 1-1
famille monoparentale single-parent family
famille nombreuse big family, 1-1
fanatique *m.* fan, fanatic
être fanatique de to be a fan of
fantaisiste fantastic (not based in reality)
fantastique fantastic (great, wonderful); fantasy
fantôme *m.* phantom, ghost
farine *f.* flour
fasciné/e fascinated
fatigué/e tired, P-1
faune *f.* wildlife, fauna
faut *see* **falloir**
faute *f.* mistake
faire † une faute to make a mistake
fauteuil *m.* armchair, 6-2
fauteuil roulant wheelchair
faux/-sse false
favoriser to favor
Félicitations ! Congratulations!, 9-1
féliciter to congratulate
féminin/e feminine
féminisation *f.* feminization (esp. names of professions)
femme *f.* wife, woman, 1-1
femme au foyer homemaker, stay-at-home mother
femme d'affaires businesswoman, 3-3
fenêtre *f.* window, P-2
férié : jour *m.* **férié** legal holiday
ferme *f.* farm, 6-3
fermer to close, P-2
fermeture *f.* closing time
festival *m.* festival
fête *f.* holiday, 1-2; party, 2-2
fête du Travail Labor Day, 1-2
fête religieuse *f.* religious holiday, 9-1
fêter to celebrate, 9-1
feu *m.* fire
feu d'artifice fireworks, 9-1
feuille *f.* sheet of paper, P-2; leaf
feuilleton *m.* series, soap opera, 11-1
feutre *m.* felt-tipped pen, marker, P-2
fève *f.* broad bean, favor baked in **la Galette des rois**
février February, 1-2
fiançailles *f. pl.* engagement, 9-1
fiancé/e engaged, 1-1
se fiancer to get engaged, 9-3
fiche *f.* form
fichier *m.* (computer) file, 11-2
fidèle faithful, 9-2
fidélité *f.* fidelity, 9-2
fièvre *f.* fever
avoir de la fièvre to have a temperature, to run a fever, 10-1
figuratif/-ive figurative, 11-3
figure *f.* face, 4-1; figure, shape
figure géométrique geometric shape
fil *m.* thread, wire
fille *f.* girl; daughterl, 1-1
film *m.* film, 1-3
fils *m.* son, 1-1
fin *f.* end
fin de semaine (*Can.*) weekend, 3-1
final/e final, 3-2
finalement finally
finir (de) to finish, 6-1
fitness *m.* cardio workout
fixer to set (an appointment)
flamand *m.* Flemish (language), 8-3
fleur *f.* flower, 9-1
fleurir to flourish

flore *f.* flora, plant life
foie *m.* liver
fois *f.* time
  une fois par jour once a day, 4-1
  x fois par semaine x times a week, 4-1
  une fois once, one time
folklorique folkloric
  musique *f.* **folklorique** folk music
foncé/e dark (color)
fonction *m.* function
fonctionnaire *m./f.* government worker, 3-3
fonctionner to function
fond *m.* bottom, end
  à fond deeply; loudly
fondu/e melted
fontaine *f.* fountain
football *m.* **(le foot)** soccer, 1-3
football *m.* **américain** American football, 2-2
forcément inevitably, necessarily
forêt *f.* forest, 6-3
formation *f.* formation; training
  avoir une formation to have training
forme *f.* shape; form
  être en forme to be in shape (after exercising, or after being sick), P-1
  rester en forme to stay in shape, 10-1
former to form, to train
formidable great
fort *adv.* loudly, P-2
fort/e *adj.* strong, stout, 2-1
forum *m.* forum
  forum de discussion discussion forum, newsgroup
fou (fol), folle crazy; unbelievable
foulard *m.* silk scarf, 4-3
foule *f.* crowd
four *m.* oven, 6-2
fourchette *f.* fork
foyer *f.* home, household
  femme *f.* **au foyer** stay-at-home mother
  homme *m.* **au foyer** stay-at-home father
frais/fraîche fresh
  Il fait frais. It's cool (weather)., 7-1
fraise *f.* strawberry, 5-3
français/e *adj.* French, 8-3
français *m.* French (language), P-2
  faire † du français to study French, 2-2
France *f.* France, 8-3
francophone French-speaking
francophonie *f.* French-speaking world
frapper to knock
fréquence *f.* frequency
frère *m.* brother, 1-1
frigo *m.* (*colloq.*) fridge, 6-2
frisé/e frizzy, 2-1
frite *f.* French fry, 5-1
froid/e cold, 5-1
  Il fait froid. It's cold (weather)., 7-1
  J'ai froid. I'm cold., 7-1
froid *m.* cold (temperature)
fromage *m.* cheese, 5-2
frontière *f.* border, 8-3
fruit *m.* fruit, 5-2
  fruits *pl.* **de mer** seafood
fruitier/fruitière *adj.* fruit, 6-3
  arbre *m.* **fruitier** fruit tree, 6-3
frustration *f.* frustration, 9-3
frustré/e frustrated, 9-3
fumé/e *adj.* smoked
fumée *f.* smoke
fumer to smoke, 10-1
furieux/-euse furious, 9-3
  Ne sois pas furieux/-euse! Don't be angry!, 9-3
futur *m.* future tense
  futur proche immediate future

G

gadget *m.* gadget
gagner to win, 3-3
  gagner de l'argent to earn money, 3-3
galérie *f.* (art) gallery
galette *f.* flat, round cake/cookie; savory dinner crepe made with buckwheat flour
  galette des Rois cake for the Epiphany
gant *m.* glove, 4-3
  gant de toilette wash mitt, 4-1
garder to keep
garage *m.* garage, 3-1
garantir to guarantee
garçon *m.* boy, 1-1
gare *f.* train station, 2-3
garer to park, 6-1
gaspillage *m.* **alimentaire** food waste, 10-2
gaspiller to waste, 10-2
gâteau *m.* cake, 5-3
gauche *f.* left, 3-1
  à gauche (de) to the left (of), 3-1
gaz *m.* gas
  gaz à effet de serre greenhouse gas
gazeux/-euse carbonated, 5-1
geler † to freeze, 7-1
  Il gèle. It's freezing (weather)., 7-1
gêné/e bothered, embarrassed, 9-3
général/e general
généralement generally
généreux/-euse generous, warm-hearted, 2-1
génial : Génial! Great!, 7-3
genou *m.* knee, 10-1
genre *m.* (grammatical) gender; kind, type
  genres d'émissions kinds of programs, 11-1
  genres de filmes types of films, 11-1
gens *m. pl.* people, 3-3
gentil/le kind, nice, 2-1
  C'est gentil à toi/vous. That's kind (of you)., 7-3
géographie *f.* geography
gérer to manage
geste *f.* gesture
gestion *f.* management, 3-2
gilet *m.* cardigan sweater, 4-3
gîte (rural) *m.* (rural) bed and breakfast, 8-2
glace *f.* ice cream, 5-1
  glace à deux boules two scoops of ice cream, 5-1
  glace au chocolat chocolate ice cream
  glace avec de la crème chantilly ice cream with whipped cream, 5-1
glacé/e ice-cold, frozen, iced
  crème *f.* **glacée** (*Can.*) ice cream
  thé *m.* **glacé** iced tea, 5-1
glacier *m.* glacier; ice cream maker
glaçon *m.* ice cube, 5-1
gobelet *m.* **jetable** disposable cup, 10-2
golf *m.* golf, 2-2
gomme *f.* pencil eraser, P-2
gorge *f.* throat, 10-1
goût *m.* taste, liking
  avoir le goût du travail to have a strong work ethic, 9-2
goûter *m.* afternoon snack, 5-2
goûter to have a snack, to taste
goutte *f.* drop

gouvernement *m.* government
grâce à thanks to
graisse *f.* fat, grease
gramme *m.* (*abbr.* gr) gram
grand-chose *m. inv.* : **pas grand-chose** not very much, not a great deal, 2-2
  ne pas faire † grand-chose to not do much, 2-2
grand/e tall, 2-1
  grand magasin *m.* department store, 4-3
  grande surface *f.* superstore
  grandes vacances *f. pl.* summer vacation, 9-2
grandir to grow taller, to grow up (for children), 6-1
grand-mère *f.* grandmother, 1-1
grand-père *m.* grandfather, 1-1
grand-parent *m.* (**grands-parents** *pl.*) grandparent, 1-1
graphiste *m./f.* graphic artist; graphic designer, 11-3
grasse *adj.* fatty, oily, greasy
gratuit/e free
gratuitement for free
grave serious, 9-3
  Ce n'est pas grave. It's not serious., 9-3
gravité *f.* gravity, seriousness
grenouille *f.* frog
grille *f.* railing, metal gate
grillé/e grilled, toasted, 5-2
grimper to climb up
grippe *f.* flu, 10-1
gris/e gray, 2-1
gros/se fat, 2-1
grossir to gain weight, 6-1
grotte *f.* **(préhistorique)** (prehistoric) cave, 8-2
groupe *m.* group
  groupe de consonnes *m.* consonant cluster
guerre *f.* war
  guerre de Sécession (American) Civil War
  Première Guerre mondiale First World War
  Seconde Guerre mondiale Second World War
guichet *m.* ticket window
guide *m.* guidebook; tour guide, 8-2
guidé/e guided
guitare *f.* guitar, 1-3
gymnase *m.* gym, 2-3
gymnastique *f.* exercises; gymnastics
  faire de la gym to do exercises, to work out, 2-2

H

s'habiller to get dressed, 4-1
habillé/e: (mal/bien) habillé/e (badly/well-)dressed, 4-3
habitation *f.* dwelling, housing
habiter to live (in a physical sense), 1-1
habitude *f.* habit
  d'habitude usually, 6-3
habituel/le habitual
habituellement usually
s'habituer à to get used to
***haché/e** chopped, ground, 5-3
***hamburger** *m.* hamburger
***handicap** *m.* handicap, disability, 10-1
***handicapé/e** handicapped, 10-3
  être *handicapé/e to be handicapped/disabled, 10-3
***haricot** *m.* bean, 5-2
  ***haricots noirs/rouges** dried black/red beans, 5-2
  ***haricots verts** green beans, 5-2
harmonica *m.* harmonica, 2-2
harmonie *f.* harmony
hâte *f.* haste; eagerness
  avoir hâte de (visiter) to be excited (to visit), 8-2
  J'ai hâte de te revoir. I can't wait to see you again., 8-2
***haut** high
  en haut above; upstairs, 4-1
***hein !** huh!, understood?
heure *f.* hour; time, 4-2
  être/arriver à l'heure to be/to arrive on time, 4-2
  Il est une heure. It's one o'clock., 4-2
  Quelle heure est-il ? What time is it?, 4-2
  Vous avez l'heure ? Do you have the time?, 4-2
heureusement luckily
heureux/-euse happy, 9-3; lucky
***heurter** to strike
hexagone *m.* hexagon
  L'Hexagone (*colloq.*) France
hier yesterday, 5-2
histoire *f.* history, 3-2; story
historique historical
  film *m.* **historique** historical movie, 11-1
hiver *m.* winter, 7-1
***hockey** *m.* hockey, 2-2
***hollandais/e** Dutch, hollandaise (sauce)
***Hollande** *f.* Holland
***homard** *m.* lobster
homme *m.* man, 1-2
  homme au foyer stay-at-home father
  homme d'affaires businessman, 3-3
honnête honest, 9-2
honnêteté *f.* honesty, 9-2
honte *f.* shame
hôpital *m.* public hospital, 3-3
horaire *m.* schedule
  horaires *pl.* **d'ouverture** opening hours, business hours
horloge *f.* clock
horreur *f.* horror
  film *m.* **d'horreur** horror movie, 11-1
***hors** except; outside
hôte *m.*, **hôtesse** *f.* guest or host
hôtel *m.* hotel, 2-3
huile *f.* oil, 5-3
  huile d'olive olive oil
***huit** eight, 1-2
***huitième** eighth, 6-1
huître *f.* oyster
humain/e human
  corps *m.* **humain** human body, 10-1
  sciences *f. pl.* **humaines** social sciences, 3-2
***hyène** *f.* hyena
hypermarché *m.* superstore

I

ici here, 3-1
idéal/e ideal
idéaliste idealistic, 1-2
idée *f.* idea
  c'est une bonne idée it's a good idea, 2-3
identifier to identify
identité *f.* identity
idiomatique idiomatic
idiot *m.*, **idiote** *f.* diot, 9-3
  Quel/le idiot/e ! What an idiot!, 9-3
il *m.* he, it, P-1
île *f.* island

ils *m. pl.* they, P-1
il y a there is/are, P-2; ago, 5-2
  il n'y a pas de... there isn't/aren't any . . . , P-2
  il y a deux jours two days ago, 5-2
  il y a longtemps a long time ago, 5-2
  il y a ... que it's been . . . , for . . . , 11-3
illogique illogical
illustrateur *m.*, **illustratrice** *f.* illustrator, 11-3
illustrer to illustrate, 11-3
imaginaire imaginary
imaginer to imagine
imam *m.* imam, leader of prayers in a Muslim mosque
imbécile *m./f.* idiot
  Imbécile ! Imbecile!, 9-3
immense huge, immense
immeuble *m.* building, 6-1
immigré/e *m./f.* immigrant, 10-3
immigrer to immigrate, 9-2
immobilier *m.* real estate business
imparfait *m.* imperfect tense
impatience *f.* impatience
impératif *m.* imperative
imper(méable) *m.* raincoat, 4-3
impersonnel/le inpersonal
impliquer to involve, to implicate
importance *f.* importance
important important, 9-1
  Il est important de + *inf.* it is important to . . . , 9-1
  Il est important que... It is important that . . . , 10-1
impression *f.* impression
  avoir l'impression que to have a feeling (that), 6-3
impressionnant/e impressive
impressionner to impress
impressionnisme *m.* Impressionism
impressionniste Impressionist, 11-3
imprimante *f.* printer
imprimer to print
incident *m.* incident
inclure to include
inclus/e included
inconvénient *m.* disadvantage, inconvenience
incorporer to blend
Incroyable ! Unbelievable!, 9-3
Inde *f.* India, 8-3
indéfini/e indefinite
indépendance *f.* independence, 9-2
indication *f.* sign, indication
indien/ne Indian, 8-3
indifférence *f.* indifference, 9-3
indifférent/e indifferent, 9-3
indigestion *f.* indigestion
indiquer to indicate, 8-2
indiscipliné/e undisciplined, 1-2
indiscret/-ète indiscreet
indispensable necessary
individualiste individualistic, 1-2
individu *m.* individual
individuel/le individual
indulgent/e indulgent, lenient
industriel/le industrial
infection *f.* infection, 10-1
infinitif *m.* infinitive
infirmerie *f.* health center/clinic, 3-1
infirmier *m.*, **infirmière** *f.* nurse, 3-3
informaticien *m.*, **informaticienne** *f.* programmer, 3-3
information *f.* information
informations *f. pl.* **(les infos)** news, 11-1
informatique *f.* computer science, 3-2
s'informer to get information
ingénieur *m.*, **ingénieure** *f.* engineer, 3-3
injuste unfaire, not right, 10-3
  Il est/C'est injuste que... It's not right that . . . , 10-3
innovateur/-trice innovative
innovation *f.* innovation
inquiet/-ète worried, uneasy, anxious, 9-3
s'inquiéter † to worry, 9-3
inquiétude *f.* worry, 9-3
insatisfait/e unsatisfied
inscription *f.* registration, enrollment, 3-1
  bureau *m.* **des inscriptions** registrar's office, 3-1
s'inscrire to register, to enroll
insensible insensitive
inspiration *f.* inspiration
instable unstable
installer to put in, to install
instant *m.* moment, instant
instrument *m.* instrument
  instrument de musique musical instrument
insulter to insult
insupportable unbearable
intégrer † to incorporate, integrate
  s'intégrer to integrate, to fit in
intelligent/e intelligent, smart, 2-1
intensité *f.* intensity
interactif/-ive interactive
interdire † to ban, to forbid
intéressant/e interesting, 3-2
s'intéresser (à) to be interested (in), 3-3
intérieur *m.* inside, interior
interlocuteur *m.* partner in dialogue, interlocutor
internaute *m.* Internet user
Internet *m.* Internet
  surfer sur Internet to surf the Internet
interpréter † to interpret; to perform
interrogatif/-ive interrogative
interviewer to interview
introduire to introduce
invariable invariable
inventer to invent
invitation *f.* invitation, 7-3
invité/e *m./f.* guest
inviter (à) to invite, 1-3
Iran *m.* Iran
irlandais/e Irish
irrégularité *f.* irregularity
irrégulier/-ière irregular
Israël *m.* Israel, 8-3
israélien/ne Israeli, 8-3
Italie *f.* Italy, 8-3
italien/ne *adj.* Italian, 8-3
italien *m.* Italian (language)
item *m.* item
itinéraire *m.* itinerary
ivoirien/ne Ivorian, 8-3

J

jalousie *f.* jealousy, 9-3
jaloux/-ouse jealous, 9-3
jamais ever
  ne ... jamais never, 4-1
jambe *f.* leg, 10-1
jambon *m.* ham, 5-1
janvier January, 1-2
Japon *m.* Japan, 8-3
japonais/e *adj.* Japanese, 8-3
japonais *m.* Japanese (language)
jardin *m.* garden, yard, 1-3
jardinage *m.* gardening, 2-2
  faire † du jardinage to garden, to do some gardening, 2-2
jaser (*Can.*) to chatter, prattle
jaune yellow, 4-3
jazz *m.* jazz, 2-2

je (j') I, P-1
jean *m. sg.* jeans, 4-3
jeter † to throw, throw away, 5-2
jeu *m.* game, 2-2
  jeu de mot pun
  jeu de société board game, 2-2
  jeu électronique computer game
  jeu télévisé game show, 11-1
  jeu vidéo video game
  Jeux *pl.* **Olympiques** Olympic games
jeudi Thursday, 1-3
jeune *adj.* young, 2-1
jeune *m./f.* young person
jeûne *m.* fast
jeûner to fast
jeunesse *f.* youth, young people
jogging *m.* jogging, 2-2
  faire † du jogging to go jogging, to jog, 2-2
joie *f.* joy, 9-3
joli/e pretty, 2-1
jouer to play, 1-3
  jouer à to play (a sport), 1-3
  jouer de to play (an instrument), 1-3
jour *m.* day, 1-3
  ce jour-là that day, 5-2
  jour férié legal holiday
journal *m.* newspaper, 11-2
  journal télévisé news broadcast
journalisme *m.* journalism, 3-2
journaliste *m./f.* journalist, 3-3
journée *f.* day, 4-1
joyeux/-euse *adj.* merry, cheerful
  Joyeux Anniversaire ! Happy Birthday!, 9-1
  Joyeux anniversaire de mariage ! Happy Anniversary!, 9-1
  Joyeux Noël ! Merry Christmas!, 9-1
juger to judge
juif *m.*, **juive** *f.* Jewish
juillet July, 1-2
juin June, 1-2
jumeau *m.*, **jumelle** *f.* twin
jupe *f.* skirt, 4-3
jus (de fruits) *m.* (fruit) juice, 5-1
jusqu'à until, 4-2
justice *f.* justice, 9-2
justifier to justify

K

kayak *m.* kayak
kilo *m.* kilo, 5-3
kinésithérapeute *m./f.* **(kiné)** physical therapist
kiosque *m.* newsstand
kitesurf *m.* kitesurfing, 7-2
  faire du kitesurf to kitesurf, 7-2

L

la (l') *f.* the, P-1; *pron.* her, it, 6-1
là there, 6-3
là-bas there, over there, 6-3
labo(ratoire) *m.* laboratory, 3-1
  labo(ratoire) de chimie chemistry lab, 3-1
lac *m.* lake, 6-3
laid/e ugly, 2-1
laine *f.* wool, 4-3
laïque secular
laisser to leave (alone)
  laisser la lumière allumée to leave the light on, 10-2
  laisser refroidir to let cool
lait *m.* milk, 5-3
lampe *f.* lamp, 6-2
lancer to throw; to launch
langage *m.* language
langue *f.* language, 3-2; tongue, 10-1
  langue étrangère foreign language, 3-2
  langue maternelle native language, 8-3
laquelle *f.* which one
lapin *m.* rabbit
large big, large, loose-fitting, roomy, 4-3
lavabo *m.* bathroom sink, 4-1
laver to wash
  se laver to wash oneself, 4-1
  se laver les cheveux to wash one's hair, 4-1
  se laver les dents to brush one's teeth, 4-1
  se laver la figure to wash one's face, 4-1
  se laver les mains to wash one's hands, 4-1
lavoir *m.* washtub
le (l') *m.* the, P-1; *pron.* him, it, 6-1
leçon *f.* lesson, 1-3
  leçon de chant singing lesson
lecteur *m.*, **lectrice** *f.* reader
  lecteur DVD *m.* DVD player, P-2
lecture *f.* reading, 11-2
légende *f.* caption; legend; key
léger/-ère light
légèrement lightly
légume *m.* vegetable, 5-2
lentement slowly
lequel *m.* which one
les *pl.* the, P-2 ; *pron.* them, 6-1
lesquels *m. pl.*, **lesquelles** *f. pl.* which ones
lettre *f.* letter
lettres *f. pl.* humanities, 3-2
leur *adj.* their, 1-2; *pron.* to them, 6-2
leurs *adj. pl.* their, 1-2
lever † to raise, 5-2
  lever le doigt to raise one's hand
  se lever † to get up, 4-1
  Levez-vous ! Get up/Stand up!, P-2
lèvre *f.* lip
liaison *f.* link, liaison
Liban *m.* Lebanon, 8-3
libanais/e Lebanese, 8-3
liberté *f.* liberty, 9-2
librairie *f.* bookstore, 2-3
libre free (a person), available, 7-3
  Je ne suis pas libre. I'm not free., 7-3
  Tu es/Vous êtes libre(s) ? Are you free?, 7-3
librement freely
libre-service *m.* self-service
licence *f.* Bachelor's degree (in French university system)
lien *m.* (Web) link; connection, tie
lier to link
lieu *m.* place
  au lieu de instead of
  avoir lieu to take place, 9-1
  lieu de travail workplace
ligne *f.* line
  en ligne online, 11-2
  jouer en ligne to play online games, 11-2
limite *f.* border, limit
limité/e limited
  limité/e à limited to
  limité/e par bordered by, limited by
limiter to limit, to restrict
limonade *f.* lemon-lime soft drink, 5-1
linge *m.* laundry
linguistique *f. sg.*linguistics
lire † to read, 9-1
  Je lis un roman. I'm reading a novel, 3-2
  Lisez les mots… ! Read the words . . . !, P-2

liste *f.* list
lit *m.* bed, 6-2
litre *m.* liter, 5-3
littérature *f.* literature, 3-2
livre *m.* book, P-2
local/e local, 10-2
locataire *m./f.* tenant, renter, 6-1
location *f.* renting
logement *m.* lodgings, accommodation, 8-2
loger † to stay temporarily, 8-2
logiciel *m.* software program, 11-2
  logiciel de présentation/de tableur/de traitement de texte presentational/spreadsheet/word-processing software, 11-2
logique logical
loi *f.* law
loin *adv.* far away, a long way
  C'est loin. It's far.
  au loin in the distance
  loin (de) far from, 3-1
lointain/e *adj.* distant, faraway
loisir *m.* leisure time, 2-2
long/longue long, 2-1
longtemps a long time, 5-2
  il y a longtemps a long time ago, 5-2
lors de during, at the time of
lorsque when, 11-1
lotissement *m.* subdivision
loto *m.* lottery, 2-2
louer to rent, 6-1
louisianais/e *adj.* from Louisiana
loyer *m.* rent, 6-1
lui *m.* him, P-1; *pron.* to him, to her, 6-2
  lui-même *m.* himself
lumière *f.* light, 10-2
  éteindre les lumières to turn off the lights, 10-2
  spectacle *m.* **son et lumière** sound and light historical production, 8-2
lundi Monday, 1-3
  le lundi every Monday, on Mondays, 6-3
lune (Lune) *f.* moon (the Moon)
  lune de miel honeymoon
lunettes *f. pl.* eyeglasses, 4-3
  lunettes de soleil pair of sunglasses, 4-3
lutte *f.* struggle; wrestling
lutter (contre) to struggle, fight (against), 10-2
luxe *m.* luxury
luxueux/-euse luxurious
lycée *m.* high school, 1-3

M

ma *f.* my, 1-1
McDo *m.* McDonald's restaurant
machine *f.* machine
macroéconomique *adj.* macroeconomic
madame (Mme) Mrs., Ms.; Ma'am, P-1
mademoiselle (Mlle) Miss, P-1
magasin *m.* store, 4-3
  grand magasin department store, 4-3
magasiner (*Can.*) to shop
magazine *m.* news magazine, 11-1; magazine
Maghreb *m.* North Africa
magnifique magnificent
mai May, 1-2
maigre skinny, thin, 2-1
maigrir to lose weight, 6-1
maillot *m.* **(de bain)** swimsuit, 4-3
main *f.* hand, 4-1
maintenant now, 1-3
maintenir † to affirm, to uphold, 8-3
maire *m.* mayor
mairie *f.* city hall, 2-3
mais but, P-1
maison *f.* house, home, 1-3
  rester à la maison to stay home, 1-3
maître *m.* master
maîtrise *f.* mastery; master's degree (*Can.*), 3-2
majeur/e *adj.* principal, major
majeure (en) *f.* (*Can.*) academic major (in), 3-2
majoritairement predominantly
mal *adv.* badly, P-1
  pas mal not bad, P-1
mal *m.* **(maux** *pl.***)** pain, ache, 10-1
  avoir du mal à (+ *inf.*) to have trouble (doing sthg), 4-1
  avoir mal to hurt, 10-1
  avoir mal à la tête to have a headache, 10-1
  avoir mal au cœur to be nauseated, 10-1
  avoir mal au ventre to have a stomachache, 10-1
  avoir mal partout to hurt all over, 10-1
  se faire mal (à) to injure, 10-1
malade *adj.* sick, P-1
malade *m./f.* sick person
maladie *f.* sickness, disease, 10-1
malgache *adj.* from Madagascar
malgré in spite of
malheur *m.* misfortune
malheureux/-euse unhappy, unfortunate, 9-3
manger † to eat, 2-3
manière *f.* **de vivre** way of life
manifestation [une manif] *f.* protest, demonstration, 10-3
manque *m.* lack
manquer to miss, to be lacking, 11-2
manteau *m.* overcoat, 4-3
manuel *m.* manual, handbook, 11-2
maquillage *m.* makeup, 4-1
se maquiller to put on makeup, 4-1
marbre *f.* marble, 11-3
marche *f.* walking, pace; step
  faire de la marche to walk (for exercise), 2-2
marché *m.* market, 2-3
  bon marché *adj.* inexpensive, 4-3
  marché aux puces flea market
  marché en plein air open-air market
marcher to walk
mardi Tuesday, 1-3
mari *m.* husband, 1-1
mariage *m.* wedding, 9-1; marriage
marié *m.*, **mariée** *f.* bridegroom/bride
marié/e married, 1-1
se marier to get married, 9-3
marier to marry
  marier les expressions to match the expressions
marin/e related to the sea
maritime coastal, seaside, maritime
Maroc *m.* Morocco, 8-3
marocain/e Moroccan, 8-3
marraine *f.* godmother, 9-1
marron *adj. inv.* brown, 2-1
marquant/e *adj.* outstanding
marque *f.* brand
mars March, 1-2
masque *m.* mask
masse *f.* group, mass
master *m.* master's degree, 3-2
match *m.* **(matchs** *pl.***)** game (sports), 2-2
mathématiques *f. pl.* **(les maths)** mathematics, 3-2

matière *f.* matter, material, subject, 11-3
matin *m.* morning, 1-3
  dix heures du matin ten o'clock in the morning, 4-2
  du matin in the morning; AM, 4-2
mauvais/e bad, 3-1
  Il fait mauvais. The weather's bad., 7-1
maux *see* **mal**
me (m') *pron.* me, to me, 7-3
mécanicien *m.*, **mécanicienne** *f.* mechanic
méchant/e mean, naughty, 2-1
médecin *m.* physician, 3-3
médecine *f.* medicine, 3-2
  médecine douce alternative, complementary medicine
médias *m. pl.* media, 11-1
médical/e medical
médicament *m.* medicine, drug
médiocre mediocre, 3-2
méditerranéen/ne Mediterranean
se méfier to be suspicious
meilleur/e *adj.* better, best, 4-3
  meilleur/e ami/e *m./f.* best friend
  Meilleurs vœux ! Best wishes!, 9-1
mélange *m.* mixture, blend, combination
mélanger to mix
melon *m.* cantaloupe, 5-3
membre *m.* member, limb
même same, 4-3; even, 4-3
  en même temps at the same time
mémoire *f.* memory
mémoire *m.* long essay, M.A. thesis
ménage *m.* household
  faire le ménage to do housework, 2-2
mener † to lead, to carry out
  mener à sa fin to lead to one's end
mental/e mental
menthe *m.* mint
  thé *m.* **à la menthe** mint tea
  tisane *f.* **à la menthe** herbal mint tea
mentionner to mention
mentir to lie, 4-2
mer *f.* sea, 6-3
  aller à la mer to go to the seaside, 6-3
  au bord de la mer at the seashore, 6-3
merci thank you, P-2
mercredi Wednesday, 1-3
mère *f.* mother, 1-1
mériter to earn, merit
merveilleux/-euse marvelous, wonderful
mes *pl.* my, 1-1
mésaventure *f.* misfortune
message *m.* message
  message *m.* **instantané** instant message (from a "texting" app), 11-2
messagerie *f.* **électronique, instantanée, vocale** e-mail application, instant messaging application, voice mail, 11-2
messe *f.* Catholic mass
mesure *f.* measurement
mesurer to measure
métal *m.* metal, 11-3
météo(rologie) *f.* weather forecast, 7-1
métier *m.* occupation, job, 3-3
métro *m.* subway, 4-1
metropole metropolitan, mainland
mettre † to put, to put on, 4-3
  mettre à jour to update, 11-2
  mettre la musique à fond to turn the music up loud
  mettre la table to set the table, 4-3
  mettre une heure to take an hour, 4-3
meublé/e furnished, 6-2
meuble *m.* piece of furniture, 6-2
mexicain/e Mexican, 8-3
Mexique *m.* Mexico, 8-3
micro(phone) *m.* microphone
micro-trottoir *m.* sidewalk interview
midi noon, 4-2
mieux better, 4-2
  Il vaut/vaudrait mieux que... It is/would be better (best) that . . . , 10-1
  le mieux the best (*adv.*), 4-2
  mieux ... que better . . . than, 4-2
mignon/ne cute
migrant/e *m./f.* migrant, 10-3
militaire military
mille thousand, 6-2
milliard billion, 6-2
million million, 6-2
  un-million one million, 6-2
mince *adj.* thin, slender, 2-1
  Mince ! Shoot!, 4-2
mincir to lose weight
mineure *f.* **(en)** (*Can.*) minor, 3-2
mini-jupe *f.* miniskirt, 4-3
ministère *m.* ministry, department
ministre *m.* minister, secretary
minorité *f.* minority
minuit midnight, 4-2
minute *f.* minute, 4-1
missions *f. pl.* **bénévoles** volunteer actions, 10-3
mi-temps : à mi-temps part time
mocassin *m.* loafer, 4-3
modalité *f.* form, modality
mode *f.* fashion, 4-3
  à la mode stylish, fashionable, 4-3
mode *m.* form, mode
  mode d'emploi directions
modèle *m.* model
moderne modern, 6-2
modeste modest
modifier to modify
moi me, P-1
  moi-même myself
moins minus, 1-2; less, 4-2
  au moins at least, 10-1
  Douze moins deux, ça fait... Twelve minus two makes . . . , 1-2
  moins (de) ... que less . . . than, 4-2
  moins le quart a quarter to, 4-2
  moins vingt twenty to, 4-2
mois *m.* month, 1-2
  le mois prochain next month, 2-3
moitié *f.* half
moment *m.* moment, 5-2
  à ce moment-là at that moment, 5-2
  les bons moments good times, 9-1
mon *m.* my, 1-1
monde *m.* world
  tout le monde everyone, everybody, 1-3
mondial/e worldwide
monnaie *f.* currency; change
monoparental/e single-parent, 7-1
monotone monotonous
monsieur (M.) Mr., P-1
monstre *m.* monster
montagne *f.* mountain, 6-3
montant *m.* (total) amount; balance, 11-2
montée *f.* climb
monter to go up, 5-3
montre *f.* watch, 4-2
montrer to show, P-2
monument *m.* monument, 2-3
  monument aux morts veterans' memorial, 2-3
se moquer de to tease, mock
morceau *m.* piece, 5-3

mort *f.* death
mort *m.* deceased person, cadaver
mortel/le mortal
mosquée *f.* mosque
mot *m.* word, P-2
  mot apparenté cognate
  mot-clé *m.* keyword
  mot de passe password, 11-2
  mot juste right word
moteur *m.* engine
  moteur de recherche search engine
moto *f.* motorcycle, 8-1
  faire † de la moto to ride a motorcycle, 7-2
motoneige *f.* snowmobile
  faire † de la motoneige to go snowmobiling, 7-2
mouche *f.* fly (insect)
  bateau-mouche *m.* Paris river boat
mouiller to moisten
mourir † to die, 5-3
moutarde *f.* mustard, 5-3
  moutarde à l'ancienne grainy mustard
mouvement *m.* movement
moyen *m.* way, means
  moyen de transport means of transportation, 8-1
moyen/ne *adj.* medium, average
  le Français moyen the average French person
moyenne *f.* average
Mozambique *m.* Mozambique
muet/te silent, mute
multiculturel/le multicultural, 9-2
multiethnique multiethnic, 9-2
multiple multiple
municipal/e municipal, 2-3
mur *m.* wall, 6-1
musée *m.* museum, 2-3
musical/e *adj.* musical
  comédie *f.* **musicale** musical, 11-1
musicien *m.*, **musicienne** *f.* musician, 3-3
musique *f.* music, 1-3
  faire † de la musique to play (make) music, 2-2
musulman/e Muslim
mystérieux/-euse mysterious
mythe *m.* myth

N

nager † to swim, 2-3
naïf/-ïve naive, 11-3
naissance *f.* birth, 9-1
  acte *f.* **de naissance** birth certificate
naître † to be born, 5-3
narine *f.* nostril
narratif/-ive narrative
narration *f.* narrative, account
nasal/e nasal
natation *f.* swimming, 2-2
  faire † de la natation to swim, 2-2
nationalité *f.* nationality, 8-3
nature *f.* nature, 6-3
  nature morte still life, 11-3
navette *f.* shuttle, bus, 3-1
navire *m.* ship
ne … jamais never, 4-1
ne … pas not, 1-3
ne … personne no one, 9-2
ne … rien nothing, 9-2
nécessaire necessary, 9-1
  Il est nécessaire de + *inf.* it is necessary to . . . , 9-1
  Il est nécessaire que… It is necessary that . . . , 10-1
nécessairement necessarily
nécessité *f.* need, necessity
néerlandais/e Dutch, 8-3
néerlandais *m.* Dutch (language)
négatif/-ive negative
négocier to negotiate
neiger to snow, 7-1
  Il neige. It's snowing., 7-1
néo-zélandais/e New Zealand *adj.*, 8-3
nettoyer † to clean
neuf nine, 1-2
neuf/ve *adj.* brand-new, 6-2
neuvième ninth, 6-1
neveu *m.* nephew, 1-1
  neveux *pl.* nieces and nephews, 1-1
nez *m.* nose, 10-1
  le nez bouché stuffed-up nose, 10-1
  le nez qui coule runny nose, 10-1
nièce *f.* niece, 1-1
niveau *m.* level
Noël *m.* Christmas, 9-1
  Joyeux Noël ! Merry Christmas!, 9-1
noir/e black, 2-1
noisette hazel (color), 2-1
nom *m.* last name, P-2
  nom de famille last name
nombre *m.* number, 1-2
nombreux/-euse numerous, 1-1
nommer to name
non no, P-1
  non plus neither
  moi non plus me neither
non biodégradable nonbiodegradable
nord *m.* north, 8-3
normalement normally, 1-3
nos *pl.* our, 1-2
note *f.* grade, 3-2
  avoir une (bonne/mauvaise) note to have/receive a (good/bad) grade, 3-2
notre *m./f.* our, 1-2
nourrir to nourish
  se nourrir to feed, to eat
nourriture *f.* food, nourishment
nous we, P-1; *pron.* us, to us, 7-2
  nous-mêmes ourselves
nouveau (nouvel), nouvelle new, 3-1
  de nouveau again, 4-1
nouvelle *f.* piece of news, 9-3
nouvelles *f. pl.* news
Nouvelle-Zélande *f.* New Zealand, 8-3
novembre November, 1-2
nuage *m.* cloud, 7-1; the cloud (Internet), 11-2
  Il y a des nuages. It's cloudy., 7-1
nucléaire *adj.* nuclear
  centrale *f.* **nucléaire** nuclear power plant
  énergie *f.* **nucléaire** nuclear power
nuisance *f.* sthg harmful, environmental problem; nuisance
nuit *f.* night, 4-1
nul : C'est nul ! Worthless!, 9-3
numérique *f.* digital technology, 11-2
numéro *m.* number
numéroter to number

O

obéir à to obey, 6-1
obésité *f.* obesity
obligatoire required, 3-2
observer to observe
obtenir † to obtain, 8-3
occasion *f.* chance, opportunity, occasion
  avoir l'occasion de to have the opportunity to
  d'occasion used
Occident *m.* the West
occupé/e busy, P-1
s'occuper de to take care of, 6-3
océan *m.* ocean
Océanie *f.* Pacific, 8-3

octobre October, 1-2
odeur *f.* odor
œil *m.* (**yeux** *pl.*) eye, 10-1
  avoir les yeux… to have . . . eyes, 2-1
  Mon oeil ! My eye! (expressing disbelief), 9-3
œuf *m.* egg, 5-2
  œuf dur hard-boiled egg
  œufs sur le plat/au plat fried eggs, 5-2
œuvre *f.* work (esp. literary or artistic), 11-3
  œuvre d'art work of art, 11-3
office *m.* **de tourisme** tourism office, 8-2
officiel/le official
offrir † to give (a gift), 6-2
Oh, là, là. Oh, my., 9-3
oignon *m.* onion, 5-3
oiseau *m.* bird, 1-1
olive *f.* olive
omelette *f.* omelet
omniprésent/e omnipresent
on one, people in general, 1-3
  On s'appelle ? Let's talk soon., 9-3
  On se retrouve devant le musée ? Shall we meet in front of the museum?, 7-3
  On y va ensemble ? Shall we go (there) together?, 7-3
oncle *m.* uncle, 1-1
onze eleven, 1-2
onzième eleventh, 6-1
opéra *m.* opera
opinion *f.* opinion
optimisme *m.* optimism, 9-2
optimiste optimistic, 1-2
orage *m.* (thunder)storm, 7-1
  Il y a un orage. There is a (thunder) storm., 7-1
oral/e oral
orange *adj. inv.* orange (color), 4-3
orange *f.* orange (fruit), 5-2
Orangina *m.* Orangina orange soda, 5-1
ordinaire ordinary
ordi(nateur) *m.* computer, P-2
  ordinateur performant high-performance computer
  ordinateur portable laptop computer, P-2
ordonnance *f.* prescription
ordre *m.* order
ordures *f. pl.* trash, waste
oreille *f.* ear, 10-1
organiser to plan, to organize, 2-2
organisme *m.* organization, 10-3
  organismeà but non lucratif non-profit organization, 10-3
  organisme d'aide humanitaire humanitarian organization, 10-3
originaire (de) originally (from), native (of)
origine *f.* origin, ancestry, 9-2
orphelin/e orphaned
orteil *m.* toe
ou or, P-1
où where, 2-1; *rel. pron.* where, when, 8-2
ouest *m.* west
oublier (de) to forget, 2-3
Ouf ! Whew!, 4-2
oui yes, P-1
ouvrage *m.* **de référence** reference book
ouvert/e open
ouverture *f.* opening
ouvrier *m.*, **ouvrière** *f.* worker, laborer
ouvrir † to open, P-2

P

PACS *m.*, **Pacte** *m.* **Civil de Solidarité** legal document recognizing a civil union in France
pacsé/e in a civil union, 1-1
se pacser to sign a PACS agreement
page *f.* **Web** web page, 11-2
pagne *m.* wrap, piece of (African) cloth
paille straw, 8-1
  chapeau *m.* **de paille** straw hat, 8-1
pain *m.* bread, 5-2
  pain au chocolat chocolate croissant, 5-2
  pain de campagne round loaf of bread, 5-3
  pain de mie loaf of sliced bread, 5-3
  pain grillé toast, 5-2
paire *f.* pair, 4-3
paix *f.* peace
palais *m.* palace
pâle pale, 6-1
pâlir to become pale, 6-1
panier *m.* basket
panneau *m.* **solaire** solar panel
pantalon *m. sg.* slacks, 4-3
papillon *m.* butterfly
Pâques *m.* Easter
paquet *m.* package, 5-3
par by, through
  par exemple for example
  (une fois) par jour/semaine (once) a day/week, 4-1
  par terre on the floor, 6-2
parapluie *m.* umbrella, 4-3
parc *m.* park, 2-3
  faire un tour au parc to tour the park, 7-2
  parc zoologique zoo
parce que because, 2-1
pardon excuse me, P-2
parent *m.* parent; relative, 1-1
  avoir des parents *pl.* **(irlandais)** to have (Irish) parents, relatives, 9-2
paresseux/-euse lazy, 2-1
parfaitement perfectly, completely
parfois sometimes
parité *f.* **(politique)** political parity
parler to speak, P-2
  parler au telephone to talk on the phone, 1-3
  Parlez plus fort ! Speak louder!, P-2
parmi among
parole *f.* word
paroisse *f.* parish; county in Louisiana
parrain *m.* godfather, 9-1
part *f.* slice, share, proportion
partager † to share
partenaire *m./f.* partner
participer à to participate in
  participer aux réseaux *m. pl.* **sociaux** to participate in social media, 11-2
particulier/-ière particular, specific, exceptional, special
  en particulier particularly, in particular
particularité *f.* special feature
partie *f.* part
  faire † partie de to belong to
partir to leave, 4-2
  à partir de from
  partir en vacances to go on vacation, 7-2
partitif/-ive partitive
partout everywhere, all over
pas not, P-1
  ne … pas not, 1-3
  ne … pas du tout not at all, 2-1
  pas mal not bad, P-1

passage *m.* passage
passager *m.*, **passagère** *f.* passenger
passant *m.*, **passante** *f.* passerby
passé *m.* past
  passé composé compound past tense
passeport *m.* passport, 8-1
passer to go/come by, 5-3
  passer à l'action to take action, 10-2
  passer (du temps) to spend time
  passer un examen to take an exam, 3-2
  passer une soirée tranquille to spend a quiet evening
  se passer to happen, 9-3
passion *f.* passion
passionné/e passionate
se passionner pour to be passionate about
pasteur *m.* pastor, Protestant minister
pâte *f.* pasta; dough, 5-3
pâté *m.* pâté, 5-3
patience *f.* patience
pâtisserie *f.* pastry shop, 5-3
pâtissier *m.*, **pâtissière** *f.* pastry chef
patrimoine *m.* heritage
pauvre poor
pavillon *m.* building, 3-1
  pavillon principal main building, 3-1
payer † to pay
pays *m.* country, 8-3
paysage *m.* landscape, 11-3
Pays-Bas *m. pl.* The Netherlands, 8-3
peau *f.* skin
  être bien dans sa peau to be self-confident, comfortable with oneself, 9-2
pêche *f.* peach, 5-3; fishing, 6-3
  aller à la pêche to go fishing, 6-3
peigne *m.* comb, 4-1
se peigner to comb one's hair
peindre † to paint, 11-3
peintre *m.* painter, 11-3
peinture *f.* painting, 3-2
pendant during, for, 4-2
  pendant que while, 11-1
pensée *f.* thought
penser to think, 9-2
  penser (à) to think of
  penser (de) to think about
  Je pense que non. I don't think so.
  Je pense que oui. I think so.
  Je pense que ... I think that . . .
perdre to lose, to waste, 3-1
  perdre son sang-froid to lose one's composure, 7-3
père *m.* father, 1-1
période *f.* period
perle *f.* pearl
permettre † (à, de) to permit
permis *m.* permit, 3-1
  permis de conduire driver's license, 8-1
personnage *m.* character
  personnage principal main character
personnalisé/e personalized
personne *f.* person, P-1
  personne âgée elderly person, 10-3
  personne en difficulté person in need of help, 10-3
  ne ... personne no one, nobody, 9-2
personnel/le personal
perspective *f.* perspective
persuader to persuade
pessimiste pessimistic, 1-1
petit-déjeuner *m.* breakfast, 4-1
petit/e short, small, little, 2-1
petit commerçant *m.* owner of a small retail shop
petit-enfant *m.* (**petits-enfants** *pl.*) grandchild, 1-1
petite-fille *f.* (**petites-filles** *pl.*) granddaughter, 1-1
petit-fils *m.* (**petits-fils** *pl.*) grandson, 1-1
petit pois *m.* pea, 5-3
peu *m.* a little, 1-2
  un petit peu a little bit
peuple *m.* people
peur *f.* fear
  avoir † peur to be afraid, 10-3
  faire † peur to frighten, scare
peut-être maybe, 2-3
phare *m.* lighthouse, beacon
pharmacie *f.* pharmacy
pharmacien *m.*, **pharmacienne** *f.* pharmacist, 3-3
phénomène *m.* phenomenon
philosophie *f.* philosophy, 3-2
photographe *m./f.* photographer, 11-3
photo(graphie) *f.* photograph, photography, 1-3
phrase *f.* sentence
physiologie *f.* physiology, 3-2
physique *adj.* physical
physique *f.* physics, 3-2
physique *m. sg.* physical traits, 2-1
piano *m.* piano, 1-3
pièce *f.* play, 2-3; room 6-1
  quatre-pièces *f.* 4-room apartment (for example, a 3-bedroom apartment with a living room), 6-1
  pièce de monnaie coin
pied *m.* foot, 10-1
  à pied on foot, 8-1
pierre *f.* stone
piétonnier/-ière for pedestrians
pique-nique *m.* picnic, 6-3
  faire † un pique-nique to have a picnic, 6-3
pire worse
piscine *f.* swimming pool, 2-3
pittoresque picturesque
pizza *f.* pizza, 5-1
placard *m.* cupboard, kitchen cabinet; closet, 6-2
place *f.* (city) square, 2-3; seat, place, ticket, 7-3
plage *f.* beach, 6-3
se plaindre to complain
plaîre † à to please
plaisanter to joke
  Tu plaisantes ! You're joking!
plaisir *m.* pleasure
  avec plaisir with pleasure
  se faire un petit plaisir to do sthg nice for oneself, 4-3
plan *m.* map, blueprint
  plan de ville city map, 8-1
  plan du campus map of campus, 3-1
planche *f.* board
  planche à voile windsurfing, windsurfing board, 7-2
  faire † de la planche à voile to windsurf, 7-2
plancher *m.* floor
planète *f.* planet
planifier to plan
plantain *m.* plantain
plante *f.* plant, 6-2
plastique *m.* plastic, 10-2
plat *m.* dish or course, 5-2
  plat préparé prepared dish, 5-3
  plat principal main dish, 5-2
plate boring (*Can.*), 3-2; non-carbonated, 5-1
plâtre *m.* plaster, 11-3

plein/e (de) full (of)
à plein temps/à temps partiel full time/part time
en plein air *adj./adv.* in the open air, outdoors
pleurer to cry, 9-3
pleuvoir † to rain, 7-1
Il pleut. It's raining., 7-1
plongée *f.* diving, snorkeling
faire de la plongée to go diving, to snorkel, 7-2
pluie *f.* rain, 7-1
plupart *f.* majority, most
plus *adv.* more; plus, 1-2
de plus en plus more and more
Deux plus deux, ça fait... Two plus two makes . . . , 1-2
en plus additionally, besides
non plus neither
moi non plus me neither
plus (de) ... que more . . . than, 4-2
plusieurs several
plutôt more, rather, 2-3
poche *f.* pocket
pocher to poach (cook in liquid)
poème *m.* poem
poésie *f.* poetry, 11-3
poète *m./f.* poet
poignet *m.* wrist
point *m.* point, period, spot
poire *f.* pear, 5-2
poison *m.* poison
poisson *m.* fish, 1-1
poissonnerie *f.* seafood shop, 5-3
poitrine *f.* chest, 10-1
poivre *m.* pepper, 5-2
poivron *m.* (bell/sweet) pepper, 5-3
poivron rouge red pepper, 5-3
poivron vert green pepper, 5-3
policier *m.*, **policière** *f.* police officer, 3-3
film *m.* **policier** detective/police film, 11-1
poli/e polite, 9-2
politesse *f.* politeness, 9-2
polluer to pollute, 10-2
pollution *f.* pollution, 10-2
pollution de l'air air pollution, 10-2
pollution de l'eau water pollution, 10-2
pollution des sols soil pollution, 10-2
pollution sonore noise pollution, 10-2
polo *m.* polo shirt, 4-3
pomme *f.* apple, 5-2
pomme *f.* **de terre** potato, 5-2
pompier *m.*, **pompière** *f.* firefighter, 3-3
pont *m.* bridge
populaire popular
popularité *f.* popularity
porc *m.* pork, 5-3
portable *m.* cell phone P-2
porte *f.* door, P-2
portée *f.* reach
portefeuille *m.* wallet, 8-1
portemonnaie *m.* change purse, 8-1
porter to wear, 4-3; to carry
portrait *m.* portrait, 11-3
portugais/e *adj.* Portuguese, 8-3
Portugal *m.* Portugal, 8-3
poser to place, put
poser une question to ask a question, 2-1
posséder † to possess, 6-3
posséssif/-ive possessive
possibilité *f.* possibility
possible possible
C'est pas possible! That's impossible!, 9-3
postal/e postal
poste *m.* job, position
poste *f.* post office
poster *m.* poster
pot *m.* jar, 5-3
prendre un pot to have a drink
potager *m.* vegetable garden, 6-3
poubelle *f.* trash bin, 10-2
poule *f.* hen
poulet *m.* chicken, 5-2
pouls *m.* pulse
poumon *m.* lung
pour for, 2-1
pour + *inf.* in order to
pour moi for me
pourboire *m.* tip
pour cent *m.* percent
pourcentage *m.* percentage
pourquoi why, 2-1
pourquoi pas ? why not?
pousser to push, encourage
pouvoir *m.* power
pouvoir † to be able to, 3-3
poux *m. pl.* lice
pratiquant/e practicing
être pratiquant/e to practice a faith
pratique *adj.* practical, 6-2
pratique *f.* practice
pratique religieuse religious practice, 9-2
pratiquer to do, to engage in
pré *m.* meadow
précedent/e previous
précis/e precise
prédécesseur *m.* predecessor
prédiction *f.* prediction
préfecture *f.* **(de police)** prefecture (police headquarters)
préféré/e favorite
préférence *f.* preference
préférer † to prefer, 3-2
préhistorique prehistoric, 8-2
premier/-ière first, 1-2
C'est le premier mai. It's May first., 1-2
prendre † to take; to have a meal, 5-1
prendre congé to take leave, say good-bye
prendre des photos to take photos, 7-2
prendre le petit-déjeuner to have breakfast, 5-2
prendre un bain to take a bath, 4-1
prendre une douche to take a shower, 4-1
Prenez un stylo ! Take a pen!, P-2
prénom *m.* first name, P-2
prénominal/e prenominal, before the noun
préparatifs *m. pl.* preparations for
préparer to prepare, 1-3
préparer le dîner to fix dinner
préparer un diplôme (en) to do a degree (in), 3-2
préparer un examen to study for an exam
préparer un rapport to prepare a report, 1-3
préposition *f.* preposition
près (de) close (to), near, 3-1
tout près (de) very close to/near, 3-1
présent *m.* present, present tense
présenter to introduce, present, P-1
se présenter to introduce oneself
se présenter candidat/e to stand for election
préservation *f.* conservation, preservation
préserver to preserve
président/e *m./f.* president
presque almost

pressé/e squeezed; in a hurry
citron *m.* **pressé** lemonade, 5-1
prestige *m.* prestige, 3-3
prêt/e ready
prêter to lend, 6-2
prétexte *m.* excuse
prêtre *m.* Catholic priest
prévenir † to prevent, to avoid; to warn someone
prévision *f.* forecast
prévu/e predicted, foreseen, anticipated
prier to beg, to pray
Je vous/t'en prie. You're welcome.
primaire primary
principal/e main, principal, 3-1
printemps *m.* spring, 7-1
au printemps in the spring, 7-1
priorité *f.* priority
prison *f.* prison
privé/e private
privilégier to make sthg one's first choice, to favor, 10-2
prix *m.* price; prize
probable probable
probablement probably
problème *m.* problem
sans problème no problem
prochain/e next, 2-3
proche close
producteur *m.*, **productrice** *f.* producer
produire † to produce, to bring in
se produire to occur, to happen
produit *m.* product, 9-2
produit bio organic product, 9-2
prof *m.* = **professeur**
professeur *m.*, **professeure** *f.* professor, P-2; teacher, 3-2
profession *f.* profession, 3-3
profiter de to take advantage of
profond/e deep
programme *m.* program
programme d'études course of study
projet *m.* (future) plan; project, 3-2
projets *pl.* **de vacances** vacation plans
promenade *f.* walk, stroll, 2-2
faire † **une promenade** to take a walk, 2-2
se promener † to take a walk, 6-3
promettre † **(à, de)** to promise
pronom *m.* pronoun
pronom complément d'objet direct direct-object pronoun
pronom complément d'objet indirect indirect-object pronoun
pronom disjoint stressed pronoun
pronom réfléchi reflexive pronoun
pronom relatif relative pronoun
pronom sujet subject pronoun
pronominal/e pronominal
prononcer to pronounce
prononciation *f.* pronunciation
propos *m.* remark
à propos de on the subject of, about
proposer to propose, to suggest
propre one's own, 6-1; clean
propriétaire *m./f.* landlord/landlady; homeowner, 6-1
propriété *f.* property
protéger † to protect
protester to protest
proverbe *m.* proverb
province *f.* province
provisions *f. pl.* food supplies
proximité *f.* nearness, closeness, proximity
à proximité de near
psychologie *f.* psychology, 3-2
psychologique psychological
psychologue *m./f.* psychologist
public *m.* public, 3-3
avoir un contact avec le public to have contact with the public, 3-3
public/publique *adj.* public
publicité *f.* **(une pub)** advertisement
travailler dans la publicité to work in advertising
puce *f.* flea
marché *m.* **aux puces** flea market
puis then, 5-3
puisque since, because
puissance *f.* power
pull(-over) *m.* pullover sweater, 4-3
punir to punish, 6-1
puy *m.* mountaintop

Q

quai *m.* platform
qualification *f.* label, description, qualification
quand when, 2-1
quand même anyway, just the same
quantité *f.* quantity, 5-3
quarante forty, 1-2
quart *m.* quarter, 4-2
et quart a quarter after, 4-2
moins le quart a quarter to, 4-2
quartier (résidentiel) *m.* (residentail) neighborhood, 6-1
quatorze fourteen, 1-2
quatorzième fourteenth, 6-1
quatre four, 1-2
quatre-pièces *f.* 4-room apartment (for example, a 3-bedroom apartment with a living room), 6-1
quatrième fourth, 6-1
quatre-vingts eighty, 1-2
quatre-vingt-dix ninety, 1-2
quatre-vingt-onze ninety-one, 1-2
que (qu') what, whom, which, that, 8-2
qu'est-ce que/qui ... ? what . . . ?, 7-2
Qu'est-ce que tu as ? What's wrong?, 9-3
Qu'est-ce qui est arrivé ? What happened?, 7-2
quel/le what, which, 7-1
Quel âge as-tu/avez-vous ? How old are you?, 1-2
Quelle est la date ? What's the date?, 1-2
Quelle heure est-il ? What time is it?, 7-1
Quel/le idiot/e ! What an idiot!, 9-3
Quel temps fait-il ? What's the weather like?, 7-1
quelque some, 2-2
quelque chose sthg, 9-2
quelquefois sometimes, 4-1
quelqu'un someone, 9-2
question *f.* question, 2-1
poser une question to ask a question, 2-1
questionnaire *m.* questionnaire, survey of questions
queue *f.* line (of people)
qui who, 2-1; which, whom, 8-2
qui est-ce que... ? whom?, 7-2
quinze fifteen, 1-2
quinze jours two weeks
quinzième fifteenth, 6-1
quitter to leave, 4-2
quoi what
n'importe quoi anything, no matter what
Quoi de neuf ? What's new?
quotidien/ne daily

R

rabbin *m.* rabbi
racine *f.* root, origin, 9-2
  avoir des racines to have roots/origins, 9-2
raconter to tell a story
radio *f.* radio, 1-3
  écouter la radio to listen to the radio, 1-3
rafraîchissant/e refreshing, 5-1
raide straight, 2-2
raisin *m.* grape, 5-2
raison *f.* reason
  avoir raison to be right, 4-3
raisonnable reasonable, 1-2
rajouter to add (some) more
randonnée *f.* hike, 2-2
  faire † une randonnée to take a hike, 2-2
ranger † to arrange, to tidy up, 6-2
rap *m.* rap music
rapide quick, rapid
rapidement quickly, rapidly
rappel *m.* reminder
se rappeler † to remember, 9-3
rapport *m.* relationship, 9-3; report, 1-3
rare rare
rarement rarely, 4-1
rasant: C'est rasant ! That's boring!, 9-3
se raser to shave, 4-1
rasoir *m.* razor, 4-1
rater to miss
ravi/e delighted, 9-3
ravissant/e ravishing, beautiful
rayon *m.* supermarket section, aisle, 5-3
  rayon boucherie meat counter, 5-3
  rayon boulangerie-pâtisserie bakery/pastry aisle, 5-3
  rayon charcuterie deli counter, 5-3
  rayon crèmerie dairy aisle
  rayon fruits et légumes produce aisle, 5-3
  rayon poissonnerie fish counter, 5-3
  rayon surgelés frozen foods, 5-3
rayonnement *m.* influence
réagir to react, 10-3
  réagir contre les injustices react against injustice, 10-3
réalisateur *m.*, **réalisatrice** *f.* film director
réaliste realistic, 1-2
récemment recently
recensement *m.* census
récent/e recent
réception *f.* welcome; reception (room)
réceptionniste *m./f.* receptionist
recette *f.* recipe
recevoir † to receive, 11-2
réchauffement *m.* **climatique** global warming, 10-2
réchauffer to reheat
recherche *f.* search, 9-2; research
  à la recherche de in search of
  faire † de la recherche to do research
  recherche spirituelle spiritual searching, 9-2
récit *m.* narrative, 5-3
réciter to recite
recommandation *f.* recommendation
recommander to recommend
recommencer (à) † to begin again
récompense *f.* reward, award
recomposé/e blended, put together again
  famille *f.* **recomposée** blended family
reconnaître † to recognize
récupérer to recover, 10-3
recyclage *m.* recycling, 10-2
recycler to recycle, 10-2
rédacteur *m.*, **rédactrice** editor
rédiger to compose, write
réduction *f.* reduction, cut
réduire † to reduce
réduit/e reduced, lower
réfléchi/e reflexive; thoughtful
  pronom *m.* **réfléchi** reflexive pronoun
réfléchir à to think of/about, 6-1
reflet *m.* reflection, 11-3
refléter to reflect
réflexion *f.* reflection
réforme *f.* reform
réfrigérateur *m.* (**un frigo**, *colloq.*) refrigerator, 6-2
refroidir to cool down
réfugié/e *m./f.* refugee, 10-3
refuser (de) to refuse, 7-3
se régaler to have a treat, to really enjoy sthg (often food), 5-1
regarder to watch, 1-3
  regarder la télé to watch TV, 1-3
  Regardez l'écran ! Look at the screen!, P-2
  regarder un film to watch a movie, 1-3
régime *m.* diet, 10-1
  être au régime to be on a diet, 5-1
  faire † / suivre † un régime to diet, 10-1
région *f.* area, region
régional/e regional
regret *m.* regret
regretter to be sorry, to regret, 10-3
régulier/-ière regular
régulièrement regularly
reine *f.* queen
relation *f.* relation, relationship
  relation familiale family relation, 1-1
religieux/-euse religious
religion *f.* religion
relire † to reread
remarié/e remarried, 1-1
remarquer to notice, to observe; to point out
rembourser to reimburse
remède *m.* remedy, 10-1
remercier to thank, P-2
  Je te/vous remercie. Thank you.
  Je te/vous remercie d'être venu/e. Thank you for coming.
remettre † to hand in/over, 6-2; to put off
remplacer to replace
remplir to fill out
rencontre *f.* meeting, encounter
rencontrer to meet
  se rencontrer to meet (for the first time), 9-3
rendez-vous *m.* meeting, date, appointment, 7-3
  Rendez-vous à dix-neuf heures ? Shall we meet at seven PM?, 7-3
se rendormir to fall asleep again, 4-1
rendre (à) to hand in, P-2; to give back, 3-1
  rendre visite à to visit someone, 3-1
  se rendre to go
rénové/e renovated, 6-2
renseignement *m.* information, 8-2
renseigner to inform
se renseigner to get information, 8-2
rentrée *f.* back-to-school
rentrer to return home, 4-1; to go/come back, 5-3
réparer to repair
repartir to leave again

repas *m.* meal, 5-2
repas copieux hearty meal, 5-2
repas équilibré well-balanced meal, 10-1
répéter † to repeat, P-2; to rehearse
répétition *f.* rehearsal; repetition
replay : en replay pre-recorded, 11-1
répondre (à) to answer, 3-1
Répondez en français. Answer in French., P-2
réponse *f.* response, answer
reportage *m.* special report, 11-1
se reposer to rest, 4-1
reprendre † to take back
représentation *f.* representation
réputation *f.* reputation
réseau *m.* network, 11-2
réseaux sociaux social media, 11-2
réservation *f.* reservation
réserve *f.* **naturelle** nature reserve
réservé/e reserved, 1-2
réserver to reserve
résidence *f.* dormitory, 3-1; residence, home
résidentiel/le residential, 6-1
résolu/e *adj.* resolved
résoudre to resolve, to solve
respect *m.* respect, 9-2
respirer to breathe
responsabilité *f.* responsibility, 3-3
ressembler à to look like, to resemble
se ressembler to look alike, to be alike
ressentir to feel, be affected by
ressource *f.* resource
ressource naturelle natural resource
restaurant *m.* restaurant, 1-3
restaurant universitaire (resto U) dining hall, 3-1
restaurant rapide fast food restaurant
restauration *f.* restaurant business, catering
restauration rapide fast food business
restaurer to restore
rester to stay, 1-3
rester à la maison to stay home, 1-3
rester à la résidence to stay in the dorm
rester en forme to stay in shape, 10-1
résultat *m.* result
résumé *m.* summary
résumer to summarize
retard: avoir dix minutes/une heure de retard to be ten minutes/an hour late, 4-2
retenir † to hold; to book, 8-3
retour *m.* return
retourner to go back, 5-3
retraite *f.* retirement
prendre † **sa retraite** to retire
retransmettre † to broadcast, to retransmit
retrouver (qqn) to meet up with (sb), 1-3
se retrouver to meet, 9-3
On se retrouve devant le musée ? Shall we meet in front of the museum?, 7-3
réunion *f.* meeting, 8-3
se réunir to get together, 9-1
réussir (à) to succeed/pass, 6-1
réussir un examen to pass an exam, 3-2
réutiliser to reuse
rêve *m.* dream
faire † **un rêve** to have a dream
réveil *m.* alarm clock, 4-2
se réveiller to wake up, 4-1
réveillon *m.* Christmas or New Year's Eve
revenir † to return, 5-3
rêver (de) to dream, App2
réviser un cours to review for a class, 1-3
revoir † to see again
au revoir good-bye, P-1
révolution *f.* revolution
rez-de-chaussée *m.* (**RdeCh**) ground floor, 6-1
rhume *m.* cold, 10-1
rideau *m.* curtain, 6-2
rien *m.* nothing
De rien. Not at all. You're welcome., P-2
ne … rien nothing, 9-2
rimé/e rhymed
rire *m.* laugh
rire to laugh, 9-3
ris *m. pl.* **de veau** veal sweetbreads
risque *m.* risk
risquer (de) to risk, run the risk of
rite *m.* rite, ritual
rite de passage rite of passage, 9-1
rituel *m.* ritual
rivière *f.* large stream or river (tributary), 6-3
riz (complet) *m.* (brown) rice, 5-2
robe *f.* dress, 4-3
robot *m.* robot
rock *m.* rock music, 2-2
roi *m.* king
rôle *m.* role, part
roman *m.* novel, 3-2
romanche *m.* Romansch (language spoken in Switzerland)
romantique romantic, 11-3
rond/e round
rosbif *m.* roast beef, 5-3
rose pink, 4-3
rose *f.* rose (flower)
rosé *m.* rosé wine, 5-1
rôti *m.* roast, 5-3
poulet *m.* **rôti** rotisserie chicken
rôti de porc pork roast, 5-3
rôtie *f.* piece of toast (*Can.*), 5-2
rouge red, 4-3
rougir to blush, 6-1
routine *f.* routine, 4-1
roux/-sse redhead, redhaired, 2-1
Royaume-Uni *m.* United Kingdom, 8-3
rue *f.* street, 6-1
rugby *m.* rugby, 1-3
rural/e rural, 9-3
russe Russian, Russian language, 8-3
Russie *f.* Russia, 8-3
rythme *m.* rhythm

S

sa *f.* his, her, 1-1
sac *m.* purse, 4-3; sack
sac à dos backpack, P-2
sac à main ladies' handbag
sac en plastique plastic bag, 10-2
sac réutilisable reusable bag, 10-2
sain/e healthy, 10-2
saison *f.* season, 7-1
salade *f.* salad, lettuce, 5-1
salade composée mixed salad, 5-1
salade de fruits fruit salad
salade verte green salad, 5-1
salaire *m.* salary, 3-3
salle *f.* room, P-2
salle à manger dining room, 6-1
salle de bains bathroom, 6-1
salle de classe classroom, P-2
salle de séjour living room, 6-1

salon *m.* lounge, living room
saluer to greet, P-1
salut hi, bye, P-1
samedi Saturday, 1-3
  samedi dernier last Saturday, 5-2
sandale *f.* sandal, 4-3
sandwich *m.* (**sandwichs** *pl.*) sandwich, 5-1
  sandwich au jambon ham sandwich, 5-1
  sandwich au fromage cheese sandwich, 5-1
sang *m.* blood
sanglot *m.* sob
sans without, P-2
  sans doute undoubtedly, 3-2
  sans problème no problem
sans-abri *m./f.* homeless person (for any reason), 10-3
santé *f.* health, 10-1
  À votre / ta santé_! To your health! Cheers!, 9-1
sapin *m.* pine tree, 6-3; Christmas tree
sardine *f.* sardine, 5-3
satisfait/e satisfied, happy
sauce *f.* sauce
saucisse *f.* sausage link, 5-3
saumon *m.* salmon, 5-3
sauté/e sautéed, 5-2
sauter to jump, to skip
  sauter un repas to skip a meal, 10-1
sauvage wild, savage
sauvegarder (un fichier) to save (a file), 11-2; to protect
sauver to save
savoir † to know (how), 9-3
savon *m.* soap, 4-1
saxophone *m.* saxophone, 2-2
science *f.* science, 3-2
  sciences *pl.* **de l'éducation** education, 3-2
  sciences *pl.* **économiques** economics, 3-2
  sciences *pl.* **humaines** social sciences, 3-2
  sciences *pl.* **naturelles** natural sciences, 3-2
  sciences *pl.* **physiques** physical sciences, 3-2
  sciences *pl.* **politiques** political science, 3-2
science-fiction *f.* science fiction, 11-1
  film *m.* **de science-fiction** science fiction film, 11-1
scientifique *adj.* scientific
scientifique *m.* scientist
scolarité *f.* schooling
scoot(er) *m.* motorscooter, 8-1
  à scoot(er) by motorscooter, 8-1
sculpteur *m.*, **sculptrice** *f.* sculptor, 11-3
sculpture *f.* sculpture, 3-2
SDF *m./f.* **: un/e personne sans domicile fixe** homeless person (as a chronic condition), 10-3
séance *f.* showing at a movie theater
sec/sèche dry
secondaire secondary
secrétaire *m./f.* secretary
sécurisé/e secure
sécurité *f.* security
sédentaire sedentary, 2-1
seize sixteen, 1-2
seizième sixteenth, 6-1
séjour *m.* living room, 6-1; stay (abroad)
sel *m.* salt, 5-2
selfie *m.* selfie, 11-2
selon according to
semaine *f.* week, 1-3
  la semaine prochaine next week, 2-3
  en semaine during the week
  par semaine per week
  toutes les semaines every week, 6-3
semblable *adj.* similar
sembler to appear
  il me semble it seems to me
semestre *m.* semester, 3-2
semi-voyelle *f.* semivowel, glide
Sénégal *m.* Senegal, 8-3
sénégalais/e Senegalese, 8-3
sens *m.* sense, 10-2; meaning; direction, way
  le sens de la famille sense of family, 9-2
sensibiliser les gens ***to*** make people aware, 10-3
sentiment *m.* feeling, 9-3
sentimental/e emotional, sentimental
sentir to smell
se sentir utile to feel useful, 10-3
séparer to divide, to pull apart, to separate
  se séparer to separate (couple), 9-3
sept seven, 1-2
septembre September, 1-2
septième seventh, 6-1
série *f.* TV serial, 11-1; series
  série dramatiqe/humoristique/ policière/de suspense dramatic/ comic/police/suspense series, 11-1
sérieux/-euse serious, 2-1
serré/e tight, 4-3
se serrer la main to shake hands
serveur *m.*, **serveuse** *f.* server (in restaurant), 3-3
service *m.* service; tip
  service VOD/SVOD Video on Demand (Pay per View)/ Subscription to video streaming service, 11-1
services *m. pl.* service sector, 3-3
serviette *f.* **(de toilette)** towel, 4-1
servir to serve, 4-2
  se servir de (qqch) to use (sthg), 11-2
ses *pl.* his, her, 1-1
seul/e *adj.* alone, only
seulement only, 1-1
Seychelles *f. pl.* Seychelle Islands
shampooing *m.* shampoo, 4-1
short *m. sg.* shorts, 4-3
si yes (after a negative question), 1-3; if, whether, 7-3
SIDA *m.* AIDS
siècle *m.* century
siège *m.* seat, headquarters
sieste *f.* nap
  faire † la sieste to take a nap
siffler to plow (a whistle)
sigle *m.* initials, acronym
signaler to indicate, to be a sign of
signe *m.* sign
silence *m.* silence
s'il te/vous plaît please, P-2
similaire alike, similar
similarité *f.* likeness, similarity
simplifier to simplify
singulier/-ière singular
sinon *adv.* otherwise, or else
sirop (pour la toux) *m.* (cough) syrup, 10-1
  sirop d'érable *m.* maple syrup
site *m.* site
  site culturel cultural site
  site historique historical site
  site Web website
situé/e located, situated
situer to situate
six six, 1-2

sixième sixth, 6-1
ski *m.* skiing, 7-2
  faire † du ski to ski, 7-2
  faire † du ski nautique to water ski, 7-2
  ski de fond cross-country skiing
  ski de piste downhill skiing
slogan *m.* slogan
smartphone *m.* smartphone, 11-2
SNCF *f.* (**Société** *f.* **nationale des chemins de fer français**) French national railway company
snack-bar *m.* snack bar
soccer *m.* (*Can.*) soccer, 3-1
sociable outgoing, 1-2
socialisme *m.* socialism
société *f.* company
sociologie *f.* sociology, 3-2
sœur *f.* sister, 1-1
  belle-sœur sister-in-law
  demi-sœur stepsister; half-sister, 1-1
se soigner to take care of oneself, 10-1
soie *f.* silk, 4-3
soif *f.* thirst, 5-1
  avoir † soif to be thirsty, 5-1
soin *m.* care
  soins *pl.* **dentaires** dental care
  soins *pl.* **médicaux** medical care, treatment
soir *m.* evening, 1-3
  ce soir tonight, 2-2
  du soir in the evening, PM, 4-2
soirée *f.* evening; party, 7-3
  soirée jeux (de société) an evening of (board) games, 7-3
soixante sixty, 1-2
soixante-et-un sixty-one, 1-2
soixante-dix seventy, 1-2
soixante-et-onze seventy-one, 1-2
sol *m.* ground, earth
  pollution des sols soil pollution, 10-2
  sous-sol *m.* basement, under ground 6-1
soldes *m.* twice-yearly (reduced-price) sale(s), 4-3
soldé/e *adj.* on sale
soleil *m.* sun, 7-1
  coucher *m.* **du soleil** sunset
  Il y a du soleil. It's sunny., 7-1
  Il y avait du soleil. It was sunny., 6-3
solidaire supportive, 9-2
solidarité *f.* solidarity
solitaire isolated, alone, 10-3
solution *f.* solution
sombre somber, dark, 11-3
somme *f.* amount, sum
sommeil *m.* sleep
  avoir sommeil to be tired
sommet *m.* top, summit
son *m. adj.* his, her, 1-1
son *m.* sound, volume
  baisser le son to turn down the volume
sondage *m.* survey, poll
sonner to ring, 4-2
sonore resonant, sonorous
  pollution *f.* **sonore** noise pollution, 10-2
sophistiqué/e sophisticated
sortie *f.* outing, trip
sortir to go out, 4-2
souci *m.* worry, concern
  se faire † du souci to worry, 9-3
soucieux/-euse de sa santé careful about one's health, 9-2
souffler to blow (out)
souhaiter to hope, to wish, 10-2
soumettre † to submit
soupe *f.* soup, 5-2
souper *m.* dinner (*Belg., Can., Switz.*), 5-2
souper to have supper/dinner
source *f.* source, credit
souris *f.* mouse
sous under, below, 6-2
  sous les toits in the attic, 6-2
sous-sol *m.* basement, 6-1
sous-titre *m.* subtitle, 11-1
sous-titré/e subtitled
soutenir † to support, 8-3
soutien *m.* support; aid
souvenir *m.* memory, recollection; souvenir, memento
se souvenir † de to remember
souvent often, 4-1
soyez *see* **être**
spacieux/-euse spacious, 6-2
spécial/e peculiar, special
spécialisation *f.* **(en)** major (in), 3-2
spécialité *f.* speciality
spectacle *m.* show, 7-3
  spectacle son et lumière sound and light historical production, 8-2
spectateur *m.*, **spectatrice** *f.* spectator, audience member
sport *m.* sport, 2-2
  faire † du sport to do/play sports, 2-2
  sports d'hiver winter sports
sportif/-ive athletic, 2-1
spray *m.* **(nasal) (d'eau de mer)** (nasal) (saline) spray, 10-1
stade *m.* stadium, 2-3
stage *m.* internship, professional training
station *f.* **de métro** subway stop, 3-1
stationnement *m.* parking (*Can.*)
statistique *f.* statistic
statut *m.* status (on social media site), 11-2
stéréotype *m.* stereotype
stocker to store, 11-2
stress *m.* stress
stressé/e stressed, P-1
strophe *f.* stanza
studio *m.* studio apartment, 6-1
style *m.* style, 11-3
stylet *m.* stylus for a tablet, 11-3
stylo *m.* pen, P-2
subjonctif *m.* subjunctive mood
subventionné/e subsidized
succès *m.* success, 9-2
  succès personnel personal success, 9-2
succession *f.* sequence, succession
sucre *m.* sugar, 5-1
sucré/e sweet (for food)
sud *m.* south, 8-3
suggérer † to suggest, 3-2
suisse *adj.* Swiss, 8-3
Suisse *f.* Switzerland, 8-3
suite *f.* continuation, rest
suivant/e *adj.* following, next
suivi/e *adj.* consistent, continuous; followed by
suivre † to follow, 3-2
  suivre un cours to take a course, 3-2
  suivre un régime to be on a diet, 10-1
sujet *m.* subject, 11-3
super super, great!, 4-2
superbe superb
superlatif *m.* superlative
supermarché *m.* supermarket, 5-3
superstition *f.* superstition
supplémentaire extra or additional
sur over, on, on top of, 6-2
surconsommation *f.* overconsumption

sûr/e sure
  bien sûr of course, 7-3
sûrement surely
surf *m.* surfing, 7-2
  faire † du surf to surf, 7-2
  faire † du surf des neiges to go snowboarding, 7-2
surface *f.* surface area
  grande surface superstore
surfer (sur Internet) to surf (the Internet)
surgelé/e *adj.* frozen, 5-3
surgelés *m. pl.* frozen foods, 5-3
surnom *m.* nickname
surpopulation *f.* overpopulation
surprenant/e surprising
surprendre † to surprise
surpris/e surprised, 9-3
surprise *f.* surprise, 9-3
surréaliste surrealistic, 11-3
surtout above all, 6-2
surveiller to oversee
survol *m.* overview, survey
sweat *m.* sweatshirt; sweats, 4-3
sympa(thique) nice, 1-2
symptôme *m.* symptom, 10-1
synagogue *f.* synagogue
syncopé/e syncopated, irregular (rhythm)
syndicat *m.* (trade) union
  Syndicat d'initiative tourist office
système *m.* system

T

ta *f.* your, 1-1
table *f.* table
  table basse coffee table, 6-2
tableau *m.* board, P-2; painting 11-3; chart, table
tablette *f.* tablet, P-2
  tablette graphique graphic tablet, 11-3
tableur *m.* spreadsheet software, 11-2
tâche *f.* chore, task, 11-2
Tahiti *f.* Tahiti, 8-3
tahitien/ne Tahitian, 8-3
taille *f.* waist; size
  de taille moyenne average height, 2-1
tailleur *m.* women's (pant) suit, 4-3
talon *m.* heel
  chaussure *f.* **à talons** high-heeled shoe, 4-3
  talons *pl.* **hauts** high heels
  talons *pl.* **plats** flat heels
tant *adv.* (so) much
  tant d'autres so many others
  Tant pis… Too bad …, 7-3
tante *f.* aunt, 1-1
tapis *m.* rug, 6-2
tapisserie *f.* tapestry
tard late, 4-1
tarif *m.* rate, price, 8-1
tarte *f.* pie, 5-2
  tarte aux pommes apple pie, 5-2
tartelette *f.* small pie or tart, 5-3
tartine *f.* slice of bread with butter and/or jam, 5-2
tasse *f.* cup, 5-2
taux *m.* rate, level
  taux de cholestérol cholesterol level
taxi *m.* taxi, 8-1
te (t') *pron.* you, to you, 7-2
technicien *m.*, **technicienne** *f.* technician
technologie *f.* technology
technologique technological
teeshirt *m.* T-shirt, 4-3
télé *f.* = **télévision**
télécharger to download, to upload, to stream, 11-2
téléfilm *m.* made-for-TV film, 11-1
téléphone *m.* **intelligent** smartphone *(Can.)*, 11-2
téléphoner (à qqn) to phone (sb), 1-3
  se téléphoner to phone one another, 9-3
téléréalité *f.* reality TV
télévisé/e televised
télé(vision) *f.* TV, television, P-2
téléviseur *m.* TV set, 11-1
tel/telle such a, like
témoin *m.* witness
tempérament *m.* disposition, temperament
température *f.* temperature, 7-1
temple *m.* (Protestant) church
temps *m.* weather, 7-1; time; tense
  depuis combien de temps… ? for how long . . . ?, 11-3
  de temps en temps from time to time, 10-1
  Il fait quel temps ? / Quel temps fait-il ? What's the weather like?, 7-1
  temps libre free time
tendance *f.* tendency
tenir † to hold, 8-3
  tenir un stand to work at a stand, 10-3
tennis *m.* tennis, 1-3; *m. pl.* tennis shoes
tension *f.* tension; blood pressure
tente *f.* tent, 8-2
terminer to end, to finish
terrain *m.* **de sport** playing field, court, 3-1
terrasse *f.* terrace, 6-1
terre (Terre) *f.* earth (the Earth), 10-2
  par terre on the floor, 6-2
territoire *m.* territory
tes *pl.* your, 1-1
tête *f.* head, 10-1
têtu/e stubborn, 1-1
texto *m.* text message, 11-2
TGV *m.* (**train** *m.* **à grande vitesse**) TGV, high-speed train
thé *m.* tea, 5-1
  thé au citron tea with lemon, 5-1
  thé au lait tea with milk, 5-1
  thé glacé iced tea, 5-1
  thé nature plain tea, 5-1
théâtre *m.* theater, 2-3
  théâtre romain Roman theater, 8-2
thème *m.* theme
thèse *f.* thesis
thon *m.* tuna, 5-3
tigre *m.* tiger
timide shy, 1-2
tirer to pull, to draw, to fire
  tirer une conclusion to draw a conclusion
  tirer sur quelqu'un to shoot someone
  tirer un feu d'artifice to shoot fireworks
tisane *f.* herbal tea
  tisane à la menthe mint herbal tea
tissu *m.* fabric; tissue
titre *m.* title; headline
toilette : faire † sa toilette to wash oneself
toilettes *f. pl.* toilets, restroom, 6-1
  articles *m. pl.* **de toilette** toiletries, 4-1
toi you, P-1
  toi-même yourself
toit *m.* roof, 6-2
  sous les toits in the attic, 6-2
tolérance *f.* tolerance, 9-2
tomate *f.* tomato, 5-3

tomate bio(logique) organic tomato, 5-3
tombe *f.* grave, gravestone
tomber to fall, 5-3
tomber amoureux/-euse (de) to fall in love (with), 9-3
ton *adj.* your, 1-1
ton *m.* shade, tone
tonnerre *m.* thunder
Il y a du tonnerre. There is thunder.
tôt early, 4-1
toujours always, still, 4-1
tour *f.* tower
tour *m.* trip, outing, visit; round
faire † un tour take a walk
tourisme *m.* tourism
faire † du tourisme *m.* to go sightseeing, 7-2
tourner to turn, 8-2
tourner à (droite / gauche) to turn (right / left), 8-2
tourner un film to shoot a film
tous *m. pl.* all, 1-1
tout *m.* everything, 8-1
tout, tous, toute, toutes all, 4-1
tous/toutes les... every . . . , 2-2
tous les jours every day, 4-3
tous les soirs every evening, 6-3
tout de suite right away, immediately
tout droit straight ahead, 8-2
tout le monde everyone, everybody, 1-3
tout près (de) very close (to), near, 3-1
tousser to cough, 10-1
toux *f.* cough, 10-1
toxique toxic
trace *f.* trace
tracker *m.* **d'activité** fitness tracker, 11-2
tradition *f.* tradition
traditionnel/le traditional
traduction *f.* translation
traduire translate
train *m.* train, 8-1
être en train de + *inf.*to be busy doing sthg, 4-1
traitement *m.* treatment
trajet *m.* journey
tram(way) *m.* tram, 8-1
tranche *f.* slice, 5-2
tranquil/le calm, tranquil, 6-1
transfert *m.* transfer
transmettre † to transmit
transport *m.* **en commun** public transportation, 10-2
transports *pl.* **propres** clean transportation, 10-2
travail *m.* work, 3-3; assignment (*Can.*), 3-2
avoir le goût du travail to have a strong work ethic, 9-2
travailler to work, to study, 1-3
travailler dans le jardin to work in the garden/yard, 1-3
travailleur/-euse hardworking, 9-2
travers : à travers across, through
traverser to cross, 8-2
treize thirteen, 1-2
treizième thirteenth, 6-1
tremblement *m.* **de terre** earthquake
trente thirty, 1-2
trente-et-un thirty-one, 1-2
très very, P-1
Très bien, merci. Very well, thank you., P-1
tri : faire le tri (sélectif) to sort (selectively, for recycling purposes), 10-2
triangle *m.* triangle
tricoter to knit
trier to sort, 10-2
trimestre *m.* trimester, quarter, 3-2
triste sad, 9-3
tristesse sadness, 9-3
trois three, 1-2
troisième third, 6-1
trompette *f.* trumpet
trop too, 1-2
trottoir *m.* sidewalk, 6-1
troupe *f.* troop
trouver to find, 4-2
Je trouve que... I find that . . .
se trouver to be located, 3-1
truite *f.* trout
tu you, P-1
tuer to kill
tuile *f.* tile
tulipe *f.* tulip
turbulent/e turbulent
typique typical, 1-3

U

un one, 1-2
un/e a, an, one, P-2
-unième : vingt-et-unième twenty-first, 6-1
uni/e united
uniforme *adj.* regular, uniform
union *f.* **libre** cohabitation
universel/le universal
universitaire related to the university
université *f.* university, 3-1
urbain/e related to the city, urban
urgence *f.* emergency
urgent urgent, 10-1
Il est urgent que... It is ugent that . . . , 10-1
usage *m.* use, custom, (language) usage
usé/e waste, used
usine *f.* factory
utile useful, 10-1
Il est utile de +*inf.* it is useful to . . . , 9-1
Il est utile que... It is useful that . . . , 10-1
utilisation *f.* use
utilisation de la lumière use of light, 11-3
utiliser to use, 10-3

V

vacances *f. pl.* vacation, 6-3
grandes vacances summer vacation
vague *f.* (ocean) wave
vaisselle *f.* dishes
faire † la vaisselle to do the dishes, 5-2
valeurs *f. pl.* values, 9-2
valise *f.* suitcase, 8-1
faire ses valises to pack one's suitcases, 8-1
vallée *f.* valley, 6-3
valoir † to be worth
Il vaut/vaudrait mieux que... It is/would be better (best) that . . . , 10-1
variété *f.* variety
vaste vast
vaut *see* **valoir**
vedette *f.* (movie) star
végétalien/ne vegan, 5-2
végétarien/ne vegetarian, 5-2
veille : en veille on stand-by (an appliance)
vélib' *m.* public bike rental, 8-1
vélo *m.* bicycle, 2-2
faire † du vélo to ride a bicycle, to go bike riding, 2-2
vendeur *m.*, **vendeuse** *f.* sales clerk, 3-3
vendre to sell, 3-1

vendredi Friday, 1-3
venir † to come, 8-3
  venir de + *inf.* to have just (done sthg), 8-3
  Tu veux venir avec moi ? Do you want to come with me?, 7-3
vent *m.* wind, 7-1
  Il y a du vent. It's windy., 7-1
vente *f.* sales
ventre *m.* belly, abdomen, 10-1
  avoir † mal au ventre to have a stomachache, 10-1
verbal/e verbal
verbe *m.* verb
  verbe pronominal reflexive verb
verglas *m.* sleet, ice on the ground, 7-1
  Il y a du verglas. It's icy, slippery., 7-1
vérifier to check, verify
  vérifier ses e-mails to look at one's e-mail, 11-2
vérité *f.* truth
verre *m.* glass, 5-1
vers toward, around, 4-2
vers *m.* line of verse
verser to pour
version *f.* version
  version française (VF) dubbed in French, 11-1
  version multilingue (VM) available dubbed in several languages using digital TV
  version originale (VO) in the original language, 11-1
  en version originale avec des sous-titres (en VOST) in the original language with French subtitles, 11-1
vert/e green, 2-1 ; unripe
veste *f.* jacket, suit coat, 4-3
vestimentaire *adj.* pertaining to clothes
vêtement *m.* clothing, 4-3
viande *f.* meat, 5-3
vide empty
vie *f.* life, 6-3
vieux (vieil), vieille old, 3-1
Vietnam *m.* Vietnam, 8-3
vietnamien/ne *adj.* Vietnamese, 8-3
vif/vive *adj.* bright, vivid, 11-3
village *m.* village, 8-2
  village médiéval medieval village, 8-2
  village perché village perched on a hillside, 8-2
ville *f.* city, 2-3
  en ville in town, 2-3
vin *m.* wine, 5-1
  vin blanc white wine, 5-1
  vin rosé rosé wine, 5-1
  vin rouge red wine, 5-1
  vin d'honneur (wedding) reception
vinaigre *m.* vinegar, 5-3
vingt twenty, 1-2
vingt-et-un twenty-one, 1-2
vingt-et-unième twenty-first, 6-1
vingt-deux twenty-two, 1-2
vingtième twentieth, 6-1
violemment violently
violet/te *m.* purple, 4-3
violon *m.* violin
virgule *f.* comma, decimal point
virtuel *m.* virtual reality
virus *m.* virus
visage *m.* face, 10-1
vision *f.* vision
visite *f.* visit, 3-1
  rendre visite à to visit a person, 3-1
visiter to visit a place, 7-2
vite fast
vitesse *f.* speed
vitrine *f.* display window, 4-3
  faire † du lêche-vitrine to window shop, 4-3
vive *adj.* vivid, 11-3
vive... (les vacances) ! hurray for . . . (vacation)!
vivre † to live
vœu *m.* wish, 9-1
  Meilleurs vœux ! Best wishes!, 9-1
voici ... here is/are . . . , P-1
voilà ... here/there is/are . . . , P-2
voile *f.* sail, sailing
  faire † de la voile to go sailing, 7-2
voir † to see, 2-3
  voir une exposition to see an exhibit, 2-3
  voir un film to see a film (in a cinema), 2-3
  voir une pièce to see a play, 2-3
  Voyons ! See here!
  Voyons ... Let's see . . . , 8-1
voisin *m.*, **voisine** *f.* neighbor, 6-1
voiture *f.* automobile, car, 3-1
  voiture électrique/hybride electric/hybrid car, 10-2
voix *f.* voice
  à haute voix out loud
vol *m.* flight
voler to fly; to steal
volet *f.* shutter
volley(-ball) *m.* volleyball, 2-2
volontaire *m./f.* long-term volunteer, 10-3
volonté *f.* wish, will, volition
  de bonne volonté *adv.* willingly
vomir to vomit
vos *pl.* your, 1-2
voter to vote
votre *m./f.* your, 1-2
vouloir † to want, to wish, 3-3
  Je veux bien. I'd like that., 7-3
  je voudrais I would like, 5-1
vous you, P-1; *pron.* to you, 7-2
  vous-même yourself
  vous-mêmes yourselves
voyage *m.* trip, voyage, 8-1
voyager † to travel, 3-3
voyant/e *m./f.* fortune-teller
voyelle *f.* vowel
voyons *see* **voir**
vrai/e true
  C'est vrai. That's true.
  Ce n'est pas vrai. It's not true., 9-3
  Il est vrai que... It's true that . . . , 10-3
vraiment really, 1-2
V.T.T. : faire du V.T.T. (vélo tout terrain) to go mountain biking, 7-2
vue *f.* view
  vue d'ensemble overview

W

W.-C. *m. pl.* toilets, restroom (*lit.* water closet), 6-1
week-end *m.* weekend, 1-3
  ce week-end this weekend, 2-3
  le week-end on weekends, every weekend, 6-3
western *m.* western (film), 11-1
Wi-Fi *m.* wireless network, 11-2
wolof *m.* Wolof (language spoken in Senegal), 9-3

Y

y *pron.*there, 8-1
yaourt *m.* yogurt, 5-2
yeux *m. pl. see* œil

Z

zèbre *m.* zebra
zéro *m.* zero, 1-2
  Zéro ! C'est nul ! No way! Worthless!, 9-3
zoologie *f.* zoology, 3-2
Zut (alors) ! Darn!, 4-2

Appendice 5

LEXIQUE ANGLAIS-FRANÇAIS

A

a, an un/e
abdomen ventre *m.*
able: to be able to pouvoir †
about de, environ
  it is about . . . il s'agit de...
above all surtout
abroad à l'étranger
absent, missing absent/e
abstract abstrait/e
accident accident *m.*
accompany accompagner
according to d'après
account compte *f.*
  bank account compte banquaire
  e-mail account compte e-mail
accountant comptable *m./f.*
accounting comptabilité *f.*
ache mal (des maux) *m.*
acquaintance connaissance *f.*
across from (juste)en face de
action film film *m.* d'action
active actif/-ive
activity activité *f.*
actor/actress acteur *m.*, actrice *f.*
address adresse *f.*
to adore adorer
adventure movie film d'aventure *m.*
advertisement annonce *f.*, publicité *f.* (pub)
to be affected by ressentir
affectionate affectueux/-euse
afraid: to be afraid avoir peur
Africa Afrique *f.*
African africain/e
after, afterward après
  after having . . . après avoir/être + *part. passé...*
afternoon après-midi *m.*
  in the afternoon, PM de l' après-midi
again encore
age âge *m.*
  What is your age? Quel est ton/votre âge ?, Quel âge as-tu/avez-vous ?
aged, old âgé/e
ago il y a...
  two days ago il y a deux jours
to (not) agree (ne pas) être † d'accord
air air *m.*
  air conditioning climatisation *f.*
  air pollution pollution *f.* atmosphérique
airplane avion *m.*
airport aéroport *m.*
aisle (in a store) rayon *m.*
alarm clock réveil *m.*
alcohol alcool *m.*
Algeria Algérie *f.*
Algerian algérien/ne
alive vivant/e
all tout, tous, toute, toutes
  all alone tout/e seul/e
  all right d'accord
  all the same quand même
  all the time tout le temps, toujours
to allow permettre † de
almost presque, à peu près
alone seul
along: to get along (with) s'entendre (avec)
Alps Alpes *f. pl.*
already déjà
also aussi
always toujours
ambition ambition *f.*
ambitious ambitieux/-euse
America Amérique *f.*
  Central America Amérique centrale
  Latin America Amérique latine
  North America Amérique du nord
  South America Amérique du sud
American américain/e
amphitheater amphithéâtre *m.*
to amuse oneself se distraire, s'amuser
amusements distractions *f. pl.*
amusing drôle, amusant/e
and et
anger colère *f.*
angry fâché/e, en colère
  to become angry (at, with) se fâcher (contre)
  Don't be angry! Ne sois pas furieux/-euse !
animal animal *m.*
animated animé/e
  animated film film *m.* d'animation
ankle cheville *f.*
anniversary anniversaire *m.*
  Happy anniversary! Joyeux anniversaire de mariage !
to announce annoncer
announcement (public) annonce *f.*
  birth announcement faire-part *m. inv.* de naissance
  civil union announcement faire-part *m. inv.* de PACS
  wedding announcement faire-part *m. inv.* de mariage
to answer répondre (à)
  to answer the phone répondre au téléphone
  to answer a question répondre à une question
answer réponse *f.*
anthropology anthropologie *f.*
antique ancien/ne
antibiotic antibiotique *m.*
anti-inflammatory anti-inflammatoire *m.*
anxious anxieux/-euse ; inquiet/-ète
anyway quand même
apartment appartement *m.*
  four-room apartment quatre-pièces *f.*
to appear (good) avoir l'air (bon)
appetizer entrée *f.*
apple pomme *f.*

(app)lication (appli)cation *f.*
April avril
Arabic arabe *m.*
architect architecte *m./f.*
Argentina Argentine *f.*
Argentinian argentin/e
to argue se disputer
arm bras *m.*
armchair fauteuil *m.*
armoire armoire *f.*
around vers, autour de
to arrange ranger †
to arrive arriver
arrival arrivée *f.*
art art *m.*
  work of art oeuvre *f.* d'art
article article *m.*
as comme
  as . . . as aussi… que
  as many/much . . . as autant (de)… que
  as soon as dès que, aussitôt que
Asia Asie *f.*
Asian asiatique
to ask demander
  to ask a question poser une question
  to ask for directions demander le chemin
asleep endormi/e
asparagus asperge *f.*
aspirin aspirine *f.*
assignment devoir *m.*
association association *f.*
  humanitarian association association humanitaire
  student association association étudiante
astronomy astronomie *f.*
at à
  at last enfin
  at once tout de suite
  at X's house chez X
  at the same time en même temps
  at the side of au bord de ; à côté de
athletic sportif/-ive
Atlantic Ocean océan *m.* Atlantique
atlas atlas *m.*
to attend assister à
attention attention *f.*
  to pay attention faire † attention
attorney avocat/e *m./f.*
August août
aunt tante *f.*
Australia Australie *f.*
Australian australien/ne
Austria Autriche *f.*
Austrian autrichien/ne
author auteur *m.*
authoritarian autoritaire
autumn automne *m.*
avenue avenue *f.*
awake réveillé/e
aware: to make people aware sensibiliser les gens
away: right away tout de suite
automobile voiture *f.*

B

baby bébé *m.*
  to babysit faire † du baby-sitting
bachelor's degree bacc(àlauréat) *m. (Can.)*
back dos *m.*
  to come back revenir †
  backpack sac *m.* à dos
bacon bacon *m.*
bad mauvais/e
  Not bad. Pas mal.
  It's not so bad. Ce n'est pas grave.
  It's too bad. C'est dommage.
badly mal
bag sac *m.*
  plastic bag sac en plastique
  reusable bag sac réutilisable
bakery/pastry aisle rayon *m.* boulangerie-pâtisserie
balance (total amount) montant *m.*
balcony balcon *m.*
banana banane *f.*
baptism baptême *m.*
basement sous-sol *m.*
basketball basket(-ball) *m.*
bathing suit maillot *m.* (de bain)
bathroom salle *f.* de bains
to be être †
beach plage *f.*
bean *haricot *m.*
  green bean *haricot vert
to bear supporter
beautiful beau (bel), belle
  It's beautiful weather. Il fait beau.
because parce que
  because of à cause de
to become devenir †
bed lit *m.*
  to get out of bed se lever †
  to go to bed se coucher
  (rural) bed and breakfast gîte (rural) *m.*
bedroom chambre *f.*
beef bœuf *m.*
  ground beef bifteck *m.* haché
beer bière *f.*
before avant
  before (doing something) . . . avant de + *inf.*
to begin commencer † à
beginning début *m.*
behind derrière
beige beige
Belgian belge
Belgium Belgique *f.*
to believe croire † (à, en)
  I believe so. Je crois que oui.
  I believe that . . . Je crois que…
  I don't believe so. Je ne crois pas. Je crois que non.
  to be a believer être † croyant/e
belly ventre *m.*
to belong to faire † partie de, appartenir † à
belongings affaires *f. pl.*
beside à côté de
best le/la meilleur/e
  Best wishes! Meilleurs vœux !
better meilleur/e *adj.*, mieux *adv.*
  better . . . than meilleur/e… que, mieux… que
  it is better (to) il vaut mieux
  it would be better (to) il vaudrait mieux
between entre
beverage boisson *f.*
  alcoholic beverage boisson alcoolisée
bicycle vélo *m.*
  to go for a bike ride faire † du vélo
big grand/e, gros/se, large
bill (restaurant) addition *f.*
billion milliard *m.*
biography biographie *f.*
biology biologie *f.*
biracial: to be biracial être † enfant d'un couple mixte
bird oiseau *m.*
birthday anniversaire *m.*
  Happy birthday! Joyeux anniversaire ! Bon anniversaire !
bizarre bizarre
black noir/e
blackboard tableau *m.*

blind *adj.* aveugle
blond blond/e
blouse chemisier *m.*
blue bleu/e
to blush rougir
board planche *f.*
board game jeu *m.* de société
  an evening of board games une soirée de jeux (de société)
boat bateau *m.*
  sailboat bateau à voile
body corps *m.*
book livre *m.*
bookcase étagère *f.*
bookstore librairie *f.*
boot botte *f.*
border frontière *f.*
bored ennuyé/e
  to become bored s'ennuyer †
boring ennuyeux/-euse ; plate *(Can.)*
  That's boring! C'est rasant !
born: to be born naître †
to borrow emprunter
boss patron/ne *m./f.*, chef *m.*
botany botanique *f.*
both tous/toutes les deux
to bother gêner
bothered gêné/e
bottle bouteille *f.*
bowl bol *m.*
box carton *m.*, boîte *f.*
  box of cereal paquet *m.* de céréales
boy garçon *m.*
  boyfriend petit ami *m.*, copain *m.*
brand-new neuf/neuve
Brazilian brésilien/ne
Brazil Brésil *m.*
bread pain *m.*
  round loaf of bread pain de campagne
  sliced bread pain de mie
  slice of bread tranche *f.* de pain
to break casser
  to break up se séparer
breakfast petit-déjeuner *m.*
  to have breakfast prendre † le petit-déjeuner
to breathe respirer
bride mariée *f.*
bridegroom marié *m.*
to bring (along) a person amener †
to bring (something) apporter, emporter
British anglais/e, britannique
brochure brochure *f.*
bronchitis bronchite *f.*
bronze bronze *m.*
brother frère *m.*
  brother-in-law beau-frère *m.*
  half-brother demi-frère *m.*
  step-brother demi-frère *m.*
brown marron *adj. inv.*
brunette brun/e, châtain *inv.*
to brush se brosser
  to brush one's teeth se brosser les dents, se laver les dents
  to brush one's hair se brosser les cheveux, se coiffer
building bâtiment *m.*, immeuble *m.*, pavillon *m.*
bus (city) (auto)bus *m.*
  bus (between cities) car *m.*
business les affaires *f. pl.*, entreprise *f.*, commerce *m.*
  businessman homme *m.* d'affaires
  businesswoman femme *f.* d'affaires
  small businesses petits commerces *pl.*
to be busy doing something être en train de…
  I'm busy. Je suis pris/e. Je suis occupé/e.
but mais
butcher shop boucherie *f.*
butter beurre *m.*
to buy acheter †
by par
bye salut, ciao

C

cafeteria cafétéria *f.*, restaurant *m.* universitaire
cake gâteau *m.*
calendar calendrier *m.*
  day planner agenda *m.*
call appel *m.*
to call appeler †
  to be called/named s'appeler †
calm calme
  to calm down se calmer
camera appareil *m.* photo
  digital camera appareil *m.* (photo) numérique
Cameroon Cameroun *m.*
Cameroonian camerounais/e
campground camping *m.*
to camp/go camping faire † du camping
camper (vehicle) caravane *f.*
campus campus *m.*
can boîte *f.*
can (to be able to do something) pouvoir †
Canada Canada *m.*
Canadian canadien/ne
candle bougie *f.*
candy bonbon *m.*
cantaloupe melon *m.*
cap casquette *f.*
  knit/wool cap bonnet *m.* de laine
caption légende *f.*
car voiture *f.*
  carpooling covoiturage *m.*
  car sharing autopartage *m.*
  electric, hybrid car voiture électronique, hybride
carafe carafe *f.*
card carte *f.*
  to play cards jouer aux cartes
cardboard carton *m.*
care: to take care of s'occuper de
  to take care of oneself se soigner
career carrière *f.*
careful prudent/e
  careful about one's health soucieux/-euse de sa santé
carrot carotte *f.*
to carry apporter
  to carry out (food) emporter
cartoon dessin *m.* animé
cash argent *m.*
  cash register caisse *f.*
cashier caissier *m.*, caissière *f.*
castle château *m.*
cat chat/te *m./f.*
cathedral cathédrale *f.*
cave grotte *f.*
CD, compact disk CD *m. inv.*
to celebrate fêter
celebrity célébrité *f.*, vedette *f.*
cello violoncelle *m.*
cell phone portable *m.*
center centre *m.*
century siècle *m.*
cereal céréales *f. pl.*
chair chaise *f.*
  armchair fauteuil *m.*
  wheelchair fauteuil *m.* roulant
chalk (stick of) craie *f.*
change purse portemonnaie *m.*
channel chaîne *f.*

character personnage *m.*
main character personnage principal
to chat bavarder, jaser (*Can.*)
Cheers! À votre/ta santé !
cheese fromage *m.*
chemical product produit chimique *m.*
chemistry chimie *f.*
chemistry lab labo(ratoire) *m.* de chimie
chess échecs *m. pl.*
chest poitrine *f.*
chicken poulet *m.*
child enfant *m./f.*
disadvantaged child enfant d'un milieu défavorisé
grandchild petit-enfant *m.* (petits-enfants *pl.*)
Chile Chili *m.*
Chilean chilien/ne
China Chine *f.*
Chinese chinois/e
chocolate chocolat *m.*
dark chocolate chocolat noir
hot chocolate chocolat chaud
milk chocolate chocolat au lait
white chocolate chocolat blanc
to choose choisir
church (Catholic) église *f.*, (**Protestant**) temple *m.*
city ville *f.*
in the city en ville
city bus bus *m.*
city hall mairie *f.*
city map plan *m.* de ville
civic-mindedness civisme *m.*
civil ceremony/wedding cérémonie *f.* civile
civil union PACS (pacte civil de solidarité) *m.*
in a civil union pacsé/e
clarinet clarinette *f.*
class (subject) cours *m.*
chemistry class cours de chimie
elective class cours facultatif
required class cours obligatoire
class (group of people) classe *f.*
French class classe de français
classical classique
classical music musique *f.* classique
classified ad petite annonce *f.*
classmate camarade *m./f.* de classe
classroom classe *f.*, salle *f.* de classe
clay argile *m.*
clean *adj.* propre
to clean nettoyer †
clear clair/e
climate climat *m.*
climate change changement *m.* climatique
clock horloge *f.*
to close fermer
closed fermé/e
closet placard *m.*
clothing vêtement *m.*
cloud nuage *m.*, cloud *m.*
It's cloudy. Il y a des nuages. Le ciel est couvert.
coast côte *f.*
East Coast côte est
West Coast côte ouest
coat manteau *m.*
down coat anorak *m.*
raincoat imperméable *m.*
suit coat veste *f.*
coffee café *m.*
coffee with cream café crème
coffee with milk café au lait
coffee with one or more small desserts café gourmand
decaffeinated coffee café déca(féiné)
coffee table table *f.* basse
cohabitation union *f.* libre
coin pièce *f.* (de monnaie)
cola coca(-cola) *m.*
cold froid/e ; rhume *m.*
I have a cold. J'ai un rhume. Je suis enrhumé/e.
I'm cold. J'ai froid.
It's cold (weather). Il fait froid.
cold cuts charcuterie *f.*
collection: to organize a collection (of funds) organiser une collecte (de fonds)
college fac(ulté) *f.*
Colombia Colombie *f.*
Colombian colombien/ne
color couleur *f.*
comb peigne *m.*
to comb se peigner
to come venir †
to come back revenir †
to come by passer
to come home rentrer
to come in entrer
to come with accompagner
comedy comédie *f.*
comfortable (material objects) confortable
(person) à l'aise
comic strip bande *f.* dessinée (BD)
commited engagé/e
common commun/e
communication communication *f.*
to compose composer
composition rédaction *f.*, composition *f.*
computer ordinateur *m.*
computer center centre *m.* informatique
computer desktop bureau *m.*
computer file fichier *m.*
computer science informatique *f.*
laptop computer ordinateur portable, portable *m.*
concert concert *m.*
condiments condiments *m. pl.*
confidence confiance *f.*
conformist conformiste
Congratulations! Félicitations !
connection (wireless) connexion *f.* (WiFi)
to connect to the Internet se connecter à Internet
to consume consommer
consumption consommation *f.*
to contaminate contaminer
continent continent *m.*
to continue continuer à
contact contact *m.*
contrary: To the contrary, . . . au contraire, ...
to cook faire † la cuisine
cookie biscuit *m.*
cooking cuisine *f.*
to do the cooking faire † la cuisine *f.*
cool: It's cool weather. Il fait frais.
copious copieux/-euse
corner coin *m.*
at the corner (of) au coin de
corner café café *m.* du coin
co-renter colocataire *m./f.*
corridor couloir *m.*
to cost coûter
cotton coton *m.*
couch canapé *m.*
cough toux *f.*
cough syrup sirop *m.* pour la toux
to cough tousser
country pays *m.*
foreign country pays étranger
in this country dans ce pays

country(side) campagne *f.*
  in the country à la campagne
course cours *m.*
  to take a course suivre † un cours
of course bien sûr
courtyard cour *f.*
cousin cousin *m.*, cousine *f.*
to create créer
credit card carte *f.* de crédit
critic (person) critique *m.*
criticism critique *f.*
critique critique *f.*
croissant croissant *m.*
  chocolate croissant pain *m.* au chocolat
to cross traverser
cruise croisière *f.*
to cry pleurer
cubist cubiste
cucumber concombre *m.*
cuisine cuisine *f.*
culture culture *f.*
cup tasse *f.*
  disposable cup gobelet *m.* jetable
cupboard placard *m.*
curly (hair) bouclé
curtain rideau *m.*
customer client/e *m./f.*
to cut couper
cute mignon/ne

D

dairy: dairy aisle rayon *m.* crèmerie
  dairy products produits *m. pl.* laitiers
dance danse *f.*
  street dance bal *m.* populaire
to dance faire † de la danse, danser
dangerous dangereux/-euse
dark-haired brun/e
Darn! Zut (alors) !
database base *m.* de données
date date *f.*, **(meeting)** rendez-vous *m.*
  birth date date de naissance
  What's the date? Quelle est la date ?
to date sortir avec
datebook agenda *m.*
daughter fille *f.*
day jour *m.*, journée *f.*
  day before yesterday avant-hier
  Have a good day! Bonne journée !
  that day ce jour-là
dead mort/e
dear cher/chère
death mort *f.*
debate débat *m.*
debit card carte *f.* bancaire
deceased décédé/e
December décembre
to decide décider
deep profond/e
degree (in) diplôme *m.* (en)
  to do a degree (in) préparer un diplôme (en)
  to have a degree avoir un diplôme, une formation
degree (temperature) degré *m.*
  It's ten degrees. Il fait dix degrés.
deli: deli counter rayon *m.* charcuterie
  deli meats charcuterie *f.*
delicious délicieux/-euse
delighted enchanté/e, ravi/e
to deliver distribuer
to demand exiger
demonstration manifestation *f.* [manif]
dentist dentiste *m./f.*
department store grand magasin *m.*
departure départ *m.*
to descend descendre
to describe décrire †
desert désert *m.*
to desire désirer, vouloir †
desk bureau *m.*
dessert dessert *m.*
detective movie film *m.* policier
to detest détester
dictionary dictionnaire *m.*
to dial composer
to die mourir †
diet régime *m.*
  to be on a diet suivre † un régime, faire † un régime
different différent/e
difficult difficile
difficulty: to have difficulty avoir † du mal à + *inf.*
digital numérique
dining hall restaurant *m.* universitaire (resto U), cafétéria *f.*
dining room salle *f.* à manger
dinner dîner *m.*, souper *m.* *(Can.)*
  to have dinner dîner, souper (*Can.*)
  to fix dinner préparer le dîner
  Dinner's ready! À table !
director directeur *m.*, directrice *f.* ; administrateur *m.*, administratice *f.*
  film director réalisateur *m.*, réalisatrice *f.*
  stage director metteur *m.* en scène
disability handicap *m.*
  to have a disability être handicapé/e
disagreeable désagréable
disappointed déçu/e
discipline discipline *f.*
disciplined discipliné/e
to discuss discuter
dish assiette *f.*, plat *m.*
  to do the dishes faire † la vaisselle
to disobey désobéir à
disposition caractère *m.*
display window vitrine *f.*
diverse diverse
diving plongée *f.*
  to go diving faire † de la plongée
to divorce divorcer
divorced divorcé/e
to do faire †
  to do do-it-yourself projects bricoler, faire du bricolage
  to not do much ne pas faire grand-chose
do-it-yourselfer bricoleur *m.*, bricoleuse *f.*
do-it-yourself projects bricolage *m.*
doctor (M.D.) médecin *m./f.*, docteur *m.*, docteure *f.*
documentary documentaire *m.*
dog chien/ne *m./f.*
  guide dog chien *m.* guide
  service dog chien *m.* d'assistance
door porte *f.*
dormitory résidence *f.*
to doubt (that) douter (que)
  without a doubt sans doute
to download télécharger
downtown centre-ville *m.*
  to go downtown descendre en ville
dozen douzaine *f.*
draftsman/woman dessinateur *m.*, dessinatrice *f.*
drama drame *m.*, comédie *f.*
to draw dessiner
drawing dessin *m.*
dream rêve *m.*
to dream rêver
dress robe *f.*
  badly dressed mal habillé/e
  to get dressed s'habiller
  to get undressed se déshabiller
dressing (oil and vinegar) vinaigrette *f.*

drink boisson *f.*
cold drink boisson rafraîchissante
hot drink boisson chaude
to drink boire †
drive (computer)
(external) hard drive disque *m.* dur (externe)
flash drive clé *f.* USB
to drive aller † en voiture, conduire †
to go for a drive faire † un tour en voiture
driver's license permis *m.* de conduire
drop goutte *f.*
drug (medicine) médicament *m.*
(illegal) drogue *f. sg.*
drum set batterie *f.*
to dry essuyer †
to dry oneself off s'essuyer †
to dub doubler
dubbed doublé/e
due to à cause de
dumb bête
during pendant
dynamic dynamique

E

each chaque
each one chacun/e
ear oreille *f.*
to have an earache avoir † mal aux oreilles
early tôt
to be early être † en avance
to earn money gagner de l'argent
earth (the Earth) terre (la Terre) *f.*
east est
East Coast côte *f.* est
easy facile
to eat manger †
to eat between meals grignoter
to eat breakfast prendre † le petit-déjeuner
to eat dinner dîner, souper (*Can.*)
to eat lunch déjeuner, dîner (*Can.*)
to eat a snack goûter
eco-conscious écologiste (écolo)
ecological écologique
ecological footprint empreinte *f.* écologique
ecology écologie *f.*
economics sciences *f. pl.* économiques, économie *f.*
economy économie *f.*
edge bord *m.*
to educate oneself s'instruire †
education (academic discipline) sciences *f. pl.* de l'éducation
egg œuf *m.*
fried egg œuf sur le plat, œuf au plat
eight huit
eighteen dix-huit
eighty quatre-vingts
elbow coude *m.*
elderly âgé/e
electronic game jeu *m.* éléctronique
elegant élégant/e
elementary school école *f.* primaire
elevator ascenseur *m.*
eleven onze
eliminate éliminer
e-mail e-mail *m.*, courrier *m.* électronique, courriel *m.* (*Can.*)
by e-mail par e-mail
e-mail message mail *m.*, message *m.* électronique, courriel *m.* (*Can.*)
embarrassed embarrassé/e, gêné/e
employee employé/e
empty vide
to encourage encourager
encyclopedia encyclopédie *f.*
end fin *f.*
energetic énergique
energy énergie *f.*
renewable energy énergie renouvelable
wind energy énergie éolienne
engaged fiancé/e
to get engaged se fiancer
engagement fiançailles *f. pl.*
engine moteur *m.*
engineer ingénieur *m.*
engineering génie *m.*
England Angleterre *f.*
English *adj.* anglais/e
English (language) anglais *m.*
enough assez
enough of assez de
to enter entrer
entertainment (TV show) divertissement *m.*
enthusiastic enthousiaste
entrance (foyer) entrée *f.*
environment environnement *m.*
episode épisode *f.*
equipped équipé/e
errand course *f.*
to run errands faire † des courses
eraser (pencil) gomme *f.*
eraser (board) brosse *f.*
especially surtout
essay essai *m.*, rédaction *f.*
essential essetiel/le
to establish établir
Europe Europe *f.*
European européen/ne
even (same) même
even (number) (nombre) pair
evening soir *m.*, soirée *f.*
event évènement *m.*
eventually finalement
every chaque ; tout, tous, toute, toutes
every day tous les jours
every evening tous les soirs
everyone tout le monde
everything tout
everywhere partout
exam examen *m.*
final exam examen final
midterm exam examen partiel
oral exam examen oral
to pass an exam réussir un examen
to study for an exam préparer un examen
to take an exam passer un examen
example exemple *m.*
for example par exemple
except sauf
except for à part
excited enthousiaste, agité/e, impatient/e
to be excited (to visit) avoir † hâte de (visiter)
excursion bus car *m.*
excuse excuse *f.*
Excuse me. Pardon, Excusez-moi.
exercise exercice *m.*
to exercise faire † de l'exercice
exhibit exposition *f.*
expensive cher/chère
to explain expliquer
to express oneself s'exprimer
eye (eyes) œil *m.* (yeux)
My eye! Mon œil !

F

face figure *f.*, visage *m.*
to face donner sur
facing face à, en face de
factory usine *f.*
to fail rater
to fail an exam échouer à un examen

fair juste
It's not fair! Ce n'est pas juste !
fairly assez
faithful fidèle
fall automne *m.*
in the fall en automne
to fall tomber
to fall asleep s'endormir
to fall asleep again se rendormir
to fall in love (with) tomber amoureux/-euse (de)
false faux/fausse
family famille *f.*
big family famille nombreuse
blended family famille recomposée
extended family famille étendue
single-parent family famille monoparentale
family relations relations *f. pl.* familiales
family room séjour *m.*
famous célèbre, connu/e
fan fanatique *m.*
to be a fan of être fanatique de
far (from) loin (de)
farm ferme *f.*
farmer fermier *m.*, fermière *f.*, agriculteur *m.*, agricultrice *f.*
fashion mode *f.*
to be in fashion être à la mode
fashion designer couturier *m.*
high fashion haute couture *f.*
out of fashion démodé/e
fashionable à la mode
fast rapide *adj.*, vite *adv.*
to fast jeûner
to break a fast déjeûner
fat *adj.* gros/se
fat graisse *f.*
father père *m.*
father-in-law beau-père *m.*
single father père célibataire
stepfather beau-père *m.*
to favor privilégier
favorite préféré/e
fear peur *f.*
to fear avoir † peur de
February février
to feel se sentir, toucher ; ressentir
to feel bad aller † mal
to feel better aller † mieux
to feel good aller † bien
to feel great être † en forme
to feel like doing something avoir † envie de + *inf.*
feeling impression *f.*
feminine féminin/e
fever fièvre *f.*
few peu, un peu de, quelques
fiancé/e fiancé *m.*, fiancée *f.*
fidelity fidélité *f.*
field champ *m.*
playing field terrain *m.* de sport
fifteen quinze
fifty cinquante
to fight combattre, lutter (contre)
figurative figuratif/-ive
file fichier *m.*
to fill remplir
film film *m.*
filmmaker cinéaste *m./f.*
film director réalisateur *m.*, réalisatrice *f.*
final final/e
finally finalement, enfin
to find trouver
I find that . . . Je trouve que…
fine bien
Fine, also. Bien aussi.
Fine, and you? Ça va, et toi ?
fine arts beaux-arts *m. pl.*
I'm fine. Ça va bien.
finger doigt *m.*
to finish finir, terminer
firefighter pompier *m.*, pompière *f.*
fireworks feu *m.* d'artifice
first premier/-ière
first (of all) d'abord
first course entrée *f.*
first floor rez-de-chaussée *m.*
fish poisson *m.*
fish counter rayon *m.* poissonnerie
to fish pêcher
fishing pêche *f.*
to go fishing aller † à la pêche
fitness tracker tracker *m.* d'activité
five cinq
to fix réparer
to fix one's hair se coiffer
fixed-price meal menu *m.*, prix *m.* fixe
Flemish flamand *m.*
flight vol *m.*
floor étage *m.*
first (ground) floor rez-de-chaussée *m.*
second floor premier étage *m.*
on the floor par terre
flour farine *f.*
to flow couler
flower fleur *f.*
flu grippe *f.*
to fly aller † en avion, voler
fog brouillard *m.*
It's foggy. Il y a du brouillard.
follow suivre †
food aliment *m.*, nourriture *f.*
food bank banque *f.* alimentaire
food waste gaspillage *m.* alimentaire
foot pied *m.*
on foot à pied
football football *m.* américain
football game match *m.* de football américain
football stadium stade *m.*
for pour ; depuis (+ time expression) ; pendant (+ time expression)
foreign *adj.* étranger/-ère
foreigner étranger *m.*, étrangère *f.*
forest forêt *f.*
to forget oublier
former ancien/ne
fortress chateau *m.* fort
fortunately heureusement
forty quarante
four quatre
fourteen quatorze
France France *f.*
free (a person) libre ; **(a thing)** gratuit/e
Are you free? Tu es/Vous êtes libre ?
I'm not free. Je ne suis pas libre.
to freeze geler †
It's freezing. Il gèle.
French *adj.* français/e
French bread (long, thin loaf) baguette *f.*
French toast pain *m.* perdu
French fries frites *f. pl.*
French (language) français *m.*
fresh frais/fraîche
Friday vendredi
friend ami/e, camarade *m./f.*, copain *m.*, copine *f.*
best friend meilleur/e ami/e *m./f.*
(my) boyfriend (mon) petit ami *m.*, (mon) copain *m.*, (mon) ami *m.*
(my) girlfriend (ma) petite amie *f.*, (ma) copine *f.*, (mon) amie *f.*
Your friend, Amitiés
friendly sociable

friendship amitié *f.*
frizzy (hair) frisé/e
from de (d')
front: in front of devant
frozen foods surgelés *m. pl.*
fruit fruit *m.*
  fruit juice jus *m.* de fruit
frustrated frustré/e
fun: to have fun s'amuser
  to be fun être † agréable, être † amusant/e
  for fun pour s'amuser
  It's fun. C'est amusant.
  to make fun of se moquer de
funny amusant/e, drôle
furious furieux/-euse
furnished meublé/e
furniture meuble *m.*
future avenir *m.*
  future tense futur *m.*

G

to gain weight grossir
game jeu *m.* ; **(sports)** match *m.*
  game show jeu *m.* télévisé
garage garage *m.*
garden jardin *m.*
to garden faire † du jardinage, travailler dans le jardin
garlic ail *m.*
gas gaz *m.*
  gas (for a car) essence *f.*
  greenhouse gas gaz *m.* à effet de serre
generous généreux/-euse
gentle doux/douce
gently doucement
geography géographie *f.*
geology géologie *f.*
German *adj.* allemand/e
German (language) allemand *m.*
Germany Allemagne *f.*
gesture geste *m.*
  ecological act or gesture éco-geste
to get obtenir †
  to get a (good) grade avoir † une (bonne) note
  to get along (with someone) s'entendre avec (quelqu'un)
  to get angry (with) se fâcher (contre)
  to get a degree obtenir † un diplôme
  to get divorced divorcer
  to get dressed s'habiller
  to get engaged se fiancer
  to get information s'informer, se renseigner
  to get involved s'engager
  to get married se marier
  to get off descendre
  to get ready se préparer
  to get a tan bronzer
  to get together se retrouver, se réunir
  to get undressed se déshabiller
  to get up se lever †
  Get up/stand up! Levez-vous !
  to get used to s'habituer à
gift cadeau *m.*
girl fille *f.*, jeune fille *f.*
girlfriend petite amie *f.*, copine *f.*
to give donner, offrir †
  to give advice conseiller
  to give back rendre
  to give a present offrir † (un cadeau)
glacier glacier *m.*
glad content/e
glass verre *f.*
glasses lunettes *f. pl.*
  sunglasses lunettes de soleil
global warming réchauffement *m.* climatique, changement *m.* climatique
glove gant *m.*
to go aller †
  to go around faire † un tour
  to go around the world faire † le tour du monde
  to go back retourner
  to go by passer
  to go down descendre
  to go downtown descendre en ville
  to go home rentrer
  to go in entrer
  to go on/keep going continuer
  to go online aller † sur Internet, se connecter
  to go on vacation partir en vacances
  to go out sortir
  to go to bed se coucher
  to go to the doctor aller † chez le médecin
  to go up monter
goal but *m.*
God Dieu
godfather parrain *m.*
godmother marraine *f.*
golf golf *m.*
good bon/ne *adj.*, bien *adv.*
  common good bien *m.* commun
  good-bye au revoir, salut
  Good evening. Bonsoir.
  bonnes manières *f. pl.*
  Good morning. Bonjour.
  Good night. Bonne nuit.
  Have a good day. Bonne journée.
  Have a good evening. Bonne soirée.
grade note *f.*
  to have/get a (bad) grade avoir † une (mauvaise) note
grandchild petit-enfant *m.* (petits-enfants *pl.*)
granddaughter petite-fille *f.*, (petites-filles *pl.*)
grandfather grand-père *m.*
grandmother grand-mère *f.*
grandparents grands-parents *m. pl.*
grandson petit-fils *m.*, (petits-fils *pl.*)
grape raisin *m.*
graphic artiste graphiste *m./f.*
graphic arts art *m.* graphique
  to do graphic art faire † de l'art graphique
gray gris/e
grease graisse *f.*
Great! Génial !
green vert/e
  green bean *haricot *m.* vert
  green salad salade *f.* (verte)
grilled grillé/e
  grilled ham-and-cheese sandwich croque-monsieur *m. inv.*
  grilled ham-and-cheese sandwich topped with a fried egg croque-madame *m. inv.*
grocery store épicerie *f.*, supermarché *m.*
ground sol *m.*, terre *f.*
  ground floor rez-de-chaussée *m.*
  on the ground par terre
to grow pousser
  to grow larger, fatter grossir
  to grow old vieillir
  to grow taller grandir
  to grow up (for children) grandir
guest invité *m.*, invitée *f.*
guide (tour guide or guidebook) guide *m.*

guitar guitare *f.*
gym gymnase *m.*

H

hair cheveux *m. pl.*
  to do one's hair se coiffer
  to have short/long/curly/frizzy/straight hair avoir † les cheveux courts/longs/bouclés/frisés/raides
  to wash one's hair se laver les cheveux
half demi/e
  half-brother demi-frère *m.*
  half-kilo demi-kilo *m.*
  half-past et demi/e
  half-sister demi-sœur *f.*
hallway couloir *m.*
ham jambon *m.*
  grilled ham-and-cheese sandwich croque-monsieur *m. inv.*
  grilled ham-and-cheese sandwich topped with a fried egg croque-madame *m. inv.*
  ham sandwich sandwich *m.* au jambon
hamburger *hamburger *m.*
hand main *f.*
  to hand in/over remettre †
  on the other hand, . . . d'autre part, en revanche
  to raise your hand lever † le doigt, lever † la main
handicap handicap *m.*
  to be handicapped être handicapé/e
handsome beau (bel), belle
to happen se passer, avoir † lieu
  What happened? Qu'est-ce qui s'est passé ? Qu'est-ce qui est arrivé ?
happy heureux/-euse, content/e
  Happy birthday! Joyeux anniversaire ! , Bon anniversaire !
  Happy New Year! Bonne année !
hard (difficult) difficile ; dur/e
  hardworking sérieux/-euse, travailleur/-euse
harmonica harmonica *m.*
hat chapeau *m.*
  straw hat chapeau de paille *f.*
to hate détester
to have avoir †
  to have a drink prendre † une boisson, prendre un pot
  to have a good time s'amuser
  Have a nice weekend! Bon week-end !
  to have just (done something) venir † de + *inf.*
  to have to (do something) devoir †
hazel (color) noisette
he *(pron.)* il
head tête *f.*
health santé *f.*
  health center/clinic infirmerie *f.*
  healthy bon/ne pour la santé, sain/e
  to be healthy (person) être † en bonne santé
  To your health! À votre/ta santé !
hear entendre
heart cœur *m.*
  heart attack crise *f.* cardiaque
hearty copieux/-euse
heavy lourd/e
  heavy jacket blouson *m.*
height taille *f.*
  of average height de taille moyenne
Hello. Bonjour.
  Hello (telephone only). Allô.
to help aider (à)
  person in need of help personne *f.* en difficulté
her elle ; la ; son, sa, ses
  to her lui
  herself elle-même
herbal tea tisane *f.*
here ici
  Here is/are . . . Voici…
  Here/there is/are . . . Voilà…
Hi! Salut !
high *haut/e
high school lycée *m.*
  high school diploma (France) bac(alauréat) *m.*
hike randonnée *f.*
  to go on a hike faire † une randonnée
hill colline *f.*
him le ; lui
  to him lui
  himself lui-même
his son, sa, ses
historical movie film *m.* historique
history histoire *f.*
hockey *hockey *m.*
to hold tenir †
holiday fête *f.*
  legal holiday jour *m.* férié
  religious holiday fête religieuse
home maison *f.*
  at my/our home chez moi/nous
  stay-at-home mother/father femme *f.* au foyer, homme *m.* au foyer
homeless person sans-abri *m./f.*, SDF *m./f.*, personne *f.* sans domicile fixe
homeowner propriétaire *m./f.*
homework devoirs *m.*
  to do homework faire † des devoirs *m.*
honest honnête
honesty honnêteté *f.*
to hope espérer †, souhaiter
horror movie film *m.* d'horreur
horse cheval *m.*
  to go horseback riding faire † du cheval
hospital (public) hôpital *m.*
  private hospital clinique *f.*
hostel (youth) auberge *f.* de jeunesse
hot chaud
  hot (food) épicé/e
  hot chocolate chocolat *m.* chaud
  I am hot. J'ai chaud.
  It's hot (weather). Il fait chaud.
hotel hôtel *m.*
  three-star hotel hôtel trois étoiles *f. pl.*
hour heure *f.*
  for an hour pendant une heure, pour une heure, depuis une heure
  in an hour dans une heure, en une heure
house maison *f.*
  at the home of chez
  housemate colocataire *m./f.*
  housework ménage *m.*
household waste déchets *m. pl.* ménagers
how comment
  How are you? Comment allez-vous ?
  how many combien de
  how much combien
  How much is it? Ça fait combien ?
  How's it going? Comment ça va ?
human being être *m.* humain
human body corps *m.* humain
humanities lettres *f.*
humid lourd/e
  It's humid. Il fait lourd.
hundred cent

hunger faim *m.*
  to be hungry avoir † faim
Hurray for . . . ! Vive…!
hurricane ouragan *m.*
to hurry up se dépêcher
  in a hurry pressé/e
hurt blessé/e
to hurt (somewhere) avoir † mal à
to hurt (someone) faire † mal à
husband mari *m.*

I

I je (j')
ice glace *f.*
  ice cream glace *f.* ; crème *f.* glacée (*Can.*)
  ice cube glaçon *m.*
  ice on the ground verglas *m.*
  iced tea thé *m.* glacé
  icy: It's icy. Il y a du verglas.
idealistic idéaliste
idea idée *f.*
if si
  If I were you À ta/votre place
illustrator illustrateur *m.*, illustratrice *f.*
Imbecile! Imbécile !
to immigrate immigrer
immigrant immigré *m.*, immigrée *f.*
important important/e
Impressionist impressioniste
to improve améliorer
in à, dans, en
  in-laws beaux-parents *m. pl.*
including y compris
independent autonome
India Inde *f.*
Indian indien/ne
indifferent indifférent/e
individualistic individualiste
indulgent indulgent/e
industrial industriel/le
inexpensive bon marché
infection infection *f.*
information renseignement *m.*
  to get information se renseigner, s'informer
injured blessé/e
injustice injustice *f.*
inn auberge *f.*
inside dans, à l'intérieur de, dedans
instant message message *m.* instantané
instant messaging application messagerie *f.* instantanée
instead plutôt
  instead of au lieu de
intelligent intelligent/e
intensity intensité *f.*
interactive interactif/-ive
interesting intéressant/e
to be interested (in) s'intéresser (à)
Internet Internet *m.*
  connect to the Internet se connecter sur Internet
  to go on the Internet aller † sur Internet
  Internet access accès *m.* à Internet
  on the Internet sur Internet
interview interview *f.*, entretien *m.*
to interview interviewer
into dans
to introduce présenter
  Je vous/te présente X. This is X.
invitation invitation *f.*
to invite inviter
irritable énervé/e
irritated: to become irritated s'énerver
island île *f.*
Israel Israël *m.*
Israeli israélien/ne
it ce (c') ; il ; elle ; le ; la
it is . . . c'est…
Italian (*adj.*) italien/ne
Italian (language) italien *m.*
Italy Italie *f.*
Ivorian ivoirien/ne
Ivory Coast Côte *f.* d'Ivoire

J

jacket blouson *m.*
  (suit coat) jacket veste *f.*
jam confiture *f.*
January janvier
Japan Japon *m.*
Japanese *(adj.)* japonais/e
Japanese (language) japonais *m.*
jar pot *m.*
jazz jazz *m.*
jealous jaloux/-ouse
jeans jean *m. sg.*
job poste *m.*, travail *m.*, métier *m.*
  full-time job travail à plein temps
  part-time job travail à mi-temps
to jog faire † du jogging
joke histoire drôle *f.*, blague *f.*, plaisanterie *f.*
to joke plaisanter, blaguer, raconter des histoires drôles
journalism journalisme *m.*
journalist journaliste *m./f.*
July juillet
June juin
just juste
  to have just . . . venir † de + *inf.*
justice justice *f.*

K

kayak kayak *m.*
key clé *f.*
kilo(gram) kilo(gramme) *m.*
kilometer kilomètre *m.*
kind gentil/le
  That's kind (of you). C'est gentil à toi/vous.
king roi *m.*
to kiss s'embrasser
kitchen cuisine *f.*
  kitchen cabinet placard *m.*
  (with) kitchenette (avec) coin *m.* cuisine
to kitesurf faire † du kitesurf
knee genou *m.*
to kneel se mettre † à genoux
to know (how to) savoir †
  I don't know. Je ne sais pas.
  to know or be familiar with connaître †
knowledge connaissance *f.*
Korea Corée *f.*
Korean *adj.* coréen/ne
Korean (language) coréen *m.*

L

lab(oratory) laboratoire *m.* (labo)
lacrosse crosse *f.*
  to play lacrosse jouer à la crosse
lake lac *m.*
lamb agneau *m.*
  lamb chop côtelette *f.* d'agneau
  leg of lamb gigot *m.* d'agneau
lamp lampe *f.*
landlord/landlady propriétaire *m./f.*
landscape paysage *m.*
language langue *f.*
  in the original language en version *f.* originale (en VO)
  foreign language langue *f.* étrangère
  native language langue *f.* maternelle

laptop (ordinateur) portable *m.*
last dernier/dernière
 last month le mois dernier
 last Saturday samedi dernier
 last week la semaine dernière
 last year l'année dernière, l'an dernier
to last durer
late tard
 to be late être † en retard
 to be ten minutes late avoir † dix minutes de retard
to laugh rire †
law loi *f.*
 law school faculté *f.* de droit
 study of law droit *m.*
lawyer avocat *m.*, avocate *f.*
lazy paresseux/-euse
to learn apprendre (à) †
leather cuir *m.*
to leave partir ; **(someone, something)** quitter
 to leave the lights on laisser les lumières allumées
Lebanese libanais/e
Lebanon Liban *m.*
lecture conférence *f.*
 lecture hall amphithéâtre *m.*
 to give a (classroom) lecture donner un cours
left gauche *f.*
 leftovers restes *m. pl.*
 to the left à gauche
leg jambe *f.*
leisure activities loisirs *m. pl.*
 leisure time temps *m.* libre
lemon citron *m.*
 lemonade citron *m.* pressé
 lemon-lime soft drink limonade *f.*
 tea with lemon thé *m.* au citron
to lend prêter
lenient indulgent/e
less moins
 less . . . than moins (de)… que
letter lettre *f.*
lettuce salade *f.*
library bibliothèque *f.* ; bibli (*Can.*)
 public (city) library bibliothèque *f.* municipale
 university library bibliothèque *f.* universitaire (B.U.)
license permis *m.*
 driver's license permis de conduire
to lie mentir
life vie *f.*
to lift lever †
light (color) clair/e ; **(weight)** léger, légère
light lumière *f.*
 to turn on the lights allumer les lumières
 to turn out the lights éteindre les lumières
 to leave the lights on laisser les lumières allumées
lightning éclair *m.*
 There's lightning. Il y a des éclairs.
likable sympa(thique)
like comme
to like aimer
 I'd like that. Je veux bien.
 to like fairly well aimer bien
 to like or love a lot aimer beaucoup
line ligne *f.*
 online en ligne
 to stand in line faire † la queue
linguistics linguistique *f.*
lip lèvre *f.*
 lipstick rouge *m.* à lèvres
to listen to écouter
 to listen to music écouter de la musique
list liste *f.*
 to make a list faire † une liste
liter litre *m.*
literature littérature *f.*
little petit/e
 little bit peu *m.*
 a little bit un petit peu
live (broadcast) en direct
to live habiter ; vivre †
 to live together without being married cohabiter ; vivre † en union *f.* libre
lively animé/e
liver foie *m.*
living room séjour *m.*, salle *f.* de séjour
loaf of sliced bread pain *m.* de mie
to locate trouver
 located situé/e
 to be located se trouver
long long/ue
 a long time longtemps
 a long time ago il y a longtemps
 for how long . . . ? depuis combien de temps…?
to look (seem) avoir † l'air (+ *adj.*)
 to look after soigner, s'occuper de
 to look at regarder
 to look at one's e-mails vérifier ses e-mails
 to look for chercher
 to look like ressembler à
 to look onto donner sur
to lose perdre
 to lose weight maigrir, mincir
a lot beaucoup (de)
lottery loto *m.*
 to play the lottery jouer au loto
loudly fort
lovable aimable
love amour *m.*
to love aimer
 to be in love (with) être † amoureux/-euse (de)
 to fall in love (with) tomber amoureux/-euse (de)
luck chance *f.*
 good luck bonne chance *f.*
 luckily heureusement
 to be lucky avoir † de la chance
luggage bagages *m. pl.*
lunch déjeuner *m.*
 to eat lunch déjeuner, dîner (*Can.*)
lung poumon *m.*

M

Madam, ma'am madame *f.* (Mme)
mad fâché/e, en colère
 to get mad se fâcher
magazine magazine *m.*
 TV news magazine magazine *m.*
mail courrier *m.*
 e-mail e-mail *m.*, courriel *m.* (*Can.*)
main character personnage *m.* principal
main dish plat *m.* principal
major (in) spécialisation *f.* (en), majeure *f.* (en) (*Can.*), concentration *f.* (*Can.*)
majority plupart *f.*
to make faire †
 to make a mistake faire † une faute
makeup maquillage *m.*
 to put on makeup se maquiller
man homme *m.*
manager directeur *m.*, directrice *f.*
many beaucoup (de)
map carte *f.*
 city map plan *m.* de ville

marble marbre *m.*
March mars
market marché *m.*
  flea market marché aux puces
  open-air market marché en plein air
  supermarket supermarché *m.*
marital status état *m.* civil
marriage mariage *m.*
married marié/e
  to get married se marier
masculine masculin
master's degree masteur *m.*, maîtrise *f. (Can.)*
mathematics mathématiques *f.* (les maths)
May mai
maybe peut-être
mayonnaise mayonnaise *f.*
mayor maire *m.*
me moi
  me neither moi non plus
  me too moi aussi
  not me pas moi
meal repas *m.*
  before-meal drink apéritif *m.*
  balanced meal repas *m.* équilibré
mean méchant/e
to mean (to say) vouloir † dire
means of transportation moyen *m.* de transport
meat viande *f.*
  meat counter rayon *m.* boucherie
mechanic mécanicien *m.*, mécanicienne *f.*
media médias *m. pl.*
medicine (field of study) médecine *f.*
  medicine (drug) médicament *m.*
medieval médiéval/e
mediocre médiocre
to meet se rencontrer, se retrouver, se connaître, faire la connaissance de qqn
to meet up with (se) retrouver, se réunir
  Shall we meet at 7 PM? Rendez-vous à dix-huit heures ?
meeting rendez-vous *m.*, réunion *f.*, rencontre *m.*
Meh! Bof !
melon (cantaloupe) melon *m.*
to melt fondre
Merry Christmas! Joyeux Noël !
message message *m.*
  text message texto *m.*
metal métal *m.*
meter mètre *m.*
Mexican mexicain/e
Mexico Mexique *m.*
microwave (oven) (four à) micro-ondes *m.*
middle milieu *m.*
  to be in the middle of doing sthg être † en train de faire qqch
  in the middle au milieu de
  middle-aged d'un certain âge
  middle school collège *m.*
midnight minuit
migrant migrant *m.*, migrante *f.*
milk lait *m.*
  milk chocolate chocolat *m.* au lait
million million *m.*
mineral water eau *f.* minérale
  flat mineral water eau minérale plate
minor (in) mineure *f.* (en) (*Can.*)
mint menthe *f.*
  mint tea thé *m.* à la menthe
  herbal mint tea tisane *f.* à la menthe
minus moins
minute minute *f.*
mirror miroir *m.*, glace *f.*
Miss Mademoiselle *f.* (Mlle)
to miss manquer, rater
  I miss him/her. Il/Elle me manque.
  I miss them. Ils/Elles me manquent.
  I miss you. Tu me manques. Vous me manquez.
missing absent/e
mistake faute *f.*, erreur *f.*
  to make a mistake faire † une faute, se tromper
Mister Monsieur *m.* (M.)
modern moderne
moment moment *m.*
  at that moment à ce moment-là
Monday lundi
money argent *m.*
monitor moniteur *m.*, écran *m.*
  flat-screen monitor moniteur avec un écran plat, écran plat
month mois *m.*
  last month le mois dernier
  next month le mois prochain
moon (the Moon) lune (la Lune) *f.*
moped mobylette *f.*
more . . . than plus (de)… que
morning matin *m.*
  Good morning. Bonjour.
  (X o'clock) in the morning (X heures) du matin
Moroccan *adj.* marocain/e
Morocco Maroc *m.*
most plupart *f.*
mother mère *f.*
  mother-in-law belle-mère *f.*
  single mother mère célibataire
  stepmother belle-mère *f.*
motorcycle moto *f.*
motorscooter scoot(er) *m.*
mountain montagne *f.*
  to go mountain climbing faire † de l'alpinisme *m.*
mouse souris *f.*
mouth bouche *f.*
to move (an object) bouger
  to move (one's home) déménager
movie film *m.*
  movie star vedette *f.*, star *f.*
  movie theater cinéma *m.*
Mozambique Mozambique *m.*
Mr. Monsieur *m.* (M.)
Mrs. Madame *f.* (Mme)
Ms. Madame *f.* (Mme)
multicultural multiculturel/le
multiethnic multiethnique
multimedia multimédia
museum musée *m.*
mushroom champignon *m.*
music musique *f.*
musical comédie *f.* musicale
musician musicien *m.*, musicienne *f.*
must devoir †
  You (One) must . . . Il faut…
  You (One) must not . . . Il ne faut pas…
mustard moutarde *f.*
my mon, ma, mes
  My name is . . . Je m'appelle…
myself moi-même

N

naïve naïf/-ive
name (last) nom *m.*
  first name prénom *m.*
  nickname surnom *m.*
  My name is . . . Je m'appelle…
  What is your name? Comment vous appelez-vous/tu t'appelles ?
to name nommer
  to be named s'appeler

nationality nationalité *f.*
natural sciences sciences *f.* naturelles
nature nature *f.*, caractère *m.*
nausea mal *m.* au cœur
  to be nauseated avoir † mal au cœur
near (to) près (de)
  very near tout près (de)
  nearly à peu près, presque
Neat! Chouette !
necessary nécessaire, indispensable
  to be necessary falloir † : il faut, être † nécessaire, être † indispensable
neck cou *m.*
to need avoir † besoin de, il faut
need besoin *m.*
neighbor voisin/e *m./f.*
neighborhood quartier *m.*
neighboring voisin/e
neither non plus, ne… ni… ni
nephew neveu *m.*
  nieces and nephews neveux *pl.*
nervous agité/e, nerveux/-euse
Netherlands Pays-Bas *m. pl.*
network réseau *m.*
  social network réseau *m.* social
never ne… jamais
new nouveau (nouvel), nouvelle
  brand-new neuf/neuve
news informations *f. pl.*, (infos) nouvelles *f. pl.*
  news magazine magazine *m.*
newspaper journal *m.*
New Zealand Nouvelle-Zélande *f.*
New Zealander néo-zélandais/e
next prochain/e, ensuite
next to à côté de
nice sympa(thique), gentil/le, agréable
niece nièce *f.*
  nieces and nephews neveux *m. pl.*
night nuit *f.*
  at night la nuit, le soir
nine neuf
nineteen dix-neuf
ninety quatre-vingt-dix
no non
  no longer ne… plus
  no matter what n'importe quoi
  no more ne… plus
  no one ne… personne
noise bruit *m.*
  to make noise faire † du bruit
  noise pollution pollution *f.* sonore
nonbiodegradable non biodégradable
noon midi
normally normalement
north nord *m.*
North America Amérique *f.* du nord
nose nez *m.*
  runny nose le nez qui coule
  stuffed-up nose le nez bouché
not pas, ne… pas
  not at all pas du tout
  not bad pas mal
  not me pas moi
  not yet pas encore
notebook cahier *m.*
nothing ne… rien
novel roman *m.*
November novembre
now maintenant
number chiffre *m.*, numéro *m.*
nurse infirmier *m.*, infirmière *f.*

O

to obey obéir à
to obtain obtenir †
obvious évident/e
occupation métier *m.*, profession *f.*
October octobre
odd bizarre
odd jobs: to do odd jobs around the house bricoler, faire † du bricolage
of de (d')
  of course bien sûr
offer offre *f.*
  job offer offre d'emploi
to offer offrir †
office bureau *m.*
  administrative offices bureaux *pl.* administratifs
  registrar's office bureau des inscriptions
often souvent
oil huile *f.*
  olive oil huile d'olive
OK d'accord
old vieux (vieil), vieille ; ancien/ne
  to be X years old avoir † X ans
  How old are you? Quel âge avez-vous/as-tu ?
  old-fashioned démodé/e
  older person personne *f.* âgée
olive olive *f.*
omelet omelette *f.*
on à, sur
  on foot à pied
  on purpose exprès
  on sale en solde
  on TV à la télé
  on the contrary si, au contraire
once une fois
  once upon a time il était une fois
one un/e
onion oignon *m.*
online en ligne
  to go online aller † sur Internet
only seulement, ne… que, uniquement
open ouvert/e
to open ouvrir †
opinion opinion *f.*, avis *m.*
  in my opinion à mon avis, d'après moi
opposite contraire *m.* ; *prep.* en face (de)
optimism optimisme *m.*
optimistic optimiste
optional facultatif/-ive
or ou
orange (color) orange *adj. inv.*
  orange (fruit) orange *f.*
  orange juice jus *m.* d'orange
  Orangina orange soda Orangina *m.*
order (in restaurant) commande *f.* ; **(general)** ordre *m.*
  to give orders donner des ordres
  in order to pour + *inf.*, afin de + *inf.*
to order (food) commander
organic biologique, bio
organization organisation *f.*, association *f.*
  humanitarian organization organisation humanitaire
  non-profit organization organisation à but non lucratif
to organize organiser
  to organize (against) se mobiliser (contre)
other autre
  others les autres *m. pl.*
our notre, nos
ourselves nous-mêmes
outdated démodé/e
outdoors en plein air, dehors
outgoing sociable
outside dehors, à l'extérieur
oven four *m.*
  microwave oven four à micro-ondes, micro-ondes *m.*
over sur
  over there là-bas

overcast: It's overcast. Le ciel est couvert.
overcoat manteau *m.*
to overlook donner sur
to owe devoir †
to own posséder †, avoir †
owner propriétaire *m./f.*

P

Pacific Océanie *f.*
  Pacific Ocean océan *m.* Pacifique
to pack faire † ses valises *f. pl.*
package paquet *m.*, colis *m.*
packaging emballage *m.*
page page *f.*
  on page X à la page X
pain mal (des maux) *m.*, douleur *f.*
to paint peindre †
painter peintre *m.*
painting peinture *f.*, tableau *m.*
pair paire *f.*
  in pairs en groupes *m. pl.* de deux
pale pâle
  to become pale pâlir
pants pantalon *m. sg.*
  pantsuit tailleur *m.* pantalon
paper papier *m.*
  paper (written for a course) dissertation *f.*, un essai *m.*, un devoir *m.* écrit
parade défilé *m.*
parent parent *m.*
park parc *m.*
to park garer
parking garage garage *m.*, parking *m.*, stationnement *m.*
to participate in participer à
partner partenaire *m./f.*
  cohabiting partner compagnon *m.*, compagne *f.*
part-time à mi-temps
party fête *f.*, soirée *f.*
to pass by passer (par)
  to pass (an exam/a course) réussir (à)
passerby passant *m.*, passante *f.*
passport passeport *m.*
password mot *m.* de passe
pasta pâtes *f. pl.*
pastime passe-temps *m.*
pastry pâtisserie *f.*
  pastry chef pâtissier *m.*, pâtissière *f.*
pâté pâté *m.*
path chemin *m.*
to pay payer †
  to pay attention (be careful) faire † attention
peach pêche *f.*
pear poire *f.*
peas petits pois *m. pl.*
pedestrian piéton *m.*
  pedestrian street rue *f.* piétonne
pen stylo *m.*
pencil crayon *m.*
  mechanical pencil crayon *m.* méchanique
people gens *m. pl.*
pepper poivre *m.*
  chili pepper piment *m.* rouge
  green pepper poivron *m.* vert
  hot pepper piment *m.*
  red pepper poivron *m.* rouge
percussion batterie *f.*
perfect parfait/e, idéal/e
perfectly parfaitement
performing arts arts *m. pl.* du spectacle
perhaps peut-être
permit permis *m.*
to permit permettre †
person personne *f.*
personal personnel/le
personality personnalité *f.*, caractère *m.*
pessimistic pessimiste
pet animal *m.* de compagnie
pharmacist pharmacien *m.*, pharmacienne *f.*
pharmacy pharmacie *f.*
philosophy philosophie *f.*
phone charger chargeur *m.* de portable
to phone téléphoner à, appeler †
  to phone one another se téléphoner
photo(graph) photo(graphie) *f.*
  to take photos prendre des photos
photographer photographe *m./f.*
physical sciences sciences *f. pl.* physiques
physics physique *f.*
physiology physiologie *f.*
piano piano *m.*
  to play the piano jouer du piano
picnic pique-nique *m.*
  to have a picnic faire † un pique-nique
picture photo(graphie) *f.*, tableau *m.*, peinture *f.*, image *f.*, dessin *m.*, illustration *f.*
pie tarte *f.*
  apple pie tarte aux pommes
piece morceau *m.*
  piece of advice conseil *m.*
  piece of furniture meuble *m*
  piece of information renseignement *m.*
  piece of news nouvelle *f.*
  piece of toast tartine *f.*, rôtie *f.* (*Can.*), toast *m.*
pig cochon *m.*
pineapple ananas *m.*
pink rose
pizza pizza *f.*
place endroit *m.*, lieu *m.*
  at my/our place chez moi/nous
  at X's place chez X
  at your place chez toi/vous
  to take place avoir † lieu
  in your place à ta/votre place
to plan organiser, planifier
plan projet *m.*
  to have plans être pris/e, avoir † des projets
  to make plans faire † des projets
plane avion *m.*
planet planète *f.*
plant plante *f.*
plaster plâtre *m.*
plastic plastique *m.*
  plastic bag sac *m.* en plastique
plate assiette *f.*
play (theater) pièce *f.* (de théâtre)
to play jouer
  to play an instrument jouer (de)
  to play a sport jouer (à)
  to play sports faire † du sport
  playing field terrain *m.* de sport
player joueur *m.*, joueuse *f.*
pleasant agréable
please s'il te plaît, s'il vous plaît
plus plus
poem poème *m.*
poet poète *m.*
poetry poésie *f.*
police officer policier *m.*, policière *f.*
polite poli/e
politeness politesse *f.*
political science sciences *f. pl.* politiques
poll (opinion) sondage *m.*, enquête *f.*
to pollute polluer
pollution pollution *f.*
  air pollution pollution de l'air
  noise pollution pollution sonore
  soil pollution pollution des sols

pork porc *m.*
portrait portrait *m.*
Portugal Portugal *m.*
Portuguese *adj.* portugais/e
Portuguese (language) portugais *m.*
possible possible
  It's possible. C'est possible.
to post afficher, annoncer
postcard carte *f.* postale
poster affiche *f.*, poster *m.*
post office poste *f.*
potato pomme *f.* de terre, patate *f.* (*fam.*)
position (job) poste *m.* ; position *f.*
to pour verser
practical pratique
practice répétition *f.* (musique, théâtre), entraînement *m.* (sport)
  religious practice pratique *f.* religieux
to prefer préférer †, aimer mieux
prehistoric préhistorique
to prepare préparer
  prepared dish plat *m.* préparé
pre-recorded en replay
prescription ordonnance *f.*
present cadeau *m.*
to present présenter, offrir †, donner, remettre †
to press appuyer † sur; insister
  to press the button appuyer † sur le bouton
prestige prestige *m.*
pretty joli/e
  pretty good pas mal du tout
price prix *m.*, tarif *m.*
printer imprimante *f.*
print version version *f.* en papier
probably probablement, sans doute
problem problème *m.*
  no problem sans problème
produce aisle rayon *m.* fruits et légumes
profession profession *f.*
professor professeur *m.*, professeure *f.*, prof *m./f.*
program (TV) émission *f.*
programmer informaticien *m.*, informaticienne *f.*
project projet *m.*
to promise promettre †
to protect protéger †, sauver, sauvegarder
protest manifestation *f.*
to protest manifester (contre), protester
psychological drama drame *m.* psychologique
psychology psychologie *f.*
public public *m.* ; *adj.* public/publique
  public transportation transport *m.* en commun
pullover sweater pull(-over) *m.*
to punish punir
purple violet/-te
to put mettre †, placer †
  to put away ranger †
  to put in installer
  to put makeup on se maquiller
  to put on (clothes) mettre †
  to put on shoes chausser

Q

quantity quantité *f.*
quarter quart *m.* ; trimestre *m.*
  quarter past et quart
  quarter to moins le quart
Quebec Québec *m.*
Quebecois québécois/e
queen reine *f.*
question question *f.*
  to answer a question répondre à une question
  to ask a question poser une question
quiet *adj.* réservé/e, silencieux/-ieuse
quiet silence *m.*, tranquillité *f.*
quietly en silence, doucement, sans bruit, silencieusement
quite assez
quiz interrogation *f.*

R

rain pluie *f.*
to rain pleuvoir †
  It's raining. Il pleut.
raincoat imper(méable) *m.*
to raise lever †
  to raise one's hand lever † le doigt, lever † la main
  to raise a child élever † un enfant
rapid rapide
rapidly vite, rapidement
rarely rarement
rate tarif *m.*
rather assez, plutôt
raw vegetables crudités *f. pl.*
razor rasoir *m.*
to react réagir
to read lire †
  to read one's e-mails consulter ses e-mails
  to read out loud lire † à haute voix
ready prêt/e
real vrai/e, réel/le, véritable, authentique
realistic réaliste
reality show émission *f.* de téléréalité
really vraiment
  Really? Ah bon ?
reason raison *f.*
reasonable raisonnable
reassuring sécurisant/e
rebellious rebelle
to receive recevoir †
receptionist réceptionniste *m./f.*
recipe recette *f.*
recommendation recommandation *f.*
to recover récupérer
to recycle recycler, faire † du recyclage
recycling recyclage *m.*
red rouge
redhead, redhaired roux/-sse
to reduce réduire
to reflect (on) réfléchir (à)
reflection reflet *m.*
refrigerator réfrigérateur *m.*, frigo *m.*
refugee réfugié *m.*, réfugiée *f.*
region région *f.*
to register s'inscrire
to regret regretter
rehearsal répétition *f.*
to rehearse répéter †
relative parent *m.*
relax se détendre, se décontracter, se relaxer
religious beliefs croyances *f. pl.*
religious practice pratique *f.* religieuse
remarried remarié/e
remedy remède *m.*
to remember se rappeler †, se souvenir † de
renovated renové/e
rent loyer *m.*
to rent louer
renter locataire
  co-renter colocataire *m./f.*
to repeat répéter †
report exposé *m.*, rapport *m.*, reportage *m.*

to request demander (à, de)
to require exiger
required obligatoire
reservation réservation *f.*
to reserve réserver, faire † une réservation
reserved réservé/e
residential résidentiel/le
  residential neighborhood quartier *m.* résidentiel
resource ressource *f.*
  natural resource ressource naturelle
respect respect *m.*
responsibility responsabilité *f.*
responsible responsable
to rest se reposer
restaurant restaurant *m.*
restroom toilettes *f. pl.*, W.-C. *m. pl.*
to return revenir †
  to return home rentrer
  to return (object) rendre
rice riz *m.*
  rice salad salade *f.* de riz
to ride a bicycle faire † du vélo *m.*
right droite *f.*
  to the right à droite
  to be right avoir † raison
  It's not right that . . . Ce n'est pas juste que…
  It's right that . . . C'est juste que…
  It will be all right. Ça va s'arranger.
ring bague *f.*, anneau *m.*
  diamond ring bague en diamants
  engagement ring bague de fiançailles
  wedding ring alliance *f.*
to ring sonner
ripe mûr/e
rite of passage rite *m.* de passage
river (to the sea) fleuve *m.*
  river (tributary) rivière *f.*
roast rôti *m.*
  pork roast rôti de porc
  roast beef rosbif *m.*
rock music rock *m.*
role (film or theater) rôle *m.*
  role play jeu *m.* de rôle
roll (bread) petit pain *m.*
Roman romain/e
romantic romantique
  romantic comedy comédie *f.* romantique
roof toit *m.*
room pièce *f.*, salle *f.*
  bedroom chambre *f.*
  classroom salle (de classe)
  four-room apartment quatre-pièces *m.*
roommate colocataire *m./f.*, camarade de chambre *m./f.*
root racine *f.*
  to have roots avoir † des racines
routine routine *f.*
rug tapis *m.*
rugby rugby *m.*
to run courir †
  to run errands faire † des courses *f.*
Russia Russie *f.*
Russian russe
RV camping-car *m.*

S

sad triste
sadness tristesse *f.*
sailboat bateau *m.* à voile
  to go sailing faire † de la voile
salad salade *f.*
salary salaire *m.*
sale solde *f.*, promotion *f.*
  to be on sale être † en solde
sales clerk vendeur *m.*, vendeuse *f.*
salmon saumon *m.*
  smoked salmon saumon fumé
salt sel *m.*
same même
  It's all the same to me. Ça m'est égal.
  just the same quand même
  the same thing la même chose *f.*
sandal sandale *f.*
sandwich (ham, cheese) sandwich *m.* (au jambon, au fromage)
Santa Claus Père *m.* Noël
Saturday samedi
sausage link saucisse *f.*
to save (money) économiser, faire † des économies
  to save a file sauvegarder un fichier
saxophone saxophone *m.*
to say dire †
to scan scanner, passer au scanner
to scare faire † peur à
  to be scared avoir † peur
scarf écharpe *f.*
  silk scarf foulard *m.*
schedule emploi *m.* du temps
school école *f.*
  business school école de commerce
  elementary school école primaire
  middle school collège *m.*
  high school lycée *m.*
  nursery school école maternelle
  school within a university faculté *f.*, fac
  secondary school école secondaire
science science *f.*
science-fiction science-fiction *f.*
scoop (of ice cream) boule *f.* de glace
screen écran *m.*
to sculpt sculpter
sculptor sculpteur *m.*, sculptrice *f.*
sculpture sculpture *f.*
sea mer *f.*
seafood fruits *m. pl.* de mer
seaside: to go to the seaside aller † à la mer
search recherche *f.*
search engine moteur *m.* de recherche
seashore bord *m.* de la mer
season saison *f.*
seat place *f.*, siège *m.*
second (unit of time) seconde *f.*
second (order) deuxième ; second/e (when there are only two items in a series)
  second floor premier étage *m.*
secretary secrétaire *m./f.*
sedentary sédentaire
to see voir †
  Let's see . . . Voyons…
  See you later! À plus (tard) !
  See you soon! À bientôt !
  See you tomorrow! À demain !
to seem (good) avoir † l'air (bon)
self-confident: to be self-confident être † bien dans sa peau
selfie selfie *m.*
selfish égoïste
to sell vendre
to send envoyer †
semester semestre *m.*
Senegal Sénégal *m.*
Senegalese sénégalais/e
sense sens *m.*
sensitive sensible
to separate se séparer
separated séparé/e
September septembre
series feuilleton *m.*, série *f.*
serious sérieux/-euse, grave

to serve servir
server serveur *m.*, serveuse *f.*
to set mettre †
  to set the table mettre † la table
seven sept
seventeen dix-sept
seventy soixante-dix
several plusieurs
shampoo shampooing *m.*
shape forme *f.*
  to be in shape (after exercising, or after being sick) être † en forme
  to get back in shape se remettre † en forme
  to get in shape se mettre † en forme
to share partager †
to shave se raser
she elle
sheet of paper feuille *f.* de papier
shelf étagère *f.*
shirt (man's) chemise *f.*
  shirt (woman's) chemisier *m.*
shoe chaussure *f.*
to shop faire † du shopping
  to shop for groceries faire † les courses *f. pl.*
shopkeeper commerçant *m.*, commerçante *f.*
shore plage *f.*, bord *m.* de la mer
short petit/e, court/e
shorts short *m. sg.*
shoulder épaule *f.*
to shout crier
show spectacle *m.*, représentation *f.*, émission *f.* (TV)
to show montrer
to shower se doucher, prendre † une douche
shrimp crevette *f.*
shuttle (bus) navette *f.*
shy timide, réservé/e
sick malade
sickness maladie *f.*
side côté *m.*
sidewalk trottoir *m.*
sightseeing tourisme *m.*
  to go sightseeing faire † du tourisme *m.*
signature signature *f.*
silk soie *f.*
since (because) puisque
since (time) depuis
  since when . . . ? depuis quand…?
to sing chanter
singer chanteur *m.*, chanteuse *f.*
singing lesson leçon *f.* de chant
single célibataire
sink (bathroom) lavabo *m.*
  sink (kitchen) évier *m.*
Sir Monsieur *m.*
sister sœur *f.*
  half-sister demi-sœur *f.*
  sister-in-law belle-sœur *f.*
  stepsister demi-sœur *f.*
to sit down s'asseoir †
  Sit down! Asseyez-vous !
site site *m.*
  Web site site *m.* (Web)
to situate situer
  to be situated (at) être † situé/e à, se trouver à
six six
sixteen seize
sixty soixante
size taille *f.*
  middle-sized de taille *f.* moyenne
to ski faire † du ski *m.*, skier
skin peau *f.*
skinny maigre
to skip (a meal) sauter (un repas)
  to skip (a class) sécher † (un cours)
skirt jupe *f.*
  miniskirt mini-jupe *f.*
sky ciel *m.*
slacks pantalon *m. sg.*
to sleep dormir
  to be asleep être endormi/e
  to fall asleep s'endormir
  to go back to sleep se rendormir
sleet verglas *m.*
slice tranche *f.*, part *f.*
slim mince
slow lent/e
to slow down ralentir
slowly lentement, doucement
small petit/e
smart intelligent/e
smartphone smartphone *m.*, téléphone *m.* intélligent *(Can.)*
smoke fumée *f.*
to smoke fumer
smoked fumé/e
snack casse-croûte *m. inv.*
  afternoon snack goûter *m.*
sneakers baskets *m. pl.*, tennis *m. pl.*
to snorkel faire † de la plongée
snow neige *f.*
  snowman bonhomme *m.* de neige
  snowmobile motoneige *f.*
  to go snowmobiling faire † de la motoneige
to snow neiger
  It's snowing. Il neige.
snowboard planche *f.* à neige
to snowboard faire † du surf des neiges
so alors
  so do I moi aussi
soap savon *m.*
  soap opera feuilleton *m.*
soccer football (foot) *m.*, soccer *m. (Can.)*
  soccer game match *m.* de football
sociable sociable
social network réseau *m.* social
social sciences sciences *f. pl.* humaines
social worker assistant social *m.*, assistante sociale *f.*
sociology sociologie *f.*
sock chaussette *f.*
softly doucement
software (program) logiciel *m.*
  presentational software logiciel de pré
  spreadsheet software logiciel de tableur
  word-processing software logiciel de traitement de texte
solar power énergie *f.* solaire
somber, dark sombre
some des ; en ; quelques
  someone quelqu'un
  something quelque chose
  sometimes quelquefois
  somewhere quelque part
son fils *m.*
  grandson petit-fils *m.* (petits-fils *pl.*)
  son-in-law gendre *m.*, beau-fils *m.*
  stepson beau-fils *m.*
song chanson *f.*
soon bientôt
sorry désolé/e
  to be sorry être † désolé/e, regretter
to sort trier ; faire † le tri (sélectif)
so-so ça peut aller
sound bruit *m.*
soup soupe *f.*
south sud *m.*
South America Amérique *f.* du sud
souvenir souvenir *m.*
spacious spacieux/-euse

Spain Espagne *f.*
Spanish *adj.* espagnol/e
Spanish (language) espagnol *m.*
to speak parler
  Speak louder! Parlez plus fort !
speciality spécialité *f.*
to spell épeler †
  How do you spell that? Comment ça s'écrit ?
to spend (money) dépenser
to spend (time) passer
spice épice *f.*
  spicy épicé/e
spinach épinards *m. pl.*
spiritual spirituel/le
spoon cuillière *f.*
  spoonful (of) cuillerée (de)
sport sport *m.*
  sport coat veste *f.*
  sports show émission *f.* sportive
  to do/play sports faire † du sport
spray: (nasal) (saline) spray spray *m.* (nasal) (d'eau de mer)
spring printemps *m.*
  in the spring au printemps
spouse époux *m.*, épouse *f.*
square (in a city) place *f.*
stadium stade *m.*
staircase escalier *m.*
stairs escalier *m.*
stand: to work at a stand tenir un stand
star étoile *f.*
  movie star vedette *f.*, star *f.*
to start commencer †
  to start exercising again se remettre † à faire de l'exercice
to stay rester
  to stay home rester à la maison
  to stay in a hotel loger † à l'hôtel
  to stay overnight passer la nuit
  to stay with a friend loger † chez un/e ami/e
steak biftek *m.*, steak, *m.*
stepbrother demi-frère *m.*
stepdaughter belle-fille *f.*
stepfather beau-père *m.*
stepmother belle-mère *f.*
stepsister demi-sœur *f.*
stepson beau-fils *m.*
still encore
still life nature *f.* morte
stomach estomac *m.*, ventre *m.*
  to have a stomachache avoir † mal au ventre
stop arrêt *m.*
  bus stop arrêt *m.* de bus
  stoplight feu *m.* rouge
stop sign stop *m.*, arrêt *m.* (*Can.*)
to stop (s')arrêter
  Stop it! Arrête !
store magasin *m.*, boutique *f.*
to store stocker
story (of a building, house) étage *m.*
  first story rez-de-chaussée *m.*
  second story premier étage
story histoire *f.*
stout fort/e
stove cuisinière *f.*
straight ahead tout droit
straight (hair) raide
strange bizarre, drôle
stranger étranger *m.*, étrangère *f.*
straw paille *f.*
  straw hat chapeau *m.* de paille
strawberry fraise *f.*
stream (large) rivière *f.*
to stream (media) télécharger
street rue *f.*
  streetcar tramway *m.*
strep throat angine *f.*
stressed stressé/e
strike grève *f.*
to strike faire † (la) grève
strong fort/e
stubborn têtu/e
student étudiant *m.*, étudiante *f.*
studies études *f. pl.*
studio atelier *m.*
  studio apartment studio *m.*
to study étudier, travailler
  to study for an exam préparer un examen
  to study (French) faire † du (français)
  to study tonight, this weekend travailler ce soir, ce week-end
stuff affaires *f. pl.*
stupid bête, idiot/e, stupide
  to do something stupid faire † une bêtise
style style *m.*
stylish chic, à la mode
stylus stylet *m.*
subject sujet *m.*
to subscribe (to) s'abonner (à)
suburb banlieue *f.*
subtitle sous-titre *m.*
to subtitle doubler
subway métro *m.*
to succeed réussir (à)
success succès *m.*
sugar sucre *m.*
  brown sugar sucre roux
  powdered sugar sucre glace
to suggest suggérer †, proposer
suit (man's) costume *m.*
  pantsuit (woman's) tailleur *m.* pantalon
  suit (woman's) tailleur *m.*
suitcase valise *f.*
  to pack one's suitcases faire † ses valises
summer été *m.*
  in summer en été
  summer camp colonie *f.* de vacances
  summer vacation grandes vacances *f. pl.*
sun soleil *m.*
  It's sunny. Il y a du soleil.
sunburn coup *m.* de soleil
Sunday dimanche
sunglasses lunettes *f. pl.* de soleil
super super
supermarket aisles rayons *m. pl.* du supermarché
supper souper *m.*
  to have supper souper
to support soutenir †
supportive solidaire
sure sûr/e
surfing surf *m.*
to surf faire † du surf
  to surf the Web naviguer sur Internet
surprise surprise *f.*
surprised étonné/e, surpris/e
surprising étonnant/e
surrealist surréaliste
suspense series série *f.* de suspense
sweater (cardigan) gilet *m.*
sweatshirt, sweats sweat *m.*
to swim nager †, faire † de la natation
swimming la natation *f.*
  swimming pool piscine *f.*
swimsuit maillot *m.* (de bain)
Swiss suisse
Switzerland Suisse *f.*
symptom symptôme *m.*

T

T-shirt tee-shirt *m.*
table table *f.*
  to set the table mettre † la table

tablet tablette *f.*
graphic tablet tablette graphique
Tahiti Tahiti *f.*
Tahitian tahitien/ne
to take prendre †
to take a nap faire † la sieste
to take a test passer un examen
to take a trip faire † un voyage
to take care of s'occuper de
to take care of oneself se soigner
to take courses suivre † des cours
to take someone somewhere emmener †
to take something somewhere emporter
talented doué/e
to talk parler
tall grand/e
to tan bronzer
task tâche *f.*
taste goût *m.*
to taste goûter, dégouster
taxi taxi *m.*
tea thé *m.*
plain tea thé nature
tea with lemon thé au citron
teacher professeur *m.*, professeure *f.*, enseignant/e *m./f.*
team équipe *f.*
technician technicien *m.*, technicienne *f.*
technology technologie *f.*
tedious ennuyeux/-euse
teenager adolescent *m.*, adolescente *f.*
telephone téléphone *m.*
cell phone portable *m.*
phone number numéro *m.* de téléphone
to telephone (someone) téléphoner à
television télévision *f.* (télé)
television set téléviseur *m.*
to tell dire †
to tell a lie mentir
to tell a story raconter (une histoire)
ten dix
tenant locataire *m./f.*
tender tendre
tennis tennis *m.*
tennis shoes tennis *m. pl.*
tent tente *f.*
terrace terrasse *f.*
Terrific! Génial !
test examen *m.*, épreuve *f.*
text message texto *m.*
to thank remercier
Thank you! Merci !
Thank you for coming. Je te/vous remercie d'être venu/e.
that cela, ça
That's all. C'est tout.
That's it. Ça y est.
That's too bad. C'est dommage.
that (*rel. pron.*) qui, que
theater théâtre *m.*
their leur/s
them eux, elles, les
to them leur
themselves eux-mêmes, elles-mêmes
then alors, ensuite, puis
there là ; y
there is/are . . . voilà, il y a…, voici
therefore donc
these ces
they ils, elles, on
thin fin/e, maigre, mince
thing chose *f.*
something quelque chose
something interesting quelque chose d'intéressant
the same thing la même chose
think penser, réfléchir à
I don't think so. Je pense que non. Je (ne) pense pas.
I think so. Je pense que oui.
I think that . . . Je pense que…
thirst soif *f.*
to be thirsty avoir † soif
thirteen treize
thirty trente
this ce (cet), cette
this is . . . c'est/ce sont…, voici
thousand mille
three trois
throat gorge *f.*
to have a sore throat avoir † mal à la gorge
through par, à travers
to throw (out) jeter †
thunderstorm orage *m.*
thunder tonnerre *m.*
There is thunder. Il y a du tonnerre.
Thursday jeudi
ticket billet *m.*
museum ticket entrée *f.*
theater/concert ticket place *f.*
to tidy up ranger †
tie (clothing) cravate *f.*
tie (game) match *m.* nul
tie (link) attache *f.*, lien *m.*
to tie attacher, lier
tights collant *m.*
time l'heure *f.* ; temps *m.*
for a long time depuis longtemps
full-time à plein temps
long time longtemps
part-time à mi-temps
to be on time être † à l'heure
What time is it? Quelle heure est-il ?
tip (money) pourboire *m.*
tip (advice) conseil *m.*
tired fatigué/e
title titre *m.*
to à, en
today aujourd'hui
toe orteil *m.*
together ensemble
Shall we go (there) together? On y va ensemble ?
toilet toilettes *f. pl.*
toiletries articles *m. pl.* de toilette
tolerance tolérance *f.*
tomato tomate *f.*
tomorrow demain
day after tomorrow après-demain *m.*, lendemain *m.*
tonight ce soir
too aussi
too bad . . . tant pis…
me too moi aussi
too much trop
tooth dent *f.*
toothbrush brosse *f.* à dents
toothpaste dentifrice *m.*
tourism office office *m.* de tourisme
tourist touriste *m./f.*
toward vers
towel serviette *f.* (de toilette)
to towel off s'essuyer †
town ville *f.*
town hall mairie *f.*
toxic toxique
traffic circulation *f.*
train train *m.*
train station gare *f.*
tramway tram(way) *m.*
transportation (means of) moyen *m.* de transport
clean transportation transports *m. pl.* propres
mass transportation transports *m. pl.* en commun

trash bin poubelle *f.*
to travel voyager †
treat: to have a treat se régaler
  to treat oneself se faire † un petit plaisir
tree arbre *m.*
  Christmas tree sapin *m.* de Noël
  pine tree sapin *m.*
  fruit tree arbre fruitier
trimester trimestre *m.*
trip voyage *m.*
  to go on a trip faire † un voyage, voyager †, partir
  Have a good trip! Bon voyage !
trousers pantalon *m. sg.*
true vrai/e
  It's true that . . . Il est vrai que… + *subj.*
  That's true. C'est vrai.
trumpet trompette *f.*
truth vérité *f.*
to try essayer † (de)
Tuesday mardi
tuna thon *m.*
turkey dinde *f.*
to turn tourner
  to turn off (the lights) éteindre † (les lumières)
  to turn on (an appliance) allumer
TV télévision *f.* (télé)
  made-for-TV movie téléfilm *m.*
  TV (or radio) station chaîne *f.*
  TV series série *f.*
twenty vingt
twin jumeau *m.*, jumelle *f.*
two deux
typical typique

U

ugly laid/e
umbrella parapluie *m.*
uncle oncle *m.*
under sous
underground au sous-sol
to understand comprendre †
undisciplined indiscipliné/e
to undress se déshabiller
uneasy inquièt/e
unfortunate malheureux/-euse
unfortunately malheureusement
unhappy malheureux/-euse
unhealthy mauvais/e pour la santé
United Kingdom Royaume-Uni *m.*
United States États-Unis *m. pl.*
university université *f.*, faculté *f.* (fac)
  university dining hall restaurant *m.* universitaire (resto U)
  university library bibliothèque *f.* universitaire (B.U., bibli, *Can.*)
unmarried célibataire
to unplug débrancher
until jusqu'à
up: to be up être † debout
  to get up se lever †
  to go up monter
  Time's up! C'est l'heure !
to update mettre † à jour
to upload télécharger
to be upset être † fâché/e, en colère
upstairs en *haut
urgent urgent/e
us nous
use utilisation *f.*
to use (something) se servir de (quelque chose), employer †, utiliser
useful utile
usually d'habitude, habituellement
utilities charges *f. pl.*
  utilities included charges comprises

V

vacation vacances *f. pl.*
  vacation plans projets *m. pl.* de vacances
  to go on vacation partir en vacances
valley vallée *f.*
vanilla vanille *f.*
  vanilla ice cream glace *f.* à la vanille
variety show divertissement *m.*
vegan végétalien/ne
vegetable légume *m.*
  vegetable garden potager *m.*
  cut-up raw vegetables crudités *f. pl.*
vegetarian végétarien/ne
very très
  very good très bon/ne
  very much beaucoup
  very well très bien
video vidéo *f.*
  video call appel *m.* vidéo
  video games jeux *m. pl.* vidéos, jeux *m. pl.* électroniques
  video on demand service *m.* VOD
  video streaming service service *m.* SVOD
Vietnam Vietnam *m.*
Vietnamese vietnamien/ne
village village *m.*
vinaigrette vinaigrette *f.*
vinegar vinaigre *m.*
violin violon *m.*
to visit (someone) rendre visite à
to visit (someplace, something) visiter
vivid vive
voice mail messagerie *f.* vocale
volleyball volley(-ball) *m.*
volunteer bénévole *m./f.*, volontaire *m., f.*
volunteering bénévolat *m.*
  to volunteer faire † du bénévolat

W

waist taille *f.*
to wait (for) attendre
  I can't wait to see you again. J'ai hâte de te revoir.
waiter/waitress serveur *m.*, serveuse *f.*
to wake up se réveiller
walk promenade *f.*
to walk marcher, aller † à pied
  to take a walk se promener †, faire † une promenade
  to walk for exercise faire † de la marche
  to walk the dog promener † le chien, sortir le chien
wall mur *m.*
wallet portefeuille *m.*
to want vouloir †, avoir † envie de, désirer
war guerre *f.*
  World War I la Première Guerre mondiale
  World War II la Seconde Guerre mondiale
wardrobe (furniture) armoire *f.*
warm chaud/e
  It's warm weather. Il fait chaud. Il fait bon.
  I'm warm. J'ai chaud.
  warm-hearted affectueux/-euse
to wash se laver
  to wash one's face se laver la figure

to wash one's hands se laver les mains
to wash oneself faire † sa toilette
wash mitt gant *m.* de toilette
waste gaspillage *m.*, déchet *m.* ; perte *f.*
industrial waste déchets *pl.* industriels
household waste déchets *pl.* ménaagers
to waste (resources) gaspiller
to waste time perdre du temps
watch montre *f.*
to watch regarder, voir †
to watch a game voir † un match
to watch a game on TV regarder un match (à la télé)
to watch a movie voir † un film
to watch a movie on TV regarder un film (à la télé)
to watch TV regarder la télé
water eau *f.*
flat mineral water eau minérale plate
mineral water eau minérale
sparkling water eau gazeuse/pétillante
tap water eau du robinet
water skiing ski *m.* nautique
to go water skiing faire † du ski nautique
way of life manière *f.* de vivre
we nous, on
to wear porter, mettre †
weather temps *m.*
weather forecast météo (rologie) *f.*
What's the weather like? Quel temps fait-il ?
The weather's bad. Il fait mauvais.
It's nice weather. Il fait bon.
Web Web *m.*
Web address adresse *f.* Web
Web page page *f.* Web
website site *m.* Web
wedding mariage *m.*
Wednesday mercredi
week semaine *f.*
weekend week-end *m.*, fin *f.* de semaine (*Can.*)
to weigh peser †
weight poids *m.*
welcome *(adj.)* bienvenu/e ; bienvenue *f.*
You're welcome. Je t'en prie/Je vous en prie. Bienvenue. *(Can.)*
Welcome to . . . Soyez la bienvenue !
well bien
Things aren't going well. Ça ne va pas bien.
Well done! Bravo !
well-done (cooked) bien cuit/e
well-being bien-être *m.*
west ouest *m.*
western western *m.*
What . . . ? Qu'est-ce que/qui...?, Quel/le...?
What? Quoi ?
What about you? Et toi ?/Et vous ?
What are you like? Tu es/Vous êtes comment ?
What color is . . . ? De quelle couleur est...?
What did you say? Comment ?
What happened? Qu'est-ce qui s'est passé ?
What is that? Qu'est-ce que c'est ?
What's the matter? Qu'est-ce que tu as/vous avez ?
What's your name? Comment tu t'appelles/vous appelez-vous ?
wheelchair fauteuil *m.* roulant
when quand, lorsque, où
where où
whether si
which quel/le ; que (qu'), qui
which one/s lequel, laquelle, lesquels, lesquelles
while pendant que
white blanc/blanche
whiteboard tableau *m.* blanc
who qui, qui est-ce que ?
With whom are you speaking? Avec qui est-ce que tu parles ?
why pourquoi
wife femme *f.*
Wi-Fi WiFi *m.*
willingly volontiers
to win gagner
the winner le/la gagnant/e ; le vainqueur ; le/la champion/ne
wind vent *m.*
It's windy. Il y a du vent.
window fenêtre *f.*
shop window vitrine *f.*
to window-shop faire du lèche-vitrine
to windsurf faire † de la planche à voile
wine vin *m.*
red wine vin rouge
rosé wine vin rosé
wine cellar cave *f.*
white wine vin blanc
winter hiver *m.*
in winter en hiver
winter sports sports *m. pl.* d'hiver
to wipe (off) essuyer †
to wish vouloir †, souhaiter
wish(es) vœu(x) *m.*
Best wishes! Meilleurs vœux !
with avec
within dans
without sans
Wolof wolof *m.*
woman femme *f.*
to wonder se demander
wonderful génial/e, merveilleux/-euse
wood bois *m.*
woods bois *m.*, forêt *f.*
wool laine *f.*
word mot *m.*
word-for-word mot à mot
words (song) paroles *f. pl.*
work travail *m.*
to work travailler
hardworking travailleur/-euse
It'll work out. Ça va s'arranger.
to work at the computer travailler à l'ordinateur
to work out faire † de la gym, faire † du sport, s'entraîner
worker (manual labor) ouvrier *m.*, ouvrière *f.*
worker (white-collar) employé/e *m./f.*
workplace lieu de travail *m.*
world monde *m.*
around the world tour *m.* du monde
worn, worn out (objects) abîmé/e
worried inquiet/-ète, anxieux /-euse

to worry se faire † du souci, s'inquiéter †
Don't worry! Ne t'en fais pas ! / Ne vous en faites pas !
Worthless! Zéro ! C'est nul !
wounded blessé/e
wrist poignet *m.*
to write écrire †, rédiger
writer écrivain *m.*, écrivaine *f.*
wrong faux/fausse
What's wrong? Qu'est-ce que tu as?

Y

yard jardin *m.*
year an *m.*, année *f.*
I am 19 years old. J'ai 19 ans.
Happy New Year! Bonne année !
to yell crier
yellow jaune
yes oui ; si (*after negative question*)
yesterday hier
yet encore
not yet pas encore
yogurt yaourt *m.*
young jeune
you tu, vous, toi
to you te (t'), vous
your ton, ta, tes ; votre, vos
yourself toi-même, vous-même
yourselves vous-mêmes

Z

zero zéro *m.*
Zimbabwe Zimbabwe *m.*
zoology zoologie *f.*

Sources

TEXT CREDITS

Page 23 (n.1): Emna Guizani, « Paris. Exposition : l'Institut du monde arabe nous fait découvrir les « Trésors de l'Islam en Afrique »», Le Courrier de l'Atlas, July 21, 2017, http://www.lecourrierdelatlas.com/exposition-l-institut-du-monde-arabe-nous-fait-decouvrir-les-tresors-de-l-islam-en-afrique—8755. Used with permission of DM Presse; **page 23 (n.2):** Mathieu Olivier, « Sommet de la Terre : l'Afrique voit l'avenir en vert », JeuneAfrique.com, June 24, 2012. Adapted with permission of the publisher; **page 23 (n.3):** Rim Boukhssimi, « Cinq applications mobiles pour se remettre en forme », ElleQuébec.com, 13 March 2012. Used with permission of the author; **page 23 (n.4):** « Impression de tissus vivants » par José Antonino, Arcinfo.ch, January 6, 2018, https://www.arcinfo.ch/articles/lifestyle/techno-et-sciences/impression-de-tissus-vivants-727003. Used with permission of the author; **page 23 (n.5):** « Seppe Smits, l'acrobate des neiges », Le Soir, January 8, 2018, http://www.lesoir.be/132893/article/2018-01-08/seppe-smits-lacrobate-des-neiges; **page 33:** Excerpt from « Les Hiboux » by Robert Desnos, Chantefables et Chantefleurs. Éditions Gründ, 1944, 2010. © Éditions Gründ 1944; **page 57 (F1):** Adapted from Statistics Canada, « Portrait des ménages et des familles au Canada, Recensement de 2016 », August 2, 2017. This does not constitute an endorsement by Statistics Canada of this product; **page 57 (F2):** Adapted from Statistics Canada, « Les couples de même sexe au Canada en 2016 », August 2, 2017. This does not constitute an endorsement by Statistics Canada of this product; **page 117:** "Journal d'un criminologue angoissé," in L'Ange aveugle, Tahar Ben Jelloun, © Éditions du Seuill, 1992, Points, 2016; **page 118:** Courtesy of Université Laval; **page 120:** Extrait du préambule de la Charte de la langue française (RLRQ, chapitre C-11). Used with permission of Centre de services partagés du Québec; **page 121:** "Apprendre le français au Québec." http://www.immigration-quebec.gouv.qc.ca/fr/langue-francaise/apprendre-quebec/index.html. Used with permission of Centre de services partagés du Québec; **page 156:** Jacques Prévert, « Familiale », in Paroles, paru aux Editions Gallimard, 1947 © Fatras / Succession Jacques Prévert, tous droits numériques réservés; **page 178:** "Chanson d'automne," by Paul Verlaine. Poèmes saturniens,1866; **pages 181 & 182:** Pauline and Marc-Antoine Coursaget, restaurant reviews of Postiana and L'Horloge du Sud, bienmangerabruxelles.blogs.lalibre.be. Used with permission of the authors; **page 202:** Jo Hoestlandt, « Quelle Belle de nuit . . . », from Comptines en forme d'alphabet. Arles: Actes sud junior, 1998. Used with permission of the author; **page 224:** « La pluralité culturelle », Geographie 1er: La France en Europe et dans le monde, sous la direction de J. L. Mathieu (Bordas, 1994). © Larousse-Bordas 1994. Used with permission from J. L. Mathieu; **page 226:** J. M. G. Le Clezio, « Zinna », in Printemps et autres saisons. © Editions Gallimard; **page 296:** Olivier Magny, « Berthillon », Dessine-moi un Parisien, Éditions 10/18, 2010. Used with permission of the author; **page 320:** Jacques Prévert, « Suivez le guide », in Fatras. © Éditions Gallimard; **pages 326–327:** Jean Arceneaux (Barry Jean Ancelet), « Je suis Cadien », Suite du loup (Éditions Perce-Neige, 1998). Used with permission of Serge Patrice Thibodeau of Editions Perce-Neige, 22-140 rue Botsford, Moncton, NB, Canada E1C 4X5; **page 330:** Béni, ou le Paradis Privé, Azouz Begag, © Éditions du Seuil, 1989, Points, 2005; **page 346:** « Cinq chiffres pour comprendre les médecines complémentaires et alternatives », LeMonde.fr, 31.08.2016, https://www.lemonde.fr/sante/article/2016/08/31/cinq-chiffres-pour-comprendre-les-medecines-complementaires-et-alternatives_4990659_1651302.html. Used with permission of Le Monde; **pages 366–367:** À Madagascar, la grand-mère ingénieure solaire. AFP, 2018. Used with permission of Agence France-Presse; **pages 391–392:** Jérôme Lefilliâtre, «Les Français regardent toujours la télé près de quatre heures par jour», Libération en ligne, http://www.liberation.fr/futurs/2017/01/25/les-francais-regardent-toujours-la-tele-pres-de-quatre-heures-par-jour_1543932. Used with permission from EDD; **pages 403–404:** «Dans les coulisses1 de Nahêni, le batik togolais qui cartonne», 3 avril 2018, https://afrotribune.com/dans-les-coulisses-de-naheni-le-batik-togolais-qui-cartonne-grand-angle/. Used with permission from Afrotribune.

PHOTO CREDITS

Page 2: A/T Media; **pages 3 and 4:** GreyCell Media; **page 6:** A/T Media; **page 7 (top):**Tinseltown/Shutterstock; **page 7 (bottom left):** Jimmie48 Photography/Shutterstock; **page 7 (bottom middle left):** Kathy Hutchins/Shutterstock; **page 7 (bottom middle right):** Ovidiu Hrubaru/Shutterstock; **page 7 (bottom right):** Joe Seer/Shutterstock; **page 9:** GreyCell Media; **page 10 (right):** GreyCell Media; **page 10 (left):** A/T Media; **page 10 (bottom):** Chikondi Kulemeka; **page 13:** Goldpitt Films Inc.; **page 19 (right):** Taniavolobueva/Shutterstock; **page 19 (middle left):** Christian Bertrand/Shutterstock; **page 19 (middle right):** Sophie Bassouls/Sygma/Getty Images; **page 19 (left):** Art Babych/Shutterstock; **page 21:** Philip Scalia/Alamy Stock Photo; **page 22 (right):** Thomas Cockrem/Alamy Stock Photo; **page 22 (left):** Stephen Saks Photography/Alamy Stock Photo; **page 22 (bottom):** André Quillien/Alamy Stock Photo; **page 24:** GreyCell Media; **page 25 (right):** Chikondi Kulemeka; **page 25 (left):** Cathy Pons; **page 28:** GreyCell Media; **page 31 (bottom):** GreyCell Media; **page 31 (top):** Fine art/Alamy Stock Photo; **page 32:** Peter Barritt/Alamy Stock Photo; **page 33:** Mary Ellen Scullen; **page 37 (bottom):** Hero Images/Getty Images; **page 37 (top):** Stockbroker/MBI/Alamy Stock Photo; **page 38:** Cathy Pons; **page 39 (bottom left):** Frederic Soreau/Age fotostock/Alamy Stock Photo; **page 39 (bottom right):** Gilles Targat/Photo12/Alamy Stock Photo ; **page 39 (top left):** Anna Berkut/Alamy Stock Photo; **page 39 (top right):** Francisco Martinez/Alamy Stock Photo; **page 47:** GreyCell Media; **page 52:** A/T Media; **page 55:** Cathy Pons; **page 58 (bottom left):** DOZIER Marc/hemis.fr/Hemis/Alamy Stock Photo; **page 58 (bottom right):** David R. Frazier Photolibrary, Inc./Alamy Stock Photo; **page 58 (top left):** Madzia71/iStock /Getty Images; **page 58 (top right):** Sylvaine Poitau/Alamy Stock Photo; **page 59:** Philip Gould/Corbis Documentary/Getty Images; **page 62:** A/T Media; **page 65:** Grey Cell Media; **page 67:** Uber Images/Stefan Dahl Langstrup/Alamy Stock Photos; **page 70:** Imagefruit/imageBROKER / Alamy Stock Photo; **page 71:** Image Source/Alamy Stock Photo; **page 79 (bottom):** WILLIAM WEST/AFP/Getty Images; **page 79 (top left):** Sean M. Haffey/Getty Images Sport/Getty Images; **page 79 (top right):** Anthony Dibon/Icon Sport/Getty Images; **page 81 (bottom right):** Cathy Pons; **page 81 (top):** Andrei Campeanu/GreyCell Media; **page 82:** A/T Media; **page 87 (bottom):** Stephane Cardinale - Corbis/Corbis Entertainment/Getty Images; **page 87 (top):** FRANCK FIFE/AFP/Getty Images; **page 88:** Andrew Surma/NurPhoto/Getty Images; **page 89:** Xinhau/Li Ga/Alamy Stock Photo; **page 90:** Greycell Media; **page 91 (left):** ANDREAS SOLARO/AFP/Getty Images; **page 91 (right):** Michael Dodge/Getty Images Sport/Getty Images; **page 94:** A/T Media; **page 97:** Universite & Polytechnique University of Montreal campus Gary Schiele / Publiphoto; **page 101:** University Paul Valéry Montpellier; **page 102 (left):** Michael Krasowitz/The Image Bank/Getty Images; **page 102 (right):** Ulrich Baumgarten/Getty Images; **page 104 (bottom):** Goldpitt Films Inc.; **page 104 (top):** Andrei Campeanu/Greycell Media; **page 105:** A/T Media; **page 110 (bottom):** PhotoAlto/Eric Audras/PhotoAlto Agency RF Collections/Getty Images; **page 110 (top):** Yves Rousseau/BSIP SA/Alamy Stock Photo; **page 111 (bottom):** ITAR-TASS News Agency/Alamy Stock Photo; **page 111 (top left):** Matthias Tunger/mauritius images GmbH/Alamy Stock Photo; **page 111 (top right):** MATTHIEU ALEXANDRE/AFP/

Getty Images; **page 118 (bottom):** Courtesy of Université Laval; **page 118 (top):** Ulrich Baumgarten/Getty Images; **page 119:** Chris Cheadle/All Canada Photos/Getty Images; **page 120:** Garry Black/All Canada Photos/Getty Images; **page 124:** Andriy Blokhin/Shutterstock; **page 128:** Goldpitt Films Inc.; **page 134:** Mondadori Portfolio/Getty Images; **page 139 (left):** GreyCell Media; **page 139 (right):** Mary Ellen Scullen; **page 149 (bottom):** SEYLLOU/AFP/GettyImages; **page 149 (top):** Pascal Le Segretain/Getty Images Europe/Getty Images; **page 151:** A/T Media; **page 154:** GreyCell Media; **page 157:** GreyCell Media; **page 158 (bottom left):** Goldpitt Films Inc.; **page 158 (bottom right):** lembi/Shuttertock; **page 158 (top left):** Kiev.Victor/Shutterstock; **page 158 (top right):** Christian Mueller/Shutterstock; **page 159 (left):** Albert Valdman; **page 159 (right):** Maridav/Shutterstock; **page 162:** A/T Media; **page 163 (bottom left):** Hannah Wegmann; **page 163 (bottom right):** Cathy Pons; **page 163 (top):** Mary Ellen Scullen; **page 164 (bottom left):** Faber1893/Shutterstock; **page 164 (middle left):** Cathy Pons; **page 164 (top left):** Steve estvanik/Shutterstock; **page 164 (top right):** Mary Ellen Scullen; **page 165 (bottom left):** Etabeta/Alamy Stock Photo; **page 165 (top left):** Worldpix/Alamy Stock Photo; **page 165 (top right):** Carlo Bollo/Alamy Stock Photo; **page 168:** GreyCell Media; **page 168 (top right):** Chikondi Kulemeka; **page 171:** GreyCell Media; **page 175:** A/T Media; **page 181:** Julie George Garkov; **page 182:** Julie George Garkov; **page 185 (bottom left):** Kumar Sriskandan/Alamy Stock Photo; **page 185 (bottom right):** GreyCell Media; **page 185 (top left):** Fabienne Fossez/Alamy Stock Photo; **page 185 (top right):** Ariadne Van Zandbergen/Alamy Stock Photo; **page 191:** Chikondi Kulemeka; **page 192:** Goldpitt Films Inc.; **page 193:** Lynn Watson/Shutterstock; **page 194 (bottom left):** Chikondi Kulemeka; **page 194 (bottom right):** Ana Photo/Shutterstock; **page 194 (middle left):** JPC-PROD/Shutterstock; **page 194 (middle right):** Mariontxa/Shutterstock; **page 194 (top left):** Chikondi Kulemeka; **page 194 (top right):** Stockcreations/Shutterstock; **page 195:** Mondadori Portfolio/Getty Images; **page 198:** A/T Media; **page 199:** Gilles Targat/Photo12/Alamy Stock Photo; **page 200:** Kumar Sriskandan/Alamy Stock Photo; **page 202:** Erich Lessing/Art Resource, NY.; **page 203:** Katatonia82 / Shutterstock; **page 207:** Bildagentur der Fotografen GmbH/Alamy Stock Photo; **page 208:** AnkNet/Istock/Getty Images; **page 209:** Goldpitt Films Inc.; **page 210 (right):** ©The Museum of Modern Art/Licensed by SCALA/Art Resource, NY; **page 210 (top):** A/T Media; **page 217:** Gilles Targat/Photo12/Alamy Stock Photo; **page 221:** Chantal de Bruijne/Shutterstock; **page 222:** Peter Cade/Getty Images; **page 223:** Ragulina/Shutterstock; **page 224:** Thierry Lauzun/Iconotec/Alamy Stock Photo; **page 225:** Scullen, Mary Ellen; **page 226 (left):** Doug Pearson/Jon Arnold Images Ltd /Alamy Stock Photo; **page 226 (middle):** JOHN KELLERMAN/Alamy Stock Photo; **page 226 (right):** Travel Library Limited/Superstock; **page 227 (bottom):** GreyCell Media; **page 227 (top):** GreyCell Media; **page 229:** Hannah Wegmann; **page 232:** A/T Media; **page 233 (bottom left):** Marco Govel/Westend61 GmbH/Alamy Stock Photo; **page 233 (bottom right):** Dbtravel/Dbimages/Alamy Stock Photo; **page 233 (top left):** Oksana Mitiukhina/Alamy Stock Photo; **page 233 (top right):** Guoqiang Xue/Alamy Stock Photo; **page 234:** Rolf Adlercreutz/Alamy Stock Photo; **page 236 (bottom):** Goldpitt Films Inc.; **page 236 (top):** A/T Media; **page 239:** Martin Novak/Shutterstock; **page 241:** Fine Art Images/Heritage Image Partnership Ltd /Alamy Stock Photo; **page 246:** GreyCell Media; **page 250:** Chikondi Kulemeka; **page 253:** Galit seligmann/Alamy Stock Photo; **page 258:** Andrei Campeanu/GreyCell Media; **page 259 (bottom):** Sergi Reboredo/Alamy Stock Photo; **page 259 (left):** Robert Chiasson/All Canada Photos/Getty Images; **page 259 (middle):** Owen Franken/Corbis Documentary/Getty Images; **page 259 (right):** Thomas Garcia/Alamy Stock Photo; **page 260:** Cathy Pons; **page 261 (bottom):** GreyCell Media; **page 261 (top):** Cathy Pons; **page 262 (bottom left):** Brusini Aurlien/hemis.fr/Getty Images; **page 262 (bottom right):** DEA PICTURE LIBRARY/Universal Images Group North America LLC/DeAgostini/Alamy Stock Photo; **page 262 (top):** Angela Petix; **page 266:** Greycell Media; **page 267 (left):** Chikondi Kulemeka; **page 267 (right):** Diandra Tchatchouang; **page 268 (bottom):** Sylvain Oliveira/Alamy Stock Photo; **page 268 (top):** Directphoto Collection/Alamy Stock Photo; **page 269:** A/T Media; **page 274 (bottom):** GreyCell Media; **page 274 (top):** Takashi images/Shutterstock; **page 276 (left):** Vittorio sciosia/Alamy Stock Photo; **page 278 (bottom left):** Sorbis/Shutterstock; **page 278 (bottom right):** David Hughes/robertharding/Alamy Stock Photo; **page 278 (top):** Ray Stott/The Image Works; **page 282:** GreyCell Media; **page 284 (bottom):** André Quillien/Alamy Stock Photo; **page 284 (middle):** Daria Zuykova/Alamy Stock Photo; **page 284 (top):** Kristina Lindberg/Iconica/Getty Images; **page 286 (left):** Charles O. Cecil/Alamy Stock Photo; **page 286 (right):** Nexus 7/Shutterstock; **page 291:** Meunierd/Shutterstock; **page 292 (left):** Goldpitt Films Inc.; **page 292 (right):** Greycell Media; **page 293:** Mary Ellen Scullen; **page 295 (left):** Stéphane/Photononstop/Getty Images; **page 295 (right):** Lautaro/Alamy Stock Photo; **page 297 (left):** Photo Researchers/Science History Images/Alamy Stock Photo; **page 297 (right):** Michael Ochs Archives/Stringer/Getty Images; **page 300:** GreyCell Media; **page 301:** Marilyn Matar; **page 302 (bottom left):** AS Food studio/Shutterstock; **page 302 (bottom right):** DreamSlamStudio/Shutterstock; **page 302 (top):** Bertrand Rindoff Petroff/French Select/Getty Images; **page 303:** AT Media; **page 307 (bottom):** Andym / StockimoNews / Alamy Stock Photo; **page 307 (top):** Dorothy Alexander / Alamy Stock Photo; **page 308 (bottom left):** Teo Lannie/PhotoAlto sas/Alamy Stock Photo; **page 308 (top left):** Blaize Pascall/Alamy Stock Photo; **page 308 (top right):** Directphoto Collection/Alamy Stock Photo; **page 309 (bottom):** eddie linssen/Alamy Stock Photo; **page 309 (middle):** Peter Horree/Alamy Stock Photo; **page 309 (top):** MIGUEL MEDINA/AFP/Getty Images; **page 316:** Cathy Pons; **page 317:** Directphoto Collection/Alamy Stock Photo; **page 325:** Philip Gould; **page 328:** Greycell Media; **page 329:** Autumn Sky Photography/Shutterstock; **page 331:** Alamy Stock Photo; **page 332 (bottom left):** Alexander Demyanenko/Shutterstock; **page 332 (bottom right):** Richard Ellis/Alamy Stock Photo; **page 332 (middle):** Zurijeta/ Shutterstock; **page 332 (top):** Art Collection 2/Alamy Stock Photo; **page 336:** A/T Media; **page 337 (bottom middle):** Mark Turner/Beehive Illustration/Pearson Education Ltd; **page 337 (bottom):** GreyCell Media; **page 337 (top):** A/T Media; **page 339:** GreyCell Media; **page 341:** A/T Media; **page 349 (left):** Remy Gabalda/AFP/Getty Images; **page 349 (middle):** ADEME, << Representations sociales de l'effet de serre et du rechauffment climatique, 18eme vage>>; **page 349 (right):** Jordi Elias Grassot/Alamy Stock Photo; **page 355:** Greycell Media; **page 356 (right):** Serge Mouraret/Alamy Stock Photo; **page 356 (left):** Directphoto Collection/Alamy Stock Photo; **page 356 (bottom):** Alexandros Michailidis/Shutterstock; **page 357:** Alexandros Michailidis/Shutterstock; **page 363:** BSIP/Universal Images Group/Getty Images; **page 364 (bottom):** Greycell Media; **page 364 (left):** Charles O. Cecil/Alamy Stock Photo; **page 364 (right):** Courtesy of AVEN. Association pour la Valorisation de l'Ecotourisme au Niger.; **page 364 (top):** Mrwise/Shutterstock; **page 365:** Laure Fillon/AFP/Getty Images; **page 368:** De Agostini/C. Sappa/De Agostini Picture Library/Getty Images; **page 369 (left):** Newzulu/CrowdSpark/Alamy Stock Photo; **page 369 (right):** Luz2POWER/Shutterstock; **page 372:** A/T Media; **page 373 (bottom):** Directphoto Collection/Alamy Stock Photo; **page 373 (top):** Hadrian/Shutterstock; **page 376 (left):** Antony Jones/Getty Images; **page 376 (right):** Paris Le Marais/Alamy Stock Photo; **page 382:** John Kellerman/Alamy Stock Photo; **page 385 (bottom):** A/T Media; **page 392:** Chris Ryan/Caiaimage/Getty Images; **page 393 (bottom):** LightField Studios Inc./Alamy Stock Photo; **page 393 (middle):** Joyfull/Shutterstock; **page 393 (top):** Hemis/Alamy Stock Photo; **page 394 (bottom):** Peter Horree/Alamy Stock Photo; **page 394 (left):** World History Archive/Alamy Stock Photo; **page 394 (right):** History and Art Collection/Alamy Stock Photo; **page 395 (left):** Scala/Art Resource, NY; **page 395 (middle):** RMN-Grand Palais/Art Resource, NY; **page 396 (left):** Cathy Pons; **page 396 (right):** Greycell Media; **page 399:** dpa picture alliance / Alamy Stock Photo; **page 400:** Meunierd/Shutterstock; **page 401 (bottom):** A/T Media; **page 401 (top):** Kathy deWitt/Alamy Stock Photo; **page 402:** «Dans les coulisses1 de Nahêni, le batik togolais qui cartonne», 3 avril 2018, https://afrotribune.com/dans-les-coulisses-de-naheni-le-batik-togolais-qui-cartonne-grand-angle/. Used with permission from Afrotribune.; **page 404:** Kiev.Victor/Shutterstock; **page 405:** Cecile Marion/Alamy Stock Photo; **page 406:** Thierry Chesnot/French Select/Getty Images; **page 407:** Josh Brasted/Getty Images

Index

Note: Besides the Grammar section, which follows, there are two more sections in this index: the Life and Culture section and the Famous French Speakers section. The page number notation "A-" shows material found the appendixes.

I. GRAMMAR

II. LIFE AND CULTURE

III. FAMOUS FRENCH SPEAKERS

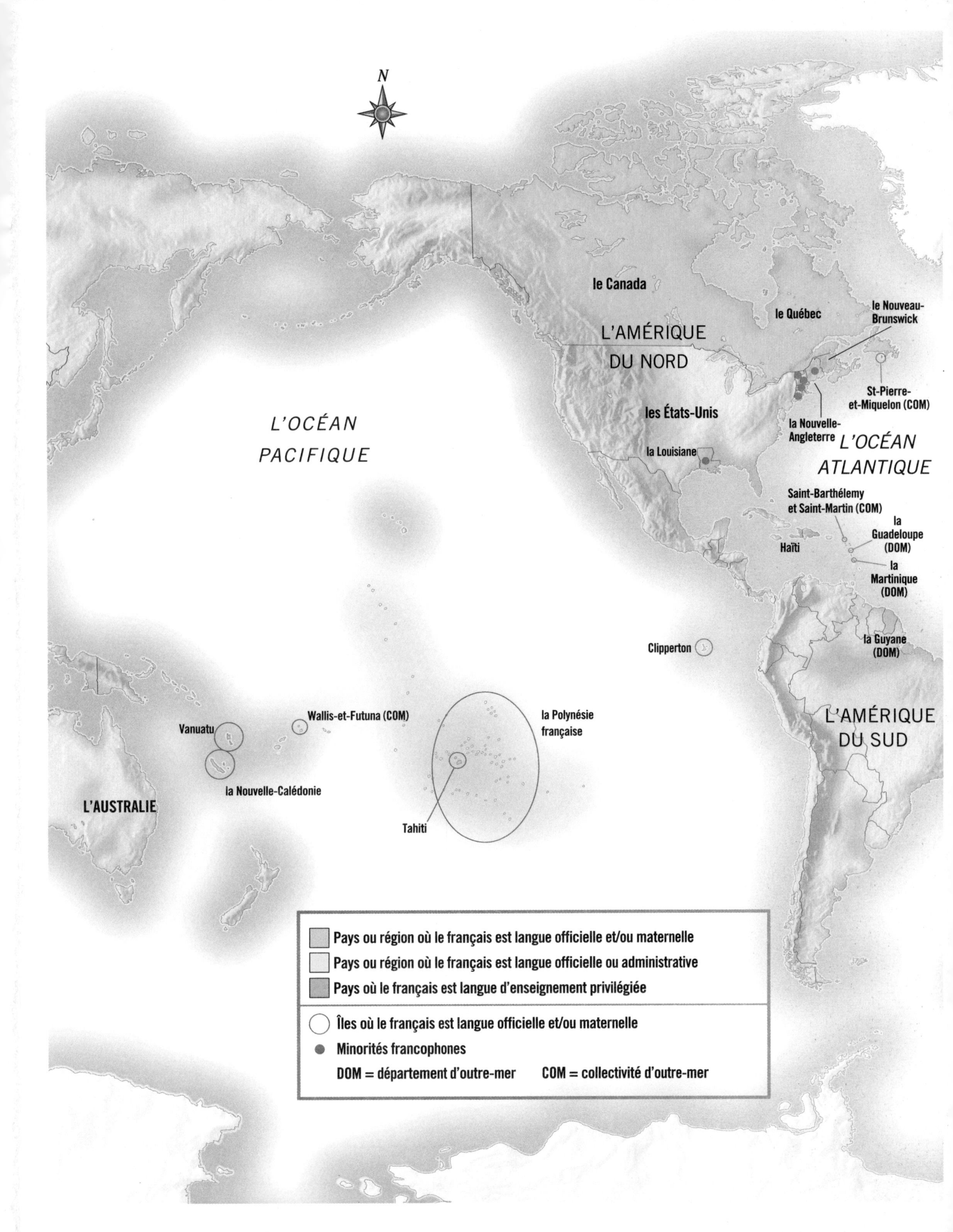

N
le Canada
le Québec
le Nouveau-
Brunswick
L'AMÉRIQUE
DU NORD
St-Pierre-
et-Miquelon (COM)
les États-Unis
la Nouvelle-
Angleterre
L'OCÉAN
ATLANTIQUE
L'OCÉAN
PACIFIQUE
la Louisiane
Saint-Barthélemy
et Saint-Martin (COM)
la
Guadeloupe
(DOM)
Haïti
la
Martinique
(DOM)
la Guyane
(DOM)
Clipperton
Wallis-et-Futuna (COM)
la Polynésie
française
Vanuatu
L'AMÉRIQUE
DU SUD
la Nouvelle-Calédonie
L'AUSTRALIE
Tahiti
Pays ou région où le français est langue officielle et/ou maternelle
Pays ou région où le français est langue officielle ou administrative
Pays où le français est langue d'enseignement privilégiée
Îles où le français est langue officielle et/ou maternelle
Minorités francophones
DOM = département d'outre-mer
COM = collectivité d'outre-mer

L'ASIE
la Pologne
la Belgique
le Luxembourg
L'EUROPE
la France
la Suisse
la Moldavie
la Roumanie
la Bulgarie
Monaco
l'Albanie
la Macédoine
la Tunisie
la Syrie
le Liban
le Maroc
Israël
l'Algérie
le Sahara occidental
L'AFRIQUE
l'Égypte
la Mauritanie
le Mali
le Niger
le Tchad
le Laos
le Sénégal
la République centrafricaine
Djibouti
Pondichéry
le Cambodge
la Guinée-Bissau
la Guinée
le Vietnam
le Burkina-Faso
la Cameroun
le Bénin
le Togo
la Côte-d'Ivoire
le Gabon
la République Démocratique du Congo
le Ruanda
le Burundi
le Congo
les Comores
les Seychelles
L'OCÉAN INDIEN
l'Angola
Mayotte (DOM)
Madagascar
le Mozambique
l'île Maurice
la Réunion (DOM)
L'AUSTRALIE
les îles St. Paul et Amsterdam
l'archipel Crozet
Terres australes et antarctiques françaises (COM)
les îles Kerguelen
Le monde francophone
3,000 kilomètres
3,000 milles
Terre-Adélie
L'ANTARCTIQUE